Normenkontrolle in der Europäischen Union

Europäische Hochschulschriften
Publications Universitaires Européennes
European University Studies

Reihe II
Rechtswissenschaft

Série II Series II
Droit
Law

Bd./Vol. 4627

PETER LANG
Frankfurt am Main · Berlin · Bern · Bruxelles · New York · Oxford · Wien

Dominika Busse-Muskala

Normenkontrolle in der Europäischen Union

Zu den Direktklagemöglichkeiten von Individuen gegen EU-/EG-Normativakte

PETER LANG
Internationaler Verlag der Wissenschaften

Bibliografische Information der Deutschen Nationalbibliothek
Die Deutsche Nationalbibliothek verzeichnet diese Publikation in der Deutschen Nationalbibliografie; detaillierte bibliografische Daten sind im Internet über <http://www.d-nb.de> abrufbar.

Zugl.: Frankfurt (Oder), Europa-Univ., Diss., 2007

521
ISSN 0531-7312
ISBN 978-3-631-57116-3

www.peterlang.de

Vorwort

Die Schrift wurde im Februar 2007 der Juristischen Fakultät der Europa-Universität Viadrina als Dissertation vorgelegt. Rechtsprechung und Literatur sind bis Februar 2007 berücksichtigt.

Ich möchte mich sehr herzlich bei meinem Doktorvater, Herrn *Prof. Dr. Matthias Pechstein* für seine Bereitschaft zum Gespräch, den gewährten Freiraum bei Auswahl und Bearbeitung des Themas sowie ständiger Ermutigung bedanken. Herrn *Prof. Dr. Ulrich Häde* danke ich für die zügige Zweitbegutachtung.

Der *Alfred- Toepfer- Stiftung F.V.S.*, die mein Promotionsvorhaben durch die Gewährung eines Stipendiums im Jahre 2006 gefördert hat, werde ich für die ideelle Begleitung und materielle Absicherung verbunden bleiben.

Meinen Eltern, *Ewa* und *Zbigniew Muskała* danke ich herzlich dafür, dass sie mich mir ein Universitätsstudium ermöglicht und mich auch sonst in jeder vorstellbaren Weise während meiner gesamten Ausbildungszeit unterstützt und gefördert haben.

Schließlich gebührt ein ganz besonderer Dank meinem Mann, *Dr. Veit Busse-Muskala*, dessen moralischer Beistand, wertvolle Hinweise und Unterstützung mir ermöglicht haben, diese Arbeit zu vollenden. Seiner geduldigen und einfühlsamen Lektüre verdanke ich auch die Bereinigung vieler Fehler. Diese Arbeit ist ihm gewidmet.

Münster, im Juli 2007 *Dr. Dominika Busse-Muskala, LL.M*

Inhaltsverzeichnis

Abkürzungsverzeichnis

a.A.	andere Ansicht
aaO	am angegebenen Ort
abl.	ablehnend
ABl. EG	Amtsblatt der Europäischen Gemeinschaften
Abs.	Absatz
abw.	abweichend
AdR	Ausschuss der Regionen
a.E.	am Ende
a.F.	alte Fassung
AgrarR	Agrarrecht
Alt.	Alternative
amtl.	Amtliche (-r / -s)
Anm.	Anmerkung
AnwBl.	Anwaltsblatt
AöR	Archiv des öffentlichen Rechts
AR	Ausschuss des Regionen
Art.	Artikel
Aufl.	Auflage
AVR	Archiv des Völkerrechts
BayVBl.	Bayerische Verwaltungsblätter
BB	Betriebsberater
Bd.	Band
BeihilfenVO	Verordnung (EG) Nr. 994/1998 des Rates vom 7.5.1998 über die Anwendung der Artikel 87 und 88 des Vertrages zur Gründung der Europäischen Gemeinschaft auf bestimmte Gruppen horizontaler Beihilfen, ABl. Nr. L 142, S. 1.
BGBl.	Bundesgesetzblatt
BGH	Bundesgerichtshof
BTW	Beiträge zum Transnationalen Wirtschaftsrecht
BVerfG	Bundesverfassungsgericht
BVerwG	Bundesverwaltungsgericht
bzw.	Beziehungsweise
C	Cour (européene) de la justice [= EuGH]
ca.	circa
CDE	Cahiers de Droit Européen
CEDH	Entscheidungssammlung des Europäischen Gerichtshofs für Menschenrechte
CMLR	Common Market Law Rewiev
CONV	Dokument des Europäischen Verfassungskonvents

DB	Der Betrieb
ders.	derselbe
d.h.	das heißt
Diss.	Dissertation
DJT	Verhandlungen des Deutschen Juristentages
Dok.	Dokument
DÖV	Die Öffentliche Verwaltung
DRiZ	Deutsche Richterzeitung
DVBl.	Deutsches Verwaltungsblatt
DVP	Deutsche Verwaltungspraxis
Dz.U.	Dziennik Ustaw (= Gesetzesblatt der Republik Polen)
E	Entscheidung
EAG	Europäische Atomgemeinschaft
EAGV	Vertrag zur Gründung der Europäischen Atomgemeinschaft
EBl.	Europablätter
ecolex	Fachzeitschrift für Wirtschaftsrecht
EEA	Einheitliche Europäische Akte
EFAR	European Foreign Affairs Review
EFTA	European Free Trade Association [Europäisches Freihandelsabkommen]
EG	Europäische Gemeinschaft / Vertrag zur Gründung der Europäischen Gemeinschaft
EGKS	Europäische Gemeinschaft für Kohle und Stahl
EGKSV	Vertrag zur Gründung der Europäischen Gemeinschaft für Kohle und Stahl
EGMR	Europäischer Gerichtshof für Menschenrechte
EG-Satzung	Protokoll über die Satzung des Gerichtshofs der Europäischen Gemeinschaft
EIB	Europäische Investitionsbank
EL	Ergänzungslieferung
ELJ	European Law Journal
ELR	European Law Rewiev
EMRK	Europäische Menschenrechtskonvention
EP	Europäisches Parlament
EPL	European Public Law
EPK	Europol-Konvention
ER	Europäische Rundschau
ER	Europäischer Rat
etc.	et cetera
EU	Europäische Union
	Vertrag zur Gründung der Europäischen Union
EuG	Europäisches Gericht Erster Instanz
EuGH	Europäischer Gerichtshof
EuGRZ	Europäische Grundrechte-Zeitschrift

EuR	Europarecht
EuZW	Europäische Zeitschrift für Wirtschaftsrecht
evtl.	Eventuell
EWG	Europäische Wirtschaftsgemeinschaft
EWGV	Vertrag zur Gründung der Europäischen Wirtschaftsgemeinschaft
EWS	Europäisches Wirtschafts- und Steuerrecht
EZB	Europäische Zentralbank
f.	für / folgende
ff.	Fortfolgende
FILJ	Fordham International Law Journal
Fn.	Fußnote
FS f.	Festschrift für
GA	Generalanwalt
GASP	Gemeinsame Außen- und Sicherheitspolitik
GATT	General Agreement on Tariffs and Trade [= Welthandelsabkommen]
gem.	Gemäß
GG	Grundgesetz
ggf.	gegebenenfalls
GLJ	German Law Journal
GO-EP	Geschäftsordnung des Europäischen Parlaments
GO Kom.	Geschäftsordnung der Kommission
GS f.	Gedächtnisschrift für
GSVP	Gemeinsame Verteidigungspolitik
GRUR	Gewerblicher Rechtsschutz und Urheberrecht
GRUR Int.	Gewerblicher Rechtsschutz und Urheberrecht – Internationaler Teil
h.L.	die herrschende Lehre
h.M.	die herrschende Meinung
Hrsg.	Herausgeber
HS.	Halbsatz
ICLQ	
i.E.	im Ergebnis
IGH	Internationaler Gerichtshof in Den Haag
IGO	International governmental organisation (internationale Organisation)
IJEL	Irish Journal of European Law
i.R.d.	im Rahmen des/ der
i.S.	im Sinne
i.S.d.	im Sinne des / der

i.S.v.	im Sinne von
i.V.m.	in Verbindung mit
JA	Juristische Arbeitsblätter
JCMS	Journal of Common Market Studies
JöR	Jahrbuch des öffentlichen Rechts der Gegenwart
Jura	Juristische Ausbildung
JuS	Juristische Schulung
JR	Juristische Rundschau
JRP	Journal für Rechtspolitik
JZ	Juristenzeitung
KartellVO	Kartellverordnung
KOM	Kommissionsdokument
KPK	Kodeks postępowania karnego (poln. Strafverfahrensgesetzbuch)
krit.	Kritisch
KritJ	Kritische Justiz
KritV	Kritische Vierteljahresschrift für Gesetzgebung und Rechtswissenschaft
KSE	Kölner Schriften zum Europarecht
L	Législation
LIEI	Legal Issues of Economic Integration
lit.	littera [=Buchstabe]
Lit.	Literatur
LS	Leitsatz
m.a.W.	mit anderen Worten
MDR	Monatsschrift für deutsches Recht
m.E.	meines Erachtens
m. Nachw.	Mit Nachweisen
m.w.N.	mit weiteren Nachweisen
Nachw.	Nachweise
n.F.	neue Fassung
NJW	Neue Juristische Wochenschrift
Nr.	Nummer
NVwZ	Neue Zeitschrift für Verwaltungsrecht
NVwZ-RR	Neue Zeitschrift für Verwaltungsrecht – Rechtsprechungsreport
o.	oben
o.g.	oben genannte (-r / -s)
o.Anm.	obere Anmerkung

o.ä.	oder ähnlich (-e/ -er/ -es)
OLAF	*Office européen de lutte antifraude* (Europäisches Amt für Betrugsbekämpfung)
PJZS	Polizeiliche und Justizielle Zusammenarbeit in Strafsachen
poln.	polnisch
poln.Verf.	Konstytucja Rzeczpospolitej Polskiej (Verfassung der Republik Polen)
Pos.	Position
RabelsZ	Rabels Zeitschrift für ausländisches und internationales Privatrecht
RCL	The Review of Comparative Law
RDE	Revue du Droit européen
RdMC	Revue du Marché commun et de l'Union européene
RDP	Revue de Droit public
Res.	Resolution
REV	Révision [= Wiederaufnahmeverfahren]
RIW	Recht der Internationalen Wirtschaft
RL	Richtlinie
Rn.	Randnummer
Rs.	Rechtssache
Rspr.	Rechtsprechung
RTDE	Revue Trimestrielle de Droit Européen
Rn.	Randnummer
s.	Siehe
S.	Seite / Satz
SA	Schlussakte
SDÜ	Schengener Durchführungsübereinkommen
SEW	Sociaal-Economische Wetgeving
SIWA	Studien zum internationalen Wirtschafts- und Atomenergierecht, Institut für Völkerrecht der Universität Göttingen
Slg.	Amtliche Sammlung der Entscheidungen des Gerichtshofes der Europäischen Gemeinschaften
sog.	so genannte /-r / -s
s.o.	siehe oben
Sp.Str.	Spiegelstrich
SR	Sicherheitsrat der Vereinten Nationen
StB	Der Steuerberater
st. Rspr.	ständige Rechtsprechung
s.u.	siehe unten
SWP	Stiftung für Wissenschaft und Politik
T	Tribunal de 1. instance [= EuG]

teilw.	Teilweise
TK	Trybunał Konstytucyjny (Verfassungsgerichtshof der Republik Polen)
u.	Unten
u.a.	unter anderem / und andere
UAbs.	Unterabsatz
ÜLG	überseeische Länder und Hoheitsgebiete der Mitgliedstaaten
UN-Sicherheitsrat	Sicherheitsrat der Vereinten Nationen
UN-Charta	Charta der Vereinten Nationen von 1945
Urt.	Urteil
Usw.	und so weiter
UVP	Umweltverträglichkeitsprüfung
v.	von / vom
v.a.	vor allem
Var.	Variante
VBlBW	Verwaltungsblätter Baden Württemberg
verb. Rs.	Verbundene Rechtssachen
Verf.	Verfassung
VerfGH	Verfassungsgerichtshof
VerfO-EuG	Verfahrensordnung des Gerichts Erster Instanz der Europäischen Gemeinschaften
VerfO-EuGH	Verfahrensordnung des Gerichtshofes der Europäischen Gemeinschaften
VerwArch	Verwaltungsarchiv
VG	Verwaltungsgericht
vgl.	Vergleiche
VIZ	Zeitschrift für Vermögens- und Investitionsrecht
VO	Verordnung
Vorbem.	Vorbemerkung
VVDStRL	Veröffentlichungen der Vereinigung der Deutschen Staatsrechtslehrer
VVE	Vertrag über eine Verfassung für Europa
VwGO	Verwaltungsgerichtsordnung
VwVfG	Verwaltungsverfahrensgesetz
WHI	Walter Hallstein-Institut für Europäisches Verfassungsrecht, Humboldt-Universität zu Berlin
WM	Wirtschaftsmittelung (Zeitschrift für Wirtschafts- und Bankenrecht)
WSA	Wirtschafts- und Sozialausschuss
WTO	World Trade Organization [= Welthandelsorganisation]
WuW	Wirtschaft und Wettbewerb
WVRK	Wiener Vertragsrechtskonvention

WWU	Wirtschafts- und Währungsunion
YEL	Yearbook of European Law
ZaöRV	Zeitschrift für ausländisches öffentliches Recht und Völkerrecht
z.B.	zum Beispiel
ZBJI	Zusammenarbeit in den Bereichen Justiz und Inneres
ZBLEUG	Gesetz über die Zusammenarbeit von Bund und Ländern in Angelegenheiten der Europäischen Union (vom 12.3.1993, BGBl. I, S. 313)
ZeuS	Zeitschrift für europarechtliche Studien
ZFIS	Zeitschrift für Innere Sicherheit in Deutschland und Europa
ZfRV	Zeitschrift für Rechtsvergleichung, Internationales Privatrecht und Europarecht
ZfV	Zeitschrift für Verwaltung
ZG	Zeitschrift für Gesetzgebung Vierteljahresschrift für staatliche und kommunale Rechtsetzung
ZGR	Zeitschrift für Unternehmens- und Gesellschaftsrecht
ZHR	Zeitschrift für das gesamte Handels- und Wirtschaftsrecht
ZIP	Zeitschrift für Wirtschaftsrecht
zit.	zitiert
ZLR	Zeitschrift für das gesamte Lebensmittelrecht
ZÖR	Zeitschrift für öffentliches Rechts
ZRP	Zeitschrift für Rechtspolitik
ZSR	Zeitschrift für schweizerisches Recht
z.T.	zum Teil
ZUM	Zeitschrift für Urheber- und Medienrecht
ZUR	Zeitschrift für Umweltrecht
ZVglRWiss.	Zeitschrift für vergleichende Rechtswissenschaft

Einführung

A. Ziele und Gegenstand der Untersuchung

Europa wird seit langem als Rechtsgemeinschaft bezeichnet.[1] Der Integrationsprozess führte von der Konsolidierung der nationalen Volkswirtschaften in den früheren Schlüsselindustriebereichen, über eine Wirtschaftsgemeinschaft bis zur Europäischen Union, die einem politischen Hoheitsträger nahe kommt. Die Besonderheit der Integration besteht in der Supranationalität der EG, deren wichtigstes Charakteristikum die unmittelbare Geltung und Anwendbarkeit des primären, aber vor allem auch des organgeschaffenen, sekundären Rechts darstellt. Die fortschreitende Expansion der Kompetenzen der EG und der übrigen zwei Unionssäulen wird aber nicht von nennenswerter Verbesserung der Rechtskontrollmechanismen begleitet, die für die rechtstaatliche Kompetenzbegrenzung unerlässlich sind.

Für eine effektive Gewaltausübung ist die Rechtssetzung schlechthin unabdingbar. Daher ist es notwendig, allgemeine Normen zu schaffen, um eine Fülle von komplexen Sachverhalten zu erfassen und dadurch die Kontrolle der Pflichterfüllung in der Massengesellschaft zu optimieren sowie ein akzeptables Maß an Rechtsicherheit zu gewährleisten. Das Vorhandensein einer Rechtsgemeinschaft bedingt die Existenz einer Rechtssetzungstätigkeit[2]. Diese Begriffe beschreiben nicht mehr nur eine staatliche Domäne, vielmehr betreffen sie zunehmend auch das Wesen vieler internationaler Organisationen. Als Korrelat der Normunterwerfung muss dem Einzelnen ein gerichtlicher Rechtsweg eröffnet werden. Die Europäische Gemeinschaft umfasst Rechtschaffung und Rechtspolitik zugleich, sie stellt ein geordnetes Rechtsystem dar, welches auch Menschen- und Bürgerrechtsgarantien enthält.[3]

Das Postulat der Rechtsgemeinschaft manifestiert sich besonders in der gerichtlichen Kontrolle und Sicherung des Rechts, die im komplexen Verfahrenssystem realisiert wird. Die Notwendigkeit der Rechtswegeröffnung im Hinblick auf den Rechtsstaatlichkeitsanspruch, den die EG im Wege der zunehmenden Verrechtlichung sich selbst zum Ziel gemacht hat, ist vom EuGH in der Entscheidung *Les Verts*[4] wie auch in zahlreichen Folgeentscheidungen[5] anerkannt worden. Die Kernfrage betrifft nicht das „Ob", sondern das „Wie" des Individualrechtsschutzes gegen Normativakte. Die Antwort darauf ergibt sich erst aus der Analyse der prozessualen Bestimmungen, die den Grundsatz effektiven Rechtsschutzes konkretisieren und ihm verfahrensrechtliche Konturen verleihen. Dabei darf aber die bestehende Wechselwirkung zwischen den Prozessvoraussetzungen und der Rechtsweggarantie nicht außer Betracht bleiben.

---

[1] Vgl. *Hallstein*, S. 31 ff., 53; ebenso: EuGH, Rs. C-229/05 P (Kurdistaner Arbeiterpartei u. Kurdistaner Nationalkongress/ Rat), Urt. v. 18.1.2007 (noch nicht in der amtl. Slg. veröffentlicht) Rn. 109.

[2] S. dazu: *Ehlermann*, NJW 1992, S. 1856 f.

[3] *Pernice*, NJW 1990, S. 2409 (2414).

[4] EuGH, Rs. C-294/83 (Les Verts/EP), Slg. 1986, S. 1339 Rn. 23.

[5] Vgl. EuGH, Rs. 314/85 (Foto-Frost), Slg. 1987, S. 4199 Rn. 16; EuGH, Rs. C-314/91 (Weber/Parlament), Slg. 1993, S. I-1093 Rn. 8; EuG, verb. Rs. T-222/99, T-327/99 u. T-329/99 (Martinez u.a./Parlament), Slg. 2001, S. II-2823 Rn.48; Gutachten 1/91 des EuGH v. 14.12.1991, Slg. 1991, S. I-6079 Nr. 21.

Die grundlegende Frage dieser Arbeit ist, inwiefern der Rechtsweg zu den europäischen Gerichten *de lege lata* gewährleistet ist. Der Individualrechtsschutz gegen EU-/ EG- Rechtsnormen kann hauptsächlich auf zwei verschiedenen Wegen erreicht werden: über eine Direktklage (zentraler Rechtsschutz) und über eine Inzidentkontrolle (dezentraler Rechtsschutz). Die Darstellung wird sich auf die Fragen der primärrechtlich geregelten Direktklagen gegen Gemeinschafts- und Unionssekundärrechtsakte konzentrieren. Auf die Möglichkeiten und Grenzen einer gerichtlichen Inzidentkontrolle, insb. i.R.d. Vorabentscheidungsverfahren gem. Art. 234 EG bzw. Inzidentrüge nach Art. 241 EG, wird nur am Rande eingegangen. Spezielle, sekundärrechtlich geregelte Rechtsbehelfe bleiben außer Betracht. Ausgeblendet werden daher auch Rechtsakte, die von anderen Einrichtungen und Stellen wie z.B. Europol, meistens auf der Grundlage separater Gründungsrechtsakte erlassen werden.

B. Methodische Vorgehensweise und Gang der Untersuchung

Die begriffliche Differenzierung zwischen den Grundformen des hoheitlichen Handelns: Rechtsnormen und Individualentscheidungen ist nicht nur von theoretischem Interesse, sondern auch für den Rechtsschutz relevant. Wenn man sich vor Augen führt, dass sich diese Abgrenzungsfrage grundsätzlich in jedem Rechtssystem, ohne Rücksicht auf deren Ausgestaltung im Einzelnen stellt[6], dann liegt es nahe, zunächst die rechtstheoretische Basis zu untersuchen, um hierauf aufbauend Ergebnisse für die europäische Rechtsordnung herauszufinden. Andererseits kann eine streng logisch-rechtstheoretisch geführte Untersuchung keinen Selbstzweck darstellen, da sie an der Rechtsrealität vorbeiginge. Die Untersuchung wird daher zweigleisig geführt: ausgehend von rechtstheoretischen Grundlagen der Unterscheidung zwischen Rechtsnormen und Individualakten wird die Analyse anhand der typischen Handlungsformen geführt.

Sodann werde ich der Frage nachgehen, inwiefern die Rechtsnatur der angefochtenen Maßnahme die Klagemöglichkeiten des Individuums bedingt. Ein Schwerpunkt der Arbeit wird auf der eingehenden Untersuchung der Möglichkeiten und der Zulässigkeitsvoraussetzungen einer „Normenkontrolle" durch natürliche und juristische Personen im Wege der Nichtigkeitsklage gegen Gemeinschafts- und Unionsrechtssekundärrechtsakte liegen. Die Nichtigkeitsklage nach Art. 230 EG charakterisiert sich dadurch, dass sie ein abgestuftes System der Zulassungsvoraussetzungen für einzelne Gruppen von Klägern aufstellt. Die Privatkläger müssen nach diesem Grundkonzept besondere Hürden überwinden, um den Zugang zum Europäischen Gericht Erster Instanz zu erlangen. Die Untersuchung wird sich also zunächst mit dem individuellen Klagerecht gegen EG-Verordnungs- und Richtlinienbestimmungen beschäftigen. Anschließend ist auch zu fragen, inwiefern noch andere, insb. atypische Rechtsakte als tauglicher Klagegegenstand in Betracht kommen. Dabei wird versucht, die Merkmale der unmittelbaren und individuellen Betroffenheit i.S.d. Art. 230 Abs. 4 EG zu definieren sowie zum bisher vorherrschenden Ansatz der Rechtsprechung des EuGH, der sog. *Plaumann*- Formel[7] sowie zu den vom Generalanwalt *Jacobs* und EuG vorgeschlage-

[6] Vgl. *Kelsen*, S. 232.

[7] EuGH, Rs. 25/62 (Plaumann/Kommission), Slg. 1963, S. 211 (238) – s.o. Kap. II D III 1.

nen „Neuen Formeln“[8] Stellung genommen. Schließlich erfolgt die Darstellung der aktuellen Gestaltung des europäischen Individualrechtsschutzes gegenüber grundrechtsrelevantem Gemeinschaftsrecht und die Frage gestellt, inwiefern tatsächlich eine – dem Gerichtshof häufig von seiten der Wissenschaft vorgeworfene – Divergenz zwischen der gemeinschaftsgrundrechtlich gebotenen Effizienz und der zentralen und dezentralen Rechtmäßigkeitskontrolle festzustellen ist.

Da die Justiziabilität des Unionsrechts im Verhältnis zum Gemeinschaftsrecht grundsätzlich deutlich eingeschränkt ist, wird untersucht, ob und inwiefern das im Rahmen der zweiten und dritten Säule erlassene Sekundärrecht einer gerichtlichen Rechtmäßigkeitskontrolle zugänglich ist bzw. möglicherweise künftig nach der Ratifizierung des Verfassungsvertrages sein wird. In diesem Zusammenhang wird auch das Rechtsschutzbedürfnis Privater untersucht, welches man bislang überwiegend mit dem Hinweis auf die vermeintlich fehlende Durchgriffswirkung des Unionsrechts die Betroffenheit des Individuums verneint hat. Das Rechtsschutzbedürfnis kann sich aber dennoch aus anderen Gründen, etwa Rechtsformenmissbrauch ergeben. Dadurch besteht die Gefahr der Umgehung einer gerichtlichen Kontrolle durch den EuGH. Insbesondere werden die Möglichkeiten einer Inzidentkontrolle an den Berührungspunkten zwischen der ersten und der zweiten Unionssäule (vor allem Wirtschaftssanktionen gem. Art. 301 und 60 EG) untersucht. Zuletzt wird auch das Problem der Rechtsschutzdefizite im Hinblick auf die neue Dimension von „Wirtschaftssanktionen“ gegen nichtstaatliche Akteure erörtert. Analysiert werden ausgewählte Rechtsakte betreffend die Bekämpfung des internationalen Terrorismus, die in verschiedene Rechtsformen eingekleidet und „säulenübergreifend“ erlassen werden.[9]

In dieser Darstellung werden schließlich die Perspektiven für den europäischen Individualrechtsschutz, die der (zumindest vorläufig gescheiterte) Verfassungsvertrag eröffnet, skizziert und die Auswirkungen, die die dort enthaltenen Lösungen erwarten lassen, besprochen.

[8] S.o. Kap. II D III 3 a) und b).

[9] Z.B.: Verordnung des Rates der EG Nr. 467/2001 v. 06.03.2001, ABl. Nr. L 57 v. 27.2.2001, S. 1 ff.; Gemeinsamer Standpunkt des Rates vom 02.04.2004, 2004/309/GASP, ABl. Nr. L 99 vom 3.4.2004, S. 61 ff.; Rahmenbeschluss des Rates v. 13.06.2002, ABl. Nr. L 164 v. 22.6.2002, S. 3 ff.

Kapitel I. Bestimmung der Normativakte im EG-/EU-Recht

A. Differenzierung zwischen allgemeinen und individuellen Rechtsakten

I. Sinn und Zweck der Unterscheidung

Die Ausgestaltung des Primärrechtsschutzes gegen hoheitliche Handlungen für Individuen wird oft von der Rechtsform der Maßnahme abhängig gemacht. Diese Abhängigkeitsverhältnisse können indes mannigfaltig sein, zumal unterschiedliche Gründe hinter der Wahl eines bestimmten Rechtssystems stehen. Selbst in Rechtssystemen, die durch die Wahl einer Generalklausel den Rechtsschutz gegen hoheitliche Handlungen gewähren, bleibt die rechtliche Qualifikation der Maßnahme für die Folgefragen relevant. Dabei werden meist Modifikationen der Klagegegenstands- und Klageberechtigungsvoraussetzungen an das Vorliegen einer oder mehreren bestimmter Handlungsformen angeknüpft, wobei der Zugang zu irgendeiner Gerichtsbarkeit meistens durch eine höherrangige Rechtsnorm gewährleistet wird.[10] Andererseits sind auch enumerative Rechtsschutzkonzepte bekannt, die Primärrechtsschutz von vornherein nur gegen bestimmte Kategorien des hoheitlichen Handelns gewähren.[11] Die von der Direktklage ausgenommenen Handlungen können lediglich im Wege einer Inzidentkontrolle oder des Sekundärrechtsschutzes von den betroffenen Individuen angegriffen werden.

Das wichtigste Handlungsinstrumentarium der Verwaltung sind Individualentscheidungen, wohingegen Normativakte der rechtsetzenden Gewalt zur Verfügung stehen. Die Zuordnung eines Hoheitsaktes zu einer der beiden Kategorien ist sowohl für das materielle Recht als auch für das Prozessrecht von großer Bedeutung. In materieller Hinsicht impliziert sie die Anwendung bestimmter Vorschriften, die Anforderungen an die Gültigkeit des Rechtsaktes enthalten. Prozessrechtlich ist sie für den Rechtsschutz entscheidend. Zwar ist in der Rechtsprechung der Gemeinschaftsgerichte eine deutliche Tendenz zur handlungsformunabhängigen Definition des tauglichen Klagegegenstandes einer Individualnichtigkeitsklage erkennbar.[12] Dennoch ist die Unterscheidung zwischen Normativ- und Individualakten für das „Wie" des Rechtsschutzes nach wie vor von essentieller Bedeutung, da hiervon die weiteren spezifischen Zulässigkeitsvoraussetzungen, in erster Linie die Klageberechtigung abhängig sind.

Wann eine „Rechtsnorm" vorliegt, wird in der Rechtstheorie nicht einheitlich beantwortet. Ebenso sieht die Situation bei den Begriffen „Rechtsakt" oder „Gesetz" aus, sofern diese Termini im weiteren Sinn, d.h. materiell verstanden werden. Eine Vielzahl dogmatischer Ansätze zur Abgrenzung zwischen Rechtsnormen und Einzelakten sieht in der „Allgemeinheit" eine spezifische, den Rechtsnormen eigentümliche – wenn auch nicht ausnahmslos erforderliche – Eigenschaft und nimmt somit entscheidend Bezug auf den materiellen Regelungsgehalt der hoheitlichen Maßnahme.[13] Zur

---

[10] Näher zu diesem Thema: *v. Danwitz*, S. 35, 67 ff.

[11] So z.B. im französischen Rechtsschutzsystem, vgl. *Schwarze*, DVBl. 2002, S. 1297 (1299).

[12] Vgl. z.B. EuGH, Rs. 100/74 (CAM/Kommission), Slg. 1975, S. 1393 Rn. 19; EuGH, verb. Rs. 239/82 u. 275/82 (Allied Corporation u.a./Kommission), Slg. 1984, S. 1005 Rn. 11 f.; EuGH, Rs. C-309/89 (Cordoniu SA/Rat), Slg. 1994, S. I-1853 Rn. 19; EuG, Rs. T-109/97 (Molkerei Großbraunshain u.a./Kommission), Slg. 1998, S. II-3533 Rn. 56 f. S. Analyse der Rspr. bei: *Arnull*, CMLR 2001, S. 7 ff. Ausführlich dazu: Kap. II B-C.

[13] *v. Mutius*, in: FS H.J. Wolff (1973), S. 167 (186 f.) m.w.N.; *Selmer*, DÖV 1972, S. 551 (553).

Feststellung der allgemeinen Geltung wird mit unterschiedlicher Schwerpunktsetzung auf die Kriterien Regelungsgegenstand (Fall) und Adressat abgestellt, wobei manche ausschließlich eines der genannten Kategorien als Unterscheidungsmerkmal heranziehen.[14] Andererseits ist denkbar, auf formelle Aspekte wie Verfahren oder Form abzustellen. Der hier gebrauchte Begriff des Normativaktes wird nicht als Rechtsbegriff[15] verwendet, sondern soll ein Syntheseprodukt wissenschaftlicher Zweckerwägungen darstellen und vom Untersuchungsgegenstand bestimmt sein.

II. Europäische Normativakte

Die Rechtsprechung des Gerichtshofs zog frühzeitig eine Parallele zwischen den Gemeinschafsrechtsakten und der nationalen Gesetzgebung. So wurden bereits die allgemeinen Entscheidungen i.S.d. Art. 14, 15 EGKSV[16] als „fast Gesetzgebungsakte" sowie „quasi-legislatorische Maßnahmen"[17], die Organe (insb. der Rat) dagegen als „Gemeinschaftsgesetzgeber"[18] bezeichnet. Dennoch hat sich eine formale Umbenennung zum „Gesetz" in den Vertragstexten bislang nicht etabliert. Zwar enthielt der Entwurf der Luxemburgischen Präsidentschaft von 1991 die Einführung einer neuen Handlungsform mit der Bezeichnung „Gesetz", die in der Normenhierarchie über dem sonstigen Sekundärrecht platziert werden sollte[19], doch vermochte sich dieses Konzept nicht durchzusetzen. Stattdessen wurde eine weniger „revolutionäre" Alternative – das Mitentscheidungsverfahren gewählt. Erst der Entwurf des Verfassungsvertrages für Europa sieht die Einführung Europäischer Gesetze vor.[20] Das entscheidende Hindernis dabei war das herkömmliche, flankierend durch die Gewaltenteilungsdoktrin abgesicherte Verständnis des Gesetzesbegriffs als ein vom souveränen, demokratisch legitimierten Parlament in einem förmlichen Verfahren erlassener Rechtsakt. Diesem Verständnis entsprach das vom Rat geschaffene Sekundärrecht nicht. Das Europäische Parlament gewann nur langsam Einfluss auf das Rechtssetzungsverfahren, während der Rat die Rechtssetzungsfunktion praktisch allein ausübte. Andererseits passte die auf dem Grundsatz der Gewaltenteilung basierende, herkömmliche Vorstellung vom „Gesetz" nicht in das institutionelle System der Union. Die in den Verträgen vorgese-

---

[14] S. zu den theoretischen Ansätzen: *Volkmar*, S. 55 ff., 88 ff.

[15] Vgl. *Härtel*, S. 12. Zur Unterscheidung zwischen Rechtsbegriffen und wissenschaftlichen Begriffen: *Raschauer*, Rn. 40 ff.

[16] Die EG-Verordnung entspricht im Hinblick auf die Rechtswirkungen weitgehend dieser Rechtsform.

[17] EuGH, Rs. 8/55 (Fédération Charbonnière de Belgique/ Hohe Behörde), Slg. 1955/56, S. 197 (226); EuGH, Rs. 18/57 (Nold/ Hohe Behörde), Slg. 1958/59, S. 89 (112). In Bezug auf die EG-Verordnung: *GA Lagrange*, Schlussanträge in der Rs. 16 und 17/62 (Confédération Nationale des Producteurs de Fruits et Légumes/ Rat), Slg. 1962, S. 963 (991).

[18] EuGH, Rs. C-240/90 (Deutschland/Kommission), Slg. 1992, S. I-5383 (5430) Rn. 20.

[19] S. Non-Paper der luxemburgischen Präsidentschaft v. 17.04.1991 – Entwurf von Artikeln für den Vertrag im Hinblick auf die Errichtung einer Politischen Union, abgedruckt in: Weidenfeld (Hrsg.), Maastricht in der Analyse (1994), S. 265 (288).

[20] S. dazu unten: Kap. V A I 2.

henen Handlungsformen dienen der Zusammenarbeit zwischen den Organen, die verschiedene Interessen repräsentieren.[21]

Sowohl im Gemeinschafts- als auch im Unionsrecht ist eine Dichotomie innerhalb der Rechtsmasse zu verzeichnen, nämlich die grundsätzliche Aufteilung in Primär- und Sekundärrecht. Dabei kommt dem Primärrecht sowohl eine (formelle) Ermächtigungs- als auch (materielle) Begrenzungsfunktion im Verhältnis zum abgeleiteten (sekundären) Recht zu.[22] Auffällig ist aber, dass die unterschiedlichen Formen der Sekundärrechtsakte in keinem Hierarchieverhältnis zueinander stehen. Weder dem Handlungsformkatalog des Art. 249 EG noch Art. 12 ff., 34 EU lässt sich eine Normenhierarchie[23] innerhalb des Sekundärrechts entnehmen. Diese Gleichstellung betrifft sowohl Rechtsetzungsverfahrensarten[24] und die daran beteiligten Organe als auch die Rechtsakte selbst. Das institutionelle Gleichgewicht, nämlich das Gleichrangigkeitsverhältnis der Organe, hat zur Folge, dass die von ihnen erlassenen Rechtsakte nicht in einer Normenhierarchie stehen. Die interorganschaftlichen Beziehungen werden durch die Zuweisung von Sachkompetenzen geregelt. Eine Derogation oder inhaltliche Modifikation eines Sekundärrechtsaktes kann somit prinzipiell durch jede spätere, rechtsverbindliche Handlung (*lex posterior*) erfolgen, vorausgesetzt, dass die Erlassstelle entsprechende Sachkompetenz besitzt.[25] Auch sekundärrechtliche Normen, die nicht unmittelbar auf primärrechtliche, sondern auf abgeleitete, sekundärrechtliche Ermächtigungsnormen gestützt werden, nehmen im Verhältnis zum Grundakt denselben Rang in der Normenhierarchie ein.[26]

Dieses Phänomen des „doppelt abgeleiteten" Rechts[27] betrifft in erster Linie den Erlass von Durchführungsvorschriften. Der Durchführungsakt ist zwar bereits denknotwendig in materieller Hinsicht von seiner Ermächtigungsgrundlage insoweit abhängig, als sein Regelungsgehalt nicht über den vorgezeichneten Rahmen hinausgehen darf[28], jedoch steht er dem Grundakt im Hinblick auf den formellen Rang gleich. Mangels

---

[21] Vgl. Diskussionspapier v. 13.06.2002 betr. die Rechtsakte: das derzeitige System (CONV 162/02), Rn. 4 und 5 – http://european-convention.eu.int [letzter Abruf am: 11.03.2005].

[22] *Arnold*, in: FS Börner (1992), S. 7.

[23] Wie z.B. in Deutschland: formelles Gesetz – Verordnung – Satzung. Ausführlicher dazu: *Bieber/Salomé*, CMLR 33 (1996), S. 681 (684); *Kovar*, CDE 1997, S. 3 (4 ff.); *Magiera*, integration 1995, S. 197.

[24] Bsp. Keine Höherrangigkeit einer im Miteinscheidungsverfahren nach Art. 251 EG erlassenen Verordnung gegenüber jener, die im Anhörungsverfahren erlassen wurde. Zustimmend: *Bast*, in: v. Bogdandy, Europäisches Verfassungsrecht (2003), S. 479 (505 f.); a.A.: *Biervert*, in: Schwarze, EU-Komm., Art. 249 Rn. 10; *Magiera*, integration 1995, S. 197 (200).

[25] Diese Konsequenz wird von vielen Autoren nicht gezogen, vgl. z.B.: *Ruffert*, in: Calliess/Ruffert, EUV/EGV, Art. 249 Rn. 16; *Schmidt*, in: v.d. Groeben/Schwarze, EUV/EGV, Art. 249 Rn. 24.

[26] Näher dazu: *Bast*, in: v. Bogdandy, Europäisches Verfassungsrecht (2003), S. 479 (509 ff.); *Härtel*, S. 313 ff.

[27] Z.B. Verordnung (EG) Nr. 1756/2002 zur Änderung der Richtlinie 70/524 hinsichtlich des Widerrufs der Zulassung eines Zusatzstoffs sowie der Verordnung (EG) Nr. 2430/1999, ABl. L 265, S. 1. Sie wurde auf die Richtlinie 70/524 gestützt – s. EuG, Rs. T-392/02 (Solvay Pharmaceuticals/Rat), Slg. 2003, S. II-4555 Rn. 58.

[28] So vermag eine Durchführungsverordnung die Grundverordnung nicht zu ändern, da dies von der Ermächtigung nicht mehr gedeckt ist. Vgl. EuGH, Rs. 38/70 (Tradax/Einfuhr- und Vorratsstelle), Slg. 1971, S. 155.

innerer Hierarchie des Sekundärrechts fehlt ein ausdifferenziertes Kontrollsystems, welches die diversen Handlungsformen unterschiedlichen Verfahren und Prüfungsmaßstäben unterwerfen würde. In Konsequenz wird auch der gemeinsame Nenner der Kontrollstandards relativ niedrig angesetzt.[29]

Der geschilderte Verzicht auf eine einheitliche vertikale Hierarchie ist insbesondere prägend für föderale Rechtssysteme, die eher auf Koordination als auf Über-/ Unterordnungsverhältnisse ausgerichtet sind.[30] Trotz der insbesondere in der Rechtsprechung des deutschen Bundesverfassungsgerichts[31] wiederholten Ablehnung einer föderalen Ausgestaltung der europäischen Integration und der Bundesstaatlichkeit der EG kann nicht geleugnet werden, dass sie in vielerlei Hinsicht gerade einem solchen Koordinationssystem nahe kommt.[32] Diese Parallele bewegte *Schönberger* zur Aufstellung der These, wonach die geringen materiellen (primärrechtlichen) Anforderungen an das Sekundärrecht und die zurückgenommene gerichtliche Kontrolldichte ursächlich für die vielfach kritisierte[33] Restriktivität der prozessualen Ausgestaltung des Individualrechtsschutzes gegen EG-Normativakte seien.[34] *Schönberger* behauptet ferner, dass die primärrechtlichen, materiellen Vorgaben an Sekundärrechtsakte seltener eine Rechtssetzungsschranke als vielmehr eine Ermächtigung zur Fortentwicklung des Binnenmarktkonzepts darstellen. Nicht zuletzt deswegen werde der EG-Vertrag als dynamische Integrationsverfassung[35] bezeichnet. Diesen Zustand spiegelt die gerichtliche Praxis der Gültigkeitskontrolle des Sekundärrechts wieder, die eine relativ geringe Prüfdichte aufweist.[36]

Gegen die Sichtweise *Schönbergers* lässt sich einwenden, dass die Ausgestaltung des Rechtsschutzes als prozessuale Frage ausschließlich die Zulässigkeit einer Klage betrifft und nicht mit den materiellrechtlichen Aspekten der Begründetheitsprüfung vermengt werden kann. Die Anforderungen an die Klageberechtigung des Bürgers bei einer prinzipalen Normenkontrolle haben im Grunde nichts mit den primärrechtlichen Schranken zu tun, denen der Gemeinschaftsgesetzgeber selbst unterworfen ist. Zutreffend ist aber die Beobachtung, dass die Gemeinschaftsgerichte in der Praxis viele Fragen, die dogmatisch erst im Rahmen der Begründetheit zur Klageabweisung (durch Sachentscheidung) führen sollten, bereits in die Zulässigkeitsprüfung vorverlagert.[37] Aus Rechtsschutzgesichtspunkten spricht einiges für eine Rangunterscheidung zwi-

---

[29] *Schönberger*, EuR 2003, S. 600 (625).

[30] *Kelsen*, S. 200.

[31] BVerfGE 89, 155 (175 ff.), in welcher von einem „Staaten*ver*bund" die Rede ist.

[32] So auch: *Everling*, in: FS f. Doehring (1989), S. 179; *Schönberger*, EuR 2003, S. 600 (613 f.).

[33] Siehe etwa: *Bleckmann*, in: FS Menger (1985), S. 871 (872); *Gröpl*, EuGRZ 1995, S. 583 ff.; *Hilf/Hörmann*, NJW 2003, S. 1 (3).

[34] *Schönberger*, EuR 2003, S. 600 (625 ff.).

[35] *Ipsen*, in: Schwarze (Hrsg.), Europäische Gerichtshof als Verfassungsgericht und Rechtsschutzinstanz (1983), S. 29; *Schwarze*, in: Schwarze/Bieber (Hrsg.), Eine Verfassung für Europa (1984), S. 15.

[36] Mit Ausnahme der Kontrolldichte im Bereich der Zuständigkeitsfragen, die in den letzten zehn Jahren deutlich gestiegen ist. Vgl. *Bogdandy/Bast*, EuGRZ 2001, S. 445 f.

[37] Vgl. z.B. EuGH, verb. Rs. C-15/91 u. C-108/91 (Josef Buckl & Söhne OHG u.a./Kommission), Slg. 1992, S. I-6061. Der EuGH kam hier zum bedenklichen Ergebnis, es liege bereits keine anfechtbare Entscheidung i.S.d. Art. 230 Abs. 4 EG vor. Richtig wäre aber gewesen, die Klage mangels Anspruchs auf die begehrte Änderung der Verordnung als unbegründet abzuweisen. Dazu unten: Kap. II C I 2 b).

schen Grund- und Durchführungsakten in Anlehnung an die nationalen Rechtsordnungen. Denn damit ginge die Ausdifferenzierung der Zulässigkeitsvoraussetzungen von Individualklagen einher, insb. die Herabsetzung der Anforderungen an die Klageberechtigung in Bezug auf Ausführungsakte, die in funktioneller Hinsicht wohl eher dem Normvollzug als der eigentlichen Normsetzung dienen. Diese Überlegungen fanden ihren Ausdruck in der vorgeschlagenen Neuregelung der Nichtigkeitsklage im Verfassungsvertrag für die Europäische Union.[38] Die innere, durch formelle Gleichrangigkeit gekennzeichnete Struktur des Sekundärrechts bleibt jedenfalls nicht ohne Einfluss auf die Klagemöglichkeiten Privater.

III. Materielle Anknüpfungspunkte zur Bestimmung der Normqualität

Die materielle Abgrenzung zwischen Normativ- und Einzelakten erfolgt meist anhand von zwei Kriterien, die unterschiedlich miteinander kombiniert werden.

1. Der Adressatenkreis

a) Definition des Adressaten eines Hoheitsaktes

Adressat einer Rechtsnorm ist zunächst derjenige, dem eine Verhaltenspflicht auferlegt wird.[39] Diese Definition beschränkt sich aber nicht auf befehlende Rechtsnormen. Denn auch bei der Verleihung eines Rechts oder bei der gestaltenden Einwirkung auf die Rechtsverhältnisse durch hoheitliche Maßnahmen wird die Adressatenstellung ebenfalls begründet.[40] Es ist daher sinnvoll, diese Definition um berechtigende sowie rechtsgestaltende Rechtsakte zu erweitern. Weiterhin stellt sich die Frage, welcher Interpretation des Adressatenbegriffs der Vorzug zu geben ist. Denn die Aussage, dass Adressat derjenige ist, dem eine Verhaltenspflicht auferlegt oder eine Berechtigung verliehen worden ist, bestimmt noch nicht hinreichend, wie diese Verpflichtung oder Berechtigung ausgestaltet sein soll. Es ist sowohl vorstellbar, dass jemand lediglich abstrakt bzw. potentiell Adressat einer Rechtsnorm sein kann (weiter Adressatenbegriff); aber auch, dass jemand die tatbestandlichen Voraussetzungen einer Norm erfüllt hat und daher Adressat einer bereits konkretisierten Verpflichtung ist (enger Adressatenbegriff). Die Rechtstheorie vermag diese Frage nicht abschließend zu beantworten.

Die Entscheidung für eine der beiden Varianten ist vielfach durch (der Rechtstheorie an sich fremde) Zweckmäßigkeitsüberlegungen geprägt und kann dementsprechend unterschiedlich ausfallen.[41] So wird man bei Normen, die wiederholt auf jedermann Anwendung finden (z.B. allgemeine Verbotsnormen) zur Annahme neigen, dass sie nicht nur an die aktuell, sondern auch an die potentiell Verpflichteten adressiert ist. Als Adressat wäre jeder anzusehen, der die Tatbestandsmerkmale der Norm verwirklichen kann, unabhängig davon, ob dies tatsächlich jemals geschieht. Andererseits weist *Volkmar* zutreffend darauf hin, dass es auch zahlreiche Normen gibt, die trotz der theoretisch möglichen Anwendbarkeit auf jeden, aufgrund ihrer Anknüpfung an bestimm-

---

[38] S. dazu näher im Kap. V B.

[39] *Engisch*, S. 22 ff., 26; *Zippelius*, S. 2 ff.; krit. zur Imperativtheorie: *Bydlinski*, S. 196 ff.

[40] So: *Volkmar*, S. 47 ff. (52); 257 (Unterscheidung nach dem Inhalt der Maßnahme). Ähnlich: *Larenz*, S. 253.

[41] *Volkmar*, S. 49.

te Eigenschaften in der Praxis selten und von wenigen erfüllt werden. So lag der Sachverhalt etwa in der Rs. *Deutz & Geldermann*[42]. Dort ging es um eine Regelung, die bestimmten, zur Führung der Ursprungsbezeichnung „Champagne" nicht berechtigten Schaumweinherstellern, untersagte, auf ihren Produkten mit der Produktionsmethode *méthode champenoise* zu werben. Streng logisch betrachtet richtete sich das Verbot an die Allgemeinheit, d.h. sowohl an die aktuell als auch an die potentiell Verpflichteten. Allerdings bestand die Besonderheit darin, dass das Hinzukommen weiterer Verwender der *méthode champenoise* höchst unwahrscheinlich war. Denn die Schaffung der Infrastruktur für dieses Herstellungsverfahren war mit erheblichem, finanziellem Aufwand verbunden, den angesichts des o.g. Verbots wohl niemand mehr unternehmen würde. Es befremdet, wenn man jeden potentiellen Verbotsverpflichteten als „Adressaten" der fraglichen Verordnungsvorschrift bezeichnen würde. Noch deutlicher wird es bei Vorschriften, die spezifische Befugnisse bestimmter Organe regeln, z.B. EU-Kommission (Art. 211 ff. EG). Auch in diesem Fall erscheint es überspitzt, jeden EU-Bürger nur deshalb als ihren Adressaten zu bezeichnen, weil theoretisch jedermann Kommissionsmitglied werden könnte. Zweckmäßiger erweist sich daher der enge Adressatenbegriff. Denn erst bei der Begründung einer konkreten Verpflichtung kann man von einer realen Belastung eines Einzelnen ausgehen. Dasselbe gilt für berechtigende oder rechtsgestaltende Normen. Die Feststellung, ob der Adressatenkreis (un-) bestimmt ist, wäre sonst praktisch nicht möglich.[43]

Die Bedeutung der Wahl zwischen dem engen und weiten Adressatenbegriff wird vor allem deutlich, wenn die Zahl der lediglich abstrakt Verpflichteten bereits unveränderlich feststeht, während die Zahl der konkret Verpflichteten noch unbestimmt ist. In der Rs. *Comafrica & Dole*[44] stellte eine EG-Verordnung den Klagegegenstand dar, in welcher das zollfreie Gesamtkontingent von Bananen aus Drittstaaten festgelegt sowie zugleich die Aufteilung der einzelnen Kontingente zwischen den Importeuren geregelt wurde. Die Verordnung teilte die Adressaten in zwei Gruppen: traditionelle und nicht-traditionelle Marktbeteiligte. Dabei sollten die (im Hinblick auf die verfügbare Kontingentmenge günstigere) Zuordnung zu den traditionellen Marktbeteiligten sowie die Festlegung der Referenzmengen für diese Gruppe anhand der individuellen Referenzmengen im Zeitraum 1994-1996 erfolgen. Die Regelung knüpfte damit an einen in der Vergangenheit abgeschlossenen Sachverhalt an, bewirkte aber Rechtsfolgen für die Zukunft. Sie gab nämlich die Beurteilungsgrundlage für die nach ihrem Erlass zu stellenden Anträge auf Kontingentzuteilung vor. Damit lässt sich zwar die Zahl derjenigen Marktteilnehmer bestimmen, die als traditionelle Bananenimporteure qualifiziert werden können. Jedoch hängt die Anwendung der Regelung (Zuteilung einer bestimmten Referenzmenge aus dem Gesamtkontingent) von der fristgemäßen Antragstellung ab. Im Erlasszeitpunkt ist somit noch ungewiss, wie viele Importeure davon Gebrauch machen und ob sie die Eintragung als „traditioneller Marktbeteiligter"

[42] EuGH, Rs. 26/86 (Deutz & Geldermann/Rat), Slg. 1987, S. 941 Rn. 10. Der Gerichtshof sprach hier von „potentiellen Adressaten" des Verbots.
[43] *Volkmar*, S. 50 f.
[44] EuG, Rs. T-139/01 (Comafrica u. Dole Fresh Fruit Europe/Kommission), Slg. 2005, S. II-409.

überhaupt beantragen.[45] In diesem Fall ist die Zahl der „potentiellen Adressaten" bereits bestimmt und nicht mehr erweiterungsfähig (alle, die im Zeitraum 1994-1996 Referenzmengen beantragt haben), während die Zahl der konkret Berechtigten nicht endgültig feststeht, da die Tatbestandsverwirklichung davon abhängt, ob der betreffende Importeur überhaupt einen entsprechenden Antrag stellt. Unter Zugrundelegung des weiten Adressatenbegriffs wäre die Regelung als Individualrechtsakt zu klassifizieren. Das EuG qualifizierte sie indes als allgemeine Rechtsnorm und legte somit den engen Adressatenbegriff zugrunde.[46] Dabei wies es auf das Tatbestandsmerkmal der Antragstellung als noch ungewisse Bedingung der Adressatenstellung hin, demzufolge sich die Zahl der konkret Berechtigten im Erlasszeitpunkt noch nicht mit Sicherheit feststellen ließe.[47]

Zusammenfassend ist also Adressat einer Norm dasjenige Rechtssubjekt, an das sich ein konkretisiertes Verhaltensgebot richtet oder dem eine konkrete Berechtigung verliehen wird oder in dessen Rechtsstellung gestaltend eingegriffen wird.[48] Die Adressatendefinition verlangt freilich nicht, dass der Rechtsakt unmittelbar anwendbar sein muss. Die Vollzugsbedürftigkeit einer Norm ist nicht entscheidend.[49]

b) Adressatenbegriff in der Rechtsprechung des EuGH

aa) Adressat und Betroffener – Interpretationsansätze in der Literatur

Einige, insb. ältere Entscheidungen des EuGH[50] werden teilweise dahingehend interpretiert, dass ein Rechtsakt dann als eine Individualentscheidung zu qualifizieren sei, wenn er den Einzelnen individuell betreffe.[51] Der Adressatenbegriff wird somit um einen weiteren Personenkreis, nämlich den von der Regelung *Betroffenen* erweitert. *Koch* als Verfechter des weiten Adressatenbegriffs begründet dies wie folgt: Nachdem der Gerichtshof den Adressatenkreis anhand der allgemeinen, gattungsmäßig umschriebenen Tatbestandsmerkmale der angefochtenen Regelung festgestellt hatte, kontinuierte er trotzdem die Ausführungen und beschäftigt sich mit der Frage der indivi-

[45] Die Klägerinnen machten geltend, die Kommission könne sich nicht auf die Ungewissheit berufen, welche Marktbeteiligten den Antrag stellen würden. Der individuelle Charakter der durch die Verordnung Nr. 896/2001 gewährten Rechte könne nicht mit der Entscheidung des Berechtigten verwechselt werden, ob er von seinen Rechten Gebrauch mache. Im Erlasszeitpunkt war für jeden Antragsteller klar, welche Referenzmenge ihm zustand. – s. EuG, Rs. T-139/01 (Comafrica u. Dole Fresh Fruit Europe/Kommission), Slg. 2005, S. II- 409 Rn. 59.

[46] EuG, Rs. T-139/01 (Comafrica u. Dole Fresh Fruit Europe/Kommission), Slg. 2005, S. II- 409 Rn. 87-105. Ähnlich bereits: EuGH, verb. Rs. 789 u. 790/79 (Calpak SpA et Società Emiliana Lavorazione Frutta SpA/Kommission), Slg. 1980, S. 1949 (1961) Rn. 9.

[47] S.o. Fn. 46. Ebenso: EuG, Rs. T-155/02 (VVG International Handelsgesellschaft mbH u.a./ Kommission), Slg. 2003, S. II-1949 Rn. 35.

[48] *Volkmar*, S. 257. Der Autor schließt nicht aus, dass diese Definition im positiven Recht, insb. im Verfahrensrecht, erweiterungsbedürfig ist.

[49] Vgl. *Fuß*, NJW 1964, S. 945 (946).

[50] EuGH, Rs. 16 u. 17/62 (Confédération Nationale des Producteurs de Fruits et Légumes/ Rat), Slg. 1962, S. 963 (979). Ähnlich auch: EuGH, verb. Rs. 41 bis 44/70 (International Fruit Company u.a./ Kommission), Slg. 1971 S. 411 Rn. 16/22; EuGH, Rs. 264/82 (Timex Corp./Rat u. Kommission), Slg. 1985, S. 849 (866) Rn. 15 f.

[51] So v.a.: *Daig*, Rn. 86 f.; *Koch*, S. 139 ff.

duellen Betroffenheit der Kläger.[52] Der Übergang zur individuellen Betroffenheit wird von *Koch* als Fortsetzung der Erörterungen zur Rechtsnatur der angegriffenen Maßnahme unter Einbeziehung der „bloß Betroffenen“ interpretiert, mit der Begründung, die Prüfung ergäbe sonst keinen Sinn, da der Rechtscharakter einer Verordnung, also eines Rechtsaktes mit allgemeiner Geltung, bereits feststünde.[53] Dabei geht er aber von der seit dem *Cordoniu*-Urteil[54] überholten These aus, dass Rechtsakte mit allgemeiner Geltung im Wege der Individualnichtigkeitsklage unanfechtbar sind, weil niemand individuell betroffen sein kann. Der Schluss, dass der „Adressat“ mit dem „Betroffenen“ inhaltlich gleichgestellt werde, erscheint daher keineswegs zwingend. Die Fortsetzung der Prüfung durch den EuGH mit der Frage der individuellen Betroffenheit ist als Übergang zur *nächsten Zulässigkeitsvoraussetzung*, nämlich zur Untersuchung der Klageberechtigung, zu verstehen.

Ähnlich wie *Koch* gehen einige Autoren davon aus, dass „Geltung“ und „Betroffensein“ gleichbedeutend sind.[55] In der Konsequenz soll die Abgrenzung zwischen normativen Rechtsakten und Individualmaßnahmen wirkungsbezogen erfolgen. So betrachtet *Möllers* die allgemeine Geltung der Verordnung und das individuelle Betreffen der Entscheidung als ein gleichartiges, aneinandergrenzendes Gegensatzpaar und materielles Abgrenzungskriterium zugleich. Als Folge dieser Prämisse liege kein Normativakt mit allgemeiner Geltung vor, wenn die Maßnahme nach ihrer *Wirkung* ein individuelles Betroffensein hervorruft.[56] Noch weitergehend ist die Auffassung *Allkempers*, der ausgehend von der Gleichsetzung der (individuellen) Geltung mit der (individuellen) Betroffenheit eine Abgrenzung zwischen Norm und Einzelakt anhand der faktisch hervorgerufenen Rechtsfolgen statt des objektiven Tatbestands vorschlägt[57] und sie damit stark relativiert.

bb) Stellungnahme

Die Rechtsprechung hat – trotz dahingehend zu interpretierter Tendenz[58] – die wirkungsbezogene Differenzierungsmethode nicht rezipiert.[59] Die terminologischen Ver-

---

[52] EuGH, verb. Rs. 19-22/62 (Fédération nationale de la boucherie en gros u.a./Rat), Slg. 1962, S. 1005 (1021 f.).

[53] *Koch*, S. 140 f. m.w.N.

[54] St. Rspr. seit EuGH, Rs. C-309/89 (Codorniu SA/Rat), Slg. 1994, S. I-1853. Ähnlich: EuG, Rs. T-196/03 (European Federation for Cosmetic Ingredients/EP u. Rat), Slg. 2004, S. II-4263 Rn. 37. S. dazu: Kap. II B 3.

[55] So z.B.: *Allkemper*, S. 61 ff., 66 ff.; *Daig*, Rn. 86 f.; *Möller*, S. 12 ff., 33 f.. Dagegen: GA *Roemer*, Schlussanträge in der Rs. 63/69 (La Compagnie française commerciale et financière SA/Kommission), Slg. 1970, S. 205 (215, 218); GA *Warner*, Schlussanträge in der Rs. 100/74 (Société CAM SA/Kommission), Slg. 1975, S. 1393 (1414); ferner auch *ders.*, Schlussanträge in der Rs. 113/77 (NTN Toyo Bearing Company Ltd u.a./Rat), Slg. 1979, S. 1185 (1243 ff.) sowie in den verb. Rs. 789 u. 790/79 (Calpak SpA et Società Emiliana Lavorazione Frutta SpA/Kommission), Slg. 1980, S. 1949 (1970 f.).

[56] *Möller*, S. 11.

[57] *Allkemper*, S. 66 ff., 72 ff. (insb. S. 74). Ähnlich: *Bleckmann*, DÖV 1993, S. 837 ff. (842 f.), der die tatsächliche Einwirkung auf den Rechts- bzw. Interessenkreis des Einzelnen für maßgebend hält.

[58] Vgl. EuGH, verb. Rs. 16 u. 17/62 (Confédération nationale des producteurs de fruits and legumes u.a./Rat), Slg. 1962, S. 963 (979); EuGH, Rs. 264/82 (Timex Corp./Rat u. Kommission), Slg. 1985, S. 849 Rn. 15 f.

wirrung, die aus der ganz eindeutigen Verwendung der Begriffe „Adressat" und „Betroffener" herrührt, ist im Grunde auf die frühere, ablehnende Haltung des Gerichtshofs gegenüber einer generellen Anfechtbarkeit normativer Gemeinschaftsrechtsakte durch Private zurückzuführen. Der EuGH ging früher offenbar davon aus, dass echte Rechtsnormen niemanden individuell betreffen können. Aus der (zuvor ausdrücklich oder nur implizit festgestellten) allgemeinen Geltung zog der EuGH die Schlussfolgerung, der Adressat einer allgemein geltenden Maßnahme könne auch nicht i.S.d. Art. 230 Abs. 4 EG individuell betroffen sein.[60] Die Prämisse lautete also *nicht*: „aus allgemeiner Geltung folge nur allgemeine Betroffenheit und umgekehrt impliziere das Fehlen individueller Betroffenheit die allgemeine Geltung" einer Maßnahme.[61] Der Prüfung des EuGH lag vielmehr die Annahme zugrunde, „allgemeine Geltung impliziere in der Regel das Fehlen individueller Betroffenheit".[62] Den umgekehrten Schluss zog er nicht. Heute tendiert der EuGH dahin, dass auch ein Normativakt den Einzelnen individuell betreffen kann.[63]

Klarzustellen ist, dass beide Begriffe: Adressat und Betroffener unterschiedlichen Inhalt haben. Während mit der *Adressaten*stellung ein objektiv intentionales Gerichtetsein einer Maßnahme auf die dort bezeichnete Person(-en) gemeint ist, bedeutet die *Betroffenheit* ein passives Erduldenmüssen der Folgen eines Rechtsakts. Der Adressatenkreis umreißt also die *Geltungs*reichweite des Rechtsaktes, während der Betroffenenkreis eine Aussage über die tatsächliche *Wirkung* desselben trifft. Während die Geltung eine normative, verobjektivierte Situation beschreibt, nämlich wie der infrage stehende Rechtsakt seiner Bestimmung bzw. seiner objektiven Beschaffenheit nach in der gegebenen Rechtsordnung generell *wirken soll*, bezieht sich der Begriff der *Betroffenheit* ausschließlich auf seine *tatsächliche Auswirkung* der Norm *im Einzelfall*. Bei der Festlegung, ob der Rechtsakt individuelle oder allgemeine Geltung hat, sind die intendierten bzw. objektiv aus der Sicht eines rationalen Gesetzgebers vorhersehbaren Wirkungen zu untersuchen. Dagegen verlangt die Prüfung der Betroffenheit eine Betrachtung der konkreten Wirkung, die die Maßnahme auf den einzelnen Adressaten der Regelung oder auch einen Dritten hat. Diese Unterschiede schließen keineswegs aus, dass es oft Überschneidungen geben kann, d.h. der Adressat zugleich Betroffener ist. Es ist aber durchaus auch möglich, dass ein Dritter (Nichtadressat) betroffen ist. Diese Konstellation wird von Art. 230 Abs. 4 Var. 3 EG erfasst. Aus dieser Bestimmung

---

[59] S. etwa: EuGH, Rs. 101/76 (Koniklijke Scholten Honig/Rat u. Kommission), Slg. 1977 S. 797 Rn. 20/22 u. 23/25; EuGH, Rs. 162/78 (Wagner/Kommission), Slg. 1979, S. 3467 Rn. 17-22; EuGH, verb. Rs. 789 u. 790/79 (Calpak SpA et Società Emiliana Lavorazione Frutta SpA/Kommission), Slg. 1980, S. 1949 Rn. 9.

[60] So noch: EuGH, verb. Rs. 97/86, 193/86, 99/86 u. 215/86 (Asteris/Kommission), Slg. 1988, S. 2181 LS 1. In der Rs. *Asteris* hat der EuGH die Regel für die Abgrenzung zwischen Verordnungen und Entscheidungen wiederholt. Es fehlt aber die Subsumtion. Man kann daher nur annehmen, der EuGH die allgemeine Geltung implizit bejahte. Denn er prüfte sogleich die Klageberechtigung – s. Rn. 13 ff.

[61] M.a.W. wäre die Schlussfolgerung in *beide* Richtungen möglich (individuelle Geltung ↔ individuelle Betroffenheit). Das würde bedeuten, dass die individuelle Geltung und die individuelle Betroffenheit inhaltsgleich sind.

[62] Individuelle Geltung → individuelle Betroffenheit.

[63] Vgl. insb. EuGH, Rs. C-309/89 (Codorniu/Rat), Slg. 1994, S. I-1853, Rn. 19. Die Anfechtbarkeit „echter" Verordnungen wurde erstmal bei Antidumpingverordnungen anerkannt, s.o. Kap. II B I 3 a).

lässt sich ein Rückschluss auf die begriffliche Unterscheidung zwischen dem Adressat und dem Betroffenen ziehen. Das Betroffensein des Klägers umfasst seine aufgrund des Rechtsaktes bewirkte Beschwer.[64] Es beschreibt folglich die subjektive Beziehung zwischen dem Kläger und dem Klagegegenstand[65] und nicht die objektive Rechtsnatur der angefochtenen Maßnahme.

Der EuGH definiert zwar den *Klagegegenstand* des Art. 230 Abs. 4 EG wirkungsbezogen. Ein entscheidender Unterschied zur früheren Rechtsprechungslinie liegt vor allem in der Verwerfung der Prämisse, dass eine Individualklage gegen „echte" Normativakte nicht *per se* ausgeschlossen ist. Der Gerichtshof differenziert zwischen der allgemeinen *Geltung*, die die objektive Rechtsnatur beschreibt und der individuellen *Betroffenheit* als Ergebnis der Wirkung der Norm auf den Kläger.[66] Letztere ist schon naturgemäß subjektiv und relativ, denn sie bezieht sich auf das Verhältnis: Kläger – Klagegegenstand. Diese Differenzierung zwischen Rechtsnatur und Anfechtbarkeit ist z.B. im Urteil *Eridania* deutlich. Dort präzisierte das EuG (im Einklang mit der bereits durch den EuGH eingeschlagenen Rechtsprechungslinie[67]) die Anforderungen an die Zulässigkeit einer Klage gegen Verordnungsbestimmungen und stellte unmittelbar im Anschluss an die Feststellung des Normativcharakters der angefochtenen Bestimmung folgendes fest:

> *„Es ist jedoch nicht ausgeschlossen, dass eine Bestimmung, die ihrer Natur und Tragweite nach allgemeinen Charakter hat, eine natürliche oder juristische Person individuell betrifft, nämlich dann, wenn diese aufgrund ihrer besonderen Merkmale oder tatsächlicher Umstände durch die Bestimmung so berührt wird, dass sie aus dem Kreis aller übrigen Personen herausgehoben und in* ***ähnlicher Weise individualisiert*** *wird* ***wie der Adressat*** *einer Entscheidung."*[68]

Hervorzuheben ist, dass der Gerichtshof seit seiner *Plaumann*-Entscheidung[69] von einer adressaten*ähnlichen* Individualisierung in Bezug auf die individuelle Betroffenheit spricht. Damit wird nur verlangt, dass die angefochtene Maßnahme den Kläger in vergleichbarer Weise trifft (tatsächliche Auswirkung), *als ob* er Adressat einer Individualmaßnahme wäre. In der Konsequenz ergibt sich also eine begriffliche Unterscheidung zwischen dem Adressaten und dem Betroffenen eines Rechtsaktes. Das Gericht stellt klar, es stehe dem Charakter einer Bestimmung als allgemeiner Rechtsakt nicht entgegen, dass sie sich auf die Personen, für die sie gilt, im konkreten Fall unterschiedlich auswirken kann, sofern nur ihr Tatbestand objektiv festgelegt ist.[70] Dies bestätigte

---

[64] *Pechstein*, Rn. 394.

[65] Zu den Anforderungen: EuGH, Rs. 250/81 (Greek Canners/Kommission), Slg. 1982, S. 3535 Rn. 11.

[66] Vgl. etwa: EuGH, Rs. 101/76 (Koninklijke Scholten Honig/Rat u. Kommission), Slg. 1977, S. 797 Rn. 20/22 u. 23/25; EuGH, Rs. 162/78 (Wagner GmbH Agrarhandel u.a./Kommission), Slg. 1979, s. 3467 Rn. 17; EuGH, verb. Rs. 789 u. 790/79 (Calpak/Kommission), Slg. 1980, S. 1949 Rn. 9 f.

[67] EuGH, Rs. C-209/94 P (Buralux u. a./Rat), Slg. 1996, S. I-615 Rn. 25.

[68] EuG, Rs. T-158/95 (Eridania Zuccherifici Nazionali SpA u.a./Rat), Slg. 1999, S. II-2219 Rn. 56.

[69] EuGH, Rs. 25/62 (Plaumann/Kommission), Slg. 1963, S. 211 (238); wiederholt auch im zitierten *Eridania*-Urt. des EuG (s.o.); ferner auch: EuGH, Rs. 11/82 (Piraiki-Patraiki u.a./Kommission), Slg. 1985 S. 207 Rn. 11.

[70] EuG, Rs. T-158/95 (Eridania Zuccherifici Nazionali SpA u.a./Rat), Slg. 1999, S. II-2219 (Urteilsgründe).

der EuGH später im Urteil *Cordoniu*, in dem er unter Zugrundelegen der Kriterien des Art. 230 Abs. 4 EG (ex-Art. 173 Abs. 2) der streitigen Verordnungsvorschrift normativen Charakter beimaß. Dieser Umstand schließe nach Auffassung des EuGH die individuelle Betroffenheit bestimmter natürlicher oder juristischer Personen nicht aus.[71] *„Denn unter bestimmten Umständen kann selbst eine Norm, die auf alle betroffenen Wirtschaftsteilnehmer Anwendung findet, einige von ihnen individuell betreffen und ihnen gegenüber daher eine Entscheidung sein"*.[72]

Ein weiteres Argument gegen die Erweiterung des Adressatenbegriffs durch Einbeziehung der Betroffenen liefern Entscheidungen zur Anfechtung von Richtlinienbestimmungen. In der *Gibraltar*-Entscheidung hat der EuGH deutlich zwischen den Adressaten der Richtlinie, d.h. den Mitgliedstaaten und den möglicherweise Betroffenen, natürlichen bzw. juristischen Personen unterschieden.[73] In einer jüngeren Entscheidung bejahte das EuG zwar die Betroffenheit der im Anhang zur angefochtenen Verordnung namentlich aufgeführten Kläger, stellte jedoch fest, dass diese selbst nicht Adressaten der Regelung seien, da die streitgegenständliche Verordnung ein Verbot gegenüber jedermann statuiere, bestimmten Personen Gelder oder wirtschaftliche Ressourcen zur Verfügung zu stellen.[74] Daraus lässt sich schließen, dass die Adressatenstellung als eine *qualitativ andere* Größe im Verhältnis zur Betroffenheit begriffen wird.[75] Dass die Rechtsprechung zur Ermittlung der Rechtsnatur einer Maßnahme das Kriterium des Adressaten durch die Einbeziehung der Betroffenen erweitert, wird durch die neueren Judikate widerlegt. Diese Annahme basiert auf der irrigen Gleichstellung beider Elemente.

cc) Unterscheidung zwischen dem Subjekt und dem Objekt einer Norm

Die Feststellung des Normadressaten bereitet gewisse Schwierigkeiten, wenn unterschiedliche Personen durch die Regelung im eigenen Rechtskreis berührt werden und somit unklar ist, an wen sie sich eigentlich richtet. Die Problematik der Unterscheidung zwischen Subjekt und Objekt einer Norm wird anhand jüngster Entscheidung des EuG[76] deutlich. Dort ging es um Nichtigkeitsklagen Privater gegen EG-Verordnungen,

---

[71] EuGH, Rs. C-309/89 (Codorniu/Rat), Slg. 1994, S. I-1853, Rn. 19. Ebenso: EuGH, Rs. C-451/98 (Antillean Rice Mills/Rat), Slg. 2001, S. I-8949, Rn. 49; EuG, Rs. T-223/01 (Japan Tobacco und JT International/EP u. Rat), Slg. 2002, S. II-3259 Rn. 29; EuG, Rs. T-167/02 (Établissements Toulorge/EP u. Rat), Slg. 2003, S. II-1111 Rn. 26; EuG, Rs. 392/02 (Solvay Pharmaceuticals/Rat), Slg. 2003, S. II-4555 Rn. 76.

[72] EuG, Rs. T-196/03 (European Federation for Cosmetic Ingredients/EP u. Rat), Slg. 2004, S. II-4263 Rn. 38.

[73] EuGH, Rs. C-298/89 (Regierung von Gibraltar/Rat), Slg. 1993, S. I-3605 Rn. 16.

[74] EuG, Rs. T-306/01 (Ahmed Ali Yusuf u. Al Barakaat International Foundation/ Rat u. Kommission), Slg. 2005, S. II-3533 Rn. 186.

[75] S. auch: EuGH, Rs. 63/69 (Compagnie française commerciale et financière/Kommission), Slg. 1970, S. 205 (211) Rn. 9/10: *„Dass eine allgemeine Vorschrift die einzelnen Rechtsunterworfenen unterschiedlich berührt, vermag ihr für sich allein den Verordnungscharakter nicht zu nehmen. Es gehört im Gegenteil zum Wesen einer allgemeinen Vorschrift, dass ihre einheitliche Anwendung die betroffenen je nach den Besonderheiten ihrer Lage oder Tätigkeit verschieden berühren kann."*

[76] EuG, Rs. T-306/01 (Ahmed Ali Yusuf u. Al Barakaat International Foundation/ Rat u. Kommission), Slg. 2005, S. II-3533.

durch die Wirtschaftssanktionen gegen die Kläger u.a. in Form des Einfrierens ihrer Konten auferlegt wurden. Die Kläger machten geltend, die von der angefochtenen Verordnung erfassten Personen und Einrichtungen ergäben sich nicht aus einem abstrakt bestimmten Personenkreis, sondern aus einer Namensliste. Aus diesem Grunde sahen sie darin ein Bündel von Individualentscheidungen und eben keine Maßnahme allgemeiner Geltung. Das EuG ist dem nicht gefolgt. Die Richter wiesen darauf hin, dass für die Beurteilung des Normativcharakters nicht auf die namentlich genannten Betroffenen abgestellt werden kann, sondern auf die Tatsache, dass die Verordnung *„jedermann verbietet, bestimmten Personen Gelder oder wirtschaftliche Ressourcen zur Verfügung zu stellen. Dass diese Personen in Anhang I der Verordnung namentlich aufgeführt und daher von ihr im Sinne von Artikel 230 Absatz 4 EG unmittelbar und individuell betroffen sind, ändert nichts am allgemeinen Charakter dieses Verbots, das erga omnes gilt.“*[77]

Das Gericht hielt der Argumentation der Kläger entgegen, sie beruhe im Grunde auf einer Verwechslung zwischen dem Begriff des Adressaten eines Rechtsakts und des Gegenstands dieses Rechtsakts.[78] Die Adressierung an die Allgemeinheit (Regelungs*subjekte*), darunter z.B. Kreditinstitute, wurde damit als entscheidend für den Rechtscharakter des angefochtenen Rechtsaktes betrachtet, während die Auswirkungen auf die namentlich aufgeführten Personen und Organisationen (Anordnungs*objekte*) als mittelbare Folge der Verbote angesehen wurde. Den Klägern werden keine Verhaltenspflichten auferlegt. Ihre Rolle erschöpft sich in der (passiven) Erduldung der Verbote, die sich an einen unbestimmten Personenkreis richten. Die Kläger sind folgerichtig Betroffene, ohne gleichzeitig Adressaten zu sein.[79]

Die Adressierung einer Norm kann unterschiedlich gestaltet sein. Darin ist eine wechselseitige Verzahnung zwischen der Form und dem materiellen Inhalt zu sehen. Ob die angeordneten Transaktionsverbote die im Anhang aufgezählten Personen und Organisationen oder vielmehr deren Geschäftspartner, also einen unbestimmten Personenkreis verpflichten, hängt nämlich davon ab, an wen sie objektiv-final gerichtet werden. Die Wahl der Form eines Individualrechtsaktes beschränkt die Verpflichtung auf diejenigen Personen, an die sie sich richtet. Rechtspflichten für Dritte vermag sie indes nicht zu begründen, auch wenn die Folgen der Regelung sie durchaus „betreffen“ können. Will der Gemeinschaftsgesetzgeber dagegen einen unbestimmten Personenkreis dem Verbot unterwerfen, bedarf es des Erlasses einer Verordnung. Bei Unklarheiten im Hinblick auf den maßgeblichen Adressatenkreis ist daher ein Rückgriff auf den objektiven Zweck der Regelung geboten.[80]

Als Ergebnis bleibt jedenfalls festzuhalten, dass die Rechtsprechung der Gemeinschaftsgerichte als „Adressaten“ einer Maßnahme dasjenige Rechtssubjekt betrachtet,

---

[77] EuG, aaO, Rn. 186.

[78] EuG, aaO, Rn. 187.

[79] Es ist auch vorstellbar, dass einige Betroffene zugleich Adressaten sind, wenn sie den Tatbestand erfüllen, d.h. z.B. selbst Kreditgeschäfte mit anderen Betroffenen vornehmen. Die Verordnung lässt den Adressatenkreis offen. Die Betroffenen sind aber nicht *per se* Verbotsadressaten.

[80] Der Gerichtshof hebt in st. Rspr. die „objektive Zweckbestimmung“ als maßgeblich für den Rechtscharakter einer Maßnahme hervor – vgl. etwa: EuGH, Rs. 26/86 (Deutz & Geldermann/Rat), Slg. 1987, S. 941 Rn. 8.

dessen Rechte oder Pflichten sie begründet oder dessen (bestehende) Rechtsbeziehungen sie gestaltet. Der „Betroffene" wird mit dem Adressaten nicht gleichgesetzt.

c) Anforderungen an die Allgemeinheit des Adressatenkreises

Ausgehend von der Definition des Adressaten ist zu untersuchen, wie die Allgemeinheit des Adressatenkreises zu bestimmen ist. Denkbar sind im Wesentlichen zwei Varianten: begriffliche Allgemeinheit oder Unbestimmtheit der Adressatenzahl.[81]

aa) Ansatz der Rechtsprechung des EuGH

In der Rs. *Spijker Kwasten* hat der EuGH eine staatengerichtete Entscheidung als eine Maßnahme von allgemeiner Tragweite gegenüber dem einzigen Betroffenen qualifiziert, die bei objektiv bestimmten Sachverhalten Anwendung findet und rechtliche Wirkungen gegenüber allgemein und abstrakt umschriebenen Personengruppen entfaltet.[82] Dabei ließ er sich ersichtlich von der sprachlichen Fassung des Rechtsaktes leiten und den „Maßnahmengesetzescharakter" der Entscheidung unberücksichtigt. Den Auslöser stellte nämlich ein konkreter Vorgang dar, wobei beim Erlass der Entscheidung bereits feststand, dass es in diesem Zeitpunkt nur einen einzigen Betroffenen gab. Vor diesem Hintergrund ist fraglich, (1) ob die Adressatenzahl bestimmt[83] oder lediglich bestimmbar[84] sein muss, um eine Maßnahme als allgemeinen Rechtssatz einzustufen, und (2) wann Bestimmtheit angenommen werden kann.

(1) Bestimmtheit oder Bestimmbarkeit?

Nach ständiger Rechtsprechung verliert eine Handlung ihren normativen Charakter nicht dadurch, dass sich die Rechtssubjekte, für die sie gilt, nach Zahl oder sogar Identität mit mehr oder weniger großer Genauigkeit *bestimmen lassen*, solange feststeht, dass die Normanwendung aufgrund einer objektiven, rechtlichen oder tatsächlichen Situation erfolgt, die in dem Rechtsakt umschrieben ist.[85] Bei der Formulierung, wonach die Adressaten „bestimmt werden können" ist unklar, ob der Gerichtshof objektive Bestimm*theit* des Adressatenkreises verlangt oder sich bereits mit der Feststellung der Bestimm*barkeit* im Erlasszeitpunkt begnügt. Ältere Entscheidungen[86] schienen

---

[81] Für die zweite Alternative: *Fuß*, JuS 1967, S. 552 (523); *Volkmar*, S. 54 f. u. 57 ff. Vgl. auch: *Koch*, S. 132 f.

[82] EuGH, Rs. 23/82 (Spijker Kwasten/Kommission), Slg. 1983, S. 2559 ff. (2566).

[83] So: EuGH, Rs. 206/87 (Société Lefebvre Frère et Söur SA/Kommission), Slg. 1989, S. 275 (289);

[84] Für bloße Bestimmbarkeit (sowohl für die Bestimmung der Rechtsnatur einer Maßnahme i.R.d. Art. 230 Abs. 4 EG als auch für die Klageberechtigung): *Allkemper*, S. 65 ff.; ähnlich: *Ehle*, NJW 1963, S. 2193 (2196).

[85] St. Rspr. seit: EuGH, Rs. 6/68 (Zuckerfabrik Watenstedt/Rat), Slg. 1968, S. 611. Bestätigt u.a.: EuGH, Rs. C-264/91 (Abertal u. a./Rat), Slg. 1993, S. I-3265 Rn. 16; EuGH, Rs. C-10/95 (Asocarne/Rat), Slg. 1995, S. 4149 Rn. 30; EuGH, Rs. C-87/95 P (CNPAAP/Rat), Slg. 1996, S. I-2003, Rn. 35; EuG, Rs. T-482/93 (Weber/Kommission), Slg. 1995, S. II-609, Rn. 55; EuG, Rs. T-39/98 (Sadam u.a./Rat), Slg. 1998, S. II-4207 Rn. 17; EuG, Rs. T-196/03 (European Federation for Cosmetic Ingredients/EP u. Rat), Slg. 2004, S. II-4263 Rn. 35.

[86] S. z.B.: EuGH, Rs. 16 u. 17/62 (Confédértion Nationale des Producteurs de fruits et légumes/Rat), Slg. 1962, S. 963 (978 f.); EuGH, Rs. 6/68 (Zuckerfabrik Watenstedt), Slg. 1968, 611; EuGH, verb.

sich bei der Abgrenzung zwischen Rechtsakten mit individueller und allgemeiner Geltung noch auf die Bestimmbarkeit des Adressatenkreises zu stützen. Inzwischen hat sich eine Rechtsprechung etabliert, wonach die Identifizierung der von der Regelung in einem bestimmten Anwendungszeitpunkt betroffenen Personen nach Zahl und Identität den Charakter eines Normativaktes mit allgemeiner Geltung nicht berühre, solange dieser aufgrund einer „objektiven Rechts- oder Sachlage" Anwendung findet.[87] Die Bestimmbarkeit ist also für die Beurteilung der Rechtsnatur unerheblich. Die mehr oder weniger genaue Spezifizierung des Normsubjekts durch das Anknüpfen an bestimmte Eigenschaften oder ein bestimmtes Verhalten beschränkt nur den Kreis der Betroffenen, nicht hingegen die Normadressierung als solche.

Mit Bestimm*barkeit* kann die subjektive Kenntnis des Erlassorgans bzw. das Kennenmüssen des Personenkreises gemeint sein, welcher von der Regelung erfasst werden soll. Es handelt sich dann um ein subjektives Kriterium. Allerdings enthält die so begriffene Bestimmbarkeit keinen neuen Informationsgehalt gegenüber der objektiv-logischen Bestimmtheit, sondern setzt sie denknotwendig voraus. Darüber hinaus ergäben sich in der praktischen Anwendung kaum lösbare Schwierigkeiten, wenn man feststellen müsste, wo die Grenze zwischen den noch Bestimmbaren und der Unzumutbarkeit der Ermittlung anzunehmen ist. Zwar ist die Kenntnis gewisser Tatsachen für die Rechtssetzungsorgane unentbehrlich. Denn Regelungen dienen der Konfliktbewältigung zwischen unterschiedlichen Interessen und erfordern daher eine gründliche Informierung über die bestehenden Probleme. Auch in beweistechnischer Hinsicht ergäben sich jedoch kaum lösbare Probleme. Schließlich würde man der historischen Auslegungsmethode vor der objektiven Zwecksetzung des Rechtsaktes den Vorrang einräumen, was methodisch schwer nachvollziehbar wäre. Auch das gelegentlich vorgeschlagene Abstellen auf die Überschaubarkeit des Personenkreises als Ansatzpunkt für die Annahme einer individuellen Geltung[88] ist abzulehnen. Denn derartige quantitative Überlegungen überlassen es dem Zufall, ob die Regelung im Erlasszeitpunkt Anwendung nur auf wenige Rechtssubjekte findet oder bereits einen größeren Adressatenkreis erfasst. Als Abgrenzungskriterium erweist sie sich also als unbrauchbar.

Weiterhin wäre denkbar, die Bestimmbarkeit im Zusammenhang mit der Kennzeichnungsart des benannten Personenkreises anzuwenden.[89] Ein objektiv feststehender, d.h. der Zahl nach bestimmter Adressatenkreis würde nicht direkt angesprochen, sondern gattungsmäßig durch allgemeine Merkmale umschrieben und mit: „wer" oder „jeder" bezeichnet. Aber auch in diesem Falle erweist sich das Kriterium der Bestimmbarkeit als überflüssig. Denn durch die geschickte Wahl der entsprechenden Formulierungen könnte die Erlassstelle jederzeit beliebig über die Rechtsnatur des

Rs. 41 bis 44/70 (Fruit Company/Kommission), Slg. 1971, S. 411 Rn. 16/22; EuGH, Rs. 113/77 (NTN Toyo Bearing Co./Rat), Slg. 1979, S. 1185 Rn. 11.

[87] Siehe z.B.: EuGH, verb. Rs. 789 u. 790/79 (Calpak/Kommission), Slg. 1981, S. 1949 Rn. 9; EuGH, Rs. 64/80 (Guiffrida u. Campogrande/Rat), Slg. 1981, S. 693 Rn. 7; EuGH, Rs. 45/81 (Moksel/Kommission), Slg. 1982, S. 1129 Rn. 17; EuGH, Rs. 242/81 (Roquette Frères/Rat), Slg. 1982, S. 3213 Rn. 7; EuGH, Rs. 307/81 (Alusuisse/Rat u. Kommission), Slg. 1982, S. 3463 Rn. 11; EuGH, Rs. C-270/95 P (Christina Kik/Rat u. Kommission), Slg. 1996, S. I-1987 Rn. 13; EuG, verb. Rs. T-480/93 u. T-483/93 (Antillean Rice Mills NV u.a./Kommission), Slg. 1995, S. II-2310 Rn. 65.

[88] Vgl. *Bleckmann*, Rn. 129.

[89] *Fuß*, NJW 1964, S. 945 (947).

Rechtsaktes entscheiden. Zwar ist zuzugeben, dass die abstrakte Formulierung eine notwendige Voraussetzung eines jeden Normativaktes darstellen mag[90], denn durch die bestimmte Adressierung kann bereits der Geltungskreis von vornherein eingeschränkt werden. Jedoch handelt es sich hierbei noch nicht um eine hinreichende Voraussetzung, weil ebenso gut ein individueller Rechtsakt einfach entsprechend umformuliert werden kann. Die Bestimmbarkeit stellt mithin kein brauchbares Kriterium für die Abgrenzung von Individualmaßnahmen und allgemeinen Rechtsnormen. In der Praxis liefe es wiederum darauf hinaus, den Rechtscharakter der Maßnahme von der subjektiven Kenntnis oder vom Kennenmüssen des Erlassorgans abhängig zu machen.

Die Rechtsprechung misst daher der *subjektiven* Bestimmtheit bzw. Bestimmbarkeit keine Bedeutung im Hinblick auf die Feststellung der Rechtsnatur einer Maßnahme bei.[91] In der Rs. *Comafrica* beriefen sich die Klägerinnen darauf, dass die Kommission beim Erlass der umstrittenen Verordnung Identität und Gesamtzahl der Betroffenen kannte, was das EuG zurückwies.[92] Zwar ließ sich die Kenntnis der Kommission (bzw. Kennenmüssen) im konkreten Fall sogar leicht belegen, da die für die Erteilung neuer Einfuhrlizenzen für Bananen maßgebliche, individuelle Referenzmengen der betreffenden Marktbeteiligten im bestimmten, vergangenen Zeitraum eingetragen waren. Die Kommission hat daher gewusst, welche Marktbeteiligten ein Recht auf Einfuhrlizenzen haben werden und welche Mengen ihnen zustehen. Das EuG sah diesen Umstand als irrelevant für allgemeine Geltung der Verordnungsbestimmung an. Die normative Geltung einer Vorschrift wird nach Auffassung des Gerichts nicht in Frage gestellt, auch wenn sich der Adressatenkreis im Erlasszeitpunkt bestimmen lässt, solange diese *„objektive Tatbestände rechtlicher oder tatsächlicher Art erfasst.“*[93] Das EuG erteilte dem Bestimmbarkeitskriterium eine klare Absage.

Wenn man also von der Bestimm*barkeit* spricht[94], dann ist im Grunde genommen nichts anderes als *Un*bestimmtheit gemeint. Wollte man die Existenz einer Zwischenkategorie anerkennen, dann wäre eine Abgrenzung zwischen Normativ- und Individualrechtsakten kaum möglich. Das Gegensatzpaar „bestimmt“ und „unbestimmt“ duldet somit keine „Grauzonen“: entweder liegt das Eine oder das Andere vor. Anknüpfend an die (Un-) Bestimmtheit verspricht die Bestimmung der Allgemeinheit einer Maßnahme durch das Erfordernis der zahlenmäßigen Unbestimmtheit des Adressatenkreises eine präzise Abgrenzung.

---

[90] Vgl. aber: EuGH, verb. Rs. C-15/91 u. C-108/91 (Buckl u. a./Kommission), Slg. 1992, S. I-6061 Rn. 25 ff. – Hier ließ der EuGH die Form „Entscheidung“ außer Betracht und berücksichtigte nicht einmal die unmittelbaren Rechtsfolgen (individuelle Absage), sondern die Folgewirkungen (Nichterlass einer Verordnung). Während der EuGH einer abstrakten Fassung oft Indizwirkung für den Normativcharakter beimisst, ging er im umgekehrten Fall ausschließlich auf materielle Gesichtspunkte ein.

[91] S. auch: EuGH, Rs. C-87/95 P (CNPAAP/Rat), Slg. 1996, S. I-2003 Rn. 35; EuG, Rs. T-113/99 (Galileo u. Galileo International/Rat), Slg. 2000, S. II-4141 Rn. 47; EuGH, Rs. C-96/01 P (Galileo u. Galileo International/Rat), Slg. 2002, S. I-4025).

[92] EuG, Rs. T-139/01 (Comafrica u. Dole Fresh Fruit Europe/Kommission), Slg. 2005, S. II- 409 Rn. 56.

[93] EuG, Rs. T-139/01 (Comafrica u. Dole Fresh Fruit Europe/Kommission), Slg. 2005, S. II- 409 Rn. 95.

[94] So aber: *Allkemper*, S. 65 f., 74 f.

(2) Ermittlung der Unbestimmtheit des Adressatenkreises

Die Gemeinschaftsgerichte betonen in ständiger Rechtsprechung, dass der normative Charakter einer Maßnahme davon abhängt, ob die Normanwendung aufgrund einer *objektiven* rechtlichen oder tatsächlichen Situation erfolgt, die in dem Rechtsakt *umschrieben* ist.[95] Den normativen Charakter einer Maßnahme, der sie zu einer allgemeinen Regelung macht, sieht die Rechtsprechung darin begründet, dass die Regelung für objektiv festgelegte Tatbestände gilt und in einer allgemeinen Formulierung an abstrakt *bezeichnete* Kategorien von Personen gerichtet ist[96], wohingegen die zahlenmäßige Bestimmbarkeit oder gar Individualisierbarkeit der Adressaten dem normativen Charakter nicht *per se* entgegensteht. Den Ausführungen des Gerichtshofs lässt sich entnehmen, dass auf die begriffliche Allgemeinheit, nicht auf zahlenmäßige Unbestimmtheit abgestellt wird. Unter einer allgemeinen Rechtsnorm wäre konsequent jeder mit einem Allquantor eingeleitete Normsatz zu verstehen, d.h. Wendungen wie „für jedes *x* gilt ...“, „alle...“, „jeder ...“, „kein...“.[97]

Die Terminologie des EuGH ist allerdings etwas verwirrend, denn in vielen Entscheidungen sind auch Indizien zu finden, dass die zahlenmäßige (Un-)Bestimmtheit als maßgebliches Kriterium betrachtet wird. Das gilt z.B. für Fälle, in denen die strittige Regelung an bereits in der Vergangenheit abgeschlossene Vorgänge (z.B. bis zum bestimmten Stichtag gestellte Anträge) angeknüpfte, weil der Kreis der Normadressaten zahlenmäßig bestimmt und nicht mehr erweiterungsfähig war.[98] Das ist aber inkonsequent: Trotz der deklaratorisch bevorzugten materiellen Betrachtungsweise bei der Beurteilung des Rechtscharakters einer Maßnahme begnügt sich der Gerichtshof oft mit einer rein formalen Betrachtung des Inhalts, nämlich der Formulierung der entsprechenden Vorschriften.[99] Dann ist aber in Wirklichkeit die Form, nämlich die re-

---

[95] St. Rspr. seit: EuGH, Rs. 6/68 (Zuckerfabrik Watenstedt/Rat), Slg. 1968, S. 611. Vgl auch: EuGH, Rs. 64/69 (Compagnie française commerciale et financière/Kommission), Slg. 1970, S. 221 Rn. 11; EuGH, Rs. 242/81 (Roquette Frères/Rat), Slg. 1982, S. 3213 Rn. 7; EuGH, Verb. Rs. 97/86, 99/86, 193/86 u. 215/86 (Asteris u. a./Kommission), Slg. 1988, S. 2181 Rn. 13; EuGH, Rs. 160/88 R (Fédération européenne de la santé animale [FEDESA] u.a./Rat), Slg. 1988; S. 6399 Rn. 29, EuGH, verb. Rs. C-15/91 u. C-108/91 (Buckl u. a./Kommission), Slg. 1992, S. I-6061 Rn. 25; EuGH, Rs. C-264/91 (Abertal u. a./Rat), Slg. 1993, S. I-3265 Rn. 16); EuGH, Rs. C-10/95 (Asocarne/Rat), Slg. 1995, S. 4149 Rn. 30; EuGH, Rs. C-87/95 P (CNPAAP/Rat), Slg. 1996, S. I-2003, Rn. 33-35; EuG, Rs. T-482/93 (Weber/Kommission), Slg. 1995, S. II-609, Rn. 55; EuG, Rs. T-39/98 (Sadam u. a./Rat), Slg. 1998, S. II-4207 Rn. 17 [eigene Hervorhebung der Verfasserin].

[96] EuG, Rs. T-158/95 (Eridania Zuccherifici Nazionali SpA u.a./Rat), Slg. 1999, S. II-2219 Rn. 54 f. [eigene Hervorhebung der Verfasserin].

[97] Allgemein dazu: *Weinberger*, S. 63.

[98] S. z.B.: EuGH, verb. Rs. 41-44/70 (International Fruit Company u.a./Kommission), Slg. 1971, S. 411 Rn. 16/22; EuGH, Rs. 62/70 (Bock/Kommission), Slg. 1971, S. 897 Rn. 10; EuGH, Rs. 100/74 (CAM SA/Kommission u. Rat), Slg. 1975, S. 1393 Rn. 14-19; EuGH, Rs. 88/76 (Société pour l'exportation des sucres SA/Kommission), Slg. 1977, S. 709 Rn. 9-12; EuGH, Rs. C-354/87 (Weddel/Kommission), Slg. 1990, S. I-3847 Rn. 23; EuGH, Rs. C-152/88 (Sofrimport), Slg. 1990, S. I-2477 Rn. 11-13 (hier waren die von der Importbeschränkung betroffenen Waren bereits verschifft worden); EuG, verb. Rs. T-198/95, T-171/96, T-230/97, T-174/98 u. T-225/99 (Comafrica und Dole Fresh Fruit Europe/Kommission), Slg. 2001, S. II-1975 Rn. 106.

[99] Vgl.: EuGH, Rs. 101/76 (Koniklijke Scholten Honig/Rat u. Kommission), Slg. 1977 S. 797 (808) Rn. 20/22 u. 23/25; EuGH, Rs. 307/81 (Alusuisse/Rat u. Kommission), Slg. 1982, S. 3463 Rn. 11; EuGH, Rs. 26/86 (Deutz & Geldermann/Rat), Slg. 1987, S. 941 Rn. 8; EuGH, Rs. 206/87 (Lefebvre

daktionelle Gestaltung des Rechtsaktes und nicht der Inhalt entscheidend. Diese Betrachtung basiert im Grunde auf der überkommenen Theorie der begrifflichen Allgemeinheit, wonach die begrifflich-gattungsmäßige Bezeichnung der Adressaten für die Bestimmung der Rechtsnatur einer Maßnahme hinreichend sei.[100]

Bedenken gegen die Maßgeblichkeit der Tatbestandsformulierung liegen auf der Hand, denn die „begriffliche Notwendigkeit"[101] ist von der gewählten Bezeichnung der Adressaten abhängig und könnte damit von dem erlassenden Organ theoretisch beliebig bestimmt werden.[102] Das bedeutet aber, der Rechtscharakter der Regelung wird nicht seinem materiellen Wesen nach zu beurteilen ist, sondern von der Erlassstelle bestimmt. Diese Konsequenz wird insb. in den Fällen deutlich, in denen eine Regelung für einen fixierten, im Nachhinein nicht erweiterungsfähigen Adressatenkreis erlassen werden soll. Dann gibt es für die Erlassstelle grundsätzlich zwei Möglichkeiten: entweder die Betroffenen namentlich zu bezeichnen oder sie abstrakt nach ihren Gattungsmerkmalen zu erfassen.

Zweifelhaft ist jedoch, ob der Gerichtshof tatsächlich eine solche Pseudoabstraktion meint. Möglicherweise behandelt er die abstrakte Formulierung lediglich als Indiz und nicht bereits als hinreichende Voraussetzung für die Qualifikation als Normativakt. Dafür spricht die Heranziehung weiterer Gesichtspunkte, insb. die Anwendbarkeit aufgrund des „objektiven Tatbestands". Die Gemeinschaftsgerichte ziehen die begriffliche Allgemeinheit als zusätzliche (notwendige), aber nicht einzige (hinreichende) Voraussetzung der allgemeinen Geltung heran.[103] In vielen Entscheidungen geht der EuGH explizit auf die zahlenmäßige (Un-)Bestimmtheit der Adressaten ein und untersucht, ob sich der Kreis der vom Tatbestand erfassten Personen in rechtlicher (nicht bloß tatsächlicher) Hinsicht potentiell erweitern lässt oder ob die Regelung ihrer objektiven Zweckbestimmung nach bereits so beschaffen ist, dass der Adressatenkreis im Erlasszeitpunkt bereits zahlenmäßig unveränderlich feststeht.[104] Vor diesem Hintergrund ist es folgerichtig, wenn die Rechtsprechung die allgemeine Geltung einer Maßnahme auch dann bejaht, wenn *„sich die Rechtssubjekte, auf die sie zu* ***einem bestimmten Zeitpunkt Anwendung*** *findet, der Zahl oder sogar der Identität nach mehr oder*

Frère et Soeur/Kommission), Slg. 1989, S. 275 Rn. 18; EuGH, Rs. C-87/95 P (CNPAAP/Rat), Slg. 1996, S. I-2003, Rn. 33-35; EuG, Rs. T-482/93 (Weber/Kommission), Slg. 1995, S. II-609, Rn. 55; EuG, Rs. T-158/95 (Eridania Zuccherifici Nazionali SpA u.a./Rat), Slg. 1999, S. II-2219 Rn. 54 f.; EuG, Rs. T-39/98 (Sadam u. a./Rat), Slg. 1998, S. II-4207 Rn. 17; krit. dazu: *Bleckmann*, in: FS Menger (1985), S. 871 (875 ff.); *v. Winterfeld*, NJW 1988, S. 1409 (1410 f.). Jüngst: EuG, Rs. T-196/03 (European Federation for Cosmetic Ingredients (EFfCI)/EP u. Rat), Slg. 2004, S. II-4263 Rn. 36 ("*allgemein und abstrakt umschriebene Kategorie juristischer Personen*").

[100] So: *Jellinek*, S. 139 ff., 148 ff.

[101] *Jellinek*, S. 139 ff., 148 ff.

[102] In diesem Sinne: *Volkmar*, S. 54.

[103] EuGH, verb. Rs. 97/86, 193/86, 99/86 u. 215/86 (Asteris/Kommission), Slg. 1988, S. 2181 Leitsatz 1 und Rn. 12 u. 15; EuG, Rs. T-158/95 (Eridania Zuccherifici Nazionali SpA u.a./Rat), Slg. 1999, S. II-2219 Rn. 54 f.

[104] EuG, Rs. T-155/02 (VVG International Handelsgesellschaft mbH u.a./Kommission), Slg. 2003, S. II-1949 Rn. 35. Ebenso bereits: EuGH, verb. Rs. 41 bis 44/70 (International Fruit Company/Kommission), Slg. 1971, S. 411 Rn. 16/22. – dort sprach der EuGH einer Verordnungsbestimmung, die Regelung für einen geschlossenen, nicht erweiterungsfähigen Adressatenkreis enthielt, die allgemeine Geltung ab.

weniger genau bestimmen lassen, solange diese Anwendung aufgrund einer objektiven rechtlichen oder tatsächlichen Situation erfolgt, die in der Verordnung im Zusammenhang mit ihrer Zielsetzung umschrieben ist."[105] Für die Beurteilung ist der Erlasszeitpunkt maßgeblich. Spätere Entwicklungen und unterschiedliche Auswirkungen der Regelung auf die einzelnen Adressaten haben keinen Einfluss auf die Rechtsnatur als solche. Der Vorteil dieser Betrachtungsweise liegt darin, dass sie eine klare Abgrenzung und eindeutige Ergebnisse ermöglicht.

bb) Stellungnahme

Bei Rechtsnormen können formelle und materielle Adressierung unterschieden werden.[106] Die Differenzierung zwischen den beiden Kategorien kann indes als Hilfskonstruktion zur Bestimmung des Adressaten betrachtet werden. Die Gestaltung der formellen Adresse durch den Normgeber beeinflusst im Wesentlichen auch die materielle Adressierung des Rechtsaktes. Form und Inhalt stehen nicht unabhängig nebeneinander, sondern in einem Wechselwirkungsverhältnis zueinander. Sie nehmen Bezug aufeinander. Daraus resultiert eine gewisse Relativität zwischen Form und Inhalt, sodass sich das auf den ersten Blick als Gegensatzpaar Erscheinende eigentlich nur als Betrachtung aus unterschiedlichen Blickwinkeln eines und desselben Gegenstandes entpuppt.[107] Das als „formal" bezeichnete Moment weist durchaus materielle Aspekte auf und umgekehrt.[108] Die Verzahnung der materiellen und formellen Aspekte innerhalb eines Rechtssatzes lässt sich nicht leugnen. Rechtsrelevante Handlungen werden in bestimmte rechtliche Formen gekleidet. Menschliches Verhalten wird erst durch irgendeine Form nach außen manifestiert.[109] Vor diesem Hintergrund wird die Vorgehensweise des Gerichtshofs bei der Ermittlung des Normadressaten verständlich, wenn der abstrakten Formulierung eine gewisse Indizwirkung beigemessen wird.

Zur Ermittlung der Rechtsnatur einer Maßnahme ist auf die Bestimmtheit, nicht auf die bloße Bestimmbarkeit abzustellen, da Letztere mangels fester Konturen hierzu ungeeignet ist. Soll die Regelung nicht ins Leere laufen, muss der Adressatenkreis irgendwie bestimmbar sein, weil sich sonst niemand angesprochen fühlen würde. Unbestimmtheit des Adressatenkreises muss als objektiv-logische Ungewissheit im Hinblick auf die Zahl der erfassten Adressaten betrachtet werden.[110] Eine subjektive, d.h. auf den tatsächlichen Regelungswillen des Erlassorgans abstellende Sichtweise ist ebenso wie eine rein rechnerische Betrachtung abzulehnen. Das Abstellen auf die absolute Zahl als maßgebliches Abgrenzungskriterium würde dazu führen, dass Rechtsnormen, deren Tatbestand jeweils nur von einer feststehenden Anzahl von Personen

---

[105] EuG, Rs. T-155/02 (VVG International Handelsgesellschaft mbH u.a./Kommission), Slg. 2003, S. II-1949 Rn. 35. Ebenso: EuGH, Rs. 101/76 (Koniklijke Scholten Honig/Rat u. Kommission), Slg. 1977 S. 797 (808) Rn. 20/22 u. 23/25; EuG, Rs. T-158/95 (Eridania Zuccherifici Nazionali SpA u.a./Rat), Slg. 1999, S. II-2219 LS 3 u. Rn. 57. Weniger eindeutig: EuGH, verb. Rs. 789 u. 790/79 (Calpak SpA et Società Emiliana Lavorazione Frutta SpA/Kommission), Slg. 1980, S. 1949 Rn. 9.

[106] *Krüger*, S. 63 f.

[107] *Engisch*, in: FS v. Hippel (1967), S. 69 (70 f.).

[108] *Engisch*, in: FS v. Hippel (1967), S. 69 (70 f.).

[109] *Engisch*, in: FS v. Hippel (1967), S. 69 (75).

[110] Vgl. *Volkmar*, S. 57 ff.; ebenso: *Fuß*, NJW 1964, S. 945 (947).

erfüllt werden kann, als Individualentscheidungen einzustufen wären. Als Beispiel können die Regelungen über die Kompetenzen der EU-Kommission (Art. 211 ff. EG) angeführt werden. Da sich die Kommission aus 20 Mitgliedern zusammensetzt, wäre stets eine *bestimmte* Anzahl von Personen als Normadressaten angesprochen.

Noch deutlicher wird das bei Normen, die stets nur auf eine einzige Person Anwendung finden, z.B. Vorschriften über die Pflichten des Kommissionspräsidenten. Wer ihnen nur deshalb Individualcharakter zuspräche, weil die Adressatenzahl stets rechnerisch bestimmt ist, verkennt, dass die genannten Personenkreise permanent in ihrem Personalbestand wechseln. Wer vor fünf Jahren EU-Kommissar war, braucht es während der nächsten Amtsperiode nicht mehr zu sein. Daher werden die Kommissionsmitglieder – im Einklang mit der Terminologie des EuGH formuliert – lediglich in ihrer „objektiven Eigenschaft" als solche erfasst. Von einem Individualrechtsakt kann damit wohl keine Rede sein. Die zahlenmäßige Unbestimmtheit muss nur im Erlasszeitpunkt vorliegen und bezieht sich mithin – wie der Gerichtshof zutreffend ausführt[111] – nicht auf irgendeinen beliebigen Anwendungszeitpunkt. Hierdurch würde die Abgrenzung zwischen Normativ- und Individualakten relativiert und u.U. leicht manipulierbar. Es kommt darauf an, ob sich der Adressatenkreis in seiner konkreten Zusammensetzung ändern kann oder bereits beim Erlass des Rechtsaktes feststeht.

Die objektive zahlenmäßige Bestimmtheit des Adressatenkreises ist in solchen Fällen anzunehmen, in denen Rechtsfolgen rückwirkend für einen vollständig in der Vergangenheit abgeschlossenen Sachverhalt gesetzt wurden.[112] Dagegen ist die Frage der objektiv-logischen (Un-)Bestimmtheit im Falle einer Regelung, die ausschließlich an die in Vergangenheit abgeschlossenen Sachverhalte anknüpft, aber Rechtsfolgen für die Zukunft regelt, nicht so eindeutig.[113] Denn nur die Zahl der abstrakt (potentiell) Verpflichteten bzw. Berechtigten ist bereits im Erlasszeitpunkt konstant und kann in der Zukunft nicht mehr erweitert werden. Dagegen ist die Frage offen, wie viele von ihnen konkret verpflichtet oder berechtigt werden und damit unter den engen Adressatenbegriff subsumiert werden können.[114] M.a.W. ist noch völlig ungewiss, auf wen die Norm tatsächlich Anwendung findet, wer also die tatbestandlichen Voraussetzungen erfüllt. Es handelt sich um einen Grenzfall, wobei die Rechtsprechung dazu tendiert, Normativcharakter anzunehmen.[115] Unter Zugrundelegung des engen Adressatenbeg-

---

[111] S.o.: Kap. I A IV 1 b) aa). Rspr.-Nachweise in Fn. 104 u. 105.

[112] Echte Rückwirkung: EuGH, Rs. 63/69 (Compagnie française commerciale and financière/Kommission), Slg. 1970, S. 205 (210 f.); EuGH, Rs. 64/69 (Compagnie française commerciale and financière/Kommission), Slg. 1970, S. 221 (226); EuGH, Rs. 162/78 (Wagner/Kommission), Slg. 1979, S. 3467 (3485 f.) Rn. 18 ff.; EuGH, verb. Rs. 789 u. 790/79 (Calpak/Kommission), Slg. 1980, S. 1949 (1961); EuGH, Rs. 45/81 (Moksel/Kommission), Slg. 1982, S. 1129 (1143 f.); a.A.: GA *Warner*, Schlussanträge in der Rs. 162/78 (Wagner/Kommission), Slg. 1979, S. 3467 (3494); GA *Verloren v. Themaat*, Schlussanträge in der Rs. 45/81 (Moksel/Kommission), Slg. 1982, S. 1129 (1152). Die Generalanwälte vertraten die gegenteilige Ansicht. Danach seien es auch Rechtsnormen denkbar, die sich an einen abgeschlossenen Personenkreis richten.

[113] *Scherzberg* geht im Fall der ausschließlichen tatbestandlichen Rückanknüpfung von einer Individualentscheidung aus. – *Scherzberg*, in: Siedentopf (Hrsg.), Europäische Integration und nationalstaatliche Verwaltung (1991), S. 17 (23 f.). Vgl. auch: EuGH, Rs. 40/79 (Frau P./Kommission), Slg. 1981, S. 361 Rn. 12 (grundsätzliche Zulässigkeit unechter Rückwirkungen von Normativakten).

[114] S. dazu: *Volkmar*, S. 50 f.

[115] S.o.: Kap. I A III a) bb) (2).

riffs ist es in dieser Konstellation konsequent, von der Unbestimmtheit des Adressatenkreises auszugehen. Etwaigen Rechtsschutzgesichtspunkten kann bei der prozessualen Beurteilung des Klagegegenstandes bzw. der Klageberechtigung (subjektive Relation: Norm – Betroffener) Rechnung getragen werden. Aus methodischer Sicht wäre es jedoch verfehlt, subjektive Gesichtspunkte bei der Beurteilung der objektiven Rechtsnatur mit einzubeziehen.

2. Regelungsgegenstand

Als zweites Kriterium zur Bestimmung der Rechtsnatur kommt der geregelte Sachverhalt („Fall") in Betracht.

a) Begriff

Nach der im Schrifttum überwiegenden Auffassung ist unter „Fall" ein durch die hoheitliche Maßnahme bestimmter, realer Lebenssachverhalt zu verstehen.[116] Bei Normativakten beschreibt der Regelungsgegenstand einen abstrakten Lebenssachverhalt, während sich eine Einzelfallregelung auf ein konkretes Vorkommnis bezieht und darin erschöpft.[117] Gegen diese Definition wird zum Teil vorgebracht, sie stütze sich auf ein unpräzises Kriterium mit der Folge, dass eine eindeutige Einordnung von Grenzfällen nicht möglich sei.[118] Die Schwäche liege in der schwierigen Feststellung des Bezugspunkts, sodass u.U. der Gegenstand, die örtliche und/oder zeitliche Reichweite unterschiedlich beurteilt werden können. Diesen Bedenken kann jedoch entgegnet werden, dass ein präzises und eindeutiges Ergebnis durch Auslegung erreichbar ist, denn der Rechtsakt bestimmt meist selbst, aus welchen tatsächlichen Umständen der von ihm geregelte Lebenssachverhalt besteht.[119]

Die Gemeinschaftsgerichte prüfen bei der Feststellung des normativen Charakters einer Maßnahme, ob die *„Anwendung aufgrund einer objektiven rechtlichen oder tatsächlichen Situation geschieht, die im Zusammenhang mit der Zielsetzung des Rechtsakts umschrieben ist."*[120] Der Regelungsgegenstand (Fall) wird dabei als durch den *„objektiven Tatbestand rechtlicher oder tatsächlicher Art"*[121] umschriebener Lebens-

---

[116] *Engisch*, S. 35 f.; *Larenz*, S. 250 f.

[117] *v. Mutius*, in: FS Wolff (1973), S. 167 ff. (201).

[118] S. im Einzelnen die Kritik *Volkmars*, S. 85 ff.

[119] *v. Mutius*, in: FS Wolff (1973), S. 167 (202 ff.).

[120] St. Rspr., vgl. etwa: EuGH, Rs. 6/68 (Zuckerfabrik Watenstedt/Rat), Slg. 1968, S. 612 (621); EuGH, Rs. 64/69 (Compagnie française commerciale et financière/Kommission), Slg. 1970, S. 221 Rn. 11; EuGH, Rs. 101/76 (Koninklijke Scholten Honig/Rat und Kommission), Slg. 1977, S. 797 Rn. 23; EuG, Rs. T-183/94 (Cantina cooperativa fra produttori vitivinicoli di Torre di Mosto u.a./Kommission), Slg. 1995, S. II-1941 Rn. 48; EuG, Rs. T-109/97 (Molkerei Großbraunshain GmbH/ Kommission), Slg. 1998, S. II-3533 Rn. 52.

[121] EuGH, Rs. 6/68 (Zuckerfabrik Watenstedt/Rat), Slg. 1968, S. 612; EuGH, Rs. 64/69 (Compagnie française commerciale et financière/Kommission), Slg. 1970, S. 221 Rn. 11; EuGH, Rs. 242/81 (Roquette Frères/Rat), Slg. 1982, S. 3213, Rn. 7; EuGH, verb. Rs. 97/86, 193/86, 99/86 u. 215/86 (Asteris/Kommission), Slg. 1988, S. 2181, Rn. 13; EuGH, Rs. 160/88 R (Fédération européenne de la santé animale u. a./Rat), Slg. 1988, S. 4121 Rn. 29; EuGH, verb. Rs. C-15/91 u. C-108/91 (Buckl/Kommission), Slg. 1992, S. I-6061, Rn. 25; EuGH, Rs. C-298/89 (Regierung von Gibraltar/Rat), Slg. 1993, S. I-3605 Rn. 17.

sachverhalt (bestimmtes Ereignis) begriffen. Die Charakteristik des geregelten Falles als abstrakt oder individuell wird der Beschaffenheit des Normtatbestandes selbst entnommen, wobei der abstrakten Formulierung insoweit Indizwirkung für den normativen Charakter beigemessen wird. Die „offene" Formulierung des Tatbestandes ermöglicht erst dessen Anwendung auf eine im Erlasszeitpunkt noch unbestimmte Zahl von Fällen, die maßgebend für die Annahme der Abstraktheit einer Regelung ist.[122] Ein solches Verständnis entspricht auch dem in der Rechtsprechung geprägten Vorstellungsbild, auch wenn dort meist das Adressatenkriterium und nicht der Regelungsgegenstand im Vordergrund steht. So prüfte das EuG in der Rs. *La Conqueste*, ob die Verordnungsbestimmungen zum Schutz geographischer Angaben für *„objektiv bestimmte Situationen"* gelten **und** *„gegenüber allgemein und abstrakt umschriebenen Personen"* Rechtswirkungen erzeugt.[123] Die Abstraktheit des Tatbestandes wurde damit begründet, dass die Regelung allen Unternehmen, deren Erzeugnisse den vorgeschriebenen, für sämtliche Erzeuger gleichen, geographischen und qualitativen Anforderungen entsprechen, das Recht gewährt, diese Erzeugnisse unter einer bestimmten Bezeichnung zu vermarkten.[124] Für den normativen Charakter des Regelungsgegenstandes kommt es mithin auf die potentielle Wiederholbarkeit der Tatbestandsverwirklichung, also die unbestimmte Zahl der erfassten Fälle an.[125]

b) Bedeutung des Fallkriteriums im EU-/EG-Recht

aa) Standpunkt der Rechtsprechung

Dem Kriterium des Einzelfalles wird Konturlosigkeit vorgeworfen und damit seine Tauglichkeit für die Zwecke der Abgrenzung zwischen Normativ- und Individualakten bezweifelt.[126] Zwar ist der Einwand insofern begründet, als die vom Gerichtshof geforderte Anwendbarkeit auf „objektiv bestimmte Sachverhalte" bzw. der „objektive Tatbestand" unpräzise ist. Denn dies stellt kein spezifisches Charakteristikum von Verordnungen oder Richtlinien dar, weil Individualrechtsakte ebenfalls irgendeinen – „objektiven" – Regelungsinhalt haben.[127] Die Rechtsprechung und die h.L.[128] messen dem Fallkriterium jedenfalls bei der Abgrenzung zwischen Verordnungen und Entscheidungen keine eigenständige Bedeutung zu. Die Ursache für die Kontroversen im Hinblick auf die Beurteilung der Rechtsnatur von Gemeinschaftssekundärrechtsakten sah das EuG in der *„Verwechslung zwischen dem Begriff des Adressaten eines Rechtsakts und dem des Gegenstands dieses Rechtsakts"*.[129] Die Richter stellten klar, dass

---

[122] *Koch*, S. 151; *Thierfelder*, S. 74 ff.
[123] EuG, Rs. T-215/00 (SCEA La Conqueste/ Kommission), Slg. 2001, S. II-181 Rn. 31.
[124] EuG, Rs. T-215/00 (SCEA La Conqueste/ Kommission), Slg. 2001, S. II-181 Rn. 32.
[125] Vgl. auch: EuGH, verb. Rs. 36 bis 38/58 u. 40 bis 41/58 (Società Industriale Metallurgica di Napoli (S.I.M.E.T.) u.a./Hohe Behörde), Slg. 1959, S. 349 (369 f.), wo ausdrücklich auf die „unbestimmte Zahl von Fällen" Bezug genommen wurde.
[126] *Daig*, Rn. 109; *Schulte*, S. 92; *Thierfelder*, S. 71 ff.
[127] *Fuß*, NJW 1964, S. 945 (948).
[128] *Daig*, Rn. 109; *Fuß*, NJW 1964, S. 945 (946 f.); *Möller*, S. 34 ff.; *Schulte*, S. 92; *Thierfelder*, S. 71 ff.; *Wegmann*, S. 108 f. Abw.: *Catalano*, SEW 1965, S. 525 (542); *Koch*, S. 164, der neben abstrakt-individuellen auch *konkret*-generelle Maßnahmen als Entscheidungen einordnet.
[129] EuG, Rs. T-306/01 (Ahmed Ali Yusuf u. Al Barakaat International Foundation/ Rat u. Kommission), Slg. 2005, S. II-3533 Rn. 187.

Art. 249 EG sich nur sich nur auf die personenbezogene Differenzierungskomponente beziehe, *wenn er bestimmt, dass eine Verordnung allgemeine Geltung hat, während eine Entscheidung nur für diejenigen verbindlich ist, die sie bezeichnet. Dagegen ist der* ***Gegenstand*** *ein* ***für die Einstufung*** *eines Rechtakts* ***als Verordnung oder Entscheidung irrelevantes Kriterium***."[130]

bb) Stellungnahme

Die Ausführungen des EuG lassen sich nicht dahingehend verallgemeinern, dass der Vertrag dem Fallkriterium überhaupt keine eigenständige Differenzierungsfunktion zuweist. Denn die Argumentation beruht nur auf der Ausgestaltung der Handlungsformen „Entscheidung" und „Verordnung" durch Art. 249 Abs. 2 und 4 EG und betrifft nicht alle Rechtsakte. Hier wird nur auf einige Aspekte hingewiesen, die die Relevanz des Fallkriteriums zumindest in manchen Konstellationen belegen.

Erstens gibt es neben Verordnungen, Richtlinien und Entscheidungen, auf deren Abgrenzung sich die Wissenschaft bislang konzentrierte[131], auch andere normative Handlungsformen, darunter insb. adressatenunspezifische, gegenstandsbezogene Regelungen. Während die personenbezogenen Rechtsakte Rechtsverhältnisse oder Verhalten von Personen (durch Ver- oder Gebote) regeln, knüpfen gegenstandsbezogene Regelungen an die Eigenschaft einer Sache oder ihre Beziehungen zur Umwelt an. Dem Unions- und Gemeinschaftsrecht sind derartige Regelungsformen bekannt, z.B. die atypische Handlungsform „Beschluss"[132]. Hierzu können auch Gemeinsame Standpunkte der GASP gem. Art. 15 EU[133] gezählt werden. Weil sich die intergouvernementalen EU-Rechtsakte an die Mitgliedstaaten wenden, kann die Abgrenzung zwischen den einzelnen Handlungsformen im Grunde nur anhand des Regelungsgegenstandes erfolgen. Wenn aber das Kriterium des geregelten Falles bei diesen Rechtsakten das maßgebliche Differenzierungskriterium darstellt, darf es nicht mit Hinweis auf die angebliche Konturlosigkeit und etwaige dogmatische Definitionsschwierigkeiten verworfen werden. Gerade dort trifft der Vertrag oft selbst positivrechtliche Präzisierungsregeln, welche Aspekte i.R.d. „geregelten Falles" zu berücksichtigen sind wie z.B. Art. 15 S. 2 EU in Bezug auf Gemeinsame Standpunkte der GASP („Fragen geographischer oder thematischer Art"). Letztlich stellen die rechtstheoretischen Konstruktionen lediglich ein dogmatisches Gerüst für die konkrete, positivrechtliche Ausgestaltung der Normativakte im gegebenen Rechtssystem dar.

Zweitens vermag das alleinige Abstellen auf das Adressatenkriterium nicht jede Art von Regelungen zu charakterisieren.[134] Während sich die Feststellung der Allgemeinheit oder Individualität bei (ausschließlich) personenbezogenen Regelungen[135], am

---

[130] EuG, Rs. T-306/01 (Ahmed Ali Yusuf u. Al Barakaat International Foundation/ Rat u. Kommission), Slg. 2005, S. II-3533 Rn. 187.

[131] Vgl. etwa: *Allkemper*, S. 65 ff., 74 ff.; *Daig*, Rn. 100 ff.; *Fuß*, NJW 1964, S. 327 ff., 945 ff., 1600 ff.; *Koch*, S. 138 ff.; *Schulte*, S. 88 ff.; *Wegmann*, S. 80 ff., 100 ff.

[132] Der Verfassungsvertrag sieht den Beschluss als Handlungsinstrument ausdrücklich vor – dazu: Kap. V A I 4.

[133] Zur Rechtsnatur Gemeinsamer Standpunkte – Kap. IV A II 1 a).

[134] S. dazu insb.: *v. Mutius*, in: FS Wolff (1973), S. 167 (207 ff); *Volkmar*, S. 74 ff.

[135] Sie betreffen unmittelbar das menschliche Verhalten – vgl. *Volkmar*, S. 115 ff.

sichersten allein anhand der Beschaffenheit des unmittelbaren Adressatenkreises feststellen lässt[136], versagt diese Methode bei gegenstandsbezogenen Rechtsakten.

Ob im Erlasszeitpunkt die Zahl der Adressaten objektiv bestimmt ist oder künftig noch Fluktuationen unterliegt, führt bei den Rechtsakten zu klaren und praktikablen Ergebnissen. Damit wird freilich die Relevanz des Fallkriteriums als solches nicht angezweifelt, sondern nur seine selbständige Entscheidungserheblichkeit für die Beurteilung der Rechtsnatur personenbezogener Regelungen. Gerade in solchen Konstellationen wird der „Fall" bereits mittelbar über die erfassten Adressaten bestimmt: ist eine unbestimmte Vielzahl von Personen erfasst, dann gilt gleiches für die geregelten Verhaltensweisen oder die Gestaltung von personenbezogenen Rechtsverhältnissen. Wird nur eine bestimmte Person oder ein bestimmter Personenkreis von der Regelung anvisiert, die mehrmaliges Verhalten anordnet, so handelt es sich dennoch um ein individuelles Verhalten, auch wenn die Wiederholungszahl noch ungewiss ist.

Bei gegenstandsbezogenen („dinglichen" oder organisationsrechtlichen) Regelungen, die unmittelbar nur die rechtliche Eigenschaft einer Sache/Einrichtung oder ihre Beziehungen zur Umwelt betreffen und gegenüber evtl. betroffenen Personen lediglich mittelbare Rechtswirkungen entfalten[137] ist die Ermittlung der Rechtsnatur anhand des Adressatenkriteriums wohl kaum möglich. Dem Fallkriterium muss zumindest in diesen Konstellationen selbständige Bedeutung zukommen. Zu den gegenstandsbezogenen Rechtsakten zählen z.B. Festlegung eines Naturschutzgebiets[138] oder Organisationsakte. Die Regelungen richten sich nicht an einen spezifischen Adressaten.[139] Legt man nämlich die obige Adressatendefinition zugrunde, dann zeigt sich, dass niemand berechtigt, verpflichtet oder sonst in gestaltender Weise in seinem Rechtskreis berührt wird, sondern allenfalls im Hinblick auf die Duldungslast betroffen sein kann. Hierbei ist wichtig, dass der streitgegenständliche Rechtsakt von weiteren, an die Sacheigenschaft anknüpfenden Regelungen zu unterscheiden ist, z.B. bestimmte Pflichten der Allgemeinheit, als Folgeerscheinungen der Regelung. Die Anknüpfung an die Folgeerscheinungen wäre methodisch unzutreffend und würde den eigenständigen Regelungsgehalt der sachbezogenen Rechtsakte ignorieren. Zudem hätte dies zur Folge, dass allen gegenstandsbezogenen Regelungen Normativcharakter beigemessen werden müss-

---

[136] So: *Daig*, Rn. 109 f.; *Fuß*, NJW 1964, S. 945 (950); *Schulte*, S. 89 ff. (93); *Wegmann*, S. 108 f.

[137] Bsp.: Entscheidung 2004/69/EG der Kommission v. 22.12.2003 zur Verabschiedung der Liste von Gebieten von gemeinschaftlicher Bedeutung für die alpine biogeografische Region gemäß der Richtlinie 92/43/EWG des Rates, ABl. L 14 v. 21.1.2004, S. 21; Beschluss 86/479/EWG der Kommission v. 18.9.1986 zur Einsetzung eines Beratenden Ausschusses für den Umweltschutz in besonders gefährdeten Gebieten (Mittelmeerbecken), ABl. (EWG) Nr. L 282 v. 3.10.1986, S. 23 f.; Verordnung (EWG) Nr. 1210/90 des Rates v. 7.5.1990 zur Errichtung einer Europäischen Umweltagentur und eines Europäischen Umweltinformations- und Umweltbeobachtungsnetzes, ABl. L 120 v. 11.5.1990, S. 1.

[138] Bsp. nach Art. 4 Abs. 1 UAbs. 4 der Richtlinie 79/409/EWG des Rates v. 2.4.1979 über die Erhaltung der wild lebenden Vogelarten (ABl. L 103, S. 1), geändert durch RL 97/49/EG der Kommission v. 29.7.1997 (ABl. L 223, S. 9) müssen die Mitgliedstaaten die für die Erhaltung der in Anhang I aufgeführten geschützten Arten bestimmte Gebiete zu besonderen Schutzgebieten erklärten; nach Art. 4 Abs. 2 der Richtlinie werden bestimmte Gebiete als solche anerkannt. Den Mitgliedstaaten steht bei der Bestimmung dieser Gebiete kein Ermessenspielraum zu (EuGH, Rs. C-209/04 (Kommission/Österreich), Slg. 2006, S. I-2755 Rn. 40.

[139] Vgl. *Volkmar*, S. 78 f., der diese Kategorie von Rechtsakten als adressatenlos bezeichnet. Zutreffender erscheint jedoch die Bezeichnung „adressatenunspezifisch".

te, weil sekundär entstehende Verhaltensregeln (Folgepflichten/-rechte) im Grunde jeden potentiell treffen.[140] Bei gegenstandsbezogenen Normen erweist sich das Adressatenkriterium als untauglich. Der Rückgriff auf das Fallkriterium ist unausweichlich.

Rein personen- oder gegenstandsbezogene Regelungen stellen kein kontradiktorisches Begriffspaar dar. In der Praxis kommen häufig Rechtsakte vor, die beide Aspekte beinhalten, sei es weil der Schwerpunkt nicht eindeutig ermittelbar ist, sei weil es gegenüber verschiedenen Personenkreisen unterschiedliche Rechtswirkungen entfalten.[141] Welchem Kriterium Vorrang bei der Bestimmung der Rechtsnatur einzuräumen ist, hängt von einer Wertung unter Berücksichtigung der Funktion und der objektiven Zielsetzung der Regelung ab. Als Ergebnis bleibt festzuhalten: bei der Ermittlung der Rechtsnatur von Sekundärrechtsakten hat das Fallkriterium, abhängig von der positivrechtlichen Ausgestaltung der jeweiligen Handlungsform oder vom Inhalt (Personen- oder Sachbezug) selbständige Funktion.

IV. Formelle Abgrenzungskriterien

Neben materiellen Kriterien können formelle Aspekte wie die gewählte oder vorgeschriebene Form des Rechtsaktes, Erlassorgan, Verfahren eine Rolle spielen.

1. Inkongruenz zwischen dem Inhalt und Form

Ein Rechtsakt, der eine bestimmte Bezeichnung trägt bzw. in einem bestimmten Verfahren erlassen wurde, *sollte* jedenfalls auch in materieller Hinsicht den Anforderungen der gewählten Handlungsform entsprechen. Ob im Kollisionsfall den formellen oder materiellen Kriterien Vorrang einzuräumen ist, setzt voraus, dass inkongruente Form-Inhalt-Verhältnisse i.R. einer Organhandlung überhaupt vorkommen. Möglicherweise handelt es sich nur um ein scheinbares Problem. Andererseits geht der EG-Vertrag selbst von der Möglichkeit solcher Inkongruenzfälle aus, was die Formulierung des Art. 230 Abs. 4 Var. 2 EG (als Verordnung ergangene Entscheidungen) belegt. Davon zu unterschieden sind Konstellationen, in welchen nur scheinbare Inkongruenz zwischen Form und Inhalt besteht, so z.B. wenn aufgrund einer Spezialregelung die Form gleichzeitig den Inhalt einer Maßnahme bestimmt.

2. Die einzelnen formellen Aspekte

Bei der formeller Beurteilung der Rechtsnatur einer Maßnahme sind insb. die Form, das Rechtssetzungsverfahren, die Art der Bekanntgabe usw. zu berücksichtigen.

a) Formulierung

Mit Blick auf die Formulierung wäre unter einer allgemeinen Rechtsnorm jeder mit einem Allquantor eingeleitete Normsatz zu verstehen. Wie bereits erörtert stellt der Gerichtshof darauf ab, ob die Norm *„allgemein und abstrakt* ***formuliert*** *und damit Rechtswirkungen für* ***allgemein und abstrakt umschriebene*** *Kategorien von Unter-*

---

[140] *v. Mutius*, in: FS Wolff (1973), S. 167 ff. (210).

[141] Ausführlich dazu: *v. Mutius*, in: FS Wolff (1973), S. 167 (213 ff.) m.w.N.

nehmen ... erzeugen, allgemeine und normative Geltung“ entfaltet.[142] Andererseits deklariert er, die „wahre“ Rechtsnatur der Maßnahme zu untersuchen, während er der Art und Weise ihres Erlasses keine entscheidende Bedeutung beimisst.[143]

Die formelle Variante birgt zwar dogmatische Probleme in sich[144], hat jedoch einen entscheidenden Vorteil: sowohl Rechtsanwender als auch Rechtssuchende können allein anhand formeller Kriterien, ohne mühsame, materielle Prüfung, mit großer Sicherheit bestimmen, wie die betreffende Maßnahme einzuordnen ist. Man könnte meinen, dass die Bestimmung des Rechtscharakters ausschließlich anhand der Form zwar für die Rechtsschutzeröffnung, aber nicht für die Versagung des Rechtswegs zu den Gemeinschaftsgerichten erfolgen darf. Es stellt sich daher die Frage, ob diese Methode mit Rücksicht auf höherrangiges Recht, vor allem auf die Garantie des effektiven Rechtsschutzes, nur zugunsten des Rechtssuchenden oder auch zu seinem Nachteil angewendet werden kann. Der EuGH folgt dieser „Meistbegünstigungsregel“ nicht und betonte bereits mehrfach den Vorrang der materiellen Beurteilung. Nicht die gewählte Rechtsform, sondern der Inhalt, sei ausschlaggebend für die Beurteilung der Rechtsnatur einer Maßnahme.[145] So hat der EuGH selbst einem als „Entscheidung“ erlassenen Rechtakt Normativcharakter beigemessen.[146] Die Rechtsprechung ist insofern inkonsequent, als die „materielle“ Prüfung oft anhand der Formulierung des Tatbestandes durchführt[147]. Daneben werden teilweise auch Verfahren, Ermächtigungsgrundlage sowie funktioneller Sachzusammenhang als „Indizien“ berücksichtigt und oftmals als hinreichend für die Bestimmung der Rechtsnatur erachtet.[148]

---

[142] EuGH, Rs. C-87/95 P (CNPAAP/Rat), Slg. 1996, S. I-2003, Rn. 35 [eigene Hervorhebung der Verfasserin]. Ebenso: EuGH, Rs. 101/76 (Koniklijke Scholten Honig/Rat u. Kommission), Slg. 1977 S. 797 (808) Rn. 20/22 u. 23/25; EuGH, verb. Rs. 789 u. 790/79 (Calpak SpA et Società Emiliana Lavorazione Frutta SpA/Kommission), Slg. 1980, S. 1949 (1961) Rn. 9; EuG, Rs. T-196/03 (European Federation for Cosmetic Ingredients (EFfCI)/EP u. Rat), Slg. 2004, S. II-4263 Rn. 36. S.o. Kap. I A III 1 c) aa) (2).

[143] EuGH, Rs. 307/81 (Alusuisse /Rat u. Kommission), Slg. 1982, S. 3463 LS. 3.

[144] Insb. eine subjektive Bestimmung der Rechtsnatur einer Maßnahme durch die Wahl des Verfahrens und der Bezeichnung.

[145] EuGH, Rs. 16/62 und 17/62, Confédération nationale des producteurs de fruits et légumes u. a./Rat, Slg. 1962, S. 963; EuGH, Rs. 789 u. 790/79 (Calpak/Kommission), Slg. 1980, S. 1949 (1961); EuGH, Rs. 60/81 (IBM/Kommission), Slg. 1981, S. 2639 Rn. 8.

[146] EuGH, verb. Rs. C-15/91 u. C-108/91 (Buckl u.a./Kommission), Slg. 1992, S. I-6061 Rn. 22, 24 ff.

[147] Vgl. *v. Danwitz*, NJW 1993, S. 1108 (1115), der dem EuGH vorwirft, er habe den Verordnungsbegriff zwar materiell definiert, die daraus resultierenden Konsequenzen aber nur teilweise gezogen. Denn die Frage, ob einem Rechtsakt Verordnungscharakter zukommt, werde rein formal gelöst.

[148] Vgl. etwa: EuG, Rs. T-45/02 (DOW AgroSciences BV u. DOW AgroSciences Ltd/EP u. Rat), Slg. 2003, S. II-1973 Rn. 31-33. Dort hat das EuG eine als Entscheidung bezeichnete Maßnahme zur Änderung einer Richtlinie ebenfalls als Richtlinie eingestuft. Als entscheidende Faktoren wurden dabei die im Rechtsakt **genannte Ermächtigungsgrundlage**, das **Verfahren** sowie den Charakter einer **Änderungsmaßnahme** hervorgehoben. Der Rechtsakt teile als Modifikation des Ursprungaktes die allgemeine Rechtsnatur der Richtlinie 2000/60.

b) Primärrechtliche Formzwänge

Die Ermächtigungsgrundlage selbst kann ausdrücklich eine bestimmte Form anordnen, wie zahlreiche Beispiele im EG-Vertrag zeigen[149]. Allerdings ist Formzwang zunächst nur ein rechtliches *Sollen* und besagt noch nichts darüber, ob eine Maßnahme diese Voraussetzung einhält. Mithin betrifft es grundsätzlich lediglich die Rechtmäßigkeit einer Maßnahme, aber nicht den Charakter als Normativakt oder Individualentscheidung.[150] Wenn also die einschlägige Ermächtigungsnorm die Rechtsform: „Verordnung" vorschreibt, lässt sich daraus nur entnehmen, dass der Rechtsakt in gewisser Hinsicht wie eine Verordnung zu behandeln ist.

Fraglich ist, inwiefern die vom Erlassorgan gewählte Form maßgebend ist. Allerdings ist der Rechtssetzende verpflichtet, die primärrechtlich festgelegte, materielle Unterscheidung zwischen Normativakten und Individualentscheidungen beim Erlass von Sekundärrechtsakten zu respektieren und dementsprechende die „richtige" Form und Verfahren anzuwenden bzw. das eingeräumte Auswahlermessen pflichtgemäß auszuüben. Durch die Missachtung dieser Vorgaben könnte jedoch nicht die Rechtsnatur der Organhandlung, sondern lediglich ihre *Wirksamkeit* bzw. Rechtsmäßigkeit beeinflusst werden. Ein formell als Verordnung ergangener Rechtsakt gilt weiterhin als Verordnung, unabhängig davon, ob er mit Rücksicht auf seinen Inhalt in Form einer Entscheidung hätte erlassen werden sollen. Im gerichtlichen Verfahren kann er zwar als ermessensfehlerhaft bzw. in sonstiger Weise mit dem EG-Vertrag unvereinbar für nichtig erklärt, aber nicht zur Entscheidung „umetikettiert" werden.

c) Festlegung auf eine bestimmte Handlungsform

Wenn sich das Erlassorgan auf eine bestimmte Handlungsform festgelegt hat, dann ist diese Entscheidung vom Gerichtshof zu respektieren. Das folgt aus dem Grundsatz der horizontalen Kompetenzverteilung auf Gemeinschaftsebene. Allerdings überzeugt die unbedingte Beachtlichkeit der gewählten Handlungsform kaum, da – je nachdem, wie diese Wahl ausfällt – der Rechtscharakter einer Regelung variieren könnte. Es würde auch implizieren, dass das Erlassorgan die Bestimmung über das anzuwendende Verfahren und den gerichtlichen Rechtsschutz in der Hand hätte. Die Rechtmäßigkeit der Maßnahme sowie ihre prozessuale Qualifikation als Gegenstand einer Klage beurteilt der Gerichtshof nach Maßgabe des geltenden Rechts. Die Jurisdiktionsbefugnis erfasst jedoch nicht die Umdeutung zu einer anderen Handlungskategorie. Dies käme einem Eingriff in die Rechtssetzungsbefugnis der zuständigen Organe gleich. Der Rechtswahrungsauftrag des EuGH gem. Art. 220 EG beinhaltet kein Selbsteintrittsrecht.

Durch die Respektierung der gewählten Form wird die Formwahlfreiheit der Rechtssetzungsorgane gewahrt. Es bedeutet keineswegs eine Befreiung der Erlassorgane von der Pflicht zur Beachtung der Rechtsmäßigkeitsvoraussetzungen, deren Einhaltung der gerichtlichen Kontrolle unterliegt. M.E. ist vorzugswürdig, beim Auseinanderfallen von Form und Inhalt zunächst auf den erstgenannten Aspekt abzustellen und die betreffende Maßnahme im nächsten Schritt an den Wirksamkeits-/ Rechtmä-

[149] Z.B. Art. 44 Abs. 1, 47 Abs. 1 EG (Richtlinienform). Vgl. auch: Art. 83 Abs. 1, 86 Abs. 3, 119 Abs. 2 EG (Wahl zwischen zwei oder drei Handlungsformen).
[150] Ebenso: *v. Mutius*, in: FS f. Wolff (1973), S. 167 (178).

ßigkeitsvoraussetzungen für die gewählte Form zu messen. Bei der rechtlichen Qualifikation einer Handlung darf jedenfalls nicht danach gefragt werden, in welcher Rechtsform die betreffende Maßnahme *hätte ergehen dürfen.*[151] Beurteilungsgegenstand ist die *tatsächlich* ergangene Maßnahme. Davon zu trennen ist die Frage, ob sie den Anforderungen an die gewählte Rechtsform genügt.

Der Rechtscharakter einer Maßnahme wird nicht dadurch geändert, dass der Gerichtshof sie unter materiellen Gesichtpunkten anders einstuft als das Erlassorgan. Die prozessuale Qualifikation kann weitgehend handlungsformunabhängig erfolgen bzw. nur in bestimmten Aspekten (z.B. typische Wirkungen) an Handlungsformen anknüpfen. Dies wird insb. in Fällen deutlich, in denen eine Nichtigkeitsklage nach Art. 230 Abs. 4 Var. 2 EG gegen einen vom EuG als „Scheinverordnung" eingestuften Sekundärrechtsakt dennoch als unzulässig oder als unbegründet[152] abgewiesen wird. Dann gilt der als „materielle Entscheidung" eingestufte Rechtsakt weiterhin als Verordnung fort. Die meisten Missverständnisse bei der rechtlichen Klassifikation von Rechtsakten[153] entstehen daraus, dass man von einer unzertrennlichen Verbindung zwischen materiellem Recht und Prozessrecht ausgeht. Das ist aber nicht zwingend.

3. Zu den Einwänden gegen die formelle Betrachtungsweise

Gegen das ausschließliche Abstellen auf formelle Kriterien bei der Bestimmung der Rechtsnatur von Sekundärrechtsakten spricht die Tatsache, dass sich in der Rechtssetzungspraxis zahlreiche „atypische" Handlungsformen herausgebildet haben, ohne dass die Verträge spezielle Bestimmungen über diese Formen enthielten. Mangels positivrechtlicher Formvorgaben kann die Rechtsnatur dieser Rechtsakte also nicht ausschließlich anhand der Form beurteilt. Daneben bestehen auch methodische Bedenken. Es wäre ein Musterbeispiel für die verfehlte Inversionsmethode der Begriffsjurisprudenz, wenn man abstrahierend von den „Definitionen" der Handlungsformen in den Verträgen allein den formellen Aspekten den Vorzug gäbe. Denn ihre positivrechtlichen Charakteristika[154] basieren hauptsächlich auf materiellen Kriterien wie z.B. allgemeine Geltung, Verbindlichkeit in allen Teilen bzw. nur bzgl. des Zwecks usw. Die Erlassorgane können nur auf dem politischen Gebiet gestaltend bestimmen, nicht auf der rechtlich-logischen Ebene darüber verbindlich urteilen, ob die beschlossene Maßnahme eine EG-Verordnung, Richtlinie oder Entscheidung ist. M.a.W. kann der Normgeber lediglich bestimmen, welche Rechtsqualität der Maßnahme zukommen *soll.* Die Richtigkeit dieser Feststellung ist dagegen justiziabel. Dennoch kann die Rechtsauffassung der Erlassstelle nicht außer Betracht bleiben, da sie ein wichtiges

---

[151] So aber: *Daig*, AöR 83 (1958), S. 133 (170); *ders.* in: FS-Riese (1964), S. 187 (198).

[152] Z.B. EuGH, Rs. 354/87 (Weddel & Co. BV/Kommission), Slg. 1990, s. I-3847 Rn. 21 ff., 37. Dort ging es um eine Nichtigkeitsklage gegen eine Verordnung, die bereits gestellte Anträge auf Einfuhrlizenzen betraf. Der Gerichtshof war der Auffassung, dass die Kommission durch den Erlass der Verordnung Nr. 2806/87 über die Behandlung jedes eingereichten Antrags entschieden habe. Daher verneinte der EuGH eine allgemeine Geltung der Verordnung und qualifizierte sie als einen in Verordnungsform eingekleideten „Bündel von Einzelfallentscheidungen". Da die Klage aber i.E. als unbegründet abgewiesen wurde, blieb die „Sammelentscheidung" als gültige Verordnung bestehen.

[153] Daher fließen in die Abgrenzung von Normativ- und Individualakten dogmatisch fremde Überlegungen wie Rechtsschutz- oder Zweckmäßigkeitsgesichtspunkte, so z.B.: *Koch*, S. 162 ff.

[154] S. insb. Art. 249 Abs. 2 bis 4 EG und Art. 12 ff. EU.

Indiz für die Auslegung der Norm darstellt. Die ausdrückliche Bezugnahme auf eine bestimmte Handlungsform kann dazu führen, dass die Regelung tatsächlich wie bezeichnet zu behandeln ist. Das spielt eine erhebliche Rolle bei der Beurteilung der Wirksamkeit bzw. Rechtmäßigkeit der Norm sowie i.R.d. Voraussetzungen der Rechtsschutzgewährung.

Für die formelle Sichtweise sprechen Gültigkeitsvermutung und Bestandskraft von Gemeinschaftsrechtsakten. Sie gelten bis zur Nichtigerklärung durch den Gerichtshof nicht nur als rechtmäßig, sondern vor allem als das, was ihre Bezeichnung hergibt. Damit gilt etwa auch ein „nur in formeller Hinsicht" normativer Rechtsakt, der inhaltlich ggf. verschleierte Einzelmaßnahmen enthält, weiterhin als ein Normativakt und kann nach Ablauf der Klagefrist grundsätzlich nicht mehr angefochten werden.[155]

Die zunehmende Aufsplitterung der Handlungsformen in zahllose Fallgruppen durch eine kaum überschaubare, am materiellen Regelungsgehalt orientierte Kasuistik führt zur Rechtsunsicherheit. Dieser Zustand verträgt sich nicht mit der Ordnungsfunktion der Handlungsformenlehre. Die formelle Betrachtungsweise vermeidet zudem diejenigen Probleme, die der ausschließlich materiellen Beurteilung eigentümlich sind. Da ein Rechtsakt als gesetzgeberische Einheit unterschiedliche Normen enthält, muss die materielle Qualifikation stets auf einen konkreten Bestandteil des Gesamtrechtsaktes (Bestimmung), beschränkt bleiben. Das führt zur künstlichen Aufspaltung einer in sich geschlossenen Regelung in Normativ- und Individualnormen. Die materiellen Kriterien sind als exklusive Beurteilungsgesichtspunkte insofern unpraktikabel, als es selten einen Normativakt in der „reinen Form" gibt, dessen sämtliche Bestimmungen einheitlich klassifiziert werden können. Die Rolle der typischen Rechtssetzungsinstrumente kann nicht auf Statuierung allgemeiner Rechtsnormen reduziert werden. Gerade im Bereich der kurzlebigen Agrarverordnungen wird die Nivellierung der Differenz zwischen allgemeinen und individuellen Bestimmungen sehr deutlich. Damit sprechen die überzeugenden Gründe für die Beachtlichkeit der Form bei der rechtlichen Qualifikation einer Maßnahme.

4. Form als Rechtsschein für die Erweiterung des Rechtsschutzes?

Die rechtliche Behandlung von Fällen der Inkongruenz von Inhalt und Form eines Rechtsaktes kann eng mit der prozessualen Einordnung als Gegenstand einer bestimmten Verfahrensart verbunden sein. Bei der Beantwortung dieser Frage muss zwischen materiellem Recht und Prozessrecht differenziert werden. Die Rechtsschutzgesichtspunkte können es erfordern, im Falle einer festgestellten Inkongruenz u.U. die für den Kläger „günstigere" Qualifikation vorzunehmen. Dieser Überlegung liegt der Gedanke zugrunde, dass Handlungsformen im Grunde „Zweckschöpfungen" des Verfahrensrechts sind, deren Funktion in der Zuordnung eines Rechtwegs bzw. der statthaften Klageart besteht. Daher könnte man in vielen Fällen auf den durch die Form des Organhandelns erzeugten Rechtsschein abstellen. Allerdings lehnt der EuGH die Meistbegünstigung bislang ab. In der Rs. *Buckl* untersuchte er den materiellen Regelungsgehalt des angefochtenen Kommissionserlasses, trotz dessen ausdrücklichen Bezeich-

[155] S. dazu oben: Kap. II E I 4.

nung als „Entscheidung“ und der Tatsache, dass er an den Kläger gerichtet wurde, und verneinte im Ergebnis das Vorliegen einer anfechtbaren Entscheidung.[156]

Problematisch an der Meistbegünstigung erscheint die dadurch entstehende Zwiespalt zwischen materiellem Recht und Prozessrecht. Zudem würde der Grundsatz umgekehrt, dass das Prozessrecht eine dienende Rolle gegenüber dem materiellen Recht erfüllen soll. Allerdings greifen diese Bedenken nicht, wenn die unterschiedliche Behandlung keine beachtliche Rückwirkung auf das materielle Recht hervorruft. So sind z.B. die Nichtigkeitsfolgen prinzipiell dieselben sowohl für Einzelakte als auch für echte Rechtsnormen. Das hängt nicht zuletzt mit der mangelnden internen Hierarchisierung des Sekundärrechts zusammen.[157] Die Interdependenz von materiellem Recht und Prozessrecht wäre gewahrt. Der Anwendung der Meistbegünstigungsthese auf die Beurteilung von inkongruenten Form-Inhalt-Beziehungen stünden jedenfalls keine strukturellen Gesichtspunkte entgegen. Maßgebend ist allerdings, welche Anforderungen an den Klagegegenstand die einschlägige Norm stellt, was einer eigenständigen Untersuchung vorbehalten bleibt.[158]

V. Sachzusammenhang, Änderung und Aufhebung von Rechtsakten

In der Rechtsprechung findet man manchmal eine vereinfachte Methode zur Bestimmung der Rechtsnatur von Handlungen, die auf der Prämisse basiert, dass Änderungs- bzw. Aufhebungsmaßnahmen die Rechtsnatur des Ausgangsrechtsaktes teilen[159]. So leitete der EuGH in der Rs. *Buckl* die Rechtsnatur der Ablehnung eines Rechtsakts (*actus contrarius*) von der Rechtsnatur der abgelehnten Maßnahme selbst ab. Den Hintergrund stellte eine Nichtigkeitsklage gegen eine ablehnende „Entscheidung“ der Kommission über den Antrag der Klägerinnen dar, die durch eine Verordnung gesenkten Abschöpfungen bei der Einfuhr bestimmter landwirtschaftlicher Erzeugnisse vollständig wiedereinzuführen. Da die beantragte Maßnahme nur in Verordnungsform hätte erlassen werden dürfen, müsste sie allgemein geltende Regelung enthalten.[160] Daraus schlussfolgerte der EuGH, dass die Ablehnung des Erlasses einer Verordnung trotz der Adressierung an die Antragsteller eine allgemein geltende Regelung beinhalte.[161]

Ähnlich ging das EuG in einer anderen Entscheidung vor und stellte maßgeblich auf den Sachzusammenhang ab. Die Richter ordneten einen Rechtsakt trotz seiner Bezeichnung „Entscheidung“[162] als Richtlinie ein, da er eine Richtlinie[163] änderte und

[156] EuGH, verb. Rs. C-15/91 u. C-108/91 (Josef Buckl & Söhne OHG u.a./Kommission), Slg. 1992, S. I-6061 Rn. 24-27.
[157] S.o.: Kap. I A II.
[158] Dazu: Kap. II B-C.
[159] EuGH, Rs. 36/58 (SIMET/Hohe Behörde), Slg. 1958/59, S. 368; EuGH, Rs. 6/68 (Zuckerfabrik Watenstedt/Rat), Slg. 1968, S. 621. Ferner auch: EuGH, Rs. 30/59 (Gezamenlijke Steenkolenmijnen), Slg. 1961, S. 38. – Ablehnung des Erlasses einer individuellen Entscheidung sei ebenfalls eine individuelle Entscheidung.
[160] In diesem Sinne bereits: EuGH, Rs. 42/71 (Nordgetreide), Slg. 1972, S. 105 Rn. 5.
[161] Vgl. EuGH, verb. Rs. C-15/91 u. C-108/91 (Josef Buckl & Söhne OHG u.a./Kommission), Slg. 1992, S. I-6061 Rn. 24-27.
[162] Entscheidung Nr. 2455/2001/EG des Parlaments und des Rates v. 20.11.2001 zur Festlegung der Liste prioritärer Stoffe im Bereich der Wasserpolitik und zur Änderung der Richtlinie 2000/60, ABl. L 331, S. 1.

somit ihre allgemeine Rechtsnatur teilte.[164] Die umstrittene „Entscheidung" konkretisierte eine bestimmte Norm der Ursprungsrichtlinie und wurde nach Maßgabe des Art. 16 Abs. 11 der Richtlinie als Anhang X in diese eingefügt. Demselben Konzept des Sachzusammenhangs ist der Gerichtshof bei der Bestimmung der Rechtsnatur von Nebenbestimmungen wie Beschränkungen oder Ausnahmen vorübergehender Natur[165] oder räumlicher Art[166] gefolgt.

Dennoch bestehen Bedenken gegen die Aussagekraft dieses Grundsatzes in Bezug auf Sekundärrechtsakte. Das Sekundärrecht ist nicht intern hierarchisiert.[167] Infolgedessen besteht potentiell die Möglichkeit eines jeden Organs, die von einem anderen Organ erlassenen Rechtsakte ohne Einhaltung der ursprünglichen Verfahrensvoraussetzungen, beliebig zu modifizieren oder aufzuheben. Die einzige Voraussetzung wäre nur eine entsprechende Sachkompetenz. Zwar ist eine solche Situation eher selten, jedoch handelt sich es hierbei nicht um ein rein theoretisches Problem. So enthalten z.B. die Bestimmungen des Art. 95 EG und Art. 86 Abs. 3 EG konkurrierende Rechtssetzungskompetenzen für verschiedene Organe.[168] Daneben wird in der Praxis häufig die Option gewählt[169], dass sich der Rat ein Evokationsrecht gegenüber den derivativen Akten der Kommission vorbehält.[170] Dieses wechselseitige Aufhebungs- und Modifikationspotential verbietet es, pauschal anzunehmen, dass die Änderungsmaßnahme stets die Rechtsnatur des Ursprungsaktes teilt. Es handelt sich lediglich um ein Indiz.

Die Rechtsprechung bestätigt dies. In der Rs. *Asocarne/Rat* lehnte der EuGH einen Einfluss der Ausgangsmaßnahme auf die modifizierenden Handlungen ausdrücklich ab. Der Klägerverband *Asocarne* begehrte die Nichtigerklärung der Richtlinie 93/118, die die frühere Richtlinie 85/73/EWG in mehrfacher Hinsicht geändert hat. Durch die angefochtene Richtlinienbestimmung wurde außerdem eine an die Mitgliedstaaten gerichtete Entscheidung des Rates über die Gebührenhöhe für Fleischuntersuchungen und Hygienekontrollen aufgehoben. Der Entscheidungsinhalt wurde in die Änderungsrichtlinie inkorporiert. Den Umstand, dass eine Entscheidung durch eine Richtlinie abgelöst wurde, sah der EuGH als irrelevant im Hinblick auf den allgemein-abstrakten Regelungsinhalt an[171]. Aus dem Sachzusammenhang mit einem vorangegangenen Rechtsakt ergibt sich für die Rechtsnatur der Änderungs- bzw. Aufhebungsmaßnahme mithin allenfalls eine widerlegbare Vermutung, dass sie die Rechtsnatur des Ur-

---

[163] Richtlinie 2000/60/EG des Parlaments und des Rates v. 23.10.2000 zur Schaffung eines Ordnungsrahmens für Maßnahmen der Gemeinschaft im Bereich der Wasserpolitik, ABl. L 327, S. 1.

[164] EuG, Rs. T-45/02 (DOW AgroSciences BV u.a./EP u. Rat), Slg. 2003, S. II-1973 Rn. 31.

[165] EuGH, Rs. 6/68 (Zuckerfabrik Watenstedt/Rat), Slg. 1968, S. 621; EuGH, Rs. 64/69 (Compagnie française commerciale et financière/Kommission), Slg. 1970, S. 221 Rn. 12-15; EuGH, Rs. C-336/90 (Gibraltar Development Corp./Rat), Slg. 1993, S. I-3961 Rn. 17.

[166] EuGH, verb. Rs. 103 bis 109/78 (Societé des Usines de Beauport u.a./Rat), Slg. 1979, S. 17 Rn. 15-19; EuGH, Rs. C-336/90 (Gibraltar Development Corp./Rat), Slg. 1993, S. I-3961 Rn. 17.

[167] S.o.: Kap. I A II.

[168] *Bast*, in: v. Bogdandy (Hrsg.), Europäisches Verfassungsrecht (2003), S. 479 (504).

[169] Z.B. Entscheidung des Rates vom 31.03. 1998 zur Änderung der Entscheidung 97/534/EG der Kommission 98/248/EG, ABl. L 102 v. 02.04.1998, S. 26.

[170] Der EG-Vertrag sieht z.B. in Art. 88 Abs. 2 ausdrücklich eine solche Option vor. Näheres dazu: *Bast*, in: v. Bogdandy (Hrsg.), Europäisches Verfassungsrecht (2003), S. 479 (505, Fn. 126).

[171] EuGH, Rs. C-10/95 P (Asocarne/Rat), Slg. 1995 , S. I-4149 Rn. 22.

sprungsaktes teilen soll.[172] Der Gegenbeweis kann nach der Auffassung des Gerichtshofs z.B. dadurch erbracht werden, dass Ermessensmissbrauch festgestellt wird.[173]

Zusammenfassend lässt sich also feststellen, dass ein Schluss aus der Rechtsnatur der Ausgangsmaßnahme auf die Rechtsnatur der nachfolgenden, sie inhaltlich modifizierenden oder derogierenden Handlungen nur bedingt möglich ist. Es handelt sich vielmehr um eine Hilfskonstruktion, die lediglich als Indiz für die Ermittlung der Rechtsnatur dient. Die Heranziehung des *actus-contrarius-* Grundsatzes führt nicht immer zu verlässlichen Ergebnissen.

B. Einzelne Fragen der rechtlichen Qualifikation

Art. 249 EG beschreibt eine Reihe sekundärrechtlicher Handlungsformen. Daher liegt es nahe, die dort enthaltenen Bestimmungen als Legaldefinitionen der typisierten Sekundärrechtsakte zu behandeln. Voraussetzung ist, dass sich Art. 249 EG eine Aussage über die jeweiligen konstitutiven Merkmale der dort beschriebenen Handlungsformen entnehmen lässt. Das ist jedoch zu bezweifeln. Vielmehr beschränkt sich der Regelungsgehalt des Art. 249 EG auf die Zuordnung bestimmter Wirkungen als *Rechtsfolgen* des jeweiligen Handlungsinstruments.[174] Damit wird die Frage nach der Zuordnung der gegebenen Maßnahme zu einer bestimmten Kategorie noch nicht beantwortet. Die Rechtsfolge knüpft an das Vorliegen eines bestimmten Tatbestandes an, welcher ihr logisch vorgeht. Eine umgekehrte Schlussfolgerung von der Rechtsfolge auf das Vorliegen der Tatbestandsvoraussetzungen führt hier zu einem Zirkelschluss.[175] Dies wäre vermeidbar, wenn dem normativen Aussagegehalt des Art. 249 EG zu entnehmen wäre, dass die im jeweiligen Absatz beschriebenen Rechtsfolgen *ausschließlich* der dort jeweils genannten Handlungsform zugeordnet wären. Das wird aber sowohl von der Praxis der Rechtssetzungsorgane als auch von der Literatur überwiegend abgelehnt[176], was die Zulässigkeit atypischer Handlungsformen erklärt. Die Begrenzungsfunktion des Art. 249 EG wird darin erblickt, dass die dort genannten Rechtsakte nur bestimmten, auf der Grundlage des EG-Vertrages[177] handelnden Organen vorbehalten sind.[178] Zieht man Art. 249 EG bei der Abgrenzung zwischen Normativ- und Individualrechtsakten heran, dann ist zu bedenken, dass der Schluss von den Rechtsfolgen auf die Rechtsnatur nur bedingt möglich ist. Die Umschreibung der Rechtsfol-

---

[172] EuGH, Rs. 36/58 (SIMET u.a./Hohe Behörde), Slg. 1958/59, S. 368. Vgl. auch: EuGH, verb. Rs. 103 bis 109/78 (Societé des Usines de Beauport u.a./Rat), Slg. 1979, S. 17 Rn. 15-19: *„Da Artikel 2 der Verordnung Nr. 3331/74 in seiner ursprünglichen Fassung Verordnungscharakter hatte und deshalb nicht in bestimmter Hinsicht als Entscheidung angesehen werden darf, nimmt auch die mit Verordnung Nr. 298/78 bewirkte Änderung dieser Vorschrift an deren Verordnungscharakter teil.*"

[173] EuGH, Rs. C-336/90 (Gibraltar Development Corp./Rat), Slg. 1993, S. I-3961 Rn. 17. Ebenso: Rs. C-128/91 (Regierung v. Gibraltar u. Gibraltar Development Corp./Rat), Slg. 1993, S. I-3971 Rn. 16 f.

[174] So: *Bast*, in: v. Bogdandy (Hrsg.) Europäisches Verfassungsrecht (2003), S. 479 (500).

[175] Vgl. dazu: *Bast*, in: v. Bogdandy (Hrsg.), Europäisches Verfassungsrecht (2003), S. 479 (499 f.).

[176] *Everling*, BB 1959, S. 53 (53); *Nettesheim* in: Grabitz/Hilf, EUV/EGV, Art. 249 EG Rn. 74; *Rabe*, S. 47; *Ruffert* in: Calliess/Ruffert, EUV/EGV, Art. 249 EG Rn. 129; *Schmidt* in: v.d. Groeben/Schwarze, EUV/EGV, Art. 249 EG Rn. 15.

[177] Vgl. Wortlaut des Art. 249 Abs. 1 EG, wonach eine Rechtsgrundlage „*dieses* Vertrags" erforderlich ist.

[178] *Bast*, in: v. Bogdandy (Hrsg.), Europäisches Verfassungsrecht (2003). S. 479 (502).

gen erlaubt nur einen Rückschluss auf den typischen, der Rechtsform eigentümlichen Regelungsinhalt.[179]

I. Absolute Geltung und relative Wirkung von Rechtsakten

Will man bei der Abgrenzung zwischen einzelnen Rechtsakten mit der Rechtsprechung an die in Art. 249 EG beschriebenen Rechtsfolgen anknüpfen, ist weiterhin zu klären, ob die Zuordnung anhand der Rechtswirkungen erfolgen soll, die die Maßnahme erzeugt oder nach ihrem normativen Konzept erzeugen soll. Art. 249 EG bezieht sich auf die normative *Geltung*, nicht auf die (subjektive) *Wirkung* der Normen. Die Geltung als solche ist absolut und unteilbar, während die Wirkung immer in bestimmten Relationen zu beurteilen ist. Bei der Feststellung der Rechtsnatur einer Maßnahme berücksichtigt der Gerichtshof nicht nur die Rechtswirkungen, die die Maßnahme erzeugen soll, sondern auch diejenigen, die sie tatsächlich erzeugt.[180] Dem kann aus dogmatischen Gründen nicht gefolgt werden. Die Kategorien der Geltung und Wirkung müssen getrennt voneinander behandelt werden. Sie können im Hinblick auf ein und dieselbe Bestimmung auseinander fallen. Teilweise wird vertreten, dass bei der Einordnung als Normativakt nicht auf den objektiven Tatbestand, sondern auf die konkreten Auswirkungen einer Maßnahme abzustellen sei.[181] Insbesondere der Adressatenkreis sei nicht mehr an objektiven Kriterien, sondern – in Anlehnung an die Auswirkung einer Norm – an die Rechtsposition des Adressaten geknüpft. Danach verliere ein Rechtsakt seinen normativen Charakter dadurch, dass seine Rechtsfolgen in die Rechtspositionen des Einzelnen eingreifen.

Dieser ergebnisorientierten Auffassung begegnen jedoch Bedenken. Rechtsnormen stellen aus logischer Sicht keine Beschreibung der vorgefundenen Wirklichkeit, sondern Sollens-Sätze dar.[182] Sie „gelten" und erheben damit Anspruch auf Verbindlichkeit. Die Geltung ist eine objektive, konstante Größe und lässt Rückschlüsse auf den materiellen Rechtscharakter zu. Die Wirkungsweise kann sich dagegen unterschiedlich gestalten und ist in Abhängigkeit von tatsächlichen Entwicklungen veränderbar. Die Wirkung beschreibt das „Sein", während Geltung das objektive „Sollen" definiert. Daher vermag die Veränderung der faktischen Bedingungen die Rechtsqualität einer

---

[179] *Scherzberg*, in: Siedentopf (Hrsg.), Europäische Integration und nationalstaatliche Verwaltung (1991), S. 17 (21).

[180] Ebenso die Rspr.: EuGH, Rs. 307/81 (Alusuisse /Rat u. Kommission), Slg. 1982, S. 3463 Rn. 8; EuGH, Rs. 26/86 (Deutz & Geldermann/ Rat), Slg. 1987, S. 941 Rn. 7; EuGH, Rs. C-87/95 (Cassa nazionale di previdenza ed assistenza a favore degli avvocati e procuratori (CNAAP)/ Rat), Slg. 1996, S. I-2003 Rn. 35; EuG, Rs. T-298/94 (Roquette Frères/ Rat) Slg. 1996, S. II-1531 Rn. 36. Die Rspr. ist aber alles andere als einheitlich – vgl. z.B.: EuG, Rs. T-158/95 (Eridania Zuccherifici Nazionali SpA u.a./Rat), Slg. 1999, S. II-2219 LS. 3. Hier stellte das EuG auf die objektiv bezweckten Rechtswirkungen und nicht auf die tatsächlichen Auswirkungen ab. Nach der Auffassung des Gerichts stand *„dem Charakter einer Bestimmung als Verordnungsvorschrift nicht entgegen, dass sie sich auf die Personen, für die sie gilt, im konkreten Fall unterschiedlich auswirken kann, sofern nur ihr Tatbestand objektiv festgelegt ist."*

[181] So v.a. *Allkemper*, EWS 1994, S. 362; *ders.* Der Rechtsschutz..., S. 72 ff. In diesem Sinne auch: GA *Lenz*, Schlussanträge zu EuGH, Rs. C-309/89 (Cordoniu SA/Rat), Slg. 1994, S. I-1853 Rn. 47/48, 57/58 u. 64.

[182] *Hoerster*, JuS 1987, S. 181 (182); *Weinberger*, S. 60 f.

Maßnahme nicht nachträglich zu verwandeln.[183] Ein Rechtssatz verliert seine allgemeine Geltung nicht dadurch, dass aufgrund der Veränderung tatsächlicher Umstände nach seinem Erlass nur ein einziger Anwendungsfall übrig bleibt. Dieser Umstand kann aber eine Rolle bei der Klageberechtigung des Einzelnen spielen.

Zusammenfassend ist festzuhalten, dass die hervorgerufenen Wirkungen die objektive (*absolute*) Rechtsnatur einer Maßnahme nicht berühren. Diese wird anhand bestimmter Kriterien (Adressat, Fall) für alle Normunterworfenen beurteilt. Davon zu unterscheiden ist eine mögliche *relative* Klassifikation von Rechtsakten, wofür (nur) die tatsächliche Auswirkung der Maßnahme im Verhältnis zu einer bestimmten Person bzw. Personengruppe untersucht wird. Die Relativität bedeutet gerade, dass ein und derselbe Rechtsakt unterschiedliche Wirkungen für verschiedene Personen (Adressaten/ Dritte) entfalten kann.

II. Abgrenzung zwischen Verordnungen und Entscheidungen

Die Verordnung hat gem. Art. 249 Abs. 2 EG allgemeine Geltung, ist in allen ihren Teilen verbindlich und gilt unmittelbar in jedem Mitgliedstaat. Die beiden letztgenannten Merkmale unterscheiden sie von der Richtlinie, die grundsätzlich umsetzungsbedürftig ist und nur hinsichtlich des Ziels Bindungswirkung entfaltet. Wenn Art. 249 Abs. 2 EG von der Geltung der Verordnung in *jedem* Mitgliedstaat spricht, schließt dies noch nicht zwingend die Existenz bzw. Zulässigkeit von territorial beschränkten Bestimmungen aus.[184] Dieses Phänomen wird nicht zuletzt durch rechtspolitische Überlegungen und das Gleichheitsgebot diktiert, welches eine Gleichbehandlung wesentlich Ungleicher ebenso wie die willkürliche Ungleichbehandlung verbietet. Der Grundsatz der Geltung in allen Mitgliedstaaten kann durch begründete Ausnahmen durchbrochen werden und stellt somit kein taugliches Abgrenzungsmerkmal gegenüber Entscheidungen dar, da diese sich auch an alle Mitgliedstaaten richten dürfen.

Entscheidende Bedeutung kommt dem Merkmal der *allgemeinen Geltung* zu. Hierdurch macht sich die Verordnung die den rechtsstaatlichen Systemen eigentümliche Differenzierung zwischen allgemeiner Rechtsnorm und Einzelentscheidung zu Eigen und greift damit den materiellen Rechtsnormbegriff auf.[185] Verordnungen sind mithin als Normativakte konzipiert. Trotz dieser Regelung bereitet die Qualifikation als Verordnung häufig Schwierigkeiten, die daraus resultieren, dass die Tatbestandsmerkmale des Art. 249 Abs. 2 EG nur eine begrenzte Konturenschärfe aufweisen und deshalb eine gewisse Grauzone besteht. Ursächlich für die Abgrenzungsschwierigkeiten ist auch das unklare Verhältnis zwischen den materiellrechtlichen Begriffen des Art. 249 EG und den prozessrechtlichen Definitionen in Art. 230 EG.[186]

---

[183] EuGH, Rs. 10/95 P (Asocarne/Rat), Slg. 1995, S. I-4149 Rn. 30; EuGH, Rs. C-409/96 P (Sveriges Betodlares und Henrikson/Kommission), Slg. 1999, S. I-4939 Rn. 37; EuG, Rs. T-39/98 (Sadam Zuccherifici u. a./Rat), Slg. 1998, S. II-4207, Rn. 22; EuG, Rs. T-138/98 (Armement coopératif artisanal vendéen (ACAV) u.a./Rat), Slg. 2000, S. II-341 Rn. 66.

[184] *Biervert* in: Schwarze, EU-Komm., Art. 249 EG Rn. 22; *Möller*, S. 22 f.; *Ruffert* in: Calliess/Ruffert, EUV/EGV, Art. 249 EG Rn. 44; *Wegmann*, S. 95 ff., 104 ff.

[185] *Catalano*, S. 95; *Fuß*, NJW 1964, S. 945.

[186] S. dazu ausführlich: Kap. II C.

Die allgemeine Geltung ist nach dem Gerichtshof materielles Differenzierungskriterium zwischen Verordnung und Entscheidung.[187] Sie entfällt nicht bereits dadurch, dass der Kreis der Rechtssubjekte, für die die Verordnung in einer bestimmten Zeit gilt, nach Zahl oder sogar Identität bestimmbar ist, solange feststeht, dass diese Geltung sich aus einer in dem Rechtsakt umschriebenen objektiven Rechts- oder Sachlage i.V.m. der Zielsetzung dieses Aktes ergibt.[188] Die Unbestimmtheit des Adressatenkreises muss sich aus einem „objektiven Tatbestand" ergeben, wobei der Erlasszeitpunkt maßgebend ist. Hierbei sind nicht nur grammatikalische, sondern auch teleologische und systematische Gesichtspunkte wie Zielsetzung der Normierung, Regelungszusammenhang maßgeblich.[189] Die Bestimmung der allgemeinen Geltung basiert im Grunde auf einer Vermengung der Kriterien Adressat und Fall, wobei letzterer indirekt, über den Adressatenkreis beurteilt wird. Eigenständige Relevanz für die Abgrenzung wird dem Kriterium des geregelten Falles überwiegend abgesprochen.[190] In der Konsequenz werden sowohl konkret-individuelle als auch abstrakt-individuelle Rechtsakte den Entscheidungen zugeordnet, während abstrakt-generelle und konkret-generelle[191] Rechtsakte als Verordnungen eingestuft werden.

Da oben bereits allgemeine Argumente gegen den Verzicht auf das Fallkriterium und damit die vierdimensionale Abstufung der „Allgemeinheit" eines Rechtsaktes vorgetragen wurden[192], sind hier nur die Besonderheiten zu erörtern, die aus der positivrechtlichen Ausgestaltung der Handlungsformen Verordnung und Entscheidung resultieren. Keine Zweifel dürften an der Zuordnung der abstrakt-generellen Rechtsakte (Verordnungen) sowie konkret-individuellen Maßnahmen (Entscheidungen) bestehen. Problematisch ist indes die Einstufung von „Zwischen-" bzw. „Mischformen", insb. die Rechtsnatur konkret-genereller Rechtsakte. Im Schrifttum wird meist eine ausschließlich personenbezogene Abgrenzung zwischen Verordnungen und Entscheidungen vorgenommen. So will *Daig* aus der Gegenüberstellung des Wortlauts des Art. 249 Abs. 2 und 4 EG („allgemeine Geltung" der Verordnung mit der Formulierung, wonach die Entscheidung „für *diejenigen* verbindlich (ist), die *sie* bezeichnet"), die alleinige Maßgeblichkeit des Adressatenkriteriums ableiten.[193] Dieser Schluss ist aber keineswegs zwingend, da nicht ersichtlich ist, warum der Begriff „allgemeine Geltung" nicht (auch) die Abstraktheit des geregelten Sachverhalts (unbestimmte Zahl von Fällen) bedeuten sollte. Der Begriff ist insofern offen, als dadurch mit Sicherheit nur

[187] Vgl. EuGH, Rs. 101/76 (Koninklijke Scholten Honig/ Raut u. Kommission), Slg. 1977, S. 797 Rn. 5/7 ff.; EuGH, Rs. 147/83 (Binderer/Kommission), Slg. 1985, S. 257 Rn. 13 f.

[188] EuGH, Rs. 242/81 (Roquette Frères/ Rat), Slg. .1982, S. 3213 Rn. 7; EuGH, Rs. 307/81 (Alusuisse/ Rat u. Kommission), Slg. 1982, S. 3463 Leitsatz 2; EuG, Rs. T-158/95 (Eridania Zuccherifici Nazionali SpA u.a./Rat), Slg. 1999, S. II-2219 LS. 2.

[189] S.o.: Kap. I A III 2 b).

[190] S.o.: Kap. I A III 2 b) aa) und die dort zitierte Rspr. und Lit.

[191] Vgl. *v. Danwitz*, NJW 1993, S. 1108 (1109 f.); a.A.: *Allkemper*, S. 63. Der Versuch GA *Roemers*, die Allgemeinverfügung auf den Boden des Gemeinschaftsrechts zu übertragen, fand keine Akzeptanz in der Rspr. – Schlussanträge in den Rs. 6/68 (Zuckerfabrik Watenstedt/ Rat), Slg. 1968, 612 (626 f.); Rs. 64/69(Compagnie française commerciale and financière/ Kommission), Slg. 1970, 221 ff.; verb. Rs. 41-44/70 (NV International Fruit Compagny u.a./ Kommission), Slg. 1971, 411 (413 f.)

[192] S.o.: Kap. I A III 2 b) bb).

[193] *Daig*, Rn. 109.

konkret-individuelle Regelungen ausgeschlossen werden. Eine positive Aussage über die Behandlung von Mischfällen lässt sich ihm indes nicht entnehmen. Auch *Daigs* Interpretation des Wortlauts des Art. 249 Abs. 4 EG ist nicht zwingend. Stellt man – wie *Koch* zutreffend bemerkt[194] – die Absätze 2 bis 4 einander gegenüber, so ergibt sich lediglich eine *qualitative* Festlegung des Kreises möglicher Adressaten. Während Verordnungen für die Bürger verbindlich sind, sind die Richtlinien an die Mitgliedstaaten adressiert. Dagegen können Entscheidungen an beide Adressatenkategorien gerichtet werden, sie sind bindend für jeden, den sie „bezeichnen".

Ebenso wenig überzeugend ist der Hinweis auf die Art der Bekanntgabe als Argument für die personenbezogene Differenzierung zwischen Verordnungen und Entscheidungen.[195] Zwar schreibt Art. 254 Abs. 3 EG für Entscheidungen eine individuelle Bekanntgabe gegenüber denjenigen vor, für den sie bestimmt sind, während Verordnungen gem. Art. 254 Abs. 2 EG im Amtsblatt veröffentlicht werden. Hieraus aber ein konstitutives Differenzierungsmerkmal (quantitative Bestimmung des Adressatenkreises) abzuleiten, erscheint überzogen. Denn die Ausgestaltung der Bekanntgabe ist in erster Linie durch Praktikabilitätserfordernisse diktiert. Im Übrigen stellt die Bekanntgabe eine Wirksamkeitsvoraussetzung, nicht Wesensmerkmal der in Frage stehenden Rechtsakte dar.[196] Schließlich wäre es auch dogmatisch falsch, aus dem Erfordernis der „individuellen Betroffenheit" als Voraussetzung einer Individualnichtigkeitsklage das maßgebliche Differenzierungskriterium zwischen Verordnungen und Entscheidungen herzuleiten.[197] Hierdurch würde man die Klageberechtigung mit dem Klagegegenstand vermengen. Art. 230 Abs. 4 EG nimmt Bezug auf den *Kläger* und verlangt den Nachweis einer besonderen Beziehung zum Klagegegenstand, um Popularklagen auszuschließen.

Wenn damit den Vertragsbestimmungen nicht eindeutig entnommen werden kann, welches Abgrenzungskriterium maßgebend ist, muss man von der Gleichwertigkeit von Fall oder Adressat ausgehen. Dagegen ist ein Ausweichen auf „Zweckmäßigkeits- und Rechtsschutzgesichtspunkte"[198] abzulehnen. Die rechtstheoretischen Gesichtspunkte haben die Vorteile der Objektivität und Vorhersehbarkeit. Bei personenbezogenen Regelungen empfiehlt es sich daher auf die (Un-) Bestimmtheit des Adressatenkreises abzustellen, während die Einordnung ausschließlich gegenstandsbezogener Rechtsakte anhand des geregelten Falles zu erfolgen hat. In „Mischfällen" bietet sich hingegen eine Schwerpunktbetrachtung unter Berücksichtigung der Funktion und objektiven Zweckbestimmung der Norm an.

III. Richtlinien als Instrument der Gesetzgebung

Die Richtlinie ist nach Art. 249 Abs. 3 EG an die Mitgliedstaaten gerichtet, „hinsichtlich des zu erreichenden Ziels verbindlich, überlässt jedoch den innerstaatlichen Stel-

---

194 *Koch*, S. 160 f.

195 So: *Daig*, Rn. 109; *Danner*, S. 37.

196 *Koch*, S. 159.

197 In diesem Sinne aber: *Daig*, Rn. 109; *Fuß*, NJW 1964, S. 945 (949).

198 So aber: *Koch*, S. 162 ff., der unter Vernachlässigung der rechtstheoretischen Grundlagen auf Zweckmäßigkeits- und Rechtsschutzgesichtspunkte abstellt. Ähnlich bereits zum EGKS-Vertrag: *Börner*, S. 126 ff.

len die Wahl der Form und Mittel". Dabei zeigt der Vergleich mit anderen Sprachfassungen (fr. *résultat*, en. *result*), dass weniger die Ziele als solche, sondern vielmehr die *Ergebnisse* der Richtlinie i.S. eines zu erreichenden rechtlichen, wirtschaftlichen bzw. sozialen Gesamtzustandes bindend sind.[199] Die damit einhergehende Verteilung der Aufgaben zwischen dem Gemeinschaftsgesetzgeber und den nationalen Rechtssetzungsorganen macht die Richtlinie zu einem „zweistufigen, mittelbaren Rechtsetzungsinstrument".[200] Die Adressierung macht den Unterschied zur Verordnung aus, da diese bereits *ipso iure* unmittelbar *in* den Mitgliedstaaten gilt. Dagegen ist die Richtlinie nach ihrem Grundkonzept[201] auf mitgliedstaatliche Umsetzung angewiesen.

Die Literatur[202] und die Rechtsprechung[203] bejahen nahezu einhellig den Rechtsnormcharakter der Richtlinie. Dadurch trägt man vor allem der zweistufigen Implementationsstruktur Rechnung. Die formellen Adressaten der Richtlinien – die Mitgliedstaaten erfüllen die Rolle eines Mediums im Rechtssetzungsprozess, sodass die Richtlinien im Endeffekt für die Bürger bestimmt sind. Die Umsetzungsmaßnahmen selbst müssen die Qualität verbindlicher normativer Akte aufweisen.[204] Die Richtlinien binden grundsätzlich die Mitgliedstaaten, stellen aber ein „Mittel der indirekten Rechtsetzung" mit allgemeiner Geltung dar.[205] Richtlinien erfüllen dieselbe Rolle wie Verordnungen, nämlich die eines Rechtssetzungsinstruments der EG. Die Rolle von Richtlinien kann nicht zum bloßen „Innenrecht" für die Relationen zwischen Mitgliedstaaten und EG degradiert werden. Denn sie entfalten durchaus Außenwirkung auf die Beziehungen zwischen den Bürgern und zwischen diesen und den Mitgliedstaaten.

Als Beispiel sind die unmittelbare vertikale Wirkung von Richtlinien sowie die Pflicht der mitgliedstaatlichen Gerichte und Behörden zur richtlinienkonformen Auslegung des nationalen Rechts zu nennen.[206] Diese Phänomene wären kaum erklärbar, wenn man Richtlinien als bloßes Innenrecht zwischen der EG und den Mitgliedstaaten

---

[199] Vgl. EuGH, Rs. 14/83 (von Colson und Kamann), Slg. 1984, S. 1891 (1906 f.); so bereits: *Ipsen* in: FS Ophüls (1965), S. 67 (72 ff.).

[200] *Biervert*, S. 77.

[201] Zur Ausnahme (unmittelbare Richtlinienwirkung): EuGH, Rs. 33/70 (Spa Sace/Ministero delle finanze), Slg. 1970, S. 1213 (st. Rspr.). S. auch: *Grabitz*, EuR 1971, S. 1 (14 ff.); *ders.*, in: FS Deringer (1993), S. 59 (63 ff.).

[202] Vgl. z.B. *Grams*, S. 88 f., der die Richtlinie – trotz des zugegebenermaßen problematischen Charakters von Richtlinien, die sich nur an einen Mitgliedstaat richten – als „Rechtsnorm" und „materielles Gesetz" bezeichnet. Ähnlich: *Götz*, NJW 1992, S. 1849 (Richtlinien als „Gesetzgebung"). Zur Funktion der Richtlinie: *Grabitz*, EuR 1971, S. 1 ff.; *ders.* in: FS Deringer (1993), S. 59 ff.; *Hilf*, EuR 1993, S. 1 ff.; *Scherzberg*, Jura 1992, S. 572 ff.

[203] Nach st. Rspr. ist die Richtlinie trotz des beschränkten Adressatenkreises (die Mitgliedstaaten) eine Form der mittelbaren Gesetzgebung – vgl. EuGH, Rs. 160/88 R (Fédération européenne de la santé animale u. a./Rat), Slg. 1988, S. 4121, Rn. 28; EuGH, Rs. C-298/89 (Regierung von Gibraltar/Rat), Slg. 1993, S. I-3605 Rn. 16; EuGH, Rs. C-10/95 P (Asociación Española de Empresas de la Carne (Asocarne)/Rat), Slg. 1995, S. I-4149 Rn. 28 f.; EuG, Rs. T-45/02 (DOW AgroSciences BV u. DOW AgroSciences Ltd/EP u. Rat), Slg. 2003, S. II-1973 Rn. 32 („*allgemeine Rechtsnatur der Richtlinie*").

[204] EuGH, Rs. 96/81 (Kommission/Niederlande), Slg. 1982, S. 1791 Rn. 12; EuGH, Rs. C-131/88 (Kommission/Deutschland), Slg. 1991, S. I-825 Rn. 8.

[205] EuG, verb. Rs. T-172/98 u. T-175/98 (Salamander u.a./EP und Rat), Slg. 2000, S. II-2487 Rn. 29; EuGH, verb. Rs. 188 bis 190/80 (Frankreich u.a./Kommission), Slg. 1982, S. 2545 Rn. 6.

[206] Nachw. im Kap. II F II 1 a) aa) und bb).

begreifen würde. Die Rechtsnormqualität ist nicht davon abhängig, ob die betreffende Maßnahme bereits unmittelbar wirkt oder erst einer Umsetzung bedarf.[207]

Schwierigkeiten bereitet dagegen die Abgrenzung zwischen staatengerichteten Entscheidungen und Richtlinien. Teilweise wird, mit Blick auf die Praxis der Gemeinschaftsorgane, Funktionsidentität beider Handlungsformen angenommen wird.[208] Andererseits kann die klare Abgrenzung zwischen beiden Rechtsaktformen gerade im Hinblick auf die Individualrechtsschutzmöglichkeiten außerordentlich relevant sein. Denn der Wortlaut des Art. 230 Abs. 4 EG nennt zwar ausdrücklich eine an einen Dritten ergangene Entscheidung, nicht aber die Richtlinie als tauglichen Klagegegenstand. Als „Dritte" i.S. dieser Norm kämen indes auch Mitgliedstaaten in Betracht.[209] Da das Adressatenkriterium hier untauglich ist, bleibt nur eine Abgrenzung anhand des geregelten Sachverhalts. Während Entscheidungen grundsätzlich Einzelfälle regeln, sind Richtlinien typischerweise für abstrakte Sachverhalte vorbehalten.

IV. Fazit

Anhand der materiellen Kriterien: *Adressat* und *geregelter Sachverhalt* ist eine trennscharfe Abgrenzung zwischen den sekundären Handlungsformen, insb. den Kategorien Einzelakt und Rechtssatz nur bedingt möglich.[210] Die Handlungsformen sind den spezifischen Aufgaben und supranationalen bzw. intergouvernementalen Regelungstechniken angepasst. Daher können nur wenige allgemeine Aussagen getroffen werden. Mit Sicherheit kann lediglich festgestellt werden, dass individualgerichtete Entscheidungen an Privatpersonen i.S.d. Art. 249 Abs. 4 EG und rechtsunverbindliche Maßnahmen keinen Rechtssatzcharakter aufweisen. Ferner ist die Einordnung staatengerichteter Rechtakte problematisch, was am Beispiel von Entscheidungen und Richtlinien deutlich wird. Schließlich ist eine klare Abgrenzung zwischen Normativ- und Einzelakt nach dem materiellen Regelungsgehalt praktisch oft nicht mehr möglich, weil die Rolle der typischen Rechtssetzungsinstrumente (insb. Verordnung) nicht auf die Statuierung genereller / allgemeiner Rechtsnormen reduziert werden kann. Gerade im Bereich der kurzlebigen Agrarverordnungen wird die Nivellierung der Differenz zwischen allgemeinen und individuellen Bestimmungen deutlich. Erfolgversprechende Systematisierungskriterien sind: Rechtsverbindlichkeit, Adressat, ggf. auch Implementationsstruktur (ein- oder zweistufig).[211]

Es wurde dargelegt, dass viele Gründe für die Berücksichtigung der formellen Aspekte bei der Einordnung von Sekundärrechtsakten zur bestimmten Kategorie sprechen. Allerdings wird hier ein vermittelnder Weg befürwortet, der sowohl materiellen als auch formellen Gesichtspunkten Rechnung trägt, sodass ein gerechter Ausgleich zwischen dem Postulat der Rechtsklarheit und den individuellen Rechtsschutzge-

---

[207] *Fuß*, NJW 1964, S. 945 (946).

[208] So: *Scherzberg*, in: Siedentopf (Hrsg.), Europäische Integration und nationalstaatliche Verwaltung (1991), S. 17 (30, 42). Krit. dazu: *Mager*, EuR 2001, S. 661 (672 f.).

[209] Vgl. EuGH, Rs. 25/62 (Plaumann/Kommission), Slg. 1963, S. 213; EuGH, verb. Rs. 106 u. 107/63 (Alfred Töpfer KG u. Getreide-Import-Gesellschaft/Kommission), Slg. 1965, S. 547.

[210] So auch: *Bast*, in: v. Bogdandy (Hrsg.), Europäisches Verfassungsrecht (2003), S. 479 (533).

[211] Ähnlich: *Bast*, in: v. Bogdandy (Hrsg.), Europäisches Verfassungsrecht (2003), S. 479 (529 ff.), der sich aber vier Kriterien bedient.

sichtspunkten geschafft werden kann. Die Form bestimmt grundsätzlich über die Einordnung des Rechtsaktes, was freilich nicht von der judikativen Kontrolle „Richtigkeit“ i.S.v. Rechtmäßigkeit der Formwahl entbindet. Stellt sich nämlich im Zuge der Prüfung des materiellen Regelungsgehalts Inkongruenz zwischen Form und Inhalt heraus, dann kann der Rechtsakt als nichtig erklärt werden. Fehlen klare formelle Anhaltspunkte, dann bleibt der Rückgriff auf materielle Kriterien ohnehin unausweichlich. Schließlich ist die Funktion der Handlungsformen als Zweckschöpfungen des Prozessrechts zu berücksichtigen Eine handlungsformneutrale Konzeption des Rechtsschutzes kann eine strenge Dichotomie zwischen Einzelakt und Rechtsnorm aufheben.

Kapitel II. Nichtigkeitsklage gegen Gemeinschaftsrechtsakte

A. Dreistufige Systematik des Art. 230 EG

Sowohl in Bezug auf den zulässigen Klagegegenstand als auch die Anforderungen an die Klageberechtigung differenziert Art. 230 EG zwischen drei Gruppen von Klägern. Die Zulässigkeitsvoraussetzungen sind abgestuft, sodass man zwischen privilegiert, teilprivilegiert und nichtprivilegiert Klageberechtigten unterscheidet.[212]

I. Die privilegierten und teilprivilegierten Kläger

Die Nichtigkeitsklagen der Mitgliedstaaten, des Rates, der Kommission und des Europäischen Parlaments sind gem. Art. 230 Abs. 2 EG ohne Nachweis einer besonderen Klageberechtigung zulässig. Erforderlich ist lediglich, dass es sich bei der angefochtenen Handlung um einen rechtsverbindlichen Akt eines Gemeinschaftsorgans handelt Dagegen ist das Klagerecht der sog. teilprivilegierten Kläger (Rechnungshof und EZB) eingeschränkt. Art. 230 Abs. 3 EG verlangt, dass die Klage „auf die Wahrung ihrer Rechte" abzielen muss.

II. Die nichtprivilegierten Kläger

1. Natürliche und juristische Personen des Privatrechts

Zum Kreis der nichtprivilegierten Kläger gehören alle natürlichen und juristische Personen. Art. 230 Abs. 4 EG beschränkt die aktive Parteifähigkeit nicht auf Unionsbürger oder inländische juristische Personen. Der Begriff „juristische Person" i.S.d. Art. 230 Abs. 4 EG ist ein autonomer Terminus des Gemeinschaftsrechts, sodass eine Verleihung der Rechtspersönlichkeit durch nationale Rechtsordnung nicht zwingend erforderlich ist.[213] Maßgebend ist das Bestehen einer organschaftlich angelegten, die Handlungsfähigkeit ermöglichenden Struktur sowie eine gewisse Unabhängigkeit, die die juristische Person in die Lage versetzt, selbständig Rechtshandlungen vorzunehmen.[214] Der innerstaatliche Status kann zwar rechtsschutzeröffnend wirken, umgekehrt kann aber auch eine nach nationalem Recht nicht rechtsfähige Organisation parteifähig sein, wenn das Gemeinschaftsrecht ihr eine entsprechende Rechtsstellung verleiht.[215]

Diese Voraussetzung wird von der Rechtsprechung weit interpretiert. So hat der Gerichtshof die Parteifähigkeit der allgemeinen Gewerkschaft der Europäischen Beamten damit begründet[216], dass die vom Beamtenstatus anerkannte Vereinigungsfreiheit nicht nur das Recht der Bediensteten zur freien Gründung von Vereinigungen, sondern auch das Recht zur Verteidigung der beruflichen Interessen der Vereinigungsmitglieder und

---

[212] Vgl. *Alber*, ZEuS 2003, S. 1 (6).

[213] EuGH, Rs. 18/74 (Syndicat général du personnel des organismes européens/ Kommission), Slg. 1974, S. 933 Rn. 7, 13/16; EuGH, Rs. 135/81 (Groupement des agences des voyages/ Kommission), Slg. 1982, S. 3799 Rn. 6, 10; EuGH, Rs. 50/84 (Bensider u. a./Kommission), Slg. 1984, S. 3991 Rn. 7 f. S. auch: *Burgi* in: Rengeling/Middeke/Gellermann, Handbuch des Rechtsschutzes in der Europäischen Union, 2. Aufl. (2003), S. 101.

[214] Vgl. *Arnull*, CMLR 1995, S. 7 (12, Fn. 29).

[215] Z.B.: Art. 266 Abs. 1 EG (EIB) – dazu: *Gesser*, S. 229.

[216] Die Klage wurde – allerdings aus anderen Gründen – als unzulässig abgewiesen.

damit den Zugang zum Gerichtshof impliziert.[217] Sogar einer Gelegenheitsvereinigung von Unternehmen, die sich zum Zwecke einer gemeinsamen Beteiligung an einer Ausschreibung der EG zusammengeschlossen haben, wurde die aktive Parteifähigkeit nicht abgesprochen.[218] Der EuGH sah als es hinreichend an, dass die Vereinigung zur Teilnahme zugelassen und tatsächlich beteiligt wurde. Die Dauer des Zusammenschlusses spielt also für die aktive Parteifähigkeit einer Vereinigung keine entscheidende Rolle. Maßgeblich ist eine gewisse Selbständigkeit, wobei die Rechtsprechung auch hier nicht allzu strenge Anforderungen stellt. Hinreichend ist bereits der Rechtsschein der Rechtspersönlichkeit, wenn dieser durch entsprechendes Verhalten der Gemeinschaftsorgane begründet wurde.

In der Rs. *Sinochem Heilongjiang/Rat* hat das EuG es genügen lassen, dass der Kläger *„von den Gemeinschaftsorganen als unabhängige rechtliche Einheit behandelt worden ist.“*[219] Rat und Kommission vertraten die Auffassung, die Klägerin sei keine juristische Person i.S.d. 230 Abs. 4 EG, denn sie sei nur eine örtliche Zweigniederlassung, damit Teil der betroffenen Firma „Sinochem Beijing“ und daher keine eigenständige rechtliche Einheit. Das EuG wies diese Einwände jedoch mit der Begründung ab, die Kommission habe die Klägerin im Verwaltungsverfahren als unabhängige rechtliche Einheit behandelt, insb. regelmäßigen Schriftwechsel mit ihr geführt und sie bei der Anhörung als Gesprächsteilnehmer akzeptiert. *„Unter diesen Umständen können die Gemeinschaftsorgane der Klägerin in dem auf dieses Verwaltungsverfahren folgenden gerichtlichen Verfahren nicht die Eigenschaft als unabhängige juristische Person absprechen.“*[220] Das Gericht ließ sich ersichtlich von Billigkeitsgesichtspunkten leiten, blieb jedoch eine überzeugende Begründung schuldig. Dogmatisch lässt sich dieses Ergebnis darauf stützen, dass die für die Klageerhebung notwendige (partielle[221]) Rechtsfähigkeit durch implizite Anerkennung seitens des Gemeinschaftsorgans verliehen wurde. Nach dem allgemeinen Rechtsgrundsatz des *venire contra factum proprium*[222] ist ihm untersagt, sich später auf die angeblich fehlende Rechtsfähigkeit des Klägers zu berufen.

Schließlich wird der Zeitpunkt, in dem die Rechtspersönlichkeit gegeben sein muss, von der Rechtssprechung sehr liberal behandelt. Es genügt, dass der Kläger spätestens

---

217 EuGH, Rs. 18/74 (Syndicat général du personnel des organismes européens/Kommission), Slg. 1974, S. 933 Rn. 10/12. Zur Anerkennung der Rechtsfähigkeit von Berufsverbänden auch: EuGH, Rs. 297/86 (CIDA/Rat), Slg. 1988, S. 3531 Rn. 11. Ebenso ist die aktive Parteifähigkeit von Gewerkschaften anerkannt – EuGH, Rs. 193 u. 194/87 (Maurissen und Allg. Gewerkschaftsbund/Rechnungshof), Slg. 1989, S. 1045 Rn. 18 ff.

218 EuGH, Rs. 135/81 (Groupement des Agences de Voyages/Kommission), Slg. 1982, S. 3799 Rn. 10 f.

219 EuG, Rs. T-161/94 (Sinochem Heilongjiang/Rat), Slg. 1996, S. II-695 LS. 1 und Rn. 31; ebenso: EuG, Rs. T-170/94 (Shanghai Bicycle Corporation/Rat), Slg. 1997 S. II-1383 Rn. 31. In diesem Sinne bereits: EuGH, Rs. 175/73 (Gewerkschaftsbund, Massa u. Kortner/Rat), Slg. 1974, S. 917 Rn. 11-13; EuGH, Rs. 18/74 (Allgemeine Gewerkschaft/Kommission), Slg. 1974, S. 933 Rn. 7-9.

220 EuG, Rs. T-161/94 (Sinochem Heilongjiang/Rat), Slg. 1996, S. II-695 Rn. 34; bestätigt durch EuG, Rs. T-170/94 (Shanghai Bicycle Corporation/Rat), Slg. 1997 S. II-1383 Rn. 34.

221 Rechtsfähigkeit nur für die Zwecke des konkreten gerichtlichen Verfahrens.

222 Zur Bindung der Gemeinschaft an die allgemeinen Grundsätze des Völkerrechts: EuGH, verb. Rs. 89, 104, 114, 116 bis 117 u. 125 bis 129/85 (Ahlström/Kommission), Slg. 1988, S. I-5193 Rn. 18.

bis zum Ablauf der Klagefrist die Rechtspersönlichkeit erlangt.[223] Daneben kann auch eine zur Zeit des Gerichtsverfahrens rechtlich nicht mehr existierende Vereinigung jedenfalls dann aktiv parteifähig sein, wenn ihre Auflösung im Zusammenhang mit dem angefochtenen Rechtsakt steht.[224]

2. Behandlung der nationalen Gebietskörperschaften und -organe[225]

a) Problemaufriss

Nach der Rechtsprechung umfasst der Begriff „juristische Person" i.S.d. Art. 230 Abs. 4 EG nicht nur Privatrechtssubjekte, sondern auch juristische Personen des öffentlichen Rechts, darunter auch Gebietskörperschaften.[226] Die Gleichsetzung von territorialen Untergliederungen der Mitgliedstaaten, die über eine gewisse Autonomie bzw. Rechtssetzungsbefugnisse verfügen, mit den Privaten im Hinblick auf das Klagerecht wird zum Teil als problematisch empfunden.[227] Gerade bei der erstgenannten Gruppe ist die Diskrepanz zwischen der unmittelbaren Belastung durch Gemeinschaftssekundärrechtsakte und dem Rechtsschutz besonders auffällig. Die juristischen Personen des öffentlichen oder privaten Rechts, die mit Ausübung von Hoheitsbefugnissen betraut sind (z.B. Gebietskörperschaften, Zentralbanken der Mitgliedstaaten) werden insb. bei der Berufung des Bürgers auf Richtlinienbestimmungen wie der verpflichtete Mitgliedstaat selbst behandelt.[228] Umgekehrt bleibt ihnen die privilegierte Klageberechti-

---

[223] EuG, Rs. T-161/94 (Sinochem Heilongjiang/Rat), Slg. 1996, S. II-695 Rn. 31; EuGH, Rs. 50/84 (Bensider u. a./Kommission), Slg. 1984, S. 3991 Rn. 7 f. Nach st. Rspr. ist der Zeitpunkt der Klageerhebung für die Zulässigkeit maßgebend – vgl. EuG, Rs. T-229/02 (Kurdistaner Arbeiterpartei (PKK) u. Kurdistaner Nationalkongress (KNK)/Rat), Slg. 2005, S. II-539 Rn. 30; EuGH, Rs. 50/84 (Bensider u.a./Kommission), Slg. 1984, S. 3991 Rn. 8; EuG, Rs. T-236/00 R II (Stauner u.a./Parlament u. Kommission), Slg. 2001, S. II-2943 Rn. 49.

[224] EuG, Rs. T-229/02 (Kurdistaner Arbeiterpartei (PKK) u. Kurdistaner Nationalkongress/ Rat), Slg. 2005, S. II-539 Rn. 28. Das Gericht wies darauf hin, dass "*die Vorschriften über die Zulässigkeit der Nichtigkeitsklage einer Person, die ... auf der Liste der Personen, Vereinigungen und Körperschaften, die restriktiven Maßnahmen zur Bekämpfung des Terrorismus unterliegen, nach den Umständen des konkreten Falles auszulegen sind. Ein übertriebener Formalismus liefe daher darauf hinaus, dass in bestimmten Fällen jede Möglichkeit einer Nichtigkeitsklage ausgeschlossen wäre, auch wenn diese Vereinigungen und Körperschaften Gegenstand restriktiver Gemeinschaftsmaßnahmen waren.*"

[225] Wenn in nachfolgenden Abschnitt von staatlichen Organen gesprochen wird, dann sind Organe im funktionalen Sinne gemeint, d.h. jede Stelle, die hoheitliche Aufgaben wahrnimmt, ohne Rücksicht auf deren organisatorische Stellung im Staatsgefüge. Darunter fallen auch solche Personen bzw. Verbände, die dem privatrechtlichen Sektor angehören, aber zur Erfüllung bestimmter Aufgaben mit Hoheitsbefugnissen ausgestattet sind.

[226] Z.B. Gliedstaaten eines Bundesstaates, autonome Regionen, Kommunen u.ä. – s. EuG, Rs. T-214/95 (Vlaamse Gewest/Kommission), Slg. 1998, S. II-717 Rn. 28; EuGH, Rs. C-180/97 (Regione Toscana/Kommission), Slg. 1997, S. I-5245 Rn. 6; EuG, Rs. T-238/97 (Comunidad Autónoma de Cantabria/Rat), Slg. 1998, S. II-2271 Rn. 45 ff.; EuGH, Rs. C-417/04 (Regione Siciliana/Kommission), Slg. 2006, S. I-3881 Rn. 24.

[227] Vgl. insb. die Kritik bei: *Arnull*, CMLR 2001, S. 7 (10).

[228] Der Begriff des „Mitgliedstaates" als Verpflichteter von Richtlinien wird sehr extensiv ausgelegt – vgl. EuGH, Rs. 222/84 (Johnston/ Chief Constable of the Royal Ulster Constabulary), Slg. 1986, S. 1651; EuGH, verb. Rs. C-253/96, C-254/96, C-255/96, C-256/96, C-257/96 u. C-258/96 (Helmut Kampelmann u. a./Landschaftsverband Westfalen-Lippe), Slg. 1997, S. I-6907 Rn. 46. Darunter werden „*Organisationen oder Einrichtungen* [erfasst], *die dem Staat oder seiner Aufsicht unterstehen*

gung nach Art. 230 Abs. 2 EG versagt. Während dieser Zustand bei „unselbständigen" staatlichen Behörden, die nur in der Eigenschaft als Teil der staatlichen Verwaltung betroffen sind[229], als innerstaatliche Vertretungsangelegenheit zu behandeln ist, bestehen aus der Sicht der autonomen Hoheitsträger (Gliedstaaten[230], Gemeinden[231], autonome Regionen[232], aber auch staatliche Unternehmen[233]) erhebliche Rechtsschutzlücken. Einerseits werden sie den „Mitgliedstaaten" i.S.d. Art. 249 Abs. 3 EG gleichgestellt und – anders als Private – direkt an die nicht ordnungsgemäß umgesetzte Richtlinie gebunden.[234] Andererseits sind sie dem für „normale Private" i.S.d. Art. 230 Abs. 4 EG geltenden Klageregime unterworfen. Die Praxis zeigt, dass dadurch Nichtigkeitsklagen gegen EG-Normativakte wesentlich erschwert werden.[235] Klagen gegen Verordnungen sind bislang gescheitert.[236]

Gegen die pauschale Gleichsetzung juristischer Personen des öffentlichen und Privatrechts in Bezug auf Klagerecht gegen Gemeinschaftssekundärrecht sprechen noch weitere Gründe. Insbesondere in Angelegenheiten, in denen die Regionen innerstaatlich die Gesetzgebungskompetenz besitzen, repräsentieren ihre Vertreter[237] den Mit-

---

oder mit besonderen Rechten ausgestattet sind, die über diejenigen hinausgehen, die sich aus den für die Beziehungen zwischen Privatpersonen geltenden Vorschriften ergeben. Hierzu gehören Gebietskörperschaften oder Einrichtungen, denen unabhängig von ihrer Rechtsform durch Hoheitsakt die Erbringung einer Dienstleistung im öffentlichen Interesse unter der Aufsicht des Staates übertragen worden ist." Näher dazu: Kap. II F II 1 a) aa).

229 Behörden des Mitgliedstaates: EuGH, Rs. 8/81 (Becker/Finanzamt Münster-Innenstadt), Slg. 1982, S. 53; EuGH, Rs. C-221/88 (EGKS und der Acciaierie e ferriere Busseni SpA in Konkurs), Slg. 1990, S. I-495; EuGH, Rs. 152/84 (Marshall/ Southampton and South-West Hampshire Area Health Authority), Slg. 1986, S. 723. Umfassend zum „Staatsbegriff" bei der unmittelbaren vertikalen Richtlinienwirkung: *Hartisch*, S. 58 ff.; *Prechal*, CMLR 1990, S. 451 (457 ff.).

230 EuG, verb. Rs. 132/96 u. 143/96 (Freistaat Sachsen u.a./Kommission), Slg. 1999, S. II-3663 Rn. 81.

231 EuGH, Rs. 222/83 (Gemeinde Differdange u.a./Kommission), Slg. 1984, S. 2889.

232 EuG, Rs. T-37/04 R (Região autónoma dos Açores/Rat), Slg. 2004, S. II-2152 Rn. 112; EuGH, Rs. C-451/98 (Niederländische Antillen/Rat), Slg. 2001 S. I-8949; EuG, Rs. T-288/97 (Regione autonoma Friuli Venezia Giulia/Kommission), Slg. 1999, S. II-1871 Rn. 42; EuG, Rs. T-609/97 (Regione Puglia/ Kommission u. Spanien), Slg. 1998, S. II-4051; EuG, Rs. T-238/97 (Comunidad Autónoma de Cantabria/Rat), Slg. 1998, S. II-2271 Rn. 45 ff.; EuGH, Rs. C-180/97 (Regione Toscana/Kommission), Slg. 1997, S. I-5245 Rn. 6; EuGH, Rs. C-95/97 (Région wallonne / Kommission), Slg. 1997, S. I-1787; EuGH, Rs. C-129/96 (Inter-Environnement Wallonie), Slg. 1997, I-7411 Rn. 45.

233 EuGH, Rs. C-188/89 (Foster u.a./British Gas plc), Slg. 1990, S. I-3313 Rn. 20.

234 *Jarass*, NJW 1991, S. 2665. Zur unmittelbaren Richtlinienwirkung im Zusammenhang mit der Anfechtbarkeit: Kap. II F II 1 a) [insb. aa)].

235 Nichtigkeitsklagen der Regionen gegen Normativakte werden deshalb für nahezu ausgeschlossen gehalten. – *Dauses*, BayVBl. 1996, S. 582 (584). Nur Kommissionsentscheidungen wurden bislang von Gebietskörperschaften erfolgreich angefochten, vgl. EuG, Rs. T-214/95 (Het Vlaamse Gewest/ Kommission), Slg. 1998, S. II-717 Rn. 29; EuG, verb. Rs. 132/96 u. 143/96 (Freistaat Sachsen u.a./Kommission), Slg. 1999, S. II-3663 Rn. 83 ff.; EuG, Rs. T-288/97 (Regione autonoma Friuli Venezia Giulia/Kommission), Slg. 1999, S. II-1871 Rn. 28 ff. Ausführlich dazu: *Brecht*, ZEuS 2003, S. 135 (141 ff.).

236 EuG, Rs. T-238/97 (Comunidad Autónoma de Cantabria/Rat), Slg. 1998, S. II-2271 Rn. 45 ff. (Klage einer mitgliedstaatlichen Regionalbehörde wegen einer in der Verordnung ausdrücklich genannten, in ihrem Gebiet gelegenen Werft); EuG, Rs. T-609/97 (Regione Puglia/ Kommission u. Spanien), Slg. 1998, S. II-4051; EuGH, Rs. C-452/98 (Niederländische Antillen/Rat), Slg. 2001 S. I-8973 Rn. 60, 64, 72-74, 76.

237 Z.B. der Vertreter der Landesregierungen deutscher Bundesländer, § 6 Abs. 2 S. 1 ZBLEUG.

gliedstaat im Rat und in der Kommission. Zudem sind die Gliedstaaten bzw. sonstige autonome Gebietskörperschaften nicht selten nach der innerstaatlichen Zuständigkeitsverteilung zur Umsetzung von Richtlinien bzw. zum Vollzug des sekundären Gemeinschaftsrechts verpflichtet. Aber im Gegensatz zu Privaten können diese staatlichen Stellen überwiegend weder eine inzidente Kontrolle des Sekundärrechts gem. Art. 234 Abs. 1 lit. b EG herbeiführen[238], noch ist ihnen ein Verwerfungsrecht eingeräumt. Beruft sich z.B. der Bürger gegenüber einer staatlichen Stelle auf unmittelbar wirkende Richtlinienbestimmungen, ist diese verpflichtet, sie von Amts wegen anzuwenden. Zum gerichtlichen Verfahren, in dessen Rahmen eine Gültigkeitsvorlage an den EuGH gem. Art. 234 Abs. 1 lit. b EG beschlossen werden könnte, kommt es meist nicht, da der durch die Richtlinie begünstigte Bürger kaum jemals klagt.[239]

b) Zum Lösungsvorschlag Arnulls

Zur Lösung dieses Problems schlägt *Arnull* vor, die o.g. Subjekte des öffentlichen Rechts, insb. autonome Gebietskörperschaften, im Hinblick auf die Direktklagemöglichkeit den Mitgliedstaaten gleichzustellen und damit – als Korrelat der besonderen Verpflichtungen – die privilegierte Klageberechtigung anzuerkennen.[240] Die Gemeinschaftsgerichte lehnen eine derartige extensive Auslegung des „Mitgliedstaatsbegriffs" in Art. 230 Abs. 2 EG ab und betonten mehrmals, dass hierunter *„nur die Regierungsbehörden der Mitgliedstaaten*" und nicht Regierungen von Regionen oder autonomen Gemeinschaften fallen, unabhängig vom Umfang der ihnen zuerkannten Befugnisse.[241] Dasselbe gilt auch für diejenigen Gebiete, die nach Art. 299 Abs. 2 EG besonderen Schutz genießen.[242] Das gehe aus der allgemeinen Systematik der Verträge hervor.

> *„Andernfalls würde das institutionelle Gleichgewicht beeinträchtigt, das in den Verträgen vorgesehen ist, die insbesondere die Bedingungen festlegen, unter denen die Mitgliedstaaten, d. h. die Staaten, die Parteien der Gründungs- und Beitrittsverträge sind, bei der Tätigkeit der Gemeinschaftsorgane mitwirken. Die Europäischen Gemeinschaften können nämlich nicht eine Zahl von Mitgliedstaaten umfassen, die höher ist als die Zahl der Staaten, die in ihnen zusammengeschlossen sind."*[243]

---

[238] Zum Gerichtsbegriff des Art. 234 EG am Beispiel der nationalen Wettbewerbsbehörden: *Leopold/Reiche*, EuZW 2005, S. 143 ff.

[239] Zum Ausschluss der umgekehrt vertikalen, unmittelbaren Wirkung von Richtlinien: EuGH, Rs. 152/84 (M. H. Marshall/ Southampton and South West Hampshire Area Health Authority), Slg. 1986, S. 723 ff. Rn. 48; EuGH, Rs. C-91/92 (Faccini Dori), Slg. 1994, I-3325 Rn. 25 (st. Rspr.).

[240] *Arnull*, CMLR 1995, S. 7 (47); *ders.*, CMLR 2001, S. 7 (10 ff.).

[241] EuG, Rs. T-214/95 (Vlaamse Gewest/Kommission), Slg. 1998, S. II-717 Rn. 28; EuG, Rs. T-238/97 (Comunidad Autónoma de Cantabria/Rat), Slg. 1998, S. II-2271 Rn. 45 ff.; EuG, Rs. T-609/97 (Regione Puglia/ Kommission u. Spanien), Slg. 1998, S. II-4051; EuG, Rs. T-37/04 R (Região autónoma dos Açores/Rat), Slg. 2004, S. II-2153 Rn. 112. Der EuGH verweist die Klagen von Regionen an das EuG – EuGH, Rs. C-95/97 (Région wallonne / Kommission), Slg. 1997, S. I-1787 Rn. 11; EuGH, Rs. C-180/97 (Regione Toscana/Kommission), Slg. 1997, S. I-5245 Rn. 6. S. auch: Schlussanträge des GA *Lenz* in den verb. Rs. 62/87 u. 72/87 (Exécutif régional wallon u. S.A. Glaverbel/Kommission), Slg. 1988, S. 1573 (1581 f.).

[242] EuG, Rs. T-37/04 R (Região autónoma dos Açores/Rat), Slg. 2004, S. II-2153 Rn. 112.

[243] EuGH, Rs. C-95/97 (Région wallonne/Kommission), Slg. 1997, S. I-1787 Rn. 11; EuGH, Rs. C-180/97 (Regione Toscana/Kommission), Slg. 1997, S. I-5245 Rn. 6.

Hiergegen bringt *Arnull* vor, i.R.d. Vertragsverletzungsverfahrens spiele es für die Zurechenbarkeit keine Rolle, welche staatliche Stelle durch ihr Handeln oder Unterlassen gegen das Gemeinschaftsrecht verstoßen hat. Die Rechtsprechung macht bei der Zurechnung des Verhaltens dem Mitgliedstaat keinerlei Unterschiede, ob eine autonome Region, eine unselbständige staatliche Behörde oder gar ein (unabhängiges) Gericht gehandelt hat. Die Vertragsverletzungsklage nach Art. 226 bzw. 227 EG wird auch nicht gegen die Regierung als solche, sondern gegen den Mitgliedstaat erhoben.[244] Zuzustimmen ist *Arnull* insoweit, als die Gleichsetzung der Regierung mit dem jeweiligen Mitgliedstaat selbst nicht ganz treffend ist. Die Regierung vertritt den Mitgliedstaat nur als Repräsentant und ist nicht *selbst* Partei des gerichtlichen Verfahrens. Es ist zwar üblich[245], dass die Zentralregierung den Staat repräsentiert, jedoch wird dadurch freilich eine andere Vertretung[246] nicht ausgeschlossen. Es geht vielmehr darum, in wessen Namen und für wessen Rechnung der Vertreter handelt: des Mitgliedstaates oder eines eigenständigen Rechtssubjekts (z.B. Region).

Die von *Arnull* vorgeschlagene Interpretation des Begriffs „Mitgliedstaat" wäre jedoch systemwidrig. Selbst bei Annahme einer planwidrigen Regelungslücke erscheint es zweifelhaft, ob eine solche Erweiterung des Kreises des privilegiert Klageberechtigten mit dem Normzweck des Art. 230 Abs. 2 EG zu vereinbaren wäre und sich reibungslos in das Gesamtgefüge des abgestuften Klagesystems des Art. 230 EG einfügen ließe. Die extensive Auslegung des Begriffs „Mitgliedstaat" wäre nur dann teleologisch begründbar, wenn für die klagende staatliche Stelle/ Region dieselben Gesichtspunkte sprächen, die das privilegierte Klagerecht der Organe und Mitgliedstaaten rechtfertigen. Art. 230 Abs. 2 EG erfüllt in erster Linie die Funktion einer abstrakten Normenkontrolle[247], die auf Antrag der „Verfassungsorgane" der EG bzw. der Mitgliedstaaten eingeleitet wird. Das unbeschränkte Klagerecht steht nur denjenigen Subjekten zu, die eine besondere politische Verantwortung gegenüber der EG tragen und als „Vertragshüter" zur Wahrung der *gesamt*gemeinschaftlichen Interessen auftreten sollen.[248] Deutlich wird das in systematischer Zusammenschau mit den übrigen Klagearten, insb. dem Vertragsverletzungsverfahren (Art. 226 und 227 EG). Dagegen vertreten innerstaatliche Personen des öffentlichen Rechts, insb. autonome Regionen kein vergleichbares allgemeines Interesse. Der *telos* des Art. 230 Abs. 2 EG rechtfertigt eine Ausdehnung der privilegierten Aktivlegitimation auf diese Subjekte nicht. Das institutionelle Gleichgewicht wäre gestört, da das unbeschränkte Klagerecht, d.h. die unwiderlegbare Vermutung des Klageinteresses[249] in Bezug auf *jeden* beliebigen Se-

[244] *Arnull*, CMLR 2001, S. 7 (12).
[245] Im völkerrechtlichen Verkehr s. z.B. Art. 7 Abs. 2 lit. a) WVRK.
[246] Z.B. durch bevollmächtigten Landesministerpräsidenten.
[247] *Gesser*, S. 169 f.; *Pechstein*, Rn. 321 f.
[248] Insofern kann *Schulte* (S. 83) nicht zugestimmt werden, die die Nichtigkeitsklage privilegierter Kläger nach Art. 230 Abs. 2 EG lediglich als ein *Organstreit* betrachtet, in dem die Verletzung von Kompetenzen und sonstiger organschaftlicher Positionen gerügt werden kann. Da Art. 230 Abs. 2 EG keine Anforderungen an die Klagebefugnis der Organe und Mitgliedstaaten stellt, geht es vorrangig um die Wahrung des Rechts als solche. Anders hingegen die Nichtigkeitsklage nach Art. 230 Abs. 3 EG, die primär die Funktion eines Organstreits erfüllt.
[249] So auch: GA *Léger*, Schlussanträge in den Rs. C-301/97 (Niederlande/Rat) und C-452/98 (Nederlandse Antillen/Rat), Slg. 2001, S. I-8858 Rn. 53.

kundärrechtsakt mit der verhältnismäßig geringen Rolle der einzelnen Regionen und staatlichen Stellen im Gemeinschaftswesen kaum korrespondieren würde.

Die Schwäche der These *Arnulls* liegt ferner darin, dass sie den Mitgliedstaatsbegriff aushöhlt und Art. 230 Abs. 2 EG praktisch zu einer Blankettnorm machen würde. Damit hätte der nationale Gesetzgeber es in der Hand, über die privilegierte Zulässigkeit von Nichtigkeitsklagen zu entscheiden. *Arnull* entgegnet dem zwar, die Rechtsprechung entnimmt die Bestimmung der Rechtspersönlichkeit juristischer Personen i.S.d. Art. 230 Abs. 4 EG ebenfalls dem nationalen Recht. Das ist aber sachgerecht, weil die Rechtssubjektivität eine *conditio sine qua non* der Inhaberschaft jeglicher Rechte und Pflichten ist. Die Mitgliedstaaten verfügen i.Ü. hierfür über die Regelungszuständigkeit, wohingegen sich die Definition des Mitgliedstaates, der nationalen Regelungskompetenz entzieht. Damit ist eine Ausdehnung des Mitgliedstaatsbegriffs auf Regionen und andere juristische Personen des öffentlichen Rechts abzulehnen.

c) Eigenes Konzept

Die Verweisung der autonomen Regionen und der „staatlichen Privaten" auf die Nichtigkeitsklage nach Art. 230 Abs. 4 EG erscheint jedoch nicht gerechtfertigt.[250] Zudem sind die Anforderungen an die Klageberechtigung, insb. das Merkmal der individuellen Betroffenheit, ersichtlich auf Klagen privater Rechtssubjekte zugeschnitten und tragen den Besonderheiten der Klagen von Hoheitsträgern nur bedingt Rechnung. Im Gegensatz zu Privatklägern verteidigen Letztere – soweit sie zur Wahrung ihrer Befugnisse handeln – nicht ein individuelles Interesse, sondern Allgemeinheitsinteressen. Dadurch nähern sie sich eher den Mitgliedstaaten als Individuen. Ebenso wenig kann daher die theoretische Möglichkeit, auf die Erhebung einer Nichtigkeitsklage durch den Mitgliedstaat hinzuwirken[251], als befriedigende Lösung akzeptiert werden. Dieser Weg wird oft aufgrund unterschiedlicher Interessen zwischen der Zentralregierung und autonomen Regionen/ Hoheitsträgern kaum Aussicht auf Erfolg versprechen. Zwar könnte man eine innerstaatliche Absicherung der Klageerzwingung schaffen, was z.B. in Deutschland durch § 7 Abs. 1 ZBLEUG geschah: Verpflichtung des Bundes zur Klageerhebung im Interesse der Länder. Solche Regelungen sind aber nicht überall vorhanden. Außerdem stellt eine solche Verpflichtung keinen äquivalenten Ersatz des eigenen Klagerechts dar, da die Prozessführung immerhin in der Hand der Zentralregierung bleibt.[252] Denkbar wäre, den Regionen statt eines eigenen Klagerechts nach Art. 230 Abs. 2 EG eine selbständige Geltendmachung der Verletzung des Gemeinschaftsrechts *anstelle* des klageunwilligen Mitgliedstaates im Wege einer Prozessstandschaft zuzuerkennen. Jedoch liefe es *de facto* wieder auf ein unbeschränktes Klagerecht der Regionen und damit auf eine Popularklage hinaus, was mit dem Sinn

[250] Zustimmend: *Dauses*, Gutachten, 60. DJT, Bd. I (1994), S. D113 ff.; *Mulert*, S.142 f., die für die Aufwertung des Klagerechts der Regionen und Bundesländer entsprechend Art. 230 Abs. 3 EG plädieren. Skeptisch dazu: *Booß* in: Grabitz/Hilf, EUV/EGV, Art. 230 EG Rn. 42.

[251] So aber: *Schulte*, S. 84.

[252] Vgl. auch § 7 Abs. 3 ZBLEUG. Die Regierung von Niederländischen Antillen, einer größtenteils autonomen, überseeischen Region machte auf die unzureichende Interessenvertretung aufmerksam und beantragte deshalb, die Zulässigkeit der Klage entsprechend Art. 230 Abs. 2 und 3 EG zu beurteilen – zit. in: EuGH, Rs. C-452/98 (Niederlandse Antillen/Rat), Slg. 2001, S. I-8973 Rn. 47.

und Zweck des Art. 230 Abs. 2 EG unvereinbar ist. Schließlich scheidet eine Klageerhebung über den Ausschuss der Regionen (Art. 263 ff. EG) ebenfalls aus. Abgesehen von der Tatsache, dass der Ausschuss nicht explizit als Aktivlegitimierter in Art. 230 EG aufgeführt ist, dürfte selbst bei Annahme einer Aktivlegitimation in Anlehnung an die *Tschernobyl*-Rechtsprechung des EuGH[253] die Klageberechtigung meist fehlen. Denn der Ausschuss wird nicht zur Wahrung eigener Befugnisse (vor allem Anhörungsrecht), sondern jener der partikulären Regionen klagen.

Eine sachgerechte Lösung verspricht die Anerkennung eines auf die Wahrung eigener Rechte beschränkten Klagerechts der Regionen bzw. der mit eigenen Befugnissen ausgestatteten Hoheitsträger im Wege richterlicher Rechtsfortbildung. Zur Vermeidung von Rechtsschutzlücken und zur Wahrung des institutionellen Gleichgewichts erkannte der Gerichtshof im *Tschernobyl*-Urteil das Klagerecht des (damals in Art. 230 EG nicht erwähnten) Europäischen Parlaments gegen Handlungen des Rates und der Kommission an, sofern diese Klage lediglich auf den Schutz seiner Befugnisse gerichtet ist und nur auf Klagegründe gestützt wird, mit denen die Verletzung der Parlamentsrechte begründet werden soll.[254] Der Gedanke der Wahrung des „institutionellen Gleichgewichts" zwischen den Organen könnte auch hier greifen, wenn die innerstaatlichen Stellen (z.B. i.R.d. mittelbaren Vollzugs des Gemeinschaftsrechts[255]) in *funktionaler* Hinsicht als selbständige „Gemeinschaftsverwaltungsorgane" tätig werden und wenn das Gemeinschaftsrecht ihnen bestimmte Vorrechte[256] einräumt.

Das Abstellen auf die rein statusrechtliche Zuordnung als „Organ" i.S.d. Art. 7 EG[257] verkennt gerade den funktionalen Sinn der in Art. 230 Abs. 3 EG aufgenommenen Organe und Einrichtungen. Die Behauptung, wonach Art. 230 Abs. 3 EG (ex-Art. 173 Abs. 3) die *Tschernobyl*-Rechtsprechung nur in Bezug auf Klagen anderer *Organe* im statusrechtlichen Sinne kodifizieren sollte[258], ist jedenfalls spätestens nach den Änderungen durch den Nizza-Vertrag obsolet geworden. Auf Gemeinschaftsebene wurden zudem autonome Regionen/ Bundesländer durch die Errichtung des Ausschusses der Regionen und dessen Einbeziehung in den Rechtssetzungsprozess in organschaftlich- organisatorischer Hinsicht „aufgewertet".[259] Aus funktionaler Sicht ist eine

[253] EuGH, Rs. C-70/88 (EP/Rat – Tschernobyl), Slg. 1990, S. I-2041 Rn. 27, s. dazu sogleich unten.

[254] EuGH, Rs. C-70/88 (EP/Rat – Tschernobyl), Slg. 1990, S. I-2041 Rn. 27; bestätigt durch spätere Judikate: EuGH, Rs. C-65/90 (EP/Rat), Slg. 1992, S. I-4593 ff.; EuGH, Rs. C-295/90 (EP/Rat), Slg. 1992, S. I-4193 ff.; EuGH, Rs. C-316/91 (EP/Rat), Slg. 1994, S. I-625 Rn. 11 (st. Rspr.).

[255] Zum mitgliedstaatlichen Vollzug des EG-Rechts: *Streinz*, Rn. 536, 539 ff.

[256] Die Regierung von Niederländischen Antillen berief sich auf ihre nach Art. 182 ff. EG zu respektierende Autonomie (als ÜLG) sowie auf das Recht auf freien Zugang zum Gemeinschaftsmarkt. Der Vertrag überträgt den Niederländischen Antillen in ihrer Eigenschaft als ein im Anhang IV des Vertrages genanntes, überseeisches Land unmittelbare Rechte und Pflichten. – zit. in: Schlussanträge des GA *Léger*, Rs. C-301/97 (Niederlande/Rat) und Rs. C-452/98 (Niederlandse Antillen/Rat), Slg. 2001, S. I-8858 Rn. 37 u. 40 f. Zu beachten ist, dass die ÜLG vom Anwendungsbereich des EG-Vertrages grds. nicht erfasst sind (Art. 299 Abs. 3 EG), sondern im Anhang II als Assoziierungsländer und – gebiete mit besonderem Status genannt werden.

[257] So: Schlussanträge des GA *Léger*, Rs. C-301/97 (Niederlande/Rat) und Rs. C-452/98 (Niederlandse Antillen/Rat), Slg. 2001, S. I-8858 Rn. 55 u. 80.

[258] Schlussanträge des GA *Léger*, Rs. C-301/97 (Niederlande/Rat) und Rs. C-452/98 (Niederlandse Antillen/Rat), Slg. 2001, S. I-8858 Rn. 80 f.

[259] *Dauses*, Gutachten, 60. DJT, Bd. I (1994), S. D 1 (113 f.); *Mulert*, S.142 f.

Gleichsetzung mit Privaten (Art. 230 Abs. 4 EG) ebenso wenig wie mit den Mitgliedstaaten (Art. 230 Abs. 2 EG) gerechtfertigt. Der Rückgriff auf die teilprivilegierte Zwischenstufe bietet eine sachgerechte Lösung.

Problematisch erscheint noch das Rechtsschutzbedürfnis.[260] In diesem Punkt besteht insofern ein Unterschied zum *Tschernobyl*-Fall, als das Parlament nicht einmal als nichtprivilegierte juristische Person i.S.d. Art. 230 Abs. 4 EG subsumiert werden konnte und wäre folglich mangels Klagerechts völlig schutzlos. Dennoch reicht es zur Ablehnung eines Rechtsschutzbedürfnisses der Regionen nicht aus, auf die potentielle Möglichkeit einer Nichtigkeitsklage nach Art. 230 Abs. 4 EG hinzuweisen.[261] Der Gerichtshof stellte im *Tschernobyl*-Urteil – ähnlich wie der Generalanwalt – maßgebend darauf ab, ob ein *angemessener* Rechtsschutz im weiteren Sinne[262] gewährleistet ist. Das ist vorliegend nicht der Fall, wenn die Nichtigkeitsklage nach Art. 230 Abs. 4 EG faktisch zum Scheitern verurteilt ist, da der Begriff „individuelle Betroffenheit" auf Private zugeschnitten ist, nicht aber auf staatliche Hoheitsträger, die zur Wahrung eigener Kompetenzen[263] klagen. Es stellt einen qualitativen Unterschied dar, ob eine autonome Region Klage zur Wahrung ihrer Selbstverwaltungsbefugnisse anstrebt, die durch einen Gemeinschaftsrechtsakt tangiert werden, oder ob sie wie jeder andere private Wirtschaftsteilnehmer zum Schutz eigener Interessen auftritt. Im ersteren Fall handelt sie in der Eigenschaft als unabhängiger Hoheitsträger in Wahrnehmung bestimmter Allgemeinheitsinteressen. Das Erfordernis einer Individualisierung „wie ein Adressat" i.S.d. *Plaumann*-Formel[264] passt auf solche Konstellationen nicht[265].

So ist etwa eine autonome Region, welche die Erhaltung eines bestimmten Beschäftigungsniveaus i.R.d. Nichtigkeitsklage gegen eine EG-Verordnung geltend macht, kraft Natur der Sache niemals „individuell" betroffen.[266] Sie handelt als Sachwalter des Allgemeinwohls der Einwohner und ist insofern in der Ausübung ihrer Kompetenzen tangiert. Dagegen ist die Berührung der privatwirtschaftlichen Betätigung der Re-

---

[260] In der Rs. C-452/98 berief sich die Regierung der Niederländischen Antillen ebenfalls u.a. auf das dem Europäischen Parlament vergleichbare Rechtsschutzinteresse an der Wahrung der vertraglich eingeräumten Vorrechte – s. EuGH, Rs. C-452/98 (Niederlandse Antillen/Rat), Slg. 2001, S. I-8973 Rn. 48.

[261] So aber: *Schulte*, S. 82 f., die aber nur auf das Unmittelbarkeitserfordernis eingeht.

[262] Schlussanträge des GA *van Gerven* in der Rs. C-70/88 (EP/Rat – Tschernobyl), Slg. 1990, S. I-2052 (58, 61). Dabei wurde der Rechtsschutz weit definiert: *„die dem Inhaber eines Rechts, einer Befugnis, einer Prärogative zustehende Möglichkeit, sein Recht, seine Befugnis, seine Prärogative aus eigener Initiative, also nach eigenem Gutdünken, mittels einer Anrufung der Gerichte zur Geltung zu bringen*".

[263] D.h. Hoheitsrechte, die Rechtsträgern zugeordnet sind – vgl. *Colneric*, EuZW 2002, S. 709.

[264] EuGH, Rs. 25/62 (Plaumann/Kommission), Slg. 1963, S. 211 (238). Dazu im Kap. II E IV 2.

[265] Zuzustimmen ist *Gesser* (S. 177 ff.), der überzeugend dargelegt hat, dass das Erfordernis des „Abzielens auf Wahrung eigener Rechte" inhaltlich nur sehr begrenzt mit der unmittelbaren und individuellen Betroffenheit des Einzelnen i.S.d. Art. 230 Abs. 4 EG, vergleichbar ist.

[266] Vgl. EuG, Rs. T-238/97 (Comunidad Autónoma de Cantabria/Rat), Slg. 1998, S. II-2271 Rn. 45 ff.). Das EuG lehnte die individuelle Betroffenheit der autonomen Region ab, weil sie lediglich das *„allgemeine Interesse"* geltend machte. Ähnlich: EuG, Rs. T-609/97 (Regione Puglia/ Kommission u. Spanien), Slg. 1998, S. II-4051. Hier ging es um eine Klage der Region Apulien gegen eine Verordnung i.R.d. gemeinsamen Marktorganisation für Fette, die die gewährten Beihilfen herabsetzte und damit erhebliche soziale und wirtschaftliche Auswirkungen auf die Region hatte.

gionen i.R.d. Kategorie „individuelle Betroffenheit“ i.S.d. Art. 230 Abs. 4 EG zu behandeln. Dieser Gedanke lag auch der *Tschernobyl*-Entscheidung zugrunde. Bemerkenswert ist, dass der EuGH keine unmittelbare und individuelle Betroffenheit des Parlaments forderte, um ihm überhaupt *irgendeine* Klagemöglichkeit zu eröffnen, sondern eine „dritte“ Kategorie schuf, die der Vertrag damals gar nicht kannte. Damit sollte dem Parlament ein *wirksames* Rechtsmittel an die Hand gegeben werden. Die Richter waren sich einig, dass das Fehlen einer expliziten Bestimmung in den Verträgen nicht schwerer wiegen könne als das Interesse an der Wahrung des institutionellen Gleichgewichts.

Ein angemessener Rechtsschutz ist ferner nicht gewährleistet, wenn die Regionen trotz Tangierung der eigenen Kompetenzen durch die Zentralregierung „bevormundet“ werden. Der EuGH kehrte mit seinem *Tschernobyl*-Urteil von der früheren, heftig kritisierten[267] Rechtsprechung zum Klagerechts des Parlaments[268] ab: Die Möglichkeit einer Klageerhebung durch den Mitgliedstaat oder die Kommission in Ausübung ihres Wächteramtes über die Rechte des Parlaments hielt er für unzureichend, insb. dann, wenn die Kommission eine solche Klage selbst für unbegründet hält.[269] Es seien „bloße Eventualitäten“, auf die das EP nicht zählen könne.[270] Genauso verhielt es sich auch im Fall *Niederländische Antillen/Rat*, in dem der EuGH lapidar und ohne jegliche Auseinandersetzung mit den klägerischen Argumenten die Unanwendbarkeit von Art. 230 Abs. 2 bzw. 3 EG auf die Klage des autonomen überseeischen Gebietes (ÜLG) gegen die Schutzmaßnahmenverordnung über Kontingentierung der Reisimporte aus den ÜLG feststellte[271]. Nach Art. 1 Abs. 5 des Anhangs IV des ÜLG-Beschlusses konnten nur Mitgliedstaaten, jedoch nicht die ÜLG beim Rat eine Änderung von Schutzmaßnahmen der Kommission beantragen. Hierbei gab es einen Interessenkonflikt zwischen der Klägerin und dem Königreich Niederlande. Letzteres genehmigte die Änderung des ÜLG-Beschlusses, die die Einfuhr von Antillenreis gegen den ausdrücklichen Willen der Niederländischen Antillen auf jährlich 160 000 Tonnen begrenzte.[272] Den Niederländischen Antillen blieb daher nichts anderes übrig, als sich klageweise gegen die Beschränkung der gem. Art. 101 Abs. 1 des ÜLG-Beschlusses i.V.m. Art. 185 ff. EG grundsätzlich gewährleisteten zollfreien Einfuhr zur Wehr zu setzen. Dabei sind sie nach der Präambel des Statuts für das Königreich der Niederlande nur einer Rechtsordnung beigetreten, „in der sie ihre Eigeninteressen unabhängig vertreten“[273]. Neben der innerstaatlich festgelegten Vertretungsbefugnis, gewährleistet das Gemeinschaftsrecht ihnen einen besonderen Status als überseeisches Gebiet i.S.d.

---

[267] Vgl. insb. *Bradley*, YEL 1988, S. 27 ff.; *Schwarze*, NJW 1992, 1065 (1067); *Thill*, CDE 1989, S. 367 ff.; *Weiler*, ELR 1989, S. 334 ff.

[268] EuGH, Rs. 302/87 (Parlament/Rat – „Komitologie“), Slg. 1988, S. 5615 Rn. 27.

[269] EuGH, Rs. C-70/88 (EP/Rat – Tschernobyl), Slg. 1990, S. I-2041 Rn. 19. Eine „judizielle Vormundschaft der Kommission“ wurde auch in der Literatur kritisiert – *Gesser*, S. 83; *Schwarze*, NJW 1992, 1065 (1067).

[270] EuGH, Rs. C-70/88 (EP/Rat – Tschernobyl), Slg. 1990, S. I-2041 Rn. 18 ff.

[271] EuGH, Rs. C-452/98 (Nederlandse Antillen/Rat), Slg. 2001, S. I-8973 Rn. 50.

[272] S. Vortrag der Klägerin, zit. in den Schlussanträge des GA *Léger*, Rs. C-301/97 (Niederlande/Rat) und Rs. C-452/98 (Nederlandse Antillen/Rat), Slg. 2001, S. I-8858 Rn. 38 (Fn. 15).

[273] Vortrag der Klägerin, wiedergegeben in den Schlussanträge des GA *Léger*, Rs. C-301/97 (Niederlande/Rat) und Rs. C-452/98 (Nederlandse Antillen/Rat), Slg. 2001, S. I-8858 Rn. 38.

Art. 182 ff EG. Zur Wahrung der sich hieraus ergebenden Rechte und Pflichten[274] ist ein angemessener Rechtsschutz analog Art. 230 Abs. 3 EG erforderlich.

Schließlich ist zu fragen, ob teleologische Gründe eine Ausdehnung der teilprivilegierter Klageberechtigung auf die Regionen rechtfertigen. Charakteristisch für diese „Zwischenstufe" ist die Repräsentation gewisser Allgemeininteressen, allerdings im funktional beschränkten Aufgabenbereich. Die Nichtigkeitsklage nach Art. 230 Abs. 3 EG erfüllt in erster Linie die Funktion eines „konkreten" Organstreits[275] und unterscheidet sich damit von der Individualnichtigkeitsklage nach Art. 230 Abs. 4 EG, die als subjektives Rechtsschutzinstrument konzipiert ist. Daher passt Art. 230 Abs. 4 EG in funktionaler Hinsicht nicht als Instrument zur Schlichtung föderaler Kompetenzstreitigkeiten bzw. Organstreitigkeiten zwischen „zentralen" und „dezentralen Gemeinschaftsorganen". Dem steht die eigene Rechtspersönlichkeit der Regionen nicht entgegen. Auch die nach Art. 230 Abs. 3 EG teilprivilegierte EZB besitzt selbständige Rechtspersönlichkeit, sodass sich der Normzweck ersichtlich auf die „Organschaft" im funktionalen Sinne bezieht. Die Beschränkung auf die Wahrung eigener Rechte ist – im Gegensatz zur privilegierten Klageerhebung – notwendig, da die staatlichen Hoheitsträger (als innerstaatliche und dezentrale gemeinschaftliche Behörden) eine doppelte Funktion erfüllen. Nur im gemeinschaftsrechtlich tangierten Bereich soll ihnen ein teilprivilegiertes Klagerechts gegen Sekundärrecht zugute kommen.

Die Funktionenteilung wird in der EG durch das Prinzip des institutionellen Gleichgewichts umgesetzt, welches nicht auf Beteiligungsrechte am Rechtssetzungsverfahren reduziert werden darf.[276] Zwar trifft es zu, dass die Gesichtspunkte des institutionellen Gleichgewichts bislang nur im Zusammenhang mit den Rechten der am Rechtssetzungsprozess beteiligten (Haupt-)Organe thematisiert wurden. Jedoch lässt sich den einschlägigen Urteilen nicht entnehmen, dass sich dieses Prinzip darin erschöpft. Der Gedanke des institutionellen Gleichgewichts ist umfassender[277] und betrifft die gleiche Beteiligung sowohl der Organe im organisationsrechtlichen Sinne (Art. 7 EG) als auch jener im funktionellen Sinne an der Wahrnehmung der ihnen zugewiesenen Gemeinschaftsaufgaben. Dementsprechend sind Rechte der Regionen und anderer Institutionen dann Bestandteil des institutionellen Gleichgewichts, wenn sie einen Auftrag bei der Wahrnehmung von Gemeinschaftsaufgaben gleich welcher Art (z.B. der Vollzug des Gemeinschaftsrechts) erfüllen. Die Zuerkennung eines auf die Wahrung der eigenen Rechte abzielenden Klagerechts von autonomen juristischen Personen des öffentlichen Rechts lässt sich dogmatisch im Wege teleologischer Auslegung des Art. 230 Abs. 3 EG durch Induktion, d.h. einen Schluss vom Besonderen auf das Allgemeine, erreichen. Eines Rückgriffs auf Analogie[278] (wie es mangels einer dem Art. 230 Abs. 3 EG vergleichbaren Regelung in der Rs. *Tschernobyl* der Fall war) bedarf es nicht. Ein

---

[274] Vortrag der Klägerin, zit. in den Schlussanträgen des GA *Léger*, Rs. C-301/97 (Niederlande/Rat) und Rs. C-452/98 (Niederlandse Antillen/Rat), Slg. 2001, S. I-8858 Rn. 37.
[275] *Pechstein*, Rn. 322.
[276] *Gesser*, S. 214, 217.
[277] So auch: *Gesser*, S. 217 in Bezug auf die Anerkennung der Aktivlegitimation des Wirtschafts- und Sozialausschusses, des Ausschusses der Regionen und des Rechnungshofs.
[278] Eine Analogie (sowohl *analogiae legis* als auch *analogiae iuris*) ist für eine Schlussfolgerung vom Besonderen zum Besonderen reserviert. Umfassend dazu: *Canaris*, S. 97 ff. m.w.N.

allgemeines Prinzip kann auch einer einzelnen Norm entnommen werden.[279] Wenn man der Aufzählung in Art. 230 Abs. 3 EG einen Regelbeispielcharakter beimisst, dann lässt sich hieraus ein allgemeines Prinzip herleiten, nämlich die funktionelle Definition der „Organe" als durch das Gemeinschaftsrecht mit eigenen Befugnissen ausgestattete Institutionen, die bei der Setzung, Anwendung oder Vollziehung des Gemeinschaftsrechts mitwirken. Das Klagerecht nach Art. 230 Abs. 3 steht ihnen nur insoweit zu, als der angefochtene Sekundärrechtsakt in diese Rechte eingreift. Aus praktischer Sicht erscheint dieses Postulat äußerst schwer realisierbar. Die ablehnende Haltung des Gerichtshofs[280] lässt kaum Zweifel daran, dass es ohne Vertragsänderung nach wie vor bei der Individualklage nach Art. 230 Abs. 4 EG bleibt.

3. Organstreitigkeiten, Klagen von Organteilen

Besonderes interessant erscheinen in diesem Zusammenhang auch Nichtigkeitsklagen, die von Teilen kollektiver Gemeinschaftsorgane gegen Handlungen des Gesamtorgans erhoben werden. Es handelt sich hierbei um *Intra*organstreitigkeiten, die sich jedoch dem herkömmlichen Verständnis der „Beamtensachen" bzw. Bedienstetenklagen i.S.d. Art. 236 EG entziehen. Gestritten wird um (*quasi-*)organschaftliche, nicht um private Rechte.

In diesem Zusammenhang ist in erster Linie das *Les Verts*-Urteil[281] zu erwähnen. Dort ging es um eine Nichtigkeitsklage gegen zwei Beschlüsse des Präsidiums des Europäischen Parlaments über Wahlkostenerstattung. Neben Untergliederungen des Parlaments (*Intra*organstreit) erhoben auch einige kandidierende, noch nicht im Parlament vertretene, politische Parteien, insb. die französischen „Grünen" (*Les Verts*) Nichtigkeitsklage gegen die ihrer Auffassung nach diskriminierenden[282] Regeln der Wahlkampfkostenerstattung. Eine i.S.d. Art. 230 Abs. 1 privilegierte, *quasi*-organschaftliche Position aufgrund des Zusammenhangs mit den Wahlen zum Gemeinschaftsorgan Parlament wurde den Grünen nicht zuerkannt. Zur Erstreckung der privilegierten Klagebefugnis auf die außerhalb des Parlaments stehenden politischen Gruppierungen äußerte sich bereits ablehnend der GA *Mancini* in den Schlussanträgen.[283] Auch die Ausführungen des Gerichtshofs lassen keinerlei Zweifel daran, dass er die Klage „der Grünen" als eine Individualklage behandelte. Er bejahte die individuelle Betroffenheit der Kandidatspartei *Les Verts* mit dem Hinweis auf die rechtliche Existenz im Zeitpunkt der angefochtenen Beschlussfassung und die Wahrscheinlichkeit der Beteiligung der Klägerin an den Wahlen. Auch ein späteres Urteil des EuG in einem ähnlich gelagerten Fall *Rothley* bekräftigt diese Position. Dort ging es um eine von 71 Parlamentsabgeordneten erhobene Nichtigkeitsklage gegen die Änderungen der Geschäftsordnung, implizit auch gegen die Interinstitutionelle Vereinbarung und die

---

[279] *Canaris*, S. 100.

[280] Ausdrückliche Ablehnung einer entsprechenden Anwendung des Art. 230 Abs. 2 und 3 EG auf die autonome Gebietskörperschaft, die sich auf bestimmte, gemeinschaftsrechtlich fundierte Vorrechte berief: EuGH, Rs. C-452/98 (Nederlandse Antillen/Rat), Slg. 2001, S. I-8973 Rn. 50.

[281] EuGH, Rs. 294/83 (Les Verts /EP), Slg. 1986, S. 1339 ff.

[282] Ungleichbehandlung gegenüber den im Parlament vertretenen Gruppierungen.

[283] GA *Mancini*, Schlussanträge zur Rs. 294/83 (Les Verts /EP), Slg. 1986, S. 1353 Nr. 9; 33 ff.

sog. OLAF-Verordnung.[284] Das Gericht sah sich gem. Art. 225 Abs. 1 EG i.V.m. Art. 51 EuGH-Satzung zuständig an und prüfte zunächst, ob der angefochtene Beschluss Rechtswirkungen gegenüber Dritten entfaltete oder ob es sich bloß um geschäftsinterne Regelungen innerhalb des Parlaments handelte.[285] Im nächsten Schritt wurde die Qualifizierung des angefochtenen Beschlusses als „Entscheidung" i.S.d. Art. 230 Abs. 4 EG verneint.[286] Schließlich prüfte das Gericht, ob die Kläger individuell betroffen waren.[287] Daraus folgt, dass die Gemeinschafsgerichte Organstreitigkeiten (darunter den *Intra*organstreit) wie Individualklagen nach Abs. 4 behandeln.[288]

Das Erfordernis der *individuellen* Betroffenheit i.S.d. Art. 230 Abs. 4 EG vermag nicht der Besonderheit von Organstreitfällen Rechnung zu tragen. Es verfehlt zudem seinen Sinn und Zweck, nämlich Popularklagen zu verhindern, da es bei der Verletzung organschaftlicher Rechte bzw. Befugnisse nicht darauf ankommen kann, ob einige Mitglieder eines Kollektivorgans wie ein Adressat individualisiert sind oder ob es sich um eine normative Regelung handelt, die sie „nur in ihrer objektiven Eigenschaft" trifft. Der Gefahr einer Popularklage wird sachgerechter durch das Erfordernis der Klageerhebung zur Wahrung eigener Befugnisse vorgebeugt. In diesen Fällen erscheint daher eine teleologische Erweiterung des Art. 230 Abs. 3 EG im Wege eines Induktionsschlusses in Anlehnung an die *Tschernobyl-* Rechtsprechung und die Einbeziehung der Organteile als Organe im funktionellen Sinne gerechtfertigt, soweit sie zur Wahrung eigener Rechte Nichtigkeitsklage erheben.[289] Die oben erläuterten, tragenden Gründe des *Tschernobyl*-Urteils, nämlich der Rechtsschutzaspekt und die Wahrung des institutionellen Gleichgewichts greifen ein, wenn und soweit Rechte bzw. Kompetenzen des Rechtsschutzsuchenden bestehen.[290]

Das Gemeinschaftsrecht verleiht den Abgeordneten des Europäischen Parlaments und zum Teil auch den Fraktionen solche organschaftlichen Rechte und Befugnisse. In erster Linie ist hier die Gewährleistung der ungehinderten Ausübung der parlamentarischen Tätigkeiten zu nennen. Die Abgeordneten des Europäischen Parlaments verfügen über ein freies Mandat als Vertreter der mitgliedstaatlichen Völker.[291] Ein Rechtsschutzbedürfnis besteht daher gegenüber rechtsverbindlichen Handlungen des Parlaments oder anderer Organe, die die Voraussetzungen für die Ausübung dieses Mandats

---

[284] OLAF = *Office européen de lutte antifraude* (Europäisches Amt für Betrugsbekämpfung), ABl. EG 2000 Nr. C 189, S. 101, 209 ff. Näher dazu: *Haus*, EuZW 2000, S. 745 (749 f.)

[285] EuG, Rs. T-17/00 (Willy Rothley u.a./EP), Slg. 2000, S. II-579 Rn. 53 ff.

[286] EuG, aaO, Rn. 58 ff.

[287] EuG, aaO, Rn. 63 ff.

[288] So auch explizit: EuGH, Rs. 78/85 (Fraktion der Europäischen Rechten/Parlament), Slg. 1986, S. 1753 Rn. 10. Das Gericht behandelte die Klage gegen den OLAF-Beschluss auch nicht als Bedienstetenklage nach Art. 236 EG. Dies ist zutreffend, weil es sich weder um eine Streitigkeit im Zusammenhang mit dem Beamtenstatut noch um Beschäftigungsbedingungen handelte.

[289] Zur dogmatischen Konstruktion gilt das oben Ausgeführte entsprechend – s. Kap. II A II 2 c).

[290] *Gesser*, S. 212.

[291] Art. 1 des Aktes v. 20.9.1976 zur Einführung allgemeiner unmittelbarer Wahlen der Abgeordneten der Versammlung (ABl. L 278, S. 5). Vgl. dazu: EuG, verb. Rs. T-222/99, T-327/99 und T-329/99 (Martinez u.a./EP), Slg. 2001, S. II-2823 Rn. 60 f.

betreffen.[292] Hierunter fällt z.B. das Recht, sich zu Fraktionen zusammenzuschließen. Die Versagung des Fraktionsstatus stellt daher einen Eingriff in die organschaftlichen Rechte dem Abgeordneten dar, zumal für fraktionslose Abgeordnete hinsichtlich der Mandatsausübung andere Bedingungen gelten.[293] Gleichsam bedeutend für die ungestörte Arbeitsweise und das Funktionieren des Parlaments in seiner Gesamtheit ist die jedem Mitglied zustehende Immunität[294]. Die Gefährdung dieses Rechts durch Auferlegung bestimmter Kooperations- und Mitteilungspflichten im Zusammenhang mit der OLAF-Einsetzung rügten die Abgeordneten in dem oben bereits erwähnten Fall *Rothley*.[295] Das Gericht wies die Klage jedoch mangels individueller Betroffenheit ab, da alle Abgeordneten gleichermaßen, d.h. *„nur aufgrund ihrer Zugehörigkeit zu einer allgemein und abstrakt umschriebenen Personengruppe"* betroffen waren.[296]

Dass das Individualisierungserfordernis in solchen Fällen kein taugliches Kriterium darstellt, liegt auf der Hand. Denn der Abgeordnete macht keine „individuellen" Rechte geltend, die ihm als Privatperson zustehen, sondern tritt gewissermaßen als Sachwalter des Allgemeininteresses für die Wahrung der Befugnisse des Organs bzw. der Organteile. Ebenso wenig kann eine individuelle Betroffenheit bei der Wahrung anderer parlamentarischer Befugnisse angenommen werden, z.B. im Fall der Klage einer Fraktion gegen den Beschluss des EP über die Einsetzung eines Untersuchungsausschusses.[297] Genau für solche Konstellationen ist der Sinn und Zweck des Art. 230 Abs. 3 EG einschlägig. Richtigerweise hätte das Gericht im *Rothley*-Fall prüfen müssen, ob die Abgeordnete zur Wahrung eigener Befugnisse klagen. Die Kläger machten geltend, die angefochtene Handlung beeinträchtige ihre Unabhängigkeit und Immunität, die ihnen nach dem Protokoll über die Vorrechte und Befreiungen der EG zusteht. Die Beeinträchtigung wäre jedenfalls nicht auszuschließen, zumal das Gericht bereits im vorangegangenen Beschluss über den Antrag auf einstweilige Anordnung[298] die Gefahr der Beeinträchtigung der Immunität der Abgeordneten durch Untersuchungsmaßnahmen des Europäischen Amtes für Betrugsbekämpfung (OLAF) nicht grundsätzlich ausgeschlossen hat. Die Klage wäre demnach zulässig. Stattdessen verwies das EuG die Mitglieder des Parlaments auf (nachträglichen) Rechtsschutz gegen konkrete Untersuchungsmaßnahmen.[299]

Es spricht einiges dafür, parlamentarische Mitwirkungsrechte der Abgeordneten ebenso wie diejenigen des Gremiums als Bestandteil des institutionellen Gleichge-

---

[292] Das Gericht sah die betroffenen Abgeordneten zwar als „Dritte" i.S.d. Art. 230 Abs. 1 EG, behandelte deren Klage aber als eine Individualklage nach Art. 230 Abs. 4 EG – EuG, verb. Rs. T-222/99, T-327/99 und T-329/99 (Martinez u.a./EP), Slg. 2001, S. II-2823 Rn. 59 ff.

[293] So: EuG, verb. Rs. T-222/99, T-327/99 u. T-329/99 (Martinez u.a./EP), Slg. 2001, S. II-2823 Rn. 59.

[294] EuG, Rs. T-17/00 (Willy Rothley u. a./EP), Slg. 2000, S. II-579 Rn. 72 und EuG, Rs. T-17/00 (Willy Rothley u. a./EP), Slg. 2000, S. II-2085 Rn. 107.

[295] EuG, Rs. T-17/00 (Willy Rothley u. a./EP), Slg. 2000, S. II-579 Rn. 56 f.

[296] EuG, Rs. T-17/00 (Willy Rothley u. a./EP), Slg. 2000, S. II-579 Rn. 66.

[297] Vgl. EuGH, Rs. 78/85 (Fraktion der Europäischen Rechten/Parlament), Slg. 1986, S. 1753. Hier verneinte der EuGH aber – ohne Eingehen auf die Klageberechtigung – bereits die Außenwirkung der strittigen Maßnahme.

[298] EuG, Rs. T-17/00 R (Willy Rothley u. a./EP), Slg. 2000, S. II-2085 Rn. 107.

[299] EuG, Rs. T-17/00 (Willy Rothley u. a./EP), Slg. 2000, S. II-579 Rn. 73 f.

wichts anzusehen, die im Unterschied zu Letzteren nicht das „Außenverhältnis“ zu anderen Organen und Einrichtungen, sondern das „Innenverhältnis“ innerhalb eines Organs betreffen. Zuzustimmen ist *Gesser*, der sämtliche Befugnisse, die eine Beteiligung am Rechtsetzungsprozess der EG ermöglichen, als Bestandteil des institutionellen Gleichgewichts betrachtet.[300] Seinerzeit qualifizierte der EuGH das vertraglich vorgesehene Anhörungsrecht des EP als wesentlichen Ausdruck des Demokratieprinzip und des institutionellen Gleichgewichts, weil es dem Parlament eine wirksame Beteiligung am Gesetzgebungsverfahren der Gemeinschaft ermöglichte.[301] Dies bezog sich freilich auf das Verhältnis des Parlaments zu anderen Organen. Allerdings muss auch innerhalb dieses Organs eine demokratische Willensbildung gewährleistet werden. Daher sind Rechte der Abgeordneten und Fraktionen in Bezug auf den Rechtsetzungsprozess ebenso Bestandteil des institutionellen Gleichgewichts wie diejenigen des Gremiums.

Als letzter Aspekt stellt sich noch die Frage der Behandlung von politischen Parteien, deren Mitglieder (noch) nicht im Parlament vertreten sind. Man könnte überlegen, ihnen mit Blick auf die Wahrung des institutionellen Gleichgewichts *quasi*-organschaftliche Rechte im Zusammenhang mit der Wahl zuzuerkennen, z.B. Erstattung der Wahlkosten für die zum EP kandidierenden Parteien. Das in der Rs. *Les Verts*[302] beklagte Parlament erkannte einen „*Sonderstatus*“, „*besondere Funktion*“ sowie eine „*Mittelstellung zwischen privilegierten Klägern und einfachen Privatpersonen*“ der auf Gemeinschaftsebene agierenden politischen Parteien an und schloss aus diesem Grunde eine extensive Auslegung der Regelung über die Individualklage zumindest nicht aus.[303] Betrachtet man die politische Tätigkeit der Parteien im unmittelbaren Zusammenhang mit den Europawahlen, so liegt es nahe, dieses „Vorfeld“ der parlamentarischen Aktivität ebenfalls zum Bestandteil des institutionellen Gleichgewichts zu zählen und entsprechende Klagen der Parteien, die auf Wahrung dieser Rechte abzielen, am Zulässigkeitsmaßstab des Art. 230 Abs. 3 EG zu messen.

Als Ergebnis bleibt festzuhalten, dass sich Art. 230 Abs. 3 EG ein allgemeines Prinzip über die Zulässigkeitsanforderungen an Nichtigkeitsklagen in Organstreitfällen entnehmen lässt. Daher kann diese Regelung im Wege teleologischer Auslegung auch auf Klagen anderer als der dort *expressis verbis* genannter EG-Organe und Einrichtungen angewendet werden, soweit der Normzweck das im konkreten Fall rechtfertigt. Es muss die „Organqualität“ im funktionellen Sinne vorliegen. Neben dem Rechtsschutzbedürfnis sind die gemeinschaftsrechtlich verliehenen bzw. anerkannten Befugnisse des Betroffenen zu untersuchen. Werden diese in rechtserheblicher Weise berührt, kann zu deren Wahrung Nichtigkeitsklage nach Maßgabe der in Art. 230 Abs. 3 EG niedergelegten Voraussetzungen erhoben werden.

---

300 *Gesser*, S. 214 f.

301 EuGH, Rs. 138/79 (Roquette Frères SA/Rat), Slg. 1980, S. 3333 Rn. 33; ebenso: EuGH, Rs. 139/79 (Maizena GmbH/Rat), Slg. 1980, S. 3393 Rn. 43.

302 EuGH, Rs. 294/83 (Les Verts/EP), Slg. 1986, S. 1339 Rn. 25.

303 Vgl. Nachw. in den Schlussanträgen des GA *Mancini*, Rs. 294/83 (Les Verts /EP), Slg. 1986, S. 1353 Nr. 30.

B. Rechtsnorm als Klagegegenstand in der Rechtsprechung

Die Evolution des Begriffs der anfechtbaren „Entscheidung" des Art. 230 Abs. 4 EG in der Rechtsprechung weist einige Parallelen zu der zuvor i.R.d. Abs. 1 entwickelten, handlungsformunabhängigen Definition des Klagegegenstandes auf. Sowohl Art. 230 Abs. 1 EG als auch Abs. 4 knüpfen ihrem Wortlaut nach zunächst an bestimmte Handlungsformen an. Der unbefangene Rechtsanwender wird den auslegungstechnischen Grundsätzen entsprechend auf Art. 249 EG zurückgreifen, um die Begriffe des Art. 230 EG systemkonform zu definieren.[304]

I. Handlungsformindifferenz des Klagegegenstands

Der Handlungsbegriff des Art. 230 Abs. 1 EG wurde bereits frühzeitig von den in Art. 249 EG bezeichneten Handlungsformen abgekoppelt. Aus der Negativformulierung in Abs. 1, der die unverbindlichen Empfehlungen und Stellungnahmen aus dem Anwendungsbereich der Nichtigkeitsklage herausnimmt, folgerte der Gerichtshof, dass im übrigen *alle* Organhandlungen anfechtbar sind, die dazu bestimmt sind, *Rechtswirkungen* zu erzeugen, ohne Rücksicht auf deren Rechtsnatur oder Form.[305] Diese Grundaussage hat der EuGH auch auf Individualklagen übertragen und damit die Rechtsschutzmöglichkeiten Privater auf *„alle Maßnahmen"* erstreckt, *„die **verbindliche Rechtswirkungen** erzeugen, welche die Interessen des Klägers durch einen Eingriff in seine **Rechtsstellung beeinträchtigen, Handlungen oder Entscheidungen**, gegen die die Nichtigkeitsklage nach Art. 173 gegeben ist. Die Form, in der diese Handlungen oder Entscheidungen ergangen, ist dagegen grundsätzlich ohne Einfluss auf ihre Anfechtbarkeit."*[306] Damit wollte der EuGH die ihm gem. Art. 220 EG obliegende Aufgabe der Rechtswahrung und Kontrollbefugnis gegenüber den Organen, sichern.

Anfechtbar sind also alle rechtsverbindlichen Handlungen, die eine gewisse Außenwirkung entfalten[307]. Eine Beeinträchtigung der Rechtsposition des Klägers setzt ferner voraus, dass die Rechtsfolge einseitig und endgültig festgesetzt wird. So hat das EuG eine Individualnichtigkeitsklage gegen die Verordnung Nr. 2187/93, die ein pauschales Entschädigungsangebot an die Milcherzeuger enthielt, die durch die Nichtzuteilung einer Referenzmenge einen Schaden erlitten haben, mangels tauglichen Klagegegenstands als unzulässig abgewiesen.[308] Denn die Verordnung sah lediglich ein An-

---

[304] Der systematischen Auslegungsmethode liegt die Prämisse zugrunde, dass der rationale Gesetzgeber die Begriffe in aller Regel nicht beliebig verwendet.

[305] EuGH, Rs. 22/70 (Kommission/Rat), Slg. 1971, S. 263 Rn. 38/42 (sog. *AETR*-Formel); EuGH, verb. Rs. C-181/91 und C-248/91 (EP/ Rat u. Kommission), Slg. 1993 S. I-3685 Rn. 12.

[306] St. Rspr. seit: EuGH, Rs. 60/81 (IBM/Kommission), Slg. 1981, S. 2639 Rn. 9 [Hervorhebung durch die Verfasserin]. Ebenso: EuG, Rs. T-64/89 (Automec/Kommission), Slg. 1990, S. II-367 Rn. 42; EuG, Rs. T-36/92 (SFEI u.a./Kommission), Slg. 1992, S. II-2479 Rn. 38; EuG, Rs. T-541/93 (James Connaughton u.a./Rat), Slg. 1997, S. II-549 Rn. 30; EuG, Rs. T-154/94 (Comité des salines de France u.a./Kommission), Slg. 1996, S. II-1377 Rn. 37; EuG, Rs. T-22/98 (Scottish Soft Fruit Growers/Kommission), Slg. 1998, S. II-4219 Rn. 34; Rn. 37; EuG, Rs. T-236/00 (Stauner u.a./EP u. Kommission), Slg. 2002, S. II-135 Rn. 57, 59-62; EuG, Rs. T-55/01 R (Asahi Vet SA/Kommission), Slg. 2001, S. II-1933 Rn. 61.

[307] EuG, verb. Rs. T-222/99, T-327/99 u T-329/99 (Jean-C. Martinez u.a./EP), Slg. 2001 S. II-2823 Rn. 36, 55 ff.

[308] EuG, Rs. T-541/93 (James Connaughton u.a./Rat), Slg. 1997, S. II-549 Rn. 30 ff.

gebot (Vergleichsvorschlag) an die Erzeuger vor, dessen Annahme dem Einzelnen überlassen war. Im Ablehnungsfall bliebe der Erzeuger genau in der Lage, in der er sich ohne den Erlass der Verordnung befunden hätte, da er Schadensersatzklage gem. Art. 288, 235 EG erheben könnte. Der Eintritt der Rechtsfolge hing von der Zustimmung der Betroffenen ab, sodass die Verordnung ihre Rechtsposition nicht beeinträchtigte.[309] Im Fall von Handlungen, die in einem mehrphasigen Verfahren ergehen, liegt eine anfechtbare Handlung erst bei endgültiger Abschlussmaßnahme vor.[310] So hat das EuG eine Nichtigkeitsklage gegen einen Verordnungsvorschlag der Kommission als unzulässig abgewiesen, da ein solcher Initiativakt nur vorbereitende Maßnahme sei.[311] Geleitet von der Zielsetzung einer möglichst lückenlosen Kontrolle der Organhandlungen entschied sich der Gerichtshof unter Loslösung vom Handlungsformenkatalog des Art. 249 EG für die autonome Bestimmung der Gegenstände von Nichtigkeitsklagen mit Blick auf die Rechtswirkung im Einzelfall[312].

II. Verordnung als Angriffsziel von Privatklagen in der Rechtsprechung

1. Anfängliche Ablehnung der Anfechtbarkeit von Normativakten

Die Frage nach der Anfechtbarkeit von Normativakten durch Private stellte sich zuerst bei Verordnungen. Lange Zeit vertrat der EuGH dazu einen eindeutigen Standpunkt und lehnte konsequent alle Individualnichtigkeitsklagen ab, die sich gegen eine Verordnungsbestimmung richteten. Die Begründung lässt sich auf die folgende Grundaussage reduzieren: Rechtsakte mit allgemeiner Geltung können nicht als „Entscheidung" i.S.d. Art. 230 Abs. 4 EG interpretiert werden, weil es schlechthin ausgeschlossen ist, dass ein und dieselbe Bestimmung gleichzeitig der Rechtscharakter einer Normativ- und Individualmaßnahme zugeschrieben werden kann.[313] Als Unterscheidungsmerkmal zwischen beiden Rechtskategorien dient also die allgemeine bzw. individuelle Geltung. Wurde die allgemeine Geltung bejaht, so wies der EuGH die Individualnichtigkeitsklage ohne weiteres ab. Dabei wurde freilich nicht der Rechtsakt in seiner Gesamtheit, sondern die Rechtsnatur der jeweiligen Bestimmung untersucht.

Diese Betrachtungsweise ermöglichte es, Klagen gegen Verordnungen auch dann für zulässig zu erklären, wenn die angefochtene Verordnungsvorschrift „Entschei-

[309] Ähnlich bei Handlungen, die nur die Absicht eines Organs wiedergeben – vgl. EuGH, Rs. 114/86 (Vereinigtes Königreich/Kommission), Slg. 1988, S. 5289.
[310] St. Rspr. EuGH, Rs. 60/81 (IBM/Kommission), Slg. 1981, S. 2639, S. 2651 Rn. 8 ff.; EuG, Rs. T-37/92 (BEUC u. NCC/Kommission), Slg. 1994, S. II-285, Rn. 27; EuG, Rs. T-277/94 (AITEC/Kommission), Slg. 1996, S. II-351, Rn. 51; EuG, Rs. T-55/01 R (Asahi Vet SA gegen Kommission), Slg. 2001, S. II-1933 Rn. 62.
[311] EuG, Rs. T-175/96 (Berthu/Kommission), Slg. 1997, S. II-811. Die vorbereitende Natur der Maßnahme kann als Prozesshindernis von Amts wegen geprüft werden – EuGH, Rs. 346/87 (Bossi/Kommission), Slg. 1989, S. 303 (332 ff.).
[312] Krit. dazu: *Bast*, in: v. Bogdandy (Hrsg.), Europäisches Verfassungsrecht (2003), S. 479 (518), der zutreffend bemerkt, dass unter logischen Gesichtspunkten erforderlich wäre, von der Rechtsnatur der Maßnahme auf die von ihr erzeugten bzw. möglichen Rechtswirkungen zu schließen.
[313] EuGH, Rs. 45/81 (Moksel/Kommission), Slg. 1982, S. 1129 Rn. 18 f.

dungscharakter“ aufweist. Das überwiegende Schrifttum teilte diese Ansicht und verneinte die Anfechtbarkeit „echter“ Rechtsnormen von Privatpersonen.[314]

2. Zulassung von Klagen gegen sog. Scheinverordnungen

a) Rechtsprechung des Gerichtshofs

Unter den Wortlaut des Art. 230 Abs. 4 Var. 2 EG („als Verordnung ergangen“[315]) ließ sich noch unproblematisch die Konstellation subsumieren, in der eine Verordnung im Grunde eine oder mehrere Einzelfallregelungen enthielt. Damit ist eine solche Regelung gemeint, die sich materiell ausschließlich an einen *bestimmten* Adressatenkreiskreis richtet, obwohl sie im Gewand einer Verordnung erlassen wurde, mithin den Schein allgemeiner Geltung erzeugt. Es handelt sich um einen Fall der Inkongruenz zwischen Form und Inhalt. Die Rechtsprechung sah aber allein den letzteren Aspekt (Inhalt) als ausschlaggebend für die Beurteilung der Rechtsnatur an und konnte so zur Annahme einer „Entscheidung“ gelangen.[316] Die Zulassung von Individualnichtigkeitsklagen gegen solche Scheinverordnungen[317] widersprach nicht der Grundannahme der Rechtsprechung, dass Maßnahmen mit Rechtssatzcharakter den Privatklagen entzogen sind. Der Gerichtshof stützte sich auf die *ratio legis* des Art. 230 Abs. 4 EG, wonach das „Ob“ des Rechtsschutzes gegen Sekundärrechtsakte vor dem Gerichtshof nicht von der vom Erlassorgan gewählten Rechtsform abhängen dürfe. Sonst stünde es diesem frei, durch Wahl der Handlungsform über den Rechtsschutz zu disponieren.[318]

Ein Paradebeispiel für die Scheinverordnungen sah der Gerichtshof in der Konstellation der „tatbestandlichen Rückanknüpfung“, d.h. einer Regelung, die zwar Rechtsfolgen für die Zukunft setzt, deren Tatbestand sich aber auf bereits abgeschlossene Sachverhalte bezieht. So sprach der Gerichtshof in der Rs. *International Fruit Co.* einer Vorschrift, die eine Gesamtheit der gestellten Einfuhrlizenzanträge betraf, zu denen es wegen Ablaufs der Einreichungsfrist keine weiteren Anträge hinzukommen konnten, den Verordnungscharakter ab. Stattdessen qualifizierte er sie als Bündel von Individualentscheidungen, von denen jede einzelne geeignet ist, die Antragsteller individuell zu betreffen.[319] Diese Rechtsprechung wurde konsequent weiter vertreten.[320]

---

[314] *Arndt/Haas*, RIW 1989, S. 710 (729); *v. Burchard*, EuR 1991, S. 140 (142); *Daig*, Rn. 82; *v. Danwitz*, NJW 1993, S. 1108 (1112); *Hermann*, RabelsZ 1981, S. 413 (416); *Oppermann/Hiermaier*, JuS 1980, S. 782 (787); *Schwarze*, in: FS Schlochauer (1981), S. 927 (931).

[315] Vgl. auch andere Sprachfassungen – näher dazu unten: Kap. II C I 1.

[316] Vgl. EuGH, verb. Rs. 41-44/70 (International Fruit Company u.a./Kommission), Slg. 1971, S. 411 Rn. 15 f.; EuGH, Rs. 60/81 (IBM/Kommission), Slg. 1981, S. 2639 Rn. 9. Zustimmend: *Biervert*, in: Schwarze, EU-Komm., Art. 249 EGV Rn. 17.

[317] „Sammelentscheidung“, „Bündel von Entscheidungen“ – *Pechstein*, Rn. 370; *Thiele*, S. 90.

[318] EuGH, verb. Rs. 789 u. 790/80 (Calpak/Kommission), Slg. 1980, S. 1949 Rn. 7.

[319] EuGH, verb Rs. 41-44/70 (International Fruit Company u.a./Kommission), Slg. 1971, S. 411 Rn. 16/22.

[320] EuGH, Rs. 62/70 (Bock/Kommission), Slg. 1971, S. 897 Rn. 10 (betr. Regelung, die an bereits in der Vergangenheit gestellte Anträge anknüpfte); EuGH, Rs. 100/74 (CAM SA/Kommission u. Rat), Slg. 1975, S. 1393 Rn. 14-19; EuGH, Rs. 88/76 (Société pour l'exportation des sucres SA/Kommission), Slg. 1977, S. 709 Rn. 9-12; EuGH, Rs. C-354/87 (Weddel/Kommission), Slg. 1990, S. I-3847 Rn. 23. Dort stellte der EuGH fest, dass die beklagte Kommission mit dem Verordnungser-

All diesen Fällen lag eine ähnliche Sachlage zugrunde: Die Regelungen knüpften nämlich an die bereits feststehende, im Nachhinein nicht erweiterungsfähige Gruppe von Antragstellern, Einfuhrlizenzinhabern o.ä. an. Die Besonderheit der jeweiligen Regelung bestand darin, dass sie gerade im Hinblick auf die konkret beantragten Mengen der Importwaren ergangen ist. Die Anträge stellten also die Grundlage und den Regelungszweck für die konkrete Anordnung dar. Dabei wurde nicht auf die Tatsache, dass dem Erlassorgan die Adressaten möglicherweise zahlenmäßig oder gar namentlich bekannt waren (subjektives Element), sondern auf die objektive Geschlossenheit des Adressatenkreises[321] abgestellt.

Demgegenüber wurde der normative Charakter einer Bestimmung durchaus bejaht, wenn der Betroffenenkreis zwar feststellbar oder sogar dem Erlassorgan zahlenmäßig oder namentlich bekannt war[322], aber in rechtlicher Hinsicht „offen", d.h. auch auf künftige Sachverhalte grundsätzlich anwendbar blieb. So wies das EuG eine Sammelklage der Marktbeteiligten gegen eine Verordnung zur Festsetzung eines Verringerungs- und Anpassungskoeffizienten für die Bestimmung der ihnen zuzuteilenden Menge als unzulässig ab. Nach Art. 6 Abs. 1 VO Nr. 1442/93 und Art. 6 Abs. 3 VO Nr. 2362/98 war die Kommission verpflichtet für den Fall, dass die gemeinschaftliche Gesamtreferenzmenge das Volumen des Zollkontingents oder der Zollkontingente und der traditionellen AKP-Bananen überschreitet, einen Verringerungs-/ Anpassungskoeffizienten festzusetzen, um diesen Überschuss zu beseitigen. Hiergegen klagten die betroffenen Marktteilnehmer und stützten sich auf die Rechtsprechung zur „tatbestandlichen Rückanknüpfung". Das Gericht maß der Verordnung jedoch normativen Charakter bei, der nicht dadurch in Zweifel gezogen werden könne, dass die Änderung der endgültigen Referenzmengen der Marktbeteiligten, die sich aus der Anwendung der Verringerungs- bzw. Anpassungskoeffizienten durch die zuständigen nationalen Stellen ergibt, *vorhersehbar* sein könnte.[323] Die Kommission treffe keine „verdeckte Entscheidung" über abgeschlossene Sachverhalte.

In der Rs. *Weddel* wurde die streitige Verordnung über Rindfleischmengen erlassen, für die einzelne Einfuhrlizenzanträge eingereicht worden waren, zu denen kein neuer Antrag hinzukommen konnte.[324] Nach der Rechtsprechung ist die Wahrscheinlichkeit unerheblich, ob die Norm auch künftig auf neue Adressaten Anwendung finden kann. Ausschlaggebend ist, ob der Adressatenkreis beim Erlass aus Rechtsgründen nicht mehr erweiterungsfähig ist.

---

lass in Wirklichkeit über die Anträge einzelner Marktbeteiligter entschieden habe. Ähnlich: EuGH, Rs. C-152/88 (Sofrimport), Slg. 1990, S. I-2477 Rn. 11-13.

[321] Vgl. EuGH, Rs. C-73/97 P (Französische Republik/Comafrica SpA u. Dole Fresh Fruit Europe Ltd & Co. u. Kommission), Slg. 1999 S. I-185 Rn. 17, 30 ff.

[322] U.U. auf wenige Wirtschaftsteilnehmer begrenzt und aufgrund tatsächlicher Umständen praktisch nicht erweiterbar – vgl. EuGH, Rs. 26/86 (Deutz & Gelderman/Rat), Slg. 1987, S. 941 ff.

[323] EuG, verb. Rs. T-198/95, T-171/96, T-230/97, T-174/98 u. T-225/99 (Comafrica und Dole Fresh Fruit Europe/Kommission), Slg. 2001, S. II-1975 Rn. 106. Zum ähnlichen Fall siehe: Kap. I A IV 1 a) aa).

[324] EuGH, Rs. C-354/87 (Weddel/Kommission), Slg. 1990, S. I-3847 Rn. 20-22.

Als Scheinverordnung können solche Fälle eingeordnet werden, in denen die Betroffenen in der Verordnung namentlich aufgeführt werden.[325] In der Rs. *NTN Toyo Bearing* klagten vier der größten japanischen Wälzlagerproduzenten gegen die Verordnung zur Festsetzung eines Antidumpingzolls für Kugellager und Kugelrollenlager mit Ursprung in Japan.[326] In Art. 3 der Verordnung[327] waren die Kläger sowie einige andere Hersteller der mit dem Zoll belegten Produkte namentlich aufgeführt. Der beklagte Rat wandte zwar gegen die Zulässigkeit der Klage ein, dass die Verordnung ein allgemeiner, sowohl die aktuellen als auch die künftigen Erzeuger erfassender Rechtsakt sei. Der EuGH sah jedoch in der angefochtenen Regelung eine *„Sammelentscheidung ..., die eine Gruppe namentlich bezeichneten Adressaten betrifft.“*[328]

Die vorläufige Zollssicherheitsleistung betraf zwar grundsätzlich alle Importeure der betreffenden Waren. Die angefochtene Verordnungsbestimmung wies indes die Besonderheit auf, dass sie nicht alle, sondern nur diejenigen Importeure erfasste, die ihre Produkte von den vier wichtigsten japanischen Herstellern bezogen haben. Die Verordnung zur Festlegung der endgültigen Zölle derogierte die zuvor erlassene Verordnung über die vorläufigen Zölle, sodass sich die Vereinnahmung letztendlich nur auf einen geschlossenen Kreis von Wirtschaftsteilnehmern erstreckt.[329] Hingegen ist es nach der Rechtsprechung nicht hinreichend, *„dass die angefochtene Verordnung die Klägerin... ausdrücklich und namentlich anführt oder der Rat beim Erlass der angefochtenen Verordnung die Lage der Antragstellerin zu berücksichtigen hatte.“*[330] Die Geltung des Rechtsaktes ist damit nicht auf die Klägerin beschränkt. Die namentliche Erwähnung im Text deutet lediglich darauf hin, dass die Genannten dem Rechtsetzungsorgan beim Erlass der Maßnahme bekannt waren. Daher ist stets auf den Kontext zu achten. Denn nicht jede namentliche Bezeichnung berechtigt zur Annahme einer Scheinverordnung, sondern nur solche, die eine Geltungsbeschränkung bewirken.[331] Zusammenfassend lässt sich also feststellen, dass Individualnichtigkeitsklagen gegen Verordnungen dann abgewiesen wurden, wenn allgemeine Geltung bejaht wurde.

---

[325] Vgl. z.B. EuG, Rs.T-32/98 (Niederländische Antillen/Kommission), Slg. 2000, S. II-205 ff. Die Klägerin war im Anhang der Verordnung namentlich genannt. Ähnlich: EuGH, Rs. 138/79 (Roquette Frères/Rat), Slg. 1980, S. 3333 ff.; EuGH, Rs. 139/79 (Maizena GmbH/Rat), Slg. 1980, S. 3393 ff.

[326] EuGH, Rs. 113/77 (NTN Toyo Bearing/Rat), Slg. 1979, S. 1185.

[327] VO (EWG) Nr. 1778/77 v. 26.7.1977, ABl. Nr. L 196 v. 3.8.1977, S. 1.

[328] EuGH, Rs. 113/77 (NTN Toyo Bearing/Rat), Slg. 1979, S. 1185 Rn. 11.

[329] Zutreffend: *Schwarze*, EuR 1986, S. 217 (232). Die gleiche Konstellation lag auch den Urteilen des EuGH in der Rs. 118/77 (Import Standard Office [ISO]/Rat), Slg. 1979, S. 1277 Rn. 24; EuGH, Rs. 119/77 (Nippon Seiko K.K. u.a./Rat u. Kommission), Slg. 1979, S. 1303 Rn. 14 und EuGH, Rs. 121/77 (Nachi Fujikoshi Corporation u.a./Rat), Slg. 1979, S. 1363 Rn. 11 zugrunde.

[330] EuG, Rs. T-47/04 R (Região autónoma dos Açores/Rat), Slg. 2004, S. II-2153 Rn. 112. Vgl. in diesem Sinne: EuGH, Rs. C-452/98 (Nederlandse Antillen/Kommission), Slg. 2001, S. I-8973 Rn. 74 bis 76.

[331] Bsp.: EuG, Rs. T-392/02 (Solvay Pharmaceuticals/Rat), Slg. 2003, S. II-4555 Rn. 79 ff. Dort war die Klägerin zwar nicht im angefochtenen Rechtsakt selbst genannt. Dieser widerrief aber eine bereits bestehende, begünstigende Regelung, die die Klägerin namentlich nannte. Der Eintrag für Nifursol in Anhang I der VO Nr. 2430/1999 und in Anhang B Kapitel II der Richtlinie 70/524 wurde nämlich gestrichen. Dagegen keine Geltungsbeschränkung, sondern lediglich individuelle Betroffenheit von Nichtadressaten: EuG, Rs. T-362/04 (Leonid Minin/Kommission), Urt. v. 31.1.2007 (noch nicht in der amtl. Slg. veröffentlicht), Rn. 53.

Auffällig ist, dass die Rechtsprechung den Schwerpunkt allmählich auf das Merkmal der individuellen Betroffenheit verlagerte. In vielen Fällen wurde nicht mehr ausdrücklich auf die Rechtsnatur der Maßnahme eingegangen, auch wenn sich dies angesichts des ausführlichen Parteivorbringens aufgedrängt hätte. Der EuGH stellte oft nur fest, dass die angefochtene Handlung den Kläger wie einen Adressaten einer Entscheidung individuell betrifft.[332] In anderen Entscheidungen wurden wiederum Klagegegenstand und Klageberechtigung miteinander vermengt. Aus dem Fehlen der individuellen Betroffenheit schloss der Gerichtshof zugleich auf den Rechtssatzcharakter.[333]

b) Würdigung

Aus systematischer Sicht schwer nachvollziehbar ist die beschränkte Zulassung von Nichtigkeitsklagen natürlicher bzw. juristischer Personen gegen Verordnungen nur in dem Umfang der tatbestandlichen Rückanknüpfung.[334] Diese Privilegierung von Privatklagen in den „unechten Rückwirkungsfällen" ist aus Rechtsschutzgesichtspunkten zweifellos begrüßenswert, passt aber nicht reibungslos in die vom Wortlaut her handlungsformgeprägte Konstruktion der Nichtigkeitsklage.

Der zweite Kritikpunkt betrifft den Sinn und Zweck der Norm. Eine konsequente Begrenzung der anfechtbaren Verordnungen auf Rückwirkungsfälle würde dazu führen, dass dem Zweck des Art. 230 Abs. 4 Var. 2 EG nur unvollkommen Rechnung getragen wird. Die Gefahr eines Formenmissbrauchs besteht nicht nur bei tatbestandlicher Rückanknüpfung. Sie betrifft auch Fälle, in denen das Erlassorgan einen ganz bestimmten Personenkreis im Auge hat und – um Direktklagen der Betroffenen auszuschließen – den Tatbestand bewusst „offen" gestaltet. Dadurch ist seine Anwendung auf künftige Fälle jedenfalls rechtlich nicht ausgeschlossen, auch wenn dies praktisch kaum denkbar erscheint.[335] Auch in diesem Fall hängt die Anfechtbarkeit der Regelung von einer geschickten Formulierung des Tatbestandes ab, was Art. 230 Abs. 4 Var. 2 EG gerade verhindern soll. Umgekehrt ist nicht jede rückwirkende Norm gleichzeitig *per se* missbräuchlich. Der Gerichtshof selbst hat die Rückwirkung von Rechtsakten unter zwei Bedingungen als zulässig anerkannt: wenn es für den ange-

---

[332] So z.B.: EuGH, Rs. 100/74 (CAM/Kommission), Slg. 1975, S. 1393 Rn. 14/18. Hier klagte eine Getreidefirma gegen eine Verordnung über die Anhebung des Schwellenpreises für Getreideexporte, die eine Vorausfestsetzung bereits zuvor beantragte und somit über Ausfuhrlizenzen verfügte. Damit war eine bestimmte Anzahl von Getreideexporteuren von dieser Begünstigung ausgeschlossen. Der EuGH sah darin ein individualisierendes Merkmal und ließ die Klage zu. Ähnlich: EuGH, Rs. 138/79 (Roquette Frères/Rat), Slg. 1980, S. 3333 ff.; EuGH, Rs. 139/79 (Maizena GmbH/Rat), Slg. 1980, S. 3393 ff.; EuGH, Rs. 123/77 (UNICME/Rat), Slg. 1978, S. 845 ff. In beiden Fällen wurde der Rechtscharakter der Verordnung nicht thematisiert. Der EuGH sah die unmittelbare und individuelle Betroffenheit als hinreichend für die Zulässigkeit der Klage an.

[333] So z.B.: EuGH, Rs. 26/86 (Deutz und Geldermann/Rat), Slg. 1987, S. 941 Rn. 11 f.

[334] Vgl. EuGH, Rs. 62/70 (Bock/Kommission), 1971, S. 897 Rn. 10; EuGH, Rs. 11/82 (Piraiki-Patraiki/ Kommission), Slg. 1985, S. 207 Rn. 12-31; EuGH, Rs. C-152/88 (Sofrimport/), Slg. 1990, S. I-2477 Rn. 10-12.

[335] Bsp.: EuGH, Rs. 242/81 (Société Roquette Frères/Rat), Slg. 1982, S. 3213. Dort klagte einer von neun der in der EG ansässigen Isoglukose-Hersteller gegen die Verordnung über die Regeln der Festsetzung der Produktionsabgabe für Isoglukose. Die Klägerin behauptete, die Einführung von Quoten und Abgaben betreffe eine dem Rat namentlich bekannte und aufgrund der geringen Zahl überschaubare Gruppe von Herstellern.

strebten Zweck erforderlich ist und dem berechtigten Vertrauen der Betroffenen angemessen Rechnung getragen wird.[336] Daraus folgt, dass auch rückwirkende Verordnungen mit rechtlich geschlossenem Adressatenkreis zulässig sein können, ohne dass man darin automatisch „verschleierte Entscheidungen" sehen muss. Damit führt eine streng am Wortlaut orientierte Auslegung der „Entscheidung" i.S.d. Art. 230 Abs. 4 Var. 2 EG zum Konflikt mit dem Normzweck und der materiellen Zulässigkeit von rückwirkenden Normen.

3. „Echte" Verordnungen

Lange Zeit lehnte der Gerichtshof die Zulassung von Individualnichtigkeitsklagen gegen „echte" Verordnungen mit dem Hinweis auf den Wortlaut des Art. 230 Abs. 4 EG ab.[337] Zuerst wurde die Rechtsnatur der angefochtenen Bestimmung untersucht.[338] Stellte sich heraus, dass der angegriffene Rechtsakt allgemeine Geltung entfaltete, konnte er nicht unter den Begriff der „Entscheidung" subsumiert werden. Der Gerichtshof wies die Klagen mit Hinweis auf den unzulässigen Klagegegenstand ab.[339] Die Zulassung von Individualnichtigkeitsklagen gegen Bestimmungen mit normativem Charakters stellt eine Abkehr von der früheren Rechtsprechung dar, auch wenn die restriktive Haltung gegenüber solchen Klagen insgesamt aufrechterhalten und die Zulässigkeitshürde auf die individuelle Betroffenheit verlagert wurde.

a) Verfahrensabschließende Verordnungen in Antidumpingsachen

In früheren Entscheidungen qualifizierte der Gerichtshof Antidumping-Verordnungen noch als Scheinverordnungen[340], um deren Anfechtbarkeit trotz der generellen Ablehnung von Individualklagen gegen Normativakte zu ermöglichen. Die Annahme einer „Sammelentscheidung im Verordnungsgewande" war angesichts der oben erläuterten Besonderheiten der Fälle[341] möglich. Eine Wende brachte das Urteil *Allied Corporation I.*[342] Rechtsnatur und Anfechtbarkeit wurden erstmals voreinander abgekoppelt, sodass es auf die Abgrenzung zwischen Entscheidung und Verordnung im Grunde

[336] EuGH, Rs. 98/87 (Racke/Hauptzollamt Mainz), Slg. 1979, S. 69 Rn. 20; EuGH, Rs. 99/78 (Decker/ Hauptzollamt Mainz), Slg. 1979, S. 101 Rn. 8; EuGH, verb. Rs. C-143/88 und C-92/89 (Zuckerfabrik Süderdithmarschen und Zuckerfabrik Soest), Slg. 1991, S. I-415 Rn. 49.

[337] Krit. dazu: *Ule*, Gutachten, 46. DJT (1966), S. 15 ff.; *Reinitzsch*, EuR 1976, S. 262 (263).

[338] Vgl. z.B. EuGH, Rs. 101/76 (Koniklijke Scholten Honig/Rat u. Kommission), Slg. 1977, S. 797 Rn. 8/11.

[339] EuGH, verb. Rs. 16/62 u. 17/62 (Confédération nationale des producteurs de fruits et légumes/Rat), Slg. 1962, S. 963 (978); EuGH, Rs. 101/76 (Koniklijke Scholten Honig/Rat u. Kommission), Slg. 1977, S. 797 Rn. 20/22 f.; EuGH, verb. Rs. 103 bis 109/78 (Usines de Beaufort u.a./Rat), Slg. 1979, S. 17 Rn. 13, 18.

[340] EuGH, Rs. 113/77 (NTN Toyo Bearing Co. Ltd. u.a./Rat), Slg. 1979, S. 1185 Rn. 11; EuGH, Rs. 118/77 (Import Standard Office/Rat), Slg. 1979, S. 1277 Rn. 24; EuGH, Rs. 121/77 (Nachi Fujikoshi u.a./Rat), Slg. 1979, S. 1363 Rn. 11; EuGH, Rs. 264/82 (Timex Corporation/Rat u. Kommission), Slg. 1985, S. 849 Rn. 16.

[341] S.o. Kap. II B II 1 b) aa). Dort ging es um die Vereinnahmung der i.R.d. vorläufigen Antidumpingzolls als Sicherheit geleisteten Beträge, die nur vier namentlich bezeichnete Hersteller des Produkts betraf.

[342] EuGH, verb. Rs. 239 u. 275/82 (Allied Corporation u.a./Kommission), Slg. 1984, S. 1005 Rn. 12.

nicht mehr ankam.[343] Trotz des explizit festgestellten, normativen Charakters der Verordnungen über die Festlegung von (vorläufigen oder endgültigen) Antidumpingzöllen[344], wies der EuGH die Klagen nicht mangels zulässigen Klagegegenstandes ab.[345] Im Gegensatz zum früher vertretenen Standpunkt, hielt er die (unmittelbare und) individuelle Betroffenheit Einzelner durch normative Bestimmungen nicht für automatisch ausgeschlossen. Damit wurde die prinzipielle Möglichkeit der Direktanfechtung von Normativakten durch Private – beschränkt auf den Bereich des Antidumpingrechts – ausdrücklich anerkannt.

Die Besonderheit des Antidumpingrechts besteht darin, dass für den Erlass von vorläufigen und endgültigen Maßnahmen die Verordnungsform explizit angeordnet ist.[346] Diese gelten für eine objektiv bestimmte Situation (Einfuhr von Waren) und legen einen Zollsatz gegenüber einem allgemein und abstrakt bezeichneten Personenkreis fest (Exporteure/ Importeure dieser Waren).[347] Unter konsequenter Fortführung der bisherigen Rechtsprechung wären folglich alle hiergegen erhobenen Individualklagen zum Scheitern verurteilt gewesen, wodurch einige Betroffene im Ergebnis rechtsschutzlos wären. Herstellern und Exporteuren aus den Drittstaaten[348] sowie abhängigen Importeuren[349] wurde damit die Möglichkeit einer Direktklage gegen die Antidumpingverordnungen eingeräumt. Bei Vorliegen besonderer Umstände der individuellen Betroffenheit im Einzelfall wurde das Klagerecht auch solchen Unternehmen gewährt, die nicht unter eine der o.g. Fallgruppen fallen.[350] Dabei trug der EuGH offenbar der Tat-

---

[343] *Berrisch*, in: Nowak/Cremer, Individualrechtsschutz in der EG und der WTO (2002), S. 177 (187); GA *Jacobs*, Schlussanträge in der Rs. C-358/89 (Extramet/Rat), Slg. 1991, S. I-2507 Nr. 57.

[344] EuGH, Rs. 264/82 (Timex Corporation/Rat u. Kommission), Slg. 1985, S. 849 Rn. 12; EuGH, verb. Rs. 239 u. 275/82 (Allied Corporation u.a./Kommission), Slg. 1984, S. 1005 Rn. 11; EuGH, Rs. 53/83 (Allied Corporation II/ Rat), Slg. 1985, S. 1621 Rn. 4; EuGH, Rs. C-358/85 (Extramet Industrie/Rat), Slg. 1991, S. I-2501 Rn. 13.

[345] Vgl. frühere Rspr.: EuGH, Rs. 307/81 (Alusuisse/Rat u. Kommission), Slg. 1982, S. 3463 Rn. 7-14 (insb. Rn. 8). Dort vertrat der EuGH noch eine gegenteilige Position: Die Individualnichtigkeitsklage sei unzulässig, *„soweit sie sich gegen eine Verordnung von allgemeiner Geltung ... richtet"*.

[346] Art. 9 Abs. 4, 14 Abs. 1 VO Nr. 384/96 des Rates v. 22.12.1995, ABl. 1996 Nr. L 56 v. 22.12.1996, S. 1.

[347] *Habermann/Pietzsch*, in: Tietje/Kraft/Sethe (Hrsg.), BTW 24/2004, S. 1 (7) – www.wirtschaftsrecht.uni-halle.de [letzter Abruf am 2.3.2006].

[348] EuGH, verb. Rs. 239 u.275/82 (Allied Corporartion I/Kommission), Slg. 1984, S. 1005 Rn. 12; EuGH, Rs. C-156/87 (Gestetner Holdings/Rat u. Kommission), Slg. 1990, S. I-781 Rn. 17; EuG, Rs. T-155/94 (Climax Paper Converters Ltd/Rat), Slg. 1996, S. II-873 Leitsatz 1, Rn. 45 f.

[349] EuGH, verb. Rs. C-305/86 u. C-160/87 (Neotype Techmashexport/Kommission u. Rat), Slg. 1990, S. I-2945 Rn. 19 f.; EuG, Rs. T-164/94 (Ferchimex/Rat), Slg. 1995, S. II-2681 Rn. 34; EuG, Rs. T-280/03 (Van Mannekus & Co. BV/Rat), Slg. 2006, S. II Rn. 102 ff. (Beschluss vom 27.1.2006, nicht in der amtlichen Sammlung veröffentlicht). Dagegen wird den unabhängigen Importeuren kein Klagerecht eingeräumt – vgl. EuGH, Rs. 157/87 (Electroimpex u.a./Rat), Slg. 1990, S. I-3021 LS. 1. Krit. zur unterschiedlichen Behandlung der abhängigen und unabhängigen Importeure: *Rolf*, S. 136 f.

[350] Vgl. EuGH, Rs. C-358/89 (Extramet Industrie/Rat), Slg. 1991, S. I-2501 Rn. 14 ff. (Die Klage eines unabhängigen Importeurs wurde – trotz der grundsätzlichen Ablehnung der individuellen Betroffenheit in derartigen Konstellationen – aufgrund besonderer Umstände des Einzelfalles zugelassen); EuG, Rs. T-161/94 (Sinochem Heilongjiang/Rat), Slg. 1996, S. II-695 Rn. 45 ff. Hier bezogen sich die Preisuntersuchungen auf den Ursprungsland China [Drittstaat] selbst und nicht auf das klagende Unternehmen. Dennoch sah das EuG die Klägerin als individuell betroffen an. Weitere Bsp. einer Einzel-

sache Rechnung, dass den Betroffenen sonst kein anderweitiger Rechtsschutz zur Verfügung stand.[351] Die Erhebung von Sonderzöllen erfolgt nämlich nicht bei ihnen, sondern bei den Importeuren. Folglich läge kein nationaler Umsetzungsakt in Form eines Zollbescheides vor, wogegen sich der Exporteur vor den nationalen Gerichten zur Wehr setzen könnte, um auf diesem Wege eine inzidente Gültigkeitskontrolle der Verordnung zu erwirken. Die Erweiterung der Direktklagemöglichkeit auf Antidumpingverordnungen stellt zweifellos ein Beispiel rechtsschutzorientierter Auslegung des Art. 230 Abs. 4 EG dar.[352] Dafür spricht, dass bei bestehender Inzidentkontrollmöglichkeit die Zulässigkeit der Individualnichtigkeitsklage von EuGH grundsätzlich abgelehnt wurde.[353] Hinter der Erweiterung der Klageberechtigung standen auch rechtspolitische Überlegungen. Im Bemühen um Gegenseitigkeit i.R.d. GATT, insb. im Hinblick auf den Rechtsschutz in den USA, sollten parallele Rechtsschutzmöglichkeiten auch seitens der EG garantiert werden.[354]

b) Neue Akzente in der Rechtsprechung seit dem Cordoniu-Urteil

Die Erweiterung des Klagerechts Privater auf „echte" Verordnungen blieb zunächst nur auf den spezifischen Bereich des Antidumpingrechts beschränkt. Eine Wende brachte erst die Entscheidung des EuGH in der Rs. *Cordoniu*, in der erstmal eine Individualnichtigkeitsklage gegen eine auf anderem Rechtsgebiet erlassene Verordnung, unter ausdrücklicher Anerkennung ihres Normativcharakters zugelassen wurde.[355] Der Entscheidung lag folgender Sachverhalt zugrunde: Die spanische Produzentin von Schaumwein, Firma *Cordoniu SA* erhob eine Nichtigkeitsklage gegen eine Verordnungsregelung zur Änderung der Grundregeln für die Bezeichnung von Schaumwein. Hiernach wurde u.a. die Verwendung des Prädikats „crémant" ausschließlich bestimmten, in Frankreich und Luxemburg hergestellten Qualitätsweinen vorbehalten. Da sich das Verbot an einen unbestimmten Adressatenkreis, d.h. sowohl an diejenigen Hersteller, die aktuell das Prädikat „crémant" benutzen, als auch an alle potentiellen, künfti-

---

fallprüfung: EuGH, verb. Rs. C-133/87 u. C-150/87 (Nashua/Kommission), Slg. 1990, S. I-719 ff.; EuGH, Rs. C-156/87 (Gestetner/Kommission), Slg. 1990, S. I-781 ff.

[351] EuGH, verb. Rs. 239/82 u. 275/82 (Allied Corporation u.a./Kommission), Slg. 1984, S. 1005 Rn. 13 u. 15; EuGH, Rs. C-358/89 (Extramet Industrie/Rat), Slg. 1991, S. I-2501 Rn. 14-17.

[352] Vgl. EuGH, verb. Rs. 239 u. 275/82 (Allied Corporation u.a./Kommission), Slg. 1984, S. 1005 Rn. 13, 15. Der EuGH stellte dort maßgeblich darauf ab, dass für die Exporteure keine ausreichende Klagemöglichkeit gegen die Erhebung der Antidumpingzölle vor den nationalen Gerichten bestand. Im Gegensatz zu Importeuren, die gegen die Festsetzung und Erhebung der Zollschuld klagen konnten, wären die Exporteure rechtsschutzlos gestellt gewesen. Krit. dazu: *v. Heydebrand und de Lasa*, NJW 1985, S. 1257 ff.; *Lux*, RIW 1992, S. 34 (42).

[353] Z.B.: EuGH, Rs. 307/81 (Alusuisse/Rat u. Kommission), Slg. 1982, S. 3463 Rn. 13; EuGH, Rs. 279/86 (Sermes/Kommission), Slg. 1987, S. 3109 ff. Eine Ausnahme machte der EuGH in der Rs. C-358/89 (Extramet Industrie/Rat), Slg. 1991, S. I-2501 ff., wo die potentielle Möglichkeit eines Rechtsschutzes vor nationalen Gerichten nicht angesprochen wurde. Die Klage wurde mit Hinweis auf besondere Einzelfallkonstellation zugelassen. Näher dazu: *Rabe*, EuR 1991, S. 236 (246 f.). Die *Extramet*-Rspr. wurde in der Folgezeit bestätigt: EuG, Rs. T-2/95 (Industrie des poudres sphériques/Rat), Slg. 1998, S. II-3939 Rn. 49 ff.

[354] *Schwarze*, EuR 1986, S. 217 (230); *Weber*, EuR 1985, S. 1 (19); skeptisch dazu: *v. Heydebrand und de Lasa*, NJW 1985, S. 1257 (1258 f.).

[355] EuGH, Rs. C-309/89 (Cordoniu/Rat), Slg. 1994, S. I-1835 ff.

gen Verwender richtete, bestand keinerlei Zweifel am normativen Charakter. *Cordoniu* machte indes geltend, dass sie als Inhaberin eines bereits 1924 eingetragenen, spanischen Markenzeichens *„Gran Cremant de Codorniu"* besonders individualisiert sei. Im Unterschied zur Situation der Exporteure und Hersteller aus Drittstaaten in den Antidumpingfällen war hier die Möglichkeit, Rechtsschutz vor nationalen Gerichten zu erlangen und damit eine Inzidentkontrolle der strittigen Verordnung zu erwirken, prinzipiell nicht ausgeschlossen. Dennoch ließ der EuGH die Klage von *Cordoniu* zu.

Dabei verlagerte er den Schwerpunkt eindeutig auf die individuelle Betroffenheit durch den Eingriff in das Markenrecht. Die Richter vertraten den Standpunkt, dass die allgemeine Geltung einer Verordnung individuelle Betroffenheit Einzelner nicht *per se* ausschließt.[356] *„Denn unter bestimmten Umständen kann selbst eine* ***Norm****, die* ***auf alle betroffenen*** *Wirtschaftsteilnehmer* ***Anwendung findet, einige*** *von ihnen* ***individuell betreffen*** *und ihnen gegenüber daher eine Entscheidung sein"*.[357] Unter Zugrundelegung dieser These wurde die unmittelbare und individuelle Betroffenheit der Klägerin bejaht.[358] Eine Begründung für die Abkehr von der früheren Ablehnung der Anfechtbarkeit von Normativakten durch Private blieb der EuGH aber schuldig.

Aufschlussreicher sind indes die Schlussanträge des GA *Lenz* in dieser Rechtssache.[359] Der Generalanwalt sprach sich sowohl gegen den generellen Ausschluss von Individualnichtigkeitsklagen gegen Rechtsakte mit allgemeiner Geltung als auch gegen die Konstruktion eines „hybriden" Rechtsaktes aus.[360] Vielmehr schlug er vor, ähnlich wie bereits im Antidumpingrecht, das Erfordernis einer (materiellen) Entscheidung zu streichen, da die Klageberechtigung, insb. die individuelle Betroffenheit, einen hinreichenden „Vorfilter" gegen Popularklagen darstelle. Schließlich ziehe der Gerichtshof bei der Abgrenzung zwischen Entscheidung und Verordnung dieselben Kriterien heran, die auch für die Klageberechtigung maßgeblich seien.[361] In diesem Zusammenhang vertrat GA *Lenz* die Auffassung, die Individualisierung des Klägers müsse lediglich in Bezug auf diesen selbst und nicht in Relation zu anderen, möglicherweise betroffenen Wirtschaftsteilnehmern betrachtet werden.[362] Wichtig ist die Übertragung der bislang für den besonderen Sektor des Antidumpingrechts vorbehaltenen Grundsätze der Anfechtbarkeit von Normativakten auf andere Bereiche. Der Generalanwalt sah keinen Unterschied darin, ob die Verordnungsform vertraglich vorgeschrieben ist oder nur im Hinblick auf den Zweck und Inhalt der beabsichtigten Regelung geboten erscheint,

[356] EuGH, Rs. C-309/89 (Codorniu/Rat), Slg. 1994, S. I-1853 Rn. 19. Bestätigt durch: EuGH, Rs. C-451/98 (Antillean Rice Mills/Rat), Slg. 2001, S. I-8949, Rn. 49; EuG, Rs. T-11/99 (Van Parys u. a./Kommission), Slg. 1999, II-2653 Rn. 40; EuG, Rs. T-223/01 (Japan Tobacco und JT International/EP u. Rat), Slg. 2002, S. II-3259 Rn. 29; EuG, Rs. T-167/02 (Établissements Toulorge/EP u. Rat), Slg. 2003, S. II-1111 Rn. 26; EuG, Rs. 392/02 (Solvay Pharmaceuticals/Rat), Slg. 2003, S. II-4555 Rn. 76.

[357] EuGH, Rs. C-309/89 (Codorniu/Rat), Slg. 1994, S. I-1853, Rn. 19; ebenso neuerdings: EuG, Rs. T-196/03 (European Federation for Cosmetic Ingredients (EFfCI)/EP u. Rat), Slg. 2004, S. II-4263 Rn. 38.

[358] EuGH, Rs. C-309/89 (Codorniu/Rat), Slg. 1994, S. I-1853, Rn. 21/22.

[359] Schlussanträge des GA *Lenz*, Rs. C-309/89 (Codorniu/Rat), Slg. 1994, S. I-1856 Rn. 21 ff.

[360] Schlussanträge des GA *Lenz*, aaO, Rn. 25.

[361] Schlussanträge des GA *Lenz*, aaO, Rn. 34 ff.

[362] Schlussanträge des GA *Lenz*, aaO, Rn. 25 ff.

zumal Formzwänge oft nur Ausdruck dieser faktischen Notwendigkeit sind.[363] Weiterhin wertete er die Besonderheit, dass Antidumpingmaßnahmen aus der Sicht der betroffenen Hersteller und Exporteure eine entscheidungsähnliche Wirkung entfalten als nicht ausschlaggebend für die Zuerkennung des Individualklagerechts gegen Normen in der Rechtsprechung.[364] Darauf deutet auch die Zulassung der Nichtigkeitsklage eines Importeurs im Urteil *Extramet*[365] hin.

Die im Fall *Cordoniu* neu aufgestellten Grundsätze wurden in der Folgezeit bestätigt.[366] Kennzeichnend ist die restriktive Interpretation der individuellen Betroffenheit, sodass nahezu alle Klagen als unzulässig abgewiesen wurden.[367] Der Gerichtshof geht zunächst jeweils auf die Rechtsnatur der angefochtenen Bestimmungen ein. Stellt sich heraus, dass sie – in Abgrenzung zu der grundsätzlich anfechtbaren Entscheidung – allgemeine Geltung aufweisen, verweist der Gerichtshof auf die *Cordoniu*-Rechtsprechung, wonach der normative Charakter nicht *per se* zum Ausschluss individueller Betroffenheit Einzelner führt.[368] Sodann wird die individuelle Betroffenheit des Klägers erörtert. Kann diese bejaht werden, lassen die Gemeinschaftsgerichte die Klage zu, ohne auf das Erfordernis einer „Entscheidung“ (Klagegegenstand) weiter einzugehen.[369] Der normative Charakter einer Vorschrift als solcher wird also nicht mehr als hinreichender Grund für die Klageabweisung erachtet.[370]

Wenn die Rechtsprechung also die Anfechtbarkeit „echter“ Normativakte (Verordnungen) akzeptiert, stellt sich die Frage, ob die prozessuale Unterscheidung zwischen Scheinverordnungen und „echten“ Verordnungen überhaupt noch erforderlich ist.

---

363 Schlussanträge des GA *Lenz*, aaO, Rn. 35.

364 Schlussanträge des GA *Lenz*, aaO, Rn. 36.

365 EuGH, Rs. C-358/89 (Extramet Industrie/Rat), Slg. 1991, S. I-2501 Rn. 14 ff.

366 EuG, Rs. T-116/94 (Cassa nazionale di previdenza ed assistenza a favore degli avvocati e procuratori/Rat), Slg. 1995, S. II-1 Rn. 26; EuG, verb. Rs. T-480/93 u. T-483/93 (Antillean Rice Mills u.a./Rat), Slg. 1995, S. II-2305 Rn. 66; EuG, Rs. T-47/95 (Terres Rouges u.a./Kommission), Slg. 1997, S. II-481 Rn. 43; EuG, verb. Rs. T-125/96 u. T-152/96 (Boehringer/Rat u. Kommission), Slg. 1999, S. II-3427 Rn. 162.

367 Z.B.: EuG, Rs. T-158/95 (Eridania Zuccherifici Nazionali SpA u.a./Rat), Slg. 1999, S. II-2219 Rn. 56; EuG, Rs. T-47/95 (Terre Rouge Consultant St u.a./Kommission), Slg. 1997, S. II-481 Rn. 43 ff. Die Zulässigkeit wurde dagegen bejaht durch: EuG, verb. Rs. T-125/96 u. T-152/96 (Boehringer Ingelheim Vetmedica u.a./Rat u. Kommission), Slg. 1999 S. II-3427 Rn. 161 ff.

368 Vgl. z.B. EuGH, Rs. C-87/95 P (CNPAAP/Rat), Slg. 1996, S. I-2003 Rn. 33; EuG, Rs. T-482/93 (Weber/Kommission), Slg. 1996, S. II-609 Rn. 55 ff.; EuG, Rs. T-47/95 (Terre Rouge Consultant St u.a./ Kommission), Slg. 1997, S. II-481 Rn. 39 ff.; EuG, Rs. T-114/96 (Biscuiterie-confiserie LOR u. Confiserie du Tech/Kommission), Slg. 1999, S. II-913 Rn. 26 ff.; EuG, Rs. T-138/98 (Armement coopératif artisanal vendéen [ACAV] u.a./Rat), Slg. 2000, S. 341 Rn. 49 ff., 57 ff.; EuG, Rs. T-13/99 (Pfizer Animal Health/Rat), Slg. 2002, S. II-3305 Rn. 81 ff.; EuG, Rs. T-40/04 (Bonino u.a./EP und Rat), Slg. 2005, S. II-2685 Rn. 38.

369 Vgl. etwa: EuG, verb. Rs. T-125/96 u. T-152/96 (Boehringer Ingelheim Vetmedica u.a./ Rat u. Kommission), Slg. 1999 S. II-3427 Rn. 161 ff.; EuG, Rs. T-13/99 (Pfizer Animal Health/Rat), Slg. 2002, S. II-3305 Rn. 81 ff.

370 So aber noch: EuGH, Rs. 307/81 (Alusuisse/Rat u. Kommission), Slg. 1982, S. 3463 Rn. 8; EuGH, Rs. 26/86 (Deutz u. Geldermann/Rat), Slg. 1987, S. 941 Rn. 7. Auf die frühere Rspr. beriefen sich die beklagten Organe auch nach dem *Cordoniu*-Urteil, wobei daneben (ggf. hilfsweise) die fehlende individuelle Betroffenheit gerügt wurde – vgl. z.B. das Vorbringen des Rates in: EuG, Rs. T-138/98 (Armement coopératif artisanal vendéen [ACAV] u.a./Rat), Slg. 2000, S. 341 Rn. 25 f.

„Echte" Verordnung bedeutet nichts anderes als eine rechtswirksame Verordnung im Hinblick auf die Übereinstimmung von Inhalt und Form. Dennoch erübrigt sich die Differenzierung auf der prozessualen Ebene nicht. Denn es ist nicht vergessen, dass gerade nach dem Wortlaut des Art. 230 Abs. 4 Var. 2 EG echte Rechtsnormen – im Gegensatz zu „verkappten" Entscheidungen –nicht *per se* anfechtbar sind. Daher ist eine dogmatische Begründung erforderlich, warum sie dennoch als zulässiger Gegenstand einer Individualklage betrachtet werden können.

C. Dogmatisierung des Entscheidungsbegriffs des Art. 230 Abs. 4 EG

Bei der Beurteilung der Zulässigkeitsvoraussetzungen der privilegierten Nichtigkeitsklagen nach Art. 230 Abs. 1 EG geht die Rechtsprechung von einem weiten Handlungsbegriff aus.[371] Vor diesem Hintergrund wundert es nicht, dass die Definition der „Entscheidung" in Art. 230 Abs. 4 EG ebenso den prozessualen Bedürfnissen entsprechend angepasst werden und sich von der in Art. 249 Abs. 4 typisierten Rechtsaktsform loslösen konnte.[372] Schwierigkeiten bereitet indes die dogmatische Erklärung des Entscheidungskonzepts in Art. 230 Abs. 4 EG.

I. Auslegung des Art. 230 Abs. 4 EG

1. Wortlaut und Systematik

Teile des Schrifttums und die Rechtsprechung verneinten die Anfechtbarkeit echter Verordnungen mit Hinweis auf den Wortlaut des Art. 230 Abs. 4 EG (als Verordnung ergangene *Entscheidung*).[373] Die Entscheidungsbegriffe in Art. 230 Abs. 4 und Art. 249 Abs. 4 EG werden dabei „im technischen Sinne" gleichgesetzt[374] und andere Rechtsakte aus dem Kreis individualanfechtbaren Organhandlungen ausgeschlossen, wobei die Einordnung als Entscheidung anhand materieller Kriterien erfolgt. Das Merkmal „allgemeine Geltung" wird dem Art. 249 EG entnommen. Unter Zugrundelegung dieser Prämisse lässt sich dem Wortlaut des Art. 230 Abs. 4 EG lediglich die Anfechtbarkeit von Scheinverordnungen, also materieller Entscheidungen im Verordnungsgewande entnehmen.

Diese Konstellation einer in Verordnungsform ergangenen Entscheidung entspricht dem Begriffs*kern* der Formulierung in Art. 230 Abs. 4 Var. 2 EG, was im deutschen Vertragswortlaut weniger deutlich als in den übrigen Sprachfassungen[375] zum Aus-

[371] S.o.: Kap. II B I.
[372] Umfangreiche Nachw. bei *Röhl*, ZaöRV 60 (2000), S. 331 ff.; zustimmend: *Härtel*, S. 145 f.
[373] Vgl. *Köngeter*, NJW 2002, S. 2217; *Schwarze*, in: FS Schlochauer (1981), S. 927 (931, 945).
[374] EuGH, Rs. 16-17/62 (Confédération nationale des producteurs de fruits and legumés u.a./Rat), Slg. 1962, S. 963 (978 f.).
[375] Vgl. die Formulierungen: (dän.) *„beslutninger, som, skønt de er udfærdiget **i form af** en forordning"*; (engl.) *„a decision which, although **in the form** of a regulation"*; (fin.) *„päätöksestä, joka siitä huolimatta"*; (fr.) *„les décisions qui, bien que prises **sous i'apparance** d'un règlement"*; (ital.) *„le decisioni che, **pur apparendo** come un regolamento"*; ir. *„cinneadh a díríodh chuig an duine"*; (nl.) *„beschikkingen die, hoewel genomen **in de vorm** van een verordening"*; (port.) *„das decisões que, embora tomadas **sob a forma** de regulamento"*; (schwed.) *„beslut som, även om det utfärdats **i form av** en förordning"*; (span.) *„las decisiones que, aunque **revistan la forma de** un reglamento"* [Hervorhebungen durch die Verfasserin].

druck kommt. Nach der Grundregel der grammatikalischen Auslegungsmethode darf ein Begriff nicht über die absolute äußere Grenze des Auslegungsspielraums hinaus ausgedehnt werden, ebenso wie sich die Unterschreitung der absoluten inneren Grenze durch zu enge Interpretation und damit Verletzung des Begriffskerns verbietet. Fraglich ist daher, ob *ausschließlich* Scheinverordnungen vom möglichen Wortsinn erfasst sind oder ob sich alle Maßnahmen darunter subsumieren lassen, die in Form einer Verordnung ergehen.

Wegmann plädiert für die zweite Auslegungsvariante. Abweichend von der Rechtsprechung[376] interpretiert er die „Entscheidung" in Art. 230 Abs. 4 EG im weiten Sinne als eine nicht auf Individualrechtsakte beschränkte „Maßnahme".[377] Dabei weist er auf die Verklammerung der 2. und 3. Variante durch das Wort „Entscheidung" hin, dem die Bezeichnung der Form (Verordnung oder drittgerichtete Entscheidung) folgt. Er wirft der h.M. Inkonsequenz bei der Auslegung vor. Aus der Verklammerung sei zu schlussfolgern, dass es sich in *beiden* Varianten um einen Fall der Inkongruenz zwischen Form und Inhalt handeln müsse. Anfechtbar wären dann nur Scheinverordnungen und *scheinbar* an Dritte ergangene Entscheidungen, die in materieller Hinsicht eine andere als die bezeichnete Person betreffen.[378] Denn auch die Adressierung einer Maßnahme sei aufs Engste mit ihrer Rechtsnatur verknüpft. Nach *Wegmann* schließe der mögliche Wortsinn die Anfechtbarkeit von Normativakten nicht aus. Der Terminus „Entscheidung" bzw. „entscheiden" werde im Vertrag nicht einheitlich, sondern auch als Synonym für „Maßnahme" verwendet. Auch die weitere Fassung „obwohl ... als Verordnung ... ergangen" (*although in the form of a regulation*) zwinge nicht zur Annahme, es müsse sich stets um eine Entscheidung im materiellen Sinn handeln. Damit werde lediglich eine Aussage über die äußere Form, nicht über den Inhalt getroffen.[379] Das Wort „obwohl" beziehe sich nicht auf das Merkmal „Entscheidung", sondern auf die unmittelbare und individuelle Betroffenheit.

Gegen diese Auslegung spricht indes der systematische Vergleich zwischen der Bezeichnung der nach Art. 230 Abs. 2 und 3 EG anfechtbaren „Handlungen" und der weitaus engeren Fassung des Abs. 4 („Entscheidungen"). Diese Wortwahl deutet auf eine beabsichtigte Einschränkung des Kreises der individualanfechtbaren Rechtsakte. Hinzu kommt noch folgende Überlegung: Die Bedeutung des Normtextes ist aus den darin verwendeten sprachlichen Ausdrücken zu ermitteln, wobei sich der Rechtsanwender nicht nur am Vokabular, sondern auch an der Grammatik orientieren soll. Sollten „echte" Verordnungen ebenso wie „verschleierte Entscheidungen" mittels Individualnichtigkeitsklage angreifbar sein, so wäre die Formulierung „obwohl ... als Verordnung ... ergangen" überflüssig und würde den Satz unnötig verkomplizieren, wenn man sich stattdessen auf die Bezeichnung „Verordnungen" hätte beschränken können. Selbst wenn man mit *Wegmann* annähme, das Wort „obwohl" beziehe sich nicht auf „Entscheidung", sondern auf die besondere Betroffenheit, bedeutet dies, dass nach der

---

[376] EuGH, Rs. 789/79 (Calpak/Kommission), Slg. 1980, S. 1949 Rn. 8. Vgl. *Braun/Kettner*, DÖV 2003, S. 58.

[377] *Wegmann*, S. 167 ff. In diesem Sinne bereits das Vorbringen des Klägers in: EuGH, verb. Rs. 16 u. 17/62 (Confédération Nationale des Producteurs de Fruits et Légumes/ Rat), Slg. 1962, S. 963 (976).

[378] *Wegmann*, S. 168, 172.

[379] *Wegmann*, S. 172; a.A.: *Thierfelder*, S. 94. Vgl. auch die anderen Sprachfassungen – s.o. Fn. 375.

Grundvorstellung des Art. 230 Abs. 4 Var. 2 EG Private nur ganz ausnahmsweise von einer Normativregelung individuell betroffen sein können.

Bei der grammatikalischen Auslegung ist neben dem allgemeinen Sprachgebrauch die juristische Fachsprache maßgeblich. Diese legt nahe, dass der Terminus „Entscheidung" in Art. 230 Abs. 4 EG materiell[380] dem Entscheidungsbegriff des Art. 249 Abs. 4 EG entspricht. Andererseits wird dieser Begriff im Vertragstext mit unterschiedlichen Funktionen verwendet: als Handlungsform[381] oder als rechtverbindliche Maßnahme[382]. In beiden Fällen lässt sich der Sinn allerdings meist aus dem Kontext erschließen. So spricht beispielsweise die Erwähnung der „Entscheidung" neben anderen Handlungsinstrumenten (Richtlinie, Verordnung) für den „technischen" Entscheidungsbegriff[383], während das Verb „entscheiden" als Synonym für das Treffen einer verbindlichen Maßnahme zu verstehen sein.

Obgleich die von *Wegmann* vertretene, erweiternde Auslegung außerhalb des Wortlautkerns liegt, überschreitet sie trotzdem noch nicht die äußerste Wortlautgrenze. Der Begriff „Entscheidung" ist in den meisten Amtssprachen mehrdeutig und wird somit auch im „untechnischen" Sinne verwendet. Außer der deutschen kennt nur noch die niederländische Vertragsfassung[384] zwei unterschiedliche Begriffe für „Entscheidung" und „Beschluss". Damit lässt der Wortlaut noch Raum für eine weite Interpretation als „Maßnahme", „verbindliche Regelung" bzw. „Beschluss". Methodisch handelt es sich hierbei um eine teleologische Interpretation. Gerade im Gemeinschaftsrecht wird der teleologischen Auslegung, nicht zuletzt wegen der Mehrsprachigkeit, Vorrang vor dem Wortlaut eingeräumt. Der Gerichtshof hat bereits in zahlreichen Fällen betont, dass er sich „nicht mit einer wörtlichen Auslegung begnügen" kann[385], sie lediglich als Ausgangspunkt für eine weiterführende Interpretation bzw. als Bestätigung eines bereits mit Hilfe anderer Methoden gefundenen Ergebnisses betrachtet oder dieses sogar ausschließlich auf systematische, aber vor allem teleologische Erwägungen stützt.[386] So sah der EuGH im Strukturunterschied zwischen Verordnung und Richtlinie in Art. 249 Abs. 2 und 3 EG kein Hindernis für die unmittelbare Richtlinienwirkung.[387]

2. Sinn und Zweck der Regelung

a) Bedeutung der objektiv-teleologischen Interpretationsmethode

Die zentrale Rolle bei der Auslegung des Gemeinschaftsrechts nimmt die auf dem „Geist der Verträge"[388] basierende, dynamisch-teleologische Interpretation[389] ein. Sie

---

380 Eine formelle Entscheidung kommt nicht in Betracht, da der Wortlaut von einer in Verordnungsform eingekleideten Entscheidung spricht.

381 Beispiele: Art. 37 Abs. 2 UAbs. 3; 85 Abs. 2; 86 Abs. 3; 110; 211 3. Sp.Str. ; 254 Abs. 1 EG.

382 Bzw. Verb „entscheiden" – z.B. Art. 60 Abs. 2; 100 Abs. 1; 122 Abs. 1; 207 Abs. 2 UAbs. 2; 217 Abs. 1 EG.

383 So z.B. in: Art. 37 Abs. 2 UAbs. 3; 86 Abs. 3; 110 Abs. 3; 211 3. Sp.Str. EG.

384 „*Besluit*" (Beschluss) und „*beschikking*" (Entscheidung). S. dazu oben: Kap. I B II 4 a).

385 EuGH, Rs. 6/60 (Humblet), Slg. 1960, S. 1125 (1194).

386 So z.B. EuGH, Rs. 294/83 (Les Verts/Parlament), Slg. 1986, S. 1339 Rn. 24 f. Zu den Auslegungsmethoden im Gemeinschaftsrecht: *Schroeder*, JuS 2004, S. 180 ff. (insb. S. 182).

387 Vgl. EuGH, Rs. 8/81 (Becker), Slg. 1982, S. 53 Rn. 25. Dazu: *Schroeder*, JuS 2004, S. 180 (182 f.).

388 Grundlegend: EuGH, Rs. 26/62 (van Gend & Loos), Slg. 1963, S. 1 (27).

389 Ausführlich dazu: *Bleckmann*, EuR 1979, S. 239 ff. (242).

richtet sich daher nach dem objektiven Sinn des Vertrages und hinterfragt gerade nicht die Absichten der historischen Vertragsurheber. Als Orientierungshinweise kommen insb. die Interessens- und Problemlage im normierten Bereich, leitende Strukturen sowie gemeinschaftsrechtsimmanente Grundprinzipien in Betracht. Als besonderer teleologischer Auslegungsgrundsatz gilt auch der Grundsatz des Vorrangs jener Auslegung, die für die Rechtsdurchsetzung günstiger ist.[390]

Eng verbunden mit dieser Interpretationsmethode ist der *effet utile*-Grundsatz, der den Besonderheiten des Gemeinschaftsrechts als einer auf Integration ausgerichteten und sich ständig fortentwickelnden Rechtsordnung Rechnung trägt.[391] Einzelbestimmungen des Vertrages, darunter die Prozessbestimmungen, sind als „Mittel" zur Erfüllung der Vertragsziele zu verstehen und so auszulegen, dass sie diese Ziele voll verwirklichen.[392] Der EuGH betonte daher mehrmals, dass der rechtsschutzkonformen Interpretation gegenüber den Wortlautschranken oder -lücken Vorrang einzuräumen ist.[393] Als Paradebeispiel ist die Anerkennung des Klagerechts des Europäischen Parlaments trotz dessen Nichterwähnung in Art. 173 EWGV zu nennen. Der EuGH hat diesen Zustand als „eine verfahrensrechtliche Lücke" bewertet, die mithilfe teleologischer Erwägungen zu schließen sei.[394]

b) Handlungsformmissbrauch, Formwahlfehler

Im Gegensatz zum generalklauselartigen Rechtsschutzmodell, in dem der Zugang zum Gericht grundsätzlich gegen jegliches Handeln der Hoheitsträger eröffnet wird, kennt der EG-Vertrag nur ein streng an Klagearten gebundenes Rechtsschutzsystem. Andererseits wäre es mit dem Gebot des effektiven Rechtsschutzes[395] unvereinbar, wenn die Rechtssetzungsorgane durch die Wahl bestimmter Handlungsformen den Zugang zu den Gemeinschaftsgerichten beliebig manipulieren könnten. Mit der Formulierung des Klagegegenstandes „als Verordnung ergangene Entscheidung" soll eine Verkürzung des Individualrechtsschutzes gegen Sekundärrechtsakte durch Formenmissbrauch verhindert werden.[396] Zu klären ist also zunächst, wann ein Formenmissbrauch vorliegt.

Grundsätzlich haben die Gemeinschaftsorgane die freie Wahl der Handlungsform und verfügen über eine weite Einschätzungsprärogative, die nur wenigen Schranken unterliegt. Dem Normgeber steht es auch die Gestaltung des Adressatenkreises seiner

---

[390] Der EuGH hat sich grundsätzlich gegen restriktive Auslegung von Rechtsschutzbestimmungen ausgesprochen – EuGH, Rs. 25/62 (Plaumann/Kommission), Slg. 1963 S. 211 (237). Ähnlich: EuGH, Rs. 294/83 (Les Verts/ EP), Slg. 1986, S. 1339 Rn. 23 ff.

[391] *Calliess*, NJW 2005, S. 929.

[392] *Bleckmann*, EuR 1979, S. 239 (244, 248 f.).

[393] Vgl. EuGH, Rs. 70/88 (Parlament/Rat), Slg. 1990, S. I-2041 Rn. 23, 26; in diesem Sinne auch: GA *van Gerven*, Schlussanträge in der Rs. 70/88 (Parlament/Rat), Slg. 1990, S. I-2041 (2060 f.). Z.T. wird eine Pflicht zur „rechtsschutzfreundlichen" Auslegung der Zulässigkeitsvoraussetzungen angenommen – s. *Allkemper*, S. 46 ff.

[394] EuGH, Rs. 70/88 (Parlament/Rat), Slg. 1990, S. I-2041 Rn. 26.

[395] Anerkannt in st. Rspr., z.B. EuGH, Rs. C-151/01 P (La Conqueste SCEA/ Kommission), Slg. 2002 S. I-1179 Rn. 46; EuG, Rs. T-107/94 (Christina Kik/Rat), Slg. 1995, S. II-1717 LS. 2.

[396] Vgl. EuGH, Rs. 101/76 (Koniklijke Scholten Honig/Rat u. Kommission), Slg. 1977, S. 797 Rn. 5/7.

Regelungen frei.[397] In der Palette der Differenzierungsmerkmale stehen ihm sowohl tatsächliche als auch rechtliche Unterscheidungskriterien zu Verfügung. So kann z.B. eine Norm an das Alter der Fahrzeuge anknüpfen und ein gemeinschaftsweites Fahrverbot für alle Fahrzeuge statuieren, die ein bestimmtes Alter überschritten haben. Denkbar ist auch eine Bestimmung, die dasselbe Verbot an alle Fahrzeuge der Marke X richtet, die bis 1980 hergestellt wurden. Das geschickte Jonglieren mit Differenzierungskriterien bei der Bestimmung des Geltungsrahmens in persönlicher Hinsicht kann dazu führen, dass Rechtsschutz, der nur für *bestimmte Arten* von Rechtsakten vorgesehen ist, leicht umgangen werden kann. Die flexible Austauschbarkeit der Handlungsformen ermöglicht das bis zur Missbrauchsgrenze.

Die Wahl der Handlungsform kann jedoch durch die Ermächtigungsgrundlage eingeschränkt oder gar auf Null reduziert sein, z.B. Verordnungszwang bei Festsetzung der Antidumpingzölle. Aber auch im Falle des Fehlens einer ausdrücklichen Anordnung, ist der Gemeinschaftsgesetzgeber nicht automatisch von allen Beschränkungen der Formwahl frei. Denn dem Prinzip der begrenzten Einzelermächtigung kommt eine entscheidende Funktion nicht nur im Hinblick auf die sachliche Regelungskompetenz der EG, sondern auch hinsichtlich der anzuwendenden Handlungsform zu.[398] Dabei ist auch das Verhältnismäßigkeitsprinzip zu beachten. Art. 5 Abs. 3 EG betrifft die Intensität einer Maßnahme mit Blick auf ihre Bindungswirkung und Regelungsdichte. Durch eine beliebige Wahl der Rechtsform droht u.a. die Umgehung der Verfahrensgarantien und des gerichtlichen Rechtsschutzes. Gewisse Anhaltspunkte für die Voraussetzungen eines bestimmten Handlungsinstrumentes bietet Art. 249 EG, z.B. Geltungsbereich von Verordnungen. Freilich sind die Grenzen zum Handlungsformmissbrauch fließend. So hat der EuGH in territorialen Geltungsbeschränkungen keinen Verstoß gegen die vorgeschriebene „Geltung in *jedem* Mitgliedstaat" gesehen und den Verordnungscharakter der angefochtenen Maßnahme bejaht.[399] Auch vom Grundsatz der *allgemeinen* Geltung von Verordnungen hat der EuGH eine Ausnahme in Bezug auf die Zulässigkeit (ausschließlich) rückwirkender Verordnungen gemacht.[400]

Allerdings erfüllt nicht jede „Scheinverordnung" automatisch die Voraussetzungen eines Ermessensmissbrauchs.[401] Nach der Rechtsprechung des EuGH handelt ein Organ ermessensmissbräuchlich, wenn *„aufgrund objektiver, schlüssiger und übereinstimmender Indizien"* anzunehmen ist, dass die fragliche Organmaßnahme *subjektiv* rechtswidrige Zwecke verfolgt, d.h. zumindest vorwiegend zu anderen als den angegebenen Zwecken oder zur Umgehung eines im Vertrag vorgeschriebenen Verfahrens erlassen wurde.[402] Erforderlich ist daher eine objektive Systemwidrigkeit der Handlungsformenwahl, die vermuten lässt, dass das Erlassorgan den Rechtsschutz vor dem

---

[397] S. dazu: Diskussionspapier v. 13.06.2002 betr. die Rechtsakte: das derzeitige System (CONV 162/02), Rn. 15 – http://european-convention.eu.int [letzter Abruf am: 11.03.2005]. Zum Formenmissbrauch: *Biervert*, S. 87 ff.

[398] Vgl. *Biervert*, S. 87 ff.; *Schwarze*, S. 55 ff.; *Triantafyllou*, S. 30 f.

[399] Vgl. EuGH, Rs. 30/67 (Industria Molitoria Imolese AG/Rat), Slg. 1968 S. 171.

[400] Vgl. EuGH, Rs. 99/78 (Decker/Hauptzollamt Landau), Slg. 1979, S. 101 (111) Rn. 7 f.; zustimmend: *Scherzberg*, in: Siedentopf (Hrsg.), Europäische Integration und nationalstaatliche Verwaltung (1991), S. 17 (25 f.).

[401] So: *Daig*, Rn.119 f.; a.A. *Wegmann*, S. 67.

[402] EuGH, Rs. 18 u. 35/65 (Gutman/Kommission), Slg. 1966, S. 153 (176).

EuG verkürzen wollte. Die Inkongruenz zwischen Form und Inhalt kann aber ebenso gut auf einer irrtümlichen Einschätzung beruhen, sodass die subjektive Komponente entfällt. Die Rechtsprechung hat die Nichtigkeitsklagen nach Art. 230 Abs. 4 Var. 2 EG gegen objektiv normative Regelungen nicht zugelassen, auch wenn das EG-Erlassorgan nur eine ganz bestimmte Person oder Gruppe im Visier hatte.[403] Die Form des Normativaktes wurde lediglich *deshalb* gewählt, um den Betroffenen die Möglichkeit einer Direktklage zu nehmen.[404] Gerade solche Fälle erfasst m.E. der Normzweck des Art. 230 Abs. 4 Var. 2 EG. Insoweit besteht eine Überschneidung zwischen dem Klagegegenstand und dem Nichtigkeitsgrund des Ermessensmissbrauchs, der den *subjektiv* zweckwidrigen Einsatz einer Rechtsform erfasst. Der Normzweck gebietet daher nicht nur „Scheinverordnungen" (materiellen Entscheidungen), sondern auch echte, aber missbräuchliche Verordnungen, die den Einzelnen individuell betreffen, mit einzubeziehen. Allerdings muss eine entsprechende Absicht des Erlassorgans nachgewiesen werden.

Fuß schlägt hier vor, auf das objektive Kriterium der „Sachgerechtigkeit" zurückzugreifen. Die Differenzierung soll sich am primärrechtlichen Gleichheitssatz orientieren.[405] In der Konsequenz wäre für die Annahme des Formmissbrauchs bereits die *objektive* Nichtübereinstimmung zwischen Form und Inhalt hinreichend. Dahinter steht der Gedanke, dass die Unkenntnis der falschen Formwahl durch das Erlassorgan nicht zu Lasten der betroffenen Individuen gehen darf. *Fuß* betont jedoch, dass die Verletzung des Gleichheitssatzes in solchen Fällen nicht ausreiche, um das Klagerecht des Privaten anzuerkennen und verlangt darüber hinaus, dass es sich *tatsächlich* um einen *individuellen* Rechtsakt handeln müsse.[406] Als argumentative Stütze bringt er vor, der Nachweis einer gleichheitswidrigen Behandlung sei in der Praxis äußerst schwer zu erbringen, zumal dem Gemeinschaftsgesetzgeber ein beträchtlicher Gestaltungsspielraum zusteht und es im Übrigen nur sehr beschränkt möglich ist, die „wahren" Beweggründe des Gesetzgebers zu erforschen. Dass pragmatische Schwierigkeit keine tragfähige Begründung für die Lösung dogmatischer Probleme darstellt, liegt auf der Hand. Zu beachten ist, dass der Gesamtakt auch zu Recht als eine Verordnung oder Richtlinie ergangen sein mag, jedoch einzelne Bestimmungen beinhaltet, die einige Wirtschaftsteilnehmer individuell betreffen. Sowohl die rechtliche Qualifikation derartiger „Individualbestimmungen" als auch die Beurteilung der Differenzierung muss die Bedeutung im Gesamtrechtsakt berücksichtigen.

Für die Gemeinschaftsorgane besteht grundsätzlich keine Pflicht zur Wahl einer für den Einzelnen „rechtsschutzgünstigeren" Handlungsform. Das weite Ermessen hat zur Folge, dass das Klagerecht vom Zufall abhängt, ob das Erlassorgan statt der Entschei-

---

[403] Siehe z.B.: EuG, Rs. T-158/95 (Eridania Zuccherifici Nazionali SpA u.a./Rat), Slg. 1999, S. II-2219 Rn. 54 f.: "*Selbst wenn dem Rat zur Zeit des Erlasses der streitigen Verordnung die Identität der Kläger als Inhaber von Zuckererzeugungsquoten bekannt gewesen wäre, genügt dies nicht, um sie als individuell betroffen anzusehen.*"

[404] Vgl. das Vorbringen der Klägerin in: EuG, Rs. T-139/01 (Comafrica u. Dole Fresh Fruit Europe/Kommission), Slg. 2005, S. II-409 Rn. 56 (zum Sachverhalt s.o. Kap. I A IV b) aa) (1)). *Daig* spricht in diesem Zusammenhang von einer „Pseudoabstraktion" – s. *Daig*, in: v.d. Groeben/Boeckh, Handbuch für Europäische Wirtschaft, Vorbem. vor Art. 189 EWGV, S. 30.

[405] *Fuß*, NJW 1964, S. 1600 (1601).

[406] *Fuß*, NJW 1964, S. 1600 (1601).

dungsform[407] Verordnung oder Richtlinie wählt. Die h.M. entgeht dieser misslichen Konsequenz indem sie allein den Inhalt der Maßnahme für maßgeblich erklärt, wobei sie einen einheitlichen, materiellen Entscheidungsbegriff *allen 3 Varianten* des Art. 230 Abs. 4 EG zugrunde legt.[408] Dass es aber zu Ungereimtheiten führt, zeigt das Urteil in der Rs. *Buckl.*[409] Dort richtete die Klägerin einen Antrag an die Kommission auf eine bestimmte Änderung, für die der Erlass einer Verordnung vorgesehen war. Die Kommission lehnte das Begehren durch formelle „Entscheidung" ab, wogegen die Antragstellerin eine Nichtigkeitsklage erhob. Der EuGH sah in der „formellen Entscheidung" keinen tauglichen Klagegegenstand und stellte entscheidend auf materielle Gesichtpunkte ab. Die „Entscheidung" wurde als Kehrseite der beantragten Maßnahme angesehen und daher als Verordnung eingestuft. Weiter prüfte der EuGH, ob die hypothetische Verordnung die Klägerin individuell betreffe. Im vorliegenden Fall hätte aber eine an die Klägerin gerichtete Entscheidung i.S.d. Art. 230 Abs. 4 Var. 1 EG bejaht werden müssen. Der EuGH engte indes den dort vorgesehenen Rechtsschutz ein, obwohl es i.R.d. Var. 1 lediglich auf eine an den Kläger ergangene Entscheidung ankommt. Ob die Entscheidungsform zutreffend gewählt wurde, ist dort – im Gegensatz zur 2. Variante – irrelevant. Die Adressatenklage nach Var. 1 verlangt auch keinen Nachweis der unmittelbaren und individuellen Betroffenheit. Ein Pendant zur Variante „als Verordnung ergangene Entscheidung", nämlich eine als Entscheidung ergangene Verordnung sieht Art. 230 Abs. 4 EG nicht vor. Der Klagegegenstand „Entscheidung" in Var. 1 ist an keine weiteren Voraussetzungen gekoppelt. Entgegen dem EuGH war die Nichtigkeitsklage im der Rs. *Buckl* nach Art. 230 Abs. 4 *Var. 1* EG zulässig.[410] Diese Widersprüchlichkeit steht einem einheitlichen, materiellen Entscheidungsbegriff in allen 3 Varianten des Art. 230 Abs. 4 EG entgegen.

Angesichts des weitgehenden Auswahlermessens bzgl. der Handlungsform und der daraus resultierenden Austauschbarkeit lässt sich der Anwendungsbereich des Art. 230 Abs. 4 Var. 2 EG nicht auf Formmissbrauchsfälle reduzieren. Der Sinn und Zweck besteht darin, Rechtsschutz gegen die den Einzelnen unmittelbar und individuell betreffenden Maßnahmen sicherzustellen, unabhängig von der Rechtsform.

II. Systematische Würdigung der Rechtsprechung

Trotz der Anknüpfung des Wortlauts von Art. 230 Abs. 4 EG an bestimmte Handlungsformen lässt sich in der Judikatur des Gerichtshofs eine Tendenz zur Abkoppe-

---

[407] Dann wäre die Klage nach Art. 230 Abs. 4 Var. 1 EG ohne Nachweis besonderer Betroffenheit möglich.

[408] Nach der Rspr. genügt eine (nur) formelle Entscheidung nicht. – vgl. EuG, Rs. T-166/99 (Andres de Dios u.a./Rat), Slg. 2001, S. II-1857 Rn. 44; EuG, Rs. T-45/02 (DOW AgroSciences BV u. DOW AgroSciences Ltd/EP u. Rat), Slg. 2003, S. II-1973 Rn. 31 ff. In diesem Sinne auch: EuGH, Rs. C-298/89 (Gibraltar/Rat), Slg. 1993, S. I-3605 Rn. 23; EuG, Rs. T-268/99 (Fédération nationale d'agriculture biologique des régions de France u.a./Rat), Slg. 2000, S. II-2893 Rn. 38.

[409] EuGH, Rs. C-15/91 u. C-108/91 (Buckl/Kommission), Slg. 1992, S. I-6061 Rn. 22.

[410] Davon zu unterscheiden ist die Begründetheit. Mangels Anspruchs auf die begehrte Änderung einer Verordnung wäre die Klage vorliegen als *unbegründet* abzuweisen gewesen. Beim Erlass allgemein geltenden Rechtsnormen wird dem Gemeinschaftsgesetzgeber regelmäßig ein beträchtlicher Gestaltungsspielraum zuerkannt.

lung der Rechtsnatur der Handlung von deren Anfechtbarkeit beobachten.[411] Diese wird besonders deutlich durch die Relativierung des die normativen Handlungsformen bestimmenden Kriteriums der allgemeinen Geltung durch die Prüfung der individuellen Betroffenheit.[412] Dem Urteil in der Rs. *UNICME* lag eine Nichtigkeitsklage von Importfirmen gegen eine Verordnung über Schutzmaßnahmen in Bezug auf die Einfuhr bestimmter Krafträder mit Ursprung in Japan zugrunde. Dort stellte der EuGH lapidar fest, *„es braucht nicht untersucht zu werden, ob die angefochtene Maßnahme als eine Verordnung angesehen werden kann, es genügt festzustellen, ob die Klägerinnen von dieser Handlung tatsächlich unmittelbar und individuell betroffen sind.“*[413]

Allerdings kann diese Aussage nur bedingt als Argument für die Rechtsformneutralität der Nichtigkeitsklage dienen[414], da die Klage letztlich mangels individueller Betroffenheit abgewiesen worden ist. Die vorgezogene Prüfung der Voraussetzungen der Klageberechtigung spricht indes noch nicht für die Intention des Gerichtshofs, Individualnichtigkeitsklagen *stets* ohne Rücksicht auf die allgemeine oder individuelle Geltung der angefochtenen Handlung zuzulassen.[415] Genauso gut hätte die Prüfung der Klageberechtigung aus rein prozessökonomischen Gründen vorgezogen sein können, da der EuGH an keine bestimmte Prüfungsreihenfolge gebunden ist. Anders wäre dies nur dann zu beurteilen, wenn der EuGH die Klage im Ergebnis zugelassen hätte. Dann wäre sein Schweigen zum Rechtscharakter der angefochtenen Maßnahme und die Verlagerung des Prüfungsschwerpunkts auf die Frage der individuellen Betroffenheit tatsächlich als Zulassung der Anfechtbarkeit jeglicher, den Kläger individuell betreffenden Maßnahmen zu verstehen.

Seit der *Cordoniu*-Entscheidung ist eine deutliche Tendenz erkennbar, der objektiven Rechtsnatur der angefochtenen Maßnahme keine ausschlaggebende Bedeutung für die Rechtsschutzgewährung beizumessen.[416] Im Schrifttum[417] wird vielfach bemängelt, dass der Gerichtshof die Bestimmung der „Rechtsnatur“ einer Maßnahme oft auf die Kriterien der Klageberechtigung, insbesondere die individuelle Betroffenheit stützt.[418]

Diese Betrachtungsweise büßt jedoch an Rechtssicherheit ein, weil nicht hinreichend klar ist, welche Arten von Maßnahmen im Wege einer Individualnichtigkeitsklage angreifbar sind. Stattdessen müsste begrifflich zwischen der Rechtsnatur einer

---

[411] *Bast*, in: v. Bogdandy (Hrsg.), Europäisches Verfassungsrecht (2003), S. 479 (520 f.).

[412] Bsp.: EuGH, Rs. 26/86 (Deutz u. Geldermann/Rat), Slg. 1987, S. 941 Rn. 9; EuGH, Rs. C-309/89 (Cordoniu/Rat), Slg. 1994, S. I-1853 Rn. 19.

[413] EuGH, Rs. 123/77 (Unione Nazionale Importatori e Commercianti Motoveicoli Esteri (UNICME) u.a./Rat), Slg. 1978, S. 845 Rn.6/7.

[414] Anders aber: *Lengauer*, S. 79.

[415] Ähnlich: EuGH, Rs. 72/74 (Union Syndicale - Service Public Européen u.a./Rat), Slg. 1975, S. 845 Rn. 12/15 u. 16/19.

[416] Für eine rechtsschutzoptimierende Auslegung: *Rasquin/Chevallier*, RTDE 1966, S. 31 (37).

[417] Siehe z.B. *Danner*, S. 105; *Matthies*, Referat, in: Verhandlungen des 46. DJT, Bd. 2 (1967), S. G 53 (60 f.); *Röhl*, ZaöRV 2000 (60), S. 331 (348); *Wegmann*, S. 82 ff. Anders: *Allkemper*, S. 61 ff.

[418] Vgl. insb. ältere Rspr.: EuGH, verb. Rs. 16 u. 17/62 (Confédération nationale des producteurs de fruits et légumes/Rat), Slg. 1962, S. 963, 978: *„Um in Zweifelsfällen zu klären, ob eine Entscheidung oder eine Verordnung vorliegt, ist demnach zu untersuchen, ob die fragliche Maßnahme bestimmte Personen individuell betrifft“*. Ebenso auch Teile der Lit.: *v. Burchard*, EuR 1991, S. 140 (147); *Ehle*, NJW 1963, S. 2193 (2195); *Hartley*, S. 362 ff.; *Nicolaysen*, EuR 1970, S. 165 (169); *Slynn*, in: Vaughan (Hrsg.), Law of the European Communities, Vol. I, T. 2 (1986), Rn. 2.42; *Toth*, 61.

Maßnahme und dem durch sie ausgelösten Betroffensein unterschieden werden.[419] Letzteres umschreibt nur die Wirkung des Rechtsaktes auf den Rechts- bzw. Interessenkreis des *konkreten* Klägers. Während bei der Abgrenzung zwischen Einzel- und Normativakten die *Gesamt*wirkung der Maßnahme, d.h. die Frage nach der individuellen/ allgemeinen Geltung im Mittelpunkt der Betrachtung steht, sollte sich die Prüfung der individuellen Betroffenheit auf eine bestimmte Person und nicht auf die Gesamtheit aller Personen konzentrieren.[420]

Insbesondere die ältere Rechtsprechung verwischte häufig die begriffliche Grenze zwischen den beiden Dimensionen. In früheren Entscheidungen sind Äußerungen zu finden, denen zufolge eine anfechtbare Entscheidung beim Vorliegen der individuellen Betroffenheit anzunehmen ist, während eine Verordnung als Rechtsakt mit allgemeiner Geltung bereits *per definitionem* niemanden individuell betreffen kann.[421] Daraus wurde zum Teil geschlossen, dass die nach Art. 230 Abs. 4 Var. 2 EG anfechtbare Handlung auf dem individuellen Bezug zum Kläger basiere, sodass sie über die individuelle Betroffenheit zu bestimmen sei.[422] Die Kriterien der Individualisierung entsprächen inhaltlich den Wesensmerkmerkmalen einer Entscheidung i.S.d. Art. 249 Abs. 4 EG; den Gegensatz stelle die allgemeine Geltung von Verordnungen dar. Die Frage, ob auch „echte" Verordnungen einer Individualanfechtung zugänglich sind, stelle sich dann im Grunde nicht mehr, da der individuelle Bezug gerade bei ihnen ausgeschlossen sei; es läge sonst eine Entscheidung vor.[423] Die Annahme, „Entscheidungscharakter ist bei individueller Betroffenheit anzunehmen und die individuelle Betroffenheit kann nur bei einer Entscheidung, nicht hingegen bei einer (echten) Verordnung gegeben sein" führt zu einem Zirkelschluss.[424] Denn das Fehlen der individuellen Betroffenheit durch eine Verordnungsbestimmung müsste erst bewiesen werden. Zudem würde dadurch die objektive Geltung einer Maßnahme subjektiviert und relativiert, sodass keine klare Abgrenzung zwischen Individual- und Normativakten möglich wäre. Die Ursache dafür liegt in der Vermengung der Begriffe, die den jeweiligen Bezugspunkt darstellen: Adressat (absolute Geltung) und Betroffener (subjektive Auswirkung).[425] Einen Schlussstrich gegen die o.g. These zog schließlich die Zulassung von Klagen gegen „echte" Verordnungen seit der *Cordoniu*-Entscheidung. Dort wurde

---

[419] In diesem Sinne auch: *Nettesheim*, in: Micklitz/Reich (Hrsg.), Public Interest Ligation before European Courts (1996), S. 225 (226), der zwischen "form" and "substance" differenziert.
[420] Vgl. *Börner*, Referat, in: Verhandlungen des 46. DJT, Bd. 2 (1967), S. G 10 (29).
[421] Zustimmend: *Danner*, S. 105; *Thierfelder*, S. 95 (Fn. 54). In diesem Sinne auch: *Allkemper*, S. 62, der einen Exklusivitätsverhältnis zwischen den Begriffen „Verordnung" und „individuelle Betroffenheit" annimmt. Nach seiner Ansicht sind Verordnungen, die jemanden individuell betreffen, bereits *per definitionem* als Entscheidungen einzustufen. Krit. zum Ausschluss der individuellen Betroffenheit bei Verordnungen: *Constantinesco* (1969), S. 89. Vgl. auch due neuere Rspr. zur Anfechtbarkeit „echter" Verordnungen (seit: EuGH, Rs. C-309/89 (Cordoniu/Rat), Slg. 1994, S. I-1853 Rn. 19).
[422] Vgl. *Allkemper*, S. 61 ff.
[423] So z.B.: *Allkemper*, S. 61 ff. Er definiert den Klagegegenstand anhand der individuellen Betroffenheit, die zudem sehr weit ausgelegt wird.
[424] *Wegmann*, S. 83 f.
[425] S. dazu oben: Kap. I A III 1 a) und b) aa) bis bb).

klargestellt, dass die Rechtsnatur einer Maßnahme und das dadurch ausgelöste Betroffenseins prinzipiell voneinander unabhängig sind.[426]

Allerdings wird die individuelle Betroffenheit weiterhin eng ausgelegt, was durch die Rezeption der im Montanvertrag verwendeten Begriffe in den EG-Vertrag bedingt ist.[427] Art. 33 Abs. 2 EGKSV regelte nämlich Nichtigkeitsklagen gegen „individuelle Entscheidungen", die den Kläger betreffen.[428] Damit war die Rechtsnatur des Klagegegenstandes selbst angesprochen[429], nicht dagegen dessen Auswirkung. Auf Letztere bezieht sich aber das Merkmal der *individuellen* Betroffenheit in Art. 230 Abs. 4 EG. Die Grundsätze zur Differenzierung zwischen individuellen und generellen Entscheidungen nach dem EGKSV wurden von der Rechtsprechung nunmehr zur Bestimmung der individuellen Betroffenheit i.S.d. Art. 230 Abs. 4 EG adoptiert, obwohl sie die *Gesamt*wirkung (Geltung) der Maßnahme und nicht die Klagebefugnis betreffen.[430] Aus der Bestimmung des Klagegegenstandes über die individuelle Betroffenheit, folgt, dass die Nichtigkeitsklage nach Art. 230 Abs. 4 EG prinzipiell gegen *jegliche* Sekundärrechtsakte erhoben werden kann, wenn der Betroffene seine Klageberechtigung darlegt. So hat das EuG bestätigt,

> *„nur Handlungen mit verbindlichen Rechtswirkungen, die geeignet sind, die Interessen des Klägers dadurch zu beeinträchtigen, dass sie seine Rechtsstellung in qualifizierter Weise verändern, können Gegenstand einer Nichtigkeitsklage im Sinne von Artikel 230 EG sein. Demgemäß ist eine Nichtigkeitsklage gegen **alle** Handlungen der Organe, die dazu bestimmt sind, Rechtswirkungen zu erzeugen, **unabhängig von der Rechtsnatur** oder **der Form** dieser Handlungen gegeben."*[431]

Noch deutlicher die Abkoppelung der Rechtsnatur einer Maßnahme und der Anfechtbarkeit in der *ACAV*-Entscheidung.[432] Das Gericht trennte zwischen der objektiven Rechtsnatur der angefochtenen Verordnung und der individuellen Betroffenheit, wobei der Klagegegenstand in dogmatischer Hinsicht vernachlässigt wurde. Die Klage wurde nicht etwa deshalb als unzulässig abgewiesen, weil sie sich gegen einen Rechtsakt mit allgemeiner Geltung richtete. Im Gegenteil, das Gericht ließ derartige Individualklagen

---

[426] Siehe: EuGH, Rs. C-309/89 (Cordoniu/Rat), Slg. 1994, S. I-1853 Rn. 19: *„Zwar hat die streitige Vorschrift im Hinblick auf die Kriterien des Artikels 173 Absatz 2 des Vertrages nach ihrer **Rechtsnatur** und ihrer Tragweite **normativen** Charakter, da sie für die beteiligten Wirtschaftsteilnehmer im allgemeinen gilt; es ist jedoch nicht ausgeschlossen, dass sie einige von ihnen **individuell betreffen kann**."* [Hervorhebungen der Verfasserin].

[427] *Röhl*, ZaöRV 2000 (60), S. 331 (348).

[428] Fr.: „les décisions (…) individuelles les concernant". Die deutsche Übersetzung der einschlägigen Vertragsbestimmung wich entscheidend davon ab, indem sie von den „sie [die Kläger] individuell betreffenden Entscheidungen" sprach. Diese Formulierung in der deutschen Version des Art. 33 Abs. 3 EGKSV verschob den Bezugspunkt der Individualisierung von der objektiven Beschaffenheit des Klagegegenstandes auf die Frage dessen (subjektiven) Auswirkung auf den Kläger. Vgl. dazu auch: *Erichsen/Weiß*, Jura 1990, S. 528 (532).

[429] Vgl. die Definition der individuellen Entscheidung in Art. 15 Abs. 2 EGKSV.

[430] Ebenso: *Matthies*, Referat, in: Verhandlungen des 46. DJT, Bd. 2 (1967), S. G 53 (60 f.); *Röhl*, ZaöRV 2000 (60), S. 331 (349 f.); *Weber*, EuR 1985, S. 1 (19). Zur Kritik der o.g. Auslegung des Merkmals individuellen Betroffenheit siehe auch ferner: *Hedemann-Robinson*, EPL 2 (1996), S. 127 (136 ff.).

[431] EuG, Rs. T-353/00 (Jean-Marie Le Pen/EP), Slg. 2003, S. II-1729 [Hervorhebung der Verfasserin].

[432] EuG, Rs. T-138/98 (Armement coopératif artisanal vendéen [ACAV]/Rat), Slg. 2000, S. 341 Rn. 49-57.

ausdrücklich zu, sofern die Voraussetzungen der Klageberechtigung erfüllt sind. Der „Klagegegenstand" wurde durch die weitere Prozessvoraussetzung – die Klageberechtigung vollständig überschattet.

Zusammenfassend lässt sich folgendes Bild vom Klagegegenstand zeichnen: Gegenstand einer Individualnichtigkeitsklage können auch jene Sekundärrechtsakte sein, die ihrem Rechtscharakter nach allgemeine Rechtsnormen verkörpern. Die Rechtsnatur ist lediglich eine Art Vorfrage.[433] Die Feststellung des Normativcharakters führt noch nicht zur Unzulässigkeit der Klage. Der Klagegegenstand wird von der Rechtsprechung nicht mehr autonom und objektiv ermittelt, sondern über das subjektive Kriterium der Klageberechtigung, also über die Wirkungsweise der Maßnahme im Verhältnis zum Kläger. Diese Handhabung des Klagegegenstandes zwingt zur Annahme einer prozessualen Definition der nach Art. 230 Abs. 4 EG anfechtbaren Rechtsakte, soweit es sich um echte Normativbestimmungen handelt. Das bedeutet zugleich zwingende Abkehr vom materiellrechtlichen Begriff der Entscheidung als Handlungsform mit individueller Geltung. Der Wortlaut differenziert aber zwischen der Voraussetzung „Entscheidung" als Klagegegenstand und der Klageberechtigung.[434] Während der Individualrechtsaktscharakter über das Adressatenkriterium ermittelt werden muss, ist bei Letzterer auf den Betroffenen abzustellen. Die wirkungsbezogene Bestimmung des Klagegegenstandes durch die Rechtsprechung hebt die im Wortlaut angelegte Unterscheidung zwischen zwei verschiedenen Zulässigkeitsvoraussetzungen auf. Eine dogmatische Begründung dieses Ergebnisses bereitet indes Schwierigkeiten.

III. Dogmatische Erklärungsversuche

1. Keine eigenständige Bedeutung der Voraussetzung „Entscheidung"

Teilweise wurde auf die eigenständige Bedeutung der „Entscheidung" als Zulässigkeitsvoraussetzung i.R.d. Art. 230 Abs. 4 Var. 2 EG verzichtet. So vertrat Generalanwalt *Lenz* den Standpunkt, das Erfordernis einer materiellen Entscheidung sei entbehrlich, weil die individuelle Betroffenheit einen ausreichenden „Vorfilter" gegen Popularklagen biete.[435] Ohnehin komme dem Merkmal keine eigenständige Funktion mehr zu, weil der Gerichtshof bei der Abgrenzung zwischen Entscheidung und Verordnung dieselben Kriterien heranziehe, die auch für die Klageberechtigung maßgeblich sind.[436] Das Erfordernis einer „Entscheidung" gehe folglich im weiteren Erfordernis des Art. 230 Abs. 4 EG – in der individuellen Betroffenheit auf.[437] Der Generalanwalt beschreibt zwar zutreffend die aktuelle Rechtsprechungspraxis, ohne jedoch eine überzeugende, dogmatische Rechtfertigung des Konzepts zu liefern.

---

[433] Ob ein Nachweis der individuellen Betroffenheit erforderlich ist, dessen Gelingen in großem Maße an die Besonderheiten der jeweiligen Rechtsnatur der Handlung anknüpft.
[434] Ebenso: *Danner*, S. 43 f.; *Wegmann*, S. 85.
[435] Schlussanträge des GA *Lenz*, Rs. C-309/89 (Codorniu/Rat), Slg. 1994, S. I-1856 Rn. 34 ff.; Schlussanträge des GA *Lenz* in der Rs. C-298/89 (Gibraltar/Rat), Slg. 1993, S. I-3621 Rn. 97, wo der Generalanwalt auf seine Schlussanträge in der Rs. *Cordoniu* verweist.
[436] Schlussanträge des GA *Lenz*, Rs. C-309/89 (Codorniu/Rat), Slg. 1994, S. I-1856 Rn. 34 ff.
[437] Schlussanträge des GA *Lenz* in der Rs. C-298/89 (Gibraltar/Rat), Slg. 1993, S. I-3621 Rn. 97. Der Generalanwalt lehnte dort u.a. auch die Konstruktion eines „hybriden" Rechtsaktes ab. Dazu: Kap. II C III 2 b).

2. Materielles Konzept

a) Materieller Entscheidungsbegriff

In der Literatur wird der Begriff „Entscheidung" überwiegend materiellrechtlich verstanden. Dem materiellen Konzept liegt die Annahme zugrunde, dass die Entscheidungsbegriffe in Art. 230 Abs. 4 und Art. 249 Abs. 4 EG inhaltlich gleich seien.[438] Der Wortlaut legt dies in der Tat nahe. Eine unterschiedliche Bedeutung und Tragweite ließe sich nur mit logisch zwingenden oder teleologischen Argumenten rechtfertigen. Der Gerichtshof neigt ebenfalls zur Annahme der materiellen Identität der Entscheidungsbegriffe. So liest man z.B. im *Asocarne*-Beschluss, dass der Ausdruck „Entscheidung" in Art. 230 Abs. 4 EG im technischen Sinne zu verstehen sei, den ihm Art. 249 Abs. 4 EG verleihe.[439] Handlungen mit normativem Charakter und Entscheidungen seien demnach nach der allgemeinen/individuellen Geltung voneinander abzugrenzen seien. Damit greift der EuGH nur auf die bereits i.R.d. Art. 33 des EGKSV entwickelten Grundsätze zurück.[440] Die Inhaltsgleichheit der Entscheidungsbegriffs in Art. 249 Abs. 4 und Art. 230 Abs. 4 EG muss also damit nicht zwingend gemeint sein. Die Merkmale einer Entscheidung i.S.d. Art. 249 Abs. 4 EG sollten vielmehr nur der Abgrenzung zu Rechtsakten mit allgemeiner Geltung dienen.[441]

b) Doppelnatur von Rechtsakten

Ausgehend von der materiellen Identität der Entscheidungsbegriffe wird von der Rechtsprechung[442] und Teilen des Schrifttums die Anfechtbarkeit „echter" Normativbestimmungen mithilfe des Hybridcharakters solcher Bestimmungen erklärt.[443]

---

[438] So z.B. *Bockey*, S. 160; *Koch*, S. 84; *Lengauer*, S. 94 f; *Pechstein*, Rn. 372; *Schwarze*, in: FS-Schlochauer (1981), S. 927 (930).

[439] EuGH, Rs. 10/95 P (Asocarne/Rat), Slg. 1995, S. I-4149 Rn. 28; EuG, verb. Rs. T-83/99, T-84/99 u. T-85/99 (Carlo Ripa di Meana u.a./EP), Slg. 2000, S. II-3493 Rn. 27 f.; EuG, Rs. T-45/02 (DOW AgroSciences BV u. DOW AgroSciences Ltd/EP u. Rat), Slg. 2003, S. II-1973 Rn. 31; EuG, Rs. T-196/03 (European Federation for Cosmetic Ingredients (EFfCI)/EP u. Rat), Slg. 2004, S. II-4263 Rn. 33. Ebenso bereits: EuGH, Rs. 16-17/62 (Confédération nationale des producteurs de fruits and legumés u.a./Rat), Slg. 1962, S. 963 (978 f.). Dort lehnte der Gerichtshof eine weite Auslegung des Entscheidungsbegriffs in Art. 230 Abs. 4 EG und die Einbeziehung von Verordnungen ab. Dabei wies er auf die begriffliche Unterscheidung in Art. 249 EG. Er stellte aber nur auf die materiellen Merkmale einer Entscheidung (den individuellen Charakter) ab. In Zweifelsfällen schlug der EuGH die individuelle Betroffenheit als Abgrenzungskriterium vor.

[440] *Röhl*, ZaöRV 2000 (60), S. 331 (333 ff.) m.w.N.

[441] Vgl. EuGH, Rs. C-298/89 (Regierung von Gibraltar/Rat), Slg. 1993, S. I-3605 Rn. 15. S. dazu: *Röhl*, ZaöRV 2000, S. 331 (335 f.).

[442] EuG, Rs. T-481/93 und T-484/93 (Exporteurs in Levende Varkens u. a./Kommission), Slg. 1995, S. II-2941 Rn. 50; EuG, Rs. T-11/99 (Van Parys u. a./Kommission), Slg. 1999, II-2653 Rn. 40; EuG, Rs. T-13/99 (Pfizer Animal Health/Rat), Slg. 2002, S. II-3305 Rn. 84.

[443] *Geiger*, EUV/EGV, Art. 230 EG Rn. 28; *Pechstein*, Rn. 372 ff. Zur Doppelnatur von Rechtsakten bereits: Schlussanträge des GA *Warner* in der Rs. 113/77 (NTN Toyo Bearing/Rat), Slg. 1979, S. 1212 (1246); Schlussanträge des GA *Verloren van Themaat* in den verb. Rs. 239/82 u. 275/82 (Allied Corporation u.a./Kommission), Slg. 1984, S. 1005 (1041); Schlussanträge des GA *Roemer*, Rs. 18/57 (Nold KG/Hohe Behörde), Slg. 1959, S. 91 (145) – zu EGKSV; ebenso zum EG-Recht: Schlussanträge des *Roemer* in der Rs. 6/68 (Zuckerfabrik/Kommission), Slg. 1968, S. 622. Der EuGH folgte den Schlussanträgen jedoch nicht (S. 620).

aa) Maßnahmen mit Misch- und Hybridcharakter

Vorab muss klarstellend zwischen Maßnahmen mit Mischcharakter und solchen mit relativer bzw. hybrider Rechtsnatur differenziert werden. Von der Problematik der „Hybridregelungen" ist die Frage zu trennen, ob mehrere Normen unterschiedlicher Rechtsnatur formal miteinander verbunden werden können, z.B. ein Rechtssatz mit einem Individualrechtsakt. Die konkret untersuchte Norm als rechtstechnische Regelungseinheit ist vom Gesamtakt, der sich aus mehreren solchen Rechtsnormen zusammensetzt, getrennt zu behandeln. Wenn der Gesamtakt Rechtsnormen verschiedenen Charakters beinhaltet, d.h. generelle und individuelle Bestimmungen in einem Rechtsakt vereinigt, ohne dass dieselbe Norm selbst eine Doppelnatur aufweist, spricht man von einer Maßnahme mit Mischcharakter.[444] Allerdings beginnen die praktischen Schwierigkeiten bei der Unterscheidung der einzelnen Normen. Dabei erweist sich zwar die Tatsache, dass eine bestimmte Regelung in einer Vorschrift als Texteinheit zusammengefasst wurde, oft als hilfreich, aber nicht als entscheidend. Daher sind sowohl der Inhalt als auch der Regelungszusammenhang zu untersuchen. Dieses Vorgehen entspricht auch der Praxis des Gerichtshofs, wonach nicht der Gesamtakt als solcher, sondern die jeweils angefochtene Bestimmung Prüfungsgegenstand ist.[445]

bb) Bestimmung des „hybriden" Klagegegenstandes

Nach der Rechtsprechung sind vom Wortlaut des Art. 230 Abs. 4 EG lediglich „Entscheidungen im technischen Sinne" erfasst. Die Konsequenz wäre, dass nur Scheinverordnungen, also Maßnahmen mit ausschließlich individueller Geltung, die lediglich fälschlicherweise als „Verordnung" etikettiert sind, zulässiger Gegenstand einer Individualnichtigkeitsklage sein könnten. Trotz der Verneinung des „technischen Entscheidungscharakters"[446] der angefochtenen Bestimmung sehen sich die Gemeinschaftsgerichte jedoch nicht mehr zur Klageabweisung mangels zulässigen Klagegegenstandes gezwungen, sondern prüfen weiter, ob der Kläger *trotz der allgemeinen Geltung* unmittelbar und individuell betroffen ist.[447] Auf den ersten Blick entsteht also ein Widerspruch zwischen dem Erfordernis einer „Entscheidung im technischen Sinne" und der Zulassung von Klagen gegen echte Verordnungen.[448] Die Literatur ver-

---

[444] Vgl. etwa: EuGH, Rs. 30/67 (Industria Molitoria Imolese AG/ Rat), Slg. 1968, S. 174 (183).

[445] St. Rspr. seit EuGH, Rs. 16 u. 17/62 (Confédération nationale des producteurs de fruits and legumes u.a./Rat), Slg. 1962, S. 963 (979).

[446] EuG, verb. Rs. T-83/99, T-84/99 und T-85/99 (Carlo Ripa di Meana u.a./EP), Slg. 2000, S. II-3493 Rn. 27 f.; EuG, Rs. T-45/02 (DOW AgroSciences BV u. Ltd/EP u. Rat), Slg. 2003, S. II-1973 Rn. 31-34.

[447] St. Rspr. seit: EuGH, Rs. C-309/89 (Codorniu/Rat), Slg. 1994, S. I-1853, Rn. 19; EuG, Rs. C-358/89 (Extramet Industrie/Rat), Slg. 1991, S. I-2501 Rn. 13-14; EuGH, Rs. C-451/98 (Antillean Rice Mills/Rat), Slg. 2001, S. I-8949 Rn. 46; EuG, Rs. T-135/96 (UEAPME/Rat), Slg. 1998, S. II-2335, Rn. 69; EuG, verb. Rs. T-172/98, T-175/98 bis T-177/98 (Salamander u. a./EP u. Rat), Slg. 2000, S. II-2487, Rn. 30; EuG, Rs. T-13/99 (Pfizer Animal Health/Rat), Slg. 2002, S. II-3305 Rn. 84; EuG, Rs. T-70/99 (Alpharma/Rat), Slg. 2002, S. II-3495 Rn. 76; EuG, Rs. 392/02 (Solvay Pharmaceuticals/Rat), Slg. 2003, S. II-4555 Rn. 76.

[448] Vgl. z.B. EuG, verb. Rs. T-32/98 u. T-41/98 (Niederländische Antillen/Kommission), Slg. 2000, S. II-205 Rn. 46 ff. Das Gericht prüft, ob die angefochtenen Bestimmungen als allgemeine Geltung haben *oder* Entscheidungen darstellen, die als Verordnung ergangen sind. Allerdings kann beim Vorlie-

sucht die Unstimmigkeit durch die Konstruktion des hybriden Rechtsakts zu beheben, der trotz allgemeiner Geltung zugleich einen Individualakt verkörpern soll. Dieses Phänomen wird als Feststellung einer „materiellrechtlichen Entscheidungswirkung" bezeichnet, die sich nicht anders als durch eine individual-klägerbezogene Analyse nachweisen lasse.[449]

Der Hybridakttheorie liegt die Vorstellung zugrunde, dass die Rechtsnatur einer Bestimmung teilbar ist. Derjenige Wirkungsteil einer Verordnungsvorschrift, der eine individuelle Betroffenheit Einzelner bewirke, könne materiellrechtlich als Entscheidung i.S.d. Art. 249 Abs. 4 EG eingestuft werden.[450] Diese sei nach dem Wortlaut des Art. 230 Abs. 4 EG einer Individualklage zugänglich. Die individuelle Betroffenheit wird bereits zur Ermittlung des Klagegegenstandes herangezogen, nachdem die allgemeine Geltung feststeht. Hierdurch werde ein spezifischer, individueller Bezug zum Kläger untersucht, da nur solche Verordnungsbestimmungen, die zusätzlich zu ihrer normativen Rechtsnatur den janusköpfigen Wirkungsmodus aufweisen gem. Art. 230 Abs. 4 Var. 2 EG anfechtbar seien.[451] Handelt es sich um eine Regelung mit allgemeiner Geltung, dann kann der Kläger dennoch individuell betroffen sein; insofern liege eine Auch-Entscheidung vor. Daher wird die Rechtsnatur „echter" Normativbestimmungen, die mittels der Nichtigkeitsklage nach Art. 230 Abs. 4 Var. 2 EG angreifbar sind, von Teilen der Literatur als „hybrid" bzw. „janusköpfig" bezeichnet.[452]

cc) Standpunkt der Rechtsprechung

Die Rechtsprechung zum dogmatischen Konzept der anfechtbaren Normativakte ist uneinheitlich. Während sich der EuGH gegen die Hybridakttheorie bereits in seiner EGKS-Rechtsprechung unter Hinweis auf das Schweigen des Vertrages zur Möglichkeit derartiger Rechtsakte mit Doppelnatur aussprach[453] und an dieser Haltung auch im Bereich des EG-Rechts festhielt[454], sind die Entscheidungen des EuG insbesondere bei Nichtigkeitsklagen gegen Kommissionshandlungen[455] als Anerkennung der Hybridakttheorie zu interpretieren.

Der EuGH ging ursprünglich von einem Exklusivverhältnis zwischen den individuellen und generellen Rechtsakten (Entscheidung – Verordnung) aus und sprach jedenfalls denjenigen Vorschriften einer als Verordnung ergangenen Maßnahme den Nor-

gen der allgemeinen Geltung keine „Entscheidung im technischen Sinne" angenommen werden. Dennoch wies das Gericht die Klage nicht als unzulässig ab, sondern prüfte indessen weiter, ob die Klägerin unmittelbar und individuell betroffen ist.

[449] So v.a.: *Pechstein*, Rn. 374.

[450] *Pechstein*, Rn. 372.

[451] *Pechstein*, Rn. 372 f.

[452] *Cremer*, EWS 1999, S. 48 (50); *Köngeter*, NJW 2002, S. 2216 (2217); *Pechstein*, Rn. 372 ff. Ebenso: Schlussanträge des GA *Warner* in der Rs. 113/77 (NTN Toyo Bearing/Rat), Slg. 1979, S. 1212 (1246) bzgl. einer Antidumpingverordnung. Ebenso: Schlussanträge des *GA Verloren van Themaat* in den verb. Rs. 239/82 u. 275/82 (Allied Corporation u.a./Kommission), Slg. 1984, S. 1005 (1041).

[453] So ausdrücklich: EuGH, Rs. 18/57 (Nold KG/Hohe Behörde), Slg. 1959, S. 91 (112).

[454] EuGH, Rs. 45/81 (Moksel/Kommission), Slg. 1982, S. 1129 Rn. 18.

[455] EuG, Verb. Rs. T-481 u.a./93 (Levende Varkens u.a./Kommission), Slg. 1995, S. II-2941, 2961 Rn. 50; EuG, Rs. T-47/95 (Terres Rouges Consultant SA/Kommission), Slg. 1997, S. II-481, 494 Rn. 43; EuG, Rs. T-122/96 (Federolio/Kommission), Slg. 1997, S. II-1559, 1580 Rn. 58.

mativcharakter ab, die bestimmte natürliche oder juristische Personen individuell betrafen.[456] Die Antidumpingrechtsprechung[457] und das *Cordoniu*-Urteil[458] werden zum Teil als Abkehr von der Ablehnung der Relativität bzw. Doppelnatur gedeutet.[459] Dem kann nicht zugestimmt werden. Auch wenn der EuGH trotz Bestätigung des normativen Charakters der angefochtenen Regelungen die individuelle Betroffenheit dennoch bejahte, bedeutet das nicht automatisch die Annahme einer Hybridnatur. Vielmehr wurde die Frage des Klagegegenstandes *de facto* ungeklärt gelassen, um sich der Prüfung der individuellen Betroffenheit zu widmen.

In der Folgezeit fühlte sich das Gericht Erster Instanz, in dessen Zuständigkeit nunmehr alle Individualnichtigkeitsklagen fielen, offenbar einer „dogmatischen Rechenschaft" schuldig und bekannte sich scheinbar zur Hybridtheorie.[460] Hierauf deuten jedenfalls die Ausführungen in der Rs. *Exporteurs in Levende Varkens*.[461] Dort klagte eine Exporteurvereinigung gegen eine an die Mitgliedstaaten gerichtete, auf der Grundlage der Richtlinie 90/425 erlassene Entscheidung der Kommission. Die Entscheidung verbot die Ausfuhren einer Tierart aus bestimmten Mitgliedstaaten bzw. schrieb diesen Mitgliedstaaten besondere tierärztliche Kontrollen vor. Das EuG stellte fest, dass

> *„selbst eine Norm, die auf alle betroffenen Wirtschaftsteilnehmer Anwendung findet, einige von ihnen individuell betreffen* [kann]. *In einem solchen Fall kann eine Gemeinschaftshandlung also gleichzeitig eine generelle Norm und in Bezug auf bestimmte betroffene Wirtschaftsteilnehmer eine Entscheidung sein"*.[462]

Da diese Kernaussage des EuG im Zusammenhang mit der Klagebefugnis steht, ist sie m.E. kein zwingender Beleg für die Anerkennung der Hybridakttheorie. Denn die Klageberechtigung betrifft den Aspekt der *Auswirkung* der strittigen Regelung auf den konkreten Kläger, stellt hingegen deren objektive *Geltung* als solche nicht in Frage. Damit handelt es sich um zwei voneinander zu trennende Dimensionen, die zwar oft Überschneidungen aufweisen, aber nicht identisch im Hinblick auf die Bedeutung und

---

[456] EuGH, Rs. 16 u. 17/62 (Confédération nationale des producteurs de fruits et legumes u.a./Rat), Slg. 1962, S. 963 (979).

[457] EuGH, Rs. 239/82 (Allied Corporation u.a./Rat), Slg. 1984, S. 1005; EuGH, Rs. 53/83 (Allied Corporation/Rat), Slg. 1985, S. 1621; EuG, Rs. T-2/95 (Industrie des poudres sphériques/Rat), Slg. 1998, S. II-3939 Rn. 39-52.

[458] EuGH, Rs. C-309/89 (Cordoniu SA/Rat), Slg. 1994, S. I-1853 Rn. 19.

[459] So: *Cooke*, in: Vorträge, Rede, Berichte aus dem Europa-Institut Nr. 353, 1996, S. 28; *Waelbroeck/Verheyden*, CDE 1995, S. 399 (401); *Borowski*, EuR 2004, S. 879 (886 f.); a.A.: *Lengauer*, S. 83.

[460] So: *Cremer* in: Calliess/Ruffert, EUV/EGV, Art. 230 Rn. 36; *Lengauer*, S. 83 f.; *Schulte*, S. 100 f.

[461] EuG, Verb. Rs. T-481/93 u. T-484/93 (Vereinigung van Exporteurs in Levende Varkens u.a./Kommission), Slg. 1995, S. II-2945.

[462] EuG, verb. Rs. T-481/93 u. T-484/93 (Vereinigung van Exporteurs in Levende Varkens u.a./Kommission), Slg. 1995, S. II-2945 Rn. 50. In der Folgerechtsprechung des EuG wurde dies wiederholt bestätigt – s. etwa: EuG, Rs. T-47/95 (Terre Rouge Consultant SA u.a./Kommission), Slg. 1997, S. I-481 Rn. 43; EuG, Rs. T-122/96 (Federazione nazionale del commercio oleario [Federolio]/ Kommission), Slg. 1997, S. II-1559 Rn. 58; EuG, Rs. T-11/99 (Van Parys u.a./Kommission), Slg. 1999, II-2653 Rn. 40; EuG, Rs. T-13/99 (Pfizer Animal Health/Rat), Slg. 2002, S. II-3305 Rn. 84; EuG, Rs. 166/99 (Andres de Dios u.a./Rat), Slg. 2001, S. II-1857 Rn. 45; EuG, Rs. T-155/02 (VVG International Handelsgesellschaft mbH u.a./Kommission), Slg. 2003, S. II-1949 Rn. 40; EuGH, Rs. C-239/99 (Nachi Europe GmbH/Hauptzollamt Krefeld), Slg. 2001, S. I-1197 Rn. 37.

Tragweite sind. Der logische Widerspruch ist vermeidbar, wenn man diese Begriffe voneinander trennt. Daraus folgt die Notwendigkeit, die „Entscheidung" als tauglichen Klagegegenstand i.S.d. Art. 230 Abs. 4 EG anders zu definieren und vom materiellrechtlichen Verständnis loszulösen, soll ein dogmatisch haltbarer Erklärungsansatz für die Einbeziehung normativer Bestimmungen in den Kreis der individualanfechtbaren Rechtsakte gefunden werden. Diese Sichtweise scheint sich in einigen Entscheidungen zu bestätigen. So führte das EuG in de Rs. *Gonnelli* aus:

> *„Dass die angefochtene Handlung ein genereller Rechtsakt und* ***keine Entscheidung im Sinne des Artikels 249 EG*** *ist, schließt jedoch für sich genommen noch nicht aus, dass einer Privatperson gegen die Handlung eine Nichtigkeitsklage zusteht. Auch ein normativer Akt, der für alle fraglichen Marktbeteiligten gilt, kann nämlich unter bestimmten Umständen einige von ihnen unmittelbar und individuell betreffen und so* ***Entscheidungscharakter*** *haben."*[463]

Den Ausführungen liegt eine wirkungsbezogene Betrachtung des Klagegegenstandes zugrunde. Es kann kaum geleugnet werden, dass sich dieselbe Bestimmung trotz objektiv feststehender, normativer Geltung auf mehrere Personen unterschiedlich auswirken kann. Das dürfte wohl gemeint sein, auch wenn gelegentlich missverständlich von einer „Doppelnatur" gesprochen wird. Die Terminologie des EuG ist übrigens nicht einheitlich. In einigen Entscheidungen wurde die „neutrale" Formulierung des EuGH, wonach der normative Charakter die Möglichkeit individueller Betroffenheit nicht *per se* ausschließe[464], pauschal übernommen. Die Ausführungen konzentrierten sich ausschließlich auf der Klageberechtigung, während der Klagegegenstand offen gelassen wurde. In anderen Fällen tendierte das EuG wiederum zur Hybridtheorie.[465] Neuerdings erwies sich auch der EuGH weniger zurückhaltend. Gegen eine erweiternde Auslegung der individuellen Betroffenheit führte er im *UPA*-Revisionsurteil aus, dass eine Handlung allgemeiner Geltung u.U. Private individuell betreffen und damit *„ihnen gegenüber* ***Entscheidungscharakter****"* aufweisen könne.[466] Diese Formulierung wird z.T. als eine Rezeption der Hybridakttheorie des EuG interpretiert.[467] Wenn von einer „Entscheidungs*wirkung*" bei der Bestimmung des Klagegegenstandes gesprochen wird, muss jedoch nicht zwingend die janusköpfige Rechtsnatur, d.h. eine unterschiedliche *Geltung* gemeint sein. Wird die Entscheidungswirkung anhand der individuellen Betroffenheit festgestellt[468], so handelt es sich nicht um eine materielle Entscheidung, sondern um eine mit Blick auf die tatsächlichen Wirkungen einer Entschei-

[463] EuG, Rs. T-231/02 (Gonnelli u. Associazione Italiana Frantoiani Oleari [AIFO]/Kommission), Slg. 2004, II-1051 Rn. 31 f. [eigene Hervorhebungen der Verfasserin].

[464] EuG, Rs. 298/94 (Roquette Frères/Rat), Slg. 1996, S. II-1531 Rn. 37; EuG, Rs. T-43/98 (Emesa Sugar/Rat), Slg. 2001, II-3519 Rn. 47; EuG, Rs. T-177/01 (Jégo Quéré et Cie SA/Kommission), Slg. 2002, S. II-2365 Rn. 25.

[465] So z.B.: EuG, verb. Rs. T-481/93 und T-484/93 (Exporteurs in Levende Varkens u.a./Kommission), Slg. 1995, S. II-2941 Rn. 50; EuG, Rs. T-155/02 (VVG International Handelsgesellschaft mbH u.a./Kommission), Slg. 2003, S. II-1949 Rn. 40.

[466] EuGH, Rs. C-50/00 P (Unión de Pequeños Agricultores/Rat), Slg. 2002, S. I-6677 Rn. 36. Dagegen findet sich im Revisionsurteil zum gleich gelagerten Fall kein Hinweis auf den *„Entscheidungscharakter"* – vgl. EuGH, Rs. C-263/02 P (Kommission/Jégo Quéré et Cie SA), Slg. 2004, S. I-3425 ff.

[467] So: *Hartley*, S. 371; unklar, wohl bejahend: *Schulte*, S. 106.

[468] S. *Pechstein*, Rn. 372, 374 f.

dung gleichkommende Maßnahme allgemeiner Geltung. Sie wird lediglich prozessual, nicht materiellrechtlich wie eine Entscheidung behandelt.

Deutlicher für die Rezeption der Hybridaktthese durch den EuGH sprechen seine Ausführungen in der Vorlageentscheidung *Nachi Europe*, im dem es um eine Präklusion von Gültigkeitsvorlagen nach Art. 234 Abs. 1 lit. b EG im Falle des Versäumens der fristgemäßen Erhebung einer Nichtigkeitsklage gegen eine Antidumpingverordnung ging. Unter Hinweis auf die Rechtsprechung, wonach *„eine Verordnung einem Einzelnen gegenüber bestandskräftig wird, im Verhältnis zu dem sie als Einzelfallentscheidung anzusehen ist*" bejahte der EuGH die Ausschlusswirkung auch einer Verordnung, die *wegen ihrer Doppelnatur als Handlung mit normativem Charakter und zugleich Handlung, die bestimmte Wirtschaftsteilnehmer unmittelbar und individuell betreffen kann*"[469], anzusehen ist. Damit ging er ersichtlich von der Teilbarkeit der Rechtsnatur aus. Die beiden Urteile sind aber Ausnahmen, da sich auch der EuGH überwiegend auf die neutrale Feststellung beschränkt, dass der normative Charakter der individuellen Betroffenheit nicht entgegensteht.

Ein gewisses Indiz gegen die Anerkennung hybrider Rechtsakte[470] liefert die Spruchpraxis der Gemeinschaftsgerichte im Hinblick auf die Urteilsfolgen, genauer die Reichweite des Nichtigkeitsspruchs. Im Falle der Anfechtung von Rechtsakten mit allgemeiner Geltung wird der Aufhebungsanspruch des Klägers nicht auf den „Entscheidungsteil" beschränkt. Die Nichtigerklärung hat in diesem Fall die Normaufhebung mit *erga omnes*-Wirkung zur Folge.[471] Dies ist nur konsequent, wenn man annimmt, dass die Rechtsnatur einer Bestimmung logisch unteilbar ist. Die Nichtigkeitsfolge richtet sich daher nach der Geltungsreichweite. Handelt es sich hingegen um eine „Scheinverordnung", dann ist es ebenfalls konsequent, die Nichtigerklärung nur auf die Entscheidung gegenüber dem Kläger zu beschränken. Denn die Zusammenfassung mehrerer Entscheidungen in einer Form berührt nicht die materielle Seite der Norm, die jeweils nur für ihren Adressaten verbindlich ist. Ficht ein Adressat „seine" Entscheidung nicht rechtzeitig an, erwächst sie ihm gegenüber in Bestandskraft.[472] Die „Teilbarkeit" der Nichtigkeitsfolge ist in dieser Konstellation daher ohne weiteres möglich. Dieses Beispiel veranschaulicht auch, warum die Differenzierung zwischen „Scheinverordnungen" und „echten Verordnungen"[473] – trotz der letztendlich aus-

---

[469] EuGH, Rs. C-239/99 (Nachi Europe GmbH/Hauptzollamt Krefeld), Slg. 2001, S. I-1197 Rn. 37 u. LS. 2.

[470] Z.T. wird angenommen, das EuG habe die Hybridtheorie aufgegeben – so: *Nettesheim*, JZ 2002, S. 928 (930).

[471] EuGH, Rs. 138/79 (Roquette Frères/Rat), Slg. 1980, S. 3333 Rn. 37. Vgl. auch: Art. 231 EG. Krit. dazu: *Pechstein*, Rn. 373.

[472] Zur Drittwirkung eines Nichtigkeitsurteils – EuG, Rs. T-227/95 (AssiDomän Kraft Products AB/Kommission), Slg. 1997, S. II-1185 Rn. 56 u. 58.

[473] Vgl. etwa: EuGH, Rs. C-358/85 (Extramet Industrie/Rat), Slg. 1991, S. I-2501 Rn. 16; EuGH, Rs. C-309/89 (Codorniu SA/Rat), Slg. 1994, S. I-1853 Rn. 19; EuG, Rs. T-47/95 (Terre Rouge Consultant St u.a./Kommission), Slg. 1997, S. II-481 Rn. 43; EuG, Rs. T-13/99 (Pfizer Animal Health/Rat), Slg. 2002, S. II-3305 Rn. 81 ff.; EuG, Rs. T-70/99 (Alpharma/Rat), Slg. 2002, S. II-3495 Rn. 73 ff.

schlaggebenden Bedeutung der individuellen Betroffenheit[474] – nicht obsolet geworden ist. Die Durchsicht der Rechtsprechung liefert insgesamt keinen eindeutigen Beleg für eine eindeutige Präferenz zugunsten des hybriden Rechtsakts.

c) Einwände gegen die „Identitätstheorie"

aa) Bedeutung der Unterschiede im Hinblick auf die Funktion

Rechtslogische Erwägungen sprechen zwar grundsätzlich für eine einheitliche Auslegung gleichlautender Vorschriften eines Regelungsaktes, zwingend ist dieser Schluss jedoch nicht. In der Methodenlehre wird auf die „Relativität der Rechtsbegriffe" hingewiesen.[475] Die Bedeutung und Tragweite einer Norm oder einzelner Tatbestandsmerkmale können innerhalb einer regelungstechnischen Einheit variieren. Daher kann ein einheitliches Verständnis des Entscheidungsbegriffs im EG-Vertrag lediglich als Ausgangspunkt für eine solche Betrachtung dienen. Der Normzweck bedingt in großem Maße die Deutung der verwendeten Rechtsbegriffe mit der Konsequenz, dass bei unterschiedlicher Zielsetzung auch eine divergierende Bedeutung wahrscheinlich ist. Als Beispiel ist der allen mitgliedstaatlichen Rechtsordnungen bekannte, multifunktionelle Begriff des Verwaltungsaktes zu nennen, dem neben der materiellrechtlichen, auch verwaltungsverfahrensrechtliche Bedeutung zukommt.

Die unterschiedliche funktionale Ausrichtung der materiell-, verfahrens- und prozessrechtlichen Vorschriften hat zur Folge, dass ein einheitlicher Begriff des Verwaltungsaktes seine Funktionen kaum befriedigend erfüllen kann, was wiederum dazu nötigt, einer der Funktionen Vorrang einzuräumen oder unterschiedliche Abgrenzungen des Verwaltungaktsbegriffs vorzunehmen.[476] Zusätzlich verkompliziert sich die Lage, wenn die betreffende Prozessordnung anstelle eines aufgeteilten Klagesystems nur die Nichtigkeitsklage zur Verfügung stellt.[477] Der Entscheidungsbegriff muss teleologisch so weit ausgedehnt werden, dass sowohl dem Rechtsschutzbedürfnis des Privaten als auch den Allgemeinwohlinteressen Rechnung getragen wird. Die Verwendung des Begriffs „Entscheidung" im EG-Vertrag weist keine einheitliche Struktur auf und muss daher im Hinblick auf die jeweils zu erfüllende Funktion gesondert betrachtet werden.[478] Während Art. 249 Abs. 4 EG die materiellrechtliche Funktion der Entscheidung im Blick hat, verfolgt Art. 230 Abs. 4 EG eindeutig eine prozessuale Zielsetzung und kann nicht ohne weiteres gleichgestellt werden. Der Grundsatz des effektiven Rechtsschutzes kann gerade im gemeinschaftsrechtlichen System, in dem nicht lediglich das „Wie" (statthafte Klageart), sondern bereits das „Ob" des Rechtsschutzes (Rechtswegeröffnung) vom Vorliegen einer „Entscheidung" abhängt, eine Erweiterung dieses Begriffs in prozessualer Hinsicht erfordern.

Es spricht vieles für eine kontextspezifische Auslegung der Entscheidungsbegriffe in Anlehnung an die jeweilige Normfunktion. Sollte der Entscheidungsbegriff des Art.

---

[474] In manchen Urteilen wurde die Rechtnatur der angefochtenen Bestimmung gar nicht thematisiert, sondern nur die individuelle und unmittelbare Betroffenheit geprüft. Vgl.; EuG, Rs. 392/02 (Solvay Pharmaceuticals/Rat), Slg. 2003, S. II-4555 Rn. 76 ff.

[475] *Engisch*, S. 94, 209.

[476] *Bleckmann*, DÖV 1993, S. 837 (845).

[477] *Bleckmann*, DÖV 1993, S. 837 (844).

[478] Zur Funktionsabhängigkeit der Rechtsbegriffe: *Bleckmann*, DÖV 1993, S. 837 (844 f.).

230 Abs. 4 EG grundsätzlich inhaltsgleich mit dem des Art. 249 Abs. 4 EG sein, wird man dennoch eine gewisse Inkongruenz beider Begriffe feststellen. Die prozessuale „Entscheidung" erfasst *mindestens* alle materiellen Entscheidungen, darüber hinaus aber auch solche Maßnahmen, die ihrer Form nach vom Adressaten als Entscheidungen verstanden werden mussten. Andernfalls müsste man – entgegen dem Wortlaut des Art. 230 Abs. 4 Var. 1 EG – eine positive Feststellung der individuellen Betroffenheit auch bei den an den Kläger adressierten Entscheidungen verlangen.[479] Der materielle Entscheidungsbegriff begegnet im Prozessrecht auch insofern Bedenken, als er nicht konsequent angewendet werden kann. Würde man nämlich die Interpretation der „als Verordnung ergangenen Entscheidung" tatsächlich auf Entscheidung im technischen Sinne (Art. 249 Abs. 4 EG) reduzieren, so müsste man konsequent annehmen, dass jede Scheinverordnung *per se* unwirksam wäre, weil sie zumindest die formelle Rechtmäßigkeitsvoraussetzung der individuellen Bekanntgabe nicht erfüllt.

Es ist schlicht unvorstellbar, eine einheitliche Maßnahme gleichzeitig unterschiedlichen Verfahrens- bzw. Formvoraussetzungen – abhängig von den einzelnen Bestimmungen – zu unterwerfen. Die Rechtsprechungspraxis zeigt, dass trotz der Qualifizierung der angefochtenen Norm als „Entscheidung", für die Begründetheitsprüfung der Maßstab des *formell* vorliegenden Rechtsaktes (Verordnung oder Richtlinie) herangezogen wird.[480] Zum Teil wird bemängelt, dass die Gemeinschaftsgerichte hier nicht auf spezifische Aspekte der Formenvertauschung bzw. Formenfehlgebrauchs eingehen.[481] Aber weit wichtiger ist die logisch-dogmatische Inkonsequenz als notwendige Folge. Zuzustimmen ist *Biervert*, der die materielle Qualifizierung der Rechtsnatur einer Maßnahme anhand der erzeugten Rechtswirkungen als *„Fiktion der adäquaten Handlungsform"* bezeichnet, denn nur im Hinblick auf den tauglichen Gegenstand einer Individualnichtigkeitsklage wird das Vorliegen einer Entscheidung *fingiert*, die Begründetheit wird hingegen am Maßstab der Verordnung oder Richtlinie geprüft.[482]

bb) Rechtsnatur, Klagegegenstand und Klageberechtigung

Die richterliche Interpretation der Entscheidungsbegriffe des Art. 230 Abs. 4 und Art. 249 Abs. 4 EG als materiell gleichbedeutende Tatbestandsmerkmale[483] wurzelt in der Verwischung der Grenzziehung zwischen Klagegegenstand und Klageberechtigung.[484] Zur Feststellung, ob eine anfechtbare „Entscheidung" vorliegt, hat der Gerichtshof auf

---

[479] So aber i.E.: EuGH, Rs. C-15/91 u. C-108/91 (Buckl/Kommission), Slg. 1992, S. I-6061 Rn. 22. Zu diesem Widerspruch s.o. Kap. II C I 2 b).

[480] Abw. nur: GA *Lenz*, Schlussanträge in der Rs. 232/81 (Agricola Commerciale Olio/Kommission), Slg. 1984, S. 3900 (3910), der den Maßstab für Entscheidungen i.R.d. Begründetheitsprüfung der Nichtigkeitsklage gegen Verordnungsbestimmung anwenden wollte. Im konkreten Fall hat er aber lediglich „entsprechende" Anwendung der allgemeinen Rechtsgrundsätze über den Widerruf begünstigender Individualmaßnahmen vorgeschlagen.

[481] So z.B.: *Biervert*, S. 172, 177.

[482] *Biervert*, S. 177.

[483] Zustimmend: *Bockey*, S. 160 (einheitlicher Entscheidungsbegriff in Art. 249 Abs. 4 und Art. 230 Abs. 4 EG); ähnlich: *Lengauer*, S. 94 f., die jedoch eine Erweiterung des Begriffs im Wege einer Analogie postuliert.

[484] EuG, verb. Rs. T-83/99, T-84/99 und T-85/99 (Carlo Ripa di Meana u.a./EP), Slg. 2000, S. II-3493 Rn. 27 f.

die individuelle Betroffenheit rekurriert. Auffällig ist dabei der uneinheitliche Verwendung der Begriffe „Adressat" und „Betroffener" im Zusammenhang mit der Bestimmung des Klagegegenstandes.[485] Während für die Bestimmung der objektiven Rechtsnatur nur das Adressatenkriterium maßgeblich ist, bezieht sich der Begriff des „Betroffenen" auf die Auswirkung des Rechtsaktes auf den Kläger[486] und kann darüber hinaus ggf. für die Bestimmung des Klagegegenstandes aussagekräftig sein.

Die Entscheidung gem. Art. 249 Abs. 4 EG ist „für diejenigen verbindlich, die sie bezeichnet". Für die Bestimmung der Rechtsnatur ist folglich auf den Adressaten abzustellen. Umgekehrt geht Art. 230 Abs. 4 Var. 3 EG offenbar davon aus, dass jemand individuell betroffen sein kann, ohne zugleich Adressat der infrage stehenden Maßnahme zu sein. Hierunter fällt typischerweise die Konkurrentenklage, d.h. die Anfechtung einer den Adressaten begünstigenden Entscheidung durch drittbetroffene Wettbewerber. Denkbar sind aber auch Fälle, in denen die Entscheidung auf die Begründung unmittelbarer Rechtsfolgen[487] nur bei einer einzigen Person gerichtet ist und demzufolge nur einen Adressaten hat, während der Kreis der hiervon Betroffenen zahlenmäßig unbestimmt ist. Die Betroffenheit charakterisiert den Zustand, in dem der fragliche Rechtsakt nicht notwendig unmittelbar zur Änderung der Rechtsposition einer Person führt, indem er ihr Pflichten auferlegt, Rechte begründet oder gestaltend in ihre Rechtsverhältnisse eingreift. Die Betroffenheit bedeutet lediglich passives Erduldenmüssen der rechtlichen Existenz einer Maßnahme.[488] Dies hat aber nicht automatisch zur Folge, dass die Entscheidung zum allgemeinen Rechtsakt wird, sonst wäre kaum noch ein Individualrechtsakt denkbar.

Daher lassen sich bei der Bestimmung des Klagegegenstandes des Art. 230 Abs. 4 Var. 2 EG über die individuelle Betroffenheit – trotz der behaupteten Widerspruchfreiheit zwischen Entscheidung i.S.d. Art. 230 Abs. 4 Var. 1 EG und Verordnung bei „echten" Verordnungen – noch gewisse Unstimmigkeiten feststellen. Diese resultieren aus der Verquickung des Klagegegenstandes mit der Klageberechtigung. Die Entscheidung i.S.d. Var. 1 des Art. 230 Abs. 4 EG ist ein Rechtsakt mit individueller *Geltung*. Nach der individuellen Betroffenheit wird in diesem Fall nicht gefragt. In materieller Hinsicht stimmt Var. 1 nur dann mit Var. 2 inhaltlich überein, wenn eine Scheinverordnung zur Debatte steht, nicht hingegen bei Rechtsakten mit allgemeiner Geltung. Zuzugeben ist freilich, dass auch Normativbestimmungen individuell *wirken* können. Mit Blick auf die sprachliche Fassung des Art. 230 Abs. 4 Var. 2 EG ist die individuelle Betroffenheit kein konstitutives Merkmal einer Entscheidung, sondern eine davon unabhängige Voraussetzung der Klageberechtigung, die *kumulativ* neben dem Vorliegen einer Entscheidung als Klagegegenstand erfüllt sein muss.[489] Aus diesen Gründen bewegt sich das materielle Entscheidungskonzept bereits jenseits des Wortlauts des Art. 230 Abs. 4 EG.[490]

---

[485] Ausführlich dazu: Kap. I B III 1 a).

[486] Ebenso: *Wegmann*, S. 83 ff.; *Weidinger*, S. 105.

[487] S.o.: Definition des Adressaten – Kap. I A III 1 a).

[488] Dazu bereits: Kap. I A III 1 a) aa) und bb).

[489] Vgl. *Borowski*, EuR 2004, S. 879 (887, Fn. 39).

[490] Daher bliebe nur ein Rückgriff auf die Analogie übrig, was jedoch z.T. mit Skepsis begegnet wird – vgl. *Cremer*, EWS 1999, S. 48 (50); *ders.* in: Calliess/Ruffert, EUV/EGV, Art. 230 Rn. 36.

Dass die Bestimmung der Rechtsnatur einer Maßnahme und die Qualifizierung als „Entscheidung im materiellen Sinne" i.R.d. Art. 230 Abs. 4 EG über die individuelle Betroffenheit dogmatisch fragwürdig ist[491], zeigt ferner ein Blick auf die Rechtsfigur der staatengerichteten Entscheidung. Diese als Entscheidung i.S.d. Art. 249 Abs. 4 EG begriffene Handlungsform enthält oft normative Regelungen.[492] Man könnte sie deswegen als eine „als Entscheidung ergangene Richtlinie oder Verordnung" betrachten. Selbst bei Gleichsetzung der Entscheidungsbegriffe in Art. 230 Abs. 4 und 249 Abs. 4 EG muss man zum Ergebnis kommen, dass die „Entscheidung" als solche keineswegs eine individualgerichtete Maßnahme darstellt, die sich anhand des Kriteriums der individuellen Betroffenheit identifizieren lässt. Diese Überlegung zeigt, dass der Klagegegenstand i.S.d. Art. 230 Abs. 4 EG autonom für die prozessualen Zwecke definiert werden muss.

d) Einwände gegen die Figur des hybriden Rechtsakts

Auch die Figur des hybriden Rechtsaktes begegnet Bedenken.[493] In Bezug auf die Nichtigkeitsklage nach Art. 230 Abs. 4 EG wird sie teilweise als systematisch unbefriedigender Ansatz kritisiert, da dadurch nur eine Anpassung an den Wortlaut erreicht würde.[494] Die Anerkennung hybrider Organhandlungen beruht m.E. darauf, dass die Zuordnungskriterien oft nicht deutlich genug bestimmt werden. Die Hybridtheorie verkennt nämlich, dass die Begriffe „Geltung" und „tatsächliche Auswirkung" auf einen konkreten Rechtsnormunterworfenen zwei unterschiedliche Aspekte sind. Während die individuelle Betroffenheit die subjektive Beziehung zwischen dem Klagegegenstand und dem Kläger betrifft, wird Geltung objektiv im Hinblick auf alle Rechtsnormunterworfene bestimmt: *Entweder* sie wendet sich an einen zahlenmäßig unbestimmten Adressatenkreis *oder* die Adressaten sind zahlenmäßig bestimmt. Juristische „Zwitter" mit Doppelrechtsnatur sind aus logischen Gründen ausgeschlossen. Legt man die Kriterien zur Abgrenzung zwischen allgemeinen Rechtsnormen und Individualmaßnahmen zugrunde, so ergibt sich ein Exklusivitätsverhältnis.[495] Das Missverständnis entsteht nur dadurch, dass der „Adressat" einer hoheitlichen Maßnahme zu weit definiert wird, indem er sich nicht nur auf die Geltung, sondern auch auf die tatsächlichen Wirkungen des Rechtsaktes bezieht und damit auch die schlicht *Betroffenen* mit einbezieht.[496] Die objektive (*absolute*) Rechtsnatur einer Maßnahme wird für alle Personen beurteilt. Davon ist die *relative* Klassifikation von Rechtsakten zu trennen, zumal hierfür die tatsächliche Auswirkung der Maßnahme auf eine bestimmte Person

[491] I.E. zustimmend: *Junker*, S. 190 f.
[492] So ausdrücklich: EuG, Rs. T-60/96 (Merck & Co. Inc. u.a./Kommission), Slg. 1997, S. II-849 LS. 4. Das Gericht qualifizierte eine an einen Mitgliedstaat gerichtete Entscheidung der Kommission, mit der die Genehmigung von Schutzmaßnahmen verweigert wurde, als eine Handlung mit normativem Charakter.
[493] Ablehnend: GA *Jacobs*, Schlussanträge in der Rs. C-358/89 (Extramet/Kommission), Slg. 1991, S. I-2501, 2517 Rn. 39-49 und GA *Lenz*, Rs. C-309/89 (Cordoniu/Rat), Slg. 1994, S. I-1856 Nr. 26; *Borowski*, EuR 2004, S. 879 (887 f.); *Danner*, S. 39; *Wegmann*, S. 84 f.
[494] *Röhl*, ZaöRV 2000, S. 331 (354).
[495] Ebenso: *Fuß*, NJW 1964, S. 945 (946); *Volkmar*, S. 67.
[496] S. dazu oben: Kap. I A III 1 a) aa) und bb).

bzw. Gruppe maßgeblich ist. Individuelle Betroffenheit trotz allgemeiner Geltung zwingt also nicht zur Annahme eines „hybriden Rechtsaktes".

Schließlich führt die Annahme einer Doppelnatur zu kaum lösbaren Folgeproblemen. Die Qualifizierung der Rechtsnatur einer Maßnahme muss im Hinblick auf die bei ihrem Erlass zu beachtenden formellen Wirksamkeits- und Rechtmäßigkeitsvoraussetzungen eindeutig sein, d.h. Zuständigkeits-, Verfahrens- und Formvorschriften. Die Qualifizierung einer Rechtsnorm als hybrid bedeutete die Entziehung ihrer kompetenzrechtlichen Grundlage und damit automatisch ihre Rechtswidrigkeit[497], wenn die einschlägige Ermächtigungsgrundlage ausschließlich die Wahl zwischen Verordnung und Richtlinie zulässt.[498] Die Hybridtheorie hätte nämlich zur Konsequenz, dass ein Rechtsakt gleichzeitig zwei unterschiedlichen formellen *régimes* zu unterstellen wäre. Beispielsweise müsste man verlangen, dass „hybride" Verordnungen nicht nur gem. Art. 254 Abs. 2 EG im Amtsblatt veröffentlicht werden, sondern darüber hinaus auch den Betroffenen nach Maßgabe des Art. 254 Abs. 3 EG individuell bekannt gegeben werden. Ein Folgeproblem wäre die Bestimmung des Zeitpunkts der Bekanntgabe und damit des Wirksamwerdens einer solchen Maßnahme. Auch die Beurteilung der verfahrensrechtlichen Voraussetzungen[499] hängt letztendlich von einer eindeutigen *ex ante*- Klassifizierung als Normativ- oder Individualrechtsakt ab. Sollte sich im Zuge des gerichtlichen Verfahrens, *ex post* herausstellen, dass trotz normativen Charakters Einzelne individuell betroffen sind, führte die Hybridaktthese zur Folge, dass die Erlassorgane die Verfahrensvorschriften für beide Rechtsaktstypen hätten einhalten müssen.[500] Dieses Dilemma zeigt, dass die materiell-rechtliche Qualifikation der Maßnahme als „Entscheidung" i.S.d. Art. 230 Abs. 4 weder unter logischen noch pragmatischen Gesichtspunkten akzeptabel ist. Schließlich spricht die Tatsache, dass auch die Nichtigerklärung „echter" Verordnungen mit Wirkung *erga omnes* erfolgt, gegen eine teilbare bzw. hybride Rechtsnatur.[501]

Die Theorie von der Doppelnatur versucht offenbar, eine Erklärung für die Zulassung von Individualnichtigkeitsklagen gegen „echte" Normativbestimmungen noch innerhalb des Wortlauts des Art. 230 Abs. 4 EG zu liefern. Dies misslingt, soweit die Unterscheidung zwischen Klagegegenstand und Klageberechtigung aufgehoben wird, und wurde daher teilweise als „methodisch unredlich" kritisiert.[502] Dem ist im Grunde zuzustimmen. An der Rechtsnatur eines Normativaktes ändert sich nichts, auch wenn er sich gegenüber einem individuell abgrenzbaren Personenkreis in besonderer Weise auswirkt.[503] Die Hybridtheorie ist abzulehnen.

---

[497] Gleichzeitig würde man die Begründetheitsprüfung vorwegnahmen.

[498] Vgl. *Schulte*, S. 103.

[499] Z.B. Beteiligungsrechte der Betroffenen, die beim Erlass allgemeingültigen Rechtsnormen grds. nicht vorgesehen sind – vgl. EuG, verb. Rs. T-186 bis 187/97, T-190 bis 192/97, T-210 bis 211/97, T-216 bis 218/97, T-279/97 u. T-417/99 (Kaufring u.a./Kommission), Slg.2001, S. II-1337 Rn.151 ff.

[500] Ebenso: *Schulte*, S. 104.

[501] Krit. dazu: *Pechstein*, Rn. 373, 421.

[502] So: *Borowski*, EuR 2004, S. 879 (888); *Feddersen*, EuZW 2002, S. 529 (533 f.); *Heinemann/Sedemund*, DB 1995, S. 713 (717, 719); *Nettesheim*, JZ 2002, S. 928 (932); *Richter*, RIW 1986, S. 561 (563); *Schwarze*, EuR 986, S. 217 (231); *Wölker*, DÖV 2003, S. 570 (575).

[503] In diesem Sinne: EuG, Rs. T-60/96 (Merck & Co. Inc. u.a./Kommission), Slg. 1997, S. II-849 Rn. 40; EuG, Rs. 166/99 (Andres de Dios u.a./Rat), Slg. 2001, S. II-1857 Rn. 40; EuG, Rs. T-38/98 (Asso-

3. Prozessualer Begriff der „Entscheidung"

Die „Entscheidung" i.S.d. Art. 230 Abs. 4 Var. 2 EG wird von der Rechtsprechung in gewisser Hinsicht autonom bestimmt. Ohne Rücksicht auf die Handlungsform und Rechtsnatur kann bei individueller Betroffenheit eine Direktklage des Einzelnen auch gegen Normativakte zugelassen werden. Wie bereits oben erläutert[504] lässt sich das durch die unterschiedliche Bedeutung des Begriffs „Entscheidung" im EG-Vertrag erklären, die sich im jeweiligen Normkontext vorrangig an der zu erfüllenden Funktion orientiert. Die „Entscheidung" als Klagegegenstand des Art. 230 Abs. 4 Var. 2 EG erfüllt in erster Linie eine prozessuale Funktion. In dieser Rolle dient sie nicht nur der Bestimmung der statthaften Klageart, sondern entscheidet bereits über die Eröffnung des Rechtswegs zu den Gemeinschaftsgerichten.[505]

a) Konzept Röhls

Vor diesem Hintergrund wurde von *Röhl* vorgeschlagen, die „Entscheidung" in ihrer Funktion als Gegenstandes einer Individualnichtigkeitsklage als eigenständigen Begriff des Prozessrechts zu behandeln. Die Bejahung des Entscheidungscharakters i.R.d. Art. 230 Abs. 4 EG dient der Rechtschutzeröffnung vor den Gemeinschaftsgerichten. Die Rechtsnatur ist für die Beurteilung des Klagegegenstandes letztendlich nicht ausschlaggebend. Sie stellt allenfalls eine bloße Vorfrage darüber dar, ob ein besonderer Nachweis der Klageberechtigung erforderlich ist.[506] Der *Röhl'sche* prozessuale Entscheidungsbegriff verlangt lediglich, dass eine einseitige, rechtsverbindliche Verlautbarung eines Gemeinschaftsorgans vorliegt, die den Kläger individuell und unmittelbar betrifft, und ist damit nicht mit dem materiellen Begriff der Entscheidung des Art. 249 Abs. 4 EG deckungsgleich.[507]

Das weite Verständnis der „Entscheidung" in Art. 230 Abs. 4 EG begründet *Röhl* mit ihrer rechtsschutzeröffnenden Funktion und verweist dabei auf die Parallele zum französischen Vorbild der Nichtigkeitsklage[508]. Die prozessuale Definition des Klagegegenstandes, unabhängig von der materiellen Rechtsnatur ist an die französische Grundform einer Klage (*recours pour excès de pouvoir*) angelehnt, die sich gegen einen rechtswidrigen Rechtakt der Verwaltung (*acte administratif*) richtet. Darunter fällt jede rechtsgestaltende oder feststellende Verwaltungshandlung, gleichgültig ob es sich

ciazione Nazionale Bieticoltori [ANB] u.a./Rat), Slg. 1998, S. II-419 (Tenor): „*...der Umstand, dass sich die angefochtene Maßnahme auf die verschiedenen Rechtssubjekte, auf die sie Anwendung findet, im konkreten Fall unterschiedlich auswirken kann, ändert ... nichts an ihrem Rechtssatzcharakter*".

504 Kap. IV B III 2 c) aa).

505 Während dem Begriff „Entscheidung" in Rechtssystemen mit generalklauselartiger Regelung des Rechtswegs nur eine die Klageart bestimmende (nicht rechtsschutzeröffnende) Funktion zukommt, sodass einer Kumulation aller drei (materiell-, verfahrens- und prozessrechtlichen) Funktionen in einem Begriff nichts im Wege steht, liegt dem EG-Vertrag ein Enumerationsprinzip bzgl. des Zugangs zu den Gemeinschaftsgerichten zugrunde.

506 So bei Klagen gegen normative Rechtakte und drittgerichtete Entscheidungen. Vgl. *Röhl*, ZaöRV 2000 (60), S. 331 (355).

507 *Röhl*, ZaöRV 2000 (60), S. 331 (340).

508 *Bleckmann*, Rn. 551 ff.; *Oppermann/Hiermaier*, JuS 1980, S. 782 (786).

um eine konkret-individuelle oder auch abstrakt-generelle Regelung handelt.[509] Maßgebend ist allein, dass die Verwaltung Urheber bzw. Zurechnungssubjekt der betreffenden Maßnahme ist.[510] Das weite Verständnis der anfechtbaren Regelung hat zur Folge, dass sich die Zulässigkeitsprüfung vorwiegend auf die Klageberechtigung (*intérêt pour agir*) konzentriert.[511] Diese wird in einem engen Zusammenhang mit dem Klagegegenstand behandelt, sodass die beiden Aspekte zu einer prüfungstechnischen Einheit verschmelzen. Auch die Konstruktion der Nichtigkeitsklage im EG-Vertrag ähnelt dem französischen Modell im Hinblick auf die Ausgestaltung der zulässigen Klagegründe (*moyen d'ouverture* – Nichtigkeitsgründe[512]). Die Klagegründe, die den Umfang der Begründetheitsprüfung bestimmen, lassen erkennen, dass der *recours pour excès de pouvoir* in erster Linie nicht als Rechtsschutzinstrument für private Interessen, sondern der objektiven Legalitätskontrolle des Organhandelns dienen soll.[513]

b) Stellungnahme und eigene Definition

Die Parallele zwischen der Nichtigkeitsklage nach Art. 230 Abs. 4 EG und dem französischen Klagemodell kann zwar als Indiz für die prozessuale Bestimmung des Klagegegenstandes herangezogen werden. Allerdings hat sich im Gemeinschaftsrecht bislang keine trennscharfe Grenzziehung zwischen Legislativ- und Exekutivakten etabliert[514], sodass die „*administrative* Regelung" schwer feststellbar sein dürfte. Trotz gewisser Parallelen zwischen den beiden Rechtsschutzinstrumenten weist die Nichtigkeitsklage nach Art. 230 Abs. 4 EG einen eigenständigen Charakter auf, der der gemeinschaftlichen Rechtsetzung Rechnung tragen muss. Eine pauschale Übernahme von Begriffen, Konstruktionen oder Wertvorstellungen aus den nationalen Rechtsordnungen unter Verzicht auf autonome Definitionsversuche widerspräche der Eigenständigkeit des Gemeinschaftsrechts.[515]

Das *Röhlsche* Konzept vermeidet dogmatische Ungereimtheiten, die der Hybridakttheorie anhaften und verdient dem Grunde nach Zustimmung.[516] Dennoch gibt *Röhl*, obwohl er zugibt, dass angesichts des rechtsformbezogenen Wortlauts des Art. 230 Abs. 4 EG der Rückgriff auf die Grundsätze richterlicher Rechtsfortbildung unaus-

---

[509] Erfasst sind alle Handlungen mit Regelungsfunktion (fr. *décision*). Die Nichtigerklärung einer Rechtsnorm wirkt *erga omnes*, vgl. *Chapus*, S. 444 ff.

[510] Vgl. Art. R.102 Abs. 1 Code des tribunaux administratifs et des cours administratifs, wonach die Parlamentsgesetze mit dem *recours pour excès de pouvoir* nicht angefochten werden können.

[511] An die Klagebefugnis werden nicht allzu hohe Anforderungen gestellt – dazu: *Gabolde*, Rn. 451 ff.

[512] I.R.d. *recours pour excès de pouvoir* werden fünf Klagegründe erfasst: *incompétence*, *vices de forme et de procédure*, *violation de la règle du droit*, *détournement de pouvoir* sowie die in der Nichtigkeitsklagen nach Art. 230 EG nicht erwähnte *illégalité relative aux motifs* (fehlerhafte Einschätzung der rechtlichen oder tatsächlichen Grundlagen der Entscheidung). Näher dazu: *Epiney*, VVDStRL 61 (2002), S. 362 (373 ff.).

[513] *Schwarze*, DVBl. 2002, S. 1297 (1298).

[514] Die Mitwirkungsbefugnisse des EP mildern zwar das demokratische Defizit des EG-Handels ab, sind jedoch mit der Rechtsetzungsprärogative der nationalen Parlamente nicht vergleichbar., vgl. GA *Jacobs*, Schlussanträge in der Rs. C-50/00 P (UPA/Rat), Slg. 2002, S. I-6681 Rn. 90; *Schwarze*, in: FS Badura (2004), S. 1167 (1182).

[515] Vgl. dazu etwa: EuGH, Rs. 149/79 (Kommission/Belgien), Slg. 1980, S. 3881 Rn. 19.

[516] Dagegen krit. dazu: *Schulte*, S. 109 ff.

weichlich erscheint, letztendlich keine überzeugende Begründung.[517] M.E. lässt sich der prozessuale Begriff der Entscheidung im Wege einer dynamischen, objektiv-teleologischen Interpretation begründen, ohne Rückgriff auf eine Analogie.[518] Die wirkungsbezogene Prüfung des Klagegegenstandes macht letztendlich eine Unterscheidung zur Klageberechtigung unmöglich; beide Punkte verschmelzen so zu einer prüfungstechnischen Einheit. So handhabt es auch die Rechtsprechung.[519] Als Klagegegenstand werden also alle einseitigen, rechtsverbindlichen Organhandlungen[520] zugelassen, die den Kläger unmittelbar und individuell betreffen.[521]

Es wird meistens zuerst geprüft, ob es sich bei dem angefochtenen Rechtsakt um eine Maßnahme mit allgemeiner Geltung handelt und – nachdem der Normativcharakter festgestellt wurde, wird die Prüfung mit der Klageberechtigung fortgesetzt unter Hinweis darauf, dass der normative Rechtscharakter individuelle Betroffenheit nicht automatisch ausschließt.[522] Unter dem „Entscheidungscharakter" ist also nicht die Geltung, sondern entscheidungstypische Wirkung der angefochtenen Bestimmung zu verstehen.[523] Diese lässt die Rechtsnatur der angefochtenen Maßnahme unberührt. Sie

---

[517] *Röhl*, ZaöRV 2000 (60), S. 331 (356).

[518] S.o. Kap. II C I 2.

[519] EuG, Rs. 392/02 (Solvay Pharmaceuticals/Rat), Slg. 2003, S. II-4555 Rn. 76. In diesem Sinne auch: EuGH, Rs. C-309/89 (Cordoniu/Rat), Slg. 1994, S. I-1853, Rn. 19; EuG, Rs. T-13/99 (Pfizer Animal Health/Rat), Slg. 2002, S. II-3305 Rn. 84; EuG, Rs. T-70/99 (Alpharma/Rat), Slg. 2002, S. II-3495 Rn. 76.

[520] Vgl.: *„alle Maßnahmen, die verbindliche Rechtswirkungen erzeugen, welche die Interessen des Klägers durch einen Eingriff in seine Rechtsstellung beeinträchtigen, Handlungen oder Entscheidungen, gegen die die Anfechtungsklage nach Artikel 173* [jetzt: Art. 230 EG] *gegeben ist."* – EuGH, Rs. 60/81 (IBM/Kommission), Slg. 1981, S. 2639 (2651) Rn. 9; ebenso: EuG, Rs. T-36/92 (SFEI u. a./Kommission), Slg. 1992, S. II-2479 Rn. 38; EuG, verb. Rs. T-492/93 u. T-492/93 R (Nutral/Kommission), Slg. 1993, S. II-1023 Rn. 24; EuG, Rs. T-154/94 (Comité des salines de France und Compagnie des salins du Midi et des salines de l'Est/Kommission), Slg. 1996, II-1377 Rn. 37; EuG, Rs. T-541/93 (James Connaughton u.a./Rat), Slg. 1997, S. II-549 Rn. 30.

[521] Vgl. z.B. EuGH, Rs. C-358/89 (Extramet Industrie/Rat), Slg. 1991, S. I-2501 Rn. 13; EuGH, Rs. C-309/89 (Codorniu/Rat), Slg. 1994, S. I-1853 Rn. 19; EuGH, Rs. C-50/00 P (Union de Pequeños Agricultores/Rat), Slg. 2002, S. I-6677 Rn. 36; EuG, Rs. T-231/02 (Gonnelli und AIFO/Kommission), Slg. 2004, II-1051 Rn. 31; EuG, Rs. T-139/01 (Comafrica u. Dole Fresh Fruit Europe/Kommission), Slg. 2005, S. II-409 Rn. 85-116; EuG, Rs. T-196/03 (European Federation for Cosmetic Ingredients [EFfCI]/EP u. Rat), Slg. 2004, S. II-4263 Rn. 38.

[522] S. etwa: EuGH, Rs. C-358/89 (Extramet Industrie/Rat), Slg. 1991, S. I-2501 Rn. 13; EuGH, Rs. C-309/89 (Codorniu/Rat), Slg. 1994, S. I-1853 Rn. 19; EuGH, Rs. C-50/00 P (Union de Pequeños Agricultores/Rat), Slg. 2002, S. I-6677 Rn. 36; EuG, Rs. T-231/02 (Gonnelli und AIFO/Kommission), Slg. 2004, II-1051 Rn. 31; EuG, Rs. T-196/03 (European Federation for Cosmetic Ingredients [EFfCI]/EP u. Rat), Slg. 2004, S. II-4263 Rn. 38.

[523] Vgl. EuG, Rs. T-231/02 (Gonnelli u. Associazione Italiana Frantoiani Oleari [AIFO]/Kommission), Slg. 2004, II- 1051 Rn. 31 [eigene Hervorhebung der Verfasserin]: *„...dass die angefochtene Handlung ein* ***genereller Rechtsakt*** *und* ***keine Entscheidung*** *im Sinne des Artikels 249 EG ist, schließt jedoch für sich genommen noch nicht aus, dass einer Privatperson gegen die Handlung eine Nichtigkeitsklage zusteht.* Vgl. auch: EuGH, Rs. C-309/89 (Codorniu/Rat), Slg. 1994, S. I-1853 Rn. 19;EuGH, Rs. C-451/98 (Antillean Rice Mills/Rat), Slg. 2001, S. I-8949, Rn. 49; EuG, Rs. T-223/01 (Japan Tobacco u. JT International/EP u. Rat), Slg. 2002, S. II-3259 Rn. 29; EuG, Rs. T-167/02 (Établissements Toulorge/EP u. Rat), Slg. 2003, S. II-1111, Rn. 26; EuG, Rs. T-196/03 (European Federation for Cosmetic Ingredients [EFfCI]/EP u. Rat), Slg. 2004, S. II-4263 Rn. 37.

steht mit den Voraussetzungen für die Klageberechtigung im engen Zusammenhang.[524] Die „Entscheidung" i.S.d. Art. 230 Abs. 4 EG ist damit als autonomer Begriff des Prozessrechts zu behandeln. Das ursprüngliche Festhalten an dem materiellen Rechtscharakter der fraglichen Maßnahme ist allmählich relativiert worden. Die Rechtsprechung ließ vielfach die Prüfung der Rechtsnatur der angefochtenen Maßnahme ausfallen und verschob den Schwerpunkt stattdessen auf die Klageberechtigung. Darin ist die Indifferenz des Klagegegenstandes nicht nur von seiner Rechtsform, sondern auch von seiner Rechtsnatur zu sehen. Die Rechtsnatur wird nur als eine Art Vorfrage erörtert und in die Prüfung der Klageberechtigung integriert. Die beiden Kategorien sind zwar nicht deckungsgleich[525], es gibt dennoch Berührungspunkte. Steht also fest, dass es sich um eine belastende Maßnahme mit individueller Geltung handelt, weil der Adressatenkreis im Erlasszeitpunkt konstant und aus Rechtsgründen nicht erweiterungsfähig ist, dann sind die Adressaten zugleich Betroffene. Die objektiv individuelle Adressierung, die rechtliche Beschränkung der Anwendbarkeit auf bestimmte Subjekte, indiziert in diesem Fall die individuelle Betroffenheit. Weist der angefochtene Rechtsakt hingegen Normativcharakter auf, dann kann aus dem objektiven Gerichtet-Sein der Norm auf die Allgemeinheit noch kein Schluss auf die individuelle Betroffenheit gezogen werden.

Für einen prozessualen Begriff der „Entscheidung" in Art. 230 Abs. 4 EG spricht ferner, dass die gerichtliche Einstufung einer Maßnahme als Entscheidung i.S.d. Art. 230 Abs. 4 EG ausschließlich prozessuale und nicht auch materiellrechtlichen Folgen auslöst.[526] Einen weiteren Grund für die Abkoppelung der Rechtsnatur von der Rechtswegeröffnung gegen Sekundärrechtsakte ist in deren Austauschbarkeit zu erblicken. Der Gemeinschaftsgesetzgeber ist grundsätzlich nicht daran gehindert, durch Verordnung andere Rechtsakte, auch Entscheidungen i.S.d. Art. 249 Abs. 4 EG aufzuheben oder inhaltlich zu modifizieren.[527] Die Gleichrangigkeit der Sekundärrechtsakte im Verhältnis zueinander hat nämlich zur Folge, dass die allgemeinen Kollisionsregeln *lex posterior* und *lex specialis* Anwendung finden. Auch der Umstand, dass eine Verordnung sich an einen unbestimmten Adressatenkreis wendet, steht der Aufhebung einer Entscheidung oder Richtlinie[528] nicht entgegen. Die aufhebende Verordnung wird nicht automatisch als „verdeckte Entscheidung" qualifiziert. Insbesondere bei Inhaltsmodifikationen kann es oft durchaus sinnvoll sein, allgemeine Rechtsnormen zu erlassen, um einen weiteren Adressatenkreis der Regelung zu unterwerfen. Wenn also durch eine Verordnung auch eine (adressatenbegünstigende) Entscheidung aufgehoben werden kann, dann spielt die Rechtsnatur der angefochtenen Maßnahme keine entscheidende Rolle für die Rechtsschutzgewährung. Es liegt daher nahe, beim Klagege-

---

[524] Vgl. EuG, Rs. T-231/02 (Gonnelli u. Associazione Italiana Frantoiani Oleari [AIFO]/Kommission), Slg. 2004, II-1051 Rn. 32. S. auch: EuG, Rs. C-358/89 (Extramet Industrie/Rat), Slg. 1991, S. I-2501 Rn. 13; EuGH, Rs. C-309/89 (Codorniu/Rat), Slg. 1994, S. I-1853 Rn. 19; EuG, Rs. T-223/01 (Japan Tobacco u. JT International/EP u. Rat), Slg. 2002, S. II-3259 Rn. 29.

[525] S.o.: Kap. I A III 1 a) bb) und Kap. II C III 2 c) bb).

[526] *Bast*, in: v. Bogdandy (Hrsg.), Europäisches Verfassungsrecht (2003), S. 479 (520 ff.); *Röhl*, ZaöRV 2000 (60), S. 331 (355 f.). Vgl. auch: *Nettesheim*, JZ 2002, S. 928 (930): „Handlungsformenlehre und Rechtsschutzdogmatik haben sich voneinander gelöst." S. auch: Kap. II C III 2 d.

[527] Näher dazu: *Haratsch*, EuR 1998, S. 387 (411).

[528] Vgl. EuG, Rs. 392/02 (Solvay Pharmaceuticals/Rat), Slg. 2003, S. II-4555 ff.

genstand allein auf die Auswirkung der Rechtsfolgen der Maßnahme auf den Kläger abzustellen, während der Tatbestand eine allgemeine Regelung sein kann.

Die Entscheidung im prozessualen Sinne verlangt eine entscheidungsgleiche Wirkung, d.h. eine konkrete Auferlegung von Rechten und Pflichten. Im Gegensatz dazu steht nur potentielle und aus der *ex ante-* Perspektive noch ungewisse Adressatenstellung, die die typische *Wirkungsweise* von allgemein geltenden Maßnahmen darstellt.

4. Wege zur Überwindung des Wortlauts des Art. 230 Abs. 4 EG

Will man trotz der gerade erläuterten Bedenken dennoch auf den materiellen Entscheidungsbegriff abstellen, so ist die Individualanfechtbarkeit von Normativbestimmungen jedenfalls nicht mehr i.R.d. Wortlauts des Art. 230 Abs. 4 EG erreichbar. Somit bleiben nur zwei Möglichkeiten: a) Rückgriff auf eine Analogie oder b) Suche nach einer Lösung über die Grundsätze der Normkollision zwischen gleichrangigen Normen.

a) Analogie als methodischer Erklärungsansatz

Analogieansätze sind u.a. bei GA *Lenz* in seinen Schlussanträgen in den Rs. *Cordoniu* und *Gibraltar* vorzufinden. Zwar sprach sich der Generalanwalt nicht ausdrücklich für eine „Analogie", sondern für einen Verzicht auf ein eigenständiges Erfordernis der „Entscheidung" aus.[529] Jedoch beruhte seine Argumentation im Wesentlichen auf der Vergleichbarkeit der Rechtslage des Adressaten einer Entscheidung und des hiervon besonders Betroffenen, aus dessen Sicht es keine Rolle spielt, ob es außer ihm auch andere Betroffene gibt.[530] Daneben verglich er die Rechtslage bei Antidumpingverordnungen[531], für die die Verordnungsform primärrechtlich vorgeschrieben ist, mit der Situation, wenn die Verwendung dieser Handlungsform faktisch zwingend erscheint. In beiden Fällen ist es aus Klägersicht ein reiner Zufall, der nicht über das Bestehen eines Klagerechts entscheiden darf.[532] Der Generalanwalt verzichtete auf die Eigenständigkeit des Klagegegenstandes im Prüfungsaufbau und postulierte damit im Grunde eine teleologische Reduktion des Art. 230 Abs. 4 Var. 2 EG. Eine derartige Verkürzung des Wortlauts ist aus methodischer Sicht als *analogiae legis* zu qualifizieren.

In eine ähnliche Richtung geht der Ansatz *Lengauers*, wobei sie nicht eindeutig klarstellt, ob sie eine Erweiterung des Wortlauts oder teleologische Reduktion befürwortet. Eine planwidrige Regelungslücke sei das Resultat eines grundlegenden Wandels der Lebensverhältnisse im Zusammenhang mit der Ausweitung der Gemeinschaftskompetenzen und ihrer legislativen Aktivität, mit der Anerkennung der unmittelbaren Richtlinienwirkung sowie mit der Einbettung von Grundrechten in die Gemeinschaftsrechtsordnung.[533] Diese Überlegungen bringen sie zu dem Schluss, dass eine Erweiterung des Individualklagerechts gegen normatives Sekundärrecht im Wege

---

[529] GA *Lenz*, Schlussanträge in der Rs. C-298/89 (Gibraltar/Rat), Slg. 1993, S. I-3621 Nr. 97; *ders.*, Schlussanträge in der Rs. C-309/89 (Cordoniu SA/Rat), Slg. 1994, S. I-1856 Nr. 23 ff. (insb. 26 f.).
[530] GA *Lenz*, Schlussanträge in der Rs. C-309/89 (Cordoniu SA/Rat), Slg. 1994, S. I-1856 Nr. 27.
[531] Für *bereichsspezifische* Schließung der Rechtsschutzlücke durch Rechtsfortbildung in Bezug auf Antidumpingmaßnahmen (unter ausdrücklicher Ablehnung der Hybridtheorie): *Schwarze*, EuR 986, S. 217 (231 f.).
[532] GA *Lenz*, Schlussanträge in der Rs. C-309/89 (Cordoniu SA/Rat), Slg. 1994, S. I-1856 Nr. 35.
[533] *Lengauer*, S. 173.

der Analogie zulässig und geboten sei. Aus dem Kreis der anfechtbaren Rechtsakte will sie nur verfassungsrechtliche Normen herausnehmen, die nicht in Grundrechte Einzelner eingreifen.[534] Diese Einschränkung erscheint insofern überflüssig, als der Kläger in jedem Fall den Nachweis individueller Betroffenheit erbringen muss. Diese erscheint beim Fehlen eines Grundrechtseingriffs schwer denkbar, da letztendlich meist eine Verletzung der Berufsfreiheit bzw. des Eigentums vorliegen wird. Gewichtiger ist jedoch, dass sich *Lengauer* einerseits für scharfe Trennung von Klagegegenstand und Klageberechtigung ausspricht[535], andererseits keinerlei Anhaltspunkte dafür gibt, welche Maßnahmen sie als Klagegegenstand anerkennen will.

Ob man die Erweiterung des Klagegegenstands in Art. 230 Abs. 4 EG auf Analogie oder teleologische Auslegung stützt dürfte letztendlich nebensächlich sein. Eine strenge Differenzierung zwischen Auslegung und Rechtsfortbildung (mitunter Analogie) ist der deutschen Methodenlehre eigentümlich, wobei die Grenze der Auslegung dann überschritten wird, wenn das Interpretationsergebnis vom möglichen Wortsinn nicht mehr gedeckt ist.[536] Dagegen ist diese Trennung der französischen Methodik fremd, die als *interprétation* über die Auslegung im engen Sinne hinaus auch die Rechtsfortbildung mit einbezieht.[537] Die Einflüsse der französischen Lehre sind in der Rechtsprechung des EuGH deutlich, denn entsprechend dem methodischen Selbstverständnis der Gemeinschaftsgerichte begründet die Wortlautgrenze keine Differenzierung zwischen Auslegung und Rechtsfortbildung.[538] Jedenfalls reicht es für die Begründung der Notwendigkeit einer solchen Rechtsfortbildung nicht aus, dass Individualrechte nach dem derzeitigen Klagesystem der Art. 220 ff. EG allein aufgrund der Rechtsnatur der angefochtenen Maßnahme unterschiedlich behandelt werden, solange diese „Ungleichbehandlung" vom Vertrag intendiert ist und mit den übrigen Primärrechtsnormen, insb. dem Grundsatz des effektiven Rechtsschutzes nicht in Konflikt geraten.

b) Grundrechtlich fundierter Anspruch auf effektiven Rechtsschutz

Einen anderen Ansatz wählt dagegen *Cremer*. Er will Direktklagen Einzelner gegen „echte" Normativbestimmungen nur ausnahmsweise zulassen, wenn im konkreten Einzelfall ohne diesen Rechtsbehelfs schwere und irreparable Beeinträchtigungen gemeinschaftlich fundierter Rechte oder Freiheiten drohen.[539] Dieses „partielle" Klagerecht leitet er unmittelbar aus der Garantie des effektiven Rechtsschutzes her. Obgleich der Anspruch auf effektiven Rechtsschutz anlässlich der Berufung auf das Gemeinschaftsrecht gegen Mitgliedstaaten entwickelt wurde[540], muss dies erst recht für das Handeln der Gemeinschaft selbst gelten. Im Wege einer „partiellen Überlagerung" des Art. 230 Abs. 4 Var. 2 EG durch den gleichrangigen Grundsatz des effektiven Rechtsschutzes ist die im bezeichneten Ausnahmefall entstehende Lücke zu schließen, um die

---

[534] *Lengauer*, S. 174.
[535] *Lengauer*, S. 171 f.
[536] Vgl. *Anweiler*, S. 37.
[537] *Buck*, S. 102.
[538] *Anweiler*, S. 404 ff.; *Borowski*, EuR 2004, S. 879 (889). Ausführlich dazu: *Wendel*, in: WHI-Paper 4/05, , S. 5 ff. – www.whi-berlin.de/wendel.htm [letzter Abruf am: 12.2.2005]
[539] *Cremer* in: Calliess/Ruffert, EUV/EGV, Art. 230 EG Rn. 37.
[540] *Cremer*, EuZW 2001, S. 453 (456).

Einheit der Gemeinschaftsverfassung zu wahren.[541] Art. 230 Abs. 4 EG wird hierdurch nicht *contra legem* angewendet, da sich kein positiver Ausschluss der Anfechtbarkeit von Normativakten entnehmen lässt.[542]

Der Vorschlag *Cremers* hat den Vorteil, dass er den problematischen Voraussetzungen einer Analogie, insb. der Frage nach einer planwidrigen Regelungslücke, aus dem Weg geht und sich somit nicht dem Vorwurf aussetzen muss, das Konzept des EG-Vertrages siehe *grundsätzlich* kein direktes Klagerecht Privater gegen normatives Sekundärrecht vor[543]. Genau genommen handelt es sich auch nicht um ein Fall der Normenkollision, sondern um einen selbständigen Anspruch auf Zulassung einer Direktklage des Einzelnen gegen normatives Sekundärrecht *neben* den in Art. 230 Abs. 4 EG geregelten Fällen. Damit stellt sich auch das Folgeproblem nicht, mit dem alle übrigen Lösungsansätze konfrontiert werden, nämlich die Frage, ob und inwiefern die Klageberechtigungsvoraussetzung der individuellen Betroffenheit erweiternd ausgelegt werden kann bzw. muss.[544] Durch die Einschränkung auf Ausnahmefälle schwerer und irreparabler Rechtsbeeinträchtigung wäre Systemkonformität gewahrt, weil somit der Gefahr der Aushöhlung der ausdrücklich normierten Fälle der Individualnichtigkeitsklagen vorbeugt wäre. Aus systematischer Sicht bleibt ein Rückgriff auf die allgemeine Norm immer möglich, wenn die konkretisierende Bestimmung insoweit unvollständig ist und das Ergebnis mit Blick auf die grundrechtliche Garantie eine unzumutbare Härte darstellen würde. Allerdings gibt *Cremer* keine Antwort darauf, in welchen Fällen eine derartige Ausnahmesituation anzunehmen wäre.

5. Fazit

Zusammenfassend ergibt sich, dass das materiellrechtliche Verständnis jedenfalls für die Bestimmung des Klagegegenstandes als Voraussetzung für die Rechtswegeröffnung zum EuG untauglich ist. Die Einbeziehung der Normativakte in den Klagegegenstand des Art. 230 Abs. 4 EG ist aus dogmatischer Sicht erklärbar, wenn man das an Art. 249 Abs. 4 EG angelehnte, materielle Verständnis der Entscheidung verwirft und die anfechtbare „Entscheidung" i.S.d. Art. 230 Abs. 4 EG als einen Funktionsbegriff des Prozessrecht definiert. Damit ist freilich nicht gesagt, dass die Rechtsnatur der angegriffenen Maßnahme als solche keine Rolle mehr spielt. Sie bestimmt nämlich die Voraussetzungen, unter denen dem Einzelnen die Klageberechtigung gegen eine bestimmte Handlungskategorie zuerkannt wird. Die Rechtsnatur der Maßnahme wird zwar von dem Aspekt der individuellen Betroffenheit als Merkmal der Klageberechtigung dogmatisch klar getrennt, prüfungstechnisch im Aufbau aber wiederum miteinander funktional verknüpft. Der entscheidende Unterschied liegt jedoch darin, dass der Rechtscharakter der fraglichen Handlung nicht über die individuelle Betroffenheit zu definieren ist, sondern bestimmt, ob und welche Anforderungen an den Nachweis der

---

[541] *Cremer*, EuZW 2001, S. 453 (456 f.)

[542] *Cremer* in: Calliess/Ruffert, EUV/EGV, Art. 230 EG Rn. 37.

[543] So z.B.: EuGH, Rs. C-50/00 P (Unión de Pequeños Agricultores/Rat), Slg. 2002, S. II-6677 Rn. 35; EuG, Rs. T-155/02 R (VVG International u.a./Kommission), Slg. 2002, S. II-3239 Rn. 22.

[544] S. dazu unten: Kap. II D III 2 bis 5 und E II.

Klageberechtigung zu stellen sind.[545] Dem Gesichtpunkt „Rechtsnatur" kommt somit nur eine Vorfragefunktion i.R.d. Klagebefugnis zu. Der Klagegegenstand ist als prozessualer Begriff wirkungsbezogen zu definieren und damit aufs Engste mit der Klageberechtigung verbunden.[546] Diese Interpretation des Klagegegenstandes i.R.d. Art. 230 Abs. 4 EG stellt das Ergebnis einer langen und keineswegs widerspruchsfreien richterlichen Rechtsfortbildung dar. Letztendlich erweist sich also die Frage nach der individuellen und unmittelbaren Betroffenheit als zentrales Problem der Zulässigkeit einer privat initiierten Normenkontrolle.

D. Klageberechtigung im Rechtsschutz gegen Verordnungen

Die Voraussetzungen der unmittelbaren und individuellen Betroffenheit sollen in erster Linie Popularklagen ausschließen und erfüllen damit eine Filterfunktion.[547]

I. Tatbestandsmerkmal „Betroffenheit"

Das Merkmal der „Betroffenheit" in der Rechtsprechungspraxis wird nicht isoliert von der Unmittelbarkeit und Individualisierung erörtert. Unter dem Begriff der Betroffenheit ist jede Art der Klägerbeschwer zu verstehen, die der fragliche Rechtsakt auslöst, unabhängig davon, ob das berührte Interesse rechtlich besonders geschützt wird oder nicht.[548] Die Formulierung bietet keine Stütze für eine Einschränkung auf Verletzung subjektiver Rechte. Es genügt, dass der Interessenkreis des Klägers tangiert wird, eine Rechtsverletzung ist nicht erforderlich.[549] Damit nähert sich die gemeinschaftsrechtliche Individualklage dem französischen Modell der Interessenklage, das sich durch eine vordergründig objektive Rechtsmäßigkeitskontrolle charakterisiert, während der Individualrechtsschutz erst daneben tritt.[550] Zur Vermeidung von Popularklagen wird zwar ein Nachweis der Klageberechtigung (*intrérêt pour agir*) verlangt, jedoch werden die Voraussetzungen sehr liberal ausgelegt. Es genügt bereits eine irgendwie geartete Beeinträchtigung der Interessen des Klägers.[551] Die Konkretisierung der Anforderungen an die Art der Betroffenheit erfolgt durch die Merkmale „unmittelbar" und „individuell". Auffällig ist, dass eine bloß mögliche Betroffenheit nicht hinreichend ist.[552]

---

[545] Bei den formell an den Kläger gerichteten Entscheidungen gem. Art. 230 Abs. 4 Var. 1 EG ist kein Nachweis der unmittelbaren und individuellen Betroffenheit erforderlich. Vgl. dazu: *Neuwahl*, ELR 1996, S. 17 (22 f.).

[546] Ebenso: *Röhl*, ZaöRV 2000 (60), S. 331 (354); *Sedemund/Heinemann*, DB 1995, S. 713 (719). Krit. dazu: *Allkemper*, S. 59; *Cremer*, EWS 1999, S. 48 (49 ff.); *Scherzberg*, in: Siedentopf (Hrsg.), Europäische Integration und nationalstaatliche Verwaltung (1991), S. 17 (23).

[547] *Daig*, Rn. 125; *Everling*, EuR 1990, S. 195 (210); *ders.*, DRiZ 1993, S. 5 (9); *v. Winterfeld*, NJW 1988, S. 1409 f. Vgl. auch: *Kirchhof*, EuR Beiheft 1/1991, S. 11 (24); *Schwarze*, in: GS Martens (1987), S. 819 (844)

[548] *Pechstein*, Rn. 394 f.

[549] Vgl. EuGH, Rs. 88/76 (Société pour l' exportation des sucres/Kommission), Slg. 1977, S. 709 Rn. 9/12; *Classen*, NJW 1995, S. 2457 (2459); *Koenig/Pechstein/Sander*, Rn. 390.

[550] Zu den Strukturunterschieden zwischen der Verletztenklage und der Interessenklage: *Calliess*, NJW 2002, S. 3577 (3578); *Wegener*, in: Bertschi u.a. (Hrsg.), Demokratie und Freiheit (1999), S. 19 ff. Zum französischen Rechtsschutzsystem: *Fromont*, FS Menger (1985), S. 887 (892).

[551] *Epiney*, VVDStRL 61 (2002), S. 362 (370 ff.).

[552] *Pechstein*, Rn. 395.

Der Wortlaut des Art. 230 Abs. 4 EG enthält keine Einschränkungen der „Betroffenheit" im Hinblick auf die Art des beeinträchtigten Interesses. Aus Gründen der Einheit und Widerspruchsfreiheit der Rechtsordnung müssen aber m.E. jedenfalls rechtlich missbilligte Interessen ausscheiden.[553] Daher ist in den an sich sehr weiten Betroffenheitsbegriff eine ungeschriebene *ordre public*-Klausel hinein zu interpretieren.

II. Unmittelbare Betroffenheit

Das Erfordernis der unmittelbaren Betroffenheit ist nach seiner Grundidee Ausfluss der föderalen Struktur der Gemeinschaft.[554] Die Zweckbestimmung besteht in einer „Vorfilterfunktion", Direktklagen gegen solche Sekundärrechtsakte auszuschließen, die noch keine aktuelle Beschwer darstellen, sondern erst die Möglichkeit bzw. Bedingungen für eine potentielle, künftige Belastung des Einzelnen schaffen.[555] Die unmittelbare Betroffenheit ist zunächst in solchen Fällen zu bejahen, in denen der Rechtsakt selbst, ohne Erforderlichkeit weiterer Durchführungsakte in den Rechts- bzw. Interessenkreis des Klägers eingreift.[556] Entsprechend diesem formellen Verständnis der Unmittelbarkeit hat der Gerichtshof in der Rs. *UNICME* eine Nichtigkeitsklage italienischer Importeure von Krafträdern aus Japan gegen eine Verordnung abgelehnt, die die Einfuhr dieser Produkte von einer nationalen Einfuhrgenehmigung abhängig machte. Es wurde damit begründet, dass die Beschwer erst mit der Verweigerung der beantragten Genehmigung durch nationale Behörden und nicht bereits mit der Statuierung der Genehmigungspflicht entstehe.[557] Dasselbe trifft auf Bestimmungen zu, die nur für nationale Behörden, nicht dagegen für Privatpersonen gelten.[558]

Dieser Grundsatz[559] duldet freilich Ausnahmen. Trotz erforderlicher Durchführungsakte wird die unmittelbare Betroffenheit auch dann bejaht, wenn die Umsetzung nur als ein rein formaler, „automatischer Vorgang" erscheint.[560] Das ist zu bejahen, wenn der umzusetzende Rechtsakt bereits selbst alle *essentialia* festlegt, dem umset-

---

[553] Noch enger: *Daig*, in: FS Riese (1964), S. 187 (204); *Wegmann*, S. 129, die nicht nur den Widerspruch zur Rechts-, sondern auch zur Sittenordnung der Gemeinschaft als Einschränkung betrachten. Angesichts der Konturlosigkeit und Wandelbarkeit dieses Begriffs ist diese Einschränkung abzulehnen. Im Interesse der Rechtssicherheit verbietet sich eine Einschränkung des Klagerechts durch „sittliche Gründe".

[554] *Börner*, Referat, in: 46.DJT, Bd. 2 (1967), S. G9 (13); *Matthies*, Referat, in: 46. DJT /2, (1967), S. G 53 (59).

[555] Siehe: *Cremer*, EuZW 2001, S. 453 (455 f.); *Schwarze*, in: FS Schlochauer (1981), S. 927 (936).

[556] Vgl. EuGH, verb. Rs. 103 bis 109/78 (Societé des Usines de Beauport u.a./Rat), Slg. 1979, S. 17; EuGH, Rs. 294/83 (Les Verts/EP), Slg. 1986, S. 1339 Rn. 31; EuGH, Rs. 55/86 (Asociacion Provincial de Armadores de Buques de Pesca de Gran Sol-De Ponte Tevedra [ARPOSOL]/Rat), Slg. 1988 S. 13.

[557] EuGH, Rs. 123/77 (UNICME/Rat) Slg.1978, S. 845 Rn. 8/13.

[558] Dazu: EuG, Rs. T-541/93 (James Connaughton u.a./Rat), Slg. 1997, S. II-549 Rn. 38.

[559] Vgl. EuGH, Rs. 96/71 (Haegeman/Kommission), Slg. 1972, S. 1005 Rn. 5/8 u. 9/13; EuGH, Rs. 92/78 (Simmenthal/Kommission) Slg. 1979, S. 777 Rn. 27 ff.

[560] Siehe dazu z.B.: EuGH, Rs. 113/77 (NTN Toyo Bearing Co./Rat), Slg. 1979, S. 1185 Rn. 11; EuGH, Rs. 118/77 (Import Standard Office [ISO] u.a./Rat), Slg. 1979, S. 1277 Rn. 26; EuGH, Rs.C-152/88 (Sofrimport/Kommission), Slg. 1990, S. I-2477 Rn. 9; EuGH, Rs.C-386/96 (Dreyfus/Kommission), Slg. 1998, S. I-2309 Rn. 43; EuG, Rs. T-155/94 (Climax Paper Converters Ltd/Rat), Slg. 1996, S. II-873 Rn. 53.

zungspflichtigen Mitgliedstaat mithin kein Durchführungsspielraum verbleibt. Der beanstandete Rechtsakt wirkt sich dann unmittelbar auf die Rechtsstellung des Einzelnen aus, weil die sich die Beschwer materiell allein aus der Gemeinschaftsregelung ergibt.[561] Der Einzelne ist nicht nur potentiell, sondern wegen der unbedingten Umsetzungspflicht des Mitgliedstaats bereits *ipso facto* materiell betroffen. So wird z.B. bei Verordnungen zur Festsetzung der endgültigen Antidumpingzölle den Mitgliedstaaten regelmäßig kein Ermessensspielraum bei der Durchführung eingeräumt.[562]

Darüber hinaus hat die Rechtsprechung das Unmittelbarkeitserfordernis auch dann als erfüllt angesehen, wenn der Mitgliedstaat bereits deutlich und fest kundgetan hat, dass er von den gemeinschaftsrechtlichen Vorgaben nicht abweichen wird, sodass die Durchführungsmaßnahme nur noch von der sekundärrechtlichen Ermächtigung abhängt.[563] So hat der EuGH die unmittelbare Betroffenheit der griechischen Baumwollgarnhersteller durch eine Kommissionsentscheidung bejaht, die Frankreich auf eigenen Antrag hin ermächtigte, die Einfuhr von Baumwollgarnen aus Griechenland zu kontingentieren.[564] In diesem Fall waren Durchführungsmaßnahmen des Mitgliedstaates erforderlich, wobei keine Verpflichtung hierzu bestand. Angesichts der Antragsinitiative Frankreichs erschien es höchst unwahrscheinlich, dass der Mitgliedstaat von der erteilten Ermächtigung keinen Gebrauch machte. Verbleibt also dem Mitgliedstaat bei der Durchführung von Gemeinschaftsrechtsakten noch Ermessensspielraum oder steht nicht eindeutig fest, dass ein Abweichen von den fraglichen Sekundärrechtsbestimmungen höchst unwahrscheinlich ist[565], so sind die Kläger mangels unmittelbarer Betroffenheit angehalten, die nationalen Durchführungsakte abzuwarten und den innerstaatlichen Rechtsweg zu beschreiten. Das Unmittelbarkeitskriterium entscheidet also nicht über das „Ob" des Rechtsschutzes vor den Gemeinschaftsgerichten.[566]

---

[561] EuGH, Rs. 333/85 (Mannesmann Röhrenwerke u. Benteler/Rat), Slg. 1987, S. 1381 Rn. 14; EuGH, Rs. 55/86 (Arposol/Rat), Slg. 1988, S. 13 Rn. 11-13; EuGH, Rs. C-354/87 (Weddel/Kommission), Slg. 1990, S. I-3847 Rn. 19; EuGH, Rs. 207/86 (Apesco/Kommission), Slg. 1988, S. 2151 Rn. 12; EuGH, Rs. C-152/88 (Sofrimport/Kommission), Slg. 1990, S. I-2477 Rn. 9 u. 26; EuGH, Rs. C-386/96 P (Dreyfus/Kommission), Slg. 1998, S. I-2309 Rn. 43; EuGH, Rs. C-404/96 P (Glencore Grain/Kommission), Slg. 1998, S. I-2435 Rn. 41; EuG, Rs. T-13/99 (Pfizer Animal Health SA/Rat), Slg, 2002, S. II- 3305 Rn. 86; EuG, Rs. T-40/04 (Emma Bonino u.a./EP und Rat), Slg. 2005, S. II-2685 Rn. 39 ff.

[562] *Habermann/Pietzsch*, in: Tietje/Kraft/Sethe (Hrsg.), BTW 24/2004, S. 1 (28) – www.wirtschaftsrecht.uni-halle.de [letzter Abruf am: 2.3.2006]; krit. dazu: *Schwarze*, EuR 1986, S. 217 (229 ff.), der aber die Zulässigkeit der Individualklage gegen Antidumpingverordnungen unter dem Aspekt des effektiven Rechtsschutzes bejaht.

[563] Vgl. z.B.: EuGH, Rs. 106/63 (Töpfer/Kommission), Slg. 1965, S. 548 (555 f.); EuGH, Rs. 11/82 (Piraiki-Patraiki/Kommission), Slg. 1985, S. 207 Rn. 7 ff.; EuG, Rs. T-380/94 (AIUFFASS und AKT/Kommission), Slg. 1996, S. II- 2169 Rn. 46 f.

[564] EuGH, Rs. 11/82 (Piraiki-Patraiki/Kommission), Slg. 1985, S. 207 Rn. 8/9; in diesem Sinne auch: EuGH, Rs. 62/70 (Bock/Kommission), Slg. 1971, S. 897 Rn. 6 ff.. Ähnlich bei Antidumpingverordnungen, deren Vollzug „automatisch" erfolgt – vgl. etwa: EuGH, Rs. 121/77 (Nachi Fujikoshi/Rat), Slg. 1979, S. 1363 Rn. 11.

[565] So z.B. im Fall: EuGH, Rs. 222/83 (Gemeinde Differdange u.a./Kommission), Slg. 1984, S. 2889 Rn. 10. Dort wies der EuGH die Nichtigkeitsklage mangels unmittelbarer Betroffenheit ab, da dem Mitgliedstaat noch Umsetzungsspielraum verblieb. Der Rechtsakt ermächtigte ihn zur Beihilfegewährung an namentlich bezeichnete Gesellschaften, sofern ein bestimmter Kapazitätsabbau erfolgt.

[566] In diesem Sinne auch: *Matthies*, Referat, in: 46. DJT, Bd. 2 (1967), S. G 53 (59).

Obgleich die materielle Betrachtungsweise vornehmlich für die Fälle „automatisierten" bzw. absehbaren nationalen Vollzugs des Gemeinschaftsrechts entwickelt wurde, besteht kein Grund für eine andere Beurteilung der Fälle, in denen sich Willensentschließungen Dritter als notwendiger, aber absehbarer und insoweit „automatischer" Zwischenakt zur Beeinträchtigung des Rechts- bzw. Interessenkreises des Klägers darstellen.[567] Gemeint sind z.B. Situationen, in denen es zwar in den Händen eines Dritten liegt, eine durch das Gemeinschaftsrecht eingeräumte Begünstigung in Anspruch zu nehmen (Konkurrentenfälle) oder eine bestimmte Kaufentscheidung (der Konsumenten) zu treffen. In der Rs. *Eridania*[568] klagten italienische Zuckerhersteller gegen Kommissionsentscheidungen über die Zulässigkeit von Beihilfen, die ihren Konkurrenten gewährt werden sollten. Obgleich die Kommission das Fehlen der unmittelbaren Betroffenheit mit dem Hinweis rügte, die Wettbewerbssituation für die Kläger könne sich erst nach der Realisierung der subventionierten Vorhaben durch die begünstigten Konkurrenten ändern, sah der Generalanwalt darin eine „automatische", vorhersehbare Folge der Beihilfengewährung und bejahte dementsprechend die (materielle) Unmittelbarkeit.[569] Leider äußerte sich der EuGH zu dieser Frage nicht, da die Klage bereits anderweitig scheiterte. Letztendlich dürfte es aber keinen Unterschied machen, ob ein Zwischenakt seitens des Mitgliedstaates oder eines (privaten) Dritten erforderlich ist, solange die Beeinträchtigung des Klägers gewissermaßen die Kehrseite, also Folge der strittigen EG-Maßnahme darstellt.

Ähnlich dürften auch Fälle zu beurteilen sein, in denen sich die Betroffenheit des Klägers formell gesehen nicht aus der Gemeinschaftsregelung selbst, sondern erst aus einem bestimmten, hierdurch veranlassten Verhalten der Konsumenten ergibt, z.B. wenn der Vertrieb bestimmter Erzeugnisse aufgrund eines Werbeverbots, einer Gegenwerbekampagne oder Mindestpreisanordnungen drastisch sinkt.[570] Zwar ist die Kaufentscheidung der Konsumenten das letztlich ursächlich für die Beeinträchtigung der Interessen des Herstellers, jedoch lässt sich diese aufgrund der fraglichen Regelung bereits mit an Sicherheit grenzender Wahrscheinlichkeit prognostizieren, sodass nach materieller Betrachtung die unmittelbare Betroffenheit angenommen werden muss.
Zusammenfassend ist festzustellen, dass ein Einzelner nur dann unmittelbar betroffen ist, wenn sich die beanstandete Gemeinschaftsmaßnahme auf seinen Rechts- bzw. Interessenkreis ohne Hinzutreten weiterer Durchführungsmaßahmen auswirkt oder den mit

---

567 Im Ansatz: *Waldherr*, in: FS Posch (1996), S. 465 (486). Näher dazu: *Burchard*, EuR 1991, S. 140 (153 ff.).

568 EuGH, verb. Rs. 10 u. 18/68 (Eridania Zuccherifici u.a./Kommission), Slg. 1969, S. 459 ff.

569 Schlussanträge des GA *Roemer* in den verb. Rs. 10 u. 18/68 (Eridania Zuccherifici u.a./ Kommission), Slg. 1969, S. 459 (493).

570 Vgl. EuGH, Rs. 97/85 (Union Deutsche Lebensmittelwerke u.a./Kommission – „Berlin-Butter"), Slg. 1987, S. 2265 ff. Dort ging es um eine Nichtigkeitsklage der Margarinehersteller gegen eine Kommissionsentscheidung über die Förderung des Butterabsatzes auf dem Markt von Berlin (West) handelte, die bereits alle Einzelheiten der Durchführung regelte. In diesem Fall waren zwei Zwischenschritte erforderlich: die Durchführung durch die nationalen Behörden und eine bestimmte Reaktion der Verbraucher auf die Senkung des Butterpreises, welche jedenfalls im großen Teil ein Konkurrenzprodukt zur Margarine darstellt. Der Gerichtshof hat auch in diesem Fall keine Stellung zur Unmittelbarkeitsfrage genommen, da er die Zulässigkeit der Klage am Erfordernis der individuellen Betroffenheit scheitern ließ.

ihrer Durchführung betrauten Stellen keinerlei Ermessensspielraum lässt, die Durchführung rein automatisch erfolgt und sich allein aus der Gemeinschaftsregelung ergibt, ohne dass dabei weitere Vorschriften angewandt werden. Das Gleiche gilt, wenn für Adressaten bzw. Begünstigte nur eine rein theoretische Möglichkeit besteht, dem Gemeinschaftsakt nicht nachzukommen, weil der Eintritt der vorgesehenen Rechtsfolgen (Inanspruchnahme einer Begünstigung durch Dritte oder Hervorrufen bestimmter Verbraucherreaktionen bei verhaltenslenkenden Maßnahmen) wahrscheinlich ist." [571]

III. Das Kriterium der individuellen Betroffenheit

In funktioneller Hinsicht soll das Erfordernis der individuellen Betroffenheit Popularklagen ausschließen.[572] Diese Voraussetzung scheint eine gewisse Ähnlichkeit mit der Schutznormtheorie im deutschen Verwaltungsrecht aufzuweisen.[573] Während aber die Schutznormtheorie die Möglichkeit der Zuordnung des durch die betreffende Norm geschützten Rechtsguts zu einem Individuum verlangt, könnte die gemeinschaftsrechtliche Regelung auf die Individualbezogenheit des Rechtsaktes selbst abstellen.[574]

1. Die *Plaumann*-Formel

Seit 1963 definiert der Gerichtshof in ständiger Rechtsprechung die individuelle Betroffenheit anhand der sog. *Plaumann*-Formel. Danach ist nur derjenige als von einer Regelung als individuell betroffen anzusehen, der wegen bestimmter persönlicher Eigenschaften oder besonderer, ihn aus dem Kreis aller übrigen Wirtschaftsteilnehmer heraushebender Umstände berührt und daher in ähnlicher Weise wie ein Adressat einer Entscheidung individualisiert wird.[575]

a) Individualisierung wie ein Adressat

Die *Plaumann*-Formel stellt das Erfordernis besonderer, den Kläger aus dem Kreis der übrigen Wirtschaftsteilnehmer heraushebender persönlicher Eigenschaften oder sonstiger Umstände auf und vergleicht den Kläger mit anderen (tatsächlich oder nur potentiell) Betroffenen. Darüber hinaus wird eine adressatenähnliche Individualisierung verlangt, weshalb auf den typischen Wirkungsmodus der Entscheidung i.S.d. Art. 249 Abs. 4 EG zurückgegriffen wird.[576] Damit liegt der Schluss zweier gleichrangiger Tatbestandsvoraussetzungen nahe. Die Rechtsprechung betrachtet hingegen tendenziell eher das erste Element als ausschlaggebend, wobei die „besonderen Umstände" die Rolle eines Auffangtatbestands erfüllen.[577] Wird die „Heraushebung" des Klägers im

---

[571] Vgl. EuGH, Rs. C-386/96 P (Dreyfus/Kommission), Slg. 1998, S. I-2309 Rn. 43 f.

[572] *Matthies*, Referat, in: Verhandlungen des 46. DJT, Bd. 2 (1967), S. G 53 (60).

[573] *v. Danwitz*, S. 239 f.

[574] So: *Classen*, VerwArch 88 (1997), S. 645 (674).

[575] EuGH, Rs. 25/62 (Plaumann/Kommission), Slg. 1963, S. 211 (238).

[576] Z.T. wird vom „doppelten Vergleich" gesprochen – *Pechstein*, Rn. 411.

[577] Vgl. *Pechstein*, Rn. 411; Schlussanträge des GA *Colomer* in der Rs. C-106/98 (Comité d'entreprise de la Société française de production u.a./Kommission), Slg. 2000, S. I-3659 Rn. 16.

Verhältnis zu anderen Betroffenen bejaht, so ist die Individualisierung nicht weitere Tatbestandsvoraussetzung, sondern *Rechtsfolge.*[578]

Individuelle Betroffenheit bezieht sich auf eine bestimmte Qualität bzw. Intensität der Betroffenheit. Die restriktive Beurteilung dieser Voraussetzung führt dazu, dass die Rechtsprechung bestimmte Marktbeteiligte nicht bereits deshalb als von einem Rechtsakt individuell betroffen betrachtet, weil dieser sie wirtschaftlich stärker berührt als ihre Konkurrenten.[579] Die Heraushebung muss vielmehr auf besondere Umstände bzw. persönliche Eigenschaften zurückzuführen sein. Daher genügt es nach nicht, wenn *„die fraglichen Unternehmen nur wegen ihrer **objektiven** Eigenschaft"* als Hersteller oder sonstige Geschäftsleute beeinträchtigt sind, *also „in gleicher Weise wie alle anderen Wirtschaftsteilnehmer, die sich in der Europäischen Gemeinschaft in der gleichen Lage befinden".*[580] Tatsächliche Umstände wie Größe und Bedeutung des Unternehmens im bestimmten Sektor[581], zu erwartende (Wettbewerbs-) Nachteile[582] sowie die Marktsituation als solche[583] werden von den Gemeinschaftsrichtern grundsätzlich nicht berücksichtigt. *„Denn eine Handelstätigkeit kann a priori von jedem beliebigen Unternehmen ausgeübt werden, das sich tatsächlich oder potentiell in gleicher Lage wie jene Marktteilnehmer befinden kann."*[584] Unklar ist jedoch, welche Umstände als „besondere" bzw. welche Eigenschaften als „persönlich" qualifiziert werden können. Die Rechtsprechung hat hierzu bislang keine allgemeine Formel entwickelt und löst die Probleme von Fall zu Fall.

b) Fallgruppen

aa) Rückwirkung und Geltungsbeschränkungen

Ausgehend von der *Plaumann*-Formel verlangte der Gerichtshof zum Nachweis der Individualisierung in früheren Entscheidungen, dass der Betroffenenkreis bereits im Erlasszeitpunkt *„der Zahl und der Person nach"* feststeht, d.h. im Nachhinein nicht mehr erweiterungsfähig ist.[585] Dieses Erfordernis konnte streng genommen bei Rück-

---

[578] Anders: *Pechstein*, Rn. 411. Die adressatenähnliche Individualisierung wird im Fall der Heraushebung des Klägers aus dem Kreis aller übrigen Adressaten, als indiziert angesehen.

[579] EuG, Rs. T-11/99 (Van Parys u. a./Kommission), Slg. 1999, S. II-2653 Rn. 50 f.; EuG, Rs. T-196/03 (European Federation for Cosmetic Ingredients/EP u. Rat), Slg. 2004, S. II-4263 Rn. 47.

[580] EuG, verb. Rs. T-14/97 u. T-15/97 (Sofivo u. a./Rat), Slg. 1998, II-2601 Rn. 37; EuG, Rs. T-196/03 (European Federation for Cosmetic Ingredients [EFfCI]/EP u. Rat), Slg. 2004, S. II-4263 Rn. 48; EuG, Rs. T-393/03 (Valenergol/Rat), Beschl. v. 15.1.2004 (nicht in der amtl. Slg. veröffentlicht) Rn. 19 [eigene Hervorhebung].

[581] EuG, Rs. T-196/03 (European Federation for Cosmetic Ingredients [EFfCI]/EP u. Rat), Slg. 2004, S. II-4263 Rn. 49. Auch wenn der Kläger der einzige Betroffener der fraglichen Maßnahme war, genügte dies nicht für eine Individualisierung – vgl. EuGH, Rs. 231/82 (Spijker Kwasten/Kommission), Slg. 1983, S. 2559 (2566).

[582] EuG, Rs. T-196/03 (European Federation for Cosmetic Ingredients/EP u. Rat), Slg. 2004, S. II-4263 Rn. 50.

[583] Zum Ausnahmefall (Rs. *Extramet*) näher unten: Kap. II D III 1 b) bb) (1).

[584] EuGH, Rs. 11/82 (Piraiki-Patraiki u. a./Kommission), Slg. 1985, S. 207 Rn. 12-14; EuG, Rs. T-196/03 (European Federation for Cosmetic Ingredients/EP u. Rat), Slg. 2004, S. II-4263 Rn. 49.

[585] EuGH, verb. Rs. 106 u. 107/63 (Töpfer/Kommission), Slg. 1965, S. 547 (556); EuGH, verb. Rs. 41 bis 44/70 (International Fruit Company/Kommission), Slg. 1971, S. 411 Rn. 16/22; EuGH, Rs. 62/70

wirkung bzw. bei tatbestandlicher Rückanknüpfung an die in der Vergangenheit abgeschlossenen Sachverhalte erfüllt werden, z.B. im Falle der Anknüpfung an bereits (bis zum bestimmten Stichtag) gestellte Anträge auf Einfuhrgenehmigungen[586]. Aber auch hier ließ die Rechtsprechung zahlreiche Ausnahmen zu: Übergangsregelungen[587] sowie im Rechtsakt enthaltene Beschränkungen oder Ausnahmen vorübergehender[588] oder räumlicher Art[589] teilen grundsätzlich als Bestandteil der Gesamtregelung deren allgemeine Rechtsnatur[590], was zur Ablehnung der individuellen Betroffenheit führte.

Dieser strenge Ansatz beruhte im Grunde auf der in der Judikatur lange Zeit aufrechterhaltenen Prämisse, dass nur Schein-, nicht dagegen „echte" Verordnungen von Privatpersonen anfechtbar seien, wobei die Rechtsprechung Rechtsnatur und Klageberechtigung miteinander vermengt hat.[591] Eine Änderung brachte die Zulassung von Individualklagen gegen Normativakte unter Anerkennung ihrer Rechtsnatur als solcher.[592] Gleichzeitig begann der Gerichtshof, zwischen der Geltung einer Maßnahme einerseits und der individuellen Betroffenheit andererseits zu differenzieren.

Auch das Vorliegen eines im Erlasszeitpunkt geschlossenen, künftig nicht mehr erweiterungsfähigen Betroffenenkreises dürfte lediglich ein Indiz für die individuelle Betroffenheit sein.[593] Die Analyse der neueren Rechtsprechung zeigt, dass ein solcher Betroffenenkreis weder als hinreichende noch als notwendige Bedingung der Klageberechtigung betrachtet wird. Ein Beleg hierfür liefert der Fall *Sofrimport*, dessen Gegenstand eine Nichtigkeitsklage von Obstimpoteuren gegen eine Verordnung der Kommission zur Aussetzung der Erteilung von Einfuhrlizenzen war. Die Besonderheit der Konstellation lag darin, dass sich die betreffenden Erzeugnisse zur Zeit des Verordnungserlasses bereits auf dem Transportweg nach Europa befanden[594]. Damit stand der Kreis der betroffenen Importeure in diesem Zeitpunkt bereits fest. Dennoch war nicht die Geschlossenheit der Betroffenengruppe als solche ausschlaggebend für die Individualisierung, sondern der Umstand, dass die Kommission aufgrund sekundär-

---

(Bock/Kommission), Slg. 1971, S. 897 Rn. 10; EuGH, Rs. 100/74 (CAM/Kommission), Slg. 1975, S. 1393 Rn. 14/18 f.; EuGH, Rs. C-354/87 (Weddel/Kommission), Slg. 1990, S.I-3847 Rn. Rn. 23.

[586] EuGH, verb. Rs. 106 u. 107/63 (Töpfer/Kommission), Slg. 1965, S. 547 (556); EuGH, Rs. 62/70 (Bock/Kommission), Slg. 1971, S. 897 Rn. 9 f.; EuGH, Rs. 206/87 (Société Lefebvre Frère et Sour SA/Kommission), Slg. 1989, S. 275 Rn. 16 f.

[587] EuGH, Rs. 64/69 (Compagnie française commerciale et financière/Kommission), Slg. 1970, S. 221 (226) Rn. 11/12; EuGH, Rs. C-131/92 (Thierry Arnaud u.a./Rat), Slg. 1993 S. I-2573 Rn. 15 ff.

[588] EuGH, Rs. 6/68 (Zuckerfabrik Watenstedt/Rat), Slg. 1968, S. 612; EuGH, Rs. 64/69 (Compagnie française commerciale et financière/Kommission), Slg. 1970, S. 221 Rn. 12-15.

[589] EuGH, verb. Rs. 103/78 bis 109/78 (Société des usines de Beauport/Rat), Slg. 1979, S. 17, Rn. 15-19.

[590] EuGH, Rs. C-298/89 (Regierung von Gibraltar/Rat), Slg. 1993, S. I-3605 Rn. 18.

[591] Bsp.: EuGH, Rs. C-354/87 (Weddel/Kommission), Slg. 1990, S.I-3847 Rn. Rn. 21-23. Der EuGH prüfte die individuelle Betroffenheit anhand des für die Rechtsnatur maßgeblichen Adressatenkriteriums (Rn. 18, 20). Sodann stellte er fest, dass die angefochtene Verordnungsvorschrift ein Bündel von Einzelentscheidungen darstellt. *Somit* sei die Klägerin individuell betroffen. S. dazu oben: Kap. II C II.

[592] S.o.: Kap. II B II 3 b).

[593] A.A.: *Booß* in: Grabitz/Hilf, EUV/EGV, Art. 230 EG Rn. 57.

[594] EuGH, Rs. 152/88 (Sofrimport/Kommission), Slg. 1990, s. 2477 Rn. 11.

rechtlicher Bestimmung[595] verpflichtet war, beim Erlass der Maßnahmen der besonderen Lage der Erzeugnisse Rechnung zu tragen, die sich auf dem Weg nach der Gemeinschaft befinden.[596] In der Folgezeit präzisierte die Rechtsprechung ihren:

„Damit das Vorliegen eines beschränkten Kreises von Wirtschaftsteilnehmern als Gesichtspunkt, der die fraglichen Wirtschaftsteilnehmer hinsichtlich der angefochtenen Handlung individualisiert, relevant sein kann, müssen nämlich drei kumulative Voraussetzungen erfüllt sein. Erstens müssen sich die Wirtschaftsteilnehmer in einer Lage befinden, die sie aus dem Kreis aller übrigen von der angefochtenen Handlung betroffenen Wirtschaftsteilnehmer heraushebt. Zweitens muss die Änderung ihrer Lage als der Gesichtspunkt, der ihnen letztlich ihre Sonderstellung verschafft, indem er den genannten beschränkten Kreis schließt, ihren Ursprung im Erlass der angefochtenen Handlung haben. Drittens muss das Organ, von dem die angefochtene Handlung ausgeht, verpflichtet sein, beim Erlass der fraglichen Handlung der besonderen Lage dieser Wirtschaftsteilnehmer Rechnung zu tragen."[597]

Vor diesem Hintergrund ist die gelegentlich vertretene Auffassung, die namentliche Nennung der betreffenden Personen in dem Rechtsakt begründe bereits die individuelle Betroffenheit[598], unzutreffend. Durch namentliche Nennung können zwei unterschiedliche Beschränkungen, nämlich: des Adressatenkreises oder des Betroffenenkreises bewirkt werden. Im ersten Fall läge eine Scheinverordnung (verdeckte Entscheidung) vor. Ferner resultiert die Individualisierung i.S.d. Art. 230 Abs. 4 EG letztendlich nicht aus der Nennung als solcher, sondern daraus, dass dieser Umstand in irgendeiner Weise das Tätigwerden der Gemeinschaftsorgane veranlasst oder den Erlass der Verordnung bedingt hat.[599] Mit Blick auf Antidumpingverordnungen ergäbe sich die Individualisierung also aus der Tatsache, dass die Kosten- und Preisuntersuchungen sich auf das betreffende Unternehmen bezogen haben.[600] Die namentliche Nennung ist in solchen Fällen nur hinreichender Beweis hierfür. Das erste Beispiel zeigt,

---

[595] Art. 3 Abs. 3 der Verordnung (EWG) Nr. 2707/72 des Rates vom 19.12.1972 zur Festlegung der Voraussetzungen für die Anwendung von Schutzmaßnahmen auf dem Sektor Obst und Gemüse, ABl. L 291, S. 3.

[596] EuGH, Rs. 152/88 (Sofriimport/Kommission), Slg. 1990, s. 2477 Rn. 11 (Kap. II D III 1 c dd). Eine derartige Rücksichtnahmepflicht kann z.B. bei Rückwirkungsfällen aus (ungeschriebenen) rechtsstaatlichen Vertrauensschutzgründen folgen, da eine echte Rückwirkung nur ausnahmsweise zulässig ist, wenn *„das angestrebte Ziel es verlangt und das schützwürdige Vertrauen der Betroffenen gebührend beachtet ist"* – EuGH, Rs. 224/82 (Firma Meiko – Konservenfabrik/ Bundesamt für Ernährung und Forstwirtschaft), Slg. 1983, S. 2539 Rn. 12.

[597] EuG, Rs. T-60/96 (Merck & Co. Inc. u.a./Kommission), Slg. 1997, S. II-849 LS 5.

[598] So aber: *Dittert*, EuR 2002, S. 708 (710); *Lenz/Staeglich*, NVwZ 2004, S. 1421 (1422). In diesem Sinne scheinbar auch: EuGH, Rs. 113/77 (NTN Toyo Bearing/Rat), Slg. 1979, S. 1185 Rn. 11; EuGH, Rs. 133/87 (Nashua Corporation u.a./Rat u. Kommission), Slg. 1990, S. I-719 Rn. 14; EuG, Rs. T-229/02 (Kurdistaner Arbeiterpartei u. Kurdistaner Nationalkongress/Rat), Slg. 2005, S. II-539 Rn. 27. Dagegen ausdrücklich: EuG, Rs. T-16/91 (Rendo NV u.a./Kommission), Slg. 1992, S. II-2417 Rn. 74 f.; EuG, Rs. T-47/04 R (Região autónoma dos Açores/Rat), Slg. 2004, S. II-2153 Rn. 119.

[599] Vgl. EuG, Rs. T-597/97 (Euromin/Rat), Slg. 2000, S. II-2419 Rn. 45.

[600] Vgl. EuG, Rs. T-413/03 (Shandong Reipu Biochemicals Co. Ltd/Rat), Urt. v. 13.7.2006 (noch nicht in der amtl. Slg. veröffentlicht), Rn. 66. EuGH, verb. Rs. 239/82 u. 275/82 (Allied Corporation/Kommission), Slg. 1984, S. 1005 (1030) Rn. 11 f. So auch: *Berrisch*, in: Nowak/Cremer, Individualrechtsschutz in der EG und der WTO (2002), S. 177 (188 f.); *Habermann/Pietzsch*, in: Tietje/Kraft/Sethe (Hrsg.), BTW 24/2004, S. 1 (36 ff.) – www.wirtschaftsrecht.uni-halle.de [letzter Abruf am 2.3.2006].

dass es für die individuelle Betroffenheit nicht genügt, wenn der betroffene Personenkreis nicht erweiterungsfähig ist, sondern es wird ein spezifischer Zusammenhang zwischen der Situation des Klägers und dem Klagegegenstand[601] gefordert.

Anhand der Rs. *Les Verts*[602] wird ferner veranschaulicht, dass die Geschlossenheit auch keine *notwendige* Bedingung der individuellen Betroffenheit bildet. Entgegen dem Vorschlag des Generalanwalts *Mancini*[603] bejahte der Gerichtshof die individuelle Betroffenheit einer im Europäischen Parlament noch nicht vertretenen Partei durch die Bestimmungen des Beschlusses über die Wahlkampfkostenerstattung. Die rechtliche Existenz der Klägerin im Zeitpunkt der Fassung des angefochtenen Beschlusses und die Wahrscheinlichkeit ihrer Beteiligung an den kommenden Wahlen sah der EuGH bereits als hinreichend an.[604] Dabei ist hervorzuheben, dass der Kreis der Parteien, die in den Genuss der Haushaltsgelder kommen konnten, keineswegs geschlossen war.[605] Der EuGH wies bei der Rechtfertigung dieses Ergebnisses auf die Konsequenzen hin, die die Nichtzulassung der Klage der Partei *Les Verts* nach sich ziehen würde: So hätten die bereits im Parlament vertretenen politischen Gruppierungen praktisch nach eigenem Belieben über die Aufteilung der finanziellen Mittel für den künftigen Wahlkampf zwischen sich selbst und ihrer Konkurrentinnen entscheiden können, ohne dass diese Entscheidungen einer gerichtlichen Kontrolle aus Initiative Letzterer unterzogen würden.[606] Letztendlich wurde die Klageberechtigung offenbar aus Gründen der drohenden Ungleichbehandlung bzw. Chancengleichheit aller politischen Parteien zuerkannt. Dagegen hat der EuGH der Offenheit des Personenkreises keine ausschlaggebende Bedeutung beigemessen.

Festzuhalten bleibt also, dass die Geschlossenheit des betroffenen Personenkreises weder notwendig noch hinreichend für die Feststellung der individuellen Betroffenheit ist. Sie kann aber als Indiz oder Beweiserleichterung dafür dienen, dass ein spezifischer Zusammenhang zwischen dem Klagegegenstand und der Klägersituation besteht, der ihn aus dem Kreis aller übrigen Personen heraushebt. Generalanwalt *Lenz* nennt als einen der wichtigsten Umstände den *Kausalzusammenhang* zwischen der Situation des Klägers und der angefochtenen Maßnahme.[607] Ein derartiger Kausalzusammenhang liegt z.B. in den anfangs erwähnten Rückwirkungs- bzw. Rückanknüpfungsfällen[608] vor, in denen jeweils die strittige Kommissionsentscheidung einen Mitgliedstaat ermächtigte, bestimmte handelspolitische Schutzmaßnahmen zu ergreifen, um die bereits *vor* ihrem Erlass gestellten Einfuhranträge abschlägig bescheiden zu können.[609]

---

601 Vgl. Zusammenfassung der bisherigen Rspr. in den Schlussanträgen des GA *Lenz* in der Rs. C-309/89 (Cordoniu SA/Rat), Slg. 1993, S. I-3621 Nr. 39 ff.

602 EuGH, Rs. 294/83 (Les Verts /EP), Slg. 1986, S. 1339.

603 GA *Mancini*, Schlussanträge zur Rs. 294/83 (Les Verts /EP), Slg. 1986, S. 1353 Nr. 9.

604 EuGH, Rs. 294/83 (Les Verts /EP), Slg. 1986, S. 1339 Rn. 34 ff.

605 Näher dazu: *Seider*, DVBl. 1986, 995, JuS 1987, S. 953 (955).

606 EuGH, Rs. 294/83 (Les Verts /EP), Slg. 1986, S. 1339 Rn. 35 f.

607 GA *Lenz*, Schlussanträge in der Rs. C-298/89 (Gibraltar/Rat), Slg. 1993, S. I-3621 Nr. 104 ff.; *ders.*, Schlussanträge in der Rs. C-309/89 (Cordoniu SA/Rat), Slg. 1994, S. I-1853 (1856) Nr. 40.

608 Z.B.: EuGH, verb. Rs. 106-107/63 (Töpfer/Kommission), Slg. 1965, S. 547 ff.; EuGH, Rs. 62/70 (Bock/Kommission), Slg. 1971, S. 897 ff.

609 Vgl. GA *Lenz*, Schlussanträge in der Rs. C-298/89 (Gibraltar/Rat), Slg. 1993, S. I-3621 Nr. 104.

Die fraglichen Maßnahmen waren eine Reaktion auf die Antragstellung durch die Kläger und knüpften mithin kausal an deren Situation an.

bb) Eingriff in die Marktposition oder besondere Rechte des Einzelnen

Obgleich die Gemeinschaftsgerichte Interessen wirtschaftlicher Art äußerst selten für eine Individualisierung i.S.d. *Plaumann*-Formel genügen lassen[610], findet man auch Entscheidungen, in denen diese Aspekte berücksichtigt wurden, z.B. in den Rs. *Extramet* und *Cordoniu*[611].

(1) Urteil Extramet

Im *Extramet*- Urteil bejahte der Gerichtshof die individuelle Betroffenheit der französischen Firma Extramet, Importeurin von Calciummetall aus Drittstaaten, durch die Antidumpingverordnung. In der Begründung wies er darauf hin, dass die Klägerin mit einem Marktanteil von rund 40% der größte Importeur und zugleich Endverbraucher der vom Antidumpingzoll belegten Ware sei und ihre wirtschaftliche Tätigkeit sehr weitgehend von den betroffenen Einfuhren abhänge. Ferner sei sie deshalb von der streitigen Verordnung schwer getroffen, da eine anderweitige Versorgung mit Calciummetall erhebliche Hindernisse begegnen würde. Einerseits stellen nur wenige Produzenten dieses Erzeugnis her, andererseits sei es schwierig, sich die Produkte bei dem einzigen Hersteller der Gemeinschaft zu beschaffen, der zudem noch Hauptmitbewerber für das Verarbeitungserzeugnis sei.[612]

Im Kontext der bisherigen[613] Rechtsprechung ist das *Extramet*-Urteil eine in Wirklichkeit auf Billigkeitsgründen fußende Einzelfallentscheidung. Es stellt sich die Frage, ob die tragenden Urteilsgründe der Rs. *Extramet* verallgemeinerungsfähig sind. Dagegen könnte sprechen, dass die Entscheidung auf dem Sondergebiet des Antidumpingrechts erging. Ferner wurde eine ganze Reihe von Umständen i.S.e. Gesamtwürdigung im Einzelfall herangezogen. Hierbei lassen sich zwei maßgebliche Aspekte herausfiltern: die *Schwere der Beeinträchtigung* und die *Marktposition* des Betroffenen, also ausschließlich wirtschaftliche Auswirkungen. Da es sich um eine Ausnahme handelt, müssen diese Kriterien restriktiv gehandhabt werden. Wann ein solcher Ausnahmefall überhaupt angenommen werden kann, ist zweifelhaft. So hat das Gericht auch *„schwerwiegende wirtschaftliche Folgen für die Tätigkeit der Kläger"*, selbst wenn sie

---

[610] Die Eigenschaft, als Wettbewerbsteilnehmer von einer EG-Regelung betroffen zu sein, wird von der Rspr. als kein hinreichendes Individualisierungsmerkmal angesehen, da *„eine kaufmännische Tätigkeit jederzeit von jedermann ausgeübt werden kann"* – vgl. EuGH, Rs. 25/62 (Plaumann/Kommission), Slg. 1963, S. 211 (239).

[611] S.o.: Kap. II B II 3 sowie unten: Kap. II D III 1 b) bb) (1).

[612] EuGH, Rs. C-358/89 (Extramet Industrie/Rat), Slg. 1991, S. I-2501 Rn. 17.

[613] Die Rspr. bejahte nur die individuelle Betroffenheit abhängiger Importeure, nicht dagegen der unabhängigen Importeure (wie Extramet). Dies wird damit begründet, dass Letztere vor nationalen Gerichten die Zollbescheide anfechten können und die Kontrolle der zugrunde liegenden Antidumpingverordnung im Wege einer Vorlage nach Art. 234 Abs. 1 lit. b EG zum EuGH erreichen. – vgl. z.B.: EuGH, Rs. 279/86 (Sermes /Kommission), Slg. 1987, S. 3110 Rn. 16 ff.; EuGH, Rs. 301/86 (Frimodt Pedersen A/S /Kommission), Slg. 1987, S. 3124 Rn. 16 ff.; EuGH, Rs. 205/87 (Nuova Ceam/Kommission), Slg. 1987, S. 4427 Rn. 13 ff.

ihn an den Rand der Insolvenz treiben, ausdrücklich als unerheblich für die individuelle Betroffenheit betrachtet.[614]

Dies kann aus Gründen der Rechtssicherheit dauerhaft nicht befriedigen. Ebenso hat der EuGH in einer früheren Entscheidung den Umstand, dass die Klägerin die einzige und ausschließliche Importeurin von Elektromotoren aus der DDR war, nicht als „besondere Eigenschaft" i.S.d. *Plaumann*-Formel, sondern als „objektives" Merkmal angesehen, das auf jeden anderen Wirtschaftsteilnehmer ebenso gut zutreffen kann, der sich tatsächlich oder potentiell in der gleichen Situation befindet.[615] Auch die nachfolgende Rechtsprechung verschafft auch keine Klarheit. Die Berufung der Betroffenen auf das *Extramet*-Urteil bleibt meistens ohne Erfolg.[616] Insbesondere die Tatsache, dass der Kläger zum Zeitpunkt des Erlasses der angefochtenen Verordnung weltweit als einziges Unternehmen ein bestimmtes Erzeugnis herstellt und in der Gemeinschaft vermarktet (so in der Rs. *Pfitzer*[617]) oder die einzige Herstellerin und wichtigste Lieferantin eines bestimmten Produkts im EWR ist (Rs. *Alpharma*[618]), hat das EuG – trotz zunächst gegenteiliger Tendenz[619] – als nicht hinreichend für die Individualisierung erachtet. Dagegen wurde in einigen Fällen aus dem Bereich des Beihilfen-, Antidumping-, Fusionskontroll- und Kartellrechts die besondere Marktsituation, eine erhebliche bzw. „spürbare Beeinträchtigung der Marktposition" oder „besondere Wettbewerbssituation" des Klägers teilweise als alleinige[620], teilweise als zusätzliche[621] Voraussetzung der erforderlichen Individualisierung anerkannt.[622]

---

614 EuG, Rs. T-138/98 (Armement coopératif artisanal vendéen u.a./Rat), Slg. 2000, S. II-341 Rn. 66; EuG, Rs. T- 155/02 (VVG International Handelsgesellschaft mbH u.a./Kommission), Slg. 2003, S. II-1949 Rn. 43 f.

615 EuGH, Rs. 279/86 (Sermes /Kommission), Slg. 1987, S. 3110 Rn. 18.

616 Siehe z.B.: EuG, Rs. T- 109/97 (Molkerei Großbraunshain GmbH u. Bene Nahrungsmittel GmbH/ Kommission), Slg. 1998, S. II-3533 Rn. 34 u. 69; EuG, Rs. T-138/98 (Armement coopératif artisanal vendéen (ACAV) u.a./Rat), Slg. 2000, S. II-341 Rn. 38 u. 66.

617 EuG, Rs. T-13/99 (Pfizer Animal Health SA/Rat), Slg. 2002, S. II-3305 Rn. 89.

618 EuG, Rs. T-70/99 (Alpharma Inc./Rat), Slg. 2002, S. II-3495 Rn. 81.

619 In den Beschlüssen über einstweiligen Rechtsschutz schloss das EuG die individuelle Betroffenheit jedenfalls nicht aus – EuG, Rs. T-13/99 R (Pfizer Animal Health SA/Rat), Slg. 2002, S. II-1961 Rn. 125; EuG, Rs. T-70/99 (Alpharma Inc./Rat), Slg. 2002, S. II-2027 Rn. 118.

620 EuG, Rs. T-3/93 (Air France/Kommission), Slg. 1994, S. II-121 Rn. 82 (Fusionskontrolle); EuG, Rs. T-435/93 (Association of Sorbitol Producters within the EC [ASPEC] u.a./Kommission), Slg. 1995, S. II-1281 Rn. 69 f.; EuG, Rs. T-442/93 (Association des Amidonneries de Céréales de la CEE [AAC] u.a./Kommission), Slg. 1995, S. II-1329 Rn. 53; EuG, Rs. T-266/94 (Skibsvaerftsforeningen u.a/Kommission), Slg. 1996, S. II-1399 Rn. 46 f. (Einzelbeihilfen).

621 Vgl. EuGH, Rs. 169/84 (Cofaz u.a./Kommission), Slg. 1986, S. 391 Rn. 23 f.; EuGH, Rs. C-198/91 (Cook/Kommission), Slg. 1993, S. I-2487 Rn 23; EuG, verb. Rs. T-528, 542, 543 u. 546/93 (Métropole Télévision u.a./Kommission), Slg. 1996, S. II-649 Rn. 61 u. 75; EuG, Rs. T-435/93 (ASPEC/Kommission), Slg. 1995, S. II-1281 Rn. 63; EuG, Rs. T-149/95 (Ducros/Kommission), Slg. 1997, S. II-2031 Rn. 34; EuG, Rs. T-11/95 (BP Chemicals/Kommission), Slg. 1998, S. II-3235 Rn. 72. Näher dazu: *Pechstein*, Rn. 463 ff.

622 Bsp.: beschränkte Zahl von Erzeugern der betreffenden Produkte und erhebliche Steigerung der Produktionskapazität aufgrund der von der Beihilfeempfängerin geplanten Investitionen – EuG, Rs. T-435/93 (Association of Sorbitol Producters within the EC [ASPEC] u.a./Kommission), Slg. 1995, S. II-1281 Rn. 69 f.

Der zweite Einwand betraf die Übertragbarkeit der *Extramet*-Grundsätze bzw. des Merkmals: „spürbare Beeinträchtigung der Marktposition" i.S.d. *AITEC*-Urteils[623] auf alle übrigen, allgemein geltenden Rechtsakte (Verordnung und Richtlinien) außerhalb des Antidumping- bzw. Beihilfen-, Kartell- und Fusionskontrollrechts. Lediglich eine unterschiedliche Auswirkung auf verschiedene Adressatengruppen im konkreten Fall wurde jedenfalls nicht als hinreichend betrachtet.[624] Meist wurde diese Frage bewusst offen gelassen, weil die Klageberechtigung mangels Nachweises der behaupteten Umstände verneint werden konnte.[625] In der Rs. *Emesa Sugar* hat das EuG die Klage mit der Begründung als unzulässig abgewiesen, die Klägerin habe jedenfalls nicht nachgewiesen, dass sie einen *außergewöhnlichen Schaden* erlitten habe, der sie gegenüber jedem anderen Wirtschaftsteilnehmer individualisiert.[626] Dagegen deuten die Ausführungen des EuG im Urteil *British Shoe* darauf hin, dass die „besonderen Umstände" als bereichsspezifische Ausnahme begriffen werden: durch ihren Nachweis wird dem unabhängigen (und nach der ständigen Rechtsprechung grundsätzlich nicht individuell betroffenen[627]) Importeur ausnahmsweise die Klagemöglichkeit gegen Verordnungen zur Festlegung von Antidumpingzöllen eröffnet. Dabei wird einerseits betont, dass es sich um Voraussetzungen handelt, die ein unabhängiger Importeur erfüllen muss, um von einer Verordnung zur Einführung von Antidumpingzöllen individuell betroffen zu sein. Andererseits wird der beispielhafte, nicht abschließende Charakter der Anführung der „besonderen Umstände" im *Extramet*-Urteil hervorgehoben.[628] Gleichzeitig stellt das EuG klar, dass die individuelle Betroffenheit in diesem Fall nicht ausschließlich auf die schwierige Situation des Klägers gestützt wurde, diese vielmehr zum Entstehen der besonderen Lage beitragen können.[629]

Dennoch überzeugt ein pauschaler Hinweis auf die Spezifik des Antidumpingrechts noch nicht. Vielmehr sind die Hintergründe zu erforschen. Hersteller und Exporteure aus dem Drittstaat heben sich deshalb aus dem Kreis der übrigen Betroffenen heraus, weil der Antidumpingzoll anhand ihrer Daten (z.B. Ausfuhrpreise) berechnet und festgelegt wird.[630] Dasselbe gilt im Grunde auch für die von ihnen abhängigen Importeure, wenn ihr Wiederverkaufspreis an den ersten unabhängigen Käufer bei der Feststellung

---

623 EuG, verb. Rs. T-447/93 bis T-449/93 (AITEC u.a./Kommission), Slg. 1995, II-1971 Rn. 59-61.

624 EuG, verb. Rs. T-54/00 u. T-73/00 (Federación de Cofradías de Pescadores de Guipúzcoa u.a./Rat), Slg. 2001, S. II-2691 Rn. 64. In diesem Sinne: EuGH, Rs. C-409/96 P (Sveriges Betodlares u. Henrikson/Kommission), Slg. 1997, I-7531 Rn. 37; EuG, Rs. T-39/98 (Sadam Zuccherifici u.a./Rat), Slg. 1998, S. II-4207 Rn. 22; EuG, Rs. T-11/99 (Van Parys/Kommission), Slg. 1999, S. II-2653 Rn. 50.

625 EuG, verb. Rs. T-112/00 u. T-122/00 (Iberotam SA u.a./Kommission), Slg. 2001, S. II-97 Rn. 70 f. Ähnlich: EuG, verb. Rs. T-54/00 u. T-73/00 (Federación de Cofradías de Pescadores de Guipúzcoa u.a./Rat), Slg. 2001, S. II-2691 Rn. 64 f. Dort beriefen sich die Kläger auf erhebliche wirtschaftliche und ökologische Schäden.

626 EuG, Rs. T-43/98 (Emesa Sugar/Rat), Slg. 2001 S. II-3519 Rn. 50.

627 Vgl. EuGH, Rs. 307/81 (Alusuisse/Rat und Kommission), Slg. 1982, S. 3463 Rn. 11; EuGH, Rs. C-157/87 (Elektroimpex u.a./Rat), Slg. 1990, S. 3021 LS. 1; Schlussanträge des GA *Jacobs* in der Rs. C-358/89 (Extramet Industrie/Rat), Slg. 1991, S. I-2501 Nr. 23 ff.

628 EuG, Rs. T-598/97 (British Shoe Corporation Footwear Supplies Ltd u. a./Rat), Slg .2002, S. II-1155 Rn. 56.

629 EuG, Rs. T-2/95 (Industrie des Poudres Sphériques/Rat), Slg. 1998, S. II-3939 Rn. 52.

630 *v. Heydebrand u. d. Lasa*, NJW 1985, S. 1257 (1258, Fn. 18).

der Dumpingspanne herangezogen wird.[631] Der unabhängige Importeur ist hingegen wie jeder Wirtschaftsteilnehmer betroffen und daher nicht bereits aus dem Grunde individualisiert, dass er das betroffene Erzeugnis einführt. Aber umgekehrt kann sich die individuelle Betroffenheit aus anderen Umständen ergeben, die vergleichbare Auswirkungen auf seine Wettbewerbsposition haben. Beeinträchtigungen der Wettbewerbsposition sind aber nicht nur dem Antidumpingrecht eigentümlich, sondern können auf allen Gebieten wirtschaftlicher Betätigung vorkommen.[632] Daher steht der Übertragbarkeit der *Extramet*-Grundsätze auf andere Fälle prinzipiell nichts entgegen. Bedenken ergeben sich eher im Hinblick auf die Kriterien zur Feststellung der Beeinträchtigung der Marktposition. So wird auf die Größe bzw. den Marktanteil abgestellt.[633]

Die Konsequenz ist eine mit Blick auf den Gleichheitssatz äußerst bedenkliche Benachteiligung kleiner Unternehmen, die trotz Fehlens eines nennenswerten Marktanteils genauso schwer getroffen sein können wie Großunternehmen. Zudem ist unklar, wann die „besonderen Umstände" allein den Kläger individualisieren. Denn im Beihilfen- bzw. Kartellrecht stellt die spürbare Beeinträchtigung der Marktposition meist eine zusätzliche Voraussetzung neben der Verfahrensbeteiligung dar.[634] Dies hängt nicht zuletzt mit der Anknüpfung an das Merkmal „betroffener Dritter" i.S.d. KartellVO[635] bzw. „Beteiligter" i.S.d. Art. 1 lit. h) BeihilfenVO[636] zusammen.

(2) „Besonderes Recht" als Individualisierungsmerkmal

Als weitere Fallgruppe wird in der Literatur der Eingriff in ein besonderes Recht des Klägers genannt. Den Auslöser bot der Fall *Cordoniu*, in dem sich die Klägerin auf ein seit 1924 eingetragenes, spanisches Markenrecht *„Gran Cremant de Cordoniu"* berief. Die streitige Verordnung hinderte sie an dessen Nutzung, indem sie das Recht zur Verwendung des Prädikats *„crémant"* den französischen und luxemburgischen Erzeugern vorbehielt. Der EuGH sah die Beeinträchtigung des Markenrechts als hinreichen-

---

[631] EuGH, Rs. 279/86 (Sermes/Kommission), Slg. 1987, S. 3109 Rn. 15; EuGH, verb. Rs. C-305/86 (Neotype Techmashexport/Kommission und Rat), Slg. 1990, S. I-2945 Rn. 20.
[632] Vgl. GA *Lenz*, Schlussanträge in der Rs. C-309/89 (Cordoniu SA/Rat), Slg. 1994, S. I-1856 Nr. 46 ff.
[633] So: EuGH, Rs. C-358/89 (Extramet Industrie/Rat), Slg. 1991, S. I-2501 Rn. 17. Ausdrücklich auch: GA *Lenz*, Schlussanträge in der Rs. C-309/89 (Cordoniu SA/Rat), Slg. 1994, S. I-1856 Nr. 54 f.
[634] EuG, Rs. T-49/93 (SIDE/Kommission), Slg. 1995, S. II-2501 Rn. 34; EuG, Rs. T-435/93 (ASPEC/Kommission), Slg. 1995, S. II-1281 Rn. 63; EuG, Rs. T-442/93 (AAC/Kommission), Slg. 1995, S. II-1329 Rn. 48; EuG, Rs. T-149/95 (Ducros/Kommission), Slg. 1997, S. II-2031 Rn. 34; EuG, Rs. T-11/95 (BP Chemicals/Kommission), Slg. 1998, S. II-3235 Rn. 72. S. dazu: *Pechstein*, Rn. 472.
[635] Vgl. etwa: EuG, verb. Rs. T-528/93, T-542/93, T-543/93 und T-546/93 (Métropole Télévision u. a./Kommission), Slg. 1996, S. II-649 Rn. 61 (hier: „Betroffener Dritter" nach Art. 19 Abs. 3 S. 1 VO Nr. 17 v. 6.2.1962, ersetzt durch die Verordnung Nr. 1/2003 des Rates v. 16.12.2002, ABl. Nr. L 1 vom 4.1.2003, S. 1).
[636] VO (EG) Nr. 994/1998 des Rates v. 7.5.1998 über die Anwendung der Art. 87 und 88 des Vertrages zur Gründung der Europäischen Gemeinschaft auf bestimmte Gruppen horizontaler Beihilfen, ABl. Nr. L 142, S. 1.

des Individualisierungsmerkmal an.[637] Trotz einiger skeptischer Stimmen in der Literatur[638] wird das *Cordoniu*-Urteil vielfach als Grundsatzentscheidung betrachtet.

Teilweise wird die Individualisierung durch Eingriff in bestimmte Rechtspositionen des Einzelnen mit der Betroffenheit in den Gemeinschaftsgrundrechten, insbesondere mit der Beeinträchtigung der Berufsfreiheit gleichgesetzt.[639] Andererseits hat das EuG ausdrücklich betont, *„für die Beurteilung der Zulässigkeit der Klage ist es ohne Belang, dass die Klägerin geltend macht, es liege ein Verstoß gegen ihr Eigentumsrecht vor"*[640]. Auch in anderen Urteilen[641], in denen es sich um die Verletzung „spezifischer Rechte" ging, findet man keine Anhaltspunkte für eine Gleichsetzung mit Grundrechten. Im Gegenteil, die Handhabung der „spezifischen Rechte" ist weitaus restriktiver. Während Grundrechte ihrer Natur nach Jedermannsrechte verkörpern, fordern die Gemeinschaftsgerichte, dass die verletzten „besonderen Rechte" exklusiv sind und damit den Kläger aus dem Kreis der übrigen Personen herausheben. So lehnte das EuG die individuelle Betroffenheit der Klägerinnen im Fall *DOW Agro Sciences* mit der Begründung ab, dass sie kein *ausschließliches* gewerbliches Eigentumsrecht an den durch die angefochtene Verordnung identifizierten Stoffen geltend machen können und sich somit in einer Situation befinden wie jeder andere Wirtschaftsteilnehmer, der gegenwärtig oder zukünftig in der Vermarktung dieser Stoffe tätig sein könnte.[642] Aus demselben Grund werden Herkunftsangaben[643] oder Bezeichnung einer bestimmten Produktionsmethode[644] – soweit es sich nicht um exklusive, den Inhabern vorbehaltene

---

637 EuGH, Rs. C-309/89 (Cordoniu SA/Rat), Slg. 1994, S. I-1853 Rn. 21 f. Der EuGH ging auf andere Aspekte (vgl. Schlussanträge des GA *Lenz* in der Rs. C-298/89 (Gibraltar/Rat), Slg. 1993, S. I-3621 Nr. 115 ff.) nicht mehr ein.

638 Vgl. *Allkemper*, EWS 1994, S. 362; *Gundel*, VerwArch 2001, S. 81 (88 f.) werfen dem EuGH eine ergebnisorientierte Argumentation vor, die den wahren Grund für die Zulassung der Klage (Billigkeitserwägungen) verdecken soll, während ein eingetragenes Markenzeichen einen zufälligen Umstand darstelle.

639 *Arnull*, CMLR 1995, S. 7 (39); *Braun/Kettner*, DÖV 2003, S. 58 (60); *Cremer*, in: Nowak/Cremer (Hrsg.), Individualrechtsschutz in der EG und der WTO (2002), S. 27 (43); *Nowak*, in: ders./Cremer (Hrsg.), Individualrechtsschutz in der EG und der WTO (2002), S. 47 (56). Skeptisch: *Schwarze*, DVBl. 2002, S. 1297 (1302).

640 EuG, Rs. T-13/94 (Century Oil Hellas/Kommission), Slg. 1994, S. II-431 Rn. 15. Dort ging es zwar um eine Untätigkeitsklage, jedoch müsste die Klägerin ebenfalls eine individuelle Betroffenheit nachweisen, da sich die unterlassene Handlung an einen Dritten (Mitgliedstaat) hätte richten müssen.

641 Vgl. EuG, Rs. T-109/94 (Molkerei Großbraunshain und Bene Nahrungsmittel/Kommission), Slg. 1998, S. II-3533 Rn. 70 ff.; EuGH, Rs. C-10/95 P (Asocarne/Rat), Slg. 1995, S. I-4149 Rn. 43.

642 EuG, Rs. T-45/02 (DOW AgroSciences BV u. DOW AgroSciences Ltd/EP u. Rat), Slg. 2003, S. II-1973 Rn. 43. In diesem Sinne auch: EuG, Rs. T-47/00 (Rica Foods/Kommission), Slg. 2002, S. II-113 Rn. 39; EuG, Rs. T-122/96 (Federolio/Kommission), Slg. 1997, S. II-1559 Rn. 67.

643 EuG, Rs. T-114/96 (Biscuiterie confiserie LOR and Confiserie du Tech/Kommission), Slg. 1999, S. II-913 LS. 3; EuG, Rs. T-109/97 (Molkerei Großbraunshain GmbH u.a./Kommission), Slg. 1998, S. II-3533 Rn. 71 f.; bestätigt durch: EuGH, Rs. C-447/98 P (Molkerei Großbraunshain und Bene Nahrungsmittel/Kommission), Slg. 2000, S. I-9097 Rn. 66 ff. Ähnlich: EuG, Rs. T-114/99 (CSR Pampryl/Kommission), Slg. 1999, S. II-3331 Rn. 57; EuG, Rs.T-215/00 (La Conqueste SCEA/Kommission), Slg. 2001, S. II-181 Rn. 39 f., bestätigt durch: EuGH, Rs. C-151/01 P (La Conqueste SCEA/ Kommission), Slg. 2002 S. I-1179 Rn. 33-37. Anders dagegen bei geschützten Ursprungsbezeichnungen wie z.B. Feta in Griechenland – dazu: EuG, Rs. T-141/96 (Bergpracht Milchwerk u. a./Kommission), Beschluss vom 4.6.1999 (nicht in der amtl. Slg. veröffentlicht).

644 EuGH, Rs. 26/86 (Deutz und Geldermann/Rat), Slg. 1987, S. 941 Rn. 11 (*méthode champenoise*).

Rechte bzw. Patente handelt – nicht als „spezifische Rechte“ anerkannt, mögen sie auch einen Vermögenswert verkörpern.

Einem Eingriff in bestehende Rechtspositionen dürfte in bestimmten Fällen auch die Versagung einer Begünstigung gleichgestellt werden. Zwar geht es prinzipiell um die Abwehr eines Eingriffs in eine bestehende Position[645], sodass der Normzweck nicht einschlägig ist, soweit die Klage mit dem Ziel der Verbesserung bzw. Erweiterung der Position des Klägers erhoben wird. Dennoch ist eine Ausnahme insofern anzuerkennen, als der Kläger einen entsprechenden Anspruch auf die versagte Vergünstigung[646] hat. In diesem Fall liegt auch ein Eingriff in eine bestehende Position vor, die durch Unterlassen der gebührenden Leistung *de facto* entwertet wird. Die Rechtsprechung scheint einen Eingriff in die individuellen Rechte auch bei Verweigerung einer Begünstigung jedenfalls nicht auszuschließen, soweit dem Betroffenen ein entsprechender Anspruch zusteht.[647]

In der Literatur wird zum Teil vertreten, dass die Rechtsprechung in jüngster Zeit die Anforderungen an das „spezifische Recht“ etwas gesenkt habe.[648] Diese Annahme ist unzutreffend und verkennt die fallspezifischen Besonderheiten. In den Urteilen *Solvay Pharmaceuticals*[649], *Alpharma*[650] und *Pfizer*[651] bejahte das Gericht die Klagebefugnis der Hersteller bestimmter Zusatzstoffe, indem auf die *„rechtliche geschützte Position*“ abgestellt wurde, die den Klägerinnen das Recht zur erneuten Bewerbung um die Zulassung eines bestimmten Zusatzstoffes zur Tiernahrung vermittelte. Die Klägerin *Solvay Pharmaceuticals* stellte Nifursol her, welches 1982 zunächst vorläufig, dann 1988 auf der Grundlage eines Dossiers endgültig als Zusatzstoff zugelassen wurde. Die Klägerin war Inhaberin einer solchen Zulassung. Dabei musste der neue Zulassungsantrag zusammen mit einer „Monografie“ und einer „technischen Spezifikation“ eingereicht werden, die mit denen des Dossiers übereinstimmten. Die angefochtene Verordnung widerrief diese Zulassung.

Das EuG sah die Eigenschaft der Klägerin als für das Inverkehrbringen von Nifursol Verantwortliche als besondere Lage an, die geeignet sei, sie aus dem Kreis aller übrigen Personen herauszuheben. Denn hieraus resultiert einerseits die Verantwortung für die Vorschriftsmäßigkeit des betreffenden Zusatzstoffs und dessen Inverkehrbringen, andererseits auch bestimmte Verfahrensrechte.[652] In der Rs. *Pfizer* ging es zwar ebenfalls um den Widerruf einer Zulassung eines bestimmten Tiernahrungszusatzstof-

---

[645] Schlussanträge des GA *Lenz* in der Rs. C-298/89 (Gibraltar/Rat), Slg. 1993, S. I-3621 Nr. 116; in diesem Sinne auch: Schlussanträge des GA *Lenz* in der Rs. C-309/89 (Cordoniu SA/Rat), Slg. 1994, S. I-1856 Nr. 49-51. Der Generalanwalt betrachtet die Konstellationen in der Rs. *Extramet* und Rs. *Cordoniu* als eine Fallgruppe.

[646] Weiter dagegen GA *Lenz* (Schlussanträge in der Rs. C-298/89 (Gibraltar/Rat), Slg. 1993, S. I-3621 Nr. 116), der *ein rechtlich geschütztes Interesse* des Klägers an Verbesserung seiner Position als hinreichend erachtet.

[647] Vgl. EuG, Rs. T-158/95 (Eridania Zuccherifici Nazionali SpA u.a./Rat), Slg. 1999, S. II-2219 Rn. 62.

[648] So: *Schulte*, S. 131 ff.

[649] EuG, Rs. T-392/02 (Solvay Pharmaceuticals BV/Rat), Slg. 2003, S. II-4555 Rn. 79 ff.

[650] EuG, Rs. T-70/99 (Alpharma/Rat), Slg. 2002, S. II-3495 Rn. 76.

[651] EuG, Rs. T-13/99 (Pfizer Animal Health/Rat), Slg. 2002, S. II-3305.

[652] EuG, Rs. T-392/02 (Solvay Pharmaceuticals BV/Rat), Slg. 2003, S. II-4555 Rn. 79 ff.

fes (Virginiamycin). Dieses war zunächst ohne Bindung an bestimmte Hersteller für die Vermarktung zugelassen. Die ursprüngliche Regelung wurde sodann dahingehend geändert, dass die Zulassung von Zusatzstoffen wie Antibiotika an einen oder mehrere für das Inverkehrbringen dieses Produktes Verantwortliche gebunden wurde. Bei der erneuten Beurteilung im Zulassungsverfahren konnten jedoch nur die Verantwortlichen des früheren Zulassungsdossiers oder ihre Rechtsnachfolger auf Antrag die erneute Zulassung erhalten. Pfizer war dadurch die einzige juristische Person, die die Zulassung für die Vermarktung von Virginiamycin beantragen konnte. Dieses Recht hatte sie zum Zeitpunkt des Erlasses der angefochtenen Verordnung zwar noch nicht erlangt, da das Verfahren der erneuten Beurteilung noch lief. Zudem gibt die Eigenschaft als Verantwortlicher für das erste Inverkehrbringen eines Zusatzstoffs ihrem Träger kein ausschließliches Recht zur Vermarktung dieses Zusatzstoffs.

Vorliegend ging es aber nicht um diese Stellung. Vielmehr hatte *Pfizer* durch die Beantragung der erneuten Zulassung rechtlich geschützte, bereits bestehende[653] und *ausschließliche* Anwartschaft *auf Erwerb* dieser Stellung erlangt. Denn die wissenschaftlichen Daten und Angaben aus dem ursprünglichen, für die Erstzulassung eingereichten Dossier durften innerhalb der nächsten 10 Jahre nicht zugunsten anderer Antragsteller verwertet werden.[654] Die Konkurrenten waren folglich von der Bewerbung um die Zulassung ausgeschlossen. Die Anwartschaft ist zwar ihrer Funktion nach eine temporäre Zwischenstufe zum Erwerb des „Vollrechts", jedoch soll das nicht darüber hinweg täuschen, dass sie selbst bereits eine vermögenswerte und gefestigte[655] Rechtsposition darstellt. *Pfizer* hatte mithin sowohl eine exklusive als auch hinreichend gefestigte Rechtsposition inne. Daher kann die Entscheidung in dieser Rechtssache nicht als Abkehr von der restriktiven Handhabung des „besonderen Rechts"[656] als Individualisierungsmerkmal interpretiert werden.[657]

Die Rechtsprechung betrachtet „einfache" Verletzungen von Rechts- bzw. Eigentumspositionen noch keineswegs als hinreichend für die individuelle Betroffenheit. Dies ist wenig überzeugend, weil einerseits dem Inhaber eines eingetragenen Markenrechts[658] die Klageberechtigung zugesprochen wurde, und andererseits einem ähnlich Berechtigten (z.B. Eigentümer bestimmter, in Wertpapieren verbriefter Forderungen) das Klagerecht nur deshalb versagt wurde, weil er nicht der einzige Betroffene ist. Das

---

653 Anders dagegen: EuG, Rs. T-107/94 (Christina Kik/Rat), Slg. 1995, S. II-1717 Rn. 36 f. wo es um die Gestaltung eines künftigen Verfahrens für den Erwerb einer Gemeinschaftsmarke ging.

654 EuG, Rs. T-13/99 (Pfizer Animal Health/Rat), Slg. 2002, S. II-3305 Rn. 98 f.

655 Vgl. EuG, Rs. T-482/93 (Weber/Kommission), Slg. 1996, S. II-609 Rn. 69. Dort verneinte das EuG die Betroffenheit eines spezifischen Rechts des Klägers, der i.R. einer Stützungsregelung für Agrarerzeugnisse die erforderlichen Anträge eingereicht hatte und dem bereits ein Vorschuss überwiesen worden ist. Mangels eines Anwartschaftsrechts konnte sich der Kläger allenfalls auf Vertrauensschutzgesichtspunkte berufen.

656 EuG, Rs. T-196/03 (European Federation for Cosmetic Ingredients/EP u. Rat), Slg. 2004, S. II- II-4263 Rn. 56 ff. Dort stellte das EuG darauf ab, ob die Richtlinie bezweckt, bestimmten Wirtschaftsteilnehmern zu Lasten der von der klagenden Vereinigung vertretenen Unternehmen ein bestimmtes Recht des geistigen Eigentums vorzubehalten. Die Berufung auf den Schutz eines Patentrechts als solchen genügte dagegen nicht.

657 So aber: *Schulte*, S. 132 f.

658 Vgl. Rs. *Cordoniu*, dazu: Kap. II B II 3 b).

Problem verschärft sich, wenn höchstpersönliche Rechtsgüter wie Leben und Gesundheit mehrerer, im Einzelnen nicht individualisierbarer Personen bedroht werden, z.B. bei umweltrelevanten Maßnahmen. Bei befürchteten Umweltverunreinigungen kann der erwartete Schaden für sich dann keine Klagebefugnis verleihen, wenn er generell und abstrakt einer großen Zahl von Bürgern entstehen kann, die nicht von vornherein so bestimmt werden kann, dass sie in ähnlicher Weise wie der Adressat einer Entscheidung individualisiert ist.[659] Die Eigenschaft als Bewohner des betroffenen Gebiets reicht zur Individualisierung ebenso wenig aus. Das führt zu dem paradoxen Ergebnis, dass man vor dem EuG zwar einen Eingriff in ein eingetragenes Markenzeichen erfolgreich abwehren kann, sich jedoch nicht zur Wehr gegen erhebliche Gesundheitsschädigungen bzw. Umweltverschmutzung setzen kann, weil diese Rechte nicht „exklusiv" sind. Das eigentliche Problem dürfte jedoch in der Vorgabe der *Plaumann*-Formel, wonach sich der Kläger von Anderen herausheben müsse, und nicht erst in ihrer Konkretisierung durch die Fallgruppe „besonderes Recht" liegen.

cc) Verfahrensbeteiligung und -garantien

Die Beachtung der Verfahrensgarantien wird von den Gemeinschaftsgerichten i.R.d. Rechtmäßigkeitskontrolle des Sekundärrechts überwacht. Die Nichtigerklärung einer verfahrensfehlerhaft zustande gekommenen Maßnahme kommt indes erst dann in Betracht, soweit die Missachtung der dem Betroffenen zustehenden Verfahrensrechte ursächlich für die Beeinträchtigung der Wahrnehmung seiner Interessen war[660] oder dies nicht ausgeschlossen werden kann. Die Rechtsprechung knüpft an die Wahrnehmung von Verfahrensrechten ebenfalls bei der Konkretisierung der Anforderungen an die adressatenähnliche Individualisierung an.

Für die erforderliche Individualisierung i.S.d. *Plaumann*-Formel soll die bloß tatsächliche Verfahrensbeteiligung nicht genügen, um dem Einzelnen ein Klagerecht gegen den im Zuge dieses Verfahrens erlassenen Rechtsakt zu gewähren.[661] Zusätzlich wird eine rechtliche Verfahrensgarantie (Mitwirkungs-, Informations- bzw. Anhörungsrechte) verlangt, wobei sie manchmal bereits als hinreichend für die Klageberechtigung betrachtet wird, namentlich dann, wenn der Berechtigte sie ohne eigenes Verschulden tatsächlich nicht wahrnehmen konnte.[662] Jedoch lässt sich in Bezug auf das EG-„Gesetzgebungsverfahren" eine deutlich restriktivere Handhabung der Verfahrensbeteiligung und der hierauf gestützten Klageberechtigung gegen späteren Rechtsakt feststellen. Während im Verwaltungsverfahren vor der Kommission (z.B. i.R.d. Fusionskontrolle[663]) auch die tatsächliche Einbeziehung der Betroffenen ins Verfahren

[659] EuG, Rs. T-585/93 (Greenpeace u.a./Rat), Slg. 1995, S. II-2205 LS. 1. In diesem Sinne wohl auch: EuG, Rs. T-219/95 R (Danielsson u.a./Kommission), Slg. 1995, S. II-3051 Rn. 72. – Nichtigkeitsklage gegen die Entscheidung der Kommission über die französischen Atomtests auf den Atollen Mururoa und Fangataufa.

[660] S. dazu: EuG, Rs. T-147/94 (Champion Stationery/Rat), Slg. 1998, S. II-4137 Rn. 55, 73 u. 81 ff.; EuG, verb. Rs. T-33 bis 34/98 (Petrorub u. Republica/Rat), Slg. 1999, S. II-3837 Rn. 206.

[661] Vgl. EuG, Rs. T-597/97 (Euromin SA/Rat), Slg. 2000, S. II-2419 Rn. 47 f.; EuG, Rs. T-598/97 (British Shoe Corporation Footwear Supplies Ltd/Rat), Slg. 2002, S. II-1155 Rn. 61 f. Dazu: *Nehl*, in: Nowak/Cremer (Hrsg.), Individualrechtsschutz in der EG und der WTO (2002), S. 135 (148 f.).

[662] *Cremer*, EWS 1999, S. 48 (52).

[663] S. dazu insb.: EuG, Rs. T-2/93 (Air France/Kommission), Slg. 1994, S. II-323 Rn. 44, 47.

ohne besondere, primär- oder sekundärrechtliche Beteiligungsgarantie genügt[664], wird in Bezug auf die Individualisierung durch Verfahrensbeteiligung bei der Vorbereitung eines Normativaktes ein strengerer Maßstab[665] angelegt.

Nach ständiger Rechtsprechung ist der Umstand, dass eine Person in irgendeiner Weise an dem Verfahren beteiligt ist, das zum Erlass eines Gemeinschaftsrechtsakts führt, nur dann geeignet, diese Person hinsichtlich des Rechtsakts zu individualisieren, wenn die anwendbare Gemeinschaftsregelung ihr bestimmte Verfahrensgarantien gewährt.[666] In der Rs. *Asocarne* betraf die Klage eine Richtlinie, die der Rat auf der Rechtsgrundlage des Art. 43 EG erlassen hat, also i.R. eines Verfahrens, in dem (anders als im Verfahren nach Art. 93 EG) eine Beteiligung Einzelner nicht vorgesehen ist.[667] Die Rechtsmittelführerin brachte zur Begründung der individuellen Betroffenheit unter Berufung auf das Urteil *CIFRS*[668] vor, sie habe über die Vereinigung der Verbände dieses Sektors in Europa Kontakte zur Kommission unterhalten, bei dieser eine Beschwerde gegen die Anwendung der Richtlinie 85/73 eingereicht, der Kommission während der Ausarbeitung dieser Richtlinie schriftliche Stellungnahmen unterbreitet und engen Kontakt zu den zuständigen Dienststellen gehalten.[669] Der EuGH sah jedoch darin keinen hinreichenden Grund für die Individualisierung. Es widerspräche dem Wortlaut und dem Geist des Art. 230 EG, wenn ein Einzelner schon aufgrund seiner Beteiligung an der Vorbereitung einer gesetzgeberischen Handlung später eine Klage gegen diese Handlung erheben dürfte.[670]

Diese Beispiele legen den Schluss nahe, dass in den Verfahren zum Erlass von EG-Normativakten grundsätzlich keine Beteiligung Privater vorgesehen ist. Jedoch bedeutet das keineswegs, dass dieser Fallgruppe hier insgesamt keine Bedeutung zukommt.[671] In einigen Bereichen existieren nämlich sekundärrechtlich verankerte Ver-

---

664 EuGH, Rs. 26/76 (Metro/Kommission), Slg. 1977, S.1875 (insb. LS. 1u. Rn. 13); EuG, Rs. T-435/93 (ASPEC u.a./Kommission), Slg. 1995, S. II-1281 Rn. 63 f.; EuG, Rs. T-442/93 (AAC u.a./Kommission), Slg. 1995, S. II- 1329 Rn. 48. Näher dazu: *v. Dietze*, S. 85.

665 Vgl. z.B.: EuG, Rs. T-196/03 (European Federation for Cosmetic Ingredients (EFfCI)/EP u. Rat), Slg. 2004, S. II-4263. Die Behandlung der Klageberechtigung gegen die Antidumpingverordnungen stellt hier keine Ausnahme dar. Entgegen *Cremer* wurde die individuelle Betroffenheit im *Timex*-Urt. gerade nicht aufgrund einer freiwilligen, *rechtsgrundlosen*, sondern aufgrund einer rechtlich vorgesehenen Verfahrensbeteiligung bejaht. Der Begriff der „an der Untersuchungen beteiligten Partei" i.S.d. Art. 7 Abs. 4 lit. a Antidumpinggrundverordnung 2176/84 des Rates v. 23.7.1984 (ABl. EG 1984 Nr. L 201, S. 1) umfasste nicht nur die von der Untersuchung Betroffenen, sondern auch diejenigen, deren Informationen zur Berechnung des Normalwerts der betreffenden Erzeugnisse bzw. der Dumpingspanne gedient haben. Vgl. EuGH, Rs. 264/82 (Timex/Kommission), Slg. 1985, S. 849 LS. 2.

666 EuG, verb. Rs. T-481/93 u. T-484/93 (Exporteurs in Levende Varkens u.a./Kommission), Slg. 1995, S. II-2941 Rn. 55; EuG, Rs. T-585/93 (Greenpeace u.a./Kommission), Slg. 1995, S. II-2205 Rn. 56, 63; EuG, Rs. T-398/94 (Kahn Scheepvaart/Kommission), Slg. 1996, S. II-477 Rn. 48 f.; EuG, Rs. T-12/96 (Area Cova SA u.a./Rat u. Kommission), Slg. 1999, S. II-2301 Rn. 59 f.; EuG, Rs. T-13/99 (Pfizer Animal Health/Rat), Slg. 2002, S. II-3305 Rn. 101.

667 EuGH, Rs. C-10/95 P (Asocarne/Rat), Slg. 1995, S. I-4149 Rn. 39.

668 EuGH, Rs. C-313/90 (CIRFS u. a./Kommission, Slg. 1993, I-1125.

669 EuGH, Rs. C-10/95 P (Asocarne/Rat), Slg. 1995, S. I-4149 Rn. 18.

670 EuGH, Rs. C-10/95 P (Asocarne/Rat), Slg. 1995, S. I-4149 Rn. 39 f.

671 So aber: *Schulte*, S. 120, die zwar zutreffend von der grundsätzlichen Nichtbeteiligung Privater am Gesetzgebungsverfahren ausgeht, aber die sekundärrechtlich geregelten Ausnahmen übersieht. Daher

fahrensgarantien, die dem Kläger nicht nur eine Beteiligung am Rechtssetzungsprozess ermöglichen, sondern auch imstande sind, ihm später die Klageberechtigung gegen den Rechtsakt zu verleihen. Solche Verfahrensrechte sind etwa im Bereich des Arznei- und Lebensmittelrechts sowie im Antidumpingrecht vorzufinden. So hatte die Klägerin in Rs. *Solvay Pharmaceuticals* einen besonderen Status genossen, woraus sich für sie i.R.d. erneuten Zulassungsverfahrens bestimmte Verfahrensrechte ergaben.[672] Darin sah das EuG ein Individualisierungsmerkmal.

Das Gericht hatte in ähnlich gelagerten Konstellationen die individuelle Betroffenheit durch Verordnungsbestimmungen mit dem Hinweis auf sekundärrechtlich eingeräumte Verfahrensbeteiligungsrechte bejaht.[673] Demgegenüber begründet die eigenmächtige „Einmischung" in den Verfahrensablauf noch keine Individualisierung und zwar unabhängig davon, ob man es mit einfachem Lobbyismus oder mit der Verfechtung der Allgemeinwohlinteressen zu tun hat. Das zeigt der Fall *Greenpeace*, in dem es um eine Nichtigkeitsklage der bekannten Umweltschutzorganisation gegen eine Kommissionsentscheidung über die Bezuschussung zweier Kraftwerke auf den Kanarischen Inseln ging. Sowohl das EuG als auch der EuGH als Rechtsmittelinstanz verneinten die individuelle Betroffenheit der Organisation, da die umstrittene Gewährung der Zuschüsse des Europäischen Fonds für regionale Entwicklung nicht mit spezifischen Verfahren verbunden war, die eine Beteiligung Einzelner am Erlass, an der Durchführung oder an der Weiterbehandlung der diesbezüglichen Rechtsakte vorsehen würde. Die bloße Beschwerde hinsichtlich der geplanten Finanzierung und der sich anschließende Schriftwechsel mit der Kommission vermochten deshalb dem Beschwerdeführer keine Klageberechtigung i.S.d. Art. 230 Abs. 4 EG zu verleihen.[674] Diese Rechtsprechung wurde in Folgeentscheidungen bestätigt.[675] Das Erfordernis einer primär- bzw. sekundärrechtlich verankerten Verfahrensgarantie verdient Zustimmung. Sonst könnte jedermann durch bloßes Eingreifen ins Verfahren geltend machen, er sei bereits hierdurch individualisiert. Das Erfordernis der Klageberechtigung wäre somit obsolet, da sie ihren Zweck (Verhinderung von Popularklagen) verfehlen würde.

---

kommt sie zum Ergebnis, dass bei Normativakten eine Individualisierung aufgrund der Verfahrensrechte ausscheidet.

[672] EuG, Rs. T-392/02 (Solvay Pharmaceuticals/Rat), Slg. 2003, S. II-4555 Rn. 79 f.

[673] Bsp.: EuG, verb. Rs. T-125/96 und T-152/96 (Boehringer Ingelheim Vetmedica GmbH u. C.H. Boehringer Sohn/ Rat u. Kommission), Slg. 1999, S. II-3427 Rn. 165 ff. Nach der VO Nr. 2377/90 war hier die Klägerin am Verfahren zu beteiligen, weshalb das EuG ihre individuelle Betroffenheit bejahte. Ähnlich: EuG, Rs. T-96/92 (CCE de la Société générale des grandes sources u. a./Kommission), Slg. 1995, S. II-1213 Rn. 30 u. 31; EuG, Rs. T-189/97 (Comité d'entreprise de la Société française de production u. a./Kommission), Slg. 1998, S. II-335 Rn. 36 f.; EuG, Rs. T-13/99 (Pfizer Animal Health/Rat), Slg. 2002, S. II-3305 Rn. 103 f.; EuG, Rs. T-70/99 (Alpharma Inc./Rat), Slg. 2002, S. II-3495 Rn. 94 ff.

[674] Vgl. EuG, Rs. T-585/93 (Greenpeace u.a./Kommission), Slg. 1995, S. II-2205 LS. 3 und Rn. 56, 62 f. Bestätigt durch: EuGH, Rs. C-321/95 P (Greenpeace u.a./Kommission), Slg. 1998, S. I-1651.

[675] EuG, Rs. T-196/03 (European Federation for Cosmetic Ingredients (EFfCI)/EP u. Rat), Slg. 2004, S. II-4263 Rn. 64 ff. (Lieferung wissenschaftlicher Daten und unverbindliche, informelle Stellungnahmen); EuG, Rs. T-40/04 (Emma Bonino u.a./EP und Rat), Slg. 2005, S. II-2685 Rn. 70 ff. („bloße" Teilnahme an den Gesprächen, die dem Erlass eines Rechtsakts vorangehen, Einreichung einer Beschwerde, Schriftwechsel).

Weitere bedeutsame Anwendungsfälle individualisierender Verfahrensgarantien für Private i.R.d. EG-„Gesetzgebung" sind im Antidumpingrecht zu finden.[676] Die Antidumpinggrundverordnung[677] (ADGVO) räumt nicht nur den durch die Einführung eines Antidumpingzolls möglicherweise Betroffenen (Hersteller, Importeure, Exporteure), sondern auch den Antragstellern sowie schließlich auch „interessierten Parteien" i.S.d. Art. 5 Abs. 10 ADGVO (z.B. Verbraucherorganisationen) zahlreiche Beteiligungsrechte ein. Auf diese kann hier im Einzelnen nicht eingegangen werden. Es soll lediglich signalisiert werden, dass der Antidumpingbereich einen Sonderbereich im Hinblick auf die Verfahrensgarantien und -beteiligung darstellt.[678]

Als Beispiel sei hier die Beteiligung an den Untersuchungen, die zur Festlegung eines Antidumpingzolls durchgeführt werden, zu nennen. Der Grund für die Individualisierung ist nicht in der bloßen Teilnahme, sondern in der Maßgeblichkeit der im Zuge der Untersuchung zur Verfügung gestellten individuellen Daten für die Berechnung der Höhe des Antidumpingzolls zu erblicken.[679] Daher spricht der Gerichtshof unabhängigen Importeuren die Klageberechtigung ab, weil deren Wiederverkaufspreis – im Gegensatz zu jenem des abhängigen Importeurs[680] bzw. des Exporteurs aus einem Drittland – bei der Berechnung der Dumpingspanne oder Festlegung des Antidumpingzolls eben keinen maßgeblichen Faktor darstellt.[681] Die Rechtsprechung verlangt indes, dass die Verfahrensbeteiligung nicht nur rechtlich vorgesehen, sondern auch geeignet sein muss, den Inhalt des Rechtsaktes zu beeinflussen.

Als Ergebnis bleibt festzustellen, dass die individuelle Betroffenheit bei allgemein geltenden Rechtsakten – im Unterschied zu drittgerichteten Entscheidungen gem. Art. 230 Abs. 4 Var. 3 EG – nur ausnahmsweise anhand formeller Aspekte wie Verfahrensgarantien begründbar sein dürfte, während die Beteiligung Privater am Verwaltungsverfahren den Grundsatz darstellt. Dennoch existieren einige, sekundärrechtlich eingeräumte Verfahrensgarantien, die dem Einzelnen die erforderliche Klageberechtigung verleihen können.

dd) Gebot der Rücksichtnahme auf besondere Situation des Klägers

Die erforderliche besondere Beziehung zwischen dem Kläger und dem angefochtenen Rechtsakt kann ferner daraus resultieren, dass der Kläger durch die Rechtsgrundlage gerade im Hinblick auf die eingetretene bzw. drohende Situation besonders geschützt

---

[676] Vgl. EuGH, Rs. 191/82 (FEDIOL/Kommission), Slg. 1983, S. 2913 Rn. 28 ff. Zu den Verfahrensrechten in den Antidumpingsachen: *Habermann/Pietzsch*, in: Tietje/Kraft/Sethe (Hrsg.), BTW 24/2004, S. 11 ff. – www.wirtschaftsrecht.uni-halle.de [lezter Abruf am 2.3.2006]

[677] VO (EG) Nr. 384/96 des Rates v. 22.12.1995 über den Schutz gegen gedumpte Einfuhren aus nicht zur Europäischen Gemeinschaft gehörenden Ländern, ABl.EG 1996, Nr. L 056, S. 1 ff.

[678] Individuelle Betroffenheit durch Verfahrensbeteiligung bejahend: EuGH, Rs. 264/82 (Timex/Rat u. Kommission), Slg. 1985, S. 849 Rn. 12 ff. Zur Klageberechtigung einzelner Gruppen: *Landsittel/Sack*, NJW 1987, S. 2105 (2106 ff.).

[679] *Berrisch*, in: Nowak/ Cremer (Hrsg.), Individualrechtsschutz in der EG und der WTO (2002), S. 177 (188 f.).

[680] Beispiel für derartige Verbundenheit mit dem Hersteller/Exporteur sind Tochtergesellschaften.

[681] Vgl. EuGH, verb. Rs. C-305/86 u. 160/87 (Neotype Techmashexport/Kommission u. Rat), Slg. 1990, S. 2945 Rn. 20.

wird.[682] Erstmals in der Rs. *Piraiki-Patraiki*[683] stützte der EuGH die individuelle Betroffenheit auf eine besondere, normative Verpflichtung des Gemeinschaftsorgans, die Situation bestimmter Personen zu berücksichtigen.[684] In den Rs. *Sofrimport*[685] und *Antillean Rice Mills*[686] ließ sich die besondere Beziehung zwischen dem Klagegegenstand und der besonderen Situation des Klägers durch den Umstand herstellen, dass die von der Einfuhrbeschränkung betroffenen Erzeugnisse bereits im Erlasszeitpunkt auf dem Transportweg befanden. Die individuelle Betroffenheit wurde indes nur in Bezug auf die geschlossene, nach dem Inkrafttreten der Aussetzungsmaßnahmen nicht mehr erweiterungsfähige Gruppe von Importeuren bejaht. Allerdings lag der Individualisierungsgrund nicht in der Geschlossenheit als solcher, sondern erst in der *Verletzung einer normativen Verpflichtung* zur Rücksichtnahme auf die Situation dieser Gruppe.

Widmet man sich zunächst der Frage nach der Beschaffenheit der geforderten Schutznormen, so fällt zunächst die etwas verwirrende Terminologie der Gemeinschaftsgerichte auf. Teilweise wird von *„besonderen Vorschriften“*[687], andernorts dagegen von *„einer Bestimmung höherrangigen Rechts“*[688] gesprochen. Die Verwendung derartiger Bezeichnungen legt auf den Schluss nahe, dass nicht jede gemeinschaftsrechtliche Bestimmung eine geeignete Quelle für Rücksichtnahmepflichten sein kann, sondern nur eine solche, die in der Normenhierarchie höher stehen als der angefochtene Rechtsakt selbst. Das würde eine enorme Einengung der potentiellen „Schutznormen“ bedeuten, da praktisch nur das Primärrecht und ggf. völkerrechtliche Verträge der EG i.S.d. Art. 300 EG verblieben. Auf eine solche höherrangige Bestimmung (Beitrittsakte[689]) konnten sich die Kläger in der Rs. *Piraiki-Patraiki* berufen, auch wenn die Rücksichtnahmepflicht erst durch Auslegung abgeleitet werden musste.[690]

Allerdings war durch die Formulierung „höherrangiges Recht“ keineswegs eine Einschränkung beabsichtigt. In der Rs. C-452/98 ging es um die Anfechtung einer

---

[682] In diesem Sinne: Schlussanträge des GA *Lenz* in der Rs. C-313/90 (CIFRS u.a./Kommission), Slg. 1993, S. I-1125 (1148) Nr. 83-86, 88-90; Schlussanträge des GA *Lenz* in der Rs. C-309/89 (Cordoniu SA/Rat), Slg. 1993, S. I-3621 Nr. 43; Schlussanträge des GA *Lenz* in der Rs. C-298/89 (Gibraltar/Rat), Slg. 1993, S. I-3621 Rn. 113.

[683] EuGH, Rs. 11/82 (Piraiki-Patraiki/Kommission), Slg. 1985, S. 207 Rn. 19, 31. Dort klagten griechische Baumwollgarnhersteller gegen eine Kommissionsentscheidung, die Frankreich ermächtigte, Baumwollexporte aus Griechenland zu kontingentieren. Die Kläger hatten die bereits vor dem Erlass der umstrittenen Maßnahme Verträge mit den französischen Abnehmern abgeschlossen, welche dadurch nicht ordnungsgemäß hätten erfüllt werden können.

[684] S. dazu: *Cremer*, EWS 1999, S. 48 (52 f.); *Waelbroek/Fosselars*, CMLR 1996, S. 811 (822 f.).

[685] EuGH, Rs. 152/88 (Sofriimport/Kommission), Slg. 1990, s. 2477 Rn. 11.

[686] EuG, verb. Rs. T-480/93 u. T-483/93 (Antillean Rice Mills u.a./Rat), Slg. 1995, S. II-2305 Rn. 67 ff.; 73 ff.

[687] EuGH, Rs. C-452/98 (Nederlandse Antillen gegen Rat), Slg. 2001, S. I-8973 Rn. 67; ähnlich: EuG, Rs. T-32/98 (Nederlandse Antillen/Kommission), Slg. 2000, S. II-201 Rn. 51; ähnlich: EuG, verb. Rs. T-32 u. 41/98 (Nederlandse Antillen/Kommission), Slg. 2000, S. II-205 Rn. 51 (*„spezifische Bestimmungen“*).

[688] EuG, Rs. T-12/96 (Area Cova SA u.a./Rat u. Kommission), Slg. 1999, S. II-2301 rn. 40; EuG, Rs. T-135/96 (UEAPME/Rat), Slg. 1998, S. II-2335 Rn. 90; EuG, Rs. T-138/98 (ACAV u.a./Rat), Slg. 2000, S. II-341 Rn. 61.

[689] Art. 130 der Akte über die Bedingungen des Beitritts der Republik Griechenland und die Anpassung der Verträge, ABl. 1979, Nr. L 291, S. 17.

[690] EuGH, Rs. 11/82 (Piraiki-Patraiki/Kommission), Slg. 1985, S. 207 Rn. 21 ff., 31.

Verordnung über Schutzmaßnahmen gegen die Einfuhr von Reis aus den ÜLG. Der EuGH zog hier als „Schutznorm" die Rechtsgrundlage der Verordnung heran – Art. 109 des ÜLG-Beschlusses und Art. 1 Abs. 5 bis 7 des dazugehörigen Anhangs IV.[691] Danach waren Kommission und Rat verpflichtet, beim Erlass von Schutzmaßnahmen zu ermitteln, welche negativen Auswirkungen ihre Entscheidung möglicherweise für die Wirtschaft des betreffenden überseeischen Landes und Unternehmen hat und diesen Umständen entsprechend Rechnung zu tragen.[692] Ähnlich lag der Fall in der Rs. *Sofrimport*, wo ebenfalls eine sekundärrechtliche Bestimmung[693] eine Rücksichtnahmepflicht der Kommission festschrieb.

Anhand dieser Beispiele wird klar, dass unter „höherrangiger" Rechtsnorm nicht zwingend eine formell in der Normenhierarchie höher stehende, primärrechtliche bzw. völkervertragliche Norm gemeint wird. Vielmehr genügt eine Sekundärrechtsnorm, die die Rechtsgrundlage für den Erlass der Maßnahme bildet oder weitere Modalitäten (z.B. die einzuholenden Auskünfte, Umfang der Ermittlungen usw.) regelt. Ferner ist es nicht erforderlich, dass die „Schutznorm" explizit eine Rücksichtnahmepflicht eines Gemeinschaftsorgans anordnet. Es genügt, dass sich eine solche Verpflichtung aus dem Sinn und Zweck der Regelung ergibt.[694]

In Anbetracht der bisherigen Feststellungen zeichnet sich eine Parallele zwischen der Fallgruppe Rücksichtnahmegebot bzgl. der besonderen Klägersituation und der im deutschen Verwaltungsrecht etablierten Schutznormtheorie[695] ab. Jedoch besteht insofern ein Unterschied, als im Gemeinschaftsrecht keine Rechtsverletzung, sondern bereits die Beeinträchtigung schutzwürdiger Interessen des Klägers für die Darlegung der Klageberechtigung genügt. Darüber hinaus wird eine „besondere" Bestimmung verlangt[696], die dem Gemeinschaftsorgan eine Rücksichtnahmepflicht auferlegt. Damit scheidet der Rückgriff auf Gemeinschaftsgrundrechte, allgemeine Rechtsgrundsätze (z.B. Vertrauensschutz[697], Verhältnismäßigkeit[698]) oder sonstige allgemeine Zielvor-

---

[691] Beschluss des Rates vom 25.6.1991 über die Assoziation der überseeischen Länder und Gebiete mit der Europäischen Wirtschaftsgemeinschaft, ABl. EG 1991, Nr. L 263, S. 1 ff.

[692] EuGH, Rs. C-452/98 (Nederlandse Antillen gegen Rat), Slg. 2001, S. I-8973 Rn. 68. Ebenso: EuG, verb. Rs. T-480 u. 483/93 (Antillean Rice Mills u. a./Kommission), Slg. 1995, S. II-2310 Rn. 67 ff.; EuGH, Rs. C-390/95 P (Antillean Rice Mills u. a./Kommission), Slg. 1999, S. I-769 Rn. 25.

[693] Art. 3 Abs. 3 der VO (EWG) Nr. 2707/72 des Rates v. 19.12.1972 zur Festlegung der Voraussetzungen für die Anwendung von Schutzmaßnahmen auf dem Sektor Obst und Gemüse, ABl. L 291, S. 3 – siehe: EuGH, Rs. 152/88 (Sofriimport/Kommission), Slg. 1990, s. 2477 Rn. 11.

[694] EuGH, Rs. 11/82 (Piraiki-Patraiki/Kommission), Slg. 1985, S. 207 Rn. 28 ff. Den restriktiven Voraussetzungen für die Schutzmaßnahmen gem. Art. 130 Abs. 3 der Beitrittsakte Griechenlands wurde eine Verpflichtung der Kommission zur Berücksichtigung der Auswirkungen auf die griechischen Hersteller entnommen.

[695] Vgl. *Cremer*, EWS 1999, S. 48 (52 f); ähnlich: *Waelbroek/Fosselars*, CMLR 1996, S. 811 (824).

[696] EuG, Rs. T-481/93 (Vereniging van Exporteurs in Levende Varkens u.a./Kommission), Slg. 1995 S. II-2941 Rn. 62.

[697] Die Beachtung des schützwürdigen Vertrauens der Betroffenen stellt (neben der Erforderlichkeit) die materielle Bedingung der Zulässigkeit rückwirkender Normsetzung – vgl. EuGH, Rs. 224/82 (Fa. Meiko Konservenfabrik/ Bundesamt für Ernährung und Forstwirtschaft), Slg. 1983, S. 2539 Rn. 12.

[698] Bsp.: EuG, verb. Rs. T-32 u. 41/98 (Nederlandse Antillen/Kommission), Slg. 2000, S. II-205 Rn. 53 f. Hier stützte sich das EuG auf eine Verpflichtung aus Art. 109 Abs. 2 des ÜLG-Beschlusses zur Verhältnismäßigkeitswahrung beim Erlass von Schutzmaßnahmen zur Einschränkung von Importen aus den ÜLG-Ländern.

gaben (z.B. Art. 33 EG i.R.d. gemeinsamen Agrarpolitik[699]) als Schutznorm aus. Besonders deutlich wurde das z.B. in der Rs. *Piraiki-Patraiki*. Obwohl hier Vertrauensschutzgesichtspunkte eine Rolle spielten, stellte der EuGH maßgeblich auf eine spezielle Bestimmung der Beitrittsakte ab.[700]

Umgekehrt lehnte das EuG die individuelle Betroffenheit der Klägerin im Fall *Emesa Sugar*[701] mangels besonderer Verpflichtung des Rates zur Berücksichtigung ihrer Situation ab, obwohl diese im Vertrauen auf den Bestand der Rechtslage Investitionen vornahm und Lieferverträge abschloss. Obgleich der Grundsatz des Vertrauensschutzes zu den grundlegenden Prinzipien der Gemeinschaft gehört, verneinte das EuG – mit Blick auf ein weites Ermessen des Gemeinschaftsgesetzgebers – ein berechtigtes Vertrauen in die Beibehaltung der bestehenden Rechtslage.[702] Dieses Ermessen kann jedoch aufgrund einer speziellen Bestimmung eingeschränkt werden. Auch wenn das Organ beim Erlass der Maßnahme sichere Kenntnis von der besonderen Lage des Klägers hat, muss die Rücksichtnahmepflicht in einer Rechtsnorm fundiert sein.[703]

Fraglich ist, ob die die Rechtsprechung das bloße Bestehen einer Rücksichtnahmepflicht für die Klageberechtigung genügen lässt. Diese Position vertrat anfangs noch das EuG.[704] Das erstinstanzliche Urteil wurde jedoch vom EuGH aufgehoben. Die Rücksichtnahmepflicht allein wurde als nicht hinreichend erachtet.[705] Auch wenn dies in den ersten Entscheidungen noch nicht hinreichend deutlich hervorgehoben wurde, stellte der EuGH klar, dass die Feststellung des Bestehens einer normativen Rücksichtnahmepflicht des Erlassorgans im Hinblick auf die Konsequenzen einer Maßnahme für bestimmte Einzelpersonen noch nicht automatisch zur individuellen Betroffenheit führe.[706] Dieser Umstand entbinde den Kläger nicht vom Nachweis des tatsächlichen Vorliegens einer besonderen, ihn individualisierenden Lage.[707] Eine solche Situation wurde z.B. in Bezug auf Unternehmen angenommen, die bereits vorher Verträge geschlossen hatten, deren Erfüllung durch die strittige Schutzmaßnahme ganz

[699] EuG, Rs. T-12/96 (Area Cova SA u. a. gegen Rat der Europäischen Union und Kommission), Slg. 1999, S. II-2301 Rn. 42-44. Die Kläger beriefen sich auf Art. 33 EG und Art. 2 Abs. 1 VO Nr. 3760/92, die die allgemeinen Ziele der gemeinsamen Fischereipolitik nennen und darauf hinweisen, dass neben den Bedürfnissen der Verbraucher auch die der Erzeuger berücksichtigt werden müssen. Das EuG hielt diese Bestimmungen für zu allgemein und folglich ungeeignet, um eine präzise Verpflichtung der EG-Organe zu begründen, die Lage der Kläger besonders zu berücksichtigen.

[700] Vgl. EuGH, Rs. 11/82 (Piraiki-Patraiki/Kommission), Slg. 1985, S. 207 Rn. 21, 28, 31 u. 34.

[701] EuG, Rs. T-43/98 (Emesa Sugar/Rat), Slg. 2001 S. II-3519 Rn. 52.

[702] EuG, Rs. T-43/98 (Emesa Sugar/Rat), Slg. 2001 S. II-3519 LS. 3. In diesem Sinne auch: EuG, Rs. T-49/00 (Iposea/Kommission), Slg. 2001, S. II-163 Rn. 34.

[703] Vgl. EuG, Rs. T-12/96 (Area Cova SA u. a./Rat u. Kommission), Slg. 1999, S. II-2301 Rn. 52 f.

[704] Vgl. EuG, verb. Rs. T-32 u. 41/98 (Nederlandse Antillen/Kommission), Slg. 2000, S. II-205 Rn. 55 f.

[705] EuGH, Rs. C-142/00 P (Kommission/ Nederlandse Antillen), Slg. 2003, S. I-3483 Rn. 75 f.

[706] Vgl. EuGH, Rs. C-452/98 (Nederlendse Antillen/Rat), Slg. 2001, S. I-8973 Rn. 67 (die Rücksichtnahmepflicht *„kann geeignet sein, diese zu individualisieren.“*), mit Hinweis auf: EuGH, Rs. 11/82 (Piraiki-Patraiki u. a./Kommission), Slg. 1985, S. 207 Rn. 28 u. 31; EuGH, Rs. C-390/95 P (Antillean Rice Mills u.a./Kommission), Slg. 1999, S. I-769 Rn. 25.

[707] EuGH, Rs. C-452/98 P (Nederlandse Antillen/Rat), Slg. 2001, S. I-8973 Rn. 70-72.

oder teilweise verhindert wurde.[708] Unter diesem Einfluss gab das EuG seine rechtsschutzfreundliche Interpretation auf und verlangt nunmehr die Erfüllung von zwei kumulativen Voraussetzungen: das Vorliegen einer besonderen Bestimmung, die das Gemeinschaftsorgan zur Berücksichtigung der Situation des Klägers verpflichtet[709] sowie den Nachweis bestimmter, besonderer Eigenschaften oder Umstände, die ihn aus dem Kreis aller übrigen Personen herausheben.[710]

Zusammenfassend ergibt sich, dass die Rechtsprechung nur dann die individuelle Betroffenheit aufgrund eines Rücksichtnahmegebots bejaht, wenn eine Norm dem Kläger einen „spezifischen Schutz" im Vergleich zu den übrigen Wirtschaftsteilnehmern gewährt. Darüber hinaus werden bereits i.R.d. Zulässigkeit die tatsächliche Verletzung des Rücksichtnahmegebots sowie die Folgen für den Kläger geprüft.

c) Verbandsklagen

Nach ständiger Rechtsprechung des Gerichtshofes ist ein Verband von einem die allgemeinen Interessen einer Unternehmergruppe berührenden Rechtsakt nicht als Vertreter dieser Gruppe individuell betroffen.[711] Vereinigungen und Interessenverbände können gleichwohl die Klageberechtigung darlegen. Einerseits können sie sich auf eigene, originäre Rechte berufen.[712] Anerkannt sind z.B. Verfahrensrechte, die bestimmten berufsständischen Vereinigungen eingeräumt sind.[713] In Betracht kämen aber auch Verbraucherverbände als Kläger gegen Antidumpingverordnungen, da sie über bestimmte, eigene Verfahrensrechte gem. Art. 5 Abs. 10 ADGVO (Akteneinsicht, Anhörung usw.) verfügen. Unter der früheren AD-GVO[714] standen ihnen derartige Verfahrensrechte noch nicht zur Verfügung, weshalb der Gerichtshof Nichtigkeitsklagen von Verbraucherverbänden mangels Klagebefugnis abgewiesen hat[715]. Andererseits

---

[708] Vgl. EuGH, Rs. 11/82 (Piraiki-Patraiki/Kommission), Slg. 1985, S. 207 Rn. 31 (s.o. Fn. 700); EuG, verb. Rs. T-94/00, T-110/00 u. T-159/00 (Rica Foods u.a./Kommission), Slg. 2002, S. II-4677 Rn. 57.

[709] EuG, Rs. T-45/02 (DOW AgroSciences BV u. DOW AgroSciences Ltd/EP u. Rat), Slg. 2003, S. II-1973 Rn. 47 – „spezifischer Schutz".

[710] EuG, verb. Rs. T-94/00, T-110/00 u. T-159/00 (Rica Foods u.a./Kommission), Slg. 2002, S. II-4677 Rn. 56 f.; EuG, verb. Rs. T-332//00 u. T-350/00 (Rica Foods u. Free Trade Foods/Kommission), Slg. 2002, S. II-4755 Rn. 52; EuG, Rs. T-167/02 (Etablissements Toulorge/ EP und Rat), Slg. 2003, S. II-1111 Rn. 64; EuG, Rs. T-196/03 (European Federation for Cosmetic Ingredients [EFfCI]/EP u. Rat), Slg. 2004, S. II-4263 Rn. 52 ff.

[711] EuGH, verb. Rs. 16/62 u. 17/62 (Confédération nationale des producteurs de fruits et légumes u. a./Rat), Slg. 1962, S. 963; EuG, Rs. T-476/93 (FRSEA u. FNSEA/Rat), Slg. 1993, S. II-1187 Rn. 25; EuG, verb. Rs. T-447/93 bis T-449/93 (AITEC u. a./Kommission), Slg. 1995, S. II-1971, Rn. 54; EuG, Rs. T-196/03 (European Federation for Cosmetic Ingredients/EP u. Rat), Slg. 2004, S. II-4263 Rn. 41.

[712] Z.B. eigene Verfahrensrechte – EuGH, verb. Rs. 67/85, 68/85 u. 70/85 (Van der Kooy u.a./Kommission), Slg. 1988, S. 219 Rn. 21-24; EuG, Rs. T-122/96 (Federolio/Kommission), Slg. 1997, S. II-1559 Rn. 61. Ebenso: EuG, T-173/98 (Unión de Pequeños Agricultores/Rat), Slg. 1999, S. II-3357, Rn. 47; EuG, Rs. T-196/03 (European Federation for Cosmetic Ingredients/EP u. Rat), Slg. 2004, S. II-4263 Rn. 42.

[713] Vgl. EuGH, Rs. 191/82 (Fediol/Kommission, Slg. 1983, S. 2913 Rn. 21, 28-30; EuG, Rs. T-12/93 (CCE de Vittel u.a./Kommission), Slg. 1995, S. II-1247 Rn. 39-42.

[714] VO (EG) Nr. 248/88, ABl. EG Nr. 209 v. 11.7.1988, S. 1.

[715] Vgl. z.B.: EuGH, Rs. C-170/89 (Bureau européen des unions des consommateurs [BEUC]/ Kommission), Slg. 1991, S. I-5709 Rn. 30.

bleibt den Verbänden unbenommen, die Rechte der repräsentierten, selbst klagebefugten Mitglieder in deren Interesse geltend zu machen.[716] In der Sache handelt es sich um eine gewillkürte Prozessstandschaft, da die Klageberechtigung von den eigentlichen Rechtsinhabern abgeleitet wird. Die Zulässigkeit der Klage einer Vereinigung ohne eigenes Rechtsschutzinteresse, die zur Förderung der gemeinsamen Interessen einer Personengruppe gegründet wurde, hängt also davon ab, ob ihre Mitglieder selbst klageberechtigt wären.[717]

Die konsequente Anwendung der *Plaumann*-Rechtsprechung führt zu Problemen, die insbesondere im Umweltrecht besonders deutlich sind.[718] Gerade hier wäre eine vom Erfordernis der individuellen Betroffenheit entbundene Verbandsklage erforderlich, da die Geltendmachung der dort betroffenen Interessen kraft Natur der Sache wohl niemals zur Individualisierung führen könnte. Gerade Umweltbelange sind keine wenigen Personen ausschließlich vorbehaltenen Rechte. Dies ist bei Auswirkungen von Atomtests auf menschliche Gesundheit besonders deutlich sichtbar. In solchen Fällen lehnten die Gemeinschaftsgerichte die individuelle Betroffenheit der Kläger mit dem Hinweis ab, sie seien *„nur in ihrer objektiven Eigenschaft als Einwohner“* des von umweltschädlichen Aktivitäten betroffenen Gebiets berührt.[719] Auch in verfahrensrechtlicher Hinsicht bestehen Defizite, wie z.B. die Fälle *Greenpeace*[720] und *Danielsson*[721] zeigen. Die bloße Anhörung oder sonstige Teilnahme am Verfahren wurde als unzureichend für die Begründung der Klageberechtigung erachtet, umgekehrt blieb dem Verband bzw. den Betroffenen eine *effektive*, durch Verfahrensgarantien abgesicherte Verfahrensbeteiligung versagt.[722] Schließlich sind die Normen, die dem Gemeinschaftsorgan eine Rücksichtnahmeverpflichtung auferlegen, gerade aufgrund der globalen Auswirkungen von Umweltschäden meist zu allgemein, als dass sie den An-

---

716 EuG, verb. Rs. T-447/93, T-448/93 u. T-449/93 (AITEC u.a./Kommission), Slg. 1995, S. II-1971 Rn. 62; EuG, Rs. T-196/03 (European Federation for Cosmetic Ingredients/EP u. Rat), Slg. 2004, S. II-4263 Rn. 42.

717 EuGH, verb. Rs. 19/62 bis 22/62 (Fédération nationale de la boucherie en gros et du commerce en gros des viandes u.a./Rat), Slg. 1962, S. 1003 (1021); EuGH, Rs. 117/86 (UFADE/Rat u. Kommission), Slg. 1986, S. 3255 Rn. 12; EuG, Rs. T-196/03 (European Federation for Cosmetic Ingredients [EFfCI]/EP u. Rat), Slg. 2004, S. II-4263 Rn. 43; EuGH, Rs. C-229/05 P (Kurdistaner Arbeiterpartei u. Kurdistaner Nationalkongress/Rat), Urt. v. 18.1.2007 (noch nicht in der amtl. Slg. veröffentlicht) Rn. 70.

718 Vgl. dazu: Schlussanträge des GA *Cosmos* in der Rs. C-321/95 P (Greenpeace Council u.a./Kommission), Slg. 1998, S. I-1651 Nr. 113 (Fn. 128). Der Generalanwalt hielt die bisherigen Kriterien der individuellen Betroffenheit, die zu einer fehlerhaften (*„wrong in law“*) Klageabweisung führen können, für bedenklich.

719 So z.B.: EuG, Rs. T-219/95 R (Atomtest Mururoa), Slg. 1995, S. II-3051 Rn. 70 ff. In diesem Sinne auch: EuG, Rs. T-585/93 (Greenpeace u.a./Rat), Slg. 1995, S. II-2205 Rn. 51 u. 54. Das EuG stellte darauf ab, dass die Umweltschäden generell und abstrakt seien, sodass eine große Zahl von Bürgern betroffen sein könne, die nicht so bestimmt sei, dass sie wie der Adressat einer Entscheidung individualisiert werden könne. Ortsansässigkeit im betroffenen Gebiet reiche dafür nicht aus.

720 EuG, Rs. T-585/93 (Greenpeace u.a./Rat), Slg. 1995, S. II-2205 Rn. 56 u. 62 f.; EuGH, Rs. C-321/95 P (Greenpeace Council u.a./Kommission), Slg. 1998, S. I-1651 Rn. 16 u. 29 ff. S. dazu: Kap. II D III 1 b) cc).

721 EuG, Rs. T-219/95 R (Danielsson u.a./Kommission), Slg. 1995, S. II-3051 Rn. 70 ff., 77.

722 Vgl. *Wegener*, ZUR 1998, S. 131 (133), der in Bezug auf die Rs. *Greenpeace* von einer doppelten Diskriminierung des Verbandes sprach.

forderungen an die „spezifische Bestimmung“ genügen können.[723] Da die Rechtsprechung die Klageberechtigung von Verbänden meist aus der Perspektive der Klageberechtigung der vertretenen Mitglieder beurteilt[724], betreffen die Probleme nicht nur die Zulässigkeit von Verbandsklagen, sondern stellen ein generelles Manko der *Plaumann*-Rechtsprechung dar.

Obgleich sich für die Einführung einer Verbandsklage nicht nur einige Stimmen in der Literatur ausgesprochen haben[725], sondern auch die Kommission ein entsprechendes Projekt[726] überlegt hat, konnte dies bislang nicht realisiert werden. Eine punktuelle, sachbereichsspezifische Lockerung der Voraussetzungen an die Klageberechtigung von Verbänden ist schon bald auf dem Gebiet des Umweltrechts zu erwarten, nämlich soweit die Gemeinschaft ihren völkervertragrechtlichen Verpflichtungen nachkommen muss. 2005 wurde nämlich das Übereinkommen über den Zugang zu Informationen, die Öffentlichkeitsbeteiligung an Entscheidungsverfahren und den Zugang zu Gerichten in Umweltangelegenheiten (sog. „Übereinkommen von Aarhus“ 1998) ratifiziert.[727] Art. 9 dieses Übereinkommens verpflichtet die Vertragsparteien, privatrechtlich organisierten Umweltverbänden in bestimmten Rechtssachen den Zugang zum Gericht zu eröffnen. Der Rechtsschutz in diesen Umweltangelegenheiten soll angemessenen und effektiv sein.

In Anbetracht der Tatsache, dass das EG-Rechtsschutzsystem auf dem Gedanken der individuellen Betroffenheit aufbaut, sodass die Klagebefugnis eines Verbandes aus dem Klagerecht seiner Mitglieder abgeleitet werden oder originär aus eigenen Rechten folgen kann, erscheint es nicht unbedingt erforderlich, eine gesonderte Verbandsklage zu etablieren. Der Verband sollte an sich wie jede natürlich bzw. juristische Person i.S.d. Art. 230 Abs. 4 EG behandelt werden. Das eigentliche Problem liegt in der zu engen Definition der individuellen Betroffenheit, wodurch gerade der Schutz kollektiver Rechte nicht gewährleistet werden kann.

d) Zusammenfassung

Das Erfordernis der individuellen Betroffenheit i.S.d. *Plaumann*-Formel dient der Sicherstellung, dass das Verhältnis der angegriffenen Vorschrift zum Kläger einer Adressatenstellung gleichkommt. Hierzu ist aber nach neuerer Rechtsprechung weder hinreichend noch stets notwendig, dass der Kläger zu einem geschlossenen Personen-

---

723 Bsp.: Art. 34 EAG. Abl.: EuG, Rs. T-219/95 R (Danielsson u.a./Kommission), Slg. 1995, S. II-3051 Rn. 74.

724 Parallelität von Individualklagerechten und der Klagebefugnis von Umweltorganisationen – *Epiney*, NVwZ 1999, S. 485 (490); i.E. auch *Wegener*, S. 197 ff.; a.A. *Ruffert*, S. 217 f.

725 *Wegener*, ZEuS 1998, S. 183 (188). Für die Einführung einer speziellen Verbandsklage auch außerhalb des Umweltrechts: *Ehlermann*, in: Liber Amicorum Pescatore (1987), S. 205 (220).

726 KOM (92) 23, endgültige Fassung vom 27.3.1992, S. 84 f. S. auch die Studie von *Führ/Gebers/Ormond/Roller*, Access to Justice – Final Report, 1992, die im Auftrag der Kommission erstellt wurde und einen Richtlinienentwurf über die Einführung einer Verbandsklage auf EG-Ebene präsentierte.

727 ABl. L 124 vom 17.5.2005, S. 4 ff.; ratif. durch: Beschluss 2005/370/EG des Rates vom 17.2.2005 über den Abschluss des Übereinkommens über den Zugang zu Informationen, die Öffentlichkeitsbeteiligung an Entscheidungsverfahren und den Zugang zu Gerichten in Umweltangelegenheiten im Namen der EG, ABl. Nr. L 124 vom 17.5.2005, S. 1 ff.

kreis gehört.[728] Vielmehr wird ein *spezifischer Zusammenhang* zwischen der Situation des Klägers und dem Klagegegenstand gefordert.[729] Schwieriger gestaltet sich die Antwort auf die Frage, wann eine solche Verknüpfung vorliegt. Die zunächst klar formulierte *Plaumann*-Formel ist durch eine unüberschaubare Kasuistik überschattet worden.[730] Ursprünglich war eine Kausalbeziehung zwischen der Situation des Klägers und der angefochtenen Bestimmung erforderlich.[731] Später hat es der EuGH ebenfalls als hinreichend erachtet, wenn der Kläger im Hinblick auf diese Situation durch besondere Modalitäten der Rechtsgrundlage geschützt wird.[732] Schließlich kamen auch Fälle hinzu, in denen eine Verquickung mehrerer Umstände – z.B. schwere Nachteile und besondere Marktsituation[733] – zur individuellen Betroffenheit führten. Dabei konnte ersichtlich nicht von einem geschlossenen Betroffenenkreis die Rede sein.

Durch die Einengung der Klageberechtigung versuchte der Gerichtshof einer Flutwelle von Individualnichtigkeitsklagen zu entkommen und opferte auf diese Weise den effektiven Rechtsschutz zugunsten des Bestandsschutzes von Rechtsakten. Die Gemeinschaftsgerichte setzten sich zwar schon einige Male mit dem Argument des effektiven Rechtsschutzes auseinander. Eine „Korrektur“ der durch die *Plaumann*-Formel erreichten Ergebnisse mittels einer grundrechtskonformen, am effektiven Rechtsschutz orientierten Auslegung lehnte die Rechtsprechung jedoch bislang überwiegend ab.[734]

2. Zu den Unzulänglichkeiten der „Plaumann-Formel“

a) Die maßgebliche Relation

Üblicherweise wird die Klageberechtigung wird durch eine besondere Beziehung des Klägers zum Klagegegenstand hergestellt. Die *Plaumann*-Formel hingegen hat die Beziehung zwischen dem Kläger und den übrigen Wirtschaftsteilnehmern, die von der Regelung zumindest potentiell betroffen sind, im Auge. Damit wird die tatsächliche Betroffenheit des Einzelnen außer Betracht gelassen. Zudem ist die dogmatische Begründung der Zulässigkeit von Klagen gegen echte Normativakte bedenklich. Zwar sind diese als tauglicher Klagegegenstand mit der Begründung anerkannt, dass der Einzelne trotz der allgemeinen Geltung vom Normativakt individuell betroffen sein kann. Andererseits werden Kriterien, die sich im Grunde auf die Bestimmung der all-

---

[728] EuGH, Rs. 123/77 (UNICME/Rat), Slg. 1978, S. 845 Rn. 16; EuG, Rs. T-481/93 (Vereniging van Exporteurs in Levende Varkens u.a./Kommission), Slg. 1995 S. II-2941 Rn. 53.

[729] Vgl.: Schlussanträge des GA *Lenz* in der Rs. C-298/89 (Gibraltar/Rat), Slg. 1993, S. I-3621 Rn. 99; Schlussanträge des GA *Lenz* in der Rs. C-309/89 (Cordoniu SA/Rat), Slg. 1993, S. I-3621 Rn. 39 f.

[730] Vgl. *Calliess/Lais*, ZUR 2002, 344 f. („bewusst Flexibilität wahrendes? Verwirrspiel“); *Nehl*, in: Nowak/Cremer (Hrsg.), Individualrechtsschutz in der EG und der WTO (2002), S. 135 (147).

[731] Vgl. EuGH, Rs. 244/88 (Usines coopératives de déshydratation du Vexin u.a./ Kommission), Slg. 1989, S. 3811 Rn. 12.

[732] EuGH, Rs. C-152/88 (Sofrimport/Kommission), Slg. 1990, S. I-2477; ähnlich: Schlussanträge des GA *Lenz* in der Rs. C-313/90 (CIFRS u.a./Kommission), Slg. 1993, S. I-1125 (1148) Nr. 83-86, 88-90.

[733] EuGH, Rs. 358/89 (Extramet Industries/Rat), Slg. 1991, S. I-2501 Rn. 13 ff.

[734] EuG, verb. Rs. T-172/98, T-175/98 bis T-177/98 (Salamander u.a./EP und Rat), Slg. 2000, S. II-2487 Rn. 71, 72 ff.; EuG, Rs. T-40/04 (Emma Bonino u.a./EP und Rat), Slg. 2005, S. II-2685 Rn. 75 f., 77 f. Anders nur: EuG, Rs. T-177/01 (Jégo Quéré et Cie SA/Kommission), Slg. 2002, S. II-2365 Rn. 51, allerdings aufgehoben durch: EuGH, Rs. C-263/02 P (Kommission/Jégo Quéré), Slg. 2004, S. I-3425 Rn. 30-38 (dazu: Kap. II D III 3 b).

gemeinen oder individuellen *Geltung* einer Maßnahme beziehen, bei der Ermittlung der konkreten *Auswirkung* des Rechtsaktes auf den Kläger (Betroffenheit) angewandt. Insofern ist die Zulassung von Klagen Einzelner gegen echte Rechtsnormen durch die Rechtsprechung in diesem Punkt inkonsequent. Das Klagerecht wird durch die enge Interpretation der individuellen Betroffenheit praktisch entwertet.

Die erforderliche adressatenähnliche Individualisierung des Klägers wird durch die mögliche Betroffenheit anderer Wirtschaftsteilnehmer nicht beeinflusst, sondern ergibt sich einzig und allein aus der besonderen Situation des Klägers.[735] Die konsequente Durchführung des Individualitätsprinzips der *Plaumann*-Formel führt zu absurden Ergebnissen. Dann wird u.U. sogar demjenigen das Klagerecht verwehrt, der als einziger von der Regelung tatsächlich betroffen ist, sofern nur der Tatbestand der angefochtenen Norm „offen" ist. Es wäre widersprüchlich und kaum nachvollziehbar, jedem Adressaten einer Kartellgenehmigung das Klagerecht zuzuerkennen, umgekehrt aber einer Gruppe von wenigen „Kollektivbetroffenen" einer Verordnung dasselbe Klagerecht abzusprechen.[736] Die Rechtsprechung verneint nämlich auch dann die individuelle Betroffenheit, wenn eine Handlung nur eine überschaubare, begrenzte Zahl von Personen oder sogar nur eine einzige Person betrifft.

Der Gerichtshof hat für das Merkmal des individuellen Betroffenseins Formulierungen übernommen, die er i.R.d. EGKS-Vertrages für die Abgrenzung von allgemeinen und individuellen Entscheidungen gefunden hatte.[737] Diese wendet er jedoch nicht auf den Akt als solchen, sondern auf den Kläger im Vergleich zum Adressaten an und prüft danach, ob der Kläger durch die Maßnahme in ähnlicher Weise individualisiert wird wie der Adressat einer Entscheidung.[738] Diese – m.E. unzutreffende – Interpretation der individuellen Betroffenheit beruht daher auf der Verwischung der Grenze zwischen der Prüfung der Rechtsnatur einer Maßnahme i.R.d. Klagegegenstandes und der Klagebefugnis. Denn nur bei der Abgrenzung zwischen Einzel- und Normativakten geht es um die *Gesamt*wirkung der Maßnahme, d.h. die Frage nach der individuellen oder allgemeinen Geltung.[739] Die individuelle Betroffenheit betrifft hingegen nur die Relation zwischen dem Kläger und dem Klagegegenstand. Auf die Gesamtheit aller anderen möglichen Kläger dürfte es indes nicht ankommen. Denn es ist nicht einzusehen, warum jemandem das Klagerecht nur deshalb abzusprechen sein soll, weil „sein Leid" mit anderen geteilt wird. Damit wird die schwerpunktmäßige Frage, ob ein individuelles Interesse des Klägers durch eine Regelung verletzt worden ist, hin zu der Prüfung, ob auch andere betroffen sind, verschoben.

Die individuelle Betroffenheit konzentriert sich also weniger auf den konkreten Kläger als auf die mögliche Betroffenheit anderer Wirtschaftsteilnehmer. Man könnte darin eine Systemwidrigkeit sehen. Es geht schließlich um die Betroffenheit des Klägers im eigenen Rechts- oder Interessenkreises, nicht um die Frage, wie viele Kläger es möglicherweise noch geben könnte. Durch den Vergleich mit Anderen wird die ei-

---

[735] Vgl. Schlussanträge des GA *Lenz*, Rs. C-309/89 (Codorniu/Rat), Slg. 1994, S. I-1856 Rn. 25 ff.
[736] Zu dieser Konstellation: EuGH, Rs. C-142/00 P (Kommission/Nederlandse Antillen), Slg. 2003, S. I-3483 ff. Zu den Widersprüchen bereits: *Daig*, in: FS Riese (1964), S. 187 (210).
[737] Vgl. *Ule*, Gutachten, in: 46. DJT (1966), S. 15 (17).
[738] *Matthies*, Referat, in: 46. DJT, Bd. 2 (1967), S. G 53 (60).
[739] S. dazu oben: Kap. I B I. Vgl. auch: *Börner*, Referat, in: 46. DJT, Bd. 2 (1967), S. G 10 (29).

gene Betroffenheit des Klägers relativiert und somit letztlich – unabhängig von der Schwere des Eingriffs – für unbeachtlich erklärt. Zudem zeigt die Heterogenität der obigen Fallgruppen, dass es der Rechtsprechung bislang gelungen ist, die Anforderungen der *Plaumann*-Formel durch eine kohärente Dogmatik zu konkretisieren.

b) Ausschluss bestimmter Kategorien von Individualrechten

Die *Plaumann*-Formel lässt bestimmte Kategorien von Rechten Einzelner unberücksichtigt, sodass die Betroffenheit in diesen Rechten niemals im Wege einer Nichtigkeitsklage erfolgreich geltend gemacht werden kann. Als Beispiel sei nochmals auf die Rs. *Greenpeace*[740] hingewiesen. Dort machten die Rechtsmittelführer geltend, dass

> *„die Auffassung des Gerichts zu einem rechtsfreien Raum bei der Kontrolle der Beachtung der Umweltvorschriften der Gemeinschaft führe, da in diesem Bereich die Interessen ihrer Natur nach gemeinsame, geteilte Interessen seien und Inhaber der jeweiligen Rechte potentiell viele Einzelpersonen sein könnten, sodass es nie einen geschlossenen Kreis von Klägern geben könne, der den vom Gericht zugrunde gelegten Kriterien genügen könne."*[741]

Eine Klage vor nationalen Gerichten konnte den Klägern nicht weiter helfen, denn die gerichtliche Prüfung beschränkte sich nur auf die Rechtmäßigkeit der Handlungen mitgliedstaatlicher Behörden (Nichtbeachtung der Verpflichtungen aus der UVP-Richtlinie) und umfasste nicht zugleich die Vereinbarkeit der Kommissionsmaßnahmen (Bewilligung von Strukturfondsmitteln) mit den umweltrechtlichen Gemeinschaftsnormen.[742] Letztere könnte nur im Wege der Nichtigkeitsklage gerichtlich kontrolliert werden. Sie entzieht sich der Jurisdiktionsbefugnis der nationalen Gerichte und unterliegt nicht demselben Prüfungsmaßstab wie etwaige nationale Maßnahmen. Damit bliebe den Klägern keine Möglichkeit, den eigentlich rechtswidrigen Akt, nämlich die Finanzierungsentscheidung, gerichtlich überprüfen zu lassen. Generalanwalt *Cosmos* schlug vor, alle Personen als individuell betroffen anzusehen, die im Einwirkungsbereich der streitbefangenen Kraftwerke lebten oder eine ähnliche *Nähebeziehung* zu dem Vorhaben belegen konnten.[743] Der EuGH ließ sich hiervor nicht überzeugen und verneinte die individuelle Betroffenheit, weil die Einwohner nur in ihrer objektiven Eigenschaft betroffen seien.

Ähnlich dürfte sich die Problematik der Geltendmachung langfristiger Interessen (z.B. Klimaschutz) darstellen. In diesen Fällen kann man meist noch nicht von einer gegenwärtigen Betroffenheit im Rechtssinne sprechen. Die Ablehnung der Betroffenheit offenbart eine weitere, empfindliche Rechtsschutzlücke. Denn die künftige, auch unvermeidbare Betroffenheit ist hierbei für eine Individualisierung gegenüber Anderen nicht hinreichend. Konsequenterweise können kollektive Interessen oder Rechte, die aufgrund ihrer Schutzrichtung nicht nur dem Allgemeinwohl dienen, sondern zumin-

---

[740] EuG, Rs. T-585/93 (Greenpeace u.a./Rat), Slg. 1995, S. II-2205 Rn. 56 u. 62 f.; EuGH, Rs. C-321/95 P (Greenpeace Council u.a./Kommission), Slg. 1998, S. I-1651 Rn. 16 u. 29 ff. S. dazu: Kap. II D III 1 b) cc).

[741] EuGH, Rs. C-321/95 P (Greenpeace Council u.a./Kommission), Slg. 1998, S. I-1651 Rn. 18 f.

[742] Insb. Art. 7 StrukturfondsVO – ausführlich dazu: *Wegener*, ZUR 1998, S. 131 (134 f.).

[743] Schlussanträge des GA *Cosmos*, Rs. C-321/95 P (Greenpeace Council/Kommission), Slg. 1998, S. I-1651 Nr. 104 [Hervorhebung der Verfasserin].

dest auch die Individualinteressen im Auge behalten, gegen primärrechtswidriges Sekundärrecht nicht vorgebracht werden. Die „doppelte Schutzrichtung“ schneidet dem Einzelnen den direkten Klageweg ab, ohne dass es einen zwingenden Grund für diese Differenzierung gäbe. Die Erfolgsaussichten einer Direktklage sind paradoxerweise umgekehrt proportional zu der Anzahl der Betroffenen.[744]

Während nach der *Plaumann*-Formel einerseits das Bestehen eines (bloßen) Interesses die Klagebefugnis verleihen kann, wenn der Kläger hinreichend individualisiert ist, reicht andererseits die Verletzung eines Individualrechts für die Klageberechtigung nicht aus, wenn dieses Recht nicht nur dem Kläger, sondern auch anderen zusteht. Dies führt *de facto* zur Entwertung materieller Rechte. Die Folge ist in Auseinanderklaffen von materiellen Individualrechten und der Klageberechtigung.[745] Der EuGH misst also mit zweierlei Maß, wenn er bei der Durchsetzung des Gemeinschaftsrechts in den Mitgliedstaaten ausdrücklich die notwendige Akzessorietät zwischen materiellen Rechten und der Möglichkeit gerichtlicher Geltendmachung derselben im Klagewege betont. Die Rechtsschutz gewährenden Vorschriften dürfen im Zweifelsfall nicht einschränkend zu Lasten der Normunterworfenen ausgelegt werden.[746] Dieser Widerspruch wird auch nicht dadurch entschärft, dass der Gerichtshof unter Berufung auf Art. 10 EG den nationalen Gerichten die Primärzuständigkeit für die Sicherstellung effektiven Rechtsschutzes gegenüber EG-Sekundärrecht überlässt.[747] Aber dadurch wird nicht immer effektiver Rechtsschutz möglich. Das wird vor allem deutlich, wenn einer Vielzahl von Personen schwerwiegende und irreparable Gesundheitsschäden drohen.[748] Effektiver Rechtsschutz bedeutet auch rechtzeitiger Rechtsschutz. Der Verweis auf die nationale Gerichtsbarkeit, die über keine Kassationsbefugnis gegenüber Gemeinschaftsrechtsakten verfügt, kann in einem solchen Fall den Rechtsschutz völlig aushöhlen.[749] Dabei kommt es nicht auf die konkrete Ausgestaltung des nationalen Prozessrechts an, sondern darauf an, ob aus gemeinschaftsrechtlicher Sicht unter Berücksichtigung der Besonderheiten des Vorabentscheidungsverfahrens und anderer Rechtsschutzmittel sowie der Urteilswirkungen, des Umfangs des Beseitigungsanspruchs usw. effektiver Rechtsschutz auf dezentraler Ebene zu erlangen ist. Das ist zu verneinen, wenn und soweit die Beschwer des Klägers ausschließlich auf dem Gemeinschaftsrechtsakt beruht, sodass der EuGH ohnehin mit der Gültigkeitsfrage be-

[744] *Lindner*, NVwZ 2003, S. 569 (570). Ebenso: *Braun/Kettner*, DÖV 2003, S. 58 (65); *Jans/v.d. Heide*, ZUR 2003, S. 390 (391); *Winter*, NVwZ 1999, S. 467 f.

[745] Zur Kritik der Rspr. im Hinblick auf die Durchsetzung umweltrechtlicher Belange (insb. in Bezug auf die Rs. *Greenpeace*): *Craig/de Búrca*, S. 498 ff.; *Harlow*, in: Aston (Hrsg.), The EU and Human Rights (1999), S. 187 ff.; *Nettesheim*, in: Reich/Micklitz (Hrsg.), Public Interest Ligation Before the European Courts (1996), S. 230 ff.; *Reich*, in: ders./Micklitz, Public Interest Litigation Before the European Courts (1996), S. 3 ff.

[746] EuGH, Rs. 6/60 (Humblet / Belgien), Slg. 1960, S. 1165 (1189). *Wegener* wies in diesem Zusammenhang darauf hin, dass eine dem *common law* eigentümliche Differenzierung zwischen *right* und *remedy* keine Stütze im Gemeinschaftsrecht findet. – *Wegener*, ZEuS 1998, S. 183 (196).

[747] Vgl. *Wegener*, ZEuS 1998, S. 183 (196 f.).

[748] Zustimmend: *Braun/Kettner*, DÖV 2003, S. 58 (66).

[749]: *Jans/v.d. Heide*, ZUR 2003, S. 390 (391 f.). – Lücke im Rechtsschutz gegen umweltrechtliche Maßnahmen.

fasst wäre. Der (Um-)Weg über das Vorabentscheidungsverfahren würde nur eine Verschleppung des Verfahrens bewirken und den Rechtsschutz praktisch entwerten.

3. Die „Neue Formel" des EuG in der Rs. *Jégo Quéré*

a) Schlussanträge des Generalanwalts Jacobs in der Rs. UPA

Das Problem der individuellen Betroffenheit und die Rechtsschutzlücken bei selbstvollziehenden EG-Normen wurden vom Generalanwalt *Jacobs* in den Schlussanträgen in der Rs. *Unión de Pequeños Agricultores* diskutiert. Ein spanischer Berufs- und Interessenverband von kleinen Landwirtschaftsbetrieben erhob Nichtigkeitsklage gegen eine Verordnung des Rates über die Änderung der gemeinsamen Marktorganisation für Fette, die den bisherigen Preisgarantiemechanismus betraf, indem sie u.a. bestimmte Subventionen für Ölerzeuger herabsetzte. Die Klage ist in der ersten Instanz mangels individueller Betroffenheit der Verbandsmitglieder als offensichtlich unzulässig abgewiesen worden.[750] Auch vor dem EuGH hatte die Klägerin keinen Erfolg.

Ein besonderes Problem bestand in dem Umstand, dass die strittige Verordnung selbstvollziehend war, sodass keine nationalen Durchführungsmaßnahmen existierten, gegen die man sich vor einem nationalen Gericht hätte zur Wehr setzen können. Aus diesem Grunde war auch keine Vorlage nach Art. 234 EG möglich. Die einzige Möglichkeit der Klägerin, zu einer Vorabscheidung zu kommen, bestand darin, gegen die Gemeinschaftsnorm zu verstoßen und sich dann zu seiner Verteidigung in einem gegen sie gerichteten, nationalen Straf- oder Zivilprozess auf die Rechtswidrigkeit des Sekundärrechtsaktes zu berufen. Allerdings wären nach Auffassung des Generalanwalts weder ein Normverstoß noch das Abwarten der Sanktionen zumutbar.[751] Ebenso wurde die Rechtsschutzeffektivität der indirekten Normenkontrolle des EG- Sekundärrechts generell in Frage gestellt. Selbst wenn Zugang zu den nationalen Gerichten eröffnet sei, verfügten diese nicht über eine Verwerfungsbefugnis[752], sodass die Gültigkeitsfrage ohnehin nur von dem Gerichtshof selbst entschieden werden kann.

Allerdings ist es für die Betroffenen von essentieller Bedeutung, welcher Weg dahin führt. In einem nichtkontradiktorischen Vorabentscheidungsverfahren, in dem ausschließlich mitgliedstaatliche Gerichte vorlageberechtigt sind, haben die Betroffenen weder Einfluss auf die Formulierung noch auf die Stellung der Vorlagefrage als solcher.[753] Aus diesem Grunde spricht GA *Jacobs* dem Vorabentscheidungsverfahren die Qualität eines „Rechtsbehelfs" ab.[754] Auch könne dem Einzelnen kein effektiver vorläufiger Rechtsschutz gewährt werden, was aus der Beschränkung der Rechtsprechungsgewalt nationaler Gerichte auf das jeweilige Staatsgebiet resultiert. So wäre beispielsweise ein transnationales Unternehmen in dieser Situation gezwungen, Kla-

[750] EuG, Rs. T-173/98 (Unión de Pequeños Agricultores (UPA)/Rat), Slg. 1999, S. II-3357.

[751] Schlussanträge des GA *Jacobs* in der Rs. C-50/00 P (Unión de Pequeños Agricultores/Rat), Slg. 2002, S. I-6681 Nr. 43. Zustimmend: *Feddersen*, EuZW 2002, S. 532 (533); *Streinz*, JuS 2002, S. 1017 (1018).

[752] Grundlegend dazu: EuGH, Rs. 314/85 (Foto-Frost/Hauptzollamt Lübeck-Ost), Slg. 1987, S. 4199 Rn. 11 f.

[753] Schlussanträge des GA *Jacobs* in der Rs. C-50/00 P (UPA/Rat), Slg. 2002, S. I-6681 Nr. 41 ff. Zustimmend: *Lindner*, NVwZ 2003, S. 569 (570).

[754] Schlussanträge des GA *Jacobs* in der Rs. C-50/00 P (UPA /Rat), Slg. 2002, S. I-6681 Nr. 42.

gen vor mehreren nationalen Gerichten anzustrengen, um in allen Mitgliedstaaten, in welchen es tätig ist, die vorläufige Aussetzung des Vollzugs einer Gemeinschaftsverordnung zu erlangen.[755] *Jacobs* stützte sich auch auf praktische Erwägungen (z.B. Zeit- und Kostenfaktoren, Gefahr des Unterbleibens von Vorlagen), die nicht nur den Individualrechtsschutz übermäßig erschweren, sondern auch aus Rechtssicherheitsgründen unzumutbar seien.[756] Die Nichtigkeitsklage sei daher das geeignete Normenkontrollinstrument, weil die angefochtene Maßnahme mit *erga omnes*-Wirkung aufgehoben werden könne.

Angesichts der Unzulänglichkeiten einer inzidenten Normenkontrolle sieht *Jacobs* die einzige Möglichkeit, den Anforderungen des Grundsatzes des effektiven Rechtsschutzes zu genügen, in der erweiternden Auslegung der Klageberechtigungsvoraussetzungen des Art. 230 Abs. 4 EG. Dabei stellt er klar, dass es keinen zwingenden Grund dafür gäbe, Art. 230 Abs. 4 EG dahingehend zu interpretieren, dass ein Privatkläger sich aus dem Kreis der übrigen Betroffenen herausheben müsse. Daher plädiert der Generalanwalt für eine Revision der bisherigen *Plaumann*-Formel, die er für unvereinbar mit dem Gemeinschaftsgrundrecht auf effektiven Rechtsschutz hält.[757] Nach seiner Auffassung ist die Voraussetzung der individuellen Betroffenheit erfüllt, wenn ein EG-Rechtsakt für einen Einzelnen *„auf Grund seiner persönlichen Umstände erhebliche nachteilige Auswirkungen auf seine Interessen hat oder wahrscheinlich haben wird.“*[758] Eine Subsidiarität der Nichtigkeitsklage gegenüber dem Rechtsschutz vor mitgliedstaatlichen Gerichten lehnt er indes ab. Die Zulässigkeit eines gemeinschaftsrechtlichen Rechtsbehelfs könne nicht von einer Rechtsschutzlücke im nationalen Prozessrecht abhängig gemacht werden.[759]

Jacobs verteidigt sein Konzept mit der Erforderlichkeit der dynamischen Auslegung von Art. 230 EG zur Schließung prozessualer Lücken im Rechtsschutzsystem des Vertrages und zur Sicherstellung der Parallelausdehnung des gerichtlichen Schutzes als Reaktion auf die Expansion der Befugnisse der Gemeinschaftsorgane.[760] Zudem würde die vorgeschlagene Interpretation zur Steigerung der Rechtssicherheit erheblich beitragen. Allerdings sieht *Jacobs* keine Notwendigkeit, über den Wortlaut des Vertrages hinauszugehen, auch wenn sich die Rechtsprechung davor nicht gescheut hat.[761] Im Schrifttum sind die Auffassungen dagegen geteilt und reichen von der Zustimmung[762] über kritische Betrachtung[763] bis hin zum Vorwurf einer Auslegung *contra legem*.[764]

---

[755] Schlussanträge des GA *Jacobs*, aaO, Nr. 44, 46.
[756] Schlussanträge des GA *Jacobs*, aaO, Nr. 42, 44, 48.
[757] Schlussanträge des GA *Jacobs*, aaO, Nr. 43, 49.
[758] Schlussanträge des GA *Jacobs*, aaO, Nr. 59 f.
[759] Schlussanträge des GA *Jacobs*, aaO, Nr. 50 ff.
[760] Schlussanträge des GA *Jacobs*, aaO, Nr. 67 ff. Mit Hinweis auf die Urteile *AETR*, *Les Verts* und *Tschernobyl* als Beispiele richterlicher Rechtsfortbildung zur Vermeidung von Rechtsschutzlücken und Wahrung des Rechts.
[761] GA *Jacobs*, Schlussanträge in der Rs. C-50/00 P (UPA/Rat), Slg. 2002, S. I-6681 Nr. 75. Zustimmend: *Lindner*, NVwZ 2003, S. 569 (570).
[762] *Lindner*, NVwZ 2003, S. 569 (570).
[763] Vgl. *Schneider*, NJW 2002, S. 2927 (2928); ähnlich: *Streinz*, JuS 2002, S. 1017 (1018), die die Neue Formel als über den Wortlaut hinausgehend, aber unter Rechtsschutzgesichtspunkten begrüßenswert ansehen.

b) Rechtsprechungswende im Jégo Quéré- Urteil des EuG

Noch bevor der EuGH zum Vorschlag des GA *Jacobs* Stellung nehmen konnte, versuchte das EuG in einem ähnlich gelagerten Fall eine „(r)evolutionäre" Rechtsprechungswende[765] herbeizuführen. Die Klage richtete sich ebenfalls gegen *self-executing* Bestimmungen einer EG-Verordnung. Die französische Fischfangreederei *Jégo Quéré* erhob Nichtigkeitsklage gegen eine Kommissionsverordnung über den Schutz von jungen Seehechten. Da keine angreifbaren, nationalen Durchführungsakte existierten, war der innerstaatliche Rechtsweg nicht eröffnet.[766] Die Verordnung verbot, in bestimmten Fanggebieten, unabhängig von der Fischart, Fangnetze zu verwenden, die die dort bezeichnete Maschenmindestgröße überstiegen. Hierdurch konnte die Klägerin dem in diesen Gebieten gezielt und nahezu konkurrenzlos betriebenen Wittlingfang, der ca. Dreiviertel ihrer Gesamtfänge ausmachte, nicht mehr nachgehen.

Das EuG wandte sich zunächst der Frage der Rechtsnatur der streitigen Verordnung zu und stellte fest, dass sie für objektiv bestimmte Sachverhalte und abstrakt umschriebene Personengruppen gelte.[767] Sodann bejahte es die unmittelbare Betroffenheit, da die streitigen Bestimmungen keinerlei Durchführungsmaßnahmen mehr bedurften. Anschließend wurde die individuelle Betroffenheit anhand der bekannten Fallgruppen geprüft. Diese waren jedoch nicht einschlägig. Die Tatsache, dass die Klägerin die einzige in den betreffenden Gewässern tätige Reederei sei und ihre Fänge aufgrund der Anwendung der angefochtenen Vorschriften stark zurückgegangen seien, vermochte nicht, die Klägerin in diesem Sinne zu individualisieren. Denn die angefochtenen Vorschriften betrafen sie nur in ihrer objektiven Eigenschaft als Wittlingfischer, der in einem bestimmten Gebiet eine bestimmte Fangtechnik anwendet, ebenso wie jeden anderen Wirtschaftsteilnehmer, der sich tatsächlich oder potenziell in der gleichen Lage befindet.[768]

Sodann ging das Gericht – wie schon einige Male zuvor[769] – auf das Argument ein, dass die Versagung eines Direktklagerechts angesichts des Fehlens interner Rechtsschutzmöglichkeiten gegen selbstvollziehende Verordnungen das Gemeinschaftsgrundrecht auf effektiven Rechtsschutz verletze.[770] Der Klägerin hätte zwar die Möglichkeit, gegen das Fangverbot zunächst zu verstoßen, sodann gegen die hierfür verhängte Sanktion vor einem nationalen Gericht zu klagen und auf die Einleitung einer Gültigkeitskontrolle vor dem EuGH zu hoffen oder eine Schadensersatzklage wegen normativen Unrechts gegen die EG zu erheben. Beides beurteilte das Gericht als un-

---

[764] *Köngeter*, ZfRV 2003, S. 123 (125 ff.); *Lenz/Staeglich*, NVwZ 2004, S. 1421 (1423); *Pechstein*, Rn. 423 f.; *Schwarze*, in: FS Badura (2004), S. 1167 (1170 ff.).

[765] Ebenso: *Schneider*, NJW 2002, S. 2927 („bahnbrechender Richterspruch").

[766] Bislang lehnten die Gemeinschaftsgerichte eine Berücksichtigung des fehlenden innerstaatlichen Rechtsschutzes i.R.d. Zulässigkeit der Nichtigkeitsklage ab. – vgl. EuG, Rs. T-138/98 (ACAV u.a./Rat), Slg. 2000, S. 341 Rn. 68; EuG, Rs. T-173/98 (UPA/Rat), Slg. 1999, S. II-3357 Rn. 63.

[767] EuG, Rs. T-177/01 (Jégo Quéré et Cie SA/Kommission), Slg. 2002, S.II-2365 Rn. 23.

[768] EuG, Rs. T-177/01 (Jégo Quéré et Cie SA/Kommission), Slg. 2002, S.II-2365 Rn. 29 f. In diesem Sinne bereits: EuGH, Rs. C-213/91 (Abertal u.a./Kommission), Slg. 1993, S. I-3177 Rn. 20; EuG, Rs. T-138/98 (ACAV u.a./Rat), Slg. 2000, S. II-341 Rn. 65.

[769] Vgl. z.B.: EuG, verb. Rs. T-172/98 u. T-175/98 bis T-177/98 (Salamander u. a./EP u. Rat), Slg. 2000, S. II-2487 Rn. 72 ff.

[770] EuG, Rs. T-177/01 (Jégo Quéré et Cie SA/Kommission), Slg. 2002, S.II-2365 Rn. 39 ff.

zumutbar bzw. als nicht hinreichend. Dabei stützte es sich ausdrücklich auf die Schlussanträge des GA *Jacobs*. Insbesondere wies das EuG noch im Zusammenhang mit dem Verhältnis zwischen dem Primär- und Sekundärschutz darauf hin, dass die Amtshaftungsklage des Art. 235 i.V.m. Art. 288 Abs. 2 EG keinen effektiven Rechtsschutz gegen die Verordnung garantiere, weil sich damit der Rechtsakt nicht aus der Gemeinschaftsrechtsordnung entfernen lasse.[771] Auch wenn dieser Zustand keine Änderung des vertraglich geschaffenen Rechtsschutzsystems gestattet und somit keinesfalls Individualnichtigkeitsklagen unabhängig von den Voraussetzungen des Art. 230 Abs. 4 EG ermöglicht[772], stellt es doch kein Hindernis für die Neuinterpretation der individuellen Betroffenheit dar.[773]

Das EuG sah kein zwingendes Argument bei der Auslegung der individuellen Betroffenheit i.S.d. Art. 230 Abs. 4 EG eine adressatenähnliche Individualisierung des Klägers zu verlangen. Mit Hinweis auf die Vollständigkeit des vertraglichen Rechtsschutzsystems, effektiven Individualrechtsschutz und die Rolle der Gemeinschaftsrichter bei der Rechtmäßigkeitskontrolle des Sekundärrechts verwarf das EuG die bisherige, enge Auslegung und schlug eine „Neue Formel" vor. Danach sei eine natürliche oder juristische Person von einer allgemein geltenden Gemeinschaftsbestimmung individuell betroffen, „*wenn diese Bestimmung ihre* ***Rechtsposition unzweifelhaft und gegenwärtig beeinträchtigt****, indem sie ihre* ***Rechte einschränkt*** *oder* ***ihr Pflichten auferlegt****. Die Zahl und die Lage anderer Personen, deren Rechtsposition durch die Bestimmung ebenfalls beeinträchtigt wird oder werden kann, sind insoweit keine relevanten Gesichtspunkte.*"[774]

Zwischen dem Vorschlag des GA *Jacobs* und der „Neuen Formel" des EuG bestehen einige Differenzen. Während *Jacobs* eine „***erhebliche*** *nachteilige Auswirkung auf die Interessen des Klägers*" und damit gewisse Intensität der Beeinträchtigung fordert[775], genügt nach der – insoweit weiter gefassten – gerichtlichen Formel bereits eine *unzweifelhafte und gegenwärtige Beeinträchtigung der Rechtsposition* des Einzelnen durch die Einschränkung von Rechten oder Auferlegung von Pflichten.[776] Andererseits ist die „Neue Formel" des EuG insofern restriktiver, als eine konkrete und gegenwärtige Rechtsbetroffenheit verlangt wird. Nach *Jacobs* genügt hingegen bloße Interessenbetroffenheit und eine wahrscheinliche, künftige Auswirkung. Unter Zugrundelegung der *Jégo Quéré*-Entscheidung blieben also Klagen von Umweltschutzverbänden nach wie vor unzulässig.[777] Die „Neue Formel" würde dagegen den Rechtsschutz von Adressaten gegen selbstvollziehende Verordnungen erweitern.[778]

---

[771] EuG, aaO, Rn. 45 f.

[772] EuG, aaO, Rn. 48; ebenso zuvor: EuG, Rs. C-300/00 P R (Federación de Cofradías de Pescadores u.a./Rat), Slg. 2000, S. I-8797 Rn. 37.

[773] Noch einige Wochen zuvor in einem gleich gelagerten Fischereifall lehnte das EuG eine Abweichung von den *Plaumann*-Kriterien ab. – EuG, verb. Rs. T-54/00 u. T-73/00 (Federación de Cofradías de Pescadores/Rat), Slg. 2001, S. II-2691 Rn. 51 ff.

[774] EuG, Rs. T-177/01 (Jégo Quéré et Cie SA/Kommission), Slg. 2002, S.II-2365 Rn. 49-51 [Hervorhebung der Verfasserin].

[775] Schlussanträge des GA *Jacobs* in der Rs. C-50/00 P (UPA/Rat), Slg. 2002, S. I-6681 Nr. 59 f.

[776] EuG, Rs. T-177/01 (Jégo Quéré et Cie SA/Kommission), Slg. 2002, S.II-2365 Rn. 51.

[777] *Lindner*, NVwZ 2003, S. 569 (571).

[778] Vgl. EuG, Rs. T-177/01 (Jégo Quéré et Cie SA/Kommission), Slg. 2002, S. II-2365 Rn. 52 ff.

Unklar ist ferner, ob die „Neue Formel" vom Fehlen anderweitiger Rechtsschutzmöglichkeiten abhängig sein sollte, worauf sich die Klägerin darauf berief. Allerdings spricht vieles dafür, dass dieser Umstand nicht den entscheidenden Grund für die Zulassung der Klage darstellte.[779] Die Richter nahmen vielmehr die Rechtsschutzlücke als Anlass für eine grundlegende Reform der Auslegung individueller Betroffenheit Einzelner durch Gemeinschaftsrechtsakte. Eine Subsidiarität der Nichtigkeitsklage gegenüber einem *in concreto* erreichbaren Rechtsschutz vor innerstaatlichen Gerichten scheint das EuG gerade nicht statuieren zu wollen.[780]

Es stellt sich die Frage, wie sich die *Jégo Quéré*-Entscheidung in die lange Rechtsprechungstradition einordnen lässt. Noch in der Rs. *Pfizer/Rat*[781] aus demselben Jahr hielt das EuG an der *Plaumann*-Formel fest und bejahte zwar die individuelle Betroffenheit der Kläger, stützte dieses Ergebnis aber auf den dogmatisch schwer zu begründenden Erwerb einer geschützten Rechtsposition. Ebenso wurde die Nichtigkeitsklage der *UPA* gegen die Verordnung des Rates in der ersten Instanz als offensichtlich unzulässig abgewiesen.[782] Die Reaktionen in der Literatur auf diese Rechtsprechungswende des EuG waren unterschiedlich: teils wird der vom EuG herbeigeführte Kurswechsel begrüßt[783], teils aber als ungerechtfertigte Auslegung *contra legem* abgelehnt[784]. Die Kontroverse im Schrifttum überrascht indes wenig, da dieses komplexe Problem bereits seit Jahrzehnten mit wechselnder Intensität diskutiert wird. Abgesehen von rechtspolitischen Erwägungen über die grundsätzliche Ausgestaltung des Individualrechtsschutzes gegen Normen in der EG sorgt die Frage nach der dogmatischen Einordnung auch unter den Anhängern der „Neuen Formel" des EuG für Wirbel. Hierin könnte eine neue Auslegungsvariante des Merkmals „individuelle Betroffenheit" erblickt werden.[785] Andererseits wäre es auch denkbar, die „Neue Formel" als eine wortlautunabhängige Rechtsfortbildung durch Richterrecht zu qualifizieren.[786]

---

779 Dieser Umstand wird z.T. übersehen. So nimmt *Schneider*, in: NJW 2002, S. 2927 (2928), zu Unrecht an, das EuG habe den fehlenden Gerichtsschutz als ergänzendes Kriterium für „individuelle" Betroffenheit anerkannt.

780 Zweifel an einer solchen Interpretation meldet *Kment*, BayVBl. 2002, S. 666 f. Dazu näher: Kap. II D III 5 c).

781 EuG, Rs. T-13/99 (Pfizer Animal Health/Rat), Slg. 2002, S. II-3305 Rn. 90 ff.

782 EuG, Rs. T-173/98 (Unión de Pequeños Agricultores (UPA)/Rat), Slg. 1999, S. II-3357.

783 So: *Calliess/Lais*, ZUR 2002, 344 ff.; *Lübbig*, EuZW 2002, S. 412 (415 f.); *Schneider*, NJW 2002, S. 2927 f; *Schohe/Arnold*, EWS 2002, S. 320 ff.; *Streinz*, JuS 2002, S. 1017 (1018).

784 Krit. zum *Jégo Quéré*-Urt. des EuG: *Köngeter*, ZfRV 2003, S. 123 (125 ff.); *Lenz/Staeglich*, NVwZ 2004, S. 1421 (1423 f.); *Pechstein*, Rn. 423 f.; *Schwarze*, in: FS Badura (2004), S. 1167 (1170 ff., 1177).

785 Dann stellt sich die Frage, ob sich diese Interpretation noch im Rahmen des Wortlauts bewegt. Vgl. *Calliess/Lais*, ZUR 2002, 344 (346). *Streinz* meint hingegen, das EuG habe eine Änderung des Rechtsschutzsystems durch Richterrecht abgelehnt. Die Auslegung der individuellen Betroffenheit wurde mit einem nicht an die „Individualität" an sich, sondern eher an Zumutbarkeitserwägungen anknüpfenden, aber gleichwohl überzeugenden und den Grundgedanken des Art. 230 Abs. 4 EG (Beschränkung von Individualklagen gegen Rechtsakte) wahrenden Argument untermauert. – vgl. *Streinz*, JuS 2002, S. 1017 (1018).

786 So z.B. *Schneider*, NJW 2002, S. 2927 (2928), der von einer *„Geburtsstunde" der Verfassungsbeschwerde auf europäischer Ebene* spricht und die Auslegung des Gerichts als „bemerkenswertes Beispiel richterlicher Rechtsfortbildung" bezeichnet, die trotz der Überschreitung der Wortlautgrenzen gleichwohl begrüßenswert sei.

c) Ablehnung der „Neuen Formel" durch den EuGH

Noch bevor der EuGH als Rechtsmittelinstanz über Rs. *Jégo Quéré* zu entscheiden hatte, wurden die Hoffnungen auf eine Lockerung der strengen Handhabung der individuellen Betroffenheit[787] durch die EuGH-Entscheidung in der Rs. *UPA* begraben. Dort bestätigte der Gerichtshof die *Plaumann*-Formel als verbindlichen Maßstab für die Auslegung der individuellen Betroffenheit und lehnte eine erweiternde Auslegung des *GA Jacobs* ab.[788]

Der Gerichtshof musste sich freilich nicht mit den Erwägungen der ersten Instanz zur Ablehnung der individuellen Betroffenheit auseinandersetzen. Diese sind von der Rechtsmittelführerin nicht beanstandet worden. Das Beschwerdebegehren konzentrierte sich vielmehr auf die Frage, ob die Nichtigkeitsklage nach Art. 230 Abs. 4 EG im Lichte des ungeschriebenen Rechts auf effektiven Rechtsschutz auch dann als zulässig anzusehen ist, wenn die Klägerin sonst in Ermangelung eines nationalen Durchführungsaktes, der vor mitgliedstaatlichen Gerichten angefochten werden könnte, rechtsschutzlos gelassen wäre.[789] Der EuGH verneinte dies und wies die Revision als unbegründet ab. Er wies darauf hin, dass die in Art. 230 Abs. 4 EG bezeichneten Voraussetzungen der Klageberechtigung unabdingbar seien. Eine Normenkontrolle Privater als Ausnahme sei nur unter diesen Voraussetzungen zulässig. Daher sei eine Ausweitung der bisherigen Interpretation der individuellen Betroffenheit mit dem Wortlaut des Art. 230 Abs. 4 EG unvereinbar.[790]

Der EuGH bejahte zwar die Erforderlichkeit einer Auslegung der individuellen Betroffenheit im Lichte des Grundsatzes des effektiven Rechtsschutzes, sah jedoch in der von GA *Jacobs* vorgeschlagenen, erweiternden Auslegung die Gefahr des Wegfalls dieser Voraussetzung. Durch derart weitgehende „Korrekturen" würden die Gemeinschaftsgerichte die vertraglich festgelegten Grenzen eigener Jurisdiktionsbefugnis überschreiten.[791] Vielmehr habe der EG-Vertrag mit der Möglichkeit einer Inzidentrüge gem. Art. 241 EG und einer Gültigkeitsvorlage nach Art. 234 Abs. 1 lit. b EG als Alternativen zur Nichtigkeitsklage ein vollständiges Rechtsschutzsystem geschaffen, wodurch dem Gemeinschaftsgrundrecht auf effektiven Rechtsschutz genüge getan wird.[792] Nach diesem System haben Individualkläger, die wegen der Zulässigkeitsvoraussetzungen des Art. 230 Abs. 4 EG Gemeinschaftshandlungen allgemeiner Geltung nicht unmittelbar anfechten können, die Möglichkeit, je nach den Umständen des Falles die Ungültigkeit solcher Handlungen entweder inzident nach Artikel 241 EG vor

---

787 Dazu: *Kronenberger/Dejmek*, EuLF 2002, S. 257 ff.; *Lindner*, NVwZ 2003, S. 569 (571); *Lübbig*, EuZW 2002, S. 412 (415); *Ludewig*, ELR 2002, S. 259 f.; *Schneider*, NJW 2002, S. 2927 f.

788 EuGH, Rs. C-50/00 P (UPA/Rat), Slg. 2002, S. I-6677 Rn. 36 ff. Die Entscheidung betraf den Beschluss des EuG über die Unzulässigkeit der Klage eines spanischen Interessenverbandes kleiner Landwirtschaftsbetriebe gegen eine Verordnung zur Änderung der gemeinsamen Marktorganisation für Olivenöl – EuG, Rs. T-173/98 (UPA/Rat), Slg. 1999, S. II-3357. Die *UPA*-Rspr. wurde in der Folge bestätigt, zuletzt durch: EuGH, Rs. C-229/05 P (Kurdistaner Arbeiterpartei u. Kurdistaner Nationalkongress/Rat), Urt. v. 18.1.2007 (noch nicht in der amtl. Slg. veröfentlicht) Rn. 70.

789 EuGH, Rs. C-50/00 P (UPA/Rat), Slg. 2002, S. I-6677 Rn. 32.

790 Zustimmend: *Köngeter*, NJW 2002, S. 2216 (2217 f.); *Schwarze*, in: FS Badura (2004), S. 1167 (1170 ff.).

791 EuGH, Rs. C-50/00 P (UPA/Rat), Slg. 2002, S. I-6677 Rn. 44.

792 EuGH, aaO, Rn. 40.

dem Gemeinschaftsrichter oder aber vor den nationalen Gerichten geltend zu machen und Letztere zur Formulierung entsprechender Vorlagefrage an den EuGH zu veranlassen. Es sei somit Sache der Mitgliedstaaten, ein System von Rechtsbehelfen und Verfahren zu schaffen, mit dem die Einhaltung des Rechts auf effektiven Rechtsschutz gewährleistet werden könne. Eine Erweiterung des Direktklagerechts sei nur durch Reform der Zulässigkeitsvoraussetzungen für Individualnichtigkeitsklagen im Wege einer Vertragsänderung möglich.[793] Aus dem in Art. 10 EG verankerten Grundsatz der loyalen Zusammenarbeit folge für die nationalen Gerichte die Pflicht, die innerstaatlichen Verfahrensvorschriften möglichst so auszulegen und anzuwenden, dass Individuen die Rechtmäßigkeit jeder nationalen Entscheidung oder anderen Maßnahme, mit der eine Gemeinschaftshandlung allgemeiner Geltung auf sie angewandt wird, gerichtlich anfechten und sich auf die Ungültigkeit dieser Handlung berufen können.[794]

Die relativ kurz gefasste und apodiktisch lautende Urteilsbegründung[795] verwundert nicht.[796] Nach dem Motto: „*La Cour tranche, la Cour ne discute pas*"[797] hat der Gerichtshof auch in rechtsschutzfreundlichen Urteilen wie *Cordoniu* oder *Extramet* den Leser bereits an solche „Erklärungsdefizite" gewöhnt.[798] Der EuGH erwähnte weder die zuvor erfolgte Revision der Rechtsprechung durch die *Jégo Quéré*-Entscheidung des EuG noch setzte er sich mit den Argumenten des Generalanwalts *Jacobs* auseinander. Insbesondere vermag die Berufung auf die mangelnde Kompetenz zur Prüfung, ob im Einzelfall anderweitige Rechtsschutzmöglichkeiten vor nationalen Gerichten zur Verfügung stehen, nicht zu überzeugen. Denn der Auslegungsvorschlag von *Jacobs* sah diese Notwendigkeit gerade nicht vor.

Einige Autoren sehen in der *UPA*-Entscheidung keine ausdrückliche Verwerfung der „Neuen Formel", sondern lediglich eine Ablehnung der Erweiterung der bisherigen Interpretation individueller Betroffenheit i.S.d. *Plaumann*-Formel um eine neue Fallgruppe mangelnder anderweitiger Rechtsschutzmöglichkeiten.[799] Zur Begründung wird ins Feld geführt, dass der Gerichtshof mit keinem Wort die *Jégo Quéré*-Entscheidung erwähnte. Die Argumentation der Rechtsmittelführerin deutet jedenfalls darauf hin, dass sie keine Neuinterpretation der individuellen Betroffenheit, sondern lediglich eine weitere Ausnahme – fehlender Rechtsschutz auf nationaler Ebene – nahe legen wollte. Daher habe sich der EuGH ausschließlich auf diese Frage beschränkt und lediglich eine Abhängigkeit der Nichtigkeitsklage vom Fehlen nationaler Rechtsbehel-

---

[793] EuGH, Rs. C-50/00 P (UPA/Rat), Slg. 2002, S. I-6677 Rn. 41 u. 45.

[794] EuGH, aaO, Rn. 42.

[795] Krit. dazu: *Kluttig*, in: Tietje/Kraft/Sethe (Hrsg.), BTW 30/2004, S. 1 (17 f.)– www.wirtschaftsrecht.uni-halle.de [letzter Abruf am: 2.3.2006], der die Vereinbarkeit mit dem Gebot rechtlichen Gehörs bzw. der Begründungspflicht ernsthaft bezweifelt. Ebenso: *Lindner*, NVwZ 2003, S. 569 (571), der dem EuGH andere, nicht offen gelegte Beweggründe (insb. Furcht vor Überlastung durch Individualklagen) unterstellt.

[796] Anders: *Braun/Kettner*, DÖV 2003, S. 58 (64).

[797] *Schohe*, EWS 2002, S. 424 (425).

[798] Vgl. z.B. EuGH, Rs. C-309/89 (Cordoniu SA/Rat), Slg. 1994, S. I-1853 Rn. 19 ff. (im Gegensatz zu den ausführlichen Schlussanträgen des GA *Lenz* in ders. Rs., S. I-1856 Nr. 20 ff.).

[799] So z.B.: *Kluttig*, in: Tietje/Kraft/Sethe (Hrsg.), BTW 30/2004, S. 1 (16 f.); *Streinz*, JuS 2002, S. 1017 (1018).

fe verneint.[800] Jedoch sprechen die darauf folgenden Vorschläge der Generalanwälte dafür, dass der EuGH bereits im *UPA*-Urteil einer Neuinterpretation der individuellen Betroffenheit eine Absage erteilte.[801] Auch das EuG hat die „Neue Formel" aufgegeben und ist zur *Plaumann*-Formel zurückgekehrt.[802]

Die Reaktionen im Schrifttum waren sehr unterschiedlich. Während das *UPA*-Urteil bei einigen Autoren Zustimmung fand[803], traf es bei anderen wiederum auf scharfe Kritik[804]. Nach der Stellungnahme des EuGH war die Aufhebung der *Jégo Quéré*-Entscheidung des EuG[805] nur eine Frage der Zeit. Angesichts der Stellung des EuGH bejahte GA *Jacobs* die Begründetheit des Rechtsmittels, distanzierte sich jedoch deutlich von der unbefriedigenden „traditionellen Auslegung" der individuellen Betroffenheit, die vom EuGH *„als sich aus dem Vertrag selbst ergebend begriffen"* wurde und *„ohne Rücksicht auf die Folgen für das Recht auf effektiven Rechtsschutz angewandt werden"* musste.[806] Der EuGH lehnte die „Neue Formel" der individuellen Betroffenheit ab und wies darauf hin, dass trotz der Bedeutung des Grundsatzes des effektiven Rechtsschutzes im EG-Recht die erweiternde Auslegung zum Wegfall bzw. Verfälschung der im Vertrag vorgesehen Zulässigkeitsvoraussetzung führen würde.[807]

4. Literaturansätze zur Interpretation des Individualitätserfordernisses

Die in der Literatur geforderte Erweiterung der Klageberechtigung von Einzelpersonen kann auf eine lange Tradition zurückblicken.[808] Bereits in den 60'er Jahren plädierte der EuGH-Richter *Riese* für ein erweitertes Klagerecht, indem er dem Integrationsinteresse das berechtigte Interesse der Betroffenen gegenüberstellte, vertragswidriges sekundäres Gemeinschaftsrecht angreifen zu können.[809] Aber auch *de lege lata* wurden einige Vorschläge unterbreitet. Die Schlussanträge des GA *Jacobs* sind gewisserma-

---

[800] *Feddersen*, EuZW 2002, S. 529 (533); *Streinz*, JuS 2002, S. 1017 (1222).

[801] Schlussanträge des GA *Jacobs*, Schlussanträge in der Rs. C-263/02 P (Jégo-Quéré et Cie SA/Kommission), Slg. 2004, S. I-3425 Nr. 38 ff. Der Generalanwalt ging ersichtlich davon aus, dass die von ihm in der Rs. *UPA* vorgeschlagene Interpretation der individuellen Betroffenheit vom EuGH endgültig abgelehnt wurde. Ebenso interpretierte GA *Léger* die *UPA*-Entscheidung als Ablehnung der „Neuen Formel" des EuG – GA *Léger*, Schlussanträge in der Rs. C-142/00 P (Kommission/Nederlandse Antillen), Slg. 2003, S. I-3483 Nr. 7 f.

[802] Vgl. (zu Verordnungen): EuG, Rs. T-155/02 (VVG International u.a./Kommission), Slg. 2003, S. II-1949 Rn. 41 ff.; (zu Richtlinien) EuG, Rs. T-311/03 (Nürburgring/EP u. Rat), Slg. 2006, S. II-46 Rn. 67 ff. S. bereits frühere Rspr.: EuG, verb. Rs. T-172/98 u. T-175/98 bis T-177/98 (Salamander u.a./EP u. Rat), Slg. 2000, S. II-2487, Rn. 74 f.

[803] *Baumeister*, EuR 2005, S. 1 (30 f.); *Götz*, DVBl. 2002, S. 1350 f.; *Köngeter*, NJW 2002, 2216 (2217); *Lenz/Staeglich*, NVwZ 2004, S. 1421 (1423); *Pechstein*, Rn. 423 f.; *Schwarze*, in: FS Badura (2004), S. 1167 (1170 ff., 1177 ff.).

[804] Krit.: *Braun/Kettner*, DÖV 2003, S. 58 ff.; *Dittert*, EuR 2002, S. 708 ff.; *Lindner*, NVwZ 2003, S. 569 (571); *Schneider*, NJW 2002, S. 2927 (2928); *Schohe*, EWS 2002, S. 424 ff. Unentschieden, jedenfalls z.T. krit.: *Feddersen*, EuZW 2002, S. 531 (532 f.); *Lindner*, BayVBl. 2003, S. 13 f.

[805] EuGH, Rs. Rs. C-263/02 P (Jégo-Quéré et Cie SA/Kommission), Slg. 2004, S. I-3425 Rn. 29 ff.

[806] GA *Jacobs*, Schlussanträge in der Rs. C-263/02 P (Kommission/Jégo-Quéré et Cie SA), Slg. 2004, S. I-3425 Nr. 45 f.

[807] EuGH, Rs. C-263/02 P (Jégo-Quéré et Cie SA/Kommission), Slg. 2004, S. I-3425 Rn. 36 f.

[808] Siehe etwa: *v. Danwitz*, NJW 1993, S. 1108 (1115); *Ehlers*, VerwArch 84 (1993), S. 139 (153); *Moitinho de Almeida*, in: FS Everling, Bd. I (1995), S. 849 ff.; *Vandersanden*, CDE 1995, S. 535 ff.

[809] *Riese*, EuR 1966, S. 24 (43).

ßen eine kompakte Synthese der in der Literatur jahrelang geäußerten Kritik gegen die *Plaumann*-Rechtsprechung. So berief sich der Generalanwalt[810] auf die Auffassung *Schockweilers*, wonach die Definition der individuellen Betroffenheit in der Rechtsprechung nicht die einzige Alternative sei. Angesichts mannigfaltiger Interpretationsmöglichkeiten soll der Gerichtshof bei der Wahl zwischen ihnen den Zweck von Art. 230 EG und den Grundsatz des effektiven gerichtlichen Rechtsschutzes für Individualkläger berücksichtigen.[811] Insbesondere bei selbstvollziehenden Verordnungen, wird schon seit langer Zeit eine empfindliche Rechtsschutzlücke beklagt, da mangels angreifbarer nationaler Vollzugsakte der Rechtsweg und damit auch die Chance auf Gültigkeitsvorlage zum EuGH oft versperrt bleibt. In solchen Fällen müsse effektiver Primärrechtsschutz auf Gemeinschaftsebene gewährleistet werden.[812]

Auch *Van den Broek* sieht die enge Auslegung der individuellen Betroffenheit nicht als einzige, zwingende Interpretationsvariante, sondern als eine Schöpfung der Rechtsprechung, die im Laufe der Jahre durch zahlreiche, teilweise unübersichtliche „Ausnahmen" durchlöchert wurde.[813] Daher plädiert er grundsätzlich für eine erweiternde Auslegung, ohne jedoch einen genauen Vorschlag zu formulieren. Gleichzeitig weist er jedoch auf die außenpolitischen Hintergründe für die restriktive Handhabung der Klageberechtigung von Individuen hin. Am Beispiel der Rs. *VVG Internationale Handelsgesellschaft* argumentiert er, dieser Zustand sei im Grunde eine politische Entscheidung. Man will einer unerwünschten Situation vorbeugen, nämlich dass Privatkläger uneingeschränkt außenhandelspolitische EG-Rechtsakte angreifen und unabhängig von den sonst geltenden Reziprozitäts- und Vorteilsgrundsätzen am Maßstab des in der EG unmittelbar anwendbaren WTO-Rechts überprüfen lassen können. Denn die Rechtssysteme der meisten Vertragsparteien der WTO sehen keine vergleichbaren, privat initiierten Kontrollmöglichkeiten der nationalen Rechtsetzungsakte vor.[814] Daher schlägt er eine außenpolitische Exemtion i.R.d. grundsätzlich erweiternden Auslegung der individuellen Betroffenheit vor. Gegen dieses Konzept bestehen jedoch Bedenken. Einerseits ist unklar, wann die „Außenpolitik" bereits tangiert ist. Die Gemeinschaftsunternehmen stehen in verschiedenen Geschäftsbeziehungen zu Drittstaatsunternehmen, weshalb sich nahezu jede Maßnahme mehr oder weniger auf die Außenbeziehungen auswirkt. Die Märkte sind derart miteinander verbunden, dass oft Kettenreaktionen beobachtet werden können. Andererseits lässt sich eine derart politisch motivierte Ausnahme kaum auf den Wortlaut des Art. 230 Abs. 4 EG stützen und auch nicht mit dem Grundsatz des effektiven Rechtsschutzes zu vereinbaren. Die Ausführungen von *Van den Broek* sind im Grunde rein opportunistische Überlegungen.

Im Gegensatz zur Rechtsprechung betrachten einige Autoren das Erfordernis der individuellen Betroffenheit nicht als Abgrenzungskriterium zwischen unanfechtbaren Rechtsakten mit allgemeiner Geltung und anfechtbaren Entscheidungen, sondern als die Klagemöglichkeit gegen Verordnungen eröffnendes Merkmal.[815] Der Kläger sei

[810] GA *Jacobs*, Schlussanträge in der Rs. C-50/00 P (UPA/Rat), Slg. 2002, S. I-6681 Nr. 75.
[811] *Schockweiler*, in: Journal des tribunaux, Droit européen 1996 (Bd. 25), S. 1 (7).
[812] *v. Danwitz*, NJW 1993, S. 1108 (1114).
[813] *v.d. Broek*, LIEI 2003, S. 61 (76 f.) – *„a creation of the interpretations of the Court"*.
[814] *v.d. Broek*, LIEI 2003, S. 61 (77 ff.).
[815] *Ipsen*, S. 43, 31; *Wegmann*, S. 243 ff.

jedenfalls dann individuell betroffen i.S.d. Art. 230 Abs. 4 EG, wenn er der einzige ist, dem gegenüber die angefochtene Verordnung tatsächlich Rechtswirkungen entfaltet. Ungeachtet der Anzahl der Betroffenen stelle die Schwere des Eingriffs die maßgebliche Größe dar, die das Abwägungsergebnis zwischen dem öffentlichen Interesse am Regelungsfortbestand und dem Rechtsschutzbedürfnis des Einzelnen bedingt. Diese Auslegung der individuellen Betroffenheit stimmt mit den Voraussetzungen der früheren Nichtigkeitsklage gegen allgemeine Rechtsakte im Montanbereich nach Art. 33 Abs. 2 EGKSV überein.[816]

Einen ähnlichen Ansatz vertritt *Wegmann*, der ausgehend vom materiellen Begriff der Betroffenheit das maßgebliche Kriterium für die Individualisierung des Klägers in der „besonderen Schwere" des Betroffenseins sieht.[817] Im Rahmen einer Abwägung zwischen dem öffentlichen Allgemeinheitsinteresse am Fortbestand des Rechtsaktes und dem Bedürfnis nach effektivem Rechtsschutz sei die Verhältnismäßigkeit des Eingriffs und damit die Frage nach der „besonderen Schwere" zu klären. In der Rechtsprechung findet man verschiedene Hinweise auf eine Differenzierung anhand unterschiedlicher Intensitätsstufen. So berücksichtigte der EuGH im Urteil *Cofaz* die Tatsache, dass die die Marktstellung des klagenden Unternehmens „spürbar beeinträchtigt" wurde.[818] Gegen den Lösungsansatz *Wegmanns* lässt sich anführen, dass die maßgebliche Berücksichtigung der „Schwere des Eingriffs" im Ergebnis auf einen Vergleich mit anderen Betroffenen und nicht nur die Beschreibung der Beziehung zwischen dem Kläger und dem Klagegegenstand hinausliefe. Zudem ist dieses Kriterium unbestimmt und unscharf: Welche Intensitätsstufe müsste ein „schwerer Eingriff" aufweisen? Rechtswegklarheit wäre damit wohl nicht erreicht.

Teilweise wird auch vertreten, dass eine Erweiterung des Klagerechts Privater im Hinblick auf echte Normativakte nur im Wege einer Vertragsänderung zu erzielen sei. So wurde vorgeschlagen, das Erfordernis der individuellen Betroffenheit durch den Nachweis eines – nicht näher spezifizierten – Rechtsschutzbedürfnisses zu ersetzen, welches von dem französischen Conseil d'Etat bereits seit langem anerkannt ist.[819] Dagegen wurde eingewandt, dass das Merkmal „Rechtsschutzbedürfnis" zu unpräzise sei, um eine brauchbare Angrenzung zwischen zulässigen und mutwilligen Klagen zu bieten.[820] Jedoch zeigt die französische Rechtsprechungspraxis, dass dieses Kriterium durchaus eine flexible und sachgerechte Klagezulassung ermöglicht.[821] Allerdings sind das letztlich Überlegungen *de lege ferenda*, die bis heute keinen Niederschlag im Vertragstext gefunden haben.

Den Rechtsschutzbedürfnisgedanken findet man auch im Lösungsansatz von *Calliess*. Er versucht einer Kollision mit dem Wortlaut des Art. 230 Abs. 4 EG dadurch auszuweichen, dass er auf die Kohärenz als Problem des Rechtsschutzbedürfnisses

[816] *Hermann*, RabelsZ 1981, S. 413 (417).
[817] *Wegmann*, S. 243 ff., 250.
[818] EuGH, Rs. 169/84 (Cofaz/Kommission), Slg. 1986, S. 391 (415) Rn. 25.
[819] *Zweigert*, in: Zehn Jahre Rechtsprechung des Gerichtshofs der Europäischen Gemeinschaften (1965), S. 580 (593). Vgl. auch: *v. Simson*, DVBl. 1966, S. 653 (656).
[820] *Daig*, in: FS Riese (1964), S. 187 (209).
[821] *v. Simson*, DVBl. 1966, S. 653 (656).

abstellt.[822] Der nationale und gemeinschaftliche Individualrechtsschutz gegen grundrechtsrelevantes Sekundärrecht ist durch das Kohärenzprinzip miteinander verknüpft. Sowohl die Mitgliedstaaten als auch die EG sind verpflichtet, einen lückenlosen gerichtlichen Schutz des Einzelnen vor rechtswidrigen Sekundärrechtsakten zu gewährleisten. Die auftretenden prozessualen Lücken in diesem arbeitsteiligen Rechtsschutzsystem sind Folgen mangelnder Konvergenz zwischen den Vorgaben des EuGH für Klagen vor nationalen Gerichten, die der Durchsetzung gemeinschaftlich garantierter Rechte dienen, und Klagen gem. Art. 230 Abs. 4 EG, die sich gegen EG-Sekundärrecht richten. Während die Notwendigkeit einer einheitlichen Durchsetzung des Gemeinschaftsrechts eine Erweiterung der Klagebefugnis und Einführung einer Interessenklage[823] ins nationale Prozessrecht zur Konsequenz hatte, verfolgt der EuGH ein restriktiveres Konzept beim Rechtsschutz gegen EG-Sekundärrecht.

Die Garantie effektiven Rechtsschutzes verlangt die Beseitigung der Divergenz zwischen Zugang zu nationalen und zu den Gemeinschaftsgerichten. Während sich aber der Gerichtshof der Erfüllung „seines" Beitrags zum vollständigen Rechtsschutz durch Verneinung der individuellen Betroffenheit faktisch entzieht, verpflichtet er die nationalen Gerichte mit Hinweis auf den Loyalitätsgrundsatz des Art. 10 EG, dem Einzelnen in jedem Fall und ungeachtet des mitgliedstaatlichen Rechtsschutzsystems den Zugang zum Gericht zu eröffnen.[824] Daher erhebt *Calliess* die Forderung nach einem direkten und unmittelbaren Rechtsschutz vor dem Gerichtshof überall dort, wo vor den nationalen Gerichten kein effektiver Rechtsschutz gegenüber gemeinschaftsrechtlichen Normen besteht. Dabei könne nicht allein entscheidend sein, dass im nationalen Recht kein Rechtsschutz besteht.[825] Ausschlaggebend sei vielmehr, ob die nationalen Gerichte in der Lage sind, mit Blick auf den Vorrang des Gemeinschaftsrechts effektiven Rechtsschutz zu gewähren. Diese Frage stehe allerdings nicht im Zusammenhang mit der individuellen Betroffenheit, sondern mit dem Rechtsschutzbedürfnis.[826] Die Rechtsprechung widmete dieser Zulässigkeitsvoraussetzung bislang wenig Aufmerksamkeit, aber gerade an dieser Stelle sei die Entscheidung zwischen zentralem und dezentralem Rechtsschutz zu fällen. Dabei sei die durch Art. 47 Grundrechtecharta bekräftigte Primärverantwortung des Gerichtshofs, effektiven und zügigen Rechtsschutz gegen EG-Rechtsakte zu gewähren. Ebenso dürfe die Rolle der sachnäheren mitgliedstaatlichen Gerichte, die den Sachverhalt „vor Ort" meist besser aufarbeiten können und eine Art Vorfilterfunktion erfüllen, nicht geschmälert werden.[827] Sollte danach ein solches „europäisches Rechtsschutzbedürfnis" nicht feststellbar sein, dann wandele sich die Primärverantwortung der Gemeinschaftsgerichte in eine „Auffangverantwortung" um.[828]

---

[822] *Calliess*, NJW 2002, S. 3577 (3580 ff.).
[823] Im Gegensatz zur Verletztenklage (vgl. etwa § 42 Abs. 2 VwGO) genügt bei einer Interessenklage die Beeinträchtigung bloßer Interessen. Eine Verletzung subjektiver Rechte ist nicht erforderlich. S. dazu: *Calliess*, NJW 2002, S. 3577 (2578 f.).
[824] *Calliess*, NJW 2002, S. 3577 (3581). Dazu auch: *Nettesheim*, JZ 2002, S. 928 (933 f.).
[825] So aber: *Schneider*, NJW 2002, S. 2927 (2928).
[826] *Calliess*, NJW 2002, S. 3577 (3581).
[827] *Calliess*, NJW 2002, S. 3577 (3581).
[828] *Calliess*, NJW 2002, S. 3577 (3581); ebenso: *Nettesheim*, JZ 2002, S. 928 (934).

Allerdings löst das von *Calliess* vorgeschlagene Konzept nicht das Problem der Auslegung der individuellen Betroffenheit und entzieht sich ihm durch Verlagerung des Schwerpunkts auf eine weitere Zulässigkeitsvoraussetzung. Ungeklärt bleibt, nach welchen Kriterien die Klageberechtigung Einzelner zu beurteilen ist. Auch wenn die genannten Gründe der unbefriedigenden Rechtsschutzsituation zutreffen, weist der Vorschlag erhebliche systematische Lücken auf und liefert keine brauchbaren Kriterien zur Abgrenzung der Zuständigkeit zwischen nationalen und Gemeinschaftsgerichten. Ferner ist unklar, in welchen Fällen das „europäische Rechtsschutzbedürfnis" fehlt. Insgesamt vermag das Rechtsschutzbedürfniskonzept nicht, die als Ziel gestellte Rechtswegklarheit herzustellen. Es ist noch präzisierungsbedürftig. Insbesondere muss die Frage der Anforderungen an die Klageberechtigung geklärt werden.

Schließlich werden viele der *Jégo Quéré*-Formel des EuG ähnelnde Vorschläge unterbreitet. Nach *Allkemper* sei die individuelle Betroffenheit zu bejahen, wenn der Kläger mögliche Verletzung „seiner Rechte" (insbesondere der grundrechtlich geschützten Positionen) geltend macht, wobei auch faktische Rechtseingriffe genügen.[829]

5. Versuch der dogmatischen Untermauerung der „Neuen Formeln"

Die Reduktion der individuellen Betroffenheit auf die Verletzung ausschließlicher Rechte verengt den Begriff zu sehr.[830] Dadurch geht der Charakter als Interessenklage verloren. Daher ist sowohl dem Sinn und Zweck der Zulässigkeitsvoraussetzung als Schranke des Klagerechts als auch dem Zweck der Nichtigkeitsklage als Instrument des effektiven Rechtsschutzes Rechnung zu tragen und einen Ausgleich zu finden.

a) Wortlaut

aa) Einwände gegen die erweiternde Auslegung

Als wichtigster Einwand gegen die erweiternde Auslegung der individuellen Betroffenheit wird der Wortlaut des Art. 230 Abs. 4 EG ins Feld geführt. Danach sind Klagen gegen „echte" Verordnungen an sich nicht zulässig. Gegenstand einer Individualnichtigkeitsklage können nur Entscheidungen im materiellen Sinne sein.[831] Eine Individualklage gegen Normativakte sei daher nur ausnahmsweise möglich, wenn der strittige Rechtsakt gleichzeitig dem Kläger gegenüber eine Entscheidung darstelle (sog. „Hybridakt"). Den Vertretern der „Neuen Formeln" wird daher vorgeworfen, dass der bisher durch die Rechtsprechung gewahrte, materielle Zusammenhang zwischen Klagegegenstand und Klageberechtigung verkannt werde, denn die Voraussetzungen der

---

[829] *Allkemper*, S. 93 ff.

[830] Für eine dynamisch-teleologische Auslegung der individuellen Betroffenheit auch: *Calliess*, NJW 2002, S. 3577 (3580); *ders./Lais*, ZUR 2002, 344 (346). Krit. dazu: *Götz*, DVBl. 2002, S. 1350, der im seit der *Plaumann*-Entscheidung von 1962 unverändert gebliebenen Wortlaut des Art. 230 Abs. 4 EG den Grund für die restriktive Handhabung der Klageberechtigung Privater sieht. Dabei übersieht er jedoch, dass selbst die Rspr. nicht konstant blieb. In der Zwischenzeit wurden zahlreiche Ausnahmen (insb. Anfechtbarkeit echter Normativbestimmungen) anerkannt, die noch in den 60'er Jahren ausnahmslos abgelehnt wurde. Die dynamisch-teleologische Interpretation stellt angesichts der fortschreitenden Vergemeinschaftung weiterer Lebensbereiche das notwendige Anpassungsinstrument dar. – Vgl. dazu: *Everling*, JZ 2000, S. 217 (226).

[831] *Pechstein*, Rn. 423; *Schwarze*, in: FS Badura (2004), S. 1167 (1170 ff.).

Plaumann-Formel entsprechen exakt der Definition der Entscheidung i.S. der Art. 230 Abs. 4 EG und Art. 249 Abs. 4 EG.[832] Dieser materielle Zusammenhang sei zwingend für die enge Auslegung der individuellen Betroffenheit.

Unter Zugrundelegung des materiellen Entscheidungsbegriffs in Art. 230 Abs. 4 EG scheint eine Kollision der „Neuen Formeln" mit dem Wortlaut offenbar unausweichlich. Dabei wird allerdings verkannt, dass die individuelle Betroffenheit nicht zur Abgrenzung zwischen Entscheidungen i.S.d. Art. 249 Abs. 4 EG und Normativakten taugt. Letztere verlieren nämlich nicht ihre allgemeine Geltung dadurch, dass sie sich unterschiedlich auf bestimmte Personen auswirken. Es wurde bereits dargelegt[833], warum die Konzeption eines hybriden Rechtsaktes dogmatisch angreifbar ist und letztendlich nicht überzeugt. Ein prozessuales Verständnis des Entscheidungsbegriff i.S.v. Art. 230 Abs. 4 EG würde die Kollision mit dem Wortlaut jedenfalls in diesem Punkt entschärfen, sodass der erweiternden Auslegung der individuellen Betroffenheit nichts im Wege stünde. Das Wortlautproblem betrifft ausschließlich die Bestimmung des zulässigen Klagegegenstandes. Die Vertreter des materiellen Entscheidungsbegriffs sehen daher in der Anwendung der *Plaumann*-Formel die einzige Chance, den Wortlaut des Art. 230 Abs. 4 EG noch zu wahren.[834]

Der Verweis auf die Wortlautgrenze des Art. 230 Abs. 4 EG überzeugt jedoch nicht. Zwar wäre eine richterliche Rechtsfortbildung *contra legem* unzulässig. Damit wird aber nur gesagt, dass der Gerichtshof dem „objektivierten Willen" der Gemeinschaftsgesetzgeber, der in Anwendung klassischer Auslegungs- und Rechtsfortbildungsregeln festgestellt wird, nicht seinen eigenen Willen entgegensetzen darf.[835] Nach zutreffender Auffassung des GA *Jacobs* ist der Begriff der individuellen Betroffenheit indes unterschiedlichen Interpretationen zugänglich, wobei bei der Wahl zwischen ihnen der Zweck des Art. 230 EG sowie der Grundsatz des effektiven gerichtlichen Rechtsschutzes gebührend berücksichtigt werden muss.[836] Es handelt sich mithin nicht um unzulässige richterliche Primärrechtskorrektur, sondern um teleologisch erweiternde Auslegung zur Vermeidung einer Rechtsverweigerung. Die Legitimation hierfür ergibt sich bereits aus der prozessrechtlichen Zuständigkeitsregelung für den Gerichtshof.[837]

Die Funktion der Klageberechtigung als „Vorfilter" gegen Popularklagen kann auch durch Auslegung i.S.d. „Neuen Formeln" erfüllt werden. Zudem können heute angesichts der Entwicklung des Gemeinschaftsrechts keine Rückschlüsse mehr aus der – sprachlich weiter als Art. 230 Abs. 4 EG gefassten – früheren Regelung des Art. 33 Abs. 2 EGKS gezogen werden.[838] Es wurde teilweise vertreten, dass gerade dieses sprachliche Unterschied die Absicht der Vertragesverfasser widerspiegele, sich von der liberalen, unter dem EGKS-Vertrag entwickelten Rechtsprechung zur Klagebe-

---

[832] *Köngeter*, NJW 2002, 2216 (2217); *Lenz/Staeglich*, NVwZ 2004, S. 1421 (1423).
[833] S.o.: Kap. II C III 2 c).
[834] Vgl. z.B.: *Köngeter*, ZfRV 2003, S. 123 (126 ff.).
[835] Zu Grenzen richterlicher Rechtsfortbildung: *Dänzer-Vanotti*, in: FS Everling, Bd. I (1995), S. 205 (217 ff.).
[836] GA *Jacobs*, Schlussanträge in der Rs. C-50/00 P (UPA/Rat), Slg. 2002, S. I-6681 Nr. 75.
[837] *Dänzer-Vanotti*, in: FS Everling, Bd. I (1995), S. 205 (218).
[838] So: *Daig*, Rn. 81 f.; *Fromont*, RTDE 1966, S. 47 (59 f.).

rechtigung[839] zu lösen und das Klagerecht Privater nach dem EWGV streng zu limitieren[840], um die Normativakte vor einer Vielzahl von Klagen zu schützen.[841] Selbst wenn dies eines der Beweggründe der Vertragsväter war, dürfte diesem Argument nach dem aktuellen Stand der Integration der Boden entzogen worden sein.[842]

Das Gemeinschaftsrecht muss dynamisch, nicht historisch ausgelegt werden. *Jacobs* verweist in diesem Zusammenhang auf Beispiele fortentwickelnder Auslegung des Art. 230 EG aus anderen Bereichen.[843] So wurden beispielsweise die –im Wortlaut des damaligen Art. 230 EG (ex-Art. 173) nicht genannten – rechtsverbindlichen Handlungen des Europäischen Parlaments als zulässiger Gegenstand einer Individualnichtigkeitsklage anerkannt.[844] Der Gerichtshof berief sich auf die aus dem Wesen einer Rechtsgemeinschaft folgende Notwendigkeit umfassender Legalitätskontrolle von Organhandlungen, den Rechtsschutzauftrag aus Art. 220 EG sowie Rechtsschutzgesichtspunkte. Letztendlich hat der Gerichtshof die Anfechtbarkeit sowohl der Schein- als auch der „echten" Richtlinien durch Private anerkannt.[845] Die Rechtsprechung hätte entweder den Klagegegenstand nicht erweitern dürfen oder aber die Konsequenz aus der Erweiterung ziehen müssen.[846] Allerdings kann man die inkonsequente Rechtsprechungspraxis nicht als dogmatisches Argument für die erweiternde Auslegung des Art. 230 Abs. 4 EG ins Feld geführt werden kann. Sie zieht allenfalls die Glaubwürdigkeit der Rechtsfindung durch den EuGH in Zweifel. Hier interessiert allein, ob eine erweiternde Auslegung der individuellen Betroffenheit möglich und geboten ist.

bb) Funktioneller Ansatz: Selbstbetroffenheit

Der Verweis auf den engen Wortlaut des Art. 230 Abs. 4 EG im Hinblick auf die „individuelle Betroffenheit" überzeugt nicht. Mit Blick auf den dynamischen Charakter der Integration kommt dem teleologischen Ansatz besonderes Gewicht zu.[847] Dabei hat der Gerichtshof vielfach betont, dass für die Auslegung des Gemeinschaftsrechts die Lücken bzw. Einschränkungen im Vertrag gegenüber einer funktionellen, am Grundsatz des *effet utile* ausgerichteten Auslegung kein besonderes Gegengewicht ha-

---

839 EuGH, Rs. 7/54 und 9/54 (Industries Sidérurgiques Luxembourgeoises/Hohe Behörde), Slg. 1956, S. 55; EuGH, Rs. 8/55 (Fédération Charbonnière de Belgique/Hohe Behörde), Slg. 1956, S. 297.

840 Vgl. insb. Schlussanträge des GA *Lagrange* in den verb. Rs. 16/62 u. 17/62 (Producteurs de fruits et de légumes/Rat), Slg. 1962, S. 963 (983); *Hartley*, S. 376.

841 Vgl. Schlussanträge des GA *Lagrange* in den verb. Rs. 16/62 u. 17/62 (Producteurs de fruits et de légumes/Rat), Slg. 1962, S. 963 (995).

842 GA *Jacobs*, Schlussanträge in der Rs. C-50/00 P (UPA/Rat), Slg. 2002, S. I-6681 Nr. 75 ff.

843 GA *Jacobs*, Schlussanträge in der Rs. C-50/00 P (UPA/Rat), Slg. 2002, S. I-6681 Nr. 68 ff., 75 mit Hinweis auf die Urteile: *AETR*, *Les Verts* und *Tschernobyl*. Die Erweiternde Auslegung des Art. 230 EG wurde dort mit Notwendigkeit der Schließung prozessualer Lücken im Rechtsschutzsystem des Vertrages und der Ausdehnung des gerichtlichen Schutzes als Reaktion auf die Ausweitung der Befugnisse der EG-Organe gerechtfertigt.

844 Vgl. EuGH, Rs. 294/83 (Les Verts/EP), Slg. 1986, S. 1339 Rn. 23 ff.

845 Umfassende Darstellung unter: Kap. II B II.

846 *Nettesheim*, JZ 2002, S. 928 (932), der die Wortlautüberwindung bereits in der Zulassung von Individualklagen gegen echte Verordnungen sieht. Daher kritisiert er die mangelnde Überzeugungskraft der Berufung des EuGH auf die Wortlautschranke, obwohl er selbst dezentrale Lösung bevorzugt.

847 *Calliess*, NJW 2005, S. 929; *Lutter*, JZ 1992, S. 593 (602).

be.[848] Die individuelle Betroffenheit ist funktionell allein auf die Situation des Klägers, nicht anderer Rechtsunterworfener bezogen.

Der Begriff „individuell“ bedeutet lexikalisch soviel wie: „aus der persönlichen Eigenart entspringend, auf das Individuum, seine Verhältnisse zugeschnitten, dem Einzelnen gehörend.“ Damit wird nicht zwingend ein Herausheben aus dem Kreis aller übrigen Personen impliziert, sondern lediglich die Zuordnung zur eigenen, persönlichen Sphäre des Individuums. Allgemein versteht man unter Individualrechten solche Rechte, die dem Einzelnen zustehen, wobei es unerheblich ist, ob sie es sich ausschließlich ihm oder jedem Menschen verliehen sind. Im Mittelpunkt der Betrachtung steht immer nur eine konkrete Person, nicht das Kollektiv. Durch Vergleich mit anderen Individuen wird die Betroffenheit relativiert. Unbemerkt verschiebt sich dadurch der Schwerpunkt der Betrachtung vom Einzelnen hin zur Allgemeinheit.[849]

Individuelle Betroffenheit erfordert ihrer prozessualen Funktion nach *Selbst*betroffenheit, d.h. tatsächliche, nicht nur potentielle Betroffenheit im eigenen Rechts- bzw. Interessenkreis. Diese Interpretation würde nicht zur Aufgabe einer eigenständigen Bedeutung des Merkmals „individuell“ zu Gunsten einer materiell verstandenen „Betroffenheit“ führen. Denn der Kläger muss wie ein Normadressat individualisiert sein. Legt man nämlich den engen Adressatenbegriff[850] zugrunde, so ist jeder, der die tatbestandlichen Voraussetzungen erfüllt, Adressat dieser Norm. Allerdings wird nur eine Individualisierung wie ein Adressat verlangt. Erfasst werden sowohl der Adressat als auch der betroffene Nichtadressat, auf dessen Rechts- bzw. Interessenkreis die Norm in vergleichbarer Weise einwirkt. Damit wird deutlich, dass es sich – anders als bei der Rechtsnatur einer Maßnahme – um die Wirkung des Klagegegenstandes auf den Kläger handelt. Gerade Verordnungen charakterisieren sich dadurch, dass sie allgemeine Geltung haben, m.a.W. grundsätzlich alle in irgendeiner Weise betreffen. Allerdings ist ein gleichmäßiges Betroffensein weder erforderlich noch praktisch möglich.

Voraussetzung der Individualisierung ist, dass die Norm auf den Kläger konkret Anwendung findet. Somit scheiden Fälle der lediglich potentiellen Adressierung grundsätzlich aus (d.h. die Fälle, in denen die Rechtsfolge Anwendung findet, wenn (und nicht weil) jemand die tatbestandlichen Voraussetzungen erfüllt). Eine Individualisierung erfolgt durch konkrete, nicht lediglich potentielle Auferlegung von Rechten und Pflichten bzw. Rechtsgestaltung. Obwohl das EuG nur die „gegenwärtig“ Betroffenen in der „Neuen Formel“ erwähnte[851], erscheint es sachgerecht, Fälle der unmittelbar bevorstehenden bzw. unvermeidbaren Verwirklichung des Tatbestandes mit einzubeziehen.[852] Damit sind insbesondere Situationen gemeint, in denen ein Eingriff in die Rechtsposition des Einzelnen droht, der Betroffene zwar durch eigenes Verhalten die

---

848 In diesem Sinne: EuGH, verb. Rs. 67/85, 68/85 u. 70/85 (Van der Kooy u.a./Kommission), Slg. 1988, S. 219 Rn. 14; EuGH, Rs. C-358/89 (Extramet Industrie/Rat), Slg. 1991, S. I-2501 Rn. 13; EuGH, Rs. C-309/89 (Codorniu SA/Rat), Slg. 1994, S. I-1853 Rn. 19. Vgl. auch Schlussanträge des GA *van Gerven* in der Rs. C-70/88 (Parlament/Rat), Slg. 1990, S. 2052 (2060 f.).

849 Vgl. dazu *Börner*, Referat, in: 46. DJT, Bd. 2 (1967), S. G 10 (30), der kritisiert, dass ein fremdes Element in die Bestimmung des Klagerechts einfließt.

850 Vgl. dazu oben: Kap. I A III 1 a).

851 Vgl. EuG, Rs. T-177/01 (Jégo Quéré et Cie SA/Kommission), Slg. 2002, S. II-2365 Rn. 51.

852 In diesem Sinne GA *Jacobs*, Schlussanträge in der Rs. C-50/00 P (UPA/Rat), Slg. 2002, S. I-6681 Nr. 60 (auch wahrscheinliche, nachteilige Auswirkungen auf die Interessen des Klägers).

Verwirklichung der Normdisposition vermeiden kann, ihm dies jedoch nicht bzw. nur schwer zugemutet werden kann. Diese Betrachtung gebietet der Grundsatz des effektiven Rechtsschutzes. Eine adressatengleiche Individualisierung ist somit als konkrete und aktuelle oder unmittelbar drohende Selbstbetroffenheit zu verstehen. Nicht entscheidend ist dagegen, ob, wie oder wieviele andere Personen betroffen sind. Maßgebend ist, ob der Kläger wie ein Adressat belastet wird, wobei es sich nicht um eine bloße Reflexwirkung der Maßnahme handeln darf. Die *Jégo Quéré*-Formel des EuG ist insoweit unvollständig, weil sie nur den Adressaten i.e.S., nicht jedoch auch den betroffenen Nichtadressaten (Dritten) berücksichtigt. Dieser Personenkreis wird dagegen von der Interpretation des GA *Jacobs* erfasst. Die Formel des EuG ist um diese Komponente zu ergänzen.

Individuelle Betroffenheit i.S.d. Art. 230 Abs. 4 EG ist daher folgendermaßen zu verstehen: individuell betroffen ist, wer gegenwärtig oder mit hoher Wahrscheinlichkeit künftig

– Adressat einer belastenden hoheitlichen Maßnahme eines Gemeinschaftsorgans ist, d.h. wem konkret Pflichten auferlegt oder Rechte eingeschränkt werden, oder
– zwar Nichtadressat ist (Drittbetroffener), aber wessen Rechts- bzw. Interessenkreis aufgrund seiner persönlichen Umstände erheblich nachteilig durch die fragliche Maßnahme tangiert wird, die also eine besondere „Nähebeziehung“[853] zu den unmittelbaren Folgen der streitbefangenen Regelung aufweist (im Gegensatz zur objektiv-finalen Ausrichtung der Norm an den Adressaten (Var.1) werden hier (Var.2) auch Konstellationen „mittelbarer“, auch tatsächlicher, beabsichtigter oder nur vorhersehbaren Einwirkungen erfasst.)

Um eine normatives Gleichgewicht zwischen den beiden Alternativen zu wahren, muss der strittige Rechtsakt eine vergleichbare nachteilige Auswirkung auf den Nichtadressaten haben wie beim Adressaten i.e.S. Dies wäre etwa anzunehmen, wenn die Begünstigung des Adressaten die Kehrseite der Belastung des Drittbetroffenen darstellt, aber auch dann, wenn dem Adressaten eine bestimmte Pflicht auferlegt wird, deren Erfüllung einen Eingriff in den Rechts- bzw. Interessenkreis eines Dritten darstellt und dies vorhersehbar oder gar beabsichtigt war. Denkbar wäre z.B. eine Verordnung, die die Kreditinstitute unter Sanktionsandrohung zur Einfrierung von Konten bestimmter, im Anhang namentlich aufgeführter, terrorverdächtigten Personen verpflichtet.[854] In diesem Fall bedient sich das Erlassorgan der privaten Kreditinstitute, um einen gezielten Eingriff in die Eigentumsrechte der Terrorverdächtigten zu vollziehen.[855] Die Adressaten werden zum „verlängerten Arm“ des Hoheitsträgers. Sie müssen sich unter Sanktionsandrohung dem Befehl beugen und sind gleichzeitig für das vertragsbrüchige Verhalten gegenüber den eigenen Kunden (Kontoinhabern) gerecht-

---

[853] In diesem Sinne: GA *Cosmos*, Schlussanträge in der Rs. C-321/95 P (Greenpeace Council/ Kommission), Slg. 1998, S. I-1651 Nr. 104. Ähnlich: *Cremer*, S. 244 ff. („Erstbeschwer“ als Individualisierungskriterium).

[854] VO (EG) Nr. 2580/2001 des Rates v. 27.12.2001 über spezifische, gegen bestimmte Personen und Organisationen gerichtete restriktive Maßnahmen zur Bekämpfung von Terrorismus, ABl. Nr. L 344 v. 28.12.2001, S. 70 ff.). Zu dieser Problematik: Kap. IV B II 2 bis 4.

[855] Zu den materiell- und prozessrechtlichen Problemen der Sanktionen: *Bartelt/Zeitler*, EuZW 2003, S. 712 ff.; *Bröhmer*, EuZW 2002, S. 353 ff.; *Dannecker/Freitag*, NStZ 2004, S. 125 ff.

fertigt. Neben der Konstellation sanktionsbewährter Befehle kommt auch die gezielte Förderung entsprechender freiwilliger, privater Tätigkeiten gegen den Betroffenen durch ein Gemeinschaftsorgan in Betracht, z.B. Gegenwerbekampagne, Diskreditierung in den Medien.

Die Voraussetzung der „erheblichen" Beeinträchtigung ist notwendig, um bloße Bagatellen, alltägliche Lästigkeiten, subjektive Empfindlichkeiten herauszufiltern. Wann die Grenze von einer unerheblichen zur erheblichen Beeinträchtigung überschritten ist, kann oft dem jeweiligen Schutzbereich der Gemeinschaftsgrundrechte entnommen werden. Bei Adressatenklagen gegen die an sie gerichteten Entscheidungen nach Art. 230 Abs. 4 Var. 1 EG wird die individuelle Betroffenheit bereits durch die Adressatenstellung impliziert, sodass eine gesonderte Feststellung nach dem Vertragstext nicht erforderlich ist. Ein Pendant zur Adressatenklage ist die Klage gegen drittgerichtete Entscheidung, bei der der Betroffene selbst kein Adressat ist. Bei Verordnungen sind beide Möglichkeiten denkbar: der Kläger kann selbst Adressat sein oder er kann als Dritter von der Regelung individuell betroffen sein. Das hier vorgeschlagene Konzept hat den Vorteil, dass es alle drei Varianten verklammert und ein einheitliches Verständnis der individuellen Betroffenheit schafft. Die individuelle Betroffenheit ist kein Kriterium zur Ermittlung der Rechtsnatur der angefochtenen Maßnahme. Andernfalls wäre es unerklärlich, warum Art. 230 Abs. 4 Var. 3 EG für die Zulässigkeit von Klagen gegen drittgerichtete Entscheidungen neben einer „Entscheidung" noch individuelle Betroffenheit fordert.

b) Gemeinschaftsgrundrechtskonforme Auslegung

Die vorgeschlagene Lösung könnte erforderlich sein, um dem Gebot des effektiven Rechtsschutzes zu entsprechen. Aus mehreren möglichen Interpretationsvarianten des Art. 230 Abs. 4 EG verdient diejenige den Vorzug, die dem Grundsatz des effektiven Rechtsschutzes[856] am ehesten entspricht. Da beide Bestimmungen dem Primärrecht angehören und somit gleichrangig sind, kommt eine wechselseitige Derogation nur im Ausnahmefall in Betracht. Der EuGH ist auch nicht befugt, primärrechtliche Bestimmungen auf ihre Gültigkeit hin zu kontrollieren.[857] Vielmehr muss ein Ausgleich i.S.e. praktischen Konkordanz[858] gefunden werden, um die Widerspruchsfreiheit gleichrangiger Normen sicherzustellen. Zu beachten ist, dass Art. 230 Abs. 4 EG eine Konkretisierung des Grundsatzes des effektiven Rechtsschutzes darstellt, sodass ihm nach der *lex specialis*-Regel Anwendungsvorrang zukommt. Nur im Falle einer Rechtsschutzlücke darf aus dem Grundsatz selbst weitergehender Rechtsschutz abgeleitet werden.

aa) Rechtsschutzbedürfnis

Die Gründe, die noch in den frühen Integrationsjahren für eine stärkere Einschränkung des Klagerechts Privater sprachen, haben an Bedeutung verloren. Bereits damals wur-

---

[856] EuGH, Rs. 222/84 (Johnston/Chief Constable of the Royal Ulster Constabulary), Slg. 1986, S. 1663 Rn. 18; EuG, Rs. T-215/00 (La ConquesteSCEA/Kommission), Slg. 2001, S. II-181 Rn. 34, 36-37, 40-44, 47, 53. Näher dazu: *Streinz*, VVDStRL 61 (2002), 300 (306 ff.; 240 ff.).

[857] *Allkemper*, S. 151; *Köngeter*, ZfRV 2003, S. 123 (129).

[858] Vgl. dazu: *Köngeter*, ZfRV 2003, S. 123 (129).

den Stimmen laut, die auf das berechtigte Interesse der Betroffenen an der Beseitigung der primärrechtswidrigen Organhandlungen hinwiesen. Dieses Interesse wiegt umso schwerer, als das Sekundärrecht unmittelbar in allen Mitgliedstaaten geltendes Recht darstellt, dem nationalen Recht vorgeht und somit weitgehend nahezu alle Lebensbereiche betrifft.[859] GA *Jacobs* mahnt in seinen Schlussanträgen, dass dieser Machtzuwachs des Gemeinschaftsgesetzgebers durch parallele Erleichterung des Zugangs zu den Gemeinschaftsgerichten bislang nicht hinreichend kompensiert wurde.[860]

Das Gemeinschaftsrecht verleiht dem Einzelnen Rechte bzw. legt ihm nicht selten unmittelbar Pflichten auf. Als prozessuale „Absicherung" der Rechte muss dem Einzelnen Zugang zu einem Gericht eröffnet werden, das über entsprechende Jurisdiktionsbefugnis verfügt, d.h. rechtswidrige Gemeinschaftsrechtsakte aufheben kann. Als solche kommen – angesichts der ausschließlichen Zuständigkeit für die Gültigkeitskontrolle des Sekundärrechts[861] – nur die Gemeinschaftsgerichte in Betracht. Damit ist auch die in Art. 220 EG allgemein beschriebene Rolle des Gerichtshofs bei der Wahrung des EG-Rechts angesprochen.[862] Materielle Rechte sind wertlos, wenn der Einzelne außerstande ist, sie angemessen gerichtlich durchzusetzen. Parallel mit der Entwicklung des materiellen Rechts muss das Prozessrecht entsprechend angepasst werden. Die Schaffung prozessualer Instrumente besteht primär darin, dem Einzelnen die wirksame Durchsetzung seiner materiellen Rechte zu ermöglichen. Die akzessorische Funktion der Verfahrensvorschriften gegenüber materiellen Rechten darf bei der Auslegung der Zulässigkeitsvoraussetzungen eines Rechtsbehelfs nicht aus den Augen verloren werden. Zuzustimmen ist daher *Schohe/Arnold*, die den Aufbau eines solchen Rechtswegs zu den Gemeinschaftsgerichten als notwendiges Gegenstück zur Begründung von Rechten und Pflichten des Bürgers betrachten.[863] Wendet sich der Einzelne gegen eine unmittelbar durch eine Gemeinschaftsnorm auferlegte Belastung, so spricht bereits die allgemeine Kompetenzverteilung zwischen nationalen und Gemeinschaftsgerichten für einen direkten Zugang zu Letzteren. Es leuchtet nicht ein, warum der Betroffene einen „Umweg" über mitgliedstaatliche Instanzen in Kauf nehmen oder gar rechtsschutzlos gestellt werden sollte.

Der Gerichtshof geht grundsätzlich von einem umfassenden Rechtsschutzgebot aus.[864] Diese ungeschriebene Primärrechtsnorm diente dem Gerichtshof bereits in der Vergangenheit zur Ableitung bestimmter konkretisierter Normen.[865] Da die Verfahrensbestimmungen der Art. 225 ff. EG den Grundsatz effektiven Rechtsschutzes konkretisieren, müssen sie ihrerseits im Lichte der Grundsatznorm ausgelegt werden[866]. Sie bietet die Grundlage zur kohärenten Auslegung der Vertragsbestimmungen über

[859] *Everling*, in: FS Gündisch (1999), S. 89 (107). Vgl. auch: *ders.*, ZfRV 1992, S. 241 (242 ff.), der angesichts der Evolution das Terminus „Marktbürger" für überholt hält.
[860] GA *Jacobs*, Schlussanträge in der Rs. C-50/00 P (UPA/Rat), Slg. 2002, S. I-6681 Nr. 71.
[861] Grundlegend dazu: EuGH, Rs. 314/85 (Foto-Frost/Hauptzollamt Lübeck-Ost), Slg. 1987, S. 4199 Rn. 12 ff.
[862] Dazu näher unten: Kap. II D III 5 b) bb).
[863] *Schohe/Arnold*, EWS 2002, S. 320 (321).
[864] Bsp.: EuG, Rs. T-377/00 (Philip Morris International Inc.), Slg. 2003, S. II-1 Rn. 122.
[865] Z.B. Begründungspflicht – EuGH, Rs. 222/86 (Unectef/Heylens u.a.), Slg. 1987, S. 4097 Rn. 14 f.
[866] Vgl. Schlussanträge des GA *van Gerven* in der Rs. 70/88 (Parlament/Rat), Slg. 1990, S. 2052 (2060); ebenso: *v. Danwitz*, NJW 1993, S. 1108 (1114).

die Rechtsbehelfe bis hin „zur Behebung von Versäumnissen und Ausfüllung von Lücken.“[867] Etwas widersprüchlich erscheint dagegen die restriktive Handhabung der individuellen Betroffenheit, wenn man bedenkt, dass der EuGH ausgerechnet im *Plaumann*-Urteil betonte, dass Rechtsschutzbestimmungen nicht restriktiv interpretiert werden dürfen.[868] Die restriktive Auslegung der individuellen Betroffenheit wurde meist mit der Existenz dezentralen Rechtsschutzes begründet und etwaige Rechtsschutzdefizite i.R.d. Vorabentscheidungsverfahrens grundsätzlich als unbeachtlich für die Zulässigkeit von Direktklagen erachtet.[869] Die Schließung von Lücken (z.B. bei selbstvollziehenden Verordnungen) wurde den Mitgliedstaaten aufgebürdet.[870] Eine solche „Delegation“ kommt einer Rechtsschutzverweigerung gleich.

bb) Rechtsschutzauftrag der Gemeinschaftsgerichte

Nach Art. 220 EG tragen die Gemeinschaftsgerichte die Verantwortung für die „Wahrung des Rechts“ in der EG. Dabei ist zu beachten, dass die Formulierung des Art. 220 EG, wonach den Gemeinschaftsgerichten die Sicherung der Rechtswahrung „*bei* der Auslegung und Anwendung des Vertrages“ obliegt, auf eine gewisse Priorität der Rechtswahrung deutet.[871] Der Rechtsschutzauftrag des Art. 220 EG diente bereits in der Rs. *Les Verts*[872] als normative Stütze für die Ausweitung der gerichtlichen Kontrolle auf Rechtsakte des damals in Art. 230 EG (ex-Art. 173) nicht genannten Parlaments. Aus der Pflicht zur Sicherung der Rechtswahrung folgerte der EuGH die Notwendigkeit einer lückenlosen Legalitätskontrolle aller Organhandlungen, die Rechtswirkungen nach außen hervorrufen.[873]

Als grundlegende Systembestimmung strahlt Art. 220 EG in alle nachfolgenden Verfahrensvorschriften. Die Voraussetzungen der einzelnen Klagen dürfen daher nicht isoliert, sondern stets im Lichte des Rechtsschutzauftrags nach Art. 220 EG ausgelegt werden. Denn die dem Gerichtshof obliegende Aufgabe erschöpft sich nicht in der Wahrung des Vertrages, sondern des „*Rechts*“ i.w.S.[874] Der EuGH hat wiederholt sein Verständnis vom Gemeinschaftsrecht als System eines möglichst *umfassenden Rechtsschutzes*[875] dargelegt und seine Bereitschaft zur Schließung von Rechtsschutzlücken

[867] Schlussanträge des GA *Mischo*, Rs. C-221/88 (Busseni), Slg. 1990, S. I-495 (507); s. auch: EuGH, Rs. 294/83 (Les Verts/EP), Slg. 1986, S. 1339 (1365).
[868] EuGH, Rs. 25/62 (Plaumann/Kommission), Slg, 1963, S. 211 (237).
[869] Siehe z.B.: EuG, verb. Rs. T-198/95, T-171/96, T-230/97, T-174/98 u. T-225/99 (Comafrica and Dole Fresh Fruit Europe/Kommission), Slg. 2001, S .II-1975 Rn. 111; EuG, Rs. T-138/98 (ACAV u.a./Rat), Slg. 1999, S. II-1797 Rn. 68; EuG, verb. Rs. T-172/98 u. T-175/98 bis T-177/98 (Salamander u.a./EP u. Rat), Slg. 2000, S. II-2487, Rn. 74 ff. Krit. dazu: *Nowak*, in: Nowak/Cremer, Individualrechtsschutz in der EG und der WTO (2002), S. 47 (57 ff.); *Rengeling*, in: FS Everling, Bd. 2 (1995), S. 1187 (1195).
[870] Vgl. EuGH, Rs. C-50/00 P (UPA/Rat), Slg. 2002, S. I-6677 Rn. 43; EuGH, Rs. C-263/02 P (Jégo Quéré et Cie SA/Kommission), Slg. 2004, S. I-3425 Rn. 33.
[871] Vgl. *Calliess*, NJW 2005, S. 929 (930).
[872] EuGH, Rs. 294/83 (Les Verts/EP), Slg. 1986, S. 1339 (1365) Rn. 24 u. 25.
[873] S. bereits: EuGH, Rs. 22/70 (Kommission/Rat), Slg. 1971, S. 263 Rn. 38/42.
[874] Vgl. *Everling*, DRiZ 1993, S. 5.
[875] EuGH, Rs. 294/83 (Les Verts /EP), Slg. 1986, S. 1339 Rn. 23; EuGH, Rs. 314/85 (Foto-Frost/Hauptzollamt Lübeck-Ost), Slg. 1987, S. 4199 Rn. 16.

im Anwendungsbereich der Verträge[876] unter Beweis gestellt. Art. 220 EG ermächtigt und verpflichtet den EuGH zur Wahrnehmung des Rechtsschutzauftrags. Er darf sich ihm nicht unter Verweis auf mitgliedstaatliche Gerichte entziehen, will er sich nicht dem Vorwurf der Rechtsverweigerung aussetzen.[877]

cc) Folgerungen aus dem Gebot des effektiven Rechtsschutzes

Die Gewährleistung effektiver Rechtskontrolle des Sekundärrechts gehört zum Kern der Rechtsstaatlichkeit.[878] Aus diesem Gemeinschaftsgrundrecht folgt ein Anspruch des Unionsbürgers auf einen wirksamen gerichtlichen Rechtsbehelf.[879] Es erschöpft sich nicht in der Rechtsweggarantie i.S. eines Zugangs zum Gericht, sondern betrifft auch qualitative Elemente wie eine angemessene Verfahrensdauer[880] u.ä. Damit erwächst die Rechtsschutzgarantie zum zentralen und selbständigen Verfahrensgrundrecht in der EG.[881] Die Eigenständigkeit des Rechts auf wirksamen Rechtsschutz verbietet die pauschale Einschränkung, dass der Rechtsschutz lediglich i.R.d. jeweils geltenden Verfahrensvorschriften zu gewähren ist. Allerdings bedeutet dies keineswegs, dass die im EG-Vertrag getroffenen Entscheidungen für eine bestimmte Ausgestaltung von Klagearten überspielt werden dürfen. Bemerkenswert ist dennoch, dass der Gerichtshof in der Praxis strengere Anforderungen an die Gewährung des effektiven Rechtsschutzes in den Mitgliedstaaten als an den Rechtsschutz gegen Rechtsakte der EG stellt[882], obwohl die Gemeinschaftsgrundrechte primär an die EG adressiert sind. Sie wurden als *Pendant* zu den nationalen Grundrechten entwickelt, um eine weitergehende Verrechtlichung des Handelns auf der Gemeinschaftsebene sicherzustellen.[883]

Dem Grundsatz des effektiven Rechtsschutzes lässt sich indes nicht entnehmen, dass die Rechtsverletzung als solche den Gegenstand der Gerichtskontrolle bilden muss. Das Erfordernis einer bestimmten Form des Rechtsschutzes gegen EG-Normativakte ist nicht ersichtlich.[884] Vielmehr erschöpft sich der Normzweck darin, dem Einzelnen eine wirksame Möglichkeit zu gewährleisten, die durch den Normativ-

---

[876] Vgl. *Schwarze*, in: ders., EU-Komm., Art. 220 Rn. 3.

[877] *Bleckmann*, in: GS Constantinesco (1983), S. 61 ff.; *Everling*, in: Forschungsbericht Nr. 32 der Konrad-Adenauer-Stiftung (1984), S. 117 (119); krit. dazu: *Dänzer-Vanotti*, in: FS Everling, Bd. I (1995), S. 205 (212 ff.).

[878] EuGH, Rs. 294/83 (Les Verts/EP), Slg. 1986, S. 1339 Rn. 3 u. 23; s. auch: *Nicolaysen*, in: Nowak/Cremer (Hrsg.), Individualrechtsschutz in der EG und der WTO (2002), S. 17 ff.; *Zuleeg*, NJW 1994, S. 545.

[879] EuG, Rs. T-377/00 (Philipp Morris International u.a./Kommission), Slg. 2003, S. II-1 Rn. 121 f. Ebenso: *Allkemper*, S. 43; *Calliess*, NJW 2002, S. 3577 f.; *Cremer*, Die Verwaltung 37 (2004), S. 165 (171); *Götz*, DVBl. 2002, S. 1 f.; *Nowak*, in: Nowak/Cremer, Individualrechtsschutz in der EG und der WTO (2002), S. 47 (49); *Tonne*, S. 200.

[880] EuGH, Rs. C-185/95 P (Baustahlgewebe GmbH/Kommission), Slg. 1998, S. I-8417 Rn. 21.

[881] Abw. *Nowak*, DVBl. 2000, S. 20 (24), der die Rechtsschutzgarantie als verfahrensrechtliche Dimension der einzelnen Grundrechte („Annexgrundrecht") interpretiert.

[882] Zum „doppelten Standard" in der Rspr.: *Arnull*, CMLR 2001, S. 7 (52); *Frederiksen*, ZEuS 2005, S. 99 (104); *Nettesheim*, JZ 2002, S. 928.

[883] *Ehlers* in: ders. (Hrsg.), Europäische Grundrechte und Grundfreiheiten, 2. Aufl. (2005), S. 398.

[884] Vgl. Vorbringen der Kommission, zit. in den Schlussanträgen des GA *Jacobs* in der Rs. C-50/00 P (UPA/Rat), Slg. 2002, S. I-6681 Nr. 28; EuG, Rs. T-107/94 (Christina Kik/Rat), Slg. 1995, S. II-1717 LS 2.

akt hervorgerufene Beschwer zu bekämpfen. Die verfahrenstechnische Ausgestaltung belässt dem Gesetzgeber dagegen einen gewissen Entscheidungsspielraum. Lediglich im Falle der Konkurrenz unterschiedlicher Rechtsschutzwege kann der Grundsatz des effektiven Rechtsschutzes als eine Auslegungsdirektive die Zulässigkeit der rechtsschutzintensiveren Variante nahe legen und somit i.S. eines Optimierungshinweises interpretiert werden. Er kann aber nicht pauschal als ein Optimierungsgebot begriffen werden. Ein maximaler Rechtsschutz gegen Normativakte der EG ist m.E. gerade nicht der Sinn der Effektivitätsgarantie.[885]

Vor diesem Hintergrund kann man von einer Rechtsschutzgarantie nach Maßgabe der einschlägigen Bestimmungen des EG-Vertrages sprechen. Allerdings gilt das nicht ohne Einschränkung. Wenn die Anwendung der Prozessvorschriften zur Rechtsschutzversagung führen müsste oder nur unzureichender Rechtsschutz zur Verfügung stünde, könnte sich der primärrechtliche Grundsatz des wirksamen Rechtsschutzes ausnahmsweise unmittelbar zu einem prozessualen Anspruch auf Zugang zu den Gemeinschaftsgerichten und Einleitung einer prinzipalen Normenkontrolle verdichten.[886] Art. 230 Abs. 4 EG muss dann grundrechtskonform, im Einklang mit der Garantie des effektiven Rechtsschutzes ausgelegt werden.[887]

c) Subsidiarität der Gemeinschaftsgerichtsbarkeit?

Als Argument gegen die Erweiterung des Direktklagerechts Privater wird oft eine Ungleichbehandlung der Rechtsnormunterworfenen in den einzelnen Mitgliedstaaten vorgebracht, wenn Nichtigkeitsklagen Privater beim Fehlen nationaler Rechtsschutzmittel zugelassen würden.[888] Die frühere Rechtsprechung schien eine erweiterte Zulässigkeit von Direktklagen Einzelner jedenfalls für den Fall des mangelnden, dezentralen Rechtsschutzes anzuerkennen.[889] Würde man tatsächlich eine entsprechende Klausel aufnehmen, so liefe dies auf die Anerkennung der Subsidiarität der Nichtigkeitsklage hinaus, die im Wortlaut des Art. 230 Abs. 4 EG keine Stütze findet.[890] Der Gerichtshof hat in späteren Entscheidungen[891] alle verbliebenen Interpretationszweifel beseitigt,

---

[885] Ähnlich: *Neuwahl*, ELR 1996, S. 17 (29 f.).

[886] In diesem Sinne: *Cremer*, EuZW 2001, S. 453 (457) – s.o. Kap. II C III 4 b).

[887] Vgl. auch: EuGH, Rs. C-229/05 P (Kurdistaner Arbeiterpartei u. Kurdistaner Nationalkongress/Rat), Urt. v. 18.1.2007 (noch nicht in der amtl. Slg. veröfentlicht) Rn. 75-83. Dort beriefen sich die Kläger auf einen Widerspruch zwischen der restriktiven Auslegung der individuellen Betroffenheit in Art. 230 Abs. 4 EG und dem Grundrecht auf effektiven Rechtsschutz. Sollte der EuGH die Klage abweisen, während der EGMR unter den gleichen Umständen eine Beschwerde zulassen würde, würde dem Rechtsmittelführer die Möglichkeit eines wirksamen Rechtsbehelfs genommen. Der EuGH stellte jedoch – abweichend vom *UPA*-Urt. (und von den Schlussanträgen der GA *Kokott* v. 27.9.2006 in ders. Rs., Rn. 109) – nicht auf den zwingenden Charakter des Art. 230 Abs. 4 EG ab. Vielmehr stellte er fest, dass der Kläger im konkreten Fall keine Opfereigenschaft i.S.d. Art. 34 EMRK aufweise und damit keine Grundrechtsverletzung vorliege.

[888] So z.B.: *Baumeister*, EuR 2005, S. 1 (30); *Gundel*, VerwArch 2001 (92), S. 81 (95).

[889] In diesem Sinne noch: EuGH, Rs. C-321/95 P (Greenpeace u.a./Kommission), Slg. 1998, S. I-1651 Rn. 32 f. Näher dazu: *Wegener*, ZEuS 1998, S. 183 (197); *Calliess/Lais*, ZUR 2002, 344 (345).

[890] Ebenso: *Kment*, BayVBl. 2002, S. 666 (667). In diesem Sinne: *v. Burchard*, EuR 1991, S. 140 ff. (142).

[891] Vgl. EuGH, Rs. C-50/00 P (UPA/Rat), Slg. 2002, S. I-6677 Rn. 46; EuGH, Rs. C-300/00 P R (Federación de Cofradías de Pescadores de Guipúzcoa u.a./Rat), Slg. 2000, S. I-8797 Rn. 37.

indem er generell auf den Rechtsschutz vor mitgliedstaatlichen Gerichten verwies, ohne im Einzelfall zu prüfen, ob ein Rechtsschutz tatsächlich überhaupt möglich und effektiv wäre. Zu derartigen Untersuchungen der innerstaatlichen Prozessordnungen fühlte sich der EuGH nicht berufen, da er sonst eigene Rechtsprechungskompetenzen überschreiten würde.[892]

Im *Salamander*-Urteil hat das EuG auch den Grundsatz der Gleichheit aller Rechtsunterworfenen hinsichtlich der Voraussetzungen für den Zugang zu den Gemeinschaftsgerichten i.R.d. Nichtigkeitsklage als Einwand gegen die Bedingung mangelnder Rechtsschutzmöglichkeiten vor nationalen Gerichten genannt.[893] Dies trifft nicht ganz zu. Von einer Ungleichbehandlung wäre nur dann zu sprechen, wenn derselbe Grundrechtsverpflichtete vergleichbare Sachverhalte unterschiedlich behandelt[894], d.h. wenn die Diskriminierung auf gemeinschaftsrechtliche, und nicht auf die nationalen Regelungen zurückzuführen wäre. Dagegen liegt keine Diskriminierung vor, wenn Marktbürger aufgrund von Unterschieden in den nationalen Rechtsordnungen ungleich behandelt werden[895], z.B. wenn Privatpersonen in einigen Mitgliedstaaten Primärrechtsschutz erlangen können, in anderen dagegen nicht.[896] Wenn man also als Differenzierungsgrund das (Nicht-)Vorhandensein anderweitiger effektiver Rechtsschutzmöglichkeit annähme, stößt die Beantwortung der Frage nach der Vergleichbarkeit schon auf einige Schwierigkeiten. Manche ziehen die Direktklage gegenüber der dezentralen Rechtsschutzvariante verbunden mit dem Vorabentscheidungsverfahren als generell effektiveren Rechtsbehelf vor.[897]

Andere wiederum sehen in der Präklusion nach Art. 230 Abs. 5 EG einen entscheidenden Nachteil der Direktklage. Man könnte darum streiten, ob die womöglich schnelleren Rechtsschutz bietende, andererseits streng fristgebundene Nichtigkeitsklage tatsächlich als Besserstellung gewertet werden kann.[898] Sollte dennoch eine Ungleichbehandlung angenommen werden, so wäre sie jedenfalls durch einen sachlichen Grund, nämlich die Vermeidung von Rechtsschutzlosigkeit im Einzelfall gerechtfertigt. Die ausnahmsweise Zulassung der Nichtigkeitsklage des Einzelnen, dem sonst keine Rechtsschutzmöglichkeit offen steht, stellt keine ungerechtfertige Ungleichbehandlung dar.[899] Sie soll gerade die derzeit (noch) faktisch bestehenden Unterschiede in den einzelnen mitgliedstaatlichen Rechtssystemen abmildern, indem wenigstens der

---

[892] EuGH, Rs. C-50/00 P (UPA/Rat), Slg. 2002, S. I-6677 Rn. 46. Zustimmend: *Cassia*, Recueil Dalloz 2002, S. 2825 (2829).

[893] EuG, verb. Rs. T-172/98 u. T-175/98 bis T-177/98 (Salamander u.a./EP u. Rat), Slg. 2000, S. II-2487 Rn. 74 f.

[894] Zum gemeinschaftsrechtlichen Gleichheitssatz: EuGH, Rs. 117/76 (Ruckdeschel u.a./ Hauptzollamt Hamburg-St.Annen), Slg. 1977, S. 1753 Rn. 7 ff.; EuGH, Rs. C-292/97 (Karlsson u.a.), Slg. 2000,S. I-2737 Rn. 35 ff.

[895] Vgl. EuGH, verb. Rs. 185 bis 204/78 (van Dam u.a.), Slg. 1979, S. 2345 (2361); EuGH, Rs. 308/86 (Ministère public/Lambert), Slg. 1988, S. 4369 Rn. 22.

[896] Es blieben dann lediglich Staatshaftungsansprüche wegen der Verletzung der mitgliedstaatlichen Pflicht aus Art. 10 EG zur Schaffung erforderlicher Rechtsmittel. Solche Sekundäransprüche können aber nicht als ein äquivalenter Ersatz für den versagten Primärschutz angesehen werden.

[897] So z.B. GA *Jacobs*, Schlussanträge in der Rs. C-50/00 P (UPA/Rat), Slg. 2002, S. I-6681 Nr. 40 ff.

[898] Dazu ausführlich unten: Kap. II E.

[899] Zustimmend: *Borowski*, EuR 2004, S. 879 (901).

Rechtsschutzlosigkeit Einzelner vorgebeugt werden soll.[900] Dass es dadurch wiederum möglicherweise zu einer Besserstellung derjenigen kommt, die sonst keinen Rechtsschutz auf dezentraler Ebene erlangen könnten, wäre eine unvermeidliche Konsequenz bereits vorhandener Unterschiede. Negative Kompetenzkonflikte zwischen den Gemeinschafts- und den mitgliedstaatlichen Gerichten dürfen aber nicht auf dem Rücken der Bürger ausgetragen werden, auch wenn man eine primäre Verpflichtung der Mitgliedstaaten zur Sicherstellung des Zugangs zum Gericht annimmt.[901]

Ein ähnlicher Schutzgedanke liegt bereits dem im Wege der richterlichen Rechtsfortbildung entwickelten Institut der unmittelbaren Wirkung von Richtlinien zugrunde.[902] Grundsätzlich besteht eine mitgliedstaatliche Pflicht zur frist- und ordnungsgemäßen Umsetzung der Richtlinienvorgaben. Die Verletzung dieser Pflicht darf jedoch nicht dazu führen, dass die Folgen der Pflichtverletzung durch einen Mitgliedstaat den Bürger treffen. Dieser kann sich daher unter bestimmten Voraussetzungen unmittelbar auf die Richtlinienbestimmungen berufen. Ähnlich sieht die Situation im Falle einer mitgliedstaatlichen Verletzung der Pflicht zur Gewährleistung des effektiven Rechtsschutzes aus: dem Einzelnen dürfen hieraus keine Nachteile entstehen und das Klagerecht darf nicht verweigert werden.

Dem Gerichtshof ist jedoch darin zuzustimmen, dass die Zulässigkeit der Nichtigkeitsklage als selbständiger, gemeinschaftsrechtlicher Rechtsbehelf nicht von der Ausgestaltung der jeweiligen nationalen Prozessrechtsordnung abhängen darf, d.h. wenn nach einer konkreten Prüfung der nationalen Verfahrensvorschriften durch den Gemeinschaftsrichter dargetan ist, dass für den Einzelnen keine Möglichkeit einer inzidenten, gerichtlichen Kontrolle der Gültigkeit der streitigen Gemeinschaftshandlung besteht.[903] Allerdings wäre seine Zuständigkeit bei Vornahme einer solchen Prüfung dann nicht zwingend überschritten. Die Gemeinschaftsgerichte haben schon häufig nationale Vorschriften „mittelbar" ausgelegt, indem sie z.B. eine Vertragsverletzung i.R.d. Art. 226 EG festzustellen oder eine Auslegungsvorlage zu beantworten hatten.[904]

Dennoch wäre ein derartiger Verweis auf nationales Recht mit Blick auf die Eigenständigkeit des EG-Prozessrechts höchst problematisch, denn es würde die einheitliche

---

[900] Als sachlicher Grund für eine Ungleichbehandlung wurde z.B. die Wiederherstellung der Wettbewerbsgleichheit zwischen bestimmten Gruppen anerkannt – vgl. EuGH, Rs. C-364/96 (T. Port/Hauptzollamt Hamburg-Jonas), Slg. 1998, S. I-1023 Rn. 81.

[901] So z.B. *König*, JuS 2003, S. 257 (260), die eine Auffangzuständigkeit der Gemeinschaftsgerichte für geboten hält, wenn der Kläger substanziiert darlegt, dass er keinen Rechtsschutz vor den nationalen Gerichten erlangen kann und durch die Verordnung in seinen Grundrechten verletzt wird. Unklar: *v.d. Hout*, S. 55, der bei „offensichtlichen Rechtsschutzlücken" von einer Handlungspflicht der Gemeinschaftsgerichte ausgeht, ohne jedoch seine Stellung näher zu präzisieren.

[902] Vgl. EuGH, Rs. 41/74 (van Duyn/Home Office), Slg. 1974, S. 1337 Rn. 12 f.; EuGH, Rs. 8/81 (Becker/Finanzamt/Münster), Slg. 1982, S. 53 Rn. 21 ff.

[903] EuGH, Rs. C-50/00 P (UPA/Rat), Slg. 2002, S. I-6677 Rn. 43; ebenso: EuG, Rs. T-196/03 (European Federation for Cosmetic Ingredients/EP u. Rat), Slg. 2004, S. II-4263 Rn. 70; GA *Reischl*, Schlussanträge in der Rs. 92/78 (Simmenthal), Slg. 1979, S. S. 777 (819 f.).

[904] Z.B. „mittelbare" Auslegung der nationalen Verwaltungsverfahrensvorschriften im Zusammenhang mit der Rückforderung von gemeinschaftsrechtswidrigen Beihilfen – EuGH, verb. Rs. 205 bis 215/82 (Deutsche Milchkontor GmbH u.a./BRD), Slg. 1983, S. 2633. Diesen Aspekt übersieht offenbar *Baumeister*, wenn er hierdurch eine „bedenkliche Kompetenzverschiebung" befürchtet – *Baumeister*, EuR 2005, S. 1 (30).

Anwendung des Gemeinschaftsrechts ernsthaft in Frage stellen. Die Zulässigkeit von Individualnichtigkeitsklagen läge im Belieben des innerstaatlichen Gesetzgebers. Bei transnationalen Sachverhalten stünde man zudem vor einem praktisch kaum lösbaren Dilemma: welche nationale Prozessordnung/-en soll die entscheidende Auskunft darüber geben, ob im Einzelfall anderweitiger effektiver Rechtsschutz gewährleistet werden könnte? Schließlich ist das Maß der Gewährung effektiven Rechtsschutzes, das mehrere Gesichtspunkte berücksichtigen muss, graduierbar, während die Klageberechtigung i.R.d. Art. 230 Abs. 4 EG nur entweder bejaht oder verneint werden kann.[905] Insgesamt dürfte die Koppelung der Klagezulässigkeit an mangelnde Rechtsschutzmöglichkeiten im Einzelfall mehr Rechtsunsicherheit mit sich bringen als die bisherige Kasuistik in der Folge der *Plaumann*-Formel. Schließlich würde die Prüfung der nationalen Rechtsbehelfe zur Prozessverschleppung vor den ohnehin überlasteten Gemeinschaftsgerichten führen und damit die Effektivität des Rechtsschutzes beeinträchtigen.

Sowohl die von *Jacobs* vorgeschlagene, erweiternde Auslegung der individuellen Betroffenheit als auch die „Neue Formel" des EuG basieren aber gerade nicht auf dem Subsidiaritätsgedanken.[906] Darauf lässt jedenfalls die allgemeingültige, unbedingte Formulierung schließen. Es ist nirgendwo vorbehalten, dass diese Auslegung vom Fehlen anderweitiger Rechtsschutzmöglichkeiten abhängen sollte. Weniger deutlich ist dies im *Jégo Quéré*-Urteil des EuG. Denkbar wäre es, die vorausgehende Erörterung anderer Rechtsschutzmöglichkeiten als eine logisch mit dem Ergebnis verbundene Antwort aufzufassen und eine (negative) Voraussetzung des fehlenden Rechtsschutzes hineinzuinterpretieren.[907] Andererseits haben diese Erwägungen keinen Niederschlag in der „Neuen Formel" selbst gefunden. Vielmehr stellten sie nur den Anlass für die generelle, unbedingte Erweiterung des Klagerechts Einzelner dar.

Die Konsequenz aus der erweiterten Klageberechtigung gegen Normativakte ist also die Primärzuständigkeit des EuG. Die Gemeinschaftsgerichte erfüllen jedoch nicht nur die Rolle einer zentralen Rechtsschutzinstanz, sondern auch die eines „Verfassungsgerichts" der Gemeinschaft. Vor diesem Hintergrund stellt sich die Frage, ob dennoch eine Einschränkung erforderlich wäre, um die im Vertrag festgelegten Grundlagen der Kooperation zwischen nationalen Gerichten und dem EuGH zu wahren. Zum Teil wird daher eine subsidiäre Auffangzuständigkeit der Gemeinschaftsgerichte beim Individualrechtsschutz gegen Normativakte befürwortet.[908] Demgegenüber bevorzugt *Calliess* die Primärzuständigkeit des EuG.[909] Die Zuständigkeitsfrage lässt sich m.E. nicht abstrakt in diesem Sinne entscheiden, sondern ergibt sich implizit aus der Auslegung der prozessualen Bestimmungen. Können die Zulässigkeitsvoraussetzungen einer Direktklage bejaht werden, so ist damit die Zuständigkeit des Gerichtshofs mit ent-

---

[905] Vgl. *Borowski*, EuR 2004, S. 879 (901 f.).
[906] Siehe dazu bereits oben: Kap. II D III 3 a) und b).
[907] So z.B. *Feddersen*, EuZW 2002, S. 521 (533). Auf die Zwiespalt zwischen der Argumentation und dem Ergebnis weist auch *Kment*, BayVBl. 2002, S. 666, hin, lässt die Interpretation der „Neuen Formel" jedoch offen.
[908] *König*, JuS 2003, S. 257 (260); *Nettesheim*, JZ 2002, S. 928 (933).
[909] *Calliess*, NJW 2002, S. 3577 (3582). Beim Vorliegen eines effektiven Rechtsschutzes auf dezentraler Ebene wandele sie sich – mangels Rechtsschutzbedürfnisses des Einzelnen – in eine Auffangzuständigkeit.

schieden. Sind dabei mehrere verschiedene Interpretationen möglich, so müsste man mit Rücksicht auf den Grundsatz des effektiven Rechtsschutzes der für den Kläger optimalen Auslegungsvariante den Vorzug einräumen. Dagegen lässt sich nicht abstrakt von der Subsidiarität des zentralen oder dezentralen Rechtswegs sprechen.

6. Fazit

In der Rechtsprechung wird oft Divergenz bzgl. der Anforderungen kritisiert, die an den mitgliedstaatlichen Rechtsschutz zur Durchsetzung des Gemeinschaftsrechts[910] und an den Rechtsschutz gegen Sekundärrecht auf zentraler Ebene gestellt werden.[911] Daher werden von verschiedenen Seiten Postulate der Konvergenz des Rechtsschutzes auf zentraler und dezentraler Ebene erhoben.[912] Ein Versuch des EuG, den Individualrechtsschutz zu reformieren, scheiterte. Der EuGH bestätigte die bisherige Rechtsprechung und gab den Auftrag der Schließung von Rechtsschutzlücken an die Mitgliedstaaten weiter. Diese sollen im eigenen Kompetenzbereich die erforderlichen Rechtsschutzmittel schaffen oder Art. 230 Abs. 4 EG reformieren. Damit hat er den eigenen aus Art. 220 EG i.V.m. dem Grundsatz des effektiven gerichtlichen Rechtsschutzes resultierenden Rechtsschutzauftrag ignoriert. Die enge Interpretation der Klageberechtigung i.S.d. *Plaumann*-Formel nimmt der Nichtigkeitsklage den Charakter einer Interessenklage. Zudem basiert sie auf einer falschen Prämisse. Der Sinn und Zweck der individuellen Betroffenheit besteht nicht in der Abgrenzung zwischen allgemeinen Rechtsakten und Entscheidungen, sondern dem Ausschluss von Popularklagen. Die „Neuen Formeln" erfüllen diesen Zweck. Die Erweiterung der Klageberechtigung ist somit möglich.

E. Effektiver Individualrechtsschutz durch prinzipale Normenkontrolle?

Der Streit um die Auslegung des Art. 230 Abs. 4 Var. 2 EG betrifft im Grunde die Frage der *grundsätzlichen* Anfechtbarkeit von Normativakten durch Individualkläger. Hinter dem dogmatischen „Aufhänger" stehen Grundfragen der Ausgestaltung und des Funktionierens des EG-Rechtsschutzes in seiner Gesamtheit als kohärentes, wirksames und lückenloses System. Die Systemwahrer sind nicht nur die Gemeinschaftsgerichte, sondern auch nationale Gerichte.[913] Daher muss die wechselseitige Verzahnung der zentralen und dezentralen Rechtsschutzmöglichkeiten berücksichtigt werden. Nur auf diese Weise kann festgestellt werden, ob eine Rechtsschutzlücke im System tatsächlich entsteht und ob die extensive Auslegung des Art. 230 Abs. 4 EG eine systemkonforme Lösung bietet.

---

[910] Vgl. Anforderungen an den justiziellen Vollzug des Gemeinschaftsrechts: EuGH, Rs. C-213/89 (The Queen/Secretary of State for Transport, ex parte Factortame), Slg. 1990, S. I-2433 Rn. 19 ff.; EuGH, verb. Rs. C-87 bis 89/90 (Verholen u.a./Sociale Verzekeringsbank Amsterdam), Slg. 1991, S. I-3757 Rn. 23 f.

[911] Zur Disproportionalität zwischen der Kontrolle der mitgliedstaatlichen Durchsetzung des EG-Rechts und dem zögernden Vorgehen gegen den Gemeinschaftsgesetzgeber: *Everling*, in: FS Gündisch (1999), S. 89 (91 ff.)

[912] So z.B.: *Calliess*, NJW 2002, S. 3577 ff.; *ders./Lais*, ZUR 2002, 344 (347).

[913] Siehe dazu: *Nicolaysen*, in: *Nowak/Cremer*, Individualrechtsschutz in der EG und der WTO (2002), S. 17 (19); *Nihoul*, RTDE 30 (1994), S. 171 (189).

I. Zu den Einwänden gegen die Direktklageoption

1. Quasi-Legislativcharakter der Gemeinschaftsrechtsakte

Der Ausschluss des Individualklagerechts gegen normatives Sekundärrecht wird zum Teil mit dem Quasi-Legislativcharakter der Verordnungen und Richtlinien gerechtfertigt[914], da diese allgemein geltende Vorschriften beinhalten und – ähnlich wie Parlamentsgesetze in den Mitgliedstaaten – nicht von einer unüberschaubaren Zahl von Personen angefochten werden sollen. Vor diesem Hintergrund wird die Erweiterung der Möglichkeiten einer privat initiierten Legalitätskontrolle als ein Integrationshemmnis betrachtet.[915] Normativakte der Gemeinschaft werden als Ergebnis langwieriger Verhandlungen und nicht selten mühsamer, politischer Kompromisse vom Rat und Parlament dargestellt.[916] Teils wird auf die Luxemburger Vereinbarung als Mitursache für den *judicial self-restraint* hingewiesen.[917] Der faktische Übergang zum Einstimmigkeitsprinzip und die daraus resultierenden praktischen Schwierigkeiten im Rechtssetzungsprozess wurden noch in den 80'er Jahren als ein wichtiges Argument gegen die Erweiterung des Klagerechts Privater angeführt.[918]

Weiterhin ist auf folgende Entwicklung hinzuweisen: In der Rechtsprechung ist seit jeher ein Trend zur Begünstigung einer objektiven Rechtskontrolle nach französischem Vorbild[919] erkennbar, der in Richtung einer möglichst weiten Interpretation der subjektiven Rechte bzw. Interessen der Bürger geht. Zur Kennzeichnung des von einer Norm begünstigten Personenkreises greift der Gerichtshof nicht nur auf die aus dem deutschen Verwaltungsrecht bekannte „Adressatentheorie" zurück[920], sondern erweitert ihn um den Kreis der „unmittelbar interessierten"[921] bzw. sonst betroffenen Personen.[922] Daher wird die Rolle des Einzelnen bei der Durchsetzung des Gemeinschaftsrechts zu einer Art Impuls- bzw. „Informantenfunktion"[923] nach dem französische Vorbild des *recours pour excès de pouvoir* reduziert, in dem die objektive Rechtsmä-

---

[914] Vgl. Kap. I A II. Krit.: *Börner*, Referat, in: 46. DJT, Bd. 2 (1967), S. G 10 (33), der den EG-Verordnungen einen *charactère réglementaire* zuschreibt und eine Gleichsetzung mit Legislativrechtsakten ablehnt.

[915] Vgl. *Classen*, S. 68; *Daig*, in: FS Riese (1964), S. 187 (195); *Hallstein*, in: FS Ophüls (1965), S. 1 (11 f.); *J.-P. Schneider*, AöR 119 (1994), S. 294 (303). Vgl. auch Vorbringen des Rates der EG in der Rs. 123/77, (UNICME/Rat), Slg. 1978, S. 845 (849).

[916] Vgl. *Schwarze*, in: FS-Schlochauer (1981), S. 927 (933). Zu den Entscheidungsstrukturen und der Willensbildung im Rat: *Everling*, in: FS Badura (2004), S. 1053 ff.

[917] *Arnull*, CMLR 32 (1995), S. 7 (45 f.).

[918] So z.B. *Schwarze*, in: FS Schlohauer (1981), S. 927 (933 f.).

[919] Ausführlich dazu: *Classen*, VerwArch 88 (1997), S. 645 (647, 674 ff.); *Ruthing*, BayVBl. 1997, S. 289 (295).

[920] Vgl. z.B.: EuGH, Rs. 34/73 (Fratelli Variola Spa/Amministrazione delle finanze dello Stato), Slg. 1973, S. 981 (990) Rn. 11; EuGH, Rs. 168/85 (Kommission/Italien), Slg. 1986, S. 2945 (2960) Rn. 11.

[921] EuGH, Rs. 9/70 (Grad/Finanzamt Traunstein), Slg. 1970, S. 825 (838) Rn. 5; EuGH, verb. Rs. C-87 bis 89/90 (Verholen u.a./Sociale Verzekeringsbank Amsterdam), Slg. 19991, S. I-3757 (3790) Rn 23.

[922] EuGH, Rs. 51/76 (Verbond van Nederlandse Ondernemingen/Inspecteur der Invoerrechten en Accijnzen), Slg. 1979, S. 1629 (1641) Rn. 20/29; EuGH, Rs. 8/81 (Becker/Finanzamt Münster-Innenstadt), Slg 1982, S. 53 (70) Rn. 22; EuGH, Rs. 14/83 (von Colson u. Kammann/Land Nordrhein-Westfalen), Slg. 1984, S. 1891 (1907) Rn. 18; EuGH, Rs. C-58/89 (Kommission/Deutschland), Slg. 1991, S. I-4983 (5023) Rn. 14.

[923] Vgl. *Burgi*, S. 52, 55; *Everling*, NVwZ 1993, S. 209 (215); *Pernice*, NVwZ 1990, S. 414 (426).

ßigkeitskontrolle im Vordergrund steht[924]. Dieser „Begünstigungstrend“ bei der Durchsetzung des Gemeinschaftsrechts im Verhältnis Bürger – Mitgliedstaat wird von der Rechtsprechung jedoch nicht konsequent auf den Rechtsschutz gegen Sekundärrecht, also auf das Verhältnis Bürger – EG übertragen. Zur Rechtfertigung wird vorgebracht, dass die Zulassung von Direktklagen die Integration durch Rechtssetzung behindern würde. Der Rechtsschutz des Einzelnen sei insofern instrumentalisiert als er der Integration selbst dienen soll, Individualrechtsschutz sei nur zweitrangig.[925]

Gegen die vorgebrachten Argumente spricht Folgendes: Der Vorwand der praktischen Schwierigkeiten im Prozess der Willensbildung im Rat greift nur bedingt ein. Das Mehrheitsprinzip hat sich überwiegend zu einer Abstimmungsgrundregel etabliert. Darauf deuten nicht nur die zahlreichen Ermächtigungsgrundlagen, in welchen die qualifizierte Mehrheit vorgeschrieben wird[926], sondern auch Art. 205 EG, der die Mehrheitsentscheidungen als Regelabstimmung bezeichnet.[927] Hinzu kommen noch zahlreiche Delegationen an die Kommission zum Erlass von Durchführungsverordnungen, die in der Normenhierarchie denselben Rang wie Verordnungen des Rates genießen. Das fördert eine schnelle und flexible Normsetzung. Auch das Argument des politischen Kompromisscharakters erscheint überzogen. Denn im Grunde hat jedes nationale Gesetz Kompromisscharakter, mit dem Unterschied, dass nicht Nationalinteressen, sondern regionale Gesichtspunkte oder Parteiprogramme aufeinander treffen. Es handelt sich also nur um eine quantitative, keineswegs aber um eine qualitative Differenz. Wenn in den Anfangsjahren der Gemeinschaft das Klagerecht von Individuen als Integrationshemmnis betrachtet wurde, dann ist dieses Argument heute überholt.

Auch der Vergleich mit dem besonderen Bestandschutz von Parlamentsgesetzen in den Mitgliedstaaten überzeugt nicht. Das Hauptmotiv für den weitgehenden Ausschluss von Individualklagen gegen Gesetze, nämlich die Souveränität des demokratisch legitimierten Rechtssetzungsorgans Parlament[928] passt gerade nicht auf die Gemeinschaftsnormsetzung. Denn Sekundärrechtsakte werden von den Regierungsvertretern im Rat oder von der Kommission beschlossen.[929] Auch wenn das beklagte demokratische Legitimationsdefizit durch Einführung der Mitentscheidungsbefugnisse des Europäischen Parlaments zum Teil abgemildert wurde, stellt die Rechtssetzung nach wie vor eine Domäne der „Exekutive“ dar, was einen Unterschied zu den nationalen Parlamentsgesetzen macht.

2. Vertrauensschutz- und Rechtssicherheitsaspekt

Gegen eine privatinitiierte prinzipale Normenkontrolle könnten Rechtssicherheitsaspekte sprechen. Wenn die Normenkontrolle nicht nur von wenigen Organen, sondern

---

[924] S.o. Fn. 919.

[925] Näher dazu: *v. Danwitz*, S. 241 ff.; *ders.*, DÖV 1996, S. 481 (482).

[926] Beispiele: Art. 37 Abs. 2 UAbs. 3; 47 Abs. 2 S. 3; 49 Abs. 2; 52 Abs. 1 u. 2; 60 Abs. 2 UAbs. 2; 64 Abs. 2; 67 Abs. 3; 75 Abs. 3; 83 Abs. 1; 92; 132 Abs. 1 UAbs. 2 EG.

[927] Art. 205 Abs. 1 EG: „Soweit in diesem Vertrag nichts anderes bestimmt ist, beschließt der Rat mit der Mehrheit seiner Mitglieder.“

[928] Siehe dazu rechtsvergleichende Darstellung von *Herdegen*, S. 76 f.; 88 ff. Zweifel an der Vergleichbarkeit der EG-Rechtssetzung mit den Parlamentsgesetzen äußert *Wegmann*, S. 187 ff., 200 ff.

[929] So v.a.: *Börner*, Referat, in: 46. DJT, Bd. 2 (1967), S. G 9 (32); *Riese*, EuR 1966, S. 24 (36).

auch von einer großen Zahl von klageberechtigten Privaten eingeleitet würde, könnte das zur Rechtsunsicherheit bei den Rechtsnormunterworfenen führen.[930] Die notwendigen Konsequenzen eines Klageausschlusses gegen Normativakte dürfen nicht aus den Augen verloren werden. Vorzugswürdig erscheint eine Kompromisslösung, die beiden der gegenläufigen Interessen Rechnung trägt. In diesem Sinne ist auch Art. 230 Abs. 4 EG zu interpretieren. Die Zulassung einer Klage ist noch lange nicht gleichbedeutend mit dem Erfolg in der Sache.[931] Eine klare und überzeugende Rechtsprechung zu materiellen Fragen wird in den meisten Fällen wohl – nicht zuletzt auch aus Kostengründen – von der Beschreitung des Rechtswegs zum EuG abhalten, wenn ein über die Klagezulassung hinausgehender Triumph nicht zu erwarten ist.[932] Anderenfalls besteht immerhin noch die Möglichkeit einer Klageabweisung wegen offensichtlicher Unbegründetheit. Die Beschränkung des Klagerechts ist nicht die richtige Lösung. Der Schwerpunkt soll auf materiellrechtliche Aspekte verlagert werden.

Die vorhandenen Verfahrensregelungen minimieren die Rechtsunsicherheit auf ein möglichst erträgliches Niveau. Die Nichtigkeitsklage ist nicht nur durch eine verhältnismäßig kurze Klagefrist beschränkt, sondern hat gem. Art. 242 S. 1 EG auch keine Suspensivwirkung. Ausnahmen in Form einer vorläufigen Suspendierung der Rechtswirkungen der angefochtenen Norm i.R.d. einstweiligen Rechtsschutzes nach Art. 242 S. 2 i.V.m. Art. 243 EG werden äußerst selten gemacht. Beide Vorschriften stellen ihrem Wortlaut nach die Aussetzung der Vollziehung in das Ermessen des Gerichtshofs und die Praxis zeigt eine sehr geringe Erfolgsquote der Anträge im Bereich des einstweiligen Rechtsschutzes. Zudem schafft Art. 231 Abs. 2 EG eine Abhilfemöglichkeit gegen „zu weitgehende" Konsequenzen aus der Nichtigerklärung einer Verordnung. Der Gerichtshof kann die Fortgeltung bestimmter Verordnungswirkungen anordnen, um einem „Rechtschaos" vorzubeugen. Schließlich sorgt die kurze Klagefrist des Art. 230 Abs. 5 EG dafür, dass der in Kauf zu nehmende Zustand der Rechtsunsicherheit nicht allzu lang wird. Unter dem Gesichtspunkt der Rechtssicherheit ist begrüßenswert, dass Gültigkeitszweifel möglichst bald nach Erlass des Rechtsaktes geklärt werden.[933] Diese verfahrensrechtlichen Schutzmechanismen zeigen, dass der Einwand der Rechtsunsicherheit weitgehend unbegründet ist. Schließlich darf nicht vergessen werden, dass es nicht um eine unbedingte, sondern nur um die *prinzipielle* Zulassung von Direktklagen gegen normatives Sekundärrecht geht.

3. Anderweitige Rechtsschutzmöglichkeiten

Von den Verfechtern der „dezentralen Lösung" wird oft mangelndes Rechtsschutzbedürfnis als eines der wichtigsten Argumente ins Feld geführt. Der EuGH wies darauf

---

930 Vgl. GA *Lagrange*, Schlussanträge in der Rs. 16 und 17/62 (Confédération Nationale des Producteurs de Fruits et Légumes/ Rat), Slg. 1962, S. 983 (995).

931 Vgl. EuG, Rs. T-139/01 (Comafrica u. Dole Fresh Fruit Europe/Kommission), Slg. 2005, S. II-409.

932 So: *Daig*, in: FS Riese (1964), S. 187 (189).

933 Ebenso: GA *Jacobs*, Schlussanträge in der Rs. C-50/00 P (UPA/Rat), Slg. 2002, S. I-6677 Nr. 48. Zur Präklusion: EuGH C-188/92 (TWD Textilwerke Deggendorf), Slg. 1994, I-833 ff. Dazu: Kap. II E 2 b).

hin, dass der Vertrag ein umfassendes Rechtsschutzsystem geschaffen hat und betrachtete die Schließung etwaiger Rechtsschutzlücken als „Sache der Mitgliedstaaten“[934].

a) Gültigkeitsvorlage nach Art. 234 Abs. 1 lit. b) EG

Als ein funktionelles Äquivalent der Nichtigkeitsklage kommt zunächst die Gültigkeitsvorlage gem. Art. 234 Abs. 1 lit. b EG in Betracht. Es handelt sich dabei um einen dezentralen Rechtsschutz, der in erster Linie Klagen gegen nationale Durchführungsakte betrifft. Zweifelt der Richter an der Vereinbarkeit der zugrunde liegenden Sekundärrechtsnorm mit höherrangigem Gemeinschaftsrecht, kann er die Gültigkeitsfrage dem EuGH zur Vorabentscheidung vorlegen. Will er den Gemeinschaftsrechtsakt unangewendet lassen, ist er zur Vorlage sogar verpflichtet.[935] Das einst als Instrument zur Wahrung der Rechtseinheit in der Gemeinschaft konzipierte Vorabentscheidungsverfahren übernimmt in diesem Bereich eine bedeutsame Rolle für die Gewährleistung des Individualrechtsschutzes.[936] Zwar kann dem Vorabentscheidungsverfahren mangels Einklagbarkeit die Qualität eines subjektiven Rechtschutzverfahrens nicht zugesprochen werden, da sowohl die Einleitung als auch die Formulierung der Vorlagefrage nicht in der Hand der Parteien des Ausgangsstreits liegen.[937] Dennoch werden die beschränkten Verfahrensrechte im Vorabentscheidungsverfahren vor dem EuGH[938] als hinreichender Ausgleich erachtet.

b) Inzidentrüge gem. Art. 241 EG

Werden Verordnungs- bzw. Richtlinienbestimmungen durch individuelle Vollzugsmaßnahmen umgesetzt, so besteht nach Art. 241 EG für die Betroffenen die Möglichkeit einer Inzidentkontrolle. Allerdings betrifft das nur den zentralen Vollzug des Gemeinschaftsrechts in Eigenregie der EG-Organe. Die erfolgreiche Gültigkeitsrüge führt dann lediglich zur Nichtanwendbarkeit der Norm im konkreten Einzelfall, nicht hingegen zur Ungültigkeitserklärung mit Wirkung *erga omnes*. Sie ist ferner an die Zulässigkeit der Nichtigkeitsklage gekoppelt und stellt mithin keinen eigenständigen Rechtsbehelf dar. Wenn bereits die Nichtigkeitsklage gegen den Vollzugsakt an irgendeiner Zulässigkeitsvoraussetzung scheitert, dann wird der Weg zur Inzidentrüge gar nicht erst eröffnet.[939] Ihre Rolle erschöpft sich in der Möglichkeit der Berufung auf die Ungültigkeit der Rechtsgrundlage des angefochtenen Individualvollzugsaktes. In funktioneller Hinsicht kommt sie daher einer Einrede gleich. Ihre Bedeutung ist angesichts des überwiegend dezentralen Vollzugs des Gemeinschaftsrechts nur beschränkt.

---

[934] EuGH, Rs. C-50/00 (UPA/Rat), Slg. 2002, S. I-6677 Rn. 40 ff.

[935] St. Rspr. seit: EuGH, Rs. 314/85 (Foto Frost/Hauptzollamt Lübeck-Ost), Slg. 1987, S. 4199 Rn. 11 ff., 20.

[936] *Dauses*, in: FS Everling, Bd. I (1995), S. 223 (224)

[937] Vgl. Kritik an der generellen Rechtsschutztauglichkeit des Vorabentscheidungsverfahrens des GA *Jacobs*, Schlussanträge in der Rs. C-50/00 P (UPA/Rat), Slg. 2002, S. I-6681 Rn. 42.

[938] Darunter insb. die Beteiligtenstellung, die Möglichkeit, Schriftsätze und schriftliche Erklärungen gem. Art. 23 Abs. 1 S. 2, Abs. 2 EG-Satzung einzureichen sowie Auftritts- und Äußerungsrecht i.R.d. mündlichen Verhandlung, ferner auch das Recht, eine mündliche Verhandlung zu beantragen. Zu den Beschränkungen der Verfahrensrechte: *Wägenbaur*, EuZW 2000, S. 37 (38).

[939] So ausdrücklich: EuGH, Rs. C-64/93 (Donatab Srl u.a./Kommission), Slg. 1993, S. I-3595 Rn. 19 f.

c) Amtshaftungsklage gem. Art. 235, 288 EG

Als weitere Rechtsschutzmöglichkeit gegen normative Sekundärrechtsakte wurde die gemeinschaftsrechtliche Amtshaftungsklage nach Art. 235 i.V.m. Art. 288 EG ins Feld geführt und damit das Fehlen von Rechtsschutzlücken verneint.[940] Die Schadensersatzklage ist ein selbständiger Rechtsbehelf, der im System der Klagemöglichkeiten des Vertrages seine eigene Funktion hat.[941] Die Unzulässigkeit einer Nichtigkeitsklage gegen eine Verordnung oder Richtlinie bewirkt deshalb nicht automatisch die Unzulässigkeit der Klage auf Ersatz des durch den Erlass dieser Verordnung verursachten Schadens.[942] Voraussetzung der Haftung für legislatives Unrecht ist das Vorliegen „einer hinreichend qualifizierten Verletzung einer höherrangigen, dem Schutz der Einzelnen dienenden Rechtsnorm" (sog. *Schöppenstedt*- Formel).[943] Die Rechtswidrigkeit der Norm allein genügt noch nicht.[944] Allerdings kann der Betroffene im Falle einer erfolgreichen Klage lediglich Schadensersatz bekommen. Die rechtswidrige Norm selbst wird nicht beseitigt. Bereits deshalb erscheint es zweifelhaft, ob man den versagten Primärrechtsschutz durch den Sekundärrechtsschutz kompensieren kann.

4. Präklusionsgefahr im Rahmen des dezentralen Rechtsschutzes

Als Einwand gegen die „zentrale Lösung" wird ferner vorgebracht, dass die Überprüfung der Gültigkeit des Gemeinschaftsrechtsaktes im Wege des Vorabentscheidungsverfahrens ausgeschlossen wird, wenn der Betroffene trotz Kenntnis vom fraglichen Gemeinschaftsrechtsakt eine Direktklage nicht rechtszeitig erhoben hat.[945]

a) Leitlinien der Deggendorf-Entscheidung

Der EuGH hat in der Rs. *Deggendorf*[946] einige Grundsätze zur Präklusion einer Gültigkeitsvorlage nach Art. 234 Abs. 1 lit. b EG aufgestellt. Dort ging es um die Rückforderung von Beihilfen durch die nationalen Behörden. Aufgrund einer 1985 ergangenen Entscheidung der Kommission, die die Unvereinbarkeit der gewährten Beihilfe mit dem Gemeinsamen Markt feststellte und eine Rückforderungsaufforderung enthielt, erließ die zuständige nationale Behörde einen entsprechenden Rückforderungsbescheid. Das betroffene Unternehmen erhob gegen diesen Bescheid Klage vor dem Verwaltungsgericht und berief sich auf die Rechtswidrigkeit der zugrunde liegenden Kommissionsentscheidung. Die an die Bundesrepublik adressierte Entscheidung selbst

[940] Vgl. etwa: EuGH, Rs. C-409/96 P (Sveriges Betodlares u. Henrikson/Kommission), Slg. 1997, S. I-7531, Rn. 52; EuG, verb. Rs. T-172/98 u. T-175/98 bis T-177/98 (Salamander u.a./EP u. Rat), Slg. 2000, S. II-2487 Rn. 77.

[941] EuG, Verb. Rs. T-481 u.a./93 (Levende Varkens u.a./Kommission), Slg. 1995, S. II-2941 Rn. 3.

[942] EuGH, Rs. C-257/93 (Van Parijs u.a./Rat), Slg. 1993 S. I-3335 Rn. 14.

[943] St. Rspr. seit: EuGH, Rs. 5/71 (Zuckerfabrik Schöppenstedt/Rat), Slg. 1971, S. 975 Rn. 11 f.; bestätigt u.a. durch: EuG, T-18/99 (Cordis/Kommission), Slg. 2001, S. II-913 Rn. 45. Zu den einzelnen Voraussetzungen näher: *Maczynski*, EuZW 2006, S. 459 (460).

[944] EuGH, Verb. Rs. 116 u. 124/77 (G.R. Amylum NV u. Tunnel Refineries Ltd./Rat u. Kommission), Slg. 1979, S. 3497 Rn. 13.

[945] So z.B. *Gundel*, VerwArch 92 (2001), S. 81 (97 f.).

[946] EuGH, Rs. C-188/92 (TWD Textilwerke Deggendorf GmbH/ Bundesrepublik Deutschland), Slg. 1994, S. I-833 (855); s. dazu: *Pache*, EuZW 1994, S. 615 ff.; *Hoskins*, CMLR 31 (1994), S. 1399 ff.

hat das Unternehmen hingegen nicht vor dem Gerichtshof angefochten, obwohl es schon damals aufgrund einer Mitteilung sichere Kenntnis von ihrem Inhalt hatte. Das Verwaltungsgericht legte dem EuGH die Frage zur Vorabentscheidung vor, ob die trotz rechtzeitiger Kenntnis unterlassene fristgemäße Erhebung einer Nichtigkeitsklage gem. Art. 230 Abs. 4 EG eine Gültigkeitsvorlage hindert.

Während der Gerichtshof noch sieben Jahre zuvor in einer ähnlichen Konstellation feststellte, dass die Möglichkeit der Erhebung einer Nichtigkeitsklage gegen einen EG-Rechtsakt eine Klage gegen eine Durchführungsmaßnahme vor einem nationalem Gericht nicht ausschließe[947], wechselte er jetzt den Kurs: Die mitgliedstaatlichen Gerichte seien an eine bestandskräftige Kommissionsentscheidung gebunden. Demzufolge könne ihre Gültigkeit im Vorabentscheidungsverfahren nicht mehr überprüft werden. Die Bestandskraft trete mit Ablauf der in Art. 230 Abs. 5 EG vorgesehenen Frist bzw. mit der Rechtsmittelfrist ein. Eine Präklusion sei jedoch nur anzunehmen, wenn der am nationalen Ausgangsverfahren Beteiligte hinreichende Kenntnis von dem Rechtsakt erlangt habe, sodass er ihn mittels Nichtigkeitsklage hätte anfechten können.[948] Dabei muss die unterbliebene Nichtigkeitsklage tatsächlich möglich, d.h. vor allem zulässig gewesen sein. Hier wird die Klageberechtigung besonders relevant.

In der Rs. *Deggendorf* handelte es sich um eine drittgerichtete Entscheidung i.S.d. Art. 230 Abs. 4 Var. 3 EG. Die unmittelbare Betroffenheit war nicht bereits dadurch ausgeschlossen, dass die Entscheidung der Kommission noch eines nationalen Umsetzungsaktes in Form des Rückforderungsbescheides bedurfte. Denn die zuständige Behörde verfügte über keinerlei Ermessen bei dem Erlass der Umsetzungsmaßnahme, sodass sie praktisch nur als „verlängerter Arm" der Kommission tätig wurde. Der Kläger war somit durch die Kommissionsentscheidung unmittelbar betroffen.[949] Die individuelle Betroffenheit ergab sich aus der Stellung als Beihilfeempfänger, sodass eine Nichtigkeitsklage durchaus zulässig gewesen wäre. Nach Ansicht des Gerichtshofs werde eine Inzidentkontrolle durch die unterlassene Nichtigkeitsklage als zwingende Konsequenz der Bestandskraft präkludiert.[950]

In Folgeentscheidungen ergänzte der EuGH die Präklusionsvoraussetzungen um ein zusätzliches Korrektiv: Die Präklusion sei nur dann anzunehmen, wenn eine Nichtigkeitsklage des am nationalen Ausgangsverfahren Beteiligten *offensichtlich* bzw. *zweifellos zulässig* gewesen wäre.[951] Wann das der Fall ist, beurteilt sich nach der gesicher-

---

[947] EuGH, verb. Rs. 133 bis 136/85 (Rau Lebensmittelwerke u.a./Bundesanstalt für Landwirtschaftliche Marktordnung – „Berlin-Butter"), Slg. 1987, S. 2289 Rn. 11 f.

[948] St. Rspr. seit EuGH, Rs. C-188/92 (TWD Textilwerke Deggendorf/ Bundesrepublik Deutschland), Slg. 1994, S. I-833 Rn. 24; bestätigt u.a. durch: EuGH, Rs. C-239/99 (Nachi Europe/Hauptzollamt Krefeld), Slg. 2001, S. I-1197 Rn. 29; EuGH, Rs. C-241/01 (National Farmers' Union), Slg. 2002, S. I-9079 Rn. 34. Siehe dazu auch: *Pache*, EuZW 1994, S. 615 ff.

[949] EuGH, Rs. C-188/92 (TWD Textilwerke Deggendorf/ Bundesrepublik Deutschland), Slg. 1994, S. I-833 Rn. 14; siehe auch bereits: EuGH, Rs. 730/79 (Philip Morris/Kommission), Slg. 1980, S. 2671.

[950] EuGH, Rs. C-188/92 (TWD Textilwerke Deggendorf/Deutschland), Slg. 1994, S. I-833 Rn. 18, 25.

[951] EuGH, Rs. C-178/95 (Wiljo NV/ Belgische Staat), Slg. 1997 S. I-585 Rn. 15 ff.; EuGH, Rs. C-241/95 (The Queen/Intervention Board for Agricultural Produce, ex parte Accrington Beef u.a.), Slg. 1996, S- I-6699 Rn. 15 f.; EuGH, Rs. C-408/95 (Eurotunnel), Slg. 1997, S. I-6315 Rn. 26.

ten Rechtsprechung des Gerichtshofs.[952] So wird z.B. im Falle von Einzelbeihilfen die spätere Berufung des Beihilfeempfängers auf die Rechtswidrigkeit einer an den Mitgliedstaat gerichteten Kommissionsentscheidung über Rückforderung der Beihilfe ausgeschlossen, weil eine Nichtigkeitsklage zweifellos zulässig gewesen wäre. Anders wäre es im Falle bloß potentieller Beihilfeempfänger (Beihilferegelungen), Konkurrenten des Begünstigten oder sonstiger Verfahrensbeteiligter, da hier die Klageberechtigung trotz einer relativ fundierten Rechtsprechung[953] dennoch nicht so offensichtlich ist. Durch die Beschränkung der Ausschlusswirkung auf Evidenzfälle hat der Gerichtshof einen Haupteinwand gegen seine Präklusionsrechtsprechung ausgeräumt, nämlich die Abwälzung etwaiger Rechtsunsicherheiten auf den Individualkläger und die damit einhergehende Beeinträchtigung der Garantie effektiven Rechtsschutzes. Dem Betroffenen wird jetzt das von ihm nicht zu verantwortende Prozess- und Kostenrisiko genommen, er müsste sonst präventiv eine Nichtigkeitsklage erheben und damit u.U. ein von vornherein aussichtsloses Verfahren in Gang setzen, um sich später nicht dem Präklusionseinwand auszusetzen.[954]

b) Anwendung der Präklusionsgrundsätze auf normative Rechtsakte

Die Präklusionsregel betraf zunächst nur Entscheidungen i.S.d. Art. 249 Abs. 4 EG, die durch ihre Adressaten nicht innerhalb der Frist des Art. 230 Abs. 5 EG angefochten wurden.[955] Die Klagefrist dient dabei der Wahrung der Rechtssicherheit.[956] Eine generelle Erweiterung des Klagerechts auf Normativakte würde früher oder später dazu führen, dass nach der neu etablierten Rechtsprechung viele Individualnichtigkeitsklagen zweifellos zulässig wären. Die Präklusion der Inzidentkontrolle wäre also der Preis für die Zulassung von Direktklagen gegen Normativakte.[957] Das setzt freilich voraus, dass die *Deggendorf*-Rechtsprechung auf Normativakte übertragbar ist.

Die *Deggendorf*-Grundsätze werden meist als allgemeingültige Regeln über die Bestandskraft von Rechtsakten, die nicht auf Individualrechtakte beschränkt sind, verstanden.[958] In diesem Zusammenhang wurde auf Urteile[959] verwiesen, in denen die Anwendbarkeit der Präklusionsregeln auf Verordnungen und Richtlinien ausgedehnt wurde. In der Rs. *Accrington Beef* verneinte der EuGH die offenkundige Zulässigkeit einer Nichtigkeitsklage gegen eine Verordnung, sodass die spätere Berufung auf die Ungültigkeit der Verordnung i.R. einer Inzidentkontrolle nicht präkludiert war.[960] Ebenso bejahte der EuGH in der Rs. *Eurotunnel* die Annahmefähigkeit der Gültigkeits-

---

[952] EuGH, Rs. C-408/95 (Eurotunnel SA u.a./SeaFrance), Slg. 1997, S. I-6315 Rn. 26 ff.; vgl. auch: *Gundel*, VerwArch 2001 (92), S. 81 (98).

[953] Umfassend dazu: *Pechstein*, Rn. 460 ff.

[954] So auch die Kritik von *Gröpl*, EuGRZ 1995, S. 583 ff. (588).

[955] EuGH, Rs. 156/77 (Kommission/Belgien), Slg. 1978, S. 1881 Rn. 20-24; EuGH, Rs. C-183/91 (Kommission/Griechenland), Slg. 1993, S. I-3131 Rn. 9 f.; EuGH, Rs. C-188/92 (TWD Textilwerke Deggendorf), Slg. 1994, S. I-833 Rn. 13.

[956] EuGH, Rs. C-178/95 (Wiljo), Slg. 1997, S. I-585 Rn. 19.

[957] Vgl. *Gundel*, VerwArch 2001 (92), S. 81 (97 f.); *Köngeter*, ZfRV 2003, S. 123 (129 f.).

[958] Vgl. *Kamann/Selmayr*, NVwZ 1999, S. 1041 (1043 f.); *Wölker*, DÖV 2003, S. 570 (574).

[959] Zusammenfassend: GA *Mischo*, Schlussanträge in der Rs. C-241/01 (National Farmers' Union), Slg. 2002, S. I-9097 Rn. 34 ff.

[960] EuGH, Rs. C-241/95 (Accrington Beef u.a.), Slg. 1996, S. I-6699 Rn. 14 ff.

vorlage in Bezug auf eine EG-Richtlinie mit dem Hinweis, dass eine Direktklage der betroffenen Gesellschaften jedenfalls nicht zweifellos zulässig gewesen wäre.[961] Allerdings betrafen diese Fälle ausschließlich Antidumpingverordnungen[962], die trotz ihrer Rechtsform eine ähnliche administrative Funktion wie Entscheidungen erfüllen. Zudem rechtfertigte der Gerichtshof bislang die Versagung einer Direktklage gegen Normativakte gerade mit dem Verweis auf die dezentralen Rechtsschutzmöglichkeiten. In der Rs. *Nachi Europe* sah der EuGH die Berufung eines abhängigen Importeurs auf die Rechtswidrigkeit einer Antidumpingverordnung i.R. eines nationalen Verfahrens verbunden mit einer Gültigkeitsvorlage an den EuGH als präkludiert an, weil dieser nicht fristgerecht eine offensichtlich zulässige Nichtigkeitsklage erhoben hat.[963]

Gegen die Übertragung der Präklusionsregeln auf Rechtsakte mit allgemeiner Geltung sprechen jedoch gewichtige Gründe. Der Grundsatz der Rechtssicherheit erfordert, dass eine Entscheidung rechtsbeständig wird und nicht zur beliebigen Disposition der Beteiligten steht.[964] Das Rechtssicherheitsargument greift unbestritten bei der Bestandskraft von Individualrechtsakten, nicht jedoch bei Normativakten. Angesichts der prinzipiell unbeschränkten Zahl der Betroffenen, besteht ein unvergleichbar größeres Allgemeininteresse an der Klärung der Gültigkeitsfrage.

Nach Art. 241 EG kann jede Partei in einem Rechtsstreit, bei dem es auf die Geltung einer Verordnung ankommt, ungeachtet des Ablaufs der Frist des Art. 230 Abs. 5 EG die Unanwendbarkeit dieser Verordnung vor dem EuGH geltend machen. Der Gerichtshof hat diese Norm als einen positivrechtlichen Anknüpfungspunkt für die Reichweite der Bestandskraft angesehen[965]. Da Art. 241 EG nur Verordnungen erfasst, lässt sich hieraus *e contrario* schließen, dass im Falle der Verfristung einer möglichen Nichtigkeitsklage gegen Individualentscheidung eine spätere Berufung auf deren Rechtswidrigkeit von dem EuGH ausgeschlossen ist. Der EuGH hat nicht nur den Anwendungsbereich dieser Bestimmung auf alle Normativakte ausgedehnt, die im

---

[961] EuGH, Rs. C-408/95 (Eurotunnel SA u.a./SeaFrance), Slg. 1997, S. I-6315 Rn. 28 f.; ähnlich: EuGH, Rs. C-491/01 (British American Tobacco [Investments] und Imperial Tobacco), Slg. 2002, S. I-11453 Rn. 39 (keine offensichtliche Zulässigkeit einer unterbliebenen Nichtigkeitsklage); Schlussanträge des GA *Geelhoed* in ders. Rs., Nr. 49 f. Gegen Übertragbarkeit der *Deggendorf*-Rspr. auf allgemeine Rechtsnormen, u.a. Richtlinien: Vorbringen der Klägerin in: EuG, Rs. T-167/02 (Etablissements Toulorge/EP u. Rat), Slg. 2003, S. II-1111 Rn. 47.

[962] Vgl. EuGH, Rs. C-239/99 (Nachi Europe GmbH/Hauptzollamt Krefeld), Slg. 2001, S. I-1197 Rn. 37. Dagegen (noch vor dem zit. Urteil): *Kamann/Selmayr*, NVwZ 1999, S. 1041 (1044), die als konsequente Fortführung der Evidenztheorie eine Präklusion von Einwänden gegen Antidumpingmaßnahmen ausschließen.

[963] EuGH, Rs. C-239/99 (Nachi Europe GmbH/Hauptzollamt Krefeld), Slg. 2001, S. I-1197 Rn. 35-37, 39. Der Betroffene wäre – als abhängiger Importeur, dessen Wiederverkaufspreise zur Berechnung des Dumpings herangezogen wurden – nach st. Rspr. klageberechtigt gewesen. Vgl. *Pechstein/Kubicki*, NJW 2005, S. 1825 (1828).

[964] Vgl. *Kamann/Selmayr*, NVwZ 1999, S. 1041 (1042).

[965] EuGH, Rs. 216/82 (Universität Hamburg/Hauptzollamt Hamburg-Kehrwieder), Slg. 1983, S. 2771 (2788). Vgl. auch: Schlussanträge des GA *Jacobs* in der Rs. C-239/99 (Nachi Europe/Hauptzollamt Krefeld), Slg. 2001, S. I-1197 Nr. 62, wonach der in Art. 241 EG verankerte, allgemeine Grundsatz auch i.R.d. Art. 234 EG zu berücksichtigen sei.

Hinblick auf ihren allgemeinen Wirkungsmodus den Verordnungen nahe kommen[966], sondern auch den Umkehrschluss gezogen.[967]

Die *ratio legis* des Art. 241 EG besteht nach zutreffender Auffassung nicht in der „Klarstellung", dass Privatpersonen bei fehlender Direktklage die Rechtswidrigkeit einer Sekundärrechtsnorm anderweitig geltend machen können, sondern in der Statuierung des Grundsatzes, dass abstrakt-generelle EG-Rechtsakte in jedem Verfahren vor dem EuGH inzident auf ihre Rechtswidrigkeit hin überprüfbar sind.[968] Betrachtet man die kurze Anfechtungsfrist des Art. 230 Abs. 5 EG, innerhalb derer die eventuelle Primärrechtswidrigkeit eines oft komplexen, sekundären Normativaktes oft gar nicht auffallen mag, kann die Präklusion späterer, inzidenter Einwände wohl schwer gerechtfertigt werden. Zudem spricht auch die Funktion der Nichtigkeitsklage als Instrument des Individualrechtsschutzes gegenüber dem objektiv ausgestalteten Vorabentscheidungsverfahren, das primär der Sicherstellung einer einheitlichen Anwendung des Gemeinschaftsrechts in den Mitgliedstaaten dient, gegen die Präklusion der Inzidentkontrolle.

Auch bei der Anwendung der Präklusionsvoraussetzungen, kann dem Einwand gegen die Erweiterung der Klageberechtigung i.R.d. Art. 230 Abs. 4 EG nicht zugestimmt werden. Zumindest in Fällen, in denen der Betroffene nicht Adressat ist, dürfte die Individualnichtigkeitsklage nicht sogleich offensichtlich zulässig erscheinen.[969] Die Gegenmeinung, die in diesem Fall pauschal eine offenkundige Zulässigkeit entsprechender Direktklagen annimmt, bringt weiterhin vor, dass der Einzelne gezwungen wäre, laufend die aktuellen Ausgaben des Amtsblattes der EG zu überprüfen, andernfalls würde er Gefahr laufen, wegen der Präklusionswirkung des Art. 230 Abs. 5 EG überhaupt keinen Rechtsschutz gegen Verordnungen erlangen zu können.[970]

Die Präklusion setzt neben der offensichtlichen Zulässigkeit einer nicht fristgemäß erhobenen Nichtigkeitsklage die hinreichende Kenntnis vom Rechtsakt voraus. Der EuGH stellte dabei entscheidend auf die tatsächliche Kenntnis vom Inhalt des Rechtsaktes ab. *„Die Klagefrist* [kann] *erst von dem Zeitpunkt an zu laufen beginnen, zu dem der betroffene Dritte genaue* ***Kenntnis vom Inhalt und von der Begründung*** *der fraglichen Handlung erlangt, so dass er sein Klagerecht ausüben kann."*[971] Die Kenntnis wird man ab dem Zeitpunkt der Veröffentlichung im Amtsblatt bzw. Möglichkeit der Kenntniserlangung fingieren können. Wenn man aber das Kennenmüssen als hinreichend für den Beginn der Klagefrist erachtet, so ist die „Hyperaktivität" des Gemein-

---

[966] Vgl. dazu: *Röhl*, ZaöRV 2000 (60), S. 331 (361 f.) mit Hinweis auf: EuGH, Rs. 92/78 (Simmenthal/Kommission), Slg. 1979, S. 777 Rn. 35 ff.

[967] Vgl. etwa: EuGH, Rs. C-11/00 (Kommission/EZB), Slg. 2003, S. I-7147 Rn. 74-78. Krit. dazu: *Busse*, EuZW 2002, S. 715 (720).

[968] So zutreffend: *Busse*, EuZW 2002, S. 715 (719).

[969] Zustimmend in Bezug auf die *Jacobsche* Formel: *Schulte*, S. 179; a.A.: *Köngeter*, ZfRV 2003, S. 123 (129 f.), der jedoch verkennt, dass es nicht auf offenkundige *Un*zulässigkeit (negativ), sondern auf die offenkundige Zulässigkeit (positiv) ankommt.

[970] So: *Köngeter*, ZfRV 2003, S. 123 (130).

[971] EuGH, Rs. 236/86 (Dillinger Hüttenwerke/Kommission), Slg. 1988, S. 3761 Rn. 14 [Hervorhebung der Verfasserin]; ebenso: EuGH, Rs. 59/84 (Tezi Textiel/Kommission), Slg. 1986, S. 887 Rn. 10 f.; EuGH, Rs. C-180/88 (Wirtschaftsvereinigung Eisen- und Stahlindustrie/Kommission), Slg. 1990, S. I-4413 Rn. 22-24; EuGH, Rs. C-102/92 (Ferriere Acciaierie Sarde/Kommission), Slg. 1993, S .I-801 Rn. 18.

schaftsgesetzgebers als allgemeines Problem zu bedenken. Dies führt gerade zur weitgehenden Unkenntnis in der Bevölkerung. Der Einzelne müsste das Amtsblatt laufend kontrollieren, um Verstöße gegen das geltende Gemeinschaftsrecht zu vermeiden. Die Unzumutbarkeit einer solchen Überwachungsverpflichtung ist damit kein spezifisches Problem des erweiterten Direktklagerechts. Zudem ist der Einzelne meistens nur an denjenigen Vorschriften interessiert, die etwas mit seiner spezifischen Tätigkeit zu tun haben, sodass sich die Kontrolle des Amtsblattes auf neue Regelungen ohnehin auf bestimmte Sachbereiche beschränkt. Insgesamt vermag das pauschale Argument der Präklusionsgefahr nicht zu überzeugen und steht der Erweiterung von Direktklagen nicht entgegen.

5. Mitgliedstaatliche Pflicht zur Schaffung des Rechtsschutzes

a) Position des Gerichtshofs

Der EuGH legte im *UPA*-Urteil und in vorangegangenen Entscheidungen einige gemeinschaftsrechtliche Vorgaben für den dezentralen Rechtsschutz vor mitgliedstaatlichen Gerichten fest.[972] Der EuGH hat u.a. gerade unter Berufung auf aus Art. 220 ff. EG i.V.m. Art. 220 ff. EG[973] resultierende primäre Zuständigkeit der Mitgliedstaaten zur Gewährleistung des Rechtsschutzes auf dezentraler Ebene eine Erweiterung der direkten Individualklagemöglichkeiten gegen EG-Normativakte abgelehnt.[974] Daraus folgt für den nationalen Richter eine Verpflichtung,

> *„die nationalen Verfahrensvorschriften über die Einlegung von Rechtsbehelfen möglichst so auszulegen und anzuwenden, dass natürliche und juristische Personen die Rechtmäßigkeit jeder nationalen ... Maßnahme, mit der eine Gemeinschaftshandlung allgemeiner Geltung auf sie angewandt wird, gerichtlich anfechten und sich dabei auf die Ungültigkeit dieser Handlung berufen können.“*[975]

Die Bedeutung der mitgliedstaatlichen Gerichte im gemeinschaftlichen Rechtsschutzsystem lässt sich nicht leugnen. Diese Entwicklung beruht nicht zuletzt auf dem überwiegend dezentralen Vollzug des Gemeinschaftsrechts. Die Rechtsschutzmittel richten sich in erster Linie gegen die Vollzugsakte der nationalen Behörden[976] und werden vor den mitgliedstaatlichen Spruchkörpern[977] vorgebracht. Ihnen obliegt der Individualrechtsschutz gegen Sekundärrecht und die auf seiner Grundlage ergangenen Umset-

---

[972] Siehe dazu: *Braun/Kettner*, DÖV 2003, S. 58 (65) m.w.N.; *Nettesheim*, JZ 2002, S. 928 (928, 933).

[973] Vgl. *Cremer*, Die Verwaltung 37 (2004), S. 165 (172) mit Hinweis darauf, dass Art. 10 EG nicht herangezogen wird, um den Mitgliedstaaten aus sonstigem Gemeinschaftsrecht nicht ableitbare, *inhaltliche* Verpflichtung aufzuerlegen bzw. diese auszudehnen.

[974] EuGH, Rs. C-50/00 P (Unión de Pequeños Agricultores/Rat), Slg. 2002, S. I-6677 Rn. 41; EuGH, Rs. C-263/02 P (Kommission/Jégo Quéré), Slg. 2004, S. I-3425 Rn. 31.

[975] EuGH, Rs. C-50/00 P (Unión de Pequeños Agricultores/Rat), Slg. 2002, S. I-6677 Rn. 42.

[976] Hierbei sind zwei Konstellationen zu erwähnen: der Vollzug belastender Gemeinschaftsrechtsnormen und die Verletzung gemeinschaftlich begründeter Rechtspositionen; siehe dazu auch: *Nowak*, EuR 2000, S. 724 (725).

[977] Diese fungieren als europäische Gerichte im funktionellen Sinne – *Burgi*, S. 58; *Lipp*, NJW 2001, S. 2657 (2660); *Rodríguez Iglesias*, NJW 2000, S. 1889; *Temple Lang*, ELR 22 (1997), S. 3. Speziell zur Rolle der deutschen Verwaltungsgerichtsbarkeit im dualen Rechtsschutzsystem der EG: *Zuleeg*, JZ 1994, S. 1 (2) m.w.N.

zungsakte, der im Zusammenspiel mit dem EuGH i.R.d. Vorabentscheidungsverfahrens nach Art. 234 Abs. 1 lit. b EG zu gewährleisten ist.[978] Der nationale Richter ist – unabhängig von der Instanz[979] – verpflichtet, Gültigkeitsfragen dem EuGH vorzulegen.[980] Die Vorlagepflicht nach den Grundsätzen der *Foto-Frost*-Doktrin soll das Verwerfungsmonopol des EuGH wahren und die einheitliche Anwendung des Gemeinschaftsrechts in allen Mitgliedstaaten gewährleisten. Die Befürworter der „dezentralen Lösung" sehen den Rechtsweg zu nationalen Gerichten als hinreichende Alternative gegenüber der Erweiterung des Individualzugangs zum EuG. Das soll auch dann gelten, wenn es sich um *self-executing* Rechtsakte handelt, die ohne nationale Durchführungsmaßnahmen selbst Rechtsfolgen hervorrufen und gegenüber den Bürgern unmittelbar anwendbar sind.[981]

Die im *UPA*-Urteil postulierte mitgliedstaatliche Pflicht zur Schaffung der erforderlichen Rechtsbehelfe, um einen wirksamen Rechtsschutz „in den vom Unionsrecht erfassten Bereichen" sicherzustellen, wurde sogar explizit in Art. I-29 Abs. 1 UAbs. 2 des (nicht ratifizierten) Verfassungsvertrages für Europäische Union aufgenommen.[982] Diese Kooperationspflicht umfasst zwei Aspekte: (1) gemeinschaftskonforme Auslegung des nationalen Prozessrechts[983] und (2) Schaffung neuer Rechtsbehelfe zur Schließung von Rechtsschutzlücken als Auftrag an den nationalen Gesetzgeber. Allerdings werden die Betroffenen bis zur Schaffung neuer Rechtsbehelfe nicht rechtsschutzlos gelassen. Denn die existierenden, prozessualen Beschränkungen des Zugangs zum nationalen Gericht können aufgrund des Vorrangs des Gemeinschaftsrechts (der Pflicht zur loyalen Zusammenarbeit i.V.m. der Garantie des effektiven Rechtsschutzes) im Einzelfall unanwendbar sein.[984]

Obgleich die mitgliedstaatlichen Gerichte i.R.d. Organisations- und Verfahrensvorschriften des nationalen Rechts handeln, sind gewisse Modifikationen des nationalen Verfahrensrechts im Hinblick auf das Effizienzgebot und das Diskriminierungsverbot[985], die der Gerichtshof bereits u.a. im Zusammenhang mit der Rückforderung gemeinschaftswidriger Beihilfen[986] anerkannt hat, zu berücksichtigen. Denn die Verweisung auf das nationale Prozessrecht führt zwar zu gewissen, unvermeidlichen Verfahrensunterschieden, diese dürfen jedoch nicht ein solches Ausmaß erreichen, dass die Wirksamkeit des Gemeinschaftsrechts selbst in Frage gestellt wird. Diese Gefahr bestünde gerade dann, wenn in einzelnen Mitgliedstaaten kein bzw. nur unzureichender Rechtsschutz gegen primärrechtswidriges Sekundärrecht zu erlangen wäre, denn die Garantie des effektiven Rechtsschutzes bindet nicht nur die Gemeinschaft, sondern

---

[978] *Dauses*, S. 44.
[979] Art. 234 Abs. 3 EG statuiert nur für letztinstanzliche Gerichte eine Vorlagepflicht. Daraus lässt sich *e contrario* schließen, dass die unterinstanzlichen Gerichte grds. nicht vorlageverpflichtet sind.
[980] St. Rspr.: EuGH, Rs. 314/85 (Foto-Frost/Hauptzollamt Lübeck-Ost), Slg. 1987, S. 4199 Rn. 11 ff.
[981] *Gundel*, VerwArch 92 (2001), S. 81 (99); *Schwarze*, DVBl 2002, S. 1297 (1303 ff.).
[982] Vertrag über eine Verfassung für Europa, ABl. Nr. C 310 v. 16.12.2004, S. 1 ff.
[983] Vgl. dazu: *Classen*, JZ 2006, S. 157 (160); *Nettesheim*, JZ 2002, S. 928 (933).
[984] *Baumeister*, EuR 2005, S. 1 (32 f.).
[985] S. dazu: EuGH, Rs. 33/76 (Rewe/Landwirtschaftskammer für das Saarland), Slg. 1976, S. 1989 Rn. 5; *Rodríguez Iglesias*, NJW 2000, S. 1889 (1892 ff.).
[986] EuGH, verb. Rs. 205 bis 215/82 (Deutsche Milchkontor GmbH/ BRD), Slg. 1983, S. 2633 Rn. 17, 21 ff.

auch die Mitgliedstaaten.[987] Sie muss durch ein kohärentes System gewährleistet werden. Der EuGH überlässt die Detaillösung den Mitgliedstaaten, die Autonomie im Bereich des Verfahrensrechts genießen.[988]

b) Grenzen mitgliedstaatlicher Kooperationspflicht

Die Pflicht einer bestimmten Auslegung und Anwendung innerstaatlicher Verfahrensbestimmungen könnte u.U. einen Eingriff in die Verfahrensautonomie der Mitgliedstaaten darstellen. Das betrifft jedenfalls die Ableitung einer allgemeinen Pflicht der Mitgliedstaaten zur Sicherstellung inzidenten Individualrechtsschutzes gegen EG-Normativakte.[989] Dagegen lässt sich einwenden, dass derartige Modifikationen des nationalen Verfahrens lediglich „punktuell" sind und der Durchsetzung konkreter gemeinschaftsrechtlicher Pflichten dienen.[990] Gegen eine mitgliedstaatliche Pflicht zur gemeinschaftsrechtskonformen Auslegung und womöglichen Anpassung des nationalen Prozessrechts ist nichts einzuwenden. Der Vorwurf geht allenfalls dahin, dass sich der Gerichtshof hierdurch eigener, primärer Verantwortung vollständig entledigen will, d.h. sie nicht mit den Mitgliedstaaten i.S.e. „Systems kommunizierender Röhren"[991] teilen, sondern auf sie abwälzen will.

Die Kompetenzaufteilung zwischen nationalen und Gemeinschaftsgerichten folgt dem Grundsatz, dass die verbindliche Auslegung sowie die Gültigkeitsprüfung des Gemeinschaftsrechts Sache des Gerichtshofs ist, während die Anwendung dieser Normen den nationalen Gerichten obliegt, die dabei Organisations- und Verfahrensautonomie genießen.[992] Insbesondere im Hinblick auf Sekundärrechtsakte, die keinerlei Umsetzungs- bzw. Vollzugsakte erfordern, erscheint eine primäre Zuständigkeit der nationalen Gerichte problematisch.[993] Zur Schließung der Rechtsschutzlücken fordert der Gerichtshof die Schaffung neuer Rechtsmittel.[994] Damit setzt er sich in Wider-

---

[987] Die EG ist die primär Verpflichtete der Gemeinschaftsgrundrechte – vgl. EuGH, Rs. 5/88 (Wachauf), Slg. 1989, S. 2609 Rn. 19; EuGH, Rs. C-260/89 (ERT), Slg. 1991, S. I-2925 Rn. 43; EuGH, Rs. 292/97 (Karlsson u.a.), Slg. 2000, S. I-2737 Rn. 37; in diesem Sinne: EuGH, Rs. C-112/00 (Schmidberger), Slg. 2003, S. I-5659.

[988] Siehe dazu: *Pache*, S. 80 ff.

[989] Bsp.: EuGH, Rs. C-213/89 (The Queen/Secretary of State for Transport, ex parte Factortame), Slg. 1990, S. I-2433; EuGH, Rs. C-208/90 (Emmott/Minister for Social Welfare and Attorney General) Slg. 1991, S. I-4269; EuGH, Rs. C-19/92 (Kraus/Land Baden-Württemberg), Slg. 1993, S. I-1663; EuGH, Rs. 205/82 (Deutsche Milchkontor), Slg. 1983, S. 2633.

[990] Bsp.: Voraussetzungen der vorläufigen Vollzugsaussetzung des Gemeinschaftsrechts: EuGH, verb. Rs. C-143/88 u. C-92/89 (Zuckerfabrik Süderdithmarschen/Hauptzollamt Itzehoe u. Zuckerfabrik Soest/Hauptzollamt Paderborn), Slg. 1991, S. I-415 Rn. 20 ff.; EuGH, Rs. C-465/93 (Atlanta Fruchthandelsgesellschaft u.a./Bundesamt für Ernährung und Forstwirtschaft), Slg. 1995, S. I-3761 Rn. 31 ff. Ferner: die Nichtanwendbarkeit nationaler Fristen für die Rücknahme eines Verwaltungsaktes, soweit dies die wirksame Durchsetzung des Gemeinschaftsrechts ganz oder teilweise behindern würde – EuGH, Rs. C-24/95 (Land Rheinland-Pfalz/Alcan), Slg. 1997, S. I-1607 Rn. 34 ff.

[991] *Schönberger*, EuR 2003, S. 600 (604).

[992] *Rodríguez Iglesias*, NJW 2000, S. 1889 (1890, 1892).

[993] GA *Jacobs*, Schlussanträge in der Rs. C-50/00 P (UPA/Rat), Slg. 2002, S. I-6681 Nr. 43; *Pache*, in: Bruha/Nowak/Petzold (Hrsg.), Grundrechtsschutz im europäischen Binnenmarkt (2004), S. 193 (206). S. dazu unten: Kap. II E II 3 e).

[994] Vgl. EuGH, Rs. C-50/00 (UPA/Rat), Slg. 2002, S. I-6677 Rn. 41. Zustimmend: *Schulte*, S. 188 f.

spruch zu seiner früheren Rechtsprechung, wonach lediglich die existierenden Prozessvorschriften unter Berücksichtigung des Diskriminierungsverbotes und des Effizienzgebotes zur Durchsetzung des Gemeinschaftsrechts angewendet werden müssen, ohne dass neue Rechtsschutzmittel geschaffen werden müssen.[995] Die primäre Verpflichtung zur Rechtsmäßigkeitskontrolle des Sekundärrechts obliegt dem EuG und EuGH[996], die nationalen Gerichte sind dagegen primär zuständig, die wirksame Durchsetzung des Gemeinschaftsrechts in den Mitgliedstaaten sicherzustellen. Die Verpflichtung zur Auslegung der Verfahrensvorschriften im Lichte des Gebotes effektiven Rechtsschutzes richtet sich nicht nur an die nationalen Gerichte, sondern auch an die Gemeinschaftsgerichte. Die „zentrale" Lösung hat den Vorteil, dass sie durch eine klare Kompetenzabgrenzung dem Gebot der Rechtswegklarheit Rechnung trägt.

6. Überlastung der Gemeinschaftsgerichte

Seit langem wird auf die Kapazitätsanspannung der europäischen Gerichte hingewiesen.[997] Die chronische Überlastung des EuGH war das Hauptmotiv für die Errichtung des Gerichts erster Instanz.[998] Das Europäische Parlament machte auf die kontinuierliche Zunahme der Rechtssachen aufmerksam, die als die wichtigste Ursache für die stets wachsende Verfahrensdauer bezeichnet wurde.[999] Dieses Problem wird auch oft als pragmatisches Argument gegen die Erweiterung des Zugangs Privater zu den Gemeinschaftsgerichten herangezogen.

Diese Argumentation kann aus mehreren Gründen nicht überzeugen. *Jacobs* wies bereits zutreffend darauf hin, dass die Auflockerung der Anforderungen an die Klagebefugnis in anderen Bereichen der EG-Rechtsprechung zu keiner Überlastung der „Justizmaschinerie" auf Gemeinschaftsebene geführt hat.[1000] Auch die Erfahrungen in einigen Mitgliedstaaten (z.B. Großbritannien und Frankreich), in denen die Anforderungen an die Klagebefugnis erheblich gelockert wurden, zeigen, dass es keineswegs zur Individualklagenflut und Lähmung der Gerichtsbarkeit gekommen ist.[1001] Die Überlastung der Gemeinschaftsgerichte besteht unabhängig davon, ob der Weg einer Direktklage oder der „Umweg" über die nationale Gerichtsbarkeit bis zum Vorabentscheidungsverfahren beschritten wird. Die Vorlagepraxis der mitgliedstaatlichen Gerichte zeigt zudem, dass eine „Überlastungsgefahr" eher aufgrund der zahlreichen Vorabentscheidungsersuchen droht. Statistisch gehen beim EuGH im Jahr durchschnittlich über 240-300 solcher Vorlagenfragen ein.[1002]

Der Ausschluss einer Direktklage gegen Normativakte kann auch deswegen keine Entlastung der Gemeinschaftsgerichte bieten, weil der Betroffene immerhin eine

---

[995] Vgl. etwa: EuGH, Rs. 158/80 (Rewe/Hauptzollamt Kiel), Slg. 1981, S. 1805 Rn. 44.
[996] A.A.: *Nettesheim*, JZ 2002, S. 928 (933 f.); *Schulte*, S. 188.
[997] Vgl. *Schmidt-Aßmann*, JZ 1994, S. 832 (833).
[998] Hierzu: *Niemeyer*, EuZW 1993, S. 259 ff.; *Jung*, EuR 1992, S. 246 ff.
[999] Entschließung des EP über die Rolle des Gerichtshofs in der Entwicklung des Verfassungssystems der Gemeinschaft vom 16.9.1993, ABl. Nr. C 268, S. 156 f.
[1000] GA *Jacobs*, Schlussanträge in der Rs. C-50/00 P (UPA/Rat), Slg. 2002, S. I-6681 Nr. 79 f.
[1001] GA *Jacobs*, Schlussanträge in der Rs. C-50/00 P (UPA/Rat), Slg. 2002, S. I-6681 Nr. 40, 85.
[1002] Vgl. Statistik in: Die Zukunft des Gerichtssystems der Europäischen Union – Reflexionspapier des EuGH, veröffentlicht am 28. 5. 1999, abgedruckt in: EuZW 1999, S. 750 (755 f.).

Schadensersatzklage erheben kann, deren Zulässigkeit kaum Einschränkungen unterliegt und bereits vor dem vollständigen Schadenseintritt bejaht werden kann, sodass das EuG ohnehin damit befasst wird.[1003] Die Gemeinschaftsgerichtsbarkeit ist mit dem Kapazitätsproblem unabhängig von der Ausgestaltung des Rechtsschutzes konfrontiert. Eine Lösung ist vorrangig in der Strukturreform der Gemeinschaftsgerichtsbarkeit und weniger als in der Einschränkung des Individualrechtsschutzes zu suchen.[1004] Zu bedenken ist auch, dass die bisherige, wenig transparente und im Hinblick auf die gebotene Rechtsschutzeffektivität bedenkliche Rechtslage bezüglich der Bedingungen des Zugangs Privater zum EuG eine Gerichtsüberlastung geradezu herausfordert. Weil sich die gerichtliche Beurteilung der Klageberechtigung im konkreten Fall nur schwer prognostizieren lässt, wird im Zweifel ein Klageversuch unternommen.

II. Argumente für die Erweiterung der Individualklage auf Rechtsnormen

Die grundsätzliche Ablehnung der direkten Anfechtbarkeit von Rechtsnormen durch Individualkläger wird von vielen Stimmen im Schrifttum kritisiert.[1005] Dabei wird auf die Gefahr einer Rechtsschutzverweigerung als Folge eines negativen Kompetenzkonflikts hingewiesen.[1006] Im Folgenden werden die Gründe untersucht, die für die Erweiterung des zentralen Rechtsschutzes sprechen.

1. „Administrative" Normativakte, Durchführungsverordnungen

Das sekundäre Gemeinschaftsrecht besteht nicht nur aus Rechtsakten, die ihre Rechtsgrundlage unmittelbar im Primärrecht finden, sondern auch aus einer Fülle von EG-Durchführungsakten, die auf sekundärrechtliche Bestimmungen gestützt werden. Dabei muss der Ermächtigungsakt (Habilitationsakt[1007]) nicht zwingend von einem anderen Organ stammen. Der EG-Vertrag selbst sieht in Art. 202 die Möglichkeit der Selbstermächtigung bzw. des Durchführungsvorbehalts in Bezug auf die Kommission und den Rat vor, was sich in der Praxis – nicht zuletzt angesichts der Verfahrenserleichterungen – großer Beliebtheit erfreut.[1008] Ferner besteht zwischen dem ermächtigenden und dem abgeleiteten Sekundärrechtsakt keinerlei normenhierarchische Abstufung, d.h. sie sind prinzipiell gleichrangig. In dieser Gruppe ist eine Vielzahl von sich kurzfristig erledigenden Verordnungen zur Regelung der gemeinsamen Agrarmärkte zu erwähnen, Rechtsakte der „laufenden Verwaltung". Eine unterschiedliche Behandlung im Verhältnis zu denjenigen Verordnungen, die hinsichtlich ihres materiellen Regelungsgehalts den Legislativakten am nächsten kommen, sieht das Gemeinschaftsrecht zwar nicht vor. Jedoch wäre eine solche Hierarchisierung aus Rechtsschutzgründen sicher wünschenswert. Viele Argumente, die für den Bestandsschutz und die grundsätzliche Unanfechtbarkeit von „echten" Verordnungen sprechen, treffen nicht

---

[1003] *Sedemund*, Referat, 60. DJT, Bd. II/1 (1994), S. N 41 (45).

[1004] Dagegen: *Redeker*, DVBl. 1992, S. 212 f.

[1005] *Allkemper*, S. 64 ff; *Bleckmann*, in: FS f. Menger (1985), S. 872 (873 f., 882 ff.); *Jacobs*, in: FS Schockweiler (1999), S. 197 (203 ff.); *Rasmussen*, ELR 5 (1980), S. 112 ff.; *Reich*, in: Micklitz/Reich (Hrsg.), Public Interest Ligation before European Courts (1996), S. 3 ff.

[1006] So bereits: *Rasquin/Chevallier*, RTDE 1966, S. 31 (43). – *déni de justice*.

[1007] *Bast*, in: v. Bogdandy (Hrsg.), Europäisches Verfassungsrecht (2003), S. 479 (509).

[1008] Siehe dazu: *Bast*, in: v. Bogdandy (Hrsg.), Europäisches Verfassungsrecht (2003), S. 479 (509 ff.).

auf „Administrativakte“ als Instrument der laufenden Geschäftsführung (z.B. Durchführungsverordnungen der Kommission) zu. Bei der Beurteilung der Klageberechtigung gegen Durchführungsverordnungen besteht kein zwingender Grund für ein Festhalten an der *Plaumann*-Formel.[1009]

Jacobs wies zutreffend darauf hin, dass die Beschränkungen des Zugangs zur gerichtlichen Überprüfung von Gesetzen in den Mitgliedstaaten auf zwei grundlegenden Prämissen gestützt sind, die jedoch auf Normativakte der EG nicht bzw. nur sehr eingeschränkt zutreffen. Während die innerstaatlichen Rechtsordnungen gewöhnlich nicht nur in materieller, sondern vor allem in verfahrensrechtlicher Hinsicht deutlich zwischen Gesetzen und Verwaltungsakten differenzieren, stellen die Gemeinschaftsverträge keine vergleichbare Normenhierarchie auf.[1010] Der erhöhte Bestandschutz staatlicher Gesetze im Gegensatz zu Exekutivakten erklärt sich gerade dadurch, dass sie in einem besonderen, demokratisch legitimierten Willensbildungsprozess entstehen und Ausdruck der parlamentarischen Souveränität darstellen. Der materielle Regelungsgehalt ist nicht ausschlaggebend, weil auch die Exekutive unter bestimmten Voraussetzungen befugt ist, allgemein geltende Rechtsakte zu erlassen. Dagegen lassen sich i.R.d. sekundären Gemeinschaftsrechts zwar ebenfalls „grundlegende Gemeinschaftshandlungen“ und Durchführungsmaßnahmen unterscheiden (vgl. Art. 202 EG). Eine hierarchische Abstufung innerhalb des Sekundärrechts fehlt indes nach wie vor.[1011] Auch einige Gegner der Erweiterung des Individualklagerechts sehen in der systematischen Differenzierung zwischen Grundnormen und Durchführungsakten die künftige Verbesserung des Individualrechtsschutzes.[1012]

2. Keine Kompensation durch Sekundärrechtsschutz

Der Verweis privater Kläger auf den sekundären Rechtsschutz ist nur ein unzureichendes Substitut für den versagten Primärschutz.[1013] Die Schadensersatzgewährung wegen normativen Unrechts bereitet zwar nicht im Hinblick auf die Klagezulassung, aber bei der Frage der Begründetheit Schwierigkeiten. Der Grund liegt in der restriktiven Fassung der Voraussetzungen, unter denen der Schadensersatz gewährt werden kann. Nach der Rechsprechung genügt ein „einfacher“ Rechtsverstoß nicht. Erforderlich ist vielmehr eine hinreichend qualifizierte (d.h. offenkundige und erhebliche) Verletzung einer höherrangigen, den Einzelnen schützenden Gemeinschaftsrechtsnorm.[1014] Folg-

[1009] Ähnlich: *Schwarze*, in:FS Badura (2004), S. 1167 (1181 f.).

[1010] GA *Jacobs*, Schlussanträge in der Rs. 50/00 P (UPA/Rat), Slg. 2002, S. I-6681 Rn. 90. S. auch: Erklärung Nr. 16 im Anhang der Schlussakte (das Fehlen einer Normenhierarchie im Gemeinschaftsrecht wurde beim Abschluss des Vertrages über die Europäische Union in der festgestellt).

[1011] GA *Jacobs*, Schlussanträge in der Rs. 50/00 P (UPA/Rat), Slg. 2002, S. I-6681 Rn. 90; zustimmend: *Lübbig*, EuZW 2002, S. 415 (416).

[1012] Vor allem gegen die „administrativen“ Normativakte. So z.B.: *Wölker*, DÖV 2003, S. 570 (577). Zur fehlenden Normenhierarchie innerhalb des Sekundärrechts als Ursache für die restriktive Handhabung der Zulässigkeit von Individualklagen gegen EG-Normativakte gem. Art. 230 Abs. 4 EG: *Schönberger*, EuR 2003, S. 600 ff.

[1013] A.A.: *Everling*, DRiZ 1993, S. 5 (9).

[1014] St. Rspr. seit EuGH, Rs. 5/71 (Zuckerfabrik Schoeppenstedt/Rat), Slg. 1971, S. 975 (984 f.); EuGH, verb. Rs. 83 u. 94/76, 4/77, 15 u. 40/77 (Bayerische HNL Vermehlungsbetriebe GmbH & Co. KG u.a./Rat u. Kommission), Slg. 1978, S. 1209 (1224).

lich muss der Bürger grundsätzlich nicht nur gemeinschaftswidrige Sekundärrechtsakte hinnehmen, sondern kann den erlittenen Schaden in den meisten Fällen auch nicht liquidieren. In der Rs. *HNL u.a./Rat*[1015] erhielten die Kläger trotz Rechtswidrigkeit der Verordnung keinen Schadensersatz, da eine offenkundige Rechtsverletzung angesichts der erheblichen Zahl der Betroffenen nicht festgestellt werden konnte.

Der Primärrechtsschutz reicht prinzipiell weiter als Sekundärrechtsschutz. Während der Schadensersatz nur im Falle eines qualifizierten Verstoßes gegen höherrangiges, dem Schutz des Einzelnen dienendes Gemeinschaftsrecht gewährt wird, sind die Nichtigkeitsgründe des Art. 230 Abs. 4 EG objektiver Natur, d.h. es ist keine Rechtsverletzung des Klägers erforderlich. Der Verweis auf Schadensersatzansprüche i.R.d. Haftung für normatives Unrecht kann den Primärrechtsschutz deshalb nicht kompensieren, weil die Amtshaftungsklage eine andere Schutzrichtung (Schadensersatz) hat und nicht zur endgültigen Beseitigung der Schadensursache führt.[1016]

Obgleich eine generelle Subsidiarität des Sekundärrechtsschutzes nicht angenommen werden kann[1017], gibt es im Gemeinschaftsrecht keinen Grundsatz: „dulde und liquidiere“. Denn eine Amtshaftungsklage kann u.U. aufgrund eines Verfahrensmissbrauchs als unzulässig abgewiesen werden, wenn der Kläger Schadensersatz für diejenigen Folgen einer Entscheidung begehrt, die er bei rechtzeitiger Inanspruchnahme des zumutbaren Primärrechtsschutzes (z.B. Nichtigkeitsklage) hätte vermeiden können.[1018] Dem Betroffenen obliegt also grundsätzlich, die möglichen und zumutbaren Rechtsbehelfe i.R.d. primären Rechtsschutzes zur Schadensabwendung bzw. –minderung zu ergreifen. Damit wird die behauptete Selbständigkeit der Amtshaftungsklage insofern relativiert, als sie sich nur auf den Ersatz solcher Schäden bezieht, die nicht im Wege einer grundsätzlich vorrangigen Gestaltungs- bzw. Feststellungsklage (Nichtigkeits- oder Untätigkeitsklage) hätten abgewendet werden können.[1019] Der Vorrang des Primärrechtsschutzes vor dem Sekundärrechtsschutz entspricht den rechtsstaatlichen Anforderungen einer Rechtsgemeinschaft.[1020]

Schließlich könnte die Amtshaftung der Gemeinschaft für legislatives Unrecht nicht als Argument gegen, sondern für den Primärrechtsschutz sprechen. Denkbar wäre nämlich, im Wege einer parallelen Reduktion von Tatbestands- und Rechtsfolgenseite aus dem Vorhandensein von einklagbaren Sekundäransprüchen (Haftung der EG gem. Art. 288 Abs. 2 i.V.m. Art. 235 EG) auf die Existenz entsprechender Primäransprüche

---

[1015] EuGH, verb. Rs. 83 u. 94/76, 4/77, 15 u. 40/77 (Bayerische HNL Vermehlungsbetriebe GmbH & Co. KG u.a./Rat u. Kommission), Slg. 1978, S. 1209 (1224 f.). Dazu: *Fuß*, EuR 1978, S. 353 ff.

[1016] *Nowak*, in: Nowak/Cremer (Hrsg.), Individualrechtsschutz in der EG und der WTO (2002), S. 47 (59); *Rengeling*, in: FS Everling, Bd. II (1995), S. 1187 (1195); a.A.: EuG, verb. Rs. T-172, 175 bis 177/98 (Salamander u.a./EP u. Rat), Slg. 2000, S. II-341 Rn. 77.

[1017] Nach der Rspr. des EuGH stellt die Schadensersatzklage einen selbständigen Rechtsbehelf (insb. im Verhältnis zur Nichtigkeitsklage) dar, vgl. EuGH, Rs. 4/69 (Lütticke/Kommission), Slg. 1971, S. 325 Rn. 6; EuGH, Rs. Rs. 5/71 (Schöppenstedt/Rat), Slg. 1971, S 975 Rn. 3. Dazu: *Schwarze*, in: FS-Schlochauer (1981), S. 927 (941).

[1018] EuGH, verb. Rs. C-199/94 P u. C-200/94 P (Pesquería Vasco-Montañesa SA (Pevasa) and Compañia Internacional de Pesca y Derivados SA (Inpesca)/Kommission), Slg. 1995, S. I-3709 Rn. 27.

[1019] Vgl. *Streinz*, VVDStRL 2002 (61), S. 300 (333); ähnlich: *Schulte*, S. 33 f., die dieses Problem i.R.d. Mitverschuldens verortet.

[1020] Umfassend dazu: *Zuleeg*, NJW 1994, S. 545 ff.

(auf Beseitigung der Rechts- bzw. Interessenbeeinträchtigung durch eine Norm) rückzuschließen, die i.R.d. Art. 230 Abs. 4 EG als Auslegungsdirektive berücksichtigt werden müssen. *Jacobs* wies in diesem Zusammenhang auf eine „Anomalie" in der Rechtsprechung hin: Das Gemeinschaftsrecht sehe keine Einschränkungen der Klagebefugnis Einzelner für Schadensersatzklagen nach Art. 235, 288 EG vor, was dazu führe, dass der Kreis der Personen, die befugt sind, Schadensersatz für legislatives Unrecht zu verlangen, prinzipiell unbegrenzt sei. Im Vergleich mit den strengen Anforderungen an die Klageberechtigung gem. Art. 230 Abs. 4 EG erscheine es widersinnig, da es bei Schadensersatzklagen ebenso um die Rechtswidrigkeit der Organhandlungen gehe.[1021] Damit ist das EuG bereits für die Überprüfung der Rechtmäßigkeit von Normativakten i.R.d. Schadensersatzklagen auf Betreiben einer unbeschränkten Zahl von Individualklägern zuständig. Der Umfang des Primärrechtsschutzes würde sonst hinter demjenigen des Sekundärrechtsschutzes zurückblieben, jedenfalls im Hinblick auf den Zugang zu Gericht.

3. Unzulänglichkeiten des Vorabentscheidungsverfahrens

Eine generelle Rechtsschutzuntauglichkeit der inzidenten Normenkontrolle kann nicht angenommen werden, da das Vorabentscheidungsverfahren vor allem in den Fällen des mitgliedstaatlichen Vollzugs des Gemeinschaftsrechts seine Funktion erfüllt. Dennoch können etwaige Rechtsschutzlücken – unabhängig von den Besonderheiten des nationalen Prozessrechts – bei der Auslegung der Zulässigkeitsvoraussetzungen einer Individualnichtigkeitsklage insofern berücksichtigt werden, als sie die Wahl zwischen mehreren möglichen Interpretation in eine bestimmte Richtung (pro Direktklage) lenken. Dazu müssen Schwächen und Unzulänglichkeiten des inzidenten Rechtsschutzes untersucht werden, um herauszufinden, ob in bestimmten Konstellationen nur die prinzipale Normenkontrolle nach Art. 230 Abs. 4 EG einen wirksamen Rechtsschutz für den Einzelnen bieten kann.

a) Verzögerung des Verfahrens durch die Vorlage gem. Art. 234 EG

Ein wichtiger Einwand gegen die Rechtsschutzeffektivität des Vorabentscheidungsverfahrens ist die erhebliche Verzögerung des gesamten Verfahrens. Das trifft insbesondere auf die Fälle zu, in denen die Rechtsverletzung bzw. Interessenbeeinträchtigung bereits durch die EG-Norm selbst eintritt. Für den Betroffenen ist es unverständlich, warum er zuvor u.U. Jahre lang dauernde Prozesse vor den nationalen Gerichten führen muss, bevor er zu seinem Recht auf diesem „Umweg" kommen kann.[1022] Eine Vorlagepflicht trifft gem. Art. 234 Abs. 2 EG erst die letztinstanzlichen Gerichte. Hiergegen lässt sich nicht einwenden, dass bei Gültigkeitszweifeln auch unterinstanzliche Gerichte zur Vorlage nach den Grundsätzen der *Foto-Frost*-Doktrin verpflichtet sind[1023], weil dies nur für den Fall gilt, wenn der nationale Richter eine Gemeinschaftsrechtsnorm unangewendet lassen will. Dem mitgliedstaatlichen Gericht wird lediglich

---

[1021] GA *Jacobs*, Schlussanträge in der Rs. 50/00 P (UPA/Rat), Slg. 2002, S. I-6681 Nr. 72.
[1022] *Bleckmann*, in: FS Menger (1985), S. 872 (873 f.); *Sedemund/Heinemann*, DB 1995, S. 1161 (1163); *Vandersanden*, CDE 1995, S. 535 (549 f.); *Waelbroeck/Verheyden*, CDE 1995, S. 399 (435).
[1023] EuGH, Rs. 314/85 (Foto-Frost/Hauptzollamt Lübeck-Ost), Slg. 1987, S. 4199 Rn. 11 ff.

verboten, eine für ungültig gehaltene Gemeinschaftsrechtsnorm selbst zu verwerfen. Umgekehrt besteht aber keine Pflicht zur Gültigkeitsprüfung.

Das Verfahren vor den nationalen Gerichten und das zusätzliche Vorabentscheidungsverfahren vor dem EuGH, erhebliche Verzögerungen und Kosten mit sich bringen.[1024] Durch die verlängerte Verfahrensdauer[1025] wird der dezentrale Rechtsschutz gegen EG-Normativakte nahezu wirkungslos. Effektiver Rechtsschutz bedeutet aber auch rechtzeitiger Rechtsschutz. Eine Abhilfe kann in solchen Fällen gewöhnlich vorläufiger Rechtsschutz bieten. Allerdings sind auch hier erhebliche Defizite zu beklagen. Die nationalen Gerichte sind nur unter sehr strengen Voraussetzungen[1026] befugt, einstweiligen Rechtsschutz zu gewähren, wenn dadurch der Vollzug eines Gemeinschaftsrechtsaktes ausgesetzt werden soll. Neben der Voraussetzung des drohenden, schweren und irreparablen Schadens, der nach der Rechtsprechung des EuGH äußerst selten angenommen wird, lässt das Erfordernis der angemessenen Berücksichtigung der Gemeinschaftsinteressen den einstweiligen Rechtsschutz praktisch leer laufen.

Hinzu kommt noch die aus der territorialen Beschränkung der nationalen Jurisdiktion notwendig resultierende, eingeschränkte Wirkung: der Betroffene müsste u.U. in mehreren Mitgliedstaaten zugleich einen Antrag auf einstweiligen Rechtsschutz stellen. Das erscheint weder prozessökonomisch noch zumutbar und birgt zusätzlich die Gefahr divergierender Entscheidungen in sich.[1027] Daran ändert eine etwaige Vorlagepflicht des nationalen Gerichts auch nichts. Bis zur Beantwortung der Gültigkeitsvorlagefrage durch den EuGH kann der Vollzug des fraglichen Sekundärrechtsakts in einem Mitgliedstaat ausgesetzt werden, während der Antrag auf einstweiligen Rechtsschutz in einem anderen Mitgliedstaat (ohne Notwendigkeit einer Vorlage) zurückgewiesen wird. Die Aussetzung des Vollzugs einer gemeinschaftsrechtswidrigen Norm gilt naturgemäß nur *inter partes*, nicht gemeinschaftsweit. Das führt zumindest bis zur abschließenden Klärung der Gültigkeitsvorlage zur uneinheitlichen Anwendung des Gemeinschaftsrechts.

Bei vielen kurzlebigen Verordnungen mit administrativem Charakter kann ein effektiver Rechtsschutz nur im Wege einer Nichtigkeitsklage verbunden mit einstweiligem Rechtsschutz erreicht werden. In der Rs. *VVG Internationale Handelsgesellschaft* klagten drei Gesellschaften gegen eine Kommissionsverordnung über die Einführung vorläufiger Schutzmaßnahmen gegen Einfuhren bestimmter Stahlwaren, die gerade nur 6 Monate galt. Im einstweiligen Rechtsschutzverfahren argumentierten die Antrag-

---

[1024] Schlussanträge des GA *Jacobs*, EuGH, Rs. C-50/00 (UPA/Rat), Slg. 2002, S. I-6681 Nr. 44.

[1025] Die Vorlage verlängert den Prozess um ca. weitere 2 Jahre – *Pache/Knauf*, NVwZ 2004, S. 16. 2002 betrug die durchschnittliche Vorlageverfahrensdauer 24,1 Monate – s.o. Fn. 1001.

[1026] Zu den Voraussetzungen des einstweiligen Rechtsschutzes: *Burianski*, EWS 2006, S. 304 ff. Dem Antragsteller muss ein schwerer und nicht wieder gutzumachender Schaden drohen. Ferner muss das Interesse der Gemeinschaft angemessen berücksichtigt werden und das Gericht bei seiner Entscheidung die Rspr. der Gemeinschaftsgerichte in gleichartigen Fällen beachten sowie eine Gültigkeitsvorlage an den EuGH richten. Vgl. EuGH, Rs. C-465/93 (Atlanta Fruchthandelsgesellschaft u.a./ Bundesamt für Ernährung und Forstwirtschaft), Slg. 1995, S. I-3761 Rn. 51. Zu den einzelnen Kriterien: EuGH, 143/88 (Zuckerfabrik Süderdithmarschen u. Zuckerfabrik Soest/Hauptzollamt Itzehoe u. Hauptzollamt Paderborn), Slg. 1991, S. I-415 Rn. 22 ff.

[1027] Vgl. GA *Jacobs*, Schlussanträge in der Rs. C-50/00 P (UPA/Rat), Slg. 2002, S. I-6681 Nr. 44; zustimmend: *Borowski*, EuR 2004, S. 879 (898 f.). Krit. dazu: *Baumeister*, EuR 2005, S. 1 (23).

stellerinnen, dass in Fällen, in denen die Gültigkeit einer Verordnung zeitlich begrenzt sei, die Nichtigkeitsklage den einzigen, effektiven Rechtsschutz gewährleistenden Rechtsbehelf darstelle. Somit ergebe sich die individuelle Betroffenheit primär aus der mangelnden Möglichkeit, mit anderen Rechtsbehelfen rechtzeitig gerichtlichen Rechtsschutz zu erlangen.[1028] Das EuG zeigte sich von diesem Argument jedoch unbeeindruckt und wies den Antrag mit dem Hinweis zurück, dass dieses Problem auch alle anderen, von der Verordnung erfassten Wirtschaftsteilnehmer betraf.[1029]

b) Zum Problem des Unterbleibens von Vorlagen

Trotz Vorlagepflicht bei Gültigkeitsfragen besteht die Gefahr des Unterbleibens von Vorlagen. Die nationalen Gerichte sind befugt, die Gültigkeit der Gemeinschaftsnorm zu prüfen und eine Vorlage an den EuGH abzulehnen. Dann stellen sie die Existenz der Gemeinschaftshandlung nicht in Frage.[1030] Nur wenn ein nationales Gericht den EG-Rechtsakt unangewendet lassen will, ist es zur Vorlage nach Art. 234 Abs. 1 lit. b EG verpflichtet. Hat das Gericht dagegen „lediglich" Zweifel an der Primärrechtmäßigkeit des anzuwendenden Sekundärrechtsaktes oder hält es den fraglichen Sekundärrechtsakt entgegen dem Parteivorbringen für gültig[1031], dann ist es – mit Ausnahme letztinstanzlicher Gerichte (Art. 234 Abs. 3 EG)[1032] – zur Vorlage nicht verpflichtet. Dem Betroffenen stehen weder auf der Gemeinschaftsebene noch im nationalen Verfahrensrecht reguläre Rechtsmittel gegen die Versagung einer Vorlage durch unterinstanzliche Gerichte zu.

Nach deutschem Recht könnte man zwar eine Verfassungsbeschwerde wegen Verletzung des Rechts auf den gesetzlichen Richter aus Art. 101 Abs. 1 S. 2 GG anstrengen. Allerdings schützt Art. 101 GG nur vor willkürlicher Nichtvorlage, nicht dagegen vor irrtümlicher Einschätzung durch den nationalen Richter[1033], was den Rechtsschutz erheblich einschränkt.[1034] Das BVerfG will nicht als oberstes „Vorlagenkontrollge-

---

[1028] Vgl. das Vorbringen der Antragstellerinnen zit. in: EuG, Rs. T-155/02 R (VVG Internationale Handelsgesellschaft mbH u.a./Kommission), Slg. 2002, S. II-3239 Rn. 28.

[1029] EuG, Rs. T-155/02 R (VVG Internationale Handelsgesellschaft mbH u.a./Kommission), Slg. 2002, S. II-3239 Rn. 40.

[1030] EuGH, Rs. 314/85 (Foto-Frost/Hauptzollamt Lübeck-Ost), Slg. 1987, S. 4199 Rn. 14.

[1031] *Jacobs*, in: FS-Schockweiler (1999), S. 197 (205); *Rengeling*, FS-Everling, Bd. 2 (1995), S. 1187 (1195 f.)

[1032] Eine Ausnahme von der grundsätzlichen Vorlageverpflichtung letztinstanzlicher Gerichte wird anerkannt, wenn kein vernünftiger Zweifel an der Gültigkeit des Sekundärrechtsaktes besteht (sog. *acte-clair*-Doktrin) – vgl. EuGH, Rs. 283/81 (CILFIT u.a./Ministero della Sanità), Slg. 1982, S. 3415.

[1033] Auf die Gefahr einer rechtsfehlerhaften Beurteilung der Gültigkeit allgemeiner Gemeinschaftshandlungen wies auch GA *Jacobs* in den Schlussanträgen in der Rs. C-50/00 (UPA/Rat), Slg. 2002, S. I-6681 Nr. 42.

[1034] Im Gegensatz zu den Voraussetzungen einer Vorlagepflicht (vgl. EuGH, Rs. 283/81 (CILFIT u.a./Ministero della Sanità), Slg. 1982, S. 3415, 3430), wird nur objektiv willkürliche Nichtvorlage i.R.d. Art. 101 GG sanktioniert, wenn das letztinstanzliche Gericht seinen Beurteilungsrahmen in unvertretbarer Weise überschritten hat. Das BVerfG bejaht dies nur dann, wenn das Fachgericht bewusst von einer gesicherten Rspr. des EuGH abweicht oder mögliche Gegenauffassungen zu der entscheidungserheblichen gemeinschaftsrechtlichen Frage gegenüber der Auffassung des Gerichts „eindeutig vorzuziehen" seien. – vgl. *Clausnitzer*, NJW 1989, S. 641 (642).

richt" fungieren[1035] und stellt dementsprechend hohe Anforderungen an die Begründetheit der Verletzung von Art. 101 Abs. 1 S. 2 GG. Zudem ist unklar, ob ein solches Justizgrundrecht in jeder mitgliedstaatlichen Verfassung existiert. Auch ist die Verfassungsbeschwerde stellt kein reguläres, sondern ein außerordentliches Rechtsbehelf. Das BVerfG selbst hat bisher trotz Vorlagepflicht[1036] noch nie eine Vorlage an den EuGH gerichtet hat.[1037]

Möglich bleibt ein Vertragsverletzungsverfahren, da eine pflichtwidrig unterlassene Vorlage als Verstoß gegen Art. 234 EG qualifiziert werden kann. Aber auch dieses Mittel steht nicht zur Disposition der betroffenen Partei des Ausgangsverfahrens, sondern stellt eine Prärogative der Kommission (bzw. anderer Mitgliedstaaten) dar. So bleibt dem Einzelnen nur zu hoffen, dass die Kommission auf seine informelle Anregung hin ein Vertragsverletzungsverfahren gem. Art. 226 EG gegen den Mitgliedstaat einleitet.[1038] Der Einzelne kann somit die Kommission lediglich zum Tätigwerden anregen, wobei diese über ein weites Ermessen bei der Beurteilung der Rechtslage verfügt.[1039] Ein Anspruch Privater auf Einleitung des Verfahrens oder Erhebung der Aufsichtsklage beim EuGH besteht nicht.[1040]

Die Verletzung der Vorlagepflicht kann jedoch unter engen Voraussetzungen die Staatshaftung auslösen. Wie der EuGH in der Rs. *Köbler* entschieden hat, sind die Mitgliedstaaten grundsätzlich zum Ersatz von Schäden verpflichtet sind, die einem Einzelnen durch ihnen zuzurechnende Verstöße gegen das Gemeinschaftsrecht entstehen, auch wenn der Verstoß in einer Entscheidung eines letztinstanzlichen Gerichts besteht.[1041] Allerdings dürften die Voraussetzungen der Staatshaftung für die Verletzung der Vorlagepflicht nur in seltenen Ausnahmefällen bejaht werden können. Im Fall *Köbler* verneinte der Gerichtshof die Offenkundigkeit des Verstoßes und betonte, dass die Besonderheit der richterlichen Funktion sowie der Grundsatz der Rechtskraft berücksichtigt werden müssen, wenn sich der Verstoß aus einer letztinstanzlichen Gerichtsentscheidung ergibt.[1042] Den Kritikern ist zwar zuzustimmen, dass Verstöße mitgliedstaatlicher Gerichte gegen die Vorlagepflicht die Überwindung der Wortlautschranke des Art. 230 Abs. 4 EG als solche nicht rechtfertigen.[1043] Jedoch wird dabei übersehen, dass dieses Argument sich lediglich gegen die Qualität des Vorabentscheidungsverfahrens als „Rechtsbehelf" wendet und damit das Bestehen einer Rechtsschutzlücke belegt. Wie sie geschlossen werden kann, ist damit nicht beantwortet.

c) Beschränkung der Vorlageberechtigung gem. Art. 68 Abs. 1 EG

Neben der schwierigen Durchsetzung der Vorlagepflicht existieren gewisse, bereichsspezifische Beschränkungen der gerichtlichen Kontrolle. Sie betreffen den Bereich

---

[1035] BVerfGE 96, 68 (76); BVerfGE 95, 96 (127).
[1036] Beispiel: BVerfG, Nichtannahmebeschluss v. 9.11.1987 – 2 BvR 808/82 [= NJW 1988, S. 1456].
[1037] *Lenski/Mayer*, EuZW 2005, S. 225.
[1038] Vgl. *Nowak*, NVwZ 2002, S. 688; *ders.*, EuZW 2000, S. 453 (456).
[1039] Vgl. *Classen*, JZ 2006, S. 157 (166); *Kokott/Henze/Sobotta*, JZ 2006, S. 632 (640).
[1040] EuG, verb. Rs. T-479/93 u. T-559/93 (Giorgio Bernardi/Kommission), Slg. 1994, S. II-1115 ff.
[1041] EuGH, Rs. C-224/01 (Köbler), Slg. 2003, S. I-10239 Rn. 50.
[1042] EuGH, Rs. C-224/01 (Köbler), Slg. 2003, S. I-10239 Rn. 53.
[1043] *Köngeter*, ZfRV 2003, S. 123 (128); *Lenz/Staeglich*, NVwZ 2004, S. 1421 (1424).

„Raum der Freiheit, der Sicherheit und des Rechts". Der Vertrag von Amsterdam brachte die Vergemeinschaftung der sensiblen Politikbereiche Visa, Asyl und Einwanderung und ihre Eingliederung in den Titel IV des EG-Vertrages.[1044] Für eine vollständige Kompetenzübertragung fehlte jedoch der notwendige Konsens. Dies führte zu gewissen Ausnahmen, darunter die Beschränkung der Vorlageberechtigung auf letztinstanzliche Gerichte gem. Art. 68 Abs. 1 EG. Die Zuständigkeiten des EuGH im vergemeinschafteten Bereich der Einwanderungs- und Visapolitik wurden damit erstmalig in der Geschichte der europäischen Integration zusätzlichen Sonderrestriktionen unterworfen.[1045] Der Hintergedanke dieser Regelung ist die Entlastung des EuGH. Sie soll Prozessverschleppungen in asylrechtlichen Streitigkeiten vorbeugen.[1046] Es ist zwar verständlich, dass den organisatorischen Problemen auf verschiedenen Wegen begegnet werden muss.[1047] Allerdings ist gerade bei Streitigkeiten über Asyl bzw. den ausländerrechtlichen Status eine Verfahrensverschleppung und Vorenthalten einer entscheidungserheblichen Vorlagefrage bis hin zur letzten Instanz kein wirksamer Beitrag zur Entlastung des EuGH. Ausgerechnet auf dem äußerst grundrechts- und rechtsschutzrelevanten Gebiet der Personenfreizügigkeit und des Asylrechts hat man sich dafür entschieden, den „mittelbaren" Zugang zum Gerichtshof im Wege des Vorabentscheidungsverfahrens noch weiter zu erschweren, indem man die unteren Instanzgerichten aus dem Kreis der Vorlageberechtigten ausgeschlossen hat.

Mit Blick auf das Verwerfungsmonopol des Gerichtshofs in Bezug auf Gemeinschaftsrechtsakte[1048] könnte dies die Konsequenz nach sich ziehen, dass die unterinstanzlichen Gerichte selbst evident primärrechtswidriges Sekundärrecht anwenden müssten. Die Berechtigung, eine Klärung der Gültigkeit durch den EuGH herbeizuführen, wird ihnen gerade auf diesem Spezialgebiet genommen. Für die Individualkläger bedeutet das, einen zunächst aussichtslosen Prozess zu führen, in der Hoffnung, dass die letzte Instanz endlich eine Gültigkeitsvorlage an den EuGH richtet. Aber auch das untere Instanzgericht muss sehenden Auges offenkundig rechtwidriges Sekundärrecht anwenden. Daher wird zum Teil vorgeschlagen, eine Vorlagepflicht für diese Gerichte anzunehmen.[1049] Jedoch findet diese Ansicht keine Stütze im Vertrag. Aus dem Ausnahmecharakter und dem Wortlaut des Art. 68 EG ist im Gegenteil zu schließen, dass das Vorlageverfahren ausschließlich unter den dort genannten „Umständen und Bedingungen" statthaft ist. Danach sind lediglich Vorlagen letztinstanzlicher Gerichte annahmefähig. Die Behauptung, es handele sich lediglich um eine punktuelle Sonderregelung des Vorlage*rechts*, nicht jedoch der Vorlage*pflicht* in Bezug auf unterinstanzliche Gerichte[1050], ist nicht nur aus systematischen Gründen widersprüchlich, sondern

---

[1044] Ausführlich dazu: *Dörr/Mager*, AöR 2000, S. 386 (389 ff.).
[1045] *Labayle*, RTDE 1997, S. 813 (862).
[1046] *Fungueiriño-Lorenzo*, S. 166.
[1047] S. dazu: *de Witte*, EuR Beiheft 1/1999, S. 91 (93).
[1048] St. Rspr. seit EuGH, Rs. 314/85 (Foto Frost/Hauptzollamt Lübeck-Ost), Slg. 1987, S. 4199 Rn. 15. S. auch: EuGH, Rs. 143/88 (Zuckerfabrik Süderdithmarschen u. Zuckerfabrik Soest/Hauptzollamt Itzehoe and Hauptzollamt Paderborn), Slg. 1991, S. I-415 Rn. 17; EuGH, Rs. C-27/95 (Woodspring District Council/Bakers of Nailsea), Slg. 1997, S. I-1847 Rn. 20.
[1049] So: *Bergmann* in: Lenz/Borchardt, EUV/EGV; Art. 68 EG Rn. 2; *Heimann*, S. 51.
[1050] *Heimann*, S. 51.

missachtet auch den klaren Wortlaut der Norm.[1051] Eine Rechtspflicht kann sinnvoll nur dann entstehen, wenn deren Adressat zu dem bezeichneten Verhalten überhaupt berechtigt ist (*impossibilium nulla est obligatio*).

Als Alternativlösung ist die Anerkennung einer Verwerfungsbefugnis unterinstanzlicher Gerichte im Anwendungsbereich des Art. 68 Abs. 1 EG denkbar. In der der Literatur wird daher eine Ausnahme vom Verwerfungsmonopol des EuGH zugunsten der nationalen Gerichte vorgeschlagen.[1052] Aus systematischer Sicht erscheint dies jedoch problematisch, auch wenn das für den Rechtsschutzsuchenden die denkbar günstigste Variante wäre. Denn die Annahme einer Verwerfungsbefugnis würde bedeuten, dass ein unterinstanzliches Gericht mehr Macht besäße als die höchste nationale Instanz.[1053] Zudem wäre das Verwerfungsmonopol des Gerichtshofs im Widerspruch zur *Foto-Frost*-Doktrin erschüttert wäre und führte zur uneinheitlichen Anwendung (bzw. Nichtanwendung) des Gemeinschaftsrechts führen würde. Diese Konsequenz wird zwar zum Teil mit dem Argument entkräftet, dass die unterinstanzlichen Gerichtsentscheidungen normalerweise noch nicht sofort in Rechtskraft erwachsen, sodass die Gültigkeitsfrage dem EuGH i.R. eines folgenden Rechtsmittelverfahrens vorgelegt werden könne.[1054]

Dem kann nicht zugestimmt werden. Es wird übersehen, dass das noch nicht rechtskräftige Urteil bereits vorläufig vollstreckbar sein kann.[1055] Dürfte die untere Instanz einen Gemeinschaftsrechtsakt selbst verwerfen, so bliebe dieser eine Zeit lang „suspendiert", ohne dass der EuGH mit dessen Gültigkeit befasst würde. Der Sinn der Vorlagepflicht unterinstanzlicher Gerichte in Fällen, in denen sie einen für ungültig gehaltenen EG-Rechtsakt unangewendet lassen oder dessen Vollzug aussetzen wollen[1056], besteht gerade darin, bereits eine temporär uneinheitliche Anwendung des Gemeinschaftsrechts in den Mitgliedstaaten zu verhindern, die ihm seine „volle Wirksamkeit" nähme. Dazu käme es aber, wenn die nationalen Gerichte Sekundärrecht in ihrem Jurisdiktionsgebiet in Eigenregie faktisch außer Kraft setzen dürften. Die Monopolisierung der Verwerfungskompetenz beim EuGH stellt einen zentralen Pfeiler des gemeinschaftlichen Rechtsschutzsystems dar.[1057] Eine Durchbrechung dieses Monopols hätte zur Folge, dass eine einheitliche Anwendung des Gemeinschaftsrechts nicht sichergestellt werden könnte.[1058] Dieser Ansatz versucht die „gemeinschaftsverfassungsrechtliche" Kollision zwischen Art. 68 Abs. 1 EG, dem Verwerfungsmonopol des EuGH und dem Grundrecht auf effektiven Rechtsschutz zu lösen, indem sie das Eine zugunsten des Anderen opfert. Eine praktische Konkordanz wird damit nicht erreicht.

[1051] *Harings*, EuR Beiheft 2/1998, S. 81 (87); *Pechstein*, Rn. 827.

[1052] *Classen*, EuR Beiheft 1/1999, S. 73 (75); *Fungueiriño-Lorenzo*, S. 167; *Harings*, EuR Beiheft 2/1998, S. 81 (87); *Pechstein*, DÖV 1998, S. 569 (576).

[1053] Krit. auch: *Pache/Knauf*, NVwZ 2004, S. 16 (20); *Weiß*, in: Streinz, EUV/EGV (2003), Art. 68 Rn. 4.

[1054] So: *Baumeister*, EuR 2005, S. 1 (27 ff.).

[1055] Dasselbe gilt freilich im Falle eines erfolgreichen Antrags auf einstweiligen Rechtsschutz.

[1056] EuGH, Rs. 314/85 (Foto Frost/Hauptzollamt Lübeck-Ost), Slg. 1987, S. 4199 Rn. 15; EuGH, 143/88 (Zuckerfabrik Süderdithmarschen u. Zuckerfabrik Soest/Hauptzollamt Itzehoe u. Hauptzollamt Paderborn), Slg. 1991, S. I-415 Rn. 22 ff.

[1057] *Röben*, in: *Grabitz/Hilf*, EUV/EGV, Art. 68 EG Rn. 4. Krit. auch: *Hirsch*, ZRP 2000, S. 57 (59).

[1058] Abl. auch *Heimann*, S. 51; *Pache/Knauf*, NVwZ 2004, S. 16 (20).

Nach einem weiteren Interpretationsansatz soll die streitige Sekundärrechtsnorm ohne Rücksicht auf eine eventuelle Rechtswidrigkeit durch das mit der Sache befasste, mitgliedstaatliche Instanzgericht angewendet werden.[1059] Das soll auch dann gelten, wenn das Gericht von der Ungültigkeit überzeugt ist! Diese Auffassung erscheint zunächst schwer akzeptabel. Denn es kann nicht Sinn und Zweck des Art. 68 Abs. 1 EG sein, einen Rechtsverstoß gerichtsimmun und damit faktisch unbeachtlich zu machen. Der Rechtsakt ist ggf. in materieller Hinsicht rechtswidrig. Um eine Lösung aus der juristischen Zwickmühle zu finden, bemüht man sich um eine prozessuale Erklärung. Danach sei die Prüfungskompetenz der nationalen Instanzgerichte eingeschränkt und beziehe sich nur auf sonstige Rechtsfehler, während die Gültigkeit des einschlägigen Sekundärrechtsaktes nicht in Frage gestellt werden könne.[1060] In dieser Hinsicht habe das unterinstanzliche Gericht nicht nur keine Verwerfungs-, sondern bereits keine Prüfungsbefugnis. Unter Rechtsschutzgesichtspunkten ist auch dieser Ansatz kaum akzeptabel. Mag die Lösung in Bezug auf den Regelungszweck des Art. 68 Abs. 1 EG systemkonform erscheinen. Dennoch benachteiligt sie die Individualkläger erheblich, indem sie ihnen einen Instanzenzug bis zum höchsten Gericht zumutet.

Zusammenfassend ergibt sich Folgendes: Ein Verwerfungsrecht steht den unterinstanzlichen Gerichten nach den Grundsätzen der *Foto-Frost*-Doktrin nicht zu.[1061] Liegen die Tatbestandsvoraussetzungen des Art. 68 Abs. 1 EG vor, besteht keinerlei Entscheidungsspielraum für das nationale Gericht. Die Vorlage ist nicht statthaft. Der Rechtsschutzsuchende steht daher vor einer aus Rechtsschutzgesichtspunkten äußerst unbefriedigenden Perspektive eines langwierigen Instanzenzuges bis hin zum vorlageberechtigten, letztinstanzlichen Gericht.[1062] Als eine Rechtschutzalternative[1063] kommt die Zulassung einer Direktklage nach Art. 230 Abs. 4 EG gegen den Gemeinschaftsrechtsakt in Betracht. Das gilt jedenfalls für den Fall, dass die Betroffenheit ausschließlich aus der Rechtswidrigkeit des Sekundärrechtsaktes resultiert, d.h. ein eventueller Vollziehungsakt nur wegen der Rechtswidrigkeit der gemeinschaftsrechtlichen Ermächtigungsnorm selbst fehlerhaft ist. Der entscheidende Vorteil einer Direktklage bestünde in diesem Fall in der Möglichkeit schneller Klärung von Gültigkeitszweifeln mit Wirkung *erga omnes* zu erreichen, was zur Rechtssicherheit beitragen würde.

d) Fehlende Partizipation der Betroffenen am Vorlageverfahren

Der Kreis der Vorlageberechtigten ist eingeschränkt: weder die Parteien des Ausgangsstreits, noch Verwaltungs- bzw. sonstige Rechtspflegeorgane sind berechtigt, Fragen nach der Gültigkeit einer EG-Rechtsnorm zur Vorabentscheidung vorzulegen.

[1059] So: *Dörr/Mager*, AöR 2000, S. 386 (391); *Rossi* in: Calliess/Ruffert, EUV/EGV, Art. 68 EG Rn. 11.

[1060] So: *Dörr/Mager*, AöR 2000, S. 386 (391); *Knapp*, DÖV 2001, S. 12 (14).

[1061] *Dörr/Mager*, AöR 2000, S. 386 (391); a.A.: *Classen*, EuR Beiheft 1/1999, S. 73 (75); *Heilbronner*, CMLR 1998, S. 1047 (1056); *Pechstein*, DÖV 1998, S. 569 (576).

[1062] S. dazu: *Albors-Llorens*, CMLR 35 (1998), S. 1273 (1288); *Girerd*, RTDE 35 (1999), S. 229 (242, 246).

[1063] A.A.: *Pache/Knauf*, NVwZ 2004, S. 16 (20 f.), die Art. 68 Abs. 1 EG mit dem Hinweis auf die innere Kollision und die Widersprüchlichkeit gleichrangiger Normen für gemeinschaftsrechtswidrig halten.

Die Organe sind vielmehr gezwungen, die rechtswidrige Norm anzuwenden und den Betroffenen, dem eine Direktklage versagt wird, auf den „Umweg“ über mitgliedstaatliche Gerichte[1064] zu verweisen.

Die Tauglichkeit der inzidenten Normenkontrolle lässt sich insofern in Frage stellen, als das Vorabentscheidungsverfahren kein spezifisch dem Rechtsschutz gegen Gemeinschaftsnormen zugeordnetes Verfahren darstellt.[1065] Nach *Jacobs* erfordert der Grundsatz des effektiven gerichtlichen Rechtsschutzes, *„dass der Kläger Zugang zu einem Gericht hat, das dafür zuständig ist, Rechtsschutz zu gewähren, der geeignet ist, ihn vor den Auswirkungen rechtswidriger Handlungen zu schützen. Der Zugang zum Gerichtshof über Artikel 234 EG ist jedoch kein Rechtsbehelf, der Individualklägern von Rechts wegen zur Verfügung steht.“*[1066] Den Parteien des Ausgangsstreits stehen weder Anspruch noch sonstige Rechtsbehelfe zu, um die Vorlage zu erzwingen.[1067] Selbst wenn sich das nationale Gericht für eine Vorlage zum EuGH entscheidet, haben die Betroffenen keinen Einfluss auf die Formulierung der Vorlagefrage.[1068] Auch dieser Aspekt ist von essentieller Bedeutung. Die Individualkläger können *„ihr Klagebegehren von der Vorlagefrage neu definiert sehen. Durch die von nationalen Gerichten formulierten Fragen könnten zum Beispiel der Umfang der Gemeinschaftshandlungen, die der Kläger anficht, oder die Ungültigkeitsgründe ... eingeschränkt werden.“*[1069]

Dagegen lässt sich zwar einwenden, dass es für die Geeignetheit eines gerichtlichen Rechtsbehelfs bereits hinreichen muss, wenn dieser die Durchsetzung eines Beseitigungsanspruchs gegen belastende Norm zu bewirken vermag. Ob er hierauf speziell zugeschnitten oder nur ein „Nebeneffekt“ eines Rechtsschutzverfahrens ist, spielt keine Rolle, solange dadurch wirksamer Rechtsschutz gewährleistet wird. Das Vorlageverfahren weist aber in dieser Hinsicht einige Schwächen auf. Zwar sind die Beteiligten des Ausgangsstreits mit bestimmten Verfahrensrechten ausgestattet.[1070] Allerdings können diese Partizipationsrechte nicht Mangel der konstitutiven Merkmale eines subjektiven Rechtsschutzbehelfs (die fehlende rechtliche Möglichkeit der Einflussnahme der Betroffenen auf die Einleitung und den Gegenstand der Vorlage) vollständig ausgleichen. Noch schwieriger ist die Geeignetheit des dezentralen Rechtsschutzes in denjenigen Fällen nachweisbar, in denen ein effektiver Rechtsschutz nur durch prinzipale Normenkontrolle erreicht werden kann.[1071] Das Vorabentscheidungsverfahren ist sei-

---

[1064] Vgl. die Kritik des „rechtsschutzfeindlichen“ Systems von: *Berrisch*, EuZW 2005, S. 65.

[1065] Krit. dazu: *Baumeister*, EuR 2005, S. 1 (19 f.).

[1066] Schlussanträge des GA *Jacobs*, EuGH, Rs. C-50/00 (UPA/Rat), Slg. 2002, S. I-6681 Nr. 42.

[1067] In Deutschland stellt die Ablehnung eines Prozessantrags auf Vorlage keine beschwerdefähige Zwischenentscheidung dar – vgl. *Everling*, DRiZ 1993, S. 5 (12). Zwar kommt eine Verfassungsbeschwerde wegen Verletzung des Rechts auf den gesetzlichen Richter (EuGH) in Betracht. Angesichts der hohen Anforderungen (insb. *willkürliche* Nichtvorlage) wird sie aber selten Erfolg haben. Eine spezielle Nichtvorlagebeschwerde oder eine rechtliche Möglichkeit, auf die Formulierung der Vorlagefrage Einfluss zu nehmen, steht den Betroffen nicht zu.

[1068] Das liegt vollständig in der Hand des vorlegenden Gerichts. Siehe dazu: EuGH, Rs. 44/65 (Hessische Knappschaft/Singer u. Fils), Slg. 1965, S. 1267 (1275); EuGH, Rs. 283/81 (CILFIT/Ministero della Sanità), Slg. 1982, S. 3415 (3428); EuGH, Rs. 126/86 (Giménez Zaera/Instituto Nacional de la Seguridad Social and Tesorería General de la Seguridad Social), Slg. 1987, S. 3697 (3715).

[1069] Schlussanträge des GA *Jacobs*, EuGH, Rs. C-50/00 (UPA/Rat), Slg. 2002, S. I-6681 Nr. 42.

[1070] S.o. Fn. 934.

[1071] Siehe dazu unten: Punkte e) und f).

nem Konstrukt und Zweck[1072] nach ein objektives Verfahren. Es stellt eher eine Form zwischengerichtlicher Kooperation dar, dem ein subjektives Recht der Parteien auf Anrufung des Gerichtshofs wesensfremd ist.

e) Self-executing- Akte ohne angreifbare Durchführungsmaßnahme

Eine der wichtigsten Lücken im dezentralen Rechtsschutz betrifft den Fall der selbstvollziehenden Gemeinschaftsnormen. Dazu gehören in erster Linie Verordnungen, die ein bestimmtes Verbot auferlegen oder den gesetzlichen Rahmen erlaubter Tätigkeiten verändern.[1073] Bemerkenswert ist, dass in dieser Gruppe Verordnungen dominieren, die i.R.d. Gemeinsamen Agrarpolitik (sog. Gemeinsame Marktordnungen nach Art. 34 Abs. 1 EG), der Fischereipolitik sowie im Bereich des Antidumpingrechts erlassen werden, also überwiegend kurzlebige Maßnahmen administrativen Charakters. Als selbstvollziehende Maßnahmen kommen Sekundärrechtsakte mit belastender Wirkung in Betracht, die dem Einzelnen Pflichte auferlegen[1074] oder eine bestehende Begünstigung abschaffen.[1075]

Da die sog. *self-executing*-Normen keine nationalen Umsetzungsakte erfordern, die Gegenstand einer Klage vor dem nationalen Gericht sein und zur Inzidentkontrolle des zugrunde liegenden EG-Rechtsakts im Wege des Vorlageverfahrens führen könnten, entsteht in vielen Mitgliedstaaten ein negativer Kompetenzkonflikt zwischen den nationalen Gerichten und den Gemeinschaftsgerichten. In Deutschland wäre in solchen Fällen meist die (vorbeugende) Feststellungsklage nach § 43 VwGO vor dem Verwaltungsgericht denkbar[1076], die die potentielle Chance, eine inzidente Gültigkeitskontrolle des Gemeinschaftsrechtsakts zu erwirken, bieten würde. Doch trifft das nicht auf alle Mitgliedstaaten zu. Damit entscheiden letztlich die nationalen Prozessordnungen über eine ungleichmäßige Anwendung des Gemeinschaftsrechts.

Zudem ist die Rechtskraftwirkung des Ungültigkeitsspruchs im Rahmen des Vorabentscheidungsverfahrens begrenzt. Während im Falle einer erfolgreichen Nichtigkeitsklage der fehlerhafte Rechtsakt nach Art. 231 EG mit Wirkung *erga omnes* kassiert wird, ist die Rechtskraft- und die davon zu unterscheidende Bindungswirkungswirkung einer i.R.d. Vorlageverfahrens ergangenen Entscheidung des EuGH weder im EG-Vertrag selbst noch in der Satzung des Gerichtshofs geregelt. Das Wesen des Vorabentscheidungsverfahrens legt lediglich eine *inter partes*-Rechtskraft nahe.[1077] Daher

---

1072 Wahrung der einheitlichen Anwendung und Auslegung des Gemeinschaftsrechts in den Mitgliedstaaten.

1073 Bsp.: EuGH, Rs. 117/86 (U.F.A.D.E./Rat u. Kommission), Slg. 1986, S. 3255 Rn. 4 ff.; Schlussanträge des GA *Mischo*, Rs. 26/86 (Deutz & Geldermann/Rat), Slg. 1987, S. 941 (946). Siehe dazu auch: *v. Winterfeld*, NJW 1988, S. 1409 (1410 f.).

1074 So im Fall: EuG, Rs. T-177/01 (Jégo Quéré et Cie SA/Kommission), Slg. 2002, S. II-2365 ff.

1075 EuG, Rs. T-173/98 (UPA/Rat), Slg. 1999, S. II-3357, EuGH, Rs. C-50/00 P (UPA/Rat), Slg. 2002, S. I-6677.

1076 Zum Rechtsschutz in Deutschland: *Baumeister*, EuR 2005, S. 1 (19 ff.); *Cremer*, in: Bruha/Nowak/Petzold (Hrsg.), Grundrechtsschutz im europäischen Binnenmarkt (2004), S. 229 (234 ff.); *ders.*, Die Verwaltung 37 (2004), S. 165 (175 ff.); *Gundel*, VerwArch 2001 (92), S. 81 (100); *Paehlke-Gärtner*, VBlBW 2000, S. 13 (18).

1077 So: *Arnull*, CMLR 38 (2001), S. 7 (50); *Kluttig*, in: Tietje/Kraft/Sethe (Hrsg.), BTW 30/2004, S. 1 (20), der jedoch eine faktische Präjudizwirkung annimmt.

erstreckt sich die Rechtskraft des Vorabentscheidungsurteils grundsätzlich nur auf die Beteiligten des Ausgangsstreits und das vorlegende Gericht, daneben auch auf alle Instanzgerichte, die mit der gleichen Sache befasst sind.[1078] Allerdings wird in diesem Fall, um Widersprüche zu vermeiden, überwiegend angenommen, dass dem Ungültigkeitsspruch eine Bindungswirkung auch außerhalb des Ausgangsverfahrens zukommt. Demnach wird der Feststellung der Ungültigkeit eines Gemeinschaftsrechtsaktes eine Bindungswirkung auch gegenüber anderen, in das Ausgangsverfahren nicht involvierten staatlichen Stellen und Privaten, beigemessen.[1079] Diese „Breitenwirkung" der Vorabentscheidung über die Ungültigkeit einer Organhandlung führt zu ähnlichen Rechtsfolgen wie beim kassatorischen Nichtigkeitsurteil gem. Art. 231 EG. Aus diesem Grund kann bezweifelt werden, ob die „schwächere" Wirkung des Vorlageverfahrens gegenüber einer Direktklage nach Art. 230 Abs. 4 EG als Argument durchgreift.

Eine „Breitenwirkung" vermag nicht die kassatorische Nichtigerklärung zu ersetzen und damit die bestehenden Rechtslücken zu schließen. Der Appell des EuGH an die Mitgliedstaaten, *„ein System von Rechtsbehelfen und Verfahren vorzusehen, mit dem die Einhaltung des Rechts auf effektiven gerichtlichen Rechtsschutz gewährleistet werden kann"*[1080], weist auf bestehende Rechtsschutzlücken hin, verschiebt letztendlich aber den Schwerpunkt des Problems, statt ihn zu lösen. Eine Rechtsschutzlücke droht hauptsächlich in Fällen, in denen es keinen nationalen Vollzugsakt gibt, der vor innerstaatlichen Gerichten angefochten werden könnte. Es wäre widersinnig und auch – mit Blick auf die unmittelbare Geltung von Verordnungen – bedenklich, eine *ex lege* bestehende Pflicht des Einzelnen durch einen Verwaltungsakt festzustellen, nur damit ein nationaler Vollzugsakt künstlich geschaffen wird. Dagegen ist dem Einzelnen nicht zumutbar, zunächst der Gemeinschaftsvorschrift zuwiderzuhandeln und erst gegen einen Sanktionsbescheid vorzugehen bzw. sich in einem gegen ihn gerichteten Straf- oder Zivilverfahren auf die Ungültigkeit dieser Vorschriften zu berufen.[1081]

Selbst eine Feststellungsklage[1082] kann nur zu einer Vorlage an den EuGH führen, da die nationalen Gerichte selbst nicht befugt sind, gemeinschaftliche Rechtsakte für ungültig zu erklären.[1083] Im Endergebnis muss der Gerichtshof früher oder später ohnehin mit der Gültigkeitsfrage konfrontiert werden. Bei selbstvollziehenden Gemeinschaftsrechtsakten kommt es zudem ausschließlich auf die Rechtmäßigkeit des Sekundärrechtsaktes an, sodass die Verweisung auf die indirekte Normenkontrolle in dieser Konstellation aus der Sicht der Betroffenen als unverständlicher und oft unzumutbarer

---

[1078] EuGH, Rs. 29/68 (Milch-, Fett- und Eierkontor/ Hauptzollamt Saarbrücken), Slg. 1969, S. 165 (178) Rn. 3; *Pechstein*, Rn. 858; *Schaub*, NJW 1994, S. 81 (84).

[1079] Vgl. EuGH, Rs. 66/80 (International Chemical Corporation/Administazione della Finanze delle Strato), Slg. 1981, S. 1191 Rn. 3; s. dazu: *Pietrek*, S. 233.

[1080] EuGH, Rs. C-50/00 P (UPA/Rat), Slg. 2002, S. I-6677 Rn. 41.

[1081] GA *Jacobs*, Schlussanträge in der Rs. C-50/00 P (UPA/Rat), Slg. 2002, S. I-6681 Nr. 43: "*Es kann von dem Einzelnen eindeutig nicht verlangt werden, dass er Gesetze verletzt, um zu seinem Recht zu kommen.*" Ebenso: *Cremer*, in: Bruha/Nowak/Petzold (Hrsg.), Grundrechtsschutz im europäischen Binnenmarkt (2004), S. 229 (241); *Rengeling*, in: FS Everling, Bd. II (1995), S. 1187 (1196).

[1082] *Baumeister*, EuR 2005, S. 1 (15 f.); *Cremer*, Die Verwaltung 37 (2004), S. 165 (182); *Gundel*, VerwArch 2001 (92), S. 81 (89 f.); *Lenz/Staeglich*, NVwZ 2004, S. 1421 (1425).

[1083] EuGH, Rs. 314/85 (Foto-Frost), Slg. 1987, S. 4199; dazu. auch: GA *Jacobs*, Schlussanträge in der Rs. C-50/00 P (UPA/Rat), Slg. 2002, S. I-6681 Nr. 41.

„Umweg" erscheint. Beachtet man dabei die eingeschränkte Befugnis nationaler Gerichte zur Aussetzung der Vollziehung einer sekundärrechtlichen Bestimmung bzw. einer auf deren Grundlage erlassenen, innerstaatlichen Sanktionsmaßnahme, dann kann dies für den Betroffenen verheerende Folgen haben.

f) Notwendigkeit der Normbeseitigung bei drittwirkenden Rechtsakten

Effektiver Rechtsschutz kann eine prinzipale Normenkontrolle verbunden mit der *erga omnes*- Aufhebung der Norm in Fällen gebieten, in welchen sich die Rechts- bzw. Interessenverletzung nicht durch einen einzelnen, von anderen abtrennbaren Normimpuls ergibt, sondern gerade durch die Gesamtwirkung der Norm auch auf andere Personen bewirkt wird. Hierzu zählen normative Bestimmungen, die bestimmte Personengruppe begünstigen und zugleich andere belasten. Als Beispiel wäre hier die Bananenmarktverordnung zu nennen, da die zollrechtliche (einseitige) Begünstigung/Bevorzugung bestimmter Bananenexportländer und damit auch deren Importeure andererseits die Konkurrenten, die bislang ihre Ware nahezu vollständig aus anderen Drittstaaten bezogen, beschwert.[1084] Bei Regelungen dieser Art kommt zumeist keine Erweiterung des Begünstigtenkreises in Betracht, sodass die Rechtsverletzung nur auf einem einzigen Weg beseitigt werden kann – durch Nichtigerklärung der Norm.

Denkbar ist ferner die Konstellation einer Doppelbelastung, nämlich wenn Adressaten und Nichtadressaten gleichermaßen belastet werden. Auch hier kann die Bananenmarktverordnung als Beispiel angeführt werden, da nicht nur die Importeure und Exporteure aus den von der Begünstigung ausgeschlossenen Ländern als unmittelbare Adressaten beschwert sind, sondern auch ihre Endabnehmer, die Konsumenten, die bislang lieber die billigeren und größeren „Dollar-Bananen" gekauft haben und nunmehr auf teurere, kleinere AKP-Bananen umsteigen müssten. Deutlicher wird die Doppelbelastungsproblematik, wenn bestimmte sanktionsbewährte Ge- bzw. Verbote an Kreditinstitute gerichtet sind und diesen das Einfrieren von Konten bestimmter, im Anhang der entsprechenden EG-Verordnung namentlich aufgeführter Terrorverdächtiger gebieten bzw. jegliche Kreditgeschäfte mit ihnen untersagen.[1085]

[1084] Dem Beispielsfall lag folgender Sachverhalt zugrunde: 1993 erließ der Rat eine Verordnung über die gemeinsame Marktordnung von Bananen (VO (EWG) Nr. 404/93, ABl. EG Nr. L 47 v. 25.2.1993, S. 1 ff.). Das Ziel war die Vereinheitlichung des innergemeinschaftlichen Handels mit Bananen sowie der gemeinsamen Importpolitik. Vor dem Inkrafttreten der Verordnung bezogen die gemeinschaftsansässigen Importeure Bananen aus unterschiedlichen Ländern: aus den EG-Mitgliedstaaten einschließlich der überseeischen Gebieten (sog. AKP-Ländern) sowie aus Drittländern, v.a. aus Mittel- und Südamerika (sog. „Dollar-Bananen"). Entsprechend dieser Aufteilung gab es in der EG getrennte Märkte: geschlossene und offene. Der Süden wurde im Wesentlichen ausschließlich durch die gemeinschaftseigene und die AKP-Bananen versorgt, während die übrigen Mitgliedstaaten überwiegend die billigeren und qualitativ besseren „Dollarbananen" importierten. Um den Gemeinschafts- und AKP-Bananen das Überleben auf dem Markt gegenüber dieser starken Konkurrenz aus Drittstaaten zu sichern, wurde eine EG-Verordnung erlassen, die den Import von Dollarbananen durch Verringerung der bisherigen Einfuhrmengen und Zölle praktisch unrentabel machte. Hinzu kam noch, dass die traditionellen Drittstaatsbananenimporteure bei der Verteilung der Importmengen benachteiligt wurden. Vgl. dazu: EuG, Rs. T-139/01 (Comafrica u. Dole Fresh Fruit Europe/Kommission), Slg. 2005, S. II-409 Rn. 87-105.

[1085] Bsp.: VO (EG) Nr. 2580/2001 des Rates v. 27.12.2001 über spezifische, gegen bestimmte Personen und Organisationen gerichtete restriktive Maßnahmen zur Bekämpfung von Terrorismus, ABl. Nr. L 344 v. 28.12. 2001, S. 70 ff. S. auch: EuG, Rs. T-306/01 (Ahmed Ali Yusuf u. Al Barakaat Interna-

Noch schwieriger gestaltet sich die Frage des Rechtsschutzes, wenn sich – wie in der Rs. *Boehringer*[1086] – ein Verbot der Verwendung bestimmter Arzneien an Kunden (Tierärzte, Landwirte) des Herstellers des betroffenen Produkts wendet, Letzterer aber (als Nichtadressat) eigentlich wirtschaftlich von der Regelung getroffen wird. In solchen Fällen können die Betroffenen wohl kaum Rechtsschutz vor nationalen Gerichten i.V.m. einer Gültigkeitsvorlage an den EuGH erlangen. Die Rechtsschutzlücke kann durch die Zulassung einer Direktklage vor dem EuG geschlossen werden.

III. Fazit

Die bisherigen Erörterungen zeigen, dass die Beantwortung der Frage nach der Erforderlichkeit einer erweiternden Auslegung der Zulässigkeitsvoraussetzungen einer Individualnichtigkeitsklage nach Art. 230 Abs. 4 EG auch von der Effektivität des dezentralen Rechtsschutzes abhängt. Dem vertraglichen Konzept des Individualrechtsschutzsystems liegt die Vorstellung von einer funktionellen Einheit zugrunde, in deren Rahmen zentrale und dezentrale Rechtsschutzmöglichkeiten dem Gebot wirksamen Rechtsschutzes gemeinsam die volle Wirksamkeit verleihen.[1087] Daher stellt sich in erster Linie die Notwendigkeit der Sicherstellung einer stabilen Kohärenz des Rechtsschutzsystems, damit etwaige Lücken durch eine harmonische Verzahnung zentraler und dezentraler Rechtsbehelfe weitestgehend eliminiert werden.[1088] Die Kohärenz stellt also eine spezifische Anforderung an den wechselseitigen Primärrechtsschutz, der jedenfalls nicht unter Verweis auf sekundäre Schadensersatzansprüche von vornherein verweigert werden darf. Dieses Ziel steht fest, unabhängig davon, ob man der „zentralen" oder der „dezentralen" Lösung den Vorzug gibt. Es ist eine Wertungsfrage, auf die es keine absolut richtige Antwort geben kann. Die Aufgabe besteht darin, eine möglichst ausgewogene Lösung zu finden.

Bereits oben wurde dargelegt, dass eine erweiternde Auslegung – nicht zuletzt im Hinblick auf die entsprechende Rechtsfortbildungspraxis des Gerichtshofs zu anderen, verwandten Fragen im Bereich des Rechtsschutzes und der Normenkontrolle – möglich ist. Allerdings bedeutet das nicht, dass das Mögliche auch in jedem Fall zwingend erforderlich ist. Zuzustimmen ist insofern der Prämisse *Nettesheims*, dass die Rechtswegbestimmung und damit auch die Aufgabenverteilung zwischen den mitgliedstaatlichen Gerichten und dem Gerichtshof anhand funktionaler Kriterien erfolgen müssen und auf diese Weise Kapazität, spezifische Kompetenzen, Rechtssicherheit und Rechtsschutzeffektivität gleichermaßen zu berücksichtigen sind.[1089] Was die Kapazität anbetrifft, wurde bereits dargelegt, dass die chronische Überlastung der Gemeinschaftsgerichte ein allgemeines Problem darstellt, welches nur durch eine grundlegen-

---

tional Foundation/ Rat u. Kommission), Slg. 2005, S. II-3533 Rn. 186. Näher dazu: Kap. II D III 5 a) bb) und Kap. IV B II 3 bis 4.

[1086] EuG, verb. Rs. T-125/96 u. T-152/96 (Boehringer Ingelheim Vetmedica GmbH u. C.H. Boehringer Sohn/ Rat), Slg. 1999, S.-3427 Rn. 159 ff.

[1087] *Nowak*, EuR 2000, S. 724 (725).

[1088] Dazu: *Nowak*, EuR 2000, S. 724 ff., der aber für die grundsätzliche Dezentralisierung des Rechtsschutzes gegen EG-Normativakte, d.h. die Abweisung *aller* Individualklagen gegen „echte" Normen plädiert.

[1089] *Nettesheim*, JZ 2002, S. 928 (932).

de Strukturreform gelöst werden kann. Wird die Zulässigkeit der Individualnichtigkeitsklage eingeschränkt, wächst dementsprechend die Zahl der Gültigkeitsvorlagen. Daher lässt sich die Überlastung der Gemeinschaftsgerichte weder als Argument für noch gegen eine erweiterte Direktklage anführen.

Die oft unklare Rechtslage macht deutlich, dass ein kohärentes, duales Rechtsschutzsystem dem Gebot der Rechtswegklarheit entsprechen muss. Erforderlich ist daher eine eindeutige und klare Formulierung der Anforderungen an die Klageberechtigung, damit der Einzelne die Zulässigkeit seiner Nichtigkeitsklage einschätzen kann. Die hier vorgeschlagene Formulierung der Voraussetzungen der individuellen Betroffenheit[1090] ist imstande, diesem Postulat zu genügen. Daneben ist auch die Abstimmung der zentralen und dezentralen Rechtsschutzmöglichkeiten zur Vermeidung von Rechtsschutzlücken notwendig. Die ggf. entstehende Möglichkeit „doppelter" Inanspruchnahme des Rechtsschutzes ist unschädlich, zumal die alternativen Rechtsschutzmittel in manchen Fällen präkludiert sein können. Das Gebot des effektiven Rechtsschutzes verlangt zwar nicht, dass dem Einzelnen mehrere Varianten offen stehen müssen, steht aber einer Verdoppelung des Rechtswegs auch nicht entgegen. Auch wenn einige Stimmen unter Berufung auf Rechtssicherheitsaspekte und vermeintliche Inkohärenz des Rechtsschutzsystems in der EG dies als unerwünschten Nebeneffekt betrachten[1091], kann die Anwendbarkeit der für Individualrechtsakte entwickelten Präklusionsregeln auf Normativakte generell nicht befürwortet werden.

Schließlich lässt sich eine Subsidiarität des zentralen Rechtsschutzes in den Fällen, in denen der Kläger nach den „Neuen Formeln" klageberechtigt wäre, unter Effektivitätsgesichtspunkten nicht befürworten. Beruht die Rechtsverletzung bzw. Beeinträchtigung im eigenen Interessenkreis ausschließlich auf dem – rechtswidrigen – Sekundärrechtsakt, so muss dem Einzelnen der Zugang zu einem Gericht eröffnet werden, welches über die entsprechende Kassationsbefugnis verfügt. In solchen Fällen besteht eine Primärzuständigkeit der Gemeinschaftsgerichte. Entscheidend ist dabei nicht, ob (bzw. inwieweit) *in concreto* kein effektiver Rechtsschutz vor mitgliedstaatlichen Gerichten zu erlangen ist, sondern vielmehr abstrakte Betrachtung der potentiellen Möglichkeiten im Zusammenhang mit dem Vorabentscheidungsverfahren und der Gewährung vorläufigen Rechtsschutzes. Diese hat einige, zum Teil erheblich Lücken des dezentralen Rechtsschutzsystems aufgedeckt, die bei der Nichtzulassung von Individualnichtigkeitsklagen gegen Normativakte der EG (sei es mangels tauglichen Klagegegenstandes[1092], sei es aufgrund fehlender individueller Betroffenheit des Einzelnen[1093]) bislang nicht hinreichend wirksam geschlossen werden konnten.

F. Anfechtbarkeit von Richtlinienbestimmungen

I. Richtlinie als Klagegegenstand i.R.d. Art. 230 Abs. 4 EG

Obwohl Art. 230 Abs. 4 EG Richtlinien nicht wörtlich erfasst, wurden sie bereits einige Male von Privaten angefochten. Die Zweifel an der Zulässigkeit solcher Individual-

---

[1090] S.o.: Kap. II D III 5 a).

[1091] Für den Verzicht auf einen doppelten Rechtsweg: *Nowak*, EuR 2000, S. 724 (725).

[1092] So z.B.: *Schulte*, S. 182 ff.

[1093] Bsp.: EuGH, Rs. C-50/00 P (UPA/Rat), Slg. 2002, S. I-6677 Rn. 36 ff.

klagen beruhen nicht nur auf dem Wortlaut der Norm, sondern auch auf der besonderen, zweistufigen Struktur von Richtlinien, die erst durch nationale Umsetzungsakte ihre volle Wirksamkeit im innerstaatlichen Rechtsraum entwickeln.

1. Entwicklung in der Rechtsprechung

Die Gemeinschaftsgerichte gaben lange Zeit keine klare Antwort darauf, ob Richtlinien überhaupt zum Gegenstand einer Individualnichtigkeitsklage gemacht werden können.[1094] Eine Individualnichtigkeitsklage gegen Richtlinien wurde Ende der 80'er Jahre erstmalig vor dem Gerichtshof verhandelt. Allerdings brachte dies keine Antwort auf die Frage der Anfechtbarkeit von Richtlinien, da die Klage aufgrund des Fristablaufs abgewiesen wurde, ohne dass der EuGH eine Stellungnahme zum eigentlichen Problem hätte beziehen müssen.[1095]

a) Rs. 160/88 (Fedesa) und Rs. C-298/89 (Gibraltar)

Erst die Rs. *Fluorez* und *Fedesa* bieten einige Anhaltspunkte zur Anfechtbarkeit von Richtlinien. Den Anlass stellte die Nichtigkeitsklage der Hersteller von Hormonpräparaten für die Tierzucht gegen Richtlinienbestimmungen, die ein Verwendungsverbot bezüglich einiger von ihnen produzierten Präparate enthielten. Der Antrag im einstweiligen Verfahren wurde mit dem Hinweis auf den normativen Charakter der angefochtenen Bestimmungen und damit auf das Fehlen einer materiellen „Entscheidung" i.S.d. Art. 230 Abs. 4 EG als unzulässig abgewiesen. Im Hauptsacheverfahren hingegen begründete der Gerichtshof die Klageabweisung mit dem Fehlen der individuellen Betroffenheit der Klägerin. Auf die Frage der grundsätzlichen Anfechtbarkeit von Richtlinienbestimmungen ging der EuGH nicht ein, obwohl beide Seiten dies ausdrücklich thematisierten.[1096] Die Klägerinnen brachten insbesondere vor, dass trotz des Wortlauts des Art. 230 Abs. 4 EG teleologische Erwägungen für die Erweiterung der anfechtbaren „Entscheidung" zumindest um Scheinrichtlinien sprechen. Angesichts des fehlenden Umsetzungsspielraums der Mitgliedstaaten und der Bestimmbarkeit der betroffenen Unternehmen handele sich um eine Scheinrichtlinie, die einer staatengerichteten Entscheidung gleich komme. Demgegenüber sei die Handlungsform „Richtlinie" für die Frage der Anfechtbarkeit nicht ausschlaggebend.[1097]

Obgleich der EuGH zur Zulässigkeit der Individualklagen gegen Richtlinien keine Stellung nahm, prüfte er in der Hauptsache die individuelle Betroffenheit der Klägerinnen.[1098] Einige Autoren interpretieren diesen Schritt als implizite Anerkennung der Anfechtbarkeit von Scheinrichtlinien, da die Klage andernfalls mit dem bloßen Hinweis auf die Unzulässigkeit des Klagegegenstandes hätte abgewiesen werden können

[1094] Vgl. z.B.: EuG, Rs. T-463/93 (GUNA SRL/Rat), Slg. 1993, S. II-1205 Rn. 14. Dort hielt das Gericht es für nicht erforderlich, auf alle von den Parteien erörterten Probleme im Zusammenhang mit der Anfechtbarkeit von Richtlinien durch Private einzugehen, weil bereits die unmittelbare und individuelle Betroffenheit verneint wurde.

[1095] EuGH, Rs. 352/87 (Farzoo u. Kortmann/Kommission), Slg. 1988, S. 2281.

[1096] Unzulässigkeitsrüge des Rates bzgl. des Klagegegenstandes – zit. in: EuGH, Rs. 138/88 (Fluorez u.a./Rat), Slg. 1988, S. 6393 Rn. 6 f.; EuGH, Rs. 160/88 (Fedesa u.a./Rat), Slg. 1988, S. 6399 Rn. 6 f.

[1097] Vgl. EuGH, Rs. 160/88 (Fedesa u.a./Rat), Slg. 1988, S. 6399 Rn. 8 ff.

[1098] EuGH, Rs. 160/88 (Fedesa u.a./Rat), Slg. 1988, S. 6399 Rn. 13.

und sich ein weiteres Eingehen auf die Klageberechtigung erübrigt hätte.[1099] Dieser Schluss ist jedoch alles andere als zwingend. Denn die Reihenfolge der Zulässigkeitsprüfung muss dann nicht eingehalten werden, wenn die Klage möglicherweise bereits aus anderen Gründen abgewiesen werden kann. Es ist prüfungsökonomisch, einen Punkte vorzuziehen, ohne dass die vorhergehenden, u.U. mit einem größeren Begründungsaufwand verbundenen Zulässigkeitsfragen erörtert werden müssen. Die Vorgehensweise des EuGH deutet lediglich darauf hin, dass er die Anfechtbarkeit von Scheinrichtlinien mittels Individualnichtigkeitsklage jedenfalls nicht *per se* ausschließen, diese Frage insgesamt aber offen lassen wollte.[1100]

Das Urteil in der Rs. *Gibraltar*[1101] brachte zwar gewisse Fortschritte, eine endgültige Klärung der Streitfrage war jedoch noch nicht in Sicht. Die Regierung von Gibraltar wandte sich mit einer Nichtigkeitsklage gegen eine Richtlinienbestimmung, durch die die Anwendbarkeit einer begünstigenden, gemeinschaftlichen Verfahrensregelung für den Linienflugverkehr auf dem Flughafen von Gibraltar ausgesetzt wurde. Die Klägerin behauptete, die strittige Richtlinienbestimmung stelle eine verschleierte Entscheidung dar, die sie unmittelbar und individuell betreffe.[1102] Der beklagte Rat erhob eine Unzulässigkeitseinrede mit der Begründung, dass eine Richtlinie nicht mit einer Individualnichtigkeitsklage angegriffen werden könne.[1103]

Auch dieses Urteil enthält keine eindeutige Stellungnahme zur Anfechtbarkeit von Richtlinien durch Private. Diesmal setzte der EuGH jedoch bei der Prüfung des Klagegegenstands an und untersuchte, ob es sich bei der strittigen Richtlinienbestimmung um eine „verdeckte" Entscheidung handelt. Dieses methodische Vorgehen lässt jedenfalls eine gewisse Bereitschaft zur Anerkennung der Anfechtbarkeit von Scheinrichtlinien erkennen.[1104] Die Prüfung des EuGH lässt den Schluss zu, dass jede Organhandlung, die gegenüber dem Betroffenen Entscheidungscharakter aufweist, nach Art. 230 Abs. 4 EG gerügt werden kann.[1105] Die Tendenz zur Erweiterung des Klagegegenstandes des Art. 230 Abs. 4 EG betraf indes nicht „echte" Richtlinien. Denn die Klage wurde allein mit dem Hinweis auf die abstrakt-generelle Rechtsnatur der strittigen Richtlinie als unzulässig abgewiesen.

Im Gegensatz zu den zögerlichen und enigmatischen Ausführungen des EuGH bezog der Generalanwalt *Lenz* in seinen Schlussanträgen eindeutige Stellung und plädier-

---

[1099] So z.B.: *Schulte*, S. 38.

[1100] Ebenso: *Cremer* in: Calliess/Ruffert, EUV/EGV, Art. 230 EG Rn. 39; *ders.*, EWS 1999, S. 48 (50); *v.d. Hout*, S. 32.

[1101] EuGH, Rs. C-298/89 (Gibraltar/Rat), Slg. 1993, S. I-3605.

[1102] EuGH, Rs. C-298/89 (Gibraltar/Rat), Slg. 1993, S. I-3605 Rn. 10. Ähnlich argumentierte die Klägerin im Fall *GUNA*, die gegen eine Richtlinie zur Harmonisierung der Vorschriften über das Inverkehrbringen homöopathischer Arzneimittel klagte – EuG, Rs. T-463/93 (GUNA SRL/Rat), Slg. 1993, S. II-1205 Rn. 11 f.

[1103] EuGH, Rs. C-298/89 (Gibraltar/Rat), Slg. 1993, S. I-3605 Rn. 9. Ebenso das Vorbringen des Rates, zit. in: EuG, Rs. T-463/93 (GUNA SRL/Rat), Slg. 1993, S. II-1205 Rn. 9 f.

[1104] Ebenso: *Cremer*, EWS 1999, S. 48 (50); *ders.* in: Nowak/Cremer, Individualrechtsschutz in der EG und der WTO (2002), S. 27 (34); *v.d. Hout*, S. 32; *Schulte*, S. 40 f. A.A.: *Klüpfel*, EuZW 1996, S. 393, die die Auffassung vertritt, der EuGH habe die Anfechtbarkeit von Richtlinien durch nichtprivilegierte Kläger offen gelassen.

[1105] Siehe: EuGH, Rs. C-298/89 (Gibraltar/Rat), Slg. 1993, S. I-3605 Rn. 13-23.

te für die Anfechtbarkeit nicht nur der in Richtlinienform ergangenen Entscheidungen, sondern auch – in Anlehnung an die *Cordoniu*-Judikatur – echter Richtlinien.[1106] Die Gleichstellung von Scheinrichtlinien und den Scheinverordnungen begründete er mit dem Normzweck. Danach soll Art. 230 Abs. 4 EG gerade verhindern, dass die Gemeinschaftsorgane durch die Wahl einer anderen Handlungsform die Klagemöglichkeiten des Individuums gegen eine es unmittelbar und individuell betreffende Entscheidung beschneiden können.[1107] Die Handlungsform sei für die Anfechtbarkeit nicht ausschlaggebend. Der Wortlaut des Art. 230 Abs. 4 EG stehe nicht entgegen.

Die Ursache hierfür dürfte darin liegen, dass die Vertragsväter aufgrund der zweistufigen Implementationsstruktur der Richtlinie und des vorgesehenen mitgliedstaatlichen Umsetzungsspielraums davon ausgingen, Richtlinienbestimmungen können Private niemals unmittelbar betreffen.[1108] Erweist sich dies jedoch in der Praxis als unrichtig, d.h. fehlt das Umsetzungsermessen, dann besteht kein Grund mehr gegen die Zulassung von Individualklagen gegen Richtlinienbestimmungen. Der Generalanwalt zog dabei Parallelen zwischen der staatengerichteten Entscheidung und der Richtlinie: Werde der Umsetzungsspielraum bei Richtlinien beschnitten, so werde auch der strukturelle Unterschied zwischen den beiden Handlungsformen nivelliert. Zugleich betonte er aber, dass damit nicht zwingend eine Analogie zu dem in Art. 230 Abs. 4 Var. 3 EG geregelten Fall (an einen Dritten gerichtete Entscheidung) befürwortet, sondern lediglich die Anfechtbarkeit sekundärrechtlicher Bestimmungen *„unabhängig von ihrem Standort (in einer Verordnung, Richtlinie oder Entscheidung)"* stets nach denselben objektiven Kriterien beurteilt werde.[1109] *Lenz* plädierte für die Erstreckung der *Cordoniu*-Grundsätze auf normative Richtlinienbestimmungen.[1110]

b) Die Entscheidungen in der Rs. Asocarne

In der *Asocarne* klagte ein spanischer Fleischerverband gegen eine Richtlinie[1111], deren Art. 2 die bisher geltende, weitestgehend inhaltsgleiche Entscheidung[1112] ersetzte. Die Klägerin sah in der angefochtenen Richtliniennorm eine materielle Entscheidung.

aa) Das erstinstanzliche Urteil des EuG

Während das EuG noch kurz zuvor[1113] die Streitfrage nach der Anfechtbarkeit von Richtlinien durch Private unbeantwortet ließ, bezog es nunmehr im *Asocarne*-Urteil eine negative Position. Dabei ging das EuG zunächst vom Wortlaut des Art. 230 Abs. 4 EG aus, der keine direkte Klage gegen Richtlinien vorsieht. Das Gericht wies auf hinreichenden Rechtsschutz gegen Richtlinien auf nationaler Ebene hin, nämlich auf

---

[1106] Schlussanträge des GA *Lenz* in der Rs. C-298/89 (Gibraltar/Rat), Slg. 1993, S. I-3621 Nr. 81 ff., 97 ff.

[1107] EuGH, Rs. 101/76 (Koniklijke Scholten Honig/ Rat), Slg. 1977, S. 797 Rn. 6; EuGH, Rs. 138/79 (Roquette Frères/Rat), Slg. 1980, S. 3333 Rn. 16 f.

[1108] Schlussanträge des GA *Lenz* in der Rs. C-298/89 (Gibraltar/Rat), Slg. 1993, S. I-3621 Nr. 87 ff.

[1109] Schlussanträge des GA *Lenz*, aaO, Nr. 94 (Fn. 62).

[1110] Schlussanträge des GA *Lenz*, aaO, Nr. 97 f.

[1111] Richtlinie 93/118/EG des Rates v. 22.12.1993, ABl. EG 1993 Nr. L 340, S. 15.

[1112] Entscheidung 88/498/EWG des Rates v. 15.7.1988, ABl. EG 1988 Nr. L 194, S. 24.

[1113] EuG, Rs. T-463/93 (GUNA SRL/Rat), Slg. 1993, S. II-1205 Rn. 14.

die Anfechtung staatlicher Umsetzungsakte. Eine Rechtsschutzlücke, die eine Erweiterung des zulässigen Klagegegenstandes des Art. 230 Abs. 4 EG erforderlich machen könne, sei somit nicht gegeben. Aus diesem Grunde lehnte das EuG die Anfechtbarkeit von „echten" Richtlinien und Scheinrichtlinien entschieden ab.[1114] Ferner wurde argumentiert, dass selbst bei einer wortlautwidrigen Gleichsetzung von Richtlinien und Verordnungen i.R.d. Art. 230 Abs. 4 EG, die angegriffenen Bestimmungen nicht als „Scheinrichtlinie" qualifiziert werden können.[1115]

Das Abstellen auf die Richtlinien*form* (formelle Betrachtungsweise), in der die strittige Maßnahme erlassen wurde, steht im Widerspruch zur bisherigen Rechsprechung, wonach der Inhalt maßgeblich sein soll (materielle Betrachtung), damit der Individualrechtsschutz durch die Wahl der Handlungsform nicht umgangen wird.[1116] Die subsidiäre Erörterung der materiellen Rechtsnatur der angefochtenen Bestimmung vermag diesen Ausgangspunkt nicht in ein anderes Licht zu rücken.[1117] Die Ausführungen des Gerichts lassen keinen Zweifel daran, dass es einer Erweiterung des Klagegegenstandes des Art. 230 Abs. 4 EG um Richtlinien, sei es auch nur Scheinrichtlinien, skeptisch gegenüber stand.[1118] Die hilfsweise Prüfung des Entscheidungscharakters und der individuellen Betroffenheit[1119] deuten lediglich darauf hin, dass das EuG mit einer gegenteiligen Auffassung des EuGH über die grundsätzliche Anfechtbarkeit von Richtlinien rechnete und das Urteil durch weitere Argumente „revisionsfest" machen wollte.

bb) Revisionsentscheidung des EuGH

Der EuGH bezog wiederum keine eindeutige Stellungnahme zur Anfechtbarkeit von Richtlinien durch Private und vertrat konsequent die frühere Rechtsprechungslinie. Er lehnte jede Berücksichtigung der durch die Klägerin problematisierten Schwächen des dezentralen Rechtsschutzsystems ab.[1120] Der Entscheidungscharakter der Richtlinie wurde mit Hinweis auf die Allgemeinverbindlichkeit der Regelung verneint.[1121] In der Begründung wurde darauf hingewiesen, dass die Aufhebung einer Entscheidung durch die Richtlinienbestimmung keine andere Beurteilung rechtfertigte. Dabei ging es offenbar um den Gesamtakt. Der Charakter der *übrigen* Vorschriften wurde nicht beein-

---

1114 EuG, Rs. T-99/94 (Asociatión Española de Empresas de la Carne (Asocarne)/Rat), Slg. 1994, S. II-871 Rn. 17.

1115 EuG, Rs. T-99/94 (Asocarne/Rat), Slg. 1994, S. II-871 Rn. 18.

1116 EuGH, Rs. 60/81 (IBM/Kommission), Slg. 1981, S. 2639 Rn. 9. Ebenso: *v. Burchard*, EuZW 1995, S. 255.

1117 So aber: *Klüpfel*, EuZW 1996, S. 393. Ähnlich: *v.d. Hout*, S. 33, der annimmt, das EuG habe die Anfechtbarkeit von Scheinrichtlinien nicht generell ausgeschlossen. A.A.: *Cremer*, in: Nowak/Cremer, Individualrechtsschutz in der EG und der WTO (2002), S. 27 (35).

1118 Ähnlich: *Cremer*, EuZW 2001, S. 453; a.A.: *Borchardt* in: Lenz/Borchardt, EUV/EGV, Art. 230 EG Rn. 53; *Lengauer*, S. 94.

1119 EuG, Rs. T-99/94 (Asocarne/Rat), Slg. 1994, S. II-871 Rn. 19 ff.

1120 EuGH, Rs. C-10/95 P (Asociatión Española de Empresas de la Carne (Asocarne)/Rat), Slg. 1995, S. I-4149 Rn. 26.

1121 EuG, Rs. T-99/94 (Asocarne/Rat), Slg. 1994, S. II-871 Rn. 18; zustimmend: EuGH, Rs. C-10/95 P (Asocarne/Rat), Slg. 1995, S. I-4149 Rn. 31.

trächtigt.[1122] Schließlich prüfte der EuGH die individuelle Betroffenheit der Rechtsmittelführerin und verneint sie.[1123]

Die Prüfung des materiellen Entscheidungscharakters der angegriffenen Bestimmung durch den EuGH legt nahe, dass Scheinrichtlinien jedenfalls nicht *per se* aufgrund des Wortlauts des Art. 230 Abs. 3 EG aus dem Kreis der anfechtbaren Rechtsakte ausgeschlossen wurden.[1124] Bemerkenswert ist, wie der EuGH in diesem Zusammenhang die Prüfung und Verneinung einer „verschleierten Entscheidung" konstatierte: *„das Gericht brauchte nicht zu prüfen, ob Richtlinien für die Entscheidung über die Zulässigkeit einer Klage natürlicher oder juristischer Personen gegen eine als Richtlinie ergangene Entscheidung Verordnungen gleichgesetzt werden können."*[1125] Gerade diese Frage hat das EuG gleich am Anfang erörtert und ausdrücklich verneint. Durch diesen Kunstgriff ließ der EuGH die strittige Grundsatzfrage wiederum bewusst offen. Er würdigte die Ausführungen des EuG lediglich als entbehrlich, aber nicht als falsch.

In der Literatur wird die Entscheidung des EuGH zur Frage der Anfechtbarkeit „echter" Richtlinien unterschiedlich interpretiert. Zum Teil wird angenommen, dass die Richter diese Option für möglich hielten[1126], worauf zumindest das Eingehen auf die individuelle Betroffenheit im Anschluss an die Ablehnung des Entscheidungscharakters, hindeutet.[1127] Dieses Vorgehen weist eine Parallele zum Prüfungsmuster bei Klagen gegen „echte" Verordnungen auf, das sich spätestens seit dem *Cordoniu*-Urteil endgültig durchgesetzt hat. Das würde bedeuten, dass der normative Charakter allein – anders als im *Gibraltar*-Urteil[1128] – eine Klageabweisung noch nicht rechtfertigt. Sonst wäre es unklar, warum der EuGH nach der Feststellung des normativen Charakters der fraglichen Richtlinienbestimmung einerseits die Entbehrlichkeit der Prüfung, ob Richtlinien nach denselben Regeln wie Verordnungen angefochten werden können, feststellt, andererseits dennoch ausführlich auf die Frage der individuellen Betroffenheit eingeht.[1129] Das wäre nur dann erforderlich, wenn der EuGH davon ausgeht, dass die normative Richtlinienbestimmung trotzdem von den individuell und unmittelbar Betroffenen angefochten werden kann.[1130] Anhaltspunkte dafür, dass diese Ausführungen nur hilfsweise die Klageabweisung unterstützen oder in einem *obiter dictum* erfolgten, sind jedoch nicht ersichtlich.[1131] Es ist allerdings nicht ausgeschlossen, dass die Stellungnahme zur individuellen Betroffenheit allein auf die Spezifik der Prüfung in einer

---

[1122] So auch: *Haratsch*, EuR 1998, S. 387 (415).
[1123] EuGH, Rs. C-10/95 P (Asocarne/Rat), Slg. 1995, S. I-4149 Rn. 42 f. Die Unmittelbare Betroffenheit wurde nicht mehr erörtert.
[1124] Zustimmend: *Klüpfel*, EuZW 1996, S. 393 (394); *Schulte*, S. 45.
[1125] EuGH, Rs. C-10/95 P (Asocarne/Rat), Slg. 1995, S. I-4149 Rn. 32.
[1126] EuGH, Rs. C-10/95 P (Asocarne/Rat), Slg. 1995, S. I-4149 Rn. 32 ff.
[1127] *Cremer* in: Calliess/Ruffert, EUV/EGV, Art. 230 EG Rn. 40; *Schulte*, S. 45.
[1128] EuGH, Rs. C-298/89 (Gibraltar/Rat), Slg. 1993, S. I-3605 Rn. 13-23 (s.o.). Dort brach der EuGH die Prüfung gleich nach der Verneinung einer verschleierten Entscheidung ab, ohne auf die von unmittelbare und individuelle Betroffenheit einzugehen.
[1129] Vgl. EuGH, Rs. C-10/95 P (Asocarne/Rat), Slg. 1995, S. I-4149 Rn. 35 ff.
[1130] *Cremer*, EWS 1999, S. 48 (50).
[1131] Vgl. EuGH, Rs. C-10/95 P (Asocarne/Rat), Slg. 1995, S. I-4149 Rn. 45. Nach der Verneinung der individuellen Betroffenheit ging der EuGH auf die Unmittelbarkeit nicht mehr ein. Dies deutet darauf hin, dass es sich nicht um ein Hilfsgutachten handelte – vgl. *Cremer*, EWS 1999, S. 48 (50).

Rechtsmittelentscheidung zurückzuführen ist. Diese erfordert keine erneute, vollständige Fallprüfung, sondern lediglich das Eingehen auf die vorgebrachten Rechtsmittelgründe. Dabei wird die Reihenfolge oft der Übersichtlichkeit halber durch die vorgetragenen Gründe bestimmt.[1132] Allein aus der Erörterung der individuellen Betroffenheit kann noch nicht auf die Anerkennung der Anfechtbarkeit „echter" Richtlinien geschlossen werden. Diese Konklusion ist zwar möglich, aber nicht zwingend. Der EuGH ließ sich bewusst Spielraum für weitere Entwicklung.

c) Rs. UEAPME

Offenbar unter dem Eindruck des *Asocarne*-Urteils des EuGH kehrte das EuG bei der nächsten Gelegenheit von seinem früheren Standpunkt ab.[1133] Den Anlass hierzu gab die von einer Vereinigung erhobene Klage gegen die Richtlinie 96/34 zur Harmonisierung des Elternurlaubs, die die Mitgliedstaaten zur Durchführung einer von drei Sozialpartnern mit allgemeiner Bestimmung abgeschlossenen Rahmenvereinbarung verpflichten sollte.[1134] Während das EuG noch in der *Asocarne*-Entscheidung mit dem Hinweis auf den Wortlaut des Art. 230 Abs. 4 EG generell gegen die Zulässigkeit von Individualklagen gegen Richtlinien argumentierte, vertrat es knapp 4 Jahre später die Auffassung, dass dieser *„nicht allein ausreicht, solche Klagen für unzulässig zu erklären.“*[1135] Art. 230 Abs. 4 Var. 2 EG soll gewährleisten, dass die Gemeinschaftsorgane nicht durch die Wahl der Handlungsform über den primärrechtlich garantierten Rechtsschutz gegen eigene Rechtsakte beliebig disponieren können.[1136] Stellt man auf den Inhalt ab, so spielt die Form, in der die „Entscheidung" erlassen wird, keine Rolle.

Im nächsten Schritt prüfte das Gericht, ob die angefochtene Richtlinienbestimmung eine „verschleierte Entscheidung" enthielt und verneinte dies.[1137] Nach Feststellung des normativen Charakters folgte noch eine weitere Prüfung der individuellen und unmittelbaren Betroffenheit unter Bezugnahme auf die Antidumping- und *Cordoniu*-Rechtsprechung.[1138] Letztendlich blieb die Klage mangels individueller Betroffenheit erfolglos. Auf die Unmittelbarkeit wurde nicht mehr eingegangen. Die Ausführungen des Gerichts bieten keine Anhaltspunkte dafür, dass es sich bei der Erörterung der individuellen Betroffenheit lediglich um Hilfsgutachten handelt.[1139] Im Gegenteil spricht vieles dafür, dass die Gemeinschaftsrichter nunmehr auch „echte" Richtlinien als zu-

---

[1132] *V.d. Hout*, S. 35.

[1133] *Cremer*, EuZW 2001, S. 453 f.

[1134] Vgl. Vorbringen der Klägerin zit. in: EuG, Rs. T-135/96 (Union européenne de l'artisanat et des petites et moyennes entreprises [UEAPME]/Rat), Slg. 1998, S. II-2335 Rn. 44.

[1135] EuG, Rs. T-135/96 (UEAPME/Rat), Slg. 1998, S. II-2335 Rn. 63.

[1136] EuG, Rs. T-135/96 (UEAPME/Rat), Slg. 1998, S. II-2335 Rn. 63 (unter Verweis auf EuG, Rs. T-122/96 (Federolio/Kommission), Slg. 1997, S. II-1559 Rn. 50).

[1137] EuG, Rs. T-135/96 (UEAPME/Rat), Slg. 1998, S. II-2335 Rn. 64 ff. Vgl. insb. die kausale Verknüpfung: *„Es ist **daher** zunächst zu prüfen, ob die Richtlinie ein normativer Akt ist oder ob sie als Entscheidung in der Gestalt einer Richtlinie anzusehen ist.“* Das EuG lag erstmals offen, warum der Entscheidungscharakter erörtert wurde.

[1138] EuG, Rs. T-135/96 (UEAPME/Rat), Slg. 1998, S. II-2335 Rn. 68 f.

[1139] Ebenso: *Cremer*, EuZW 2001, S. 453 (454); *v.d.Hout*, S. 36 f.

lässigen Gegenstand einer Individualnichtigkeitsklage betrachteten.[1140] Aus dem Kontext und der Verbindung „sodann" zwischen der Feststellung des normativen Charakters der Richtliniennorm und der anschließenden, ausführlichen Erörterung der individuellen Betroffenheit lässt sich auf eine Fortsetzung der Zulässigkeitsprüfung schließen, die nicht lediglich hilfsgutachterlich erfolgte.[1141] Der Verweis auf die Rechtsprechung zur Anfechtbarkeit von „echten" Verordnungen[1142] bekräftigt diese Interpretation. Nach der wörtlich zugrunde gelegten *Cordoniu*-Rechtsprechung schließt der normative Charakter die individuelle Betroffenheit nicht automatisch aus. Ähnlich wie dort werden die interessierenden Grundsatzfragen kurz und bündig *entschieden*, aber nicht dogmatisch erläutert. Der Schwerpunkt lag in der Würdigung des Einzelfalles und der Klageberechtigung. Somit lässt sich dem *UEAPME*- Urteil entnehmen, dass das EuG die Anfechtbarkeit sowohl von Scheinrichtlinien als auch normativen Richtlinienbestimmungen durch Einzelne im Grundsatz anerkannt hat.

d) Urteil des EuG in der Rs. Salamander

Im *Salamander*-Urteil hatte sich das EuG mit einer unstreitig normativen Richtlinienbestimmung zu befassen. Klagegegenstand war die Richtlinie über Werbung und Sponsoring zugunsten von Tabakerzeugnissen.[1143] Die klagenden Tabakgesellschaften trugen vor, der normative Charakter der Richtlinie stehe der Zulässigkeit der Direktklage nicht entgegen. Maßgeblich sei allein die individuelle und unmittelbare Betroffenheit, was in der Konsequenz eine Unterscheidung zwischen „Entscheidungen im Richtliniengewande" und „echten" Richtlinien entbehrlich macht. Da in den meisten Mitgliedstaaten keine Klagemöglichkeiten gegen die Umsetzungsakte bzw. Auswirkungen von Richtlinien vor ihrer Umsetzung existieren, werde zudem das Grundrecht auf effektiven Rechtsschutz verletzt.[1144]

Das Gericht prüfte zunächst, ob die angefochtene Richtlinienbestimmung eine materielle Entscheidung verkörpere. Nach der Verneinung des Entscheidungscharakters wurde darauf hingewiesen, dass auch ein normativer Akt den Einzelnen unmittelbar und individuell betreffen kann. Daher setzte es die Zulässigkeitsprüfung mit der Voraussetzung der unmittelbaren Betroffenheit fort. Die Klage wurde letztlich mangels unmittelbarer Betroffenheit und nicht aufgrund des normativen Charakters der Richtlinienbestimmungen als unzulässig abgewiesen. Bei der Beurteilung der Unmittelbarkeit

---

[1140] Zustimmend: *Cremer* in: Nowak/Cremer, Individualrechtsschutz in der EG und der WTO (2002), S. 27 (36); *v.d. Hout*, S. 36; *Schulte*, S. 47.

[1141] Dass das EuG die individuelle Betroffenheit sehr ausführlich (auf über 15 Seiten) diskutierte, wird z.T. zumindest als ein Indiz dafür angesehen, dass es sich nicht um bloße Hilfsausführungen handelt, sondern die Klage erst an der fehlenden Unmittelbarkeit scheiterte – vgl. *Cremer*, EuZW 2001, S. 453 (454).

[1142] EuG, Rs. T-135/96 (UEAPME/Rat), Slg. 1998, S. II-2335 Rn. 69 mit Verweis auf Entscheidungen: EuGH, Rs. C-358/89 (Extramet Industrie/Rat), Slg. 1991, S. I-2501 Rn. 13; EuGH, Rs. C-309/89 (Codorniu/Rat), Slg. 1994, S. I-1853 Rn. 19; EuG, Rs. T-122/96 (Federolio/Kommission), Slg. 1997, S. II-1559 Rn. 58.

[1143] Richtlinie 98/43/EG des Rates und des EP vom 6.7.1998 zur Angleichung der Rechts- und Verwaltungsvorschriften der Mitgliedstaaten , ABl. (EG) Nr. L 213 v. 30.7.1998, S. 9 ff.

[1144] EuG, verb. Rs. T-172/98 u. T-175/98 bis T-177/98 (Salamander u.a./EP u. Rat), Slg. 2000, S. II-2487 Rn. 72 ff.

wiederholte das Gericht die in der Rechtsprechung etablierte, materielle Definition, wonach sich die strittige Maßnahme auf die Rechtsstellung des Klägers unmittelbar auswirken muss und ihren Adressaten, die mit ihrer Durchführung betraut sind, keinerlei Ermessensspielraum lässt.[1145] Dennoch stütze sich das EuG auf einen formellen Aspekt, nämlich die Umsetzungsbedürftigkeit und in materieller Hinsicht auf die unmittelbare Wirkung von Richtlinien, statt das fehlende Umsetzungsermessen (i.S.d. materiellen Unmittelbarkeit) konsequent zu prüfen.

Die Reihenfolge der Prüfung und die Anknüpfung an die *Cordoniu*-Entscheidung legen zwar nahe, dass auch echte Richtlinien als zulässiger Klagegegenstand i.R.d. Art. 230 Abs. 4 EG anerkannt wurden. Durch das „richtlinienspezifische" Verständnis der unmittelbaren Betroffenheit wurde aber die Anerkennung der Individualanfechtbarkeit von Richtlinien relativiert. Würde man die unmittelbare Betroffenheit lediglich auf formelle Unmittelbarkeit reduzieren mit der Folge, dass es nur auf unmittelbare Wirkung von nicht oder defizitär umgesetzten Richtlinien ankäme, dann könnte diese Zulässigkeitsvoraussetzung so gut wie nie bejaht werden. Denn sowohl die umgekehrt vertikale als auch horizontale unmittelbare Richtlinienwirkung ist nach ständiger Rechtsprechung grundsätzlich ausgeschlossen, sodass kein Privater durch eine Richtlinienbestimmung direkt beschwert sein kann. Im Fall der unmittelbaren vertikalen Richtlinienwirkung kann sich der Einzelne hingegen auf eine Begünstigung durch die Richtlinie berufen, sodass sich kein „Betroffener" finden würde.

Die Stimmen in der Literatur sind geteilt. *Schwarze* sieht in dem Einleitungssatz mit dem Hinweis darauf, dass Art. 230 Abs. 4 EG *„für den Einzelnen keine direkte Klage vor dem Gemeinschaftsrichter gegen Richtlinien"* vorsieht[1146], eine Rückkehr zur *Asocarne*- Rechtsprechung.[1147] Das suggeriert auch die darauf folgende Formulierung[1148], in der die *Asocarne*-Entscheidung des EuG wortwörtlich übernommen wurde. Der weitere Gang der Zulässigkeitsprüfung, spricht jedoch gegen diese These. Die Klage wurde wegen fehlender unmittelbarer Betroffenheit und nicht mangels tauglichen Klagegegenstandes abgewiesen. Daher sah das Gericht erst nach der Ablehnung der Unmittelbarkeit keinen Bedarf mehr, noch zur individuellen Betroffenheit Stellung zu nehmen.[1149] *Schwarze* ist jedoch insofern zuzustimmen, als das EuG ersichtlich bemüht war, die Anfechtbarkeit normativer Richtlinienbestimmungen *im Ergebnis* gene-

[1145] EuG, verb. Rs. T-172/98 u. T-175/98 bis T-177/98 (Salamander u.a./EP u. Rat), Slg. 2000, S. II-2487 Rn. 52 mit Hinweis auf das Urteil des EuGH, Rs. C-386/96 P (Dreyfus/Kommission), Slg. 1998, S. I-2309 Rn. 43.

[1146] EuG, verb. Rs. T-172/98 u. T-175/98 bis T-177/98 (Salamander u.a./EP u. Rat), Slg. 2000, S. II-2487 Rn. 27.

[1147] *Schwarze* in: ders., EU-Komm., Art. 230 EG Rn. 34; a.A.: *Cremer*, EuZW 2001, S. 453 (454); *Schulte*, S. 50 f.

[1148] *„**Selbst wenn man - entgegen dem Wortlaut** von Artikel 173 Absatz 4 des Vertrages - davon ausgeht, dass die Richtlinien den Verordnungen gleichgesetzt werden können, um eine Klage gegen eine als Richtlinie ergangene Entscheidung zuzulassen, stellt die streitige Richtlinie hier keine verschleierte Entscheidung dar und enthält keine speziellen Vorschriften, die für die Klägerinnen den Charakter einer individuellen Entscheidung hätten."* – EuG, verb. Rs. T-172/98 u. T-175/98 bis T-177/98 (Salamander u. a./EP u. Rat), Slg. 2000, S. II-2487 Rn. 28 [Hervorhebung durch Verfasserin].

[1149] EuG, verb. Rs. T-172/98 u. T-175/98 bis T-177/98 (Salamander u.a./EP u. Rat), Slg. 2000, S. II-2487 Rn. 71.

rell auszuschließen, freilich mit anderer Begründung. Das Gericht wollte widersprüchliche Entscheidungen vermeiden. Einerseits wurden Richtlinien den Verordnungen als Klagegegenstand i.S.d. Art. 230 Abs. 4 EG gleichgestellt. Gleichzeitig wurde versucht, einen generellen Ausschluss von Individualklagen gegen normative Richtlinienbestimmungen „durch die Hintertür", mittels einer eng verstandenen Unmittelbarkeit zu erreichen.[1150] Obgleich das EuG die Anfechtbarkeit normativer Richtlinienbestimmungen nicht grundsätzlich ausschließt, so sind doch die aufgestellten Anforderungen aus Klägersicht als Pyrrhussieg zu werten. Denn das Klagerecht wird durch das formell verstandene Unmittelbarkeitserfordernis praktisch völlig entwertet.

Auf die klägerseits geltend gemachten Einwände zum Fehlen eines effektiven Rechtsschutzes vor mitgliedstaatlichen Gerichten und der Unzulänglichkeit des Vorabentscheidungsverfahrens ging das Gericht erst zum Schluss ein, als die Unzulässigkeit der Klage bereits festgestellt wurde. Mit Hinweis auf den Grundsatz der Gleichheit aller Rechtsnormunterworfenen und die eigene Unzuständigkeit für die Kontrolle nationaler Verfahrensordnungen lehnte das EuG die Berücksichtigung etwaiger Lücken im nationalen Rechtsschutzsystem generell ab. Aus dem in Art. 10 EG verankerten Grundsatz der Gemeinschaftstreue folge, dass es Sache der Mitgliedstaaten sei, die Kohärenz des Rechtsschutzes gegen Gemeinschaftsrechtsakte auf nationaler Ebene sicherzustellen.[1151] Auf die vorgetragenen Mängel der Gültigkeitsvorlage nach Art. 234 Abs. 1 lit. b EG erwiderten die Gemeinschaftsrichter, dass selbst wenn sie zuträfen, sie nur im Wege einer Vertragsänderung und nicht einer erweiternden Auslegung des Art. 230 Abs. 4 EG zu beheben seien. Dem Gericht sei verwehrt, sich an die Stelle des Verfassungsgebers der Gemeinschaft zu setzen.[1152] Im Übrigen stünde den Klägerinnen die Amtshaftungsklage zur Geltendmachung von Sekundäransprüchen zu.[1153]

e) Die jüngsten Entscheidungen des EuG

In jüngster Zeit hatte das Gericht immer wieder mit Individualklagen gegen Richtlinien zu tun. Bislang war jedoch keine erfolgreich.[1154] In einem Beschluss über die Zulässigkeit einer Nichtigkeitsklage gegen Richtlinie 2000/84/EG zur Regelung der Sommerzeit[1155] bestätigte das EuG zumindest die Anfechtbarkeit von Scheinrichtlinien. Entgegen dem Vorbringen des Rates bekräftigten die Richter unter Hinweis auf

[1150] Ähnlich: *Nowak*, in: Nowak/Cremer, Individualrechtsschutz in der EG und der WTO (2002), S. 47 (58 f.).

[1151] EuG, verb. Rs. T-172/98 u. T-175/98 bis T-177/98 (Salamander u.a./EP u. Rat), Slg. 2000, S. II-2487 Rn. 74.

[1152] EuG, aaO, Rn. 75.

[1153] EuG, aaO, Rn. 77.

[1154] Sie scheiterten aber nicht wegen eines unzulässigen Klagegegenstands, sondern am Fehlen der unmittelbaren oder der individuellen Betroffenheit, vgl. EuG, Rs. T-223/01 (Japan Tobacco and JT International/EP u. Rat), Slg. 2002, S. II-3259 Rn. 57; EuG, Rs. T-167/02 (Etablissements Toulorge/EP u. Rat), Slg. 2003, S. II-1111 Rn. 69; EuG, Rs. T-321/02 (Paul Vannieuwenhuyze-Morin/Rat u. EP), Slg. 2003 S. II-1997 Rn. 32; EuG, Rs. T-196/03 (EFfCI/EP u. Rat), Slg. 2004, S. II-4263 Rn. 71; EuG, Rs. 310/03 (Kreuzer Medien GmbH/EP u. Rat), Slg. 2006, S. II-36 Rn. 79 ff.; EuG, Rs. T-311/03 (Nürburgring/EP u. Rat), Slg. 2006, S. II-46 Rn. 71 f.

[1155] RL 2000/84/EG des EP und des Rates v. 19.1.2001 zur Regelung der Sommerzeit, ABl. Nr. L 31, S. 21.

die ständige Rechtsprechung des Gerichtshofes, dass *„der Umstand allein, dass Artikel 230 Abs. 4 EG nicht ausdrücklich die Zulässigkeit einer Nichtigkeitsklage gegen eine Richtlinie regelt, nicht ausreicht, um eine solche Klage als unzulässig zu verwerfen.“*[1156] Die Klage wurde letztlich mangels individueller Betroffenheit als unzulässig verworfen. Die Anfechtbarkeit von Richtlinienbestimmungen mit normativem Charakter wurde indes nicht angesprochen.

Zu dieser Frage äußerte sich das Gericht einige Monate später im *Japan Tobacco*-Beschluss bejahend. Gegenstand der von zwei auf dem Zigarettenmarkt tätigen Gesellschaften erhobenen Nichtigkeitsklage war die Richtlinie 2001/37/EG über die Herstellung, die Aufmachung und den Verkauf von Tabakerzeugnissen[1157]. Die beklagten Organe beriefen sich u.a. auf die fehlende unmittelbare Betroffenheit. Das Parlament argumentierte hier in Anlehnung an die *Salamander*-Entscheidung in erster Linie mit der Umsetzungsbedürftigkeit von Richtlinien und deren Unfähigkeit zur direkten Verpflichtung Privater. Diese strukturelle Besonderheit schließe es aus, dass Richtlinien – unabhängig von etwaigem Umsetzungsspielraum – überhaupt Individuen unmittelbar betreffen könnten.[1158] Der Rat wandte sich gegen den Entscheidungscharakter der angefochtenen Richtliniennorm und gegen die Anerkennung eines Individualklagerechts gegen „echte“ Richtlinien.[1159] Das Gericht folgte dem nicht und bestätigte nicht nur die Angreifbarkeit der Scheinrichtlinien, sondern auch der normativen Richtlinienbestimmungen. Darüber hinaus revidierte das EuG seinen noch in der Rs. *Salamander* vertretenen Standpunkt zur unmittelbaren Betroffenheit und würdigte nunmehr konsequent materielle Gesichtspunkte. Zwar wurde in der Vorwirkung von Richtlinien vor dem Ablauf der Umsetzungsfrist noch kein hinreichender Grund für die Annahme direkter Betroffenheit Privater gesehen. Das EuG ging dennoch auf die Frage ein, inwiefern die künftige Belastung mit Blick auf das ggf. verbleibende Umsetzungsermessen – bereits zum gegebenen Zeitpunkt sicher prognostiziert werden kann. Das Gericht verfolgte konsequent einen materiellen Ansatz. Danach ist unmittelbare Betroffenheit anzunehmen, wenn entweder die Regelung nicht von der Ermessensausübung eines Dritten abhängt oder sofern offensichtlich ist, dass ein etwaiges Ermessen nur in einem bestimmten Sinne ausgeübt wird.[1160]

Obgleich die beklagten Gemeinschaftsorgane immer wieder die Unzulässigkeit von Individualklagen gegen normative Richtlinienbestimmungen rügten[1161], wurden Richtlinien und Verordnungen als Klagegegenstand i.S.d. Art. 230 Abs. 4 EG gleichge-

---

[1156] EuG, Rs. Rs. T-84/01 (Association contre l'heure d'été (Association contre l'heure d'été (ACHE)/ EP u. Rat), Slg. 2002, S. II-99 Rn. 23.

[1157] RL 2001/37/EG des EP und des Rates v. 5.6.2001 zur Angleichung der Rechts- und Verwaltungsvorschriften der Mitgliedstaaten über die Herstellung, die Aufmachung und den Verkauf von Tabakerzeugnissen, ABl. Nr. L 194, S. 26.

[1158] EuG, Rs. T-223/01 (Japan Tobacco and JT International/EP u. Rat), Slg. 2002, S. II-3259 Rn. 32 f.

[1159] EuG, aaO, Rn. 22.

[1160] EuG, aaO, Rn. 45 ff.

[1161] Vgl. z.B. Vorbringen der Beklagten in: EuG, Rs. 310/03 (Kreuzer Medien GmbH/EP u. Rat), Slg. 2006 S. II-36 Rn. 31 ff. Unter Bezugnahme auf das *Salamander*-Urt. argumentierten sie gegen eine Gleichsetzung von Richtlinien und Verordnungen i.R.d. Art. 230 Abs. 4 EG, da Richtlinien selbst noch keine Verpflichtungen Einzelner begründen. Diese resultieren erst aus den mitgliedstaatlichen Umsetzungsakten.

stellt.[1162] Als Beispiel ist der Beschluss in der Rs. *Etablissements Toulorge* zu nennen. Eine Futtermittelherstellerin erhob Nichtigkeitsklage gegen eine Richtlinie[1163], die ein bestimmtes Etikettierungssystem für Mischfuttermittel einführte. Die Klägerin sah darin eine Gefährdung ihrer Geschäftsgeheimnisse und eine erhebliche, an die Existenzgefährdung reichende Beeinträchtigung ihrer wirtschaftlichen Tätigkeiten. Der beklagte Rat war der Auffassung, die Klage sei daher bereits deshalb unzulässig, weil es sich nicht um eine i.R.d. Art. 230 Abs. 4 EG angreifbare, in Richtlinieform eingekleidete „Entscheidung" handele, sodass es keiner Untersuchung der unmittelbaren und individuellen Betroffenheit mehr bedurfte.[1164] Das Gericht fragte zwar zunächst zwar nach dem Entscheidungscharakter der Richtlinienbestimmung und ging nach dessen Verneinung, unter Berufung auf die *Cordoniu*-Grundsätze, zur Prüfung der individuellen Betroffenheit über. Dabei wies es die Unzulässigkeitseinrede des Rates zurück.[1165]

Allerdings hatte auch diese Klage im Ergebnis keinen Erfolg, da das Gericht die individuelle Betroffenheit der Klägerin verneinte. Die Richter sahen weder einen besonders weit reichenden Schutz des Know-how und der Geschäftsgeheimnisse eines Unternehmens noch eine besondere Schwere des Schadens als hinreichend für die Individualisierung der Klägerin gegenüber allen anderen betroffenen Futtermittelherstellern.[1166] In diesem Zusammenhang wurde ebenfalls das Vorbringen der Klägerin zur Berücksichtigung des Rechts auf effektiven gerichtlichen Rechtsschutz als Argument für eine extensive Auslegung des Art. 230 Abs. 4 EG zurückgewiesen.[1167]

f) Resumée

Die Chronologie der Rechtsprechung zeigt, dass die Anfechtbarkeit von Richtlinien i.R.d. Art. 230 Abs. 4 EG noch bis vor kurzem nicht eindeutig geklärt war. Anfangs wurde das Problem offen gelassen. Der Gerichtshof hielt zunächst nur Individualklagen gegen Scheinrichtlinien für möglich. Schließlich wurde auch die Anfechtbarkeit normativer Richtlinienbestimmungen durch Private anerkannt. Die Rechtsprechung der Gemeinschaftsgerichte entwickelte sich nicht immer einheitlich und reibungslos,

---

[1162] St. Rspr. seit dem *UEAPME*-Urt.(s.o. Fn. 1135); EuG, Rs. T-167/02 (Etablissements Toulorge/EP u. Rat), Slg. 2003, S. II-1111 Rn. 23-28; EuG, Rs. T-321/02 (Paul Vannieuwenhuyze-Morin/Rat u. EP), Slg. 2003 S. II-1997 Rn. 21, 23 f.; EuG, Rs. T-196/03 (European Federation for Cosmetic Ingredients (EFfCI)/EP u. Rat), Slg. 2004, S. II-4263 Rn. 34; EuG, Rs. 310/03 (Kreuzer Medien GmbH/EP u. Rat), Slg. 2006, S. II-36 Rn. 40 ff., 47.

[1163] Richtlinie 2002/2/EG zur Änderung der Richtlinie 79/373/EWG des Rates über den Verkehr mit Mischfuttermitteln und zur Aufhebung der Richtlinie 91/357/EWG der Kommission, ABl. Nr. L 63, S. 23.

[1164] EuG, Rs. T-167/02 (Etablissements Toulorge/EP u. Rat), Slg. 2003, S. II-1111 Rn. 20; ebenso: Vorbringen des Rates und EP in der Rs. T-321/02 (Paul Vannieuwenhuyze-Morin/Rat u. EP), Slg. 2003 S. II-1997 Rn. 14 f.

[1165] *„Dass die angefochtene Handlung ein genereller Rechtsakt und keine Entscheidung im Sinne des Artikels 249 EG ist, schließt noch nicht aus, dass der Klägerin gegen die Handlung eine Anfechtungsklage zusteht."* – EuG, Rs. T-167/02 (Etablissements Toulorge/EP u. Rat), Slg. 2003, S. II-1111 Rn. 26 ff.; bestätigt durch: EuG, Rs. T-321/02 (Paul Vannieuwenhuyze-Morin/Rat u. EP), Slg. 2003 S. II-1997 Rn. 23.

[1166] EuG, Rs. T-167/02 (Etablissements Toulorge/EP u. Rat), Slg. 2003, S. II-1111 Rn. 48-64.

[1167] EuG, Rs. T-167/02 (Etablissements Toulorge/EP u. Rat), Slg. 2003, S. II-1111 Rn. 65-68; ebenso: EuG, Rs. 310/03 (Kreuzer Medien GmbH/EP u. Rat), Slg. 2006, S. II-36 Rn. 77 ff.

was die Meinungsunterschiede zwischen EuG und EuGH in der Rs. *Asocarne* oder der Rekurs auf die formelle Unmittelbarkeit in der Rs. *Salamander* zeigten. Als Ergebnis einer langwierigen Rechtsprechungsevolution in der hat sich jedoch die Anfechtbarkeit von Scheinrichtlinien und „echten" Richtlinien durchgesetzt.

2. Dogmatische Begründungsansätze

Obgleich Richtlinien nicht explizit von Art. 230 Abs. 4 EG als tauglicher Individualklagegegenstand erfasst werden, betrachtet die Rechtsprechung dies nicht als Hindernis.[1168] Die Gründe, die die Vertragsväter zur Ausklammerung der Richtlinien in Art. 230 Abs. 4 EG veranlasst haben, dürften dem damaligen Wirkungsmodus der Handlungsform entsprechen. Sie sind aber heutzutage, nicht zuletzt angesichts der im Wege richterlicher Rechtsfortbildung erweiterten Wirkungen von Richtlinien, nicht mehr stichhaltig. Dazu trug die Anerkennung der unmittelbaren Wirkung von Richtlinien Mitte der 70'er Jahre bei.[1169] Zwar kann dies nicht zur unmittelbaren Begründung von Pflichten Einzelner führen. Dennoch können Richtlinien unmittelbar zulasten der sog. „staatlichen Privaten" wirken.[1170] Daneben können sie sich faktisch belastend auf „echte" Private (z.B. in dreipoligen Verhältnissen) auswirken.

Die Vorstellung, dass eine umsetzungsbedürftige Richtlinie, die ihren Adressaten Ermessensspielraum bei der Umsetzung einräumt, den Einzelnen deshalb nie unmittelbar betreffen kann, erweist sich heutzutage ebenfalls als überholt.[1171] Die Rechtssetzungspraxis zeigt, dass in vielen Bereichen Richtlinien ergehen, die sehr detaillierte Vorgaben enthalten und somit den Mitgliedstaaten kaum Umsetzungsspielräume belassen. Durch die dargestellte Entwicklung des Gemeinschaftsrechts handelt sich vorliegend um keine primäre, sondern um eine sekundäre (nachträgliche) Regelungslücke i.R.d. Art. 230 Abs. 4 EG. Im Gegensatz zu primären (ursprünglich vorhandenen) Regelungslücken entstehen sekundäre Lücken erst im Zuge und als Nebeneffekt der Änderung der Verhältnisse, die dem ursprünglichen Regelungswerk zugrunde lagen.[1172] Um den veränderten Verhältnissen Rechnung zu tragen, stellen die Gemeinschaftsgerichte beim Individualrechtsschutz gegen Richtlinien maßgebend darauf ab, ob der Kläger durch die fragliche Bestimmung unmittelbar und individuell betroffen ist.[1173] Das dogmatische Fundament der Anfechtbarkeit von Richtlinien ist in der Gleichstellung mit Verordnungen oder mit staatengerichteten Entscheidungen zu suchen.

[1168] Das gilt sowohl für Schein- als auch für „echte" Richtlinien. Vgl. Etwa: EuG, Rs. T-135/96 (UEAPME/Rat), Slg. 1998, S.II-2335, Rn. 63; EuG, Rs. T-223/01 (Japan Tobacco und JT International/EP u. Rat), Slg. 2002, II-3259, Rn. 28; EuG, Rs. T-321/02 (Vannieuwenhuyze-Morin/EP u. Rat), Slg. 2003, S. II-1997 Rn. 21; EuG, Rs. T-196/03 (European Federation for Cosmetic Ingredients [EFfCI]/EP u. Rat), Slg. 2004, II-4263 Rn. 34.

[1169] Erstmalig: EuGH, Rs. 41/74 (Van Duyn), Slg. 1974, S. 1337.

[1170] S.o. Kap. II A II 2 a). Näher zu dieser Problematik unten: Kap. II F II a) (1).

[1171] Vgl. bereits: Schlussanträge des GA *Lenz* in der Rs. C-298/89 (Gibraltar/Rat), Slg. 1993, S. I-3621 Rn. 88 ff.

[1172] Vgl. *Röhl*, S. 651.

[1173] Vgl. EuG, Rs. T-196/03 (EFfCI/EP u. Rat), Slg. 2004, S. II-4263 Rn. 34.

a) Teleologische Auslegung bei Scheinrichtlinien

In der Rs. *UEAPME* haben die Gemeinschaftsrichter erstmals etwas Licht auf die dogmatischen Überlegungen für die *bis dato* nicht explizit ausgesprochene Anerkennung der Anfechtbarkeit von Scheinrichtlinien geworfen.[1174] Mit Blick auf den Normzweck des Art. 230 Abs. 4 Var. 2 EG hielt das EuG das Wortlautargument allein für unzureichend, um Individualklagen gegen Richtlinien als unzulässig abzuweisen.[1175] Die Gemeinschaftsorgane sollen nicht durch eine bestimmte Formwahl über die Rechtsschutzmöglichkeiten disponieren.[1176] Die Rechtssetzungspraxis zeigt, dass nicht selten eine Entscheidung durch eine Richtlinienbestimmung aufgehoben wird.[1177]

Auch in diesen Fällen verbietet der Normzweck des Art. 230 Abs. 4 EG, dass dem Individualkläger durch eine entsprechende Formwahl die Nichtigkeitsklage genommen wurde. Entscheidend ist vielmehr der Inhalt. Dass Art. 230 Abs. 4 Var. 2 EG explizit nur die Verordnung nennt, steht der Zulassung von Klagen gegen Scheinrichtlinien folglich nicht entgegen. Es handelt sich vielmehr um einen typischen Anwendungsfall, ohne dass andere Handlungsformen *per se* ausgeschlossen wären. Die Anfechtbarkeit von Scheinrichtlinien lässt sich bereits durch teleologische Auslegung innerhalb des Wortlauts begründen.[1178] Die Fallvariante: „Entscheidung in Form einer Verordnung" ist ein besonderer Ausdruck des allgemeinen Grundsatzes der Formindifferenz beim Rechtsschutz gegen individuell betreffende Rechtsakte. Neben Scheinverordnungen sind somit auch Scheinrichtlinien anfechtbar.

b) Einordnung der „echten" Richtlinien

aa) Richtlinie – drittgerichtete (staatengerichtete) Entscheidung

Die Anfechtbarkeit von Richtlinien könnte analog zur Konstellation einer drittgerichteten Entscheidung (Art. 230 Abs. 4 Var. 3 EG) begründet werden. Auf dieses dogmatische Konzept wies bereits Generalanwalt *Lenz* in der Rs. *Gibraltar* hin.[1179] Die staatengerichtete Entscheidung kommt potentiell als „Substitut" im Bereich der Rechtsangleichung, also der von der Richtlinie beherrschten Sphäre der gesetzgeberischen Tätigkeit, in Betracht.[1180] Das trifft insbesondere auf solche Entscheidungen zu, die an

---

[1174] Näher dazu oben: Kap. II F I 1 c).

[1175] EuG, Rs. T-135/96 (UEAPME/Rat), Slg. 1998, S.II-2335, Rn. 63; bestätigt in Folgeentscheidungen: EuG, Rs. T-223/01 (Japan Tobacco u. JT International/EP u. Rat), Slg. 2002, II-3259, Rn. 28; EuG, Rs. T-321/02 (Vannieuwenhuyze-Morin/EP u. Rat), Slg. 2003, S. II-1997 Rn. 21; EuG, Rs. T-196/03 (EFfCI/EP u. Rat), Slg. 2004, S. II-4263 Rn. 34.

[1176] EuG, Rs. T-135/96 (UEAPME/Rat), Slg. 1998, S. II-2335 Rn. 63; EuG, Rs. T-84/01 (ACHE/EP u. Rat), Slg. 2002, S. II-99 Rn. 23; EuG, Rs. T-223/01 (Japan Tobacco u. JT International/EP u. Rat), Slg. 2002, II-3259, Rn. 28; EuG, Rs. T-321/02 (Vannieuwenhuyze-Morin/EP u. Rat), Slg. 2003, S. II-1997 Rn. 21; EuG, Rs. T-196/03 (EFfCI/EP u. Rat), Slg. 2004, S. II-4263 Rn. 34.

[1177] Bsp. Aufhebung der Entscheidung 75/327/EWG des Rates v. 20.5.1975 (ABl. EG 1975 Nr. L 152, S. 3) durch Art. 13 Abs. 1 der Richtlinie 91/440/EWG des Rates v. 29.7.1991 (ABl. EG 1991 Nr. L 237, S. 25). Vgl. auch: EuG, Rs. T-99/94 (Asocarne/Rat), Slg. 1994, S. II-871 ff. Dort wurde die Richtlinie 93/118/EG des Rates v. 22.12.1993 (ABl. EG1993 Nr. L 340, S. 15) angefochten, die Entscheidung 88/498/EWG des Rates v. 15.7.1988 (ABl. EG 1988 Nr. L 194, S. 24) aufgehoben hatte.

[1178] Ähnlich: *Cremer*, EuZW 2001, S. 453 (454), der zu diesem Ergebnis durch Induktion gelangt.

[1179] Schlussanträge des GA *Lenz*, EuGH, Rs. C-298/89 (Gibraltar/Rat), Slg. 1993, S. I-3605 Nr. 94.

[1180] Krit. dazu: *Mager*, EuR 2001, S. 661 (672 f.).

alle Mitgliedstaaten ergehen. Denn ihrer Wirkung nach ähneln sie den Richtlinien und werden nicht selten auch zum Erlass von Änderungs- bzw. Übergangsbestimmungen zu Richtlinien eingesetzt.[1181] Daher wird in der Literatur teilweise sogar eine „Funktionsidentität" zwischen beiden Handlungsformen angenommen, da sie im Grunde einer einheitlichen, gemeinsamen Rechtsaktsform entspringen.[1182] Auch Kombinationsmodelle, in denen die Richtlinie lediglich einen institutionellen Rahmen für konkretisierende Entscheidungen setzt, sind nicht selten anzutreffen und als solche hinsichtlich der Regelungstechnik nicht zu beanstanden.[1183] Das häufige Beschneiden des Umsetzungsermessens führt in der Praxis zur Aufhebung der Strukturunterschiede zwischen Richtlinie und staatengerichteter Entscheidung.[1184] Diese Umstände legen eine analoge Anwendung des Art. 230 Abs. 4 Var. 3 EG auf Richtlinien nahe.

Die staatengerichtete Entscheidung kommt als Alternative zur Richtlinie auch im Bereich der Harmonisierung der mitgliedstaatlichen Rechtsordnungen in Betracht.[1185] Der EuGH hat eine unmittelbare Wirkung einer staatengerichteten Entscheidung gegenüber dem Bürger anerkannt: Der Einzelne kann sich folglich auf solche staatengerichtete Entscheidungen ebenso wie auf Verordnungen vor nationalen Behörden und Gerichten berufen, wenn und soweit die fragliche Bestimmung hinreichend bestimmt ist.[1186] Darin liegt wohl auch ein Unterschied zur Richtlinie, die prinzipiell nicht geeignet ist, unmittelbar für den Bürger wirkendes Recht bzw. Rechtspflichten zu begründen.[1187] Dagegen steht einer unmittelbaren Wirkung einer staatengerichteten, den Einzelnen belastenden Entscheidung grundsätzlich nichts im Wege. Eine Entscheidung kann z.B. als Ermächtigungsgrundlage für eine nationale Vollzugsmaßnahme – etwa

---

1181 Z.B. EuGH, Rs. 34/88 (Cooperative Agricole de l'Anjou et du Poitou [CEVAP] u.a./Rat), Slg. 1988, S. 6265 ff. betr. Anfechtung der an die Mitgliedstaaten gerichteten Entscheidung 87/561 mit Übergangsmaßnahmen zur Richtlinie 85/649 des Rates vom 31.12.1985 zum Verbot des Gebrauchs von bestimmten Stoffen mit hormonaler Wirkung im Tierbereich (ABl. L 382, S. 228). Vgl. auch: EuG, verb. Rs. T-480/93 u. T-483/93 (Antillean Rice Mills u.a./Rat), Slg. 1995, S. II-2305 Rn. 66 ff. – Dort wurde eine an alle Mitgliedstaaten ergangene Entscheidung über bestimmte Schutzmaßnahmen bei Einfuhren eines Erzeugnisses mit Ursprung in einem assoziierten überseeischen Land oder Gebiet als „verschleierte Verordnung" qualifiziert.

1182 So: *Scherzberg*, in: Siedentopf (Hrsg.), Europäische Integration und nationalstaatliche Verwaltung (1991), S. 17 (30, 42). Krit. dazu und zur Substitutsrolle der staatengerichteten Entscheidung im Bereich der Rechtsangleichung: *Mager*, EuR 2001, S. 661 (672 f.).

1183 EuGH, Rs. C-359/92 (Bundesrepublik Deutschland/Rat), Slg. 1994, S. 3681 Rn. 37; a.A.: *Biervert*, S. 146 f.

1184 Vgl. Schlussanträge des GA *Lenz* in der Rs. C-298/89 (Gibraltar/Rat), Slg. 1993, S. I-3621 Nr. 88 f. Der Generalanwalt ließ offen, ob eine Richtlinienbestimmung als eine drittgerichtete Entscheidung nach Art. 230 Abs. 4 Var. 3 EG anfechtbar ist (Nr. 94, Fn. 62).

1185 *Scherzberg*, in: Siedentopf, Europäische Integration und nationalstaatliche Verwaltung (1991), S. 17 (28 f.).

1186 EuGH, Rs. 9/70 (Grad/Finanzamt Traunstein), Slg. 1970, S. 825 Rn. 5; EuGH, Rs. 23/70 (Erich Haselhorst/Finanzamt Düsseldorf-Altstadt), Slg. 1970, S. 881 Rn. 5; EuGH, Rs. 249/85 (Albako/BALM), Slg. 1987, S. 2345 Rn. 10 ff.; *Grabitz*, EuR 1971, S. 1.

1187 Grundlegend dazu: EuGH, Rs. 152/84 (Marshall), Slg. 1986, 723 Rn. 48 ff.; EuGH, Rs. 80/86 (Kolphinghuis Nijmegen), Slg. 1987, 3969 Rn. 9; EuGH, Rs. C-91/92 (Faccini Dori/Recreb), Slg. 1994, I-3325 Rn. 21 ff. Zusammenfassend: EuGH, Rs. C-97/96 (Verband deutscher Daihatsu-Händler), Slg. 1997, S. I-6843 Rn. 24.

einen belastenden Verwaltungsakt – dienen.[1188] Der Gerichtshof ließ diese Frage zwar bislang noch offen. Dennoch deuten einige Urteilsbegründungen darauf hin, dass den staatengerichteten Entscheidungen eine verordnungsähnliche Wirkungsweise zukommen kann, soweit die betreffenden Bestimmungen nicht weiter konkretisierungsbedürftig sind.[1189] Denn im Gegensatz zu Richtlinien sind Entscheidungen nicht grundsätzlich umsetzungsbedürftig.

Gegen die Vergleichbarkeit der beiden Handlungsinstrumente könnte die allgemeine Geltung von Richtlinien als Normativakte sprechen.[1190] Allerdings überzeugt dieses Argument wenig, wenn man sich vergegenwärtigt, dass dieses Merkmal in der Rechtsprechung zur Anfechtbarkeit von „echten" Verordnungen nicht mehr entscheidend ist und durch die Prüfung der individuellen Betroffenheit überlagert wurde. Ferner könnte eingewendet werden, dass nur diejenigen staatengerichteten Entscheidungen, die lediglich interne Verwaltungsanweisungen enthalten und damit keine unmittelbare Betroffenheit des Bürgers auslösen können, tatsächlich eine Parallele zu den Richtlinien aufweisen. Richtlinien seien zu Recht aus dem Kreis der Klagegegenstände der Individualnichtigkeitsklage ausgenommen, denn eine unmittelbare Einwirkung auf die Rechtslage Einzelner sei durch diese Handlungsform nicht vorgesehen.[1191]

Diese Auffassung verkennt jedoch, dass die Frage der unmittelbaren Betroffenheit erst i.R.d. Klageberechtigung relevant wird. Zudem ist die Argumentationslinie zu formal. Denn auch eine staatengerichtete Entscheidung kann umsetzungsbedürftig sein, z.B. wenn sie dem Mitgliedstaat eine Rücknahme einer gemeinschaftsrechtswidrigen Beihilfe vorschreibt. Maßgeblich ist aber, ob dem Mitgliedstaat bei der Durchführung eigenen Ermessensspielraum überlassen wird oder ob er an strikte und detaillierte Vorgaben des EG-Rechtsakts[1192] gebunden ist. Art. 249 Abs. 3 EG ist nämlich kein an den Gemeinschaftsgesetzgeber gerichtetes Gebot zu entnehmen, den Mitgliedstaaten stets einen *beachtlichen* Umsetzungsspielraum einzuräumen.[1193] Im Fall einer „gebundenen Umsetzung" macht es aber aus der Sicht des betroffenen Bürgers keinen Unterschied, ob die Regelung als Richtlinie oder als staatengerichtete Entscheidung ergangen ist. Schließlich erlaubt die Regelung der Rechtsfolgen eines Rechtsaktes wie Art. 249 Abs. 3 EG nur im beschränkten Umfang Rückschlüsse auf den ihm eigentümlichen Inhalt. Die in Art. 230 Abs. 4 Var. 3 EG geregelte Konstellation ermöglicht folglich einen Analogieschluss in Bezug auf die Anfechtung von Richtlinien.

[1188] So: *v. Bogdandy/Bast/Arndt*, ZaöRV 62 (2002), S. 76 (98 f.); abw.: *Greaves*, ELR 21 (1996), S. 3 (12, 16).

[1189] Vgl. EuGH, Rs. 9/70 (Franz Grad/Finanzamt Traustein), Slg. 1970, S. 825 Rn. 5 f.; EuGH, Rs. 20/70 (Transport Lesage u. Cie/Hauptzollamt Freiburg), Slg. 1970, s. 861 Rn. 5 f.; EuGH, Rs. 23/70 (Erich Haselhorst/Finanzamt Düsseldorf-Altstadt), Slg. 1970, S. 881 Rn. 5 f.; i.E. wohl auch: EuGH, Rs. 30/75 (UNIL/Amministrazione delle finanze dello Stato), Slg. 1975, S. 1419 Rn. 18.

[1190] So: *Schulte*, S. 59.

[1191] So: *Mager*, EuR 2001, S. 661 (677 f.).

[1192] Detaillierte Richtlinienvorgaben stellen in der Rechtssetzungspraxis der EG-Organe keine Seltenheit dar – vgl. *Scherzberg*, in: Siedentopf, Europäische Integration und nationalstaatliche Verwaltung (1991), S. 17 (27 f.).

[1193] *Ipsen*, in: FS Ophüls (1965), S. 67 (71 ff.); *Oldenbourg*, S. 7.

bb) Konstellation des Art. 230 Abs. 4 Var. 2 EG

Die Gemeinschaftsgerichte haben parallel zur Zulassung von Individualnichtigkeitsklagen gegen „echte" Verordnungen auch den Weg für die Anfechtbarkeit von normativen Richtlinienbestimmungen frei gemacht. Dogmatisch könnte man zwar von einer Analogie zu Art. 230 Abs. 4 Var. 2 EG sprechen, wenn man das materielle Konzept der Entscheidung zugrunde legt.[1194] Folgt man dagegen dem prozessualen Entscheidungsbegriff, so gestaltet sich die Situation ähnlich wie bei Verordnungen. Hier ergeben sich zunächst keine Unterschiede. Lediglich die unmittelbare Betroffenheit erfordert eine separate Untersuchung. Denn im Gegensatz zu unmittelbar geltenden Verordnungen können Richtlinien grundsätzlich erst nach der Umsetzung in innerstaatliches Recht Wirkungen gegenüber Privaten entfalten.

II. Unmittelbare Betroffenheit

Neben der oben dargelegten, vergleichbaren Rechtslage, setzt eine Analogiebildung eine planwidrige Regelungslücke voraus. Diese Lücke ist nachträglich entstanden, wenn Private entgegen der Vorstellung der Vertragsurheber dennoch durch Richtlinienbestimmungen unmittelbar betroffen werden können. Die grundsätzliche Umsetzungsbedürftigkeit der Richtlinie und das Umsetzungsermessen unterscheiden sie gerade von einer staatengerichteten Entscheidung. Die Umsetzungsbedürftigkeit hat lediglich zur Folge, dass eine unmittelbare Betroffenheit im formellen Sinne kaum denkbar erscheint. Eine Ausnahme könnte allenfalls bei unmittelbarer Wirkung von Richtlinienbestimmungen in Betracht kommen. Dagegen lässt sich die unmittelbare Betroffenheit des Einzelnen *im materiellen Sinne*[1195] nicht von vornherein ausschließen.

In der Praxis wird der Unterschied zwischen staatengerichteten Entscheidungen und Richtlinien oft verwischt, weil Richtlinien zunehmend detaillierte Bestimmungen enthalten, die keinerlei Umsetzungsspielraum belassen. In solchen Fällen hat die Rechtsprechung die materielle unmittelbare Betroffenheit durch staatengerichtete Entscheidung oder Verordnung bejaht, denn die Umsetzung erfolgte rein automatisch, sodass die Beschwer des Einzelnen letztlich allein auf der Gemeinschaftsregelung beruhe.[1196] Aber selbst beim Vorliegen eines Umsetzungsspielraums ist die materielle Unmittelbarkeit zu bejahen, wenn das Verhalten des zur Umsetzung verpflichteten Mitgliedstaates eindeutig darauf hinweist, dass er von den gemeinschaftsrechtlichen Vorgaben nicht abweichen wird.[1197] Schließlich entwickelten sich die unmittelbare Wirkung von Richtlinien sowie die Pflicht zur richtlinienkonformen Anwendung des nationalen Rechts erst im Zuge der fortschreitenden Integrationsrechtsprechung des Gerichtshofs. Daher liegt die Annahme nahe, dass sich die dem Art. 230 Abs. 4 EG zugrunde liegende Vorstellung von der Unmöglichkeit der unmittelbaren Betroffenheit des Einzel-

---

[1194] So z.B.: *Pechstein*, Rn. 379.

[1195] S.o.: Kap. II D II. EuGH, Rs. C-386/96 P (Société Dreyfus et Cie./Kommission), Slg. 1998, S. I-2309 Rn.43.

[1196] Vgl. etwa: EuGH, Rs. 113/77 (NTN Toyo Bearing Company/Rat), Slg. 1979, S. 1185 Rn. 11.

[1197] Bsp.: der Erlass der fraglichen EG-Maßnahme wird vom Adressat (Mitgliedstaat) beantragt – siehe etwa: EuGH, verb. Rs. 106 u. 107/63 (Töpfer u. Getreide-Importgesellschaft/Kommission), Slg. 1965, S. 547 (556); EuGH, Rs.11/82 (Piraiki-Patraiki/Kommission), Slg. 1985, S. 207 Rn. 9.

nen durch Richtlinienbestimmungen von der aktuellen Rechtsrealität entfernt hat. Dies führte letztlich zum Entstehen einer planwidrigen, sekundären Rechtsschutzlücke.

1. Denkbare Konstellationen für die Betroffenheit des Einzelnen

Solange die Richtlinie noch nicht umgesetzt ist, gibt es keinen Rechtsakt, der vor nationalen Gerichten angefochten werden könnte. Fraglich ist indes, ob sich die Richtlinie bereits vor der Umsetzung gegenüber dem Einzelnen belastend auswirken kann. Hier müsste danach differenziert werden, ob a) die Umsetzungsfrist bereits verstrichen ist oder b) ob die Richtlinie schon zuvor eine gewisse Vorwirkung entfaltet. Schließlich ist zu prüfen, ob c) ein Rechtsschutzbedürfnis Privater zur Erhebung einer Direktklage nach erfolgter Umsetzung besteht.

a) Rechtslage nach Ablauf der Umsetzungsfrist

Adressaten der Richtlinien sind gem. Art. 249 Abs. 3 EG ausschließlich die Mitgliedstaaten, die zu ihrer Umsetzung in innerstaatliches Recht verpflichtet sind. Daher begründen Richtlinien selbst grundsätzlich weder Rechte noch Pflichten der Privatsubjekte.[1198] Allerdings hat die Rechtsprechung die unmittelbare Wirkung von Richtlinien im Einzelfall und die richtlinienkonforme Auslegung nationalen Rechts anerkannt.

aa) Unmittelbare Wirkung von Richtlinienbestimmungen

Vorliegend wird der Frage nachgegangen, ob die unmittelbare Wirkung von Richtlinien[1199] zur unmittelbaren Betroffenheit Einzelner EG führen kann.

(1) Vertikalverhältnisse

Die unmittelbare Wirkung von Richtlinienbestimmungen setzt voraus, dass diese trotz Ablaufs der Umsetzungsfrist nicht bzw. nicht ordnungsgemäß umgesetzt wurden sowie inhaltlich hinreichend präzise und unbedingt sind.[1200] Aus dem Umstand, dass die Richtlinie nach ihrer Definition in Art. 249 Abs. 3 EG für die Mitgliedstaaten, nicht dagegen für Private verbindlich ist, folgert der Gerichtshof, dass eine Richtlinie nicht selbst Verpflichtungen für einen Einzelnen begründen kann.[1201]

Der Einzelne kann sich aber gegen den Staat auf eine Richtlinienbestimmung berufen, sofern die Voraussetzungen der Direktwirkung erfüllt sind. Der dahinter stehende

---

[1198] *Fisahn/Mushoff*, EuR 2005, S. 222.

[1199] St. Rspr., s. etwa: EuGH, Rs. 8/81 (Becker), Slg. 1982, S. 53. Ausführlich dazu: *Jarass*, NJW 1991, S. 2665 ff.

[1200] Vgl. EuGH, Rs. 41/74 (Van Duyn/Home Office), Slg. 1974, S. 1337 Rn. 13/14; EuGH, Rs. 152/84 (M. H. Marshall/ Southampton and South West Hampshire Area Health Authority), Slg. 1986, S. 723 Rn. 43 ff.; *Grundmann*, JuS 2002, S. 768 (769 f.); *Scherzberg*, Jura 1993, S. 225 (226).

[1201] EuGH, Rs. 152/84 (Marshall/Southampton and South West Hampshire Area Health Authority), Slg. 1986, S. 723 Rn. 48; EuGH, Rs. 80/86 (Kolpinghuis Nijmegen), Slg. 1987, S. 3969 Rn. 9; EuGH, Rs. C-91/92 (Faccini Dori/Recreb Svl), Slg. 1994, I-3325 Rn. 25; EuGH, Rs. C-192/94 (El Corte Inglés), Slg. 1996, I-1281 Rn. 15.

Sanktionsgedanke[1202], das Prinzip des *effet utile* sowie das *Verbot des venire contra factum proprium*, wonach sich der säumige Mitgliedstaat nicht zu eigenen Gunsten auf die Nichtumsetzung berufen kann, rechtfertigen eine derartige Begrenzung der Direktwirkung. Allerdings wird der Einzelne in der Konstellation der vertikalen unmittelbaren Wirkung gerade nicht beschwert, sondern begünstigt. Daher fehlt es an einer Betroffenheit i.S.d. Art. 230 Abs. 4 EG. Aber auch in der umgekehrt vertikalen Konstellation scheint eine Individualnichtigkeitsklage auszuscheiden, da aus einer Richtlinie unmittelbar keine Rechtspflichten für den Bürger erwachsen können.[1203]

Dennoch erscheint die unmittelbare Betroffenheit nichtprivilegierter Kläger im Falle vertikaler unmittelbarer Richtlinienwirkung durchaus möglich. Der EuGH legt nämlich den Begriff des „Mitgliedstaates" als Verpflichteten von Richtlinien gem. Art. 249 Abs. 3 EG sehr extensiv aus, während in Art. 230 Abs. 1 EG umgekehrt eine restriktive Interpretation desselben vertreten wird.[1204] Nach der Rechtsprechung können nicht bzw. nicht ordnungsgemäß transformierte Richtlinien gegen „*Organisationen oder Einrichtungen geltend gemacht werden, die dem Staat oder seiner Aufsicht unterstehen oder mit besonderen Rechten ausgestattet sind, die über diejenigen hinausgehen, die sich aus den für die Beziehungen zwischen Privatpersonen geltenden Vorschriften ergeben. Hierzu gehören Gebietskörperschaften oder Einrichtungen, denen unabhängig von ihrer Rechtsform durch Hoheitsakt die Erbringung einer Dienstleistung im öffentlichen Interesse unter der Aufsicht des Staates übertragen worden ist.*"[1205] Danach können Richtlinien auch gegenüber den innerstaatlichen Gebietskörperschaften[1206], sonstigen unabhängigen Hoheitsträgern[1207], staatlichen Unternehmen[1208] bzw. Arbeitgebern[1209], die in Privatform tätig sind, unmittelbare Wirkung entfalten. Darunter fallen auch solche Personen bzw. Verbände, die ihrem Status nach dem privatrechtlichen Sektor angehören, aber in gewisser Hinsicht zur Erfüllung bestimmter Aufgaben mit Hoheitsbefugnissen ausgestattet sind (z.B. Beliehene).

1202 Direktwirkung als Sanktion für die Verletzung der Umsetzungspflicht durch den Mitgliedstaat EuGH, Rs. 152/84 (Marshall/Southampton and South West Hampshire Area Health Authority), Slg. 1986, S. 723 Rn. 43.

1203 Vgl. EuGH, Rs. 80/86 (Kolpinghuis Nijmegen), Slg. 1987, S. 3969 Rn. 9; EuG, verb. Rs. T-172/98 u. T-175/98 bis T-177/98 (Salamander u.a./EP u. Rat), Slg. 2000, S. II-2487 Rn. 54; *Classen*, EuZW 1993, S. 83 (84).

1204 Zu diesem Problem bereits oben: Kap. II A II 2 a).

1205 EuGH, verb. Rs. C-253/96, C-254/96, C-255/96, C-256/96, C-257/96 u. C-258/96 (Helmut Kampelmann u. a./Landschaftsverband Westfalen-Lippe), Slg. 1997, S. I-6907 Rn. 46. Dabei müssen die Merkmale der staatlichen Aufsicht und der besonderen Befugnisse lediglich alternativ (nicht kumulativ) vorliegen – vgl. dazu: *Prechal*, CMLR 1990, S. 451 (460); *Rörig*, S. 52 f. Zum „Staatsbegriff" in Art. 249 Abs. 3 EG: *Hartisch*, S. 58 ff.

1206 EuGH, Rs. 103/88 (Fratelli Costanzo SpA/ Stadt Mailand), Slg. 1989, S. 1839 Rn. 31; EuGH, Rs. C-129/96, Inter-Environnement Wallonie, Slg. 1997, I-7411, Rn. 45.

1207 EuGH, Rs. 222/84 (Johnston/ Chief Constable of the Royal Ulster Constabulary), Slg. 1986, S. 1651; EuGH, verb. Rs. C-253/96, C-254/96, C-255/96, C-256/96, C-257/96 u. C-258/96 (Helmut Kampelmann u. a./Landschaftsverband Westfalen-Lippe), Slg. 1997, S. I-6907 Rn. 46.

1208 EuGH, Rs. C-188/89 (Foster u.a./British Gas plc), Slg. 1990, S. I-3313 Rn. 20.

1209 EuGH, Rs. 152/84 (M. H. Marshall/ Southampton and South West Hampshire Area Health Authority), Slg. 1986, S. 723 (öffentliches Krankenhaus); EuGH, Rs. 14/83 (Colson/von Kamann), Slg. 1984, S. 1891 (Justizverwaltung). S. dazu: *Grabitz*, in: FS Deringer (1993), S. 59 (66 ff.).

Erfasst werden schließlich auch solche Rechtssubjekte des Privatrechts, die ausschließlich auf diesem Gebiet tätig sind und deren Verbindung zum Staat sich darin erschöpft, dass die öffentliche Hand Anteile oder sonstige Vermögensrechte an dem Subjekt besitzt. Diese Subjekte werden unmittelbar durch die nicht bzw. nicht ordnungsgemäß umgesetzten Richtlinienbestimmungen verpflichtet mit der Folge, dass sich der Bürger auf diese ihnen gegenüber direkt berufen kann. Umgekehrt bleibt ihnen die Eigenschaft als „Mitgliedstaat" i.R.d. Rechtsschutzes gegen die Richtlinie nach Art. 230 Abs. 1 EG versagt. Die Rechtsprechung behandelt sie wie sonstige, nicht privilegierte Private. Das führt zu Diskriminierung „staatlicher" Arbeitgeber und Wirtschaftsunternehmen, öffentlicher Banken und Sparkassen oder gemeinnütziger Verbände gegenüber den übrigen Privaten, die genauso auf der Ebene des Privatrechts handeln. So kann sich z.B. der Angestellte im staatlichen Krankenhaus gegenüber seinem Arbeitgeber direkt auf die nicht ordnungsgemäß umgesetzte Richtlinie über die Harmonisierung der Arbeitszeitgestaltung berufen, während dies seinem Kollegen in der Privatklinik versagt bleibt.[1210] Zudem ist eine klare Grenzziehung zwischen „echten" Privaten und „staatlichen" Privatsubjekten oft nicht möglich, was nicht zuletzt auf der zunehmenden Privatisierung beruht.[1211]

Aus dogmatischer Sicht ist bereits zweifelhaft, ob der Sanktionsgedanke und das *Estoppel*-Prinzip als Rechtfertigungspfeiler der unmittelbaren Wirkung solch ein weites Verständnis des „Staates" noch abdecken. Denn ein Privatunternehmen, in dem der Staat aufgrund eines entsprechenden Aktienanteils gewisse Kontrollbefugnisse ausüben kann, hat auf die Umsetzung von Richtlinien ebenso wenig Einfluss wie jeder andere Private.[1212] Andererseits ist auch der Gedanke der extensiven Auslegung des Mitgliedstaatenbegriffs als Richtlinienverpflichteter nicht unberechtigt: er soll sich seiner Verpflichtung nicht durch die Übertragung von Kompetenzen i.S.e. „Flucht ins Privatrecht" entziehen können.[1213] Dieser Problematik kann an dieser Stelle nicht weiter nachgegangen werden. Maßgebend ist, dass die extensive Handhabung des Staatsbegriffs i.R.d. vertikalen unmittelbaren Richtlinienwirkung zur formellen, unmittelbaren Betroffenheit der als „Mitgliedstaat" behandelten Personen bzw. Unternehmen führt. Diese werden im Verhältnis zu „echten" Privaten benachteiligt. Die unmittelbare Verpflichtung aus der Richtlinie und damit die Gleichstellung mit dem Mitgliedstaat wird nicht mit einem privilegierten Klagerecht i.R.d. Art. 230 EG ausgeglichen.[1214]

(2) Drittbelastende / -begünstigende Richtlinien

Eine weitere problematische Konstellation vertikaler Direktwirkung von Richtlinien zeichnet sich in Dreieckssituationen ab, in denen sich der Bürger gegenüber dem Staat auf Leistungs- bzw. Schutzrechte aus einer Richtlinie beruft, deren Erfüllung notwen-

---

[1210] Vgl. EuGH, Rs. C-303/98 (Sindicato de Médicos de Asistencia Pública [Simap]/Conselleria de Sanidad y Consumo de la Generalidad Valenciana), Slg. 2000, S. I-7963 Rn. 70; *Jarass/Beljin*, EuR 2004, S. 714 (722).

[1211] Auch für den begünstigten Bürger ist nicht leicht festzustellen, ob die Richtlinie unmittelbar wirkt. Vgl. *Emmert*, EWS 1992, S. 56 (61); *Rörig*, S. 53.

[1212] *Craig*, ELR 22 (1997), S. 519 (523).

[1213] *Jarass*, NJW 1991, S. 2665 (2666); *Rörig*, S. 53 f.

[1214] Ausführlich zu diesem Problemkreis: Kap. I A 2.

dig einen Dritten belastet (vertikale und zugleich umgekehrt vertikale Richtlinienwirkung). Im Gegensatz zur horizontalen Direktwirkung betreffen Richtlinien mit „Doppelwirkung“ nicht ausschließlich zwei Privatrechtssubjekte, sondern ein Dreiecksverhältnis. So berief sich in der Rs. *Constanzo*[1215] ein bei der Vergabe öffentlicher Aufträge richtlinienwidrig ausgeschlossener Konkurrent gegen die Stadt Mailand auf die unmittelbare Wirkung der Richtlinie, was sich zwangsläufig zum Nachteil eines Konkurrenten auswirkte (drittbelastende Richtlinie[1216]). Der EuGH bejahte die unmittelbare Richtlinienwirkung[1217], ohne die „Kehrseite“ der Begünstigung und die daraus folgende Drittbelastung anzusprechen. Ähnlich sieht die Rechtslage bei der Geltendmachung eines Anspruchs auf ein bestimmtes behördliches Verhalten gegenüber einem Dritten aus (drittbegünstigende Richtlinie[1218]).

Die Entscheidungen des EuGH auf dem Gebiet der öffentlichen Auftragsvergabe[1219] und des Umweltrechts[1220] zeigen, dass das Belastungsverbot relativiert wird. Durch die unmittelbare Richtlinienwirkung bedingte, für Private nachteilige Wirkungen werden zugelassen, soweit es sich nicht um eine echte Rechtspflicht handelt. Die Nichtigkeitsklage steht dem Einzelnen indes nur dann zu, wenn die Beeinträchtigungen seinen Rechts- bzw. Interessenkreis *unmittelbar* betreffen. Der EuGH hat die Grenzen unmittelbarer Wirkung zulasten Privater dort markiert, wo sich der Einzelne gegenüber dem Staat auf dessen Verpflichtung aus einer Richtlinienvorschrift beruft, die im unmittelbaren Zusammenhang mit der Erfüllung einer anderen, Dritten obliegenden Verpflichtung steht.[1221] Die Richtlinie entfaltet daher nur dann unmittelbare Wirkung, wenn es sich lediglich um negative Auswirkungen und nicht um eine direkte, aus der Richtlinie selbst folgende Rechtspflicht eines Dritten handelt.[1222] In der Rs. *Constanzo* handelte es sich demnach um einen bloßen Rechtsreflex der unmittelbaren Wirkung zugunsten des unterlegenen Konkurrenten, mithin um eine mittelbare Belastung.[1223] Diese wurde nicht unmittelbar durch die Richtliniennorm angeordnet, sondern sie ergab sich als

[1215] EuGH, Rs. 103/88 (Fratelli Constanzo/Stadt Mailand), Slg. 1989, S. I-1839.

[1216] D.h. eine Richtlinienvorschrift, die nach ihrer Umsetzung den Normadressaten begünstigt und einen Dritten belastet. Als „Adressat“ ist der Adressat der umgesetzten Richtlinienbestimmung gemeint, nicht dagegen der umsetzungspflichtige Mitgliedstaat (Art. 249 Abs. 3 EG) – vgl. *Jarass*, NJW 1991, S. 2665 (2667).

[1217] Zustmmend auch: *Langenfeld*, DÖV 1992, S. 955 (961); krit. dazu: *Schulte*, S. 75.

[1218] D.h. eine Richtliniennorm, deren Umsetzung für den Adressaten belastend, für Dritte dagegen begünstigend ist – vgl. *Jarass*, NJW 1991, S. 2665 (2667). Bsp. Berufung des betroffenen Nachbarn gegenüber der Zulassungsbehörde auf eine nicht umgesetzte Richtliniennorm, die strengere Anforderungen an die Zulassung einer emittierenden Anlage stellt als das nationale Recht. Der Anlagenbetreiber wird durch die Richtlinienwirkung benachteiligt. Siehe dazu: *Classen*, EuZW 1993, S. 83 (84 f.) – Gentechnik-System-Richtlinie (ABl. (EG) 1990 Nr. L 117, S. 1 (Sicherheitsstandards für gentechnische Labors). Vgl. auch: *Epiney*, DVBl. 1996, S. 409 (412 f.).

[1219] EuGH, Rs. 103/88 (Fratelli Constanzo/Stadt Mailand), Slg. 1989, S. I-1839 Rn. 32; EuGH, Rs. C-76/97 (Tögel/ Niederösterreichische Gebietskrankenkasse), Slg. 1998, S. I-5357 Rn. 52; EuGH, Rs. C-258/97 (Hospital Ingenieure Krankenhaustechnik Planungs-Gesellschaft mbH (HI)/ Landeskrankenanstalten-Betriebsgesellschaft), Slg. 1999, S. I-1405 Rn. 35 ff.

[1220] EuGH, Rs. C-201/02 (The Queen, ex parte: Wells/Secretary of State), Slg. 2004, S. I-723 Rn. 57.

[1221] EuGH, Rs. C-201/02 (The Queen, ex parte: Wells/Secretary of State), Slg. 2004, S. I-723 Rn. 56.

[1222] *Jarass/Beljin*, EuR 2004, S. 714 (726 f.).

[1223] So auch: *Classen*, EuZW 1993, S. 83 (85); *Hartisch*, S. 82.

weitere Konsequenz der Anwendung einer verfahrensrechtlichen Norm. Dagegen lehnte der EuGH beispielsweise die unmittelbare Wirkung dort ab, wo die Anerkennung einer privilegierten Stellung der Gemeinschaft i.R.d. Verteilung der Insolvenzmasse nach Maßgabe der nicht umgesetzten EGKS-Empfehlung[1224] unmittelbar zur Benachteiligung anderer Gläubiger geführt hätte.[1225] Somit bleibt festzustellen, dass die Zulässigkeit unmittelbarer Wirkung von Richtlinien in Dreiecksbeziehungen davon abhängt, ob es sich um eine Direktbelastung (Rechtspflicht) oder faktische Belastung handelt.[1226] Demzufolge ist in dieser Konstellation jedenfalls eine formelle, unmittelbare Betroffenheit Einzelner kaum denkbar.[1227]

(3) Unmittelbare Betroffenheit durch horizontale Direktwirkung?

Die Gründe, die eine unmittelbare Richtlinienwirkung unter Ausschluss umgekehrt vertikaler Direktwirkung rechtfertigen (vor allem der Sanktionsgedanke), greifen ebenfalls nicht in der Konstellation zwischen Privaten. Die Richtlinie richtet sich ausschließlich an die Mitgliedstaaten. Daher kann sie auch in Horizontalverhältnissen unmittelbar keine Verpflichtungen des Einzelnen begründen.[1228] So bleibt dem Begünstigten die Berufung auf die Richtlinie etwa in einem Zivilrechtsstreit um die Wirksamkeit eines Vertrages versagt, der zwar nach Maßgabe des nationalen Rechts gültig ist, aber bei Anwendung der nicht umgesetzten Richtlinie vernichtbar wäre.[1229]

In der Rs. *CIA Security*[1230] klagte ein Unternehmer gegen einen Konkurrenten mit dem Ziel, diesen zur Beachtung richtlinienwidriger, staatlicher Verbotsregeln zu verpflichten. Der Beklagte berief sich hingegen erfolgreich auf die aus dem Richtlinienverstoß folgende Nichtanwendbarkeit der nationalen Regelung. Bei einer solchen Wettbewerbsklage übernahm der private Kläger – unabhängig von den eigennützigen Motiven – eigentlich Aufgaben der Durchsetzung staatlicher Rechtsvorschriften, die primär dem öffentlichen Interesse dienen und ihm keine Rechtspositionen verleihen.

Noch weiter ging der EuGH in der Rs. *Unilever*[1231], wo er erstmals die Berufung auf eine nicht umgesetzte Richtlinienbestimmung in einem Rechtsstreit unter Privaten zuließ. Dort ging es allein um die Einhaltung vertraglicher Verpflichtungen, deren Erfüllung der Käufer unter Berufung auf die nationalen (richtlinienwidrigen) Etikettierungsnormen verweigerte. Daraufhin klagte der Verkäufer auf Zahlung und machte geltend, dass die nationalen Etikettierungsvorschriften zwar nach den Vorgaben der Informationsrichtlinie der Kommission notifiziert worden waren, aber vor Ablauf der in der Richtlinie vorgesehenen Wartefrist erlassen wurden. Es stellte sich also die Frage, ob ein Verstoß gegen die Richtlinie zur Unanwendbarkeit der nationalen Standards führt. Der EuGH bejahte dies mit der Begründung, die fragliche Richtlinie lege nicht

---

1224 EGKS-Rechtsakt, das mit Blick auf den Wirkungsmodus der EG-Richtlinie gleichkommt.

1225 EuGH, Rs. C-221/88 (Busseni), Slg. 1990, S. I-495 Rn. 25.

1226 Zur Abgrenzung von Direkt- und Folgebelastungen: *Jarass/Beljin*, EuR 2004, S. 714 ff.

1227 I.E. ebenso: *Richter*, EuR 1988, S. 394 (403); *Scherzberg*, in: Siedentopf (Hrsg.), Europäische Integration und nationalstaatliche Verwaltung (1991), S. 17 (40); *Schulte*, S. 76.

1228 Vgl. *Hilf*, EuR 1993, S. 1 (9).

1229 Vgl. EuGH, Rs. C-91/92 (Faccini Dori), Slg. 1994, I-3325 Rn. 25.

1230 EuGH, Rs. C-194/94 (CIA Security International/Signalson and Securitel), Slg. 1996, S. I-2201 ff.

1231 EuGH, Rs. C-443/98 (Unilever/Central Food), Slg. 2000, S. I-7535.

den materiellen Inhalt der Rechtsnorm fest und begründe weder Rechte noch Pflichten für den Einzelnen.[1232] Trotz des privatrechtlichen Rahmens der Streitigkeit besteht eine Gemeinsamkeit zur Rs. *CIA Security*: der Gegenseite werden keine nach nationalem Recht zuerkannten Rechte genommen.[1233]

Nach der Rechtsprechung bleibt die also von der Richtlinie abweichende, nationale Vorschrift unanwendbar. Die mitgliedstaatlichen Organe sind daher zur Beachtung der unmittelbar anwendbaren Richtlinienbestimmung angehalten. Der Gerichtshof betont allerdings, dass dem Bürger hieraus weder Rechte noch Pflichten erwachsen.[1234] Die Verpflichtung betrifft allein an den Staat und damit alle seinen Organe (Behörden, Gerichte, staatlich kontrollierte Privatunternehmen[1235]). Der Gerichtshof sieht in den Urteilen keine Abweichung vom grundsätzlichen Ausschluss unmittelbarer Wirkung zulasten Privater, da dem Einzelnen keine ***eigenständigen*** Rechtspositionen entzogen wurden.[1236] Dem Beklagten im Fall *Unilever*, der die Vertragserfüllung mit Hinweis auf die (eigenen) Beschränkungen durch das nationale Recht verweigert, wird lediglich zugemutet, seine eigenen Rechte aus der Richtlinie gegen den Staat geltend zu machen und sich damit gegen die richtlinienwidrigen Pflichten aus den nationalen Vorschriften zu wehren.[1237]

Allerdings ist fraglich, ob die unmittelbare Betroffenheit in solchen Fällen nur deswegen abzulehnen ist, weil dem Einzelnen kein eigenständiges Recht entzogen wird.[1238] Dagegen könnte eingewendet werden, dass nicht nur die Beeinträchtigung der subjektiven Rechte, sondern auch Interessen des Klägers erfasst wird. Der unmittelbare Nachteil des Einzelnen liegt also bereits in der Risikoverschiebung als die die unmittelbare Folge der Geltendmachung der Richtlinie durch den Gegner. Die unmittelbare Betroffenheit ist dann nach materiellen Kriterien zu prüfen. Sie dürfte zu verneinen sein, wenn sich die Rechtsposition des Einzelnen lediglich als mittelbare Folge der Berufung der Gegenseite auf die Richtlinie verschlechtert.[1239]

Während eine Horizontalwirkung und damit möglicherweise auch die (materielle) unmittelbare Betroffenheit Einzelner in früheren Urteilen mit Hinweis auf den fehlenden Entzug eigenständiger Rechtspositionen verneint werden konnte, hat der EuGH in einer neueren Entscheidung das Belastungsverbot weitergehend relativiert. In der Rs. *Mangold* stellte er fest, dass das in Art. 6 Abs. 1 der Antidiskriminierungsrichtlinie[1240] niedergelegte Verbot der Altersdiskriminierung einer Regelung entgegenstehe, die die Befristung von Arbeitsverträgen mit Arbeitnehmern ab 52 Jahren uneingeschränkt zu-

---

[1232] EuGH, Rs. C-443/98 (Unilever/Central Food), Slg. 2000, S. I-7535 Rn. 51.
[1233] *Gundel*, EuZW 2001, S. 143 (146).
[1234] EuGH, Rs. C-443/98 (Unilever Central Foods), Slg. 2000, S. I-7535 Rn. 50.
[1235] Zum Problem des Handelns des Staates auf dem privatwirtschaftlichen Sektor: EuGH, Rs. 152/84 (Marshall/Southampton and South-West Hamshire Area Health Authority), Slg. 1986, S. 723; EuGH, Rs. 188/89 (Foster/British Gas), Slg. 1990, S. I-3313.
[1236] EuGH, Rs. C-443/98 (Unilever/Central Food), Slg. 2000, S. I-7535 Rn. 51 f.
[1237] Allerdings dem Einzelnen ein *fremdes* und – insb. bei sanktionsbewehrten (richtlinienwidriger) Vorschriften – unzumutbares *Prozessrisiko* aufgebürdet wird. Vgl. *Gundel*, EuZW 2001, S. 143 (148).
[1238] So z.B.: *Schulte*, S. 74 f.
[1239] In diesem Fall liegt auch keine Direktwirkung vor – vgl. *Rörig*, S. 50 f.
[1240] Richtlinie 2000/78/EG des Rates v. 27.11.2000 zur Festlegung eines allgemeinen Rahmens für die Verwirklichung der Gleichbehandlung in Beschäftigung und Beruf, ABl. Nr. L 303, S. 16.

ließ.[1241] Infolgedessen müsse die den (privaten) Arbeitgeber begünstigende, nationale Bestimmung unangewendet bleiben. Die Verdrängung entgegenstehender nationaler Vorschriften stellt aber in Wirklichkeit eine unmittelbare Wirkung der Richtlinie dar. Dem betroffenen Arbeitgeber wird die Möglichkeit versperrt, sich auf die durch nationale Vorschriften verliehenen Rechte zu berufen.[1242] Zwar stütze sich der EuGH nicht nur auf die dem nationalen Recht vorgehende Richtlinienbestimmung, sondern leitete das Diskriminierungsverbot auch aus ungeschriebenen, allgemeinen Rechtsgrundsätzen ab.[1243] Dennoch ließ das Urteil kaum Zweifel daran, dass solche Konstellationen in der Zukunft auch ohne zusätzlich flankierendes Primärrecht nicht anders beurteilt werden. Dies liefe aber auf eine horizontale Direktwirkung „durch die Hintertür“ hinaus.[1244] In diesem Falle ist eine materielle Betroffenheit Private durch Richtlinien, die begünstigende nationale Vorschriften verdrängen, zumindest nicht ausgeschlossen.

(4) Objektive Richtlinienwirkung

Ob eine Begünstigung des Einzelnen eine Voraussetzung einer unmittelbaren Wirkung von Richtlinien darstellt[1245], kann zumindest bezweifelt werden.[1246] Die Möglichkeit des Bürgers, sich auf eine hinreichend präzise und unbedingt formulierte Richtlinienbestimmungen nach erfolglosem Ablauf der Umsetzungsfrist zu berufen, ist vielmehr nur eine der Folgen der unmittelbaren Wirkung.[1247] In der Entscheidung *Großkrotzenburg*[1248] stellte der EuGH klar, dass die nationalen Behörden selbst dann zur Anwendung einer nicht umgesetzten Richtlinie verpflichtet sind, wenn sich der Bürger nicht auf die Rechte aus der Richtlinie beruft oder berufen kann. Darin wird überwiegend die Anerkennung einer objektiven unmittelbaren Richtlinienwirkung gesehen.[1249]

Der EuGH hatte über eine Vertragsverletzungsklage der Kommission gegen die Bundesrepublik Deutschland zu entscheiden. Die Kommission rügte dabei nicht die verfristete Umsetzung der UVP-Richtlinie als solche, sondern die Nichtbeachtung der Richtlinie durch die deutschen Behörden nach Ablauf der Umsetzungsfrist. Die zuständige Behörde genehmigte nämlich die Errichtung eines neuen Blocks im Kraftwerk Großkrotzenburg, ohne eine von der Richtlinie vorgeschriebene Umweltverträglichkeitsprüfung durchzuführen. Dabei wurde der Antrag des privaten Kraftwerkbetreibers erst nach Ablauf der Umsetzungsfrist, jedoch noch vor dem Erlass des ent-

1241 EuGH, Rs. C-144/04 (Mangold/Helm), Slg. 2005, S. I-9981 Rn. 78 (Urt. v. 22.11.2005).

1242 Darauf wies zutreffend GA *Tizzano* in seinen Schlussanträgen v. 30.6.2005 (EuGH, Rs. C-144/04 (Mangold/Helm), Slg. 2005, S. I-9981 Rn. 106 f. und lehnte folglich derartige Anwendung der Richtlinie ab.

1243 EuGH, Rs. C-144/04 (Mangold/Helm), Slg. 2005, S. I-9981 Rn. 78.

1244 *Gas*, EuZW 2005, S. 737.

1245 EuGH, Rs. 152/84 (Marshall/ Southampton and South West Hampshire Area Health Authority), Slg. 1986, S. 723 (749); EuGH, Rs. 80/86 (Strafverfahren gegen Kolpinghuis Nijmegen), Slg. 1987, S. 3969 (3985).

1246 Vgl. *Gundel*, EuZW 2001, S. 143 (144); *Haratsch/Koenig/Pechstein*, Rn. 339; *Oppermann*, S. 168; *Streinz*, Rn. 445. A.A.: *Calliess*, NVwZ 1996, S. 339; *Schmidt-Preuß*, DVBl. 1995, S. 485 (494)

1247 *Pechstein*, EWS 1996, S. 261 (263).

1248 EuGH, Rs. C-431/92 (Kommission/BRD – „Großkrotzenburg“), Slg. 1995, S. I-2189 Rn. 24 ff.

1249 *Epiney*, DVBl. 1996, S. 409 ff.; *Gundel*, EuZW 2001, S. 143 (148); *Pechstein*, EWS 1996, S. 261 ff.

sprechenden Gesetzes zur Umsetzung der UVP-Richtlinie gestellt. Der EuGH hat die Klage der Kommission zwar aus anderen Gründen abgewiesen. Von Bedeutung ist jedoch, dass der Gerichtshof von einer Verpflichtung der nationalen Behörde zur Beachtung der unmittelbar wirkenden Richtlinie ausging. Problematisch ist, dass die Direktwirkung zugleich zur Belastung des privaten Projektträgers führte: Sein Vorhaben musste zusätzlichen Anforderungen genügen, um genehmigt zu werden. Infolge der Verpflichtung der Genehmigungsbehörde durch die unmittelbar wirkende UVP-Richtlinie hätte das Projekt nicht von der Umweltverträglichkeitsprüfung ausgenommen werden dürfen.[1250]

Die unmittelbare Betroffenheit i.S.d. Art. 230 Abs. 4 EG des Anlagenbetreibers durch die direkt wirkende Richtlinienbestimmung erscheint hier zweifelhaft. Denn es handelt sich um eine bloß „verwaltungsvermittelnde" Belastung. Die mittelbare Belastung Privater stellt steht einer unmittelbaren Wirkung objektiver Richtliniennormen auch nicht entgegen.[1251] Der EuGH hat in einem weiteren Urteil zur UVP-Richtlinie präzisiert, dass eine unmittelbare Wirkung nur dann bejaht werden kann, wenn zwischen privater Pflicht und staatlicher Handlung ein unmittelbarer Zusammenhang fehlt.[1252] M.a.W. darf die Verpflichtung eines Einzelnen in der Richtlinie jedenfalls nicht hinreichend konkretisiert sein, sondern erst im Zuge des behördlichen Tätigwerdens entstehen. Zum Teil wird daher vertreten, dass in den Fällen objektiver Richtlinienwirkung meist der Individualbezug fehle, sodass letztlich kaum Konstellationen denkbar seien, in denen die Anfechtung einer Richtlinienbestimmung durch Private Aussicht auf Erfolg habe.[1253] Allerdings darf man nicht verkennen, dass die Verpflichtung der Behörden im obigen Fall u.U. zur Versagung der Genehmigung gegenüber dem privaten Anlagenbetreiber führen kann. Das liegt aber darin, dass die einschlägigen Richtlinienbestimmungen den nationalen Behörden keinen Ermessensspielraum lassen, sodass eine materielle unmittelbare Betroffenheit Privater denkbar ist.

(5) Aufhebung einer unmittelbar wirkenden Richtlinienbestimmung

Eine unmittelbare Betroffenheit des Einzelnen ist auch in solchen Fällen denkbar, in denen eine unmittelbar wirkende, dem Bürger Rechte verleihende Richtlinienbestimmung aufgehoben wird. Die Rücknahme einer Begünstigung stellt als *actus contrarius* eine Belastung dar, die sich unmittelbar auf den Interessenkreis des Begünstigten auswirkt, da ein nationaler Umsetzungsakt nicht erforderlich ist. Da die Richtlinie gerade deswegen unmittelbare Wirkung entfaltet hatte, weil sie trotz Ablauf der vorgesehenen Frist nicht bzw. nicht ordnungsgemäß umgesetzt war, existiert kein nationaler Rechtsakt, der dem Einzelnen weiterhin die Begünstigung verleihen würde. Dieser wäre nämlich mit Aufhebung der EG-Richtlinie nicht automatisch hinfällig, sondern würde weiterhin als Teil der nationalen Rechtsordnung gelten.

[1250] Vgl. EuGH, Rs. C-431/92 (Kommission/BRD – „Großkrotzenburg"), Slg. 1995, S. I-2189 Rn. 29; Zustimmend: *Epiney*, DVBl. 1996, S. 409 (412); a.A.: *Schmidt-Preuß*, DVBl. 1995, S. 485 (494).
[1251] So zutreffend: *Epiney*, DVBl. 1996, S. 409 (413 f.).
[1252] EuGH, Rs. C-201/02 (The Queen, ex parte: Wells/Secretary of State), Slg. 2004, S. I-723 Rn. 56 f.
[1253] So: *Cremer*, EuZW 2001, S. 453 (458).

bb) Richtlinienkonforme Auslegung des nationalen Rechts

Die nationalen Gerichte und Behörden sind angehalten, die innerstaatlichen Vorschriften auf die Weise zu interpretieren, die das mit der Richtlinie verfolgte Ziel am besten zu erreichen gewährleistet.[1254] Die richtlinienkonforme Auslegung ist freilich von der unmittelbaren Wirkung von Richtlinien zu trennen. Während die Direktwirkung die fehlende bzw. fehlerhafte Umsetzung der Richtlinie substituiert, knüpft die Konformauslegung an bestehendes nationales Recht an. Die Auslegungsgrenze wird dort erreicht, wo die nationalen Vorschriften in Widerspruch zu den Richtlinienbestimmungen treten. Die nationalen Vorschriften müssen also gewisse Interpretationsspielräume enthalten, die sich im Einklang mit den Richtlinienzielen ausfüllen lassen.[1255]

Die Verpflichtung der nationalen Gerichte und Behörden zur richtlinienkonformen Auslegung hat zur Folge, dass die Richtlinien trotz des Ausschlusses einer horizontalen Direktwirkung dennoch mittelbar diese Wirkung entfaltet, wenn die betreffenden Vorschriften auf Rechtsbeziehungen zwischen Privaten anzuwenden sind oder sie in irgend einer Weise beeinflussen.[1256] Die „mittelbare Drittwirkung" geht sogar weiter als die klassische, unmittelbare Wirkung von Richtlinien, weil die Voraussetzung einer hinreichend präzisen Formulierung der betreffenden Bestimmung entfällt.[1257] Ferner unterliegt die richtlinienkonforme Auslegung als „bloße" Interpretationsmethode nicht den Begrenzungen, die für die Direktwirkung gelten, darunter dem Verbot der Belastung Privater.[1258] Eine Abgrenzung zwischen der unmittelbaren Wirkung und der richtlinienkonformen Auslegung bereitet oft Schwierigkeiten.[1259]

Vorliegend stellt sich die Frage, ob durch die Pflicht zur richtlinienkonformen Auslegung *de facto* eine Lage geschaffen wird, die mit der umgegehrt vertikalen bzw. der horizontalen unmittelbaren Richtlinienwirkung vergleichbar ist. Eine formelle unmittelbare Betroffenheit Einzelner ist in dieser Konstellation kaum denkbar. Aber auch eine unmittelbare Betroffenheit im materiellen Sinne liegt eher fern. Die richtlinienkonforme Auslegung setzt zunächst überhaupt einen gewissen Interpretationsspielraum der anzuwendenden, nationalen Vorschriften voraus[1260] und schränkt diesen lediglich insofern ein, als das Auslegungsergebnis vorzuziehen ist, das den Richtlinienzielen am besten Rechnung trägt. Es handelt es sich also um eine Sonderform des intendierten Ermessens. Die Rechtsfolgen ergeben sich dagegen einzig und allein aus dem einschlägigen, nationalen Recht, das lediglich im Lichte der Richtlinie auszulegen

---

[1254] EuGH, Rs. 14/83 (von Colson und Kamann), Slg. 1984, S. 1891 ff.; EuGH, Rs. C-106/89 (Marleasing/La Comercial Internacional de Alimentatión), Slg. 1990, S. I-4135 Rn. 8; EuGH, Rs. C-212/04 (Konstantinos Adeneler u.a./Ellinikos Organismos Galaktos), Urt. v. 4.7.2006 (noch nicht in der amtl. Slg. veröffentlicht) Rn. 108 ff. S. auch: *Ehricke*, RabelsZ 59 (1995), S. 599 ff.; *Everling*, ZGR 1992, 376 ff.

[1255] *Classen*, EuZW 1993, S. 83 (86); *Erbguth/Stollmann*, DVBl. 1997, S. 453.

[1256] *Schnorbus*, RabelsZ 65 (2001), S. 654 (664 f.).

[1257] EuGH, Rs. 14/83 (von Colson u. Kamann/Land Nordrhein Westfalen), Slg. 1984, S. 1891 Rn. 27 f. Vgl. auch: *Bach*, JZ 1990, S. 1108 (1113); *Jarass*, EuR 1991, S. 211 (221); *Veelken*, JuS 1993, S. 265 (271).

[1258] *Herber*, EuZW 1991, S. 401 (403); *Jarass*, EuR 1991, S. 211 (222).

[1259] *Beljin*, EuR 2002, S. 359 (361); *Jarass/Beljin*, EuR 2004, S. 714 (735).

[1260] Vgl. EuGH, Rs. 79/83 (Harz/Deutsche Tradax GmbH), Slg. 1984 S. 1921 Rn. 26 f.; EuGH, Rs. 14/84 (Colson u. Kammann/Land Nordrhein Westfalen), Slg. 1984, S. 1891 Rn. 26.

ist, jedoch nicht verändert oder verdrängt werden darf. Andernfalls wären die Grenzen der richtlinienkonformen Auslegung überschritten, sodass tatsächlich eine Direktwirkung vorläge. Die Wirkungen einer richtlinienkonformen Auslegung können also nicht zur unmittelbaren Betroffenheit i.S.d. Art. 230 Abs. 4 EG führen.

Das gilt freilich nur bei Einhaltung der Grenzen einer zulässigen richtlinienkonformen Auslegung. Die Rechtsprechung[1261] zeigt jedoch, dass die Grenzen der Konformauslegung so weit überdehnt werden, dass es sich in der Sache um eine „unmittelbare Wirkung im Gewande einer richtlinienkonformen Auslegung"[1262] handelt. So wird z.B. im Fall *Pfeiffer* der private Arbeitgeber (DRK) unter Umgehung des Belastungsverbotes, der zum Ausschluss horizontaler Direktwirkung führt, durch die Richtlinienbestimmung selbst belastet, weil das Richtlinienziel (Pflicht des Arbeitsgebers zur Einhaltung einer wöchentlichen Höchstarbeitszeit) trotz der defizitären Umsetzung auf jeden Fall erreicht werden soll.[1263] Fehlen entsprechende Regelungen im nationalen Recht oder stehen die vorhandenen Regelungen dem richtlinienkonformen Ergebnis eindeutig entgegen, sind die Grenzen der Konformauslegung erreicht. Diese darf nämlich nicht die mangelnde oder unzureichende Umsetzung substituieren.[1264] Die Verpflichtung des Einzelnen muss sich aus den nationalen Rechtsvorschriften selbst ergeben und nicht erst durch Rückgriff auf die Richtlinie begründet werden. Trotz dieser Schranken wollte der EuGH das vorlegende Gericht auf jeden Fall zu einem bestimmten Ergebnis anhalten. Das kommt aber einer horizontalen Direktwirkung der Richtlinie gleich, denn sie erlangt faktisch eine verordnungsgleiche Durchgriffswirkung.[1265] Die staatliche Pflicht zur Konformauslegung fällt mit der Belastung einer Partei zusammen. Der Einzelne (etwa der Arbeitgeber) wird hierdurch unmittelbar betroffen. Mit der Begünstigung des Arbeitnehmers (Höchstgrenze der Arbeitszeit) korrespondiert die Verpflichtung des Arbeitgebers, diese Höchstgrenze zu respektieren.

b) Vorwirkung von Richtlinien

Richtlinien binden die Mitgliedstaaten bereits ab dem Zeitpunkt ihrer Bekanntgabe, sodass diese schon vor Ablauf der Umsetzungsfrist verpflichtet sind, keine Vorschriften zu erlassen, die das in der Richtlinie vorgegebene Ziel konterkarieren.[1266] Die Vorwirkung ist zwar typisch für umsetzungsbedürftige Rechtsakte wie Richtlinien, welche erst nach Ablauf der Umsetzungsfrist die volle Wirksamkeit erlangen. Aber auch andere Normativakte können eine gewisse Vorwirkung entfalten, so z.B. wenn

---

[1261] Zweifelhaft daher: EuGH, Rs. 106/89 (Marleasing SA/La Comercial Internacional de Alimentación SA), Slg. 1990, S. I-4135 ff. Dort hieß es, dass die Pflicht zur richtlinienkonformen Auslegung es „verbiete", nationales Recht so auszulegen, dass die Nichtigkeit eines Gesellschaftsvertrages aus anderen als nach der einschlägigen Richtlinie zulässigen Gründen festgestellt werde. Dadurch wird eine innerstaatliche Vorschrift durch die Richtliniennorm gerade verdrängt, weil eine bestimmte Norm (Nichtigkeitsgrund) gar nicht zur Anwendung kommen soll. Vgl. dazu: *Classen*, EuZW 1993, S. 83 (86); *Lutter*, JZ 1992, S. 593 (606).

[1262] So: *Frenz*, EWS 2005, S. 104 (105); *ders.*, DVBl. 2005, S. 40.

[1263] EuGH, verb. Rs. C-397/01 bis C-403/01 (Pfeiffer u.a./DRK), Slg. 2004, S. I-8835 Rn. 118 f.

[1264] EuGH, Rs. 102/79 (Kommission/Belgien), Slg. 1980, S. 1473 Rn. 9 ff.; *Rörig*, S. 125.

[1265] Ebenso: *Frenz*, EWS 2005, S. 104 (107).

[1266] Grundlegend dazu: EuGH, Rs. C-129/96 (Inter-Environnement Wallonie ASBL/Région wallonne), Slg. 1997, S. I-7411 ff.; *Schliesky*, DVBl. 2003, S. 631 ff.; *Weiß*, DVBl. 1998, S. 658 (570 ff.).

Verordnungsbestimmungen erst nach einer Übergangsfrist gelten sollen, aber bereits gegenwärtig ihre Adressaten zu bestimmtem Verhalten veranlassen und das Abwarten der tatsächlichen Anwendbarkeit nicht zumutbar erscheint.[1267] Von einer Vorwirkung spricht man also, wenn die Anwendbarkeit einer Norm zwar zeitlich aufgeschoben wurde, diese aber schon gegenwärtig gewisse Wirkungen erzeugt.

In der Rs. *Salamander* beriefen sich auf die Vorwirkung der Richtlinie die klagenden Gesellschaften zur Begründung der unmittelbaren Betroffenheit. Sie wiesen auf die bereits während der Umsetzungsfrist bestehenden Respektierungsverpflichtungen hin.[1268] Dies führte bereits vor der Richtlinienumsetzung zu einem massiven Umsatzrückgang.[1269] Das EuG lehnte jedoch die Berücksichtigung wirtschaftlicher Auswirkungen wegen der unmittelbar bevorstehenden Umsetzung der streitigen Richtlinie ab, da diese nicht die Rechtsposition, sondern „allein die faktische Lage" der Klägerinnen treffen.[1270] Ferner verwies das Gericht sie auf die Möglichkeit der Geltendmachung von Schadensersatzansprüchen. Auch wenn im konkreten Fall keine schweren und irreparablen Schäden drohten, ist die Argumentation des Gerichts dahingehend zu deuten, dass die Vorwirkung bei Individualklagen gegen normative Richtlinienbestimmungen generell unbeachtlich sein soll. Eine kategorische Absage an die Zulässigkeit des vorbeugenden Rechtsschutzes erscheint aber im Lichte des Grundsatzes des effektiven Rechtsschutzes unhaltbar. Dieser gebietet jedenfalls dann, wenn der Eintritt schwerer und unumkehrbarer Schäden bzw. Grundrechtsverletzungen droht, künftige Beeinträchtigungen bereits gegenwärtig i.R.d. unmittelbaren Betroffenheit zu berücksichtigen.[1271] Ferner muss auch die Rechtzeitigkeit des Rechtsschutzes gewährleistet werden. Der zeitliche Aufschub (z.B. Umsetzungsfrist) stellt keinen hinreichenden Grund für die Versagung des Primärrechtsschutzes dar. Eine möglichst frühzeitige Klärung der Gültigkeitsfrage ist auch aus Rechtssicherheitsgründen begrüßenswert.

Im parallelen Vorabentscheidungsverfahren über die Gültigkeit der Tabak-Richtlinie meldete der EuGH keine Bedenken gegen die Zulässigkeit des Vorlagegegenstandes an, obwohl weder die Umsetzungsfrist abgelaufen war, noch die Richtlinie bereits im betreffenden Mitgliedstaat umgesetzt wurde.[1272] Allerdings kam es in diesem objektiven Verfahren auf unmittelbare Betroffenheit Einzelner nicht an. Für die Annahmefähigkeit der Vorlage genügte es, dass das Rechtssetzungsverfahren abgeschlossen war, mithin ein Sekundärrechtsakt vorlag, dessen Gültigkeit für die Ent-

---

[1267] Bsp.: Verbot der Bezeichnung *méthode champagnoise* bei Schaumweinherstellung (VO Nr. 3309/85), die – soweit traditionell gebräuchlich – nur noch für acht Weinwirtschaftsjahre zulässig war. – EuGH, Rs. 26/86 (Deutz & Geldermann/Rat), Slg. 1987, S. 914 ff. (Nichtigkeitsklage). Der EuGH hat diese Verordnungsnorm als einen tauglichen Vorlagegegenstand i.S.d. Art. 234 Abs. 1 lit. b EG erachtet, obwohl sie wegen der Übergangszeit den Einzelnen noch nicht aktuell beschwerte. – EuGH, Rs. C-306/93 (SMW Winzersekt/Land Rheinland-Pfalz), Slg. 1994, S. I-5555 Rn. 12 ff.

[1268] EuG, verb. Rs. T-172/98 u. T-175/98 bis T-177/98 (Salamander u.a./EP u. Rat), Slg. 2000, S. II-2487 Rn. 35.

[1269] EuG, aaO, Rn. 40.

[1270] EuG, aaO, Rn. 62.

[1271] Ähnlich: *Cremer*, EuZW 2001, S. 453 (457), der eine partielle Überlagerung des Art. 230 Abs. 4 EG durch das (gleichrangige) Gebot effektiven Rechtsschutzes befürwortet.

[1272] EuGH, Rs. C-491/01 (The Queen/Secretary of State for Health, ex parte: British American Tobacco u. Imperial Tobacco), Slg. 2002, S. I-11453 ff.

scheidung des Ausgangsstreits zumindest nicht evident belanglos war.[1273] Die Vorwirkung konnte also nur verfahrensspezifisch berücksichtigt werden.

Das EuG revidierte jedoch seine Stellung zur Unbeachtlichkeit der Vorwirkungen von Richtlinien bei der Beurteilung der unmittelbaren Betroffenheit. Zwar wurde in der Rs. *Japan Tobacco* die Möglichkeit verneint, dass eine noch nicht umgesetzte Richtlinie Private unmittelbar betreffen könne, weil sie noch keine Änderung der Rechtsstellung bewirke.[1274] Allerdings untersuchte das Gericht anschließend, ob eine künftige Beschwer der Klägerinnen bereits gegenwärtig die unmittelbare Betroffenheit begründet. Die Klägerinnen trugen vor, ihre Rechtsstellung habe sich bereits dadurch geändert, dass die Mitgliedstaaten schon jetzt verpflichtet seien, Umsetzungsmaßnahmen zu treffen, die in ihre geistigen Eigentumsrechte eingreifen. Das Gericht kam nach eingehender Prüfung zu dem Ergebnis, dass jedenfalls anhand der fraglichen Richtlinienbestimmung selbst noch keine künftige, enteignende Wirkung gegenüber den Klägerinnen mit hinreichender Wahrscheinlichkeit festgestellt werden könne. Einerseits sei nicht ausgeschlossen, dass ein Mitgliedstaat es den zuständigen nationalen Gerichten oder anderen Stellen überlässt, von Fall zu Fall zu entscheiden, ob die Begriffe auf einer bestimmten Verpackung in den Anwendungsbereich des in der Richtlinie statuierten Verbotes fallen.[1275] Andererseits war unklar, ob der klägerseits vorgetragene Sachverhalt nach der Umsetzung überhaupt unter das Verbot fallen würde. Das Verbot war somit in der Richtlinie noch nicht derart abschließend bestimmt, dass der Inhalt der künftigen, nationalen Umsetzungsmaßnahme hinreichend wahrscheinlich hätte prognostiziert werden können. Bedeutend ist, dass das EuG die Vorwirkung von Richtlinien nunmehr für grundsätzlich beachtlich hielt und i.R.d. unmittelbaren Betroffenheit würdigte. Damit sind auch künftige, hinreichend wahrscheinliche Beeinträchtigungen bei der Beurteilung der Unmittelbarkeit zu berücksichtigen.

c) Rechtslage bei umgesetzten Richtlinien

Wurde die Richtlinie bereits ins nationale Recht umgesetzt, dann hängt die Anfechtbarkeit der Richtlinie davon ab, ob die Betroffenheit des Einzelnen ausschließlich auf der Richtlinie beruht. Von einer materiellen Betroffenheit ist auszugehen, wenn die Richtlinienbestimmung keinen Umsetzungsspielraum eingeräumt oder der Staat – unabhängig vom etwaigen Ermessensspielraum – von den gemeinschaftsrechtlichen Vorgaben nicht abweichen wollte.

2. Unmittelbare Betroffenheit in der Rechtsprechung

In den Entscheidungen, die Individualnichtigkeitsklagen gegen Richtlinien zum Gegenstand hatten, verneinten die Gemeinschaftsgerichte entweder das Vorliegen eines zulässigen Klagegegenstandes oder die individuelle Betroffenheit, ohne auf die Frage der unmittelbaren Betroffenheit eingehen zu müssen. Dennoch hat das EuG in den

---

[1273] Vgl. EuGH, Rs. C-491/01 (The Queen/Secretary of State for Health, ex parte: British American Tobacco u. Imperial Tobacco), Slg. 2002, S. I-11453 Rn. 32.

[1274] EuG, Rs. T-223/01 (Japan Tobacco and JT International /EP u. Rat), Slg. 2002, S. II-3259 Rn. 47.

[1275] EuG, Rs. T-223/01 (Japan Tobacco and JT International/EP u. Rat), Slg. 2002, S. II-3259 Rn. 52.

Entscheidungen *Salamander*[1276] und *Japan Tobacco*[1277] ausdrücklich Stellung zu diesem Problemkreis bezogen.

a) Das Salamander-Urteil des EuG

In der Rs. *Salamander* trugen die Klägerinnen drei Aspekte zur Begründung der unmittelbaren Betroffenheit vor. Die grundsätzliche Umsetzungsbedürftigkeit von Richtlinien stehe der Klageberechtigung nicht entgegen, da vorliegend eine materielle Unmittelbarkeit bejaht werden könne. Die Richtlinie beließ den Mitgliedstaaten keinen substantiellen Umsetzungsspielraum, die Umsetzung erfolgte automatisch. Ferner sei auch die Vorwirkung der Richtlinie zu berücksichtigen.[1278] Schließlich würden die klagenden Gesellschaften als „staatliche Private" durch die vertikale Direktwirkung an die strittige Richtlinie selbst unmittelbar gebunden.[1279]

In der Urteilsbegründung findet man zunächst einen Verweis auf die materielle Definition der Unmittelbarkeit in der Rechtsprechung.[1280] Weiter wurde dann der Schwerpunkt auf den formellen Aspekt der Umsetzungsbedürftigkeit und materiell auf die unmittelbare Wirkung von Richtlinien gelegt. Dagegen fand das fehlende Umsetzungsermessen i.S.d. materiellen Unmittelbarkeitsdefinition keine Berücksichtigung. Das EuG wies zunächst darauf hin, dass Richtlinien dem Bürger keine Pflichten auferlegen und somit nicht umgekehrt vertikale Direktwirkung entfalten können.[1281] Das Vorbringen der Klägerin, sie sei dem staatlichen Bereich zuzuordnen und damit als „öffentliche Stelle"[1282] wie der Staat selbst unmittelbar verpflichtet, wurde zurückgewiesen. Das Gericht war der Auffassung, es handele sich nicht um Dienstleistungen im öffentlichen Interesse, die kraft staatlichen Rechtsakts unter Inanspruchnahme besonderer Rechte ausgeübt wurden.[1283] Auch während der Umsetzungsfrist bestehende Verpflichtungen, alle Maßnahmen zu unterlassen, die geeignet sind, das in der Richtlinie vorgeschriebene Ziel ernstlich in Frage zu stellen, betreffe nicht Private, sondern gem. Art. 10 Abs. 2, 249 Abs. 3 EG allein die Mitgliedstaaten.[1284]

Schließlich lehnten die Richter die Berücksichtigung wirtschaftlicher Auswirkungen ab, da hierdurch nicht die Rechtsposition der Klägerinnen, sondern allenfalls ihre *faktische* Stellung tangiert würde.[1285] Die Richtlinie zwinge also lediglich die Mitgliedstaaten zur Auferlegung bestimmter Verpflichtungen für die Wirtschaftsteilnehmer, begründe sie aber nicht selbst und könne somit Private nicht unmittelbar betref-

---

[1276] EuG, verb. Rs. T-172/98 u. T-175/98 bis T-177/98 (Salamander u.a./EP u. Rat), Slg. 2000, S. II-2487.

[1277] EuG, Rs. T-233/01 (Japan Tobacco and JT International/EP u. Rat), Slg. 2002, S. II-3259.

[1278] EuG, verb. Rs. T-172/98 u. T-175/98 bis T-177/98 (Salamander u.a./EP u. Rat), Slg. 2000, S. II-2487 Rn. 35.

[1279] EuG, aaO, Rn. 36.

[1280] EuG, aaO, Rn. 52 (mit Hinweis auf EuGH, Rs. C-386/96 P (Dreyfus/Kommission), Slg. 1998, S. I-2309 Rn. 43).

[1281] EuG, aaO, Rn. 52 ff.

[1282] EuGH, Rs. C-188/89 (Foster u.a.), Slg. 1990, S. I-3313 Rn. 18, 20.

[1283] EuG, verb. Rs. T-172/98 u. T-175/98 bis T-177/98 (Salamander u.a./EP u. Rat), Slg. 2000, S. II-2487 Rn. 60.

[1284] EuG, aaO, Rn. 57.

[1285] EuG, aaO, Rn. 62.

fen. Erst nach dieser Feststellung beschäftigte sich das EuG „*subsidiär*" mit dem Argument des mangelnden Umsetzungsspielraums der Mitgliedstaaten. Mit der Begründung, die Richtlinie räume den Mitgliedstaaten für *einige* Bereiche der Tabakwerbung Ermessen bezüglich eventueller Freistellung vom Verbot ein, wurde es jedoch abgewiesen.[1286] Die pauschale, von der streitigen Richtlinienvorschrift abstrahierende Betrachtung des Umsetzungsspielraums verwundert. Angesichts der bisherigen Prüfung der materiellen Unmittelbarkeit in Bezug auf die konkrete, streitgegenständliche Vorschrift[1287] ist unerklärlich, warum das Gericht nicht untersucht hat, ob ein Umsetzungsspielraum in Bezug auf die angefochtenen Richtlinienbestimmungen besteht, sondern „irgendeinen" durch die Richtlinie überlassenen Ermessensspielraum genügen ließ.[1288] Auch die Einschränkung der bisherigen Definition der Unmittelbarkeit blieb ohne nachvollziehbare Erklärung.

b) Beschluss in der Rs. Japan Tobacco

In der Rs. *Japan Tobacco* legten die Gemeinschaftsrichter der Beurteilung der unmittelbaren Betroffenheit konsequent ein materielles Verständnis zugrunde. Die beklagten Gemeinschaftsorgane bestritten generell die Möglichkeit einer unmittelbaren Betroffenheit Privater durch Richtlinienbestimmungen. Diese verpflichten nur die Mitgliedstaaten zum Erlass von Umsetzungsmaßnahmen und vermögen selbst nicht, einzelnen Wirtschaftsteilnehmern unmittelbar Pflichten aufzuerlegen.[1289] Das Parlament berief sich ferner auf das *Salamander*-Urteil des EuG und argumentierte, diesem sei zu entnehmen, dass zumindest „echte" Richtlinien von nichtprivilegierten Klägern nicht mit der Direktklage angefochten werden können. Vor diesem Hintergrund sei für Beurteilung der Zulässigkeit der Klage ohne Belang, dass eine Richtlinie den Mitgliedstaaten keinerlei Ermessensspielraum lasse.[1290] Die Klägerinnen wiesen hingegen auf die ständige Rechtsprechung zur materiellen Unmittelbarkeit hin, wonach ein Einzelner unter bestimmten Voraussetzungen auch trotz der Erforderlichkeit weiterer Durchführungsmaßnahmen unmittelbar betroffen sein könne.[1291] Damit stehe die Umsetzungsbedürftigkeit der Richtlinie nicht entgegen. Denn die geltend gemachte „Enteignung"

[1286] EuG, verb. Rs. T-172/98 u. T-175/98 bis T-177/98 (Salamander u.a./EP u. Rat), Slg. 2000, S. II-2487 Rn. 70.

[1287] Vgl. etwa: EuGH, Rs. 92/78 (Simmenthal/Kommission), Slg. 1979, S. 777 Rn. 25 f.; EuGH, Rs. 113/77 (NTN Toyo Bearing Company u.a./Rat), Slg. 1979, S. 1185 Rn. 11 f.; EuGH, Rs. 118/77 (I-SO/Rat), Slg. 1979, S. 1277 Rn. 26; EuGH, Rs. 119/77 (Nippon Seiko u.a./Rat u. Kommission), Slg. 1979, S. 1303 Rn. 14; EuGH, Rs. 121/77 (Nachi Fujikoshi u.a./Rat), Slg. 1979, S. 1363 Rn. 11; EuGH, Rs. 333/85 (Mannesmann Röhrenwerke u. Benteler/Rat), Slg. 1987, S. 1381 Rn. 14; EuGH, Rs. 207/86 (Apesco/Kommission), Slg. 1988, S. 2151 Rn. 12; EuGH, Rs. C-386/96 (Dreyfus/Kommission), Slg. 1998, I-2309 Rn. 43 ff.

[1288] EuG, verb. Rs. T-172/98 u. T-175/98 bis T-177/98 (Salamander u.a./EP u. Rat), Slg. 2000, S. II-2487 Rn.68 f.

[1289] Zit. in: EuG, Rs. T-223/01 (Japan Tobacco and JT International/EP u. Rat), Slg. 2002, S. II-3259 Rn. 32.

[1290] Zit. in: EuG, Rs. T-223/01 (Japan Tobacco and JT International/EP u. Rat), Slg. 2002, S. II-3259 Rn. 33.

[1291] Vgl. EuG, Rs. T-223/01 (Japan Tobacco and JT International/EP u. Rat), Slg. 2002, S. II-3259 Rn. 37.

der Klägerinnen durch das Verbot der Verwendung von beschreibenden Merkmalen auf Zigarettenverpackungen sei einzig und allein auf die umstrittene Richtlinienbestimmung zurückzuführen.

Das Gericht stützte sich auf materielle Definition der Unmittelbarkeit, wonach es auf mangelndes Ermessen des mit der Durchführung betrauten Adressaten ankomme. Vor diesem Hintergrund stehe die Umsetzungsbedürftigkeit von Richtlinien der Annahme unmittelbarer Betroffenheit nicht entgegen, wenn die Umsetzung „automatisch" erfolge oder das Ergebnis jedenfalls unzweifelhaft feststehe. Die streitige Bestimmung dürfe also nicht von der Ermessensausübung durch einen Dritten abhängen, sofern nicht offensichtlich ist, dass ein solches Ermessen nur in einem bestimmten Sinne ausgeübt werden könne.[1292] Das EuG verneinte zwar eine gegenwärtige Betroffenheit vor Ablauf der Umsetzungsfrist. Dennoch setzte es sich mit der Frage auseinander, ob eine künftige, aber bereits aktuell vorhersehbare Beschwer der Tabakhersteller unmittelbar auf der angefochtenen Richtlinienbestimmung beruhe.

Dass die strittige Richtlinie bis zu ihrer Umsetzung in nationales Recht oder bis zum Ablauf der Umsetzungsfrist keine Änderung der Rechtsstellung der Klägerinnen herbeiführen wird, stelle die materielle Betrachtung nicht in Frage.[1293] Bis zum Ablauf der Umsetzungsfrist bindet die Richtlinie im eingeschränkten Umfang nur die Mitgliedstaaten.[1294] Dagegen kann eine Richtlinie ihre volle Wirksamkeit sowohl für Private als auch für die Mitgliedstaaten erst nach der Umsetzung (-sfrist) entfalten. Daher stellte das Gericht zutreffend auf die gegenwärtige Vorhersehbarkeit der künftigen Betroffenheit der Klägerinnen ab. Dabei wurde geprüft, ob und inwiefern die strittige Bestimmung Umsetzungsspielraum beließ. Die Richter stellten fest, dass sich selbst bei einer wortgetreuen Übernahme der Richtlinienbestimmung ins nationale Recht noch keine automatische und sofortige Änderung der bestehenden Rechte der Klägerinnen ergäbe.[1295] Die umstrittene Bezeichnung („mild"), die zugleich im Namen der von der Klägerin hergestellten Zigaretten enthalten war, befand sich lediglich in einer Begründungserwägung, in einer beispielhaften Aufzählung der Adjektive, deren Verwendung verboten werden sollte. Die Richtlinie selbst legte nur verbindlich den Sinn des Verbotes fest: das Vorhandensein des Wortes auf der Verpackung unabhängig von seinem Zusammenhang durfte nämlich nicht zwangsläufig (und irreführend) suggerieren, das Produkt sei weniger schädlich als andere. Daher stand es den Mitgliedstaaten an sich frei, ob sie die Umsetzung bei der generalklauselartigen Fassung belassen und die Entscheidung im Einzelfall dem Rechtsanwender überlassen oder ob sie eine weitergehende Präzisierung in die Regelung aufnehmen. Zudem war unklar, ob das in der Produktbezeichnung MILD SEVEN enthaltene Wort „mild" die Funktion eines beschreibenden Merkmals hat und damit überhaupt in den Anwendungsbereich des Ver-

---

[1292] EuG, Rs. T-223/01 (Japan Tobacco and JT International/EP u. Rat), Slg. 2002, S. II-3259 Rn. 45 f. unter Verweis aus die Schlussanträge des GA *Warner* in der Rs. 100/74 (CAM/Kommission), Slg. 1975, S. 1393 (1410) und des GA *Jacobs* in der Rs. C-358/89 (Extramet Industrie/Rat), Slg. 1991, S. I-2501 (2507).

[1293] Abweichend: *Schulte*, S. 54 f.; a.A. *Wölker*, DÖV 2003, S. 570 (575).

[1294] Als Umsetzungsbefehl (Handlungsgebot) und als Frustrationsverbot (Unterlassungsgebot) – ausführlich zur Vorwirkung von Richtlinien: *Weiß*, DVBl. 1998, S. 658 ff.

[1295] EuG, Rs. T-223/01 (Japan Tobacco and JT International/EP u. Rat), Slg. 2002, S. II-3259 Rn. 50.

botes falle. Zwischen der Richtlinienbestimmung und der behaupteten Betroffenheit bestand also eine Zäsur, die durch eine Ermessensentscheidung des nationalen Gesetzgebers und/oder der Vollzugsstelle erst ausgefüllt werden sollte. Damit schied die materielle Unmittelbarkeit aus.

c) Zusammenfassung und Bewertung der Rechtsprechung

Die Überlegungen im *Salamander*-Urteil sind zwar nicht unberechtigt, weil es im Grunde um die Feststellung formeller Unmittelbarkeit geht. Diese wird bei Richtlinien, angesichts deren zweistufigen Implementationsstruktur, gerade nicht bzw. ganz ausnahmsweise[1296] denkbar. Im Regelfall kann eine Richtlinie den Einzelnen erst vermittelt durch den Umsetzungsakt betreffen. Der eigentliche Kritikpunkt betrifft jedoch die inkonsequente Anwendung der herkömmlichen Kriterien, vor allem die Vernachlässigung der materiellen Unmittelbarkeit. Im *Salamander*-Urteil zitierte das EuG zwar die bisher in der Rechtsprechung herrschende materielle Betrachtungsweise, legte sie jedoch der Prüfung nicht konsequent zugrunde. Dadurch drängt sich der Verdacht ergebnisorientierter Argumentation auf, um die zuvor akzeptierte Anfechtbarkeit „echter" Richtlinien durch die Schaffung unüberwindlicher Hürden bei der Klageberechtigung praktisch zu auszuschließen.[1297]

Begrüßenswert ist daher die Abkehr von dieser restriktiven, formellen Auslegung der Unmittelbarkeit im Beschluss *Japan Tobacco*. Dort stellte das EuG konsequent auf das Fehlen eines substantiellen Umsetzungsspielraums bzw. – im Falle dessen Vorhandenseins – auf die sichere Vorhersehbarkeit der Ergebnisse der Ermessensausübung ab.[1298] Für den Zeitraum zwischen Erlass und Umsetzung einer Richtlinie machte das Gericht eine Ausnahme. Da Richtlinien vor Ablauf der Umsetzungsfrist den Einzelnen noch nicht betreffen[1299], stellte das Gericht unter dem Gesichtspunkt des Umsetzungsermessens zutreffend auf die künftige Beschwer ab, die gegenwärtig sicher vorhersehbar sein muss bzw. sich mit Sicherheit realisieren wird und damit allein auf der Richtlinie beruht.

3. Die maßgeblichen Kriterien der Unmittelbarkeit

Richtlinien können Private sowohl in formeller als auch in materieller Hinsicht unmittelbar betreffen, wobei formelle Unmittelbarkeit nur im eingeschränkten Umfang, nämlich bei vertikaler unmittelbarer Richtlinienwirkung zulasten „staatlicher" Privater in Betracht kommt. In den meisten Fällen wird es dagegen auf den mangelnden Umsetzungsspielraum *bezüglich der streitigen Bestimmung* ankommen.[1300] M.a.W. vermag nicht jeder, bei der Richtlinienumsetzung eingeräumte Ermessensspielraum die unmittelbare Betroffenheit des Einzelnen auszuschließen, sondern nur ein Umset-

---

[1296] S.o. Kap. II F II 1 a) aa) (1) – vertikale unmittelbare Wirkung zulasten der „staatlichen" Privaten.
[1297] Vgl. *Arnull*, CMLR 2001, S. 7 (50); *Cremer*, EuZW 2001, S. 453 (455); *v.d. Hout*, S. 40.
[1298] EuG, Rs. T-233/01 (Japan Tobacco and JT International/EP u. Rat), Slg. 2002, S. II-3259 Rn. 45ff.
[1299] EuG, aaO, Rn. 47.
[1300] Für materielle Unmittelbarkeit bereits: GA *Lenz*, Schlussanträge in der Rs. C-298/89 (Gibraltar/Rat), Slg. 1993, S. I-3621 Rn. 86 ff. (insb. 89 u. 93); *v. Burchard*, EuR 1991, S. 140 (163 ff.). Krit. dazu: *J.P. Schneider*, AöR 1994 (119), S. 294 (306), der ein Rechtschutzbedürfnis für Individualklagen gegen Richtlinien verneint.

zungsermessen in Bezug auf die *konkrete, angefochtene Bestimmung.*[1301] Die Beurteilung des Umsetzungsspielraums muss also einzelbestimmungsbezogen erfolgen, sonst verliert sie ihren Sinn und bietet keine Grundlage für die Feststellung der unmittelbaren Betroffenheit. Zudem ist das Vorgehen unter systematischen Gesichtspunkten richtig, da sich die Beschwer des Einzelnen nicht auf „die Richtlinie" in ihrer Gesamtheit, sondern immer auf bestimmte Regelungen bezieht.

Für die materielle Betrachtung ist maßgebend, ob die Umsetzungsergebnisse derart eindeutig vorgegeben und damit vorhersehbar sind, dass keine Alternative in Betracht kommt, bei der die Beeinträchtigung der Rechte oder Interessen des Klägers ausbleiben würde.[1302] Räumt die Richtlinienvorschrift den Mitgliedstaaten dagegen Umsetzungsermessen ein, dann ist die Unmittelbarkeit gegeben, wenn der für die Umsetzung zuständige Mitgliedstaat seine Absicht hinreichend klar kundgetan hat, von der Richtlinienvorgabe nicht abweichen zu wollen[1303].

Ein Vergleich mit den i.R.d. Art. 230 Abs. 4 EG anfechtbaren Rechtsakten bestätigt, dass vorzugswürdig ein einheitlicher materieller Unmittelbarkeitsbegriff zugrunde zu legen ist. Dass die Umsetzungsbedürftigkeit als solche der Annahme unmittelbarer Betroffenheit nicht entgegensteht, zeigt das Beispiel der staatengerichteten Entscheidungen.[1304] So ist eine solche Entscheidung ebenso wie die Richtlinie auf mitgliedstaatliche Umsetzung angewiesen, z.B. weil die Kommission nicht über die erforderliche Kompetenz zur unmittelbaren Rückforderung gegenüber dem Beihilfeempfänger verfügt. Wenn allerdings die Kommissionsentscheidung dem Beihilfe gewährenden Mitgliedstaat keinerlei Ermessensspielraum einräumt[1305] bzw. der Adressat etwaigen Spielraum gar nicht zu nutzen beabsichtigt[1306], kommt der Umsetzungsakt einer bloßen „Weiterleitung" der bereits getroffenen Maßnahme an den Betroffenen gleich. Maßgeblich ist also, ob die Beschwer des Einzelnen materiell ausschließlich auf den im Gemeinschaftsrechtsakt getroffenen Bestimmungen beruht oder ob eine selbständige Beschwer durch den Umsetzungsakt hinzutritt. Dies ist m.E. ein allgemeiner Gedanke, der hinter der Regelung der unmittelbaren Betroffenheit in Art. 230 Abs. 4 EG steht und damit ebenso für Richtlinien gilt. Zwar ist der Wortlaut der Vorschrift gerade in Bezug auf Richtlinien als Argument nur bedingt geeignet, weil die Richtlinie überhaupt nicht aufgeführt ist. Dennoch sprechen systematische Überlegungen für die gleiche Auslegung der unmittelbaren Betroffenheit bei allen Klagegegenständen.

Die Rechtssetzungspraxis der Gemeinschaftsorgane zeigt, dass Richtlinien zunehmend detaillierte Vorgaben enthalten, die den Mitgliedstaat kaum Umsetzungsspielraum übrig lassen. Dadurch wird die formspezifische Differenz zwischen Richtlinien

---

1301 Ebenso: *v.d. Hout*, S. 40.

1302 In diesem Sinne: EuGH, Rs.C-152/88 (Sofrimport/Kommission), Slg. 1990, S. I-2477 Rn. 9.

1303 Vgl. EuGH, Rs. 11/82 (Piraiki-Patraiki/Kommission), Slg. 1985, S. 207 Rn. 9; EuG, Rs. T-266/94 (Skipsværftsforeningen u.a./ Kommission), Slg. 1996, S. II-1399 Rn. 49.

1304 Bsp. EuG, verb. Rs. T-132/96 u. T-143/96 (Freistaat Sachsen u.a./Kommission), Slg. 1999, S. II-3663 Rn. 89 f. (Nichtigkeitsklage gegen Entscheidung über die Rückforderung einer gemeinschaftsrechtswidrigen Beihilfe).

1305 Beim Vollzug der Entscheidungen über die Rückforderung gemeinschaftsrechtswidriger Beihilfen ist das die Regel, vgl. EuGH, Rs. C-24/96 (Land Rheinland-Pfalz/Alcan), Slg. 1997, S. I-1607 Rn. 34.

1306 Meist bei einer Ermächtigung der Mitgliedstaaten, z.B. zur Beihilfengewährung – vgl. EuG, Rs. T-266/94 (Skipsværftsforeningen u.a./Kommission), Slg. 1996, S. II-1399 Rn. 49.

und Verordnungen weitgehend eingeebnet, sodass letztendlich der richtlinienumsetzende Rechtsakt zu einer reinen Formalie degradiert wird. Daran schließt sich auch der Gedanke der Rechtsformindifferenz des Rechtsschutzes[1307] an, der die Anwendung der materiellen Unmittelbarkeitsdefinition auf Richtlinien ebenfalls unterstützt. Er betrifft nicht nur Fälle des Formenmissbrauchs[1308], sondern will auch der weitgehenden Austauschbarkeit der Handlungsformen i.R.d. Ermessensspielraums Rechnung tragen. Gälte für Richtlinien ein restriktiver Maßstab für die Beurteilung der unmittelbaren Betroffenheit des Einzelnen, sodass Individualklagen kaum noch erfolgsversprechend wären, dann hätte der Gemeinschaftsgesetzgeber es faktisch in der Hand, den Individualrechtsschutz durch Ausweichen auf eine andere Handlungsform (Richtlinie statt einer staatengerichteten Entscheidung) auszuschließen. Aus dogmatischer Sicht ist daher die Rückkehr zur materiellen Unmittelbarkeit bei Richtlinien zu begrüßen.

III. Individuelle Betroffenheit

Bei der Zulässigkeitsvoraussetzung der individuellen Betroffenheit ergeben sich keine Unterschiede im Verhältnis zur Anfechtbarkeit von Verordnungen, sodass auf die obigen Ausführungen verwiesen wird.[1309] Auch hier vermochten sich die „Neuen Formeln" des EuG und des Generalanwalts *Jacobs* nicht durchzusetzen. So berief sich die Klägerin in der Rs. *Etablissments Toulorge* auf die *Jégo Quéré*-Entscheidung des EuG und behauptete sogar, der EuGH habe diese im *UPA*-Urteil[1310] ausdrücklich nicht verworfen, sondern nur einen völligen Verzicht auf das Erfordernis der individuellen Betroffenheit unter Berufung auf den Grundsatz des effektiven Rechtsschutzes abgelehnt[1311] Die Gemeinschaftsgerichte folgen jedoch weiterhin der *Plaumann*-Formel und sehen die Entscheidungen des EuGH als Bestätigung der ständigen Rechtsprechung auf diesem Gebiet.[1312] Die individuelle Betroffenheit stellt hier den neuralgischen Punkt der Zulässigkeitsprüfung dar. Bislang scheiterten die meisten Klagen gegen Richtlinien gerade am Fehlen dieser Voraussetzung.[1313]

G. Klage gegen einen „nichtexistenten Rechtsakt"

Betrachtet man die Gültigkeit kompetenzwidriger Sekundärrechtsakte der EG aus völkerrechtlicher Sicht, dann liegt es nahe, ihnen als *ultra vires*- Handlungen einer internationalen Organisation[1314] jegliche Rechtswirksamkeit abzusprechen. Gegen nichtexi-

---

[1307] S. dazu oben: Kap. II C I 2 b).

[1308] Vgl. *Rengeling*, in: FS Kudscheidt (2003), S. 93 (102).

[1309] Kap. II D III.

[1310] EuGH, Rs. C-50/00 P (UPA/Rat, Slg. 2002, S. I-6677. S.o. Kap. II D III 3 c).

[1311] Nachw. bei: EuG, Rs. T-167/02 (Etablissements Toulorge/EP u. Rat), Slg. 2003, S. II-1111 Rn. 34.

[1312] EuG, Rs. 310/03 (Kreuzer Medien GmbH/EP u. Rat), Slg. 2006, S. II-36 Rn. 40 ff., 47; EuG, Rs. T-311/03 (Nürburgring/EP u. Rat), Slg. 2006, S. II-46 Rn. 67.

[1313] Bsp.: EuG, Rs. T-135/96 (UEAPME/Rat), Slg. 1998, S. II-2335 Rn. 69 ff.; EuG, Rs. Rs. T-84/01 (ACHE/EP u. Rat), Slg. 2002, S. II-99 Rn. 24 ff.; EuG, Rs. T-167/02 (Etablissements Toulorge/EP u. Rat), Slg. 2003, S. II-1111 Rn. 48 ff.; EuG, Rs. T-321/02 (Vannieuwenhuyze-Morin/Rat u. EP), Slg. 2003 S. II-1997 Rn. 26 ff.; EuG, Rs. T-196/03 (EFfCI/EP u. Rat), Slg. 2004, S. II-4263 Rn. 45 ff.; EuG, Rs. 310/03 (Kreuzer Medien GmbH/EP u. Rat), Slg. 2006, S. II-36 Rn. 70 ff.; EuG, Rs. T-311/03 (Nürburgring u.a./EP u. Rat), Slg. 2006, S. II-46 Rn. 60 ff.

[1314] Vgl. hierzu: *Bothe*, ZaöRV 37 (1977), S. 122 ff.; *Geiger*, ZaöRV, 37 (1977), S. 640 ff.

stente „Rechtsakte“ braucht sich niemand zu wehren, denn sie erzeugen keinerlei Rechtswirkungen. Diese Sichtweise würde jedoch den supranationalen Charakter des Gemeinschaftsrechts verkennen.[1315]

I. Generelle Gültigkeitsvermutung für Rechtssätze

Eine denkbare Rechtsfolge kompetenzwidriger Sekundärrechtsakte ist die *ipso iure*-Nichtigkeit.[1316] Die grundsätzliche Anwendbarkeit dieser Nichtigkeitstheorie im Gemeinschaftsrecht ist anerkannt.[1317] Allerdings lassen Literatur[1318] und Rechtsprechung[1319] nur eine „eingeschränkte“ *ipso iure*- Nichtigkeit bei offenkundigen und schwerwiegenden Mängeln zu. Es besteht also eine generelle Gültigkeitsvermutung, die nur durch eine entsprechende gerichtliche Feststellung widerlegt werden kann.[1320] Nur in seltenen Ausnahmefällen, bei besonders gravierenden und evidenten Fehler wird von einem „Nichtakt“ gesprochen.[1321]

II. Fehlerarten und Voraussetzungen der absoluten Nichtigkeit

Die Rechtsprechung lässt klare und allgemeingültige Kriterien zur Feststellung der rechtlichen Inexistenz vermissen. Die Beurteilung erfolgt zwar stets einzelfallbezogen, jedoch hat sich mittlerweile eine allgemeine Formel für die Einzelfallbeurteilung herauskristallisiert. Der Gerichtshof verlangte, dass die Maßnahme mit einem erheblichen und offenkundigen Fehler behaftet sein muss, der *„weit über die "normale", auf einer falschen Würdigung der Tatsachen oder einer Verkennung der Rechtslage beruhende Fehlerhaftigkeit hinausgeht.“*[1322] Die Formel ist ein Wegweiser für die Abwägung *in casu* zwischen Rechtssicherheitsaspekten und Legalitätsgründen. Nur beim Vorliegen

---

[1315] st. Rspr. seit EuGH, Rs. 6/64 (Flaminio Costa/E.N.E.L), Slg. 1964, S. 1251 ff.; EuGH, Rs. 11/70 (Internationale Handelsgesellschaft mbH), Slg. 1970, S. 1125 ff. (Rn. 3).

[1316] *Annacker*, EuZW 1995, S. 755 f. m.w.N.

[1317] EuGH, verb. Rs. 15-33, 52-53, 57-109, 116-117, 123, 132 135.137/73 (Roswitha Kortner/Rat u.a.), Slg. 1974, 177 ff.; EuG, Rs. T-156/89 (Iñigo Valverde Mordt/Gerichtshof), Slg. 1991, S. II-407 ff.

[1318] *Annacker*, S. 88 f.; *Ehlricke* in: Streinz, EUV/EGV, Art. 230 EG Rn. 10 f.; *Gaitanides* in: v.d. Groeben/Schwarze, EUV/EGV, Art. 230 EG Rn.18; *Pechstein*, Rn. 348; *Sack*, EuR 1985, S. 319 (321); *Tomuschat*, EuGRZ 1993, S. 494; *Wenig* in: Grabitz/Hilf, Art. 230 EG Rn.13 ff.

[1319] EuGH, Rs. C-137/92 P (Kommission/BASF), Slg. 1994, S. I-2555 Rn. 49; EuGH, Rs. 200/92 P (Imperial Chemical Industries plc (ICI)/Kommission), Slg 1999, S. I-4399 Rn. 69; EuGH, Rs. 234/92 P (Shell/Kommission), Slg. 1999, S. I-4501 Rn. 55; EuGH, Rs. C-235/92 P (Montecatini SpA/ Kommission), Slg. 1999, S. I-4539 Rn. 96; EuGH, Rs. C-245/92 P (Chemie Linz/Kommission), Slg. 1999, S. I-4643 Rn. 93.

[1320] EuGH, Rs. C-137/92 (Kommission/BASF AG u.a.), Slg. 1994, S. I-2555 (2656 f.); EuGH, Rs. 226/87 (Kommission/Griechenland), Slg. 1988, S. 3611, 3624; ebenso: *Flick*, S. 78 f.

[1321] EuGH, verb. Rs. 6 u. 11/69 (Kommission/Frankreich), Slg. 1969, S. 523 (540) – Fehlen jeglicher Ermächtigungsgrundlage. Siehe auch: EuGH, Rs. 15/85 (Consorzio Cooperative d'Abruzzo/ Kommission), Slg. 1987, S. 1005. Zur Evidenztheorie: EuGH, Rs. C-137/92 P (Kommission/BASF u.a.), Slg. 1994, S. I-2555 Rn. 48-50.

[1322] EuGH, Rs. 15/85 (Consorzio Cooperative d'Abruzzo/ Kommission), Slg. 1987, S. 1005 Rn. 10; ebenso: EuG, Rs. T-156/89 (Inigo Valverde Mordt/Gerichtshof), Slg. 1991, S. II-407 Rn. 84; EuG, Rs. 79/89 (BASF u.a./Kommission), Slg. 1992, S. II-315 Rn. 68.

schwerer und offensichtlicher Mängel entfaltet die betreffende Organhandlung keine Rechtswirkungen.[1323]

Bei der Beurteilung der rechtlichen (Nicht-)Existenz einer Maßnahme berücksichtigt der Gerichtshof zunächst die Einhaltung formeller Anforderungen. So ist die Inexistenz ausgeschlossen, sobald die fragliche Bestimmung von der zuständigen Stelle herrührt und unter Beachtung der wesentlichen Verfahrens- und Formvorschriften erlassen wurde.[1324] Auch eine fehlende Begründung soll nicht ausreichen, sondern kann lediglich als Voraussetzung für dessen Angreifbarkeit mittels Nichtigkeitsklage angesehen werden.[1325] Die rechtliche Inexistenz kann sich aus einer evidenten Verletzung grundlegender Kompetenzregeln ergeben.[1326] Der Gerichtshof hat einen offenkundigen Verstoß bejaht, wenn die strittige EG-Maßnahme auf einem Gebiet erlassen wurde, das in den Zuständigkeitsbereich der innerstaatlichen Stellen fällt, und wenn keinerlei Ermächtigung des EG-Organs ersichtlich ist.[1327] Bei der Ausübung delegierter Kompetenzen wurde indes differenziert. Während die Übertragung von Rechtssetzungsbefugnissen eines Kollegialorgans an einzelne Mitglieder weitgehend unschädlich ist[1328], führt die Übertragung der Rechtssetzungsbefugnisse an ein primärrechtlich nicht vorgesehenes Organ zur absoluten Nichtigkeit der erlassenen Rechtsakte.[1329] In Bezug auf die Mängel der Organkompetenz wurde die Inexistenz nur in solchen Fällen bejaht, in denen eine generell unzuständige Stelle gehandelt hat, sodass bereits ein entsprechender Rechtsschein einer Handlung des zuständigen Organs fehlte.[1330] Dagegen reicht bloße Unzuständigkeit eines an sich rechtssetzungsbefugten Organs nicht aus, sonst würde der Nichtigkeitsgrund der Unzuständigkeit i.S.d. Art. 230 Abs. 2 EG ausgehöhlt. Allerdings muss im Einzelfall auf beide Faktoren (Evidenz und Erheblichkeit) rekurriert werden. Angesichts der Schwierigkeiten bei der Beurteilung der Verbandskompetenz gerade bei komplexen Regelungen, kann die Offenkundigkeit wohl nur selten bejaht werden. Zudem führt nicht jede festgestellte Unzuständigkeit, sondern nur Verletzungen von *grundlegenden* Zuständigkeitsregeln zur rechtlichen Inexistenz.

Nach der Rechtsprechung können über die formellen Mängel hinaus prinzipiell auch materielle Fehler zur Inexistenz eines Rechtsaktes führen. Im Hinblick auf die Rechtssicherheitsaspekte und die weit reichenden Folgen kann ein allgemein geltender Rechtsakt nur im Ausnahmefall als ein Nichtakt qualifiziert werden.[1331] Hierbei wer-

---

[1323] *Schärf*, EuZW 2004, S. 333 f.

[1324] EuGH, verb. Rs. 15-33/73 (Kortner-Schots u.a./Kommission u. EP), Slg. 1974, S. 191 Rn. 33.

[1325] EuGH, Rs. 8/66 (Cimenteries C.B.R./Kommission), Slg. 1967, S. 93 (100, 125).

[1326] Vgl. EuGH, Rs. 71/74 (Frubo/Kommission), Slg. 1975, S. 563 Rn. 20.

[1327] EuGH, Rs. 151/88 (Italien/Kommission), Slg.1989, S. 1255 Rn. 22.

[1328] Anders dagegen, wenn die Maßnahme von *(irgend-) einer* Dienststelle des Organs herrührt, ohne dass sie erkennbar von dessen Vertretern beschlossen wurde. Vgl. EuGH, verb Rs. 23, 24 u. 52/63 (Usines Emile Henricot/Hohe Behörde), Slg. 1963, S. 467 (485 f.).

[1329] Vgl. EuGH, Rs. 98/80 (Giuseppe Romano/ Institut national d'assurance maladie-invalidité), Slg. 1981, S. 1241 Rn. 20. Dort wurden die Maßnahmen einer besonderen Verwaltungskommission als Nichtakte betrachtet.

[1330] Vgl. EuGH, verb. Rs. 23, 24 u. 52/63 (Usines Emile Henricot/ Hohe Behörde), Slg. 1963, S. 467 (484).

[1331] In diesem Sinne auch GA *Trabucchi*, Schlussanträge in den verb. Rs. 15 bis 33, 52, 53, 57 bis 109, 116, 117, 123, 132 und 135 bis 137/73 (Kortner u.a./Rat, Kommission u. EP), Slg. 1974, S. 177 (196).

den hohe Anforderungen an die Qualität der geltend gemachten Rechtsverletzung gestellt. Die verletzten Rechtsnormen müssen „zwingend" sein, einfache Gemeinschaftsrechtswidrigkeit reicht hingegen nicht aus.[1332] Die Feststellung eines offenkundigen Verstoßes dürfte bei formellen Fehlern insgesamt leichter fallen als bei materiellen Verstößen, da sie zumeist bereits aus dem äußeren Erscheinungsbild sofort ablesbar sind. Dagegen ist die Beurteilung der besonderen Schwere des Verstoßes schwierig.

Die Rechtsprechung lässt leider keine klare Linie erkennen wie die divergierenden Entscheidungen des EuG und des EuGH in der Rs. *BASF* zeigen.[1333] Die angefochtenen Kommissionsentscheidungen wiesen mehrere formelle Fehler auf. Bereits der Inhalt war nicht eindeutig feststellbar, da die maßgeblichen Sprachfassungen sowohl im Hinblick auf die Entscheidungsgründe als auch den Tenor deutlich voneinander abwichen. Zudem stimmten die den Betroffenen zugestellten Entscheidungen mit den im Amtsblatt bekannt gemachten Rechtsakten nicht überein. Schließlich wurden einige der angefochtenen Entscheidungen von einem Kommissar ausgefertigt und unterzeichnet, der bereits aus dem Amt ausgeschiedenen war. Das EuG betrachtete die Kommissionsentscheidungen als Nichtakte, da nicht ermittelt werden konnte, von welchem Zeitpunkt an sie Rechtswirkungen zeitigten. Ferner konnte weder der genaue Inhalt noch der Umfang der den Adressaten auferlegten Verpflichtungen eindeutig ermittelt werden. Schließlich ließ sich teilweise nicht mit Sicherheit feststellen, wer die endgültige Fassung der umstrittenen „Entscheidung" erstellt hatte.[1334] Demgegenüber verneinte der EuGH in der Rechtsmittelentscheidung die besondere Schwere der gerügten Mängel und hob die erstinstanzliche Entscheidung auf. Mit bloßem Hinweis auf Rechtssicherheitsaspekte, nämlich dass Nichtakte auf ganz außergewöhnliche Konstellationen beschränkt sind, ersparte sich der EuGH jegliche Auseinandersetzung mit den Argumenten des EuG.[1335] Die Ablehnung des Nichtaktes in diesem Einzelfall erscheint m.E. in der Sache unzutreffend. Sollten die wertenden Kriterien der Erheblichkeit und Offenkundigkeit tatsächlich eine intendierte Abwägung zwischen *zwei grundlegenden Erfordernissen* der Rechtsordnung, nämlich der *„Stabilität der Rechtsbeziehungen"* und der *„Wahrung der Rechtmäßigkeit"* fördern, dann müssen sie stets im Lichte dieser Prämissen ausgelegt werden. Von einer schutzwürdigen, stabilen Rechtslage kann aber keine Rede sein, wenn die Adressaten nicht feststellen können, welches Verhalten von ihnen verlangt wird. Eine derart evidente, äußere Unklarheit führt gerade dazu, dass die Maßnahme nicht einmal vorläufig einen Gültigkeitsanschein erzeugen kann. Sie ist damit ein Nichtakt.

Bei der Beurteilung der besonderen Schwere des Verstoßes ist also zu fragen, ob überhaupt eine schutzwürdige Rechtslage geschaffen wurde bzw. ob die Rechtsordnung ein Interesse am Fortbestand einer solchen Maßnahme hat. Bemerkenswert ist,

---

[1332] So z.B. EuGH, Rs. 226/81 (Kommission/Griechenland), Slg. 1988, S. 3611 Rn. 16; ausführlicher: GA *Mancini*, Schlussanträge in der Rs. 226/81 (Kommission/Griechenland), Slg. 1988, S. 3611 (3617), der i.R.d. qualifizierten Verstoßes die Verletzung eines „Verfassungsgrundsatzes" gegen das Gemeinschaftsrecht verlangte.

[1333] EuG, Rs. T-79/89 (BASF u.a./ Kommission), Slg. 1992, S. II-315 ff.; EuGH, Rs. C-137/92 P (Kommission/ BASF u.a.), Slg. 1994, S. I-2555 ff.

[1334] EuG, Rs. T-79/89 (BASF u.a./ Kommission), Slg. 1992, S. II-315 Rn. 96.

[1335] EuGH, Rs. C-137/92 P (Kommission/ BASF u.a.), Slg. 1994, S. I-2555 Rn. 2.

dass die gerichtlichen Entscheidungen, in denen die Inexistenz eines Rechtsaktes bejaht wurde, überwiegend individuelle Maßnahmen zum Gegenstand hatten.[1336] Der Gesichtspunkt der Rechtssicherheit dürfte bei allgemein geltenden Rechtsakten noch schwerer ins Gewicht fallen als bei Rechtsakten mit begrenztem Adressatenkreis.

III. Rechtsschutzbedürfnis gegen Nichtakte

Fraglich ist, ob und inwiefern ein Rechtsschutzbedürfnis gegen Nichtakte besteht. Angesichts der faktischen bzw. sozialen Wirkungskraft und des dadurch erzeugten Rechtsscheins vermag die Nichtigkeit das Bedürfnis einer gerichtlichen Klärung des Normstatus nicht auszuschließen. Das gilt insbesondere für die den Einzelnen beschwerenden, sanktionsbedrohten Verhaltensnormen. Sie werden trotz ihrer rechtlichen Nichtexistenz – sei es aus Angst vor Sanktionen trotz Zweifeln, sei es mangels Bewusstseins über die Nichtigkeit – faktisch befolgt. Aber auch bei nicht sanktionsbewehrten Vorschriften besteht die Gefahr der tatsächlichen Befolgung trotz Nichtexistenz, z.B. zur Vermeidung bestimmter wirtschaftlicher Nachteile. Ferner ist auch an solche Normen zu denken, die durch bloße Nichtbefolgung oder durch Ignorieren dennoch eine belastende Wirkung gegenüber dem Betroffenen entfalten, da sie nämlich entweder an die staatlichen Stellen (als Ermächtigungsgrundlagen zur Vornahme von Eingriffen in die Rechte des Betroffenen) oder an Dritte (drittbegünstigende Normen) adressiert sind. In diesem Fall besteht für den Betroffenen gar keine andere Möglichkeit, sich effektiv gegen die eigene Rechts- bzw. Interessenbeeinträchtigung zur Wehr zu setzen als die Nichtigkeit gerichtlich feststellen zu lassen. Denn die *„de facto*-Bindungskraft“ der Nichtakte ist trotz der *de iure*-Inexistenz durch sein Verhalten nicht beeinflussbar. Daher ist es erforderlich, dass die *ipso iure*- Nichtigkeit gerichtlich *festgestellt* werden kann.

IV. Gerichtliche Kontrollmöglichkeiten Privater

1. Rechtsprechung

Die Evidenztheorie hat zur Folge, dass der beanstandete Sekundärrechtsakt regelmäßig tauglicher Gegenstand einer Nichtigkeitsklage sein kann. Auf diese Weise wird auch eine Vermengung der Zulässigkeitsprüfung mit der Begründetheit vermieden. Denn statt den Nichtigkeitsgrund der Unzuständigkeit bzw. eine sonstige Vertragsverletzung i.R.d. Klagegegenstandes zu prüfen, wurde nur eine Evidenzkontrolle durchgeführt und hierdurch nur „offensichtlich nichtige“ ausgefiltert. Dadurch wird der Rechtssicherheit Rechnung getragen.[1337] Zudem setzt sich der Kläger nicht mehr der Gefahr

---

[1336] Bsp.: EuGH, Rs. 15/85 (Consorzio Cooperative d'Abruzzo/ Kommission), Slg. 1987, S. 1005 ff. (Entscheidung der Kommission); EuGH, Rs. 151/88 (Italien/Kommission), Slg.1989, S. 1255 (Stellungnahme der Kommission gegenüber den nationalen Behörden); EuG, Rs. 156/89 (Valverde Mordt/Gerichtshof), Slg. 1991, S. II-407 ff. (Ablehnung der Bewerbung um einen Beamtenposten).

[1337] In diesem Sinne: EuGH, verb. Rs. 46/87 u. 227/88 (Hoechst/Kommission), Slg. 1989, S. 2859 Rn. 64; EuGH, Rs. C-137/92 P (Kommission/BASF u.a.), Slg. 1994, S. I-2555 Rn. 48. Der EuGH bejahte die volle Wirksamkeit der Sekundärrechtsakte, solange sie nicht zurückgenommen oder für nichtig erklärt worden sind.

einer Klageabweisung mangels tauglichen Klagegegenstands[1338] und der damit u.U. verbundenen Kostenfolge nicht aus, sondern erreicht ein Urteil in der Sache. Dies entspricht i.Ü. dem Gebot des effektiven Rechtsschutzes, denn das EG-Prozessrecht sieht keine besondere Klage zur Feststellung der *ipso iure*- Nichtigkeit vor.

Fraglich ist, ob sich ein Individualkläger i.R.d. Nichtigkeitsklage auf die Nichtexistenz der betreffenden Organhandlung berufen kann oder ob diese nur im Wege eines Vertragsverletzungsverfahrens überprüft werden kann. Der Gerichtshof hat in einem Vertragsverletzungsverfahren eine Kommissionsentscheidung trotz zwischenzeitlich eingetretener Bestandskraft dahingehend überprüft, ob sie wegen Verletzung einer ausschließlichen Zuständigkeit der Mitgliedstaaten „jeder Rechtsgrundlage in der Gemeinschaftsordnung" entbehre.[1339] Er rechtfertigte seine Vorgehensweise mit dem Hinweis auf das „Grunderfordernis der Rechtsordnung" und die Bedeutung des Vertragsverletzungsverfahrens als Instrument der Wahrung der Gemeinschaftsinteressen. Diese Rechtsprechung wurde teilweise dahingehend interpretiert, dass sich die gerichtlichen Kontrollmöglichkeiten auf die Aufsichtsklage beschränken mit der Folge, dass ausschließlich Mitgliedstaaten die Inexistenz von Sekundärrechtsakten rügen könnten.[1340] Die Bürger seien dagegen auch an Nichtakte gebunden.

Gegen diese Schlussfolgerung kann jedoch eingewendet werden, dass eine solche Einschränkung willkürlich wäre, da sie nirgendwo im EG-Vertrag verankert ist.[1341] Diese Interpretation ist keineswegs zwingend, da der EuGH nur die Rechtslage im konkreten Einzelfall, nämlich im Hinblick auf das anhängige Vertragsverletzungsverfahren gegen Frankreich klären wollte. Eine darüber hinausgehende Aussage über die Berufung auf rechtliche Nichtexistenz von Organhandlungen ist der Entscheidung des EuGH nicht zu entnehmen. Selbst wenn man annähme, dass die Interessenlage der Individualkläger im Hinblick auf kompetenzwidrige Gemeinschaftsrechtsakte möglicherweise anders zu beurteilen sei als diejenige der dadurch unmittelbar berührten Mitgliedstaaten, dann kann jedoch in beiden Fällen kein schutzwürdiges Gemeinschaftsinteresse am faktischen Bestand eines derart fehlerhaften Aktes gegeben sein. Schließlich findet die angebliche Beschränkung der Berufung auf Nichtexistenz keine Stütze in späteren Gerichtsentscheidungen. So verneinte der EuGH in der Rs. *BASF* das Vorliegen eines Nichtaktes nicht wegen Unzulässigkeit der Inexistenzrügen nichtprivilegierter Kläger, sondern aufgrund der mangelnden Offenkundigkeit der Verletzung von Verfahrensvorschriften, also nach einer Sachprüfung.[1342] Damit ist im Ergebnis festzuhalten, dass sich die Individualkläger im Verfahren nach Art. 230 Abs. 4 EG auf die Nichtexistenz berufen können.

In der Praxis wird das Aufhebungsbegehren in einen Antrag auf die Feststellung der Unzulässigkeit der Nichtigkeitsklage und zwar ohne Beachtung der Anfechtungsfrist des Art. 230 Abs. 5 EG umgedeutet.[1343] Zwar wird die Klage formell wegen Gegens-

---

[1338] Vgl. EuGH, Rs. 15/85 (Consorzio Cooperative d'Abruzzo/Kommission), Slg. 1987, S. 1005 Rn. 10; EuG, verb. Rs. T-87 u.a./89 (BASF u.a./Kommission), Slg. 1992, S. II-315 ff. Rn. 101.

[1339] EuGH, verb. Rs. 6 u. 11/69 (Kommission/Frankreich), Slg. 1969, S. 523, 540.

[1340] So: *Bleckmann*, Rn. 847; *Brinkhorst/Verougstraete*, CMLR 1970, S. 485 ff.

[1341] *Annacker*, EuZW 1995, S. 755 (760); ebenso: *Flick*, S. 84.

[1342] EuGH, Rs. C-137/92 P (Kommission/BASF u.a.), Slg. 1994, S. I-2555 Rn. 48-50, 53 f.

[1343] Vgl. Nachweise bei *Flick*, S. 83.

tandslosigkeit abgewiesen, jedoch bleibt die für die Kläger ungünstige Kostenfolge aus. Die Verfahrenskosten werden nämlich teilweise oder vollständig dem beklagten Gemeinschaftsorgan auferlegt.[1344] Es gilt also das „Veranlasserprinzip". Zudem prüfen die Gemeinschaftsgerichte die Inexistenz des Rechtsaktes von Amts wegen, da es sich um eine Frage des *ordre public* handelt.[1345]

2. Würdigung

Die Rechtsprechung wird vor allem dafür kritisiert, dass die Sekundärrechtsakte durch die Qualifizierung als rechtlich nicht existent der gerichtlichen Kontrolle entzogen werden,[1346] wobei aber die Kläger ihr eigentliches Ziel im Ergebnis erreichen.[1347] Die Überprüfungsmöglichkeiten werden faktisch sogar erweitert, da die Inexistenz von Gemeinschaftsrechtsakten ohne Beachtung der Frist des Art. 230 Abs. 5 EG gerügt werden kann. Da die Nichtigkeitsklage ohnehin mangels tauglichen Klagegegenstands unzulässig ist, entfällt auch die größte Hürde für Individualklagen, nämlich das Erfordernis der unmittelbaren und individuellen Betroffenheit. Zudem ist die Berufung auf die Nichtexistenz auch im Rahmen eines Verfahrens vor nationalen Gerichten nicht präkludiert und damit der Weg für eine Gültigkeitsvorlage zum EuGH gem. Art. 234 Abs. 1 lit. b EG eröffnet. Der inexistente „Gemeinschaftsrechtsakt" entfaltet von Anfang an keine Rechtswirkungen. Aus Gründen der Rechtssicherheit besteht die Möglichkeit, einen Antrag auf Feststellung der Unzulässigkeit der Nichtigkeitsklage gegen den fraglichen Nichtakt beim Gerichtshof zu stellen.

Allerdings ist zuzugeben, dass die Gemeinschaftsgerichte die „Privilegierung" der sich auf die rechtliche Nichtexistenz von Gemeinschaftsakten berufenden Kläger nicht konsequent verfolgen. Die *ex officio*-Prüfung wird in der Rechtsprechung dadurch abgeschwächt, dass die Darlegungslast der Partei aufgebürdet wird, die sich auf die Inexistenz beruft. Nur dann sieht sich das Gericht gehalten, dieser Frage von Amts wegen nachzugehen.[1348] Gelingt es der Partei nicht, die Inexistenz hinreichend glaubhaft zu machen, dann besteht für sie die Gefahr, dass sie – sofern die Anfechtungsfrist des Art. 230 Abs. 5 EG bereits verstrichen ist – im Rechtsstreit gänzlich unterliegt und die Kosten des Verfahrens gem. Art. 87 § 2 VerfO-EuG zu tragen hat.

Eine solche Darlegungslast ist jedoch mit dem Konzept der rechtlichen Inexistenz nicht zu vereinbaren. Die Rechtsprechung versucht offenbar, eine mangels Feststellungsklage bestehende Rechtsschutzlücke mittels einer Gestaltungsklage zu schließen. Denn eine Nichtigkeitsklage gegen einen Nichtakt wäre sonst – mangels tauglichen Klagegegenstandes – als unzulässig abzuweisen.[1349] Es widerspräche dem Grundrecht

[1344] EuGH, verb. Rs. 1/57 u. 14/57 (Société des Usines à Tubes de la Sarre/Hohe Behörde), Slg. 1957, S. 213, 233; EuGH, Rs. 15/85 (Consorzio Cooperative d'Abruzzo/Kommission), Slg. 1987, S. 1005 Rn. 19.

[1345] EuG, Rs. 79/89 (BASF u.a./Kommission), Slg. 1992, S. II-315 Rn. 68; EuG, Rs. T-8/89 (Hüls AG/Kommission), Slg. 1992, S. II-499 ff. Rn. 384.

[1346] *Allkemper*, S. 38 f.

[1347] S. etwa: *Everling*, in: FS-Deringer (1993), S. 40 (47).

[1348] EuG, Rs. T-8/89 (Hüls AG/Kommission), Slg. 1992, S. II-499 ff. Rn. 384; EuG, Rs. T-10/89 (Hoechst AG/Kommission), Slg. 1992, S. II-629 ff. Rn. 374.

[1349] Vgl. *Annacker*, EuZW 1995, S. 755 (756).

auf effektiven Rechtsschutz, wenn der Einzelne mit seiner Klage nur deshalb unterläge, weil der angefochtene Rechtsakt mit weitaus gravierenderen Mängeln behaftet ist. Für die Lösung der Rechtsprechung spricht *a maiore ad minus*: Wenn der Gerichtshof bereits zur konstitutiven Nichtigerklärung von „lediglich rechtswidrigen" Organhandlungen befugt ist, dann kann er erst recht eine bereits *ipso iure* bestehende Nichtigkeit implizit feststellen. Wird also eine Nichtigkeitsklage erhoben, so muss der Antrag von Amts wegen auf Feststellung der Unstatthaftigkeit einer Nichtigkeitsklage umgestellt werden, wenn der Gerichtshof einen evidenten und schwerwiegenden Fehler des angefochtenen Rechtsaktes festgestellt hat.

H. Wirkungen einer Nichtigerklärung

I. Reichweite der Nichtigerklärung

Im Falle des Obsiegens des Klägers wird die angefochtene Bestimmung aufgehoben. Fraglich ist, wie weit die Nichtigerklärung reicht. Denkbar ist, einerseits dem Kläger einen Normaufhebungsanspruch zu erkennen, andererseits den Aufhebungsanspruch lediglich auf die Beseitigung der individuellen Beeinträchtigung zu reduzieren. Gemäß Art. 231 EG wirkt die Nichtigerklärung grundsätzlich *erga omnes*.[1350] Der Gemeinschaftsrichter kann aber die allgemeine Wirkung seiner Urteile begrenzen.[1351] Eine Ausnahme gilt bei der Anfechtung eines „Bündels von Entscheidungen". Die Rechtsfolgen der Nichtigerklärung erstrecken sich in diesem Fall nur auf diejenigen Adressaten, die die Nichtigkeitsklage erhoben haben. Gegenüber den übrigen Betroffenen wird die nicht oder nicht fristgemäß angefochtene Entscheidung bestandskräftig.[1352] Die in persönlicher Hinsicht beschränkte Urteilswirkung der Nichtigerklärung bezieht sich nur auf die Maßnahmen mit individueller Geltung, nicht hingegen auf echte Normativakte, die für einen unbestimmten Personenkreis gelten. Da die Rechtsnatur logisch nicht teilbar ist[1353], ist es konsequent, dass die Gerichte in diesem Falle die Nichtigkeitsfolge *erga omnes* aussprechen.

Einige kritisieren dieses Vorgehen als „überschießende" Nichtigerklärung und plädieren für eine Beschränkung der Urteilsfolgen auf den unmittelbar und individuell betroffenen Kläger.[1354] Die Rechtsprechung folgt diesem Konzept bei Individualklagen gegen Antidumpingverordnungen. Hier wird der Umfang der Nichtigerklärung auf die Parteien beschränkt[1355], was dazu führt, dass die inzidente Gültigkeitsrüge durch andere individuell Betroffene nach Ablauf der zweimonatigen Anfechtungsfrist des Art. 230 Abs. 5 EG präkludiert wird. Wenn man die Antidumpingverordnungen trotz ihres

---

[1350] Vgl. z.B. EuGH, Rs. 138/79 (Roquette Frères/Rat), Slg. 1980, S. 3333 Rn. 37 (st. Rspr.).

[1351] Bsp.: EuG, Rs. T-30/91 (Solvay/Kommission), Slg. 1995, S. II-1775 ff.; EuG, Rs. T-36/91 (ICI/Kommission), Slg. 1995, S. II-1847 ff. Dort wurden Kommissionsentscheidungen entsprechend dem Klageantrag nur im Umfang der Betroffenheit für nichtig erklärt.

[1352] EuG, Rs. T-227/95 (AssiDomän Kraft Products AB/Kommission), Slg. 1997, S. II-1185 Rn. 56 ff.

[1353] Ausführlich dazu oben: Kap. II C III 2 b) cc).

[1354] So: *Pechstein*, Rn. 373, 423.

[1355] Vgl. EuG, Rs. T-227/95 (AssiDomän Kraft Products AB/Kommission), Slg. 1997, S. II-1185 Rn. 55; EuGH, Rs. C-239/99 (Nachi Europe/Hauptzollamt Krefeld), Slg. 2001, S. I-1197 Rn. 40; GA *Jacobs*, Schlussanträge in der Rs. C-239/99 (Nachi Europe/Hauptzollamt Krefeld), Slg. 2001, S. I-1197 Nr. 41, 43.

Normcharakters in der Sache als „administrative“ Rechtsakte qualifiziert, worauf auch ein besonderes Verwaltungsverfahren und Beteiligungsrechte der Betroffenen deuten, lässt sich diese Beschränkung mit Blick auf den Inhalt und die Funktion rechtfertigen. Der Gerichtshof behandelt sie als ein Bündel von Einzelentscheidungen[1356].

Indes sprechen gewichtige Gründe gegen die Beschränkung der Aufhebung von Normativakten auf den individuell betroffenen Kläger. Die *erga omnes*-Nichtigerklärung ist systemkonform. Bei der Begründetheit kommt es ebenfalls nicht auf etwaige eine Rechtsverletzung des Klägers, sondern allein auf das Vorliegen eines Nichtigkeitsgrundes an. Damit kann der Kläger auch eine Überprüfung objektiver Normen herbeiführen und tritt dadurch gewissermaßen als Sachwalter des Allgemeininteresses auf. Neben dem subjektiven Rechtsschutz bezweckt die privatinitiierte Nichtigkeitsklage auch eine objektive Rechtskontrolle. Die individuelle Betroffenheit ist lediglich für den Zugang zum Gericht erforderlich und spielt für die Begründetheit einer zulässigen Klage keine Rolle. Schließlich würde eine Beschränkung der Nichtigerklärung auf die Modifikation des Geltungsbereichs eines Normativaktes und damit auf eine Inhaltsänderung hinauslaufen. Der Gerichtshof besitzt aber nur eine Kassationsbefugnis und darf nicht in die Gestaltungskompetenzen der Rechtssetzungsorgane eingreifen.

II. Zeitliche Wirkungen des Urteils

Die Nichtigerklärung wirkt grundsätzlich *ex tunc.*[1357] Dennoch sind Ausnahmen möglich. Art. 231 Abs. 2 EG ermächtigt den Gerichtshof zur vorläufigen Aufrechterhaltung nichtig erklärter Verordnungsbestimmungen, wenn *„gewichtige Gründe der Rechtssicherheit“* dies rechtfertigen.[1358] Das ist vor allem dann anzunehmen, wenn die dann entstehende Regelungslücke zu einer unerträglichen Rechtslage führen würde, die dem Ansinnen der verletzten Gemeinschaftsnormen noch ferner stünde als die Fortgeltung der gemeinschaftswidrigen Vorschriften.[1359] Die Dauer der gerichtlichen Anordnung der Fortgeltung der nichtigen Vorschriften muss allerdings so kurz bemessen sein, dass sie dem vorläufigen Charakter dieses Zustands gerecht wird.[1360]

I. Konklusion

Die bisherige Analyse zeigte, dass die Entscheidungsbegriffe in Art. 230 Abs. 4 EG und in Art. 249 Abs. 4 EG nicht inhaltsgleich sind, sondern im Wesentlichen autonom

---

1356 In diesem Sinne auch: *Busse*, EuZW 2002, S. 715 (716).

1357 EuG, verb. Rs. T-481/93 u. T-484/93 (Vereinigung van Exporteurs in Levende Varkens u.a./Kommission), Slg. 1995, S. II-2945 (2956) Rn. 46. Siehe auch: *Ehricke*, in: Streinz, EUV/EGV (2003), Art. 230 Rn. 5.

1358 Beispielsweise hat sich der EuGH auf die Notwendigkeit einer vorläufigen Aufrechterhaltung der Wirkungen der aufgehobenen Verordnung berufen, um eine Diskontinuität bei der Harmonisierung der nationalen Visumvorschriften zu verhindern. – EuGH, Rs. C-392/95 (Parlament/Rat), Slg. 1997, S. I-3213 Rn. 26.

1359 Vgl. die umfassende Analyse der Rspr. bei *Everling*, in: FS Börner (1992), S. 57 ff.

1360 Daher muss sie auf die notwendige Zeit beschränkt sein, bis der Rat eine neue Verordnung erlassen hat. Der Rat ist dabei verpflichtet, den Rechtsverstoß innerhalb einer angemessenen Frist zu beheben. Vgl. EuGH, Rs. C-21/94 (EP/Rat), Slg. 1995, S. I-1827 Rn. 33; EuGH, Rs. C-392/95 (EP/Rat), Slg. 1997, S. I-3213 Rn. 27.

bestimmt werden. Das Rechtsschutzkonzept des Art. 230 EG basiert auf einer Handlungsformneutralität. Die Rechtsprechung hat den Klagegegenstand als eigenständigen Prüfungspunkt weitgehend aufgegeben und den Schwerpunkt auf individuelle Betroffenheit verlagert. Der Rechtsnatur der angefochtenen Handlung kommt lediglich als Vorfrage für die Anforderungen an die Klageberechtigung Bedeutung zu. Denn für den Adressaten einer Individualentscheidung i.S.d. Art. 230 Abs. 4 Var. 1 EG wirkt die Vermutung der individuellen Betroffenheit. Sie braucht nicht positiv festgestellt zu werden. Ficht der Einzelne hingegen eine normative Bestimmung an, so muss er nach der *Plaumann*-Rechtsprechung nachweisen, dass er hierdurch aus dem Kreis aller übrigen herausgehoben und wie ein Adressat einer Entscheidung individualisiert ist. Trotz der Erweiterung des Kreises anfechtbarer Rechtsakte auf Verordnungen und Richtlinien bestehen noch immer Rechtsschutzdefizite, die durch eine erweiternde Auslegung der Klageberechtigung behoben werden könnten. Bei der individuellen Betroffenheit i.S.d. Art. 230 Abs. 4 EG kommt es nicht auf das Verhältnis zwischen dem Kläger und anderen Wirtschaftsteilnehmern an. Individuell betroffen ist, wer gegenwärtig oder höchstwahrscheinlich künftig entweder Adressat i.e.S. einer belastenden hoheitlichen Maßnahme eines Gemeinschaftsorgans ist, oder ein Dritter, dessen Rechts- bzw. Interessenkreis aufgrund seiner persönlichen Umstände erheblich nachteilig berührt wird, weil er eine besondere „Nähebeziehung" zu den unmittelbaren Folgen der Regelung aufweist.

Der Gerichtshof verlangt von den Mitgliedstaaten im Zusammenhang mit der Durchsetzung gemeinschaftsrechtlicher Vorgaben[1361] die Eröffnung eines gerichtlichen Rechtswegs auch dann, wenn das nationale Prozessrecht ihn an sich nicht vorsieht. Eine auffällige Diskrepanz zu den strengen Pflichtvorgaben, die an die mitgliedstaatliche Gerichtsbarkeit gerichtet werden, besteht im Hinblick auf die Maßstäbe für den gemeinschaftlichen Individualrechtsschutz gegen primärrechtswidriges Sekundärrecht, vor allem die restriktive Auslegung der individuellen Betroffenheit. Dieses Missverhältnis erscheint in der Sache nicht gerechtfertigt.[1362]

Trotz Umsetzungsbedürftigkeit können auch die Richtlinien Private unmittelbar betreffen. Die unmittelbare Betroffenheit wird bei solchen Richtlinienbestimmungen anzunehmen sein, die dem nationalen Gesetzgeber keinen Umsetzungsspielraum einräumen. Die Richtlinien können aber sog. „staatliche Private" unmittelbar verpflichten. Diesen Subjekten müsste ein auf die Wahrung der eigenen, gemeinschaftsrechtlich anerkannten Rechte abzielenden Klagerecht im Wege einer induktiven, teleologischen Auslegung des Art. 230 Abs. 3 EG in Anlehnung an die *Tschernobyl*-Rechtsprechung zuerkannt werden. Dasselbe gilt für Behandlung von (Intra-) Organstreitigkeiten innerhalb der EG.

[1361] EuGH, Rs. C-97/91 (Oleificio Borelli/Kommission), Slg. 1992, S. I-6313 Rn. 13. Siehe auch: *Ruffert*, DVBl. 1998, S. 69 (71 f.); *Schilling*, EuGRZ 2000, S. 3 (18). Zur Doppelrolle des Einzelnen bei der Durchsetzung des Gemeinschaftsrechts – *Epiney*, ZUR 1996, S. 229 ff.; *Reich*, S. 56 f.

[1362] So: *Arnull*, CMLR 2001, S. 7 (52); *Calliess*, NJW 2002, S. 3577 (3581); *Nettesheim*, JZ 2002, S. 928 (928).

Kapitel III. Justiziabilität atypischer Rechtakte

A. Handlungen der Gemeinschaftsorgane

In der gemeinschaftsrechtlichen Praxis sind häufig Beschlüsse, Entschließungen, Protokollerklärungen, Mitteilungen, Memoranden, Programme und Vereinbarungen anzutreffen. Die Urheber dieser Maßnahmen sind nicht nur Gemeinschaftsorgane, sondern auch der Europäische Rat oder die im Rat vereinigten Vertreter der Mitgliedstaaten. Es herrscht weitestgehend Einigkeit darüber, dass Art. 249 EG keine Sperrwirkung zulasten weiterer – atypischer – Handlungsformen entfaltet.[1363] Hierauf deuten nicht zuletzt zahlreiche Ermächtigungsgrundlagen ohne ausdrückliche Formanordnung aus dem Katalog des Art. 249 EG oder die generalklauselartige Bestimmung des Klagegegenstandes in Art. 230 Abs. 1 hin.[1364]

I. Normativer Charakter

Die unbenannten Organhandlungen lassen sich nur schwer kategorisieren und können hier nicht erschöpfend untersucht werden. Angesichts der Fülle verschiedener Handlungsarten werden nur die praxisrelevanten Kategorien: Beschlüsse und Entschließungen thematisiert.

1. Beschlüsse

Aus dogmatischer Sicht nicht hinreichend geklärt ist die rechtliche Qualifizierung des (adressatenlosen) Beschlusses (*décision sui generis*). Es handelt sich hierbei um ein gemeinschaftsrechtlich – jedenfalls im „Innenverhältnis"[1365] – verbindliches Handlungsinstrument, dem die Literatur trotz seiner häufigen Anwendung in der Rechtssetzungspraxis, bislang wenig Aufmerksamkeit widmete.[1366] Zum Teil gestaltet sich bereits die äußerliche Erkennbarkeit der Handlungsform aufgrund sprachlicher Unzulänglichkeiten äußerst schwierig. Denn in den meisten Amtssprachen[1367] gibt es keine unterschiedlichen Begriffe für „Entscheidung" und „Beschluss".[1368] In der Praxis wird der Begriff „Beschluss" oft für Rechtstexte mit normativem Charakter verwendet. Dabei handelt es sich um verschiedenartige Rechtsakte, die sich jedoch von „Entscheidungen" (engl. *„decision"*, frz. *„décision"*) i.S.d. Art. 249 Abs. 4 EG deutlich unterscheiden. Dies gilt z.B. für Eigenmittel- bzw. Haushaltsbeschlüsse[1369], Beschlüsse zur Festlegung der Modalitäten für die Ausübung der auf die Kommission übertragenen

---

[1363] *Bast*, in: v. Bogdandy (Hrsg.), Europäisches Verfassungsrecht (2003), S. 479 (500 f. m.w.N.); *Biervert*, S. 73; *Rabe*, S. 47.

[1364] Bsp. (EG): Art. 13 Abs. 1 („geeignete Vorkehrungen") und Abs. 2 („Fördermaßnahmen"); Art. 42, 57 Abs. 2 sowie 62 („Maßnahmen"); Art. 100 Abs. 2 und 104 Abs. 9 („Beschluss"); Art. 175 Abs. 2 lit. a („Vorschriften").

[1365] Eines der Hauptanwendungsfelder von Beschlüssen ist der Bereich der (Selbst-)Organisation der Organe.

[1366] Nachw. bei: *Bast*, in: v. Bogdandy (Hrsg.), Europäisches Verfassungsrecht (2003), S. 479 (495 f.).

[1367] Ausnahmen (neben der deutschen Begriffe): (nl.) *„Besluit"* (Beschluss) und *„beschikking"* (Entscheidung); (poln.) *„uchwała"* (Beschluss) und *„decyzja"* (Entscheidung).

[1368] Vgl. z.B.: (engl.) *decision*, (fr.) *décision*.

[1369] Zur Rechtsnatur der Haushaltsbeschlüsse: *Grams*, S. 68 f.; 90 (unspezifische Beschlüsse mit Gesetzeskraft).

Durchführungsbefugnisse (Komitologie-Beschlüsse[1370]) oder für Beschlüsse auf Grundlage von Art. 308 EG.[1371] Schließlich erlässt der Rat selbst Durchführungsbeschlüsse zu Verordnungen.[1372]

Die Rechtsverbindlichkeit der Beschlüsse ist umstritten. Einige Autoren ordnen sie als bloßes Innenrecht ein und sprechen ihnen den Rechtssatzcharakter ab. Nur die typisierten Rechtssetzungsinstrumente des Art. 249 EG seien demnach in der Lage, Außenwirkung zu entfalten. Beschlüsse hingegen entfalten lediglich in den internen Beziehungen Bindungswirkung.[1373] Die Rechtsprechung war anfangs gegenüber den unbenannten Beschlüssen eher zurückhaltend. In der Rs. *Hurd/Jones*, der ein Rechtsstreit über die Steuerbefreiung der Europäischen Schule zugrunde lag, berief sich der klagende Schulleiter gegenüber dem Mitgliedstaat auf dessen Verpflichtung aus dem Beschluss 1957 i.V.m. Satzung der Europäischen Schulen.[1374] Das nationale Gericht legte dem EuGH die Frage zur Entscheidung vor, ob der Beschluss für den Staat eine Umsetzungsverpflichtung begründe bzw. ob sich der Kläger auf den Beschluss berufen könne. Der Gerichtshof verneinte die unmittelbare Wirkung der Verpflichtung aus dem Beschluss. Die fragliche Maßnahme sei keine Handlung eines Gemeinschaftsorgans, sondern beruhe auf völkerrechtlichen Übereinkommen der Mitgliedstaaten. Aus diesem Grunde sei der EuGH unzuständig für deren Auslegung bzw. Gültigkeitskontrolle. Die Tatsache, dass diese Übereinkommen Verbindungen zur Gemeinschaft und zum Funktionieren ihrer Organe aufwiesen, genügte für sich allein nicht, um sie als Bestandteil des Gemeinschaftsrechts zu betrachten, dessen Auslegung und Rechtmäßigkeitskontrolle in den Aufgabenbereich des Gerichtshofs falle.

Die Entscheidung betraf einen „uneigentlichen Ratsbeschluss", d.h. eine Maßnahme, die nicht vom Rat als Organ, sondern von den dort vereinigten Vertretern der Mitgliedstaaten, unter Mitbeteiligung der Kommission erlassen und anschließend im Amtsblatt veröffentlicht wurde. Solche Handlungsformen werden teilweise als Mischform bezeichnet[1375], ohne dass die Frage nach deren endgültigen Zuordnung und Anfechtbarkeit beantwortet wird. Die damit einhergehende Rechtsunsicherheit darf angesichts der praktischen Häufigkeit solcher Ratsbeschlüsse und der drohenden „Flucht ins Völkerrecht" nicht unterschätzt werden. Die mangelnde Justiziabilität der intergouvernementalen Maßnahmen kann einen beachtlichen Anreiz dazu bieten. Diese Befürchtungen erklären die anfangs skeptische Haltung des EuGH gegenüber den atypischen Beschlüssen. Mit dem *AETR*-Urteil bestätigte der Gerichtshof jedoch implizit, dass auch rechtsverbindliche Handlungen jenseits des Formkatalogs des Art. 249 EG möglich sind.[1376]

[1370] Näher dazu: *Mensching*, EuZW 2000, S. 268 ff.

[1371] Diskussionspapier v. 13.06.2002 betr. die Rechtsakte: das derzeitige System (CONV 162/02) – abrufbar unter: http://european-convention.eu.int [letzter Abruf am: 11.03.2005].

[1372] Bsp.: Beschluss 2004/306/EG des Rates v. 2.4.2004 zur Durchführung von Art. 2 Abs. 3 der Verordnung Nr. 2580/2001 über spezifische, gegen bestimmte Personen und Organisationen gerichtete Maßnahmen zur Bekämpfung des Terrorismus und zur Aufhebung des Beschlusses 2003/902/EG, ABl. v. 3.4.2004, Nr. L 99, S. 28 ff.

[1373] So: *Everling*, BB 1959, S. 52 (53).

[1374] EuGH, Rs. 44/84 (Hurd/Jones), Slg. 1986, S. 29 Rn. 20, 37.

[1375] So z.B.: *Kaiser*, in: FS Ophüls (1965), S. 107.

[1376] EuGH, Rs. 22/70 (Kommission/Rat – AETR), Slg. 1971, S. 263 Rn. 42.

Dem kategorischen Ausschluss jeglicher verbindlicher Außenwirkung kann nicht beigepflichtet werden.[1377] Es gibt auch durchaus Beschlüsse mit Rechtssatzcharakter.[1378] Zutreffend ist allerdings die grundsätzliche (jedoch nicht ausnahmslose) Beschränkung des Rechtswirkungsvermögens dieser Organhandlungen.[1379] Bei der Justiziabilitätsfrage hilft auch nicht weiter, die Beschlüsse zusammen mit Entschließungen und Erklärungen des Rates unter eine gemeinsame Bezeichnung der „atypischen Rechtsakte" einzubeziehen. Der gemeinsame Nenner soll dabei die mangelnde primärrechtliche Grundlage sein.[1380] Dies sagt aber nichts über den Verbindlichkeitsgrad dieser Handlungen und deren Einfluss auf die Gestaltung von Rechten und Pflichten für die Bürger und Unternehmen in der EG aus. Ebenso wenig aussagekräftig im Hinblick auf die Ziele dieser Untersuchung ist das Konzept des Beschusses als ein „Rechtsakt eigener Art", das jegliche allgemeine Definitionen der Rechtsnatur ablehnt.[1381] Stattdessen soll stets nur der Beschluss im Einzelfall auf seine Rechtswirkungen hin untersucht werden. In diese Richtung tendiert auch die Rechtsprechung. So qualifizierte das EuG in der Rs. *Rothley*, in der es um die Anfechtung eines Beschlusses des Europäischen Parlaments über die Änderung der Geschäftsordnung und Errichtung des Amtes für Betrugsbekämpfung (OLAF) ging, die strittige Maßnahme als *„generelle Rechtsnorm"*, die Rechtswirkungen gegenüber Dritten entfaltet, *„auch wenn sie als „Beschluss" bezeichnet wird"*.[1382]

Neuerdings wurde in der Literatur der Vorschlag unterbreitet, den Beschluss als einen verbindlichen Rechtsakt zu behandeln, der durch die Einwirkung auf die Rechtsordnungen die unmittelbare Herbeiführung eines rechtlichen Erfolges anstrebt.[1383] Dabei wurde auf vier charakteristische Merkmale eines Beschlusses hingewiesen: (1) Fehlen eines ausdrücklich bestimmten Adressaten[1384], (2) keine zwingenden Anforderungen an die wirksame Bekanntgabe[1385], (3) unmittelbares Hervorrufen von Rechtswirkungen (d.h. grundsätzlich ohne Umsetzungsakt), und (4) Fehlen einer finalen Außenrechtswirkung (d.h. ein auf die internen Beziehungen zwischen den EG-Amtswaltern und Bediensteten limitierter Wirkungskreis). Mit Blick auf die beiden letztgenannten Eigenschaften ist zu schlussfolgern, dass für private Rechtssubjekte weder Rechte noch Pflichten durch einen Beschluss (unmittelbar) oder aufgrund eines Beschlusses (also mittelbar wie bei Richtlinien) begründet werden können.[1386] Dass

[1377] So aber: *Härtel*, S. 197.
[1378] Z.B. der „Komitologie-Beschluss" – vgl. *v.Bogdandy/Bast/Arndt*, ZaöRV 62 (2002), S. 76 (100 f.). In diesem Sinne wohl auch: EuGH, Rs. C-257/01 (Kommission/Rat), Slg. 2005, S. I-345.
[1379] Zustimmend: *v. Bogdandy/Bast/Arndt*, ZaöRV 62 (2002), S. 76 (101); *Rabe*, S. 48.
[1380] *Everling*, in: GS Constantinesco (1983), S. 105 (133).
[1381] *Biervert*, S. 84; *Oppermann*, S. 173.
[1382] EuG, Rs. T-17/00 (Willy Rothley u. a./EP), Slg. 2000, S. II-579 Rn. 56 f. u. 62.
[1383] *Bast*, in: v. Bogdandy (Hrsg.), Europäisches Verfassungsrecht (2003), S. 479 (495 f.).
[1384] Daher wird der Beschluss z.T. als adressatenlos bezeichnet – *Bast*, in: Bogdandy (Hrsg.), Europäisches Verfassungsrecht (2003), S. 479 (496). Abweichend: *Härtel*, S. 197, die das Prädikat „adressatenunspezifisch" als genauere Bezeichnung bevorzugt.
[1385] Ein Veröffentlichungszwang nach Art. 254 Abs. 2 EG besteht nicht. Mangels eines spezifizierten Adressaten kommt aber auch keine individuelle Bekanntgabe in Betracht.
[1386] *v. Bogdandy/Bast/Arndt*, ZaöRV 62 (2002), S. 77 (105).

dies ausnahmslos gilt, ist jedoch zu bezweifeln.[1387] Jedenfalls hinsichtlich der Verpflichtungskraft der Beschlüsse für die Mitgliedstaaten ist der Gerichtshof bei der Interpretation großzügig geworden. So bejahte er eine mitgliedstaatliche Förderungspflicht im Hinblick auf die Erreichung des angestrebten Ziels.[1388] Die jüngere Rechtsprechung ging noch einen Schritt weiter und erkannte sogar eine Selbstbindung der Organe als mögliche Rechtsfolge eines „atypischen" Beschlusses an. So argumentierte das EuG in der Rs. *WWF UK*, die Kommission habe sich mit dem Beschluss[1389] gegenüber den Bürgern selbst verpflichtet, den Zugang zu bestimmten Informationen zu gewähren und wertete den Beschluss als „*eine Handlung, die **Dritten Rechte**, die die Kommission zu beachten hat, **verleihen kann**, auch wenn dieser Beschluss tatsächlich eine Reihe von Verpflichtungen mit sich bringt*".[1390]

Das bedeutet aber, dass die Beschlüsse der Gemeinschaftsorgane rechtsverbindliche Außenwirkungen entfalten können. Zweifel an der Annahme der Rechtsverbindlichkeit „organinterner" Beschlüsse ruft jedoch die dogmatische Herleitung des Selbstbindungsgrundsatzes hervor. Das EuG leitete ihn nämlich aus dem Gleichheitssatz ab.[1391] Die Selbstbindung führt also nicht zwingend dazu, dass die Verwaltungsvorschriften als Außenrechtsnormen fungieren, wenn das Gleichheitsgebot den rechtlichen Verpflichtungsgrund nach wie vor darstellt. Letztendlich dürfte die Frage, ob ein rechtsverbindlicher, normativer Akt gegeben ist oder nicht, nur anhand der materiellen Kriterien unter Berücksichtigung des konkreten Regelungsgegenstandes zuverlässig beantwortet werden. In diese Richtung tendierte auch die Rechtsprechung, die eine Einzelfallbetrachtung bevorzugte.[1392] Als Beurteilungskriterien wurden die Form, der In-

---

[1387] S. z.B.: Beschluss 2002/334/EG des Rates vom 2.5.2002 zur Durchführung von Art. 2 Abs. 3 der Verordnung (EG) Nr. 2580/2001 über spezifische, gegen bestimmte Personen und Organisationen gerichtete restriktive Maßnahmen zur Bekämpfung des Terrorismus und zur Aufhebung des Beschlusses 2001/927/EG (ABl. L 116, S. 33). Der Beschluss setzte bestimmte Personen und Vereinigungen auf die Liste der Terrorverdächtigen ein, die einer Reihe von Sanktionen (z.B. Einfrieren von Geldern, Beschränkungen der Freizügigkeit) unterworfen wurden. Siehe dazu u.a.: EuG, Rs. T-228/02 (Organisation des Modjahedines du peuple d'Iran/Rat), Urt. v. 12.12.2006 (noch nicht in der amtl. Slg. veröffentlicht), Rn. 97 f. Das EuG bejahte einen *Normcharakter* des Beschlusses sowie die unmittelbare und individuelle Betroffenheit der Kläger durch seine Bestimmungen.

[1388] Beschl. über ERASMUS-Programm – EuGH, Rs. 242/87 (Kommission/Rat), Slg. 1989, S. 1425 Rn. 11, 19.

[1389] Beschluss 94/90/EKGK, EG, Euratom der Kommission vom 8.2.1994 über den Zugang der Öffentlichkeit zu den der Kommission vorliegenden Dokumenten, ABl. EG 1994 Nr. L 46, S. 58.

[1390] T-105/95 (WWF UK/Kommission), Slg. 1997, S. II-313 Rn. 55 [Hervorhebungen durch Verfasserin]. Zur Selbstbindung der Kommission ggü. Privaten auch: EuG, Rs. T-119/02 (Royal Philips Electronics/Kommission), Slg. 2003, S. II-1433 Rn. 242; EuG, Rs. 7/89 (Hercules Chemicals/ Kommission), Slg. 1991, S. II-1711 Rn. 53.

[1391] Vgl. EuG, Rs. T-214/95 (Vlaamse Gewest/Kommission), Slg. 1998, S. II-717 Rn. 89.

[1392] Vgl. EuGH, Rs. 230/81 (Luxemburg/ EP), Slg. 1983, S. 255 Rn. 30. Die Rechtswirkungen der streitigen Entschließung des EP wurden anhand des Inhalts und der Einhaltung der Zuständigkeitsregelungen untersucht. Das führte zur Vorwegnahme der Begründetheitsprüfung. Da der Gerichtshof keinen Nichtigkeitsgrund bejahte, wies er die Klage – wohl als *unbegründet* – ab, ohne zur Rechtsverbindlichkeit der Parlamentsentschließung ausdrücklich Stellung zu nehmen. Vielmehr wurde dies implizit vorausgesetzt, wenn sich herausstellen sollte, dass das EP tatsächlich auf der Grundlage oder jedenfalls i.R. seiner Befugnisse aus dem EG-Vertrag gehandelt hätte. In einer weiteren Entscheidung hat der EuGH die Befugnis der Kommission zum Erlass verbindlicher, an die Mitgliedstaaten adreshalt und die Zielsetzung der Maßnahme herangezogen.[1393] Bereits die erwähnten sprachlichen Differenzen im Zusammenhang mit der Bezeichnung „Beschluss" in den Amtssprachen erschweren den Schluss von der formellen Bezeichnung auf den Rechtsakttypus. Hinzu kommt, dass faktisch jede Maßnahme von Kollegialorganen auf einen Beschluss zurückzuführen ist. Schließlich zeigen Beispiele aus neuer Rechtsprechung, dass Beschlüsse sehr wohl eine Außenwirkung (auch zulasten Privater) entfalten können. Zu nennen sind etwa die Ratsbeschlüsse zur Durchführung der „Antiterrorverordnung"[1394] sowie einige Parlamentsbeschlüsse[1395], die durch die Rechtsprechung ausdrücklich als Normativakte qualifiziert wurden.

2. Entschließungen

Neben Beschlüssen spielen Entschließungen des Rates und/oder der im Rat vereinigten Vertreter der Mitgliedstaaten oder des Europäischen Rates in der Rechtssetzung und Rechtsprechung eine bedeutende Rolle.[1396] Auch hier ist unklar, ob und inwiefern ihnen rechtsverbindliche Wirkungen zukommen. Teilweise wird angenommen, Entschließungen weisen (neben dem politischen) rechtsverbindlichen Charakter auf, soweit sie die mitgliedstaatlichen Kooperationspflichten aus Art. 10 EG präzisieren.[1397] Auffällig ist, dass in den Entschließungen des Rates oft eine explizite Angabe der primärrechtlichen Ermächtigungsgrundlage fehlt.[1398] Diese Tatsache könnte als Argument gegen die Rechtsbindungswirkung angeführt werden mit der Folge, dass die Entschließungen der völkerrechtlichen Kategorie des *soft law* zuzuordnen wären.

Diese Sichtweise wird von denjenigen vertreten, die in derartigen „informellen" Handlungsformen eine „Flucht ins Völkerrecht" vor den Zwängen des Gemeinschaftsrechts und der Jurisdiktion des Gerichtshofs erblicken.[1399] Dagegen spricht jedoch, dass die „Erklärungen, Entschließungen und sonstigen Stellungnahmen" seit den 70'er Jahren Eingang in die Beitrittsverträge als Bestandteil des *acquis communautaire* gefunden haben.[1400] Ob und inwiefern sie zum Gemeinschaftsrecht gezählt werden können, ist nach Auffassung *Everlings* nach ihrem materiellen Regelungsgehalt zu beant-

---

sierter Vollzugsvorgaben allein von einer Ermächtigungsgrundlage abhängig gemacht. – vgl. EuGH, Rs. 229/86 (Brother Industries/Kommission), Slg. 1987, S. 3757 (3763).

[1393] EuGH, Rs. 81/72 (Kommission/Rat), Slg. 1973, S. 575 Rn. 6 ff., 8 ff.

[1394] S.o.: Fn. 1389. Die Beschlüsse wurden nach Art. 230 Abs. 4 EG (z.T. erfolgreich) angefochten. – EuG, Rs. T-206/02 (Kurdischer Nationalkongress/Rat), Slg. 2005, S. II-523; EuG, Rs. T-228/02 (Organisation des Modjahedines du peuple d'Iran/Rat), Urt. v. 12.12.2006 (noch nicht in der amtl. Slg. veröffentlicht), Rn. 97 f.; EuG, Rs. T-229/02 (Kurdistaner Arbeiterpartei u. Kurdistaner Nationalkongress/Rat), Slg. 2005, S. II-539 Rn. 30.

[1395] Z.B. EuG, Rs. T-17/00 (Willy Rothley u. a./EP), Slg. 2000, S. II-579 Rn. 56 ff.

[1396] Vgl. z.B. EuG, Rs. T-584/93 (Oliver Roujansky/Rat), Slg. 1994, S. II-585 Rn. 13 ff. sowie EuGH, Rs. 253/94 P (Oliver Roujansky/Rat), Slg. 1995, S. I-1 Rn. 9.

[1397] *Ruffert* in: Calliess/Ruffert, EGV/EUV, Art. 249 EG Rn. 136.

[1398] Vgl. die empirische Untersuchung bei *v.Bogdandy/Bast/Arndt*, ZaöRV 62 (2002), S. 77 (120).

[1399] Krit. dazu: *Everling*, in: Bieber/Ress (Hrsg.), Die Dynamik des Gemeinschafsrechts, (1987), S. 417 (421 f.), der die Entschließungen insb. in zielpolitischen Fragen als unumgänglich ansieht.

[1400] Vgl. Art. 5 Abs. 3 der Beitrittsakte vom 16.4.2003 (ABl. Nr. L 236 v. 23.9.2003, S. 33); Art. 4 Abs. 3 der Beitrittsakte v. 16.5.1994 (ABl. Nr. C 241 vom 29.8.1994).

worten.[1401] Dem ist zuzustimmen, da gerade hierdurch der befürchteten Umgehung der gemeinschaftsgerichtlichen Kontrolle vorgebeugt wird.

Die Rechtsprechung war von Anfang an skeptisch gegenüber der Annerkennung einer Rechtsbindungswirkung von Entschließungen. So wertete der EuGH bereits die Bezeichnung einer Organhandlung als „Entschließung" anstelle der Wahl einer verbindlichen Form aus dem Katalog des Art. 249 EG als Hinweis darauf, dass ein Hervorrufen von Rechtsbindungswirkungen nicht beabsichtigt gewesen sei.[1402] Die beklagten Mitgliedstaaten rechtfertigten die vorgeworfene Vertragsverletzung damit, die Gemeinschaft sei ihren Verpflichtungen aus der Entschließung des Rates nicht nachgekommen, wonach das Inkrafttreten einer gemeinsamen Marktregelung für Milcherzeugnisse bis zu einem bestimmten Stichtag durch Erlass einer Entscheidung sichergestellt werden sollte. Der EuGH verneinte eine verbindliche Fristsetzung durch die fragliche Entschließung des Rates. In weiteren Urteilen lehnte der Gerichtshof die Möglichkeit der Modifizierung mitgliedstaatlicher Pflichten aus dem Vertrag mittels Entschließungen ab. In der Rs. *Manghera*[1403] ging es um die Verschiebung der mitgliedstaatlichen Verpflichtung aus dem Vertrag zur Anpassung der Tabakmonopole innerhalb einer bestimmten Übergangsfrist. Die Rs. *Defrenne*[1404] dagegen behandelte die Änderung eines Übergangstermins für die Sicherstellung der vollen Anwendbarkeit des Grundsatzes des gleichen Entgelts für männliche und weibliche Arbeitnehmer.

Zwar wurde die Frage eventueller anderer Rechtswirkungen der Entschließung offen gelassen. Allerdings betonte der EuGH, dass Entschließungen keine Rechtswirkungen gegenüber Einzelnen erzeugen und berief sich dabei auf den Charakter einer „hauptsächlich politischen" Willensbekundung des Rates und der Mitgliedstaaten sowie auf die Unabdingbarkeit primär- bzw. sekundärrechtlichen Pflichten.[1405]

Die Rechtsprechungslinie zur Bindungswirkung von Entschließungen ist insgesamt uneinheitlich. In einigen Entscheidungen im Zusammenhang mit der Fischereipolitik leitete der Gerichtshof aus einer Entschließung eine Pflicht für die Mitgliedstaaten her und prüfte die Gemeinschaftsrechtskonformität des mitgliedstaatlichen Verhaltens am Maßstab der Entschließung.[1406] Die Bindungswirkung der in der Entschließung niedergelegten Verpflichtungen wurde aus dem Loyalitätsgrundsatz des Art. 10 EG abge-

---

[1401] *Everling*, in: Bieber/Ress (Hrsg.), Die Dynamik des Gemeinschafsrechts, (1987), S. 417 (421).

[1402] EuGH, verb. Rs. 90/63 u. 91/63 (Kommission/Belgien u. Luxemburg), Slg. 1964, S. 1329 (1345).

[1403] EuGH, Rs. 59/75 (Manghera), Slg. 1976, S. 91 Rn. 21.

[1404] EuGH, Rs. 43/75 (Defrenne/ Société anonyme belge de navigation aérienne Sabena), Slg. 1976, S. 455 Rn. 56/58. Ähnliches dürfte für die Modifikationen des Sekundärrechts durch (unverbindliche) Entschließungen gelten. – Vgl. EuGH, Rs. C-146/96 (Portugal/Rat), Slg. 1999, S. I-8395 Rn. 56.

[1405] So bereits: EuGH, Rs. 59/75 (Staatsanwaltschaft gegen Flavia Manghera u.a.), Slg. 1976, S. 91 Rn. 21; ebenso: EuGH, Rs. 9/73 (Schlüter/ Hauptzollamt Lörrach), Slg. 1973, S. 1135 Rn. 40. Im Fall *Schlüter* ging es um eine Vorlagefrage, ob die Art. 5 und 107 EG i.V.m. der Entschließung des Rates und der Vertreter der Regierungen vom 22.3.1971 über die stufenweise Verwirklichung der Wirtschats- und Währungsunion in der EG dahingehend auszulegen sind, dass sie den Mitgliedstaaten zur Zeit der streitigen Einfuhr eine „Freigabe der Wechselkurse" (Floating) verboten. Der EuGH wertete die Entschließung als „politische Willensbekundung" des Rates und der Regierungsvertreter, im Laufe der nächsten 10 Jahre eine Wirtschafts- und Währungsunion zu errichten. Mit dem Hinweis auf den Inhalt des Aktes verneinte er seine Rechtsverbindlichkeit gegenüber Dritten.

[1406] Vgl. z.B. EuGH, Rs. 32/79 (Kommission/Großbritannien), Slg. 1980, S. 2403 ff.; EuGH, Rs. 804/79 (Kommission/Großbritannien), Slg. 1981, S. 1045 Rn. 23 ff.

leitet. Zwar wurde die Regelungskompetenz im Bereich der Fischereipolitik bereits frühzeitig auf die EG übertragen. Sie konnte jedoch noch nicht wirksam ausgeübt werden, sodass die fraglichen Entschließungen eine Art Ersatzgesetzgebung für die Gemeinschaft bildeten. Allerdings wäre dann unerklärlich, warum seither die Verpflichtung zur Beachtung der Entschließungen weiterhin in den Beitrittsverträgen als deren fester Bestandteil aufgeführt wird.[1407] Jedenfalls lässt sich nicht generell ausschließen, dass Entschließungen normativen Charakter aufweisen können, auch wenn das selten der Fall sein dürfte.[1408] Ähnlich wie bei den Beschlüssen muss auch im Falle der Beurteilung der Rechtsnatur und Wirkungen von Entschließungen auf deren Inhalt, Zielsetzung und die Urheberschaft zurückgegriffen werden. Daneben können Entschließungen in unterschiedlicher Weise und mit unterschiedlicher Intensität den Rechts- bzw. Interessenkreis Privater berühren. Der EuGH hat z.B. entschieden, dass Entschließungen des Rates u.U. eine außervertragliche Haftung der Gemeinschaft nach Art. 288 EG auslösen[1409] und damit zumindest einen rechtserheblichen Vertrauenstatbestand schaffen können. Zudem kann eine konstante Beachtung dieser Art von Maßnahmen durch ihre Adressaten (Organe bzw. Mitgliedstaaten) gleichwohl zu deren Normativierung führen, wobei der Geltungsgrund im Gewohnheitsrecht oder im Falle einer Umsetzung in den Durchführungsrechtsakten zu finden ist.[1410]

II. Anfechtbarkeit

Im Rahmen der Ausführungen zur Anfechtbarkeit der „typisierten" Rechtsakte (Verordnung und Richtlinie) wurde bereits von einer Abkoppelung des Klagegegenstandes des Art. 230 EG von den in Art. 249 EG bezeichneten Rechtshandlungsformen gesprochen. Demzufolge können alle Organhandlungen ohne Rücksicht auf deren Rechtsnatur oder Form mit einer Direktklage angefochten werden, sofern sie dazu bestimmt sind, Rechtswirkungen zu erzeugen und die Interessen des Klägers durch einen Eingriff in seine Rechtsstellung beeinträchtigen.[1411]

Bei unbenannten Beschlüssen bzw. Entschließungen des Rates erscheint vor allem zweifelhaft, ob sie überhaupt (negative) Rechtswirkungen auf die Rechtspositionen der privaten Rechtssubjekte entfalten können.[1412] Selbst wenn sie unmittelbar Rechte be-

[1407] Skeptisch dazu: *Everling*, in: ders., Das Europäische Gemeinschaftsrecht im Spannungsverhältnis zwischen Politik und Wirtschaft (1985), S. 105 (120). Ähnlich: *Bothe*, in: FS Schlochauer (1981), S. 761 (772), der die Klausel in Art. 3 Abs. 3 der Beitrittsverträge 1973 als eine „rechtliche Verpflichtung zur Beachtung in groben Zügen", „Verhaltenserwartung minderer Art und Güte" interpretiert.

[1408] Vgl. *Biervert*, S. 81, 85; ähnlich: *v. Bogdandy/Bast/Arndt*, ZaöRV 62 (2002), S. 77 (124).

[1409] EuGH, Rs. 169/73 (Compagnie Continentale France/Rat), Slg. 1975, S. 117. Dort sollte die Entschließung des Rates die Marktteilnehmer über eine künftige Verordnung unterrichten und ihnen auf diese Weise eine Orientierungshilfe für die Geschäftsgestaltung geben. Der Verordnungsentwurf wurde als Anhang beigefügt. Der Rat unterließ es aber, einen Vorbehalt in der Entschließung zu machen. Später erlitt die Klägerin wirtschaftliche Nachteile, weil sie im Vertrauen auf den in der Entschließung wiedergegebenen Inhalt der Verordnung handelte.

[1410] Zur Durchführung von Beschlüssen des Europäischen Rates: *Lauwars*, CMLR 1977, S. 29 (33 ff.).

[1411] St. Rspr. seit: EuGH, Rs. 60/81 (IBM/Kommission), Slg. 1981, S. 2639 Rn. 9; s. auch: EuG, Rs. T-236/00 (Gabriele Stauner u.a./EP u. Kommission), Slg. 2002, S. II-135 Rn. 57, 59-62; EuG, Rs. T-55/01 R (Asahi Vet SA gegen Kommission), Slg. 2001, S. II-1933 Rn. 61. Dazu auch: Kap. II B I.

[1412] Siehe dazu: *v. Bogdandy/Bast/Arndt*, ZaöRV 62 (2002), S. 77 (104 f.).

gründen, auf die sich die Bürger vor den mitgliedstaatlichen Behörden und Gerichten berufen können[1413], bedeutet das noch nicht zwingend, dass auch umgekehrt Private durch „atypische Handlungen" belastet werden dürfen und damit betroffen i.S.d. Art. 230 Abs. 4 EG sind. Denn der Beschluss ist als adressatenloser Rechtsakt nicht in der Lage, dem Einzelnen unmittelbar Rechtspflichten aufzuerlegen. Eine derartige strenge Selbstbegrenzung gehört zum Wesen dieser Handlungsform[1414], sodass selbst bei einer missbräuchlichen Formnutzung keinerlei Beschwer für das private Rechtssubjekt begründet wird. Ferner kann auch die gezielte Verhaltenssteuerung durch die Veränderung der tatsächlichen Bedingungen für die Ausübung bestimmter Aktivitäten[1415] nicht ausreichen, solange den atypischen Handlungsformen keine „echte" Außenrechtswirkung, sondern nur Rechtswirkung im Behördeninternum der EG zukommt. Andererseits hat der Gerichtshof anerkannt, dass selbst Regelungen über die interne Organisation der Arbeit eines Organs Rechtswirkungen gegenüber Dritten entfalten können.[1416] Neuerdings wurde auch ein Durchführungsbeschluss des Rates erfolgreich mit einer Individualnichtigkeitsklage angefochten. Das EuG bejahte den *Normcharakter* des Beschlusses und behandelte ihn wie eine Verordnung. Gleichzeitig sah er die dort namentlich aufgeführte Klägerin als unmittelbar und individuell betroffen an, da der Beschluss trotz der *erga omnes*-Geltung eine *„individuelle Maßnahme zur Verhängung einer wirtschaftlichen und finanziellen Sanktion"* beinhalte.[1417]

Die Rechtsprechung stellt offenbar auf eine Prüfung der Rechtsverbindlichkeit und Außenwirkung im Einzelfall ab. Dabei sind äußere Form, Inhalt und schließlich auch die Intention des Erlassorgans zu berücksichtigen.[1418] So prüfte das EuG in der Rs. *Rothley*[1419], in der es sich um eine von 71 Abgeordneten erhobene Nichtigkeitsklage gegen den Beschluss des Parlaments über die Änderungen seiner Geschäftsordnung handelte, ob die umstrittene Maßnahme Rechtswirkungen gegenüber Dritten entfalte. Durch den streitgegenständlichen Beschluss wurde in die Geschäftsordnung des Parlaments[1420] ein Artikel 9a über „Interne Untersuchungen des [OLAF]" eingefügt. Das Gericht hat die Klage der Parlamentarier zwar als eine Individualklage nach Art. 230 Abs. 4 EG behandelt. Dennoch wurde zunächst, unter Bezugnahme auf den Begriff der nach Abs. 1 anfechtbaren „Handlung" geprüft, ob der strittige Beschluss Außenwirkung hatte. Denn Handlungen des Parlaments, die entweder überhaupt keine oder die nur organinterne Rechtswirkungen entfalten und in Verfahren überprüft werden können, die in der Geschäftsordnung des Parlaments geregelt sind, seien nicht im Wege

---

1413 EuG, Rs. T-49/04 (WWF UK (World Wide Fund for Nature)/ Kommission), Slg. 1907, S. II-313 Rn. 55; EuGH, Rs. C-58/94 (Niederlande/Rat), Slg. 1996, S. I-2169 Rn. 38.

1414 *v. Bogdandy/Bast/Arndt*, ZaöRV 62 (2002), S. 76 (104).

1415 *v. Bogdandy/Bast/Arndt*, ZaöRV 62 (2002), S. 77 (103 f.).

1416 Vgl. EuGH, Rs. C-69/89 (Nakajima/Rat), Slg. 1991, S. I-2069 Rn. 49 f.; EuGH, Rs. C-137/92 P (Kommission/BASF u.a.), Slg. 1994, S. I-2555 Rn. 75 f.

1417 EuG, Rs. T-228/02 (Organisation des Modjahedines du peuple d'Iran/Rat), Urt. v. 12.12.2006 (noch nicht in der amtl. Slg. veröffentlicht), Rn. 97 f.

1418 Vgl. EuGH, Rs. 81/72 (Kommission/Rat), Slg. 1973, S. 575 Rn. 8 ff.

1419 EuG, Rs. T-17/00 (Willy Rothley u.a./EP), Slg. 2000, S. II-579 Rn. 53 ff. – s.o. Kap. II A II 3.

1420 ABl. 1999, L 202, S. 1.

einer Nichtigkeitsklage anfechtbar.[1421] Die angefochtene Handlung legte u.a. die Modalitäten der Erfüllung der den Abgeordneten obliegenden Kooperations- und Mitteilungspflichten, also Bedingungen der durch OLAF durchzuführenden Untersuchungen im Parlament fest. Daher kam dem Beschluss eine Außenwirkung zu. Die Klage scheiterte letztlich am Fehlen weiterer Voraussetzungen des Art. 230 Abs. 4 EG.[1422]

In einem weiteren Fall präzisierte das EuG die Anforderungen an das Merkmal der Außenwirkung und subsumierte darunter auch Maßnahmen, die die Rechtsstellung der einzelnen Abgeordneten hinsichtlich ihres Rechts aus Art. 197 Abs. 3 EG verletzen.[1423] Der EuGH qualifizierte den Beschluss des Parlamentspräsidiums über die Verteilung der im Gesamthaushaltsplan der EG veranschlagten Mittel und die Regelung über die Erstattung der Ausgaben der politischen Gruppierungen, die an den Europawahlen '84 teilgenommen hatten, als eine nach außen rechtsverbindliche Maßnahme.[1424] Insgesamt zeigt die Rechtsprechung ein relativ weites Verständnis der „Außenwirkung" i.R.d. Zulässigkeit einer Nichtigkeitsklage[1425], weil auch im Verhältnis zwischen Organteilen (Abgeordnete des EP) und dem Gesamtorgan eine Außenwirkung angenommen wurde. Andererseits verwundert dies nicht, wenn man bedenkt, dass das EG-Prozessrecht keine eigenständigen Intraorganstreitverfahren kennt.[1426]

Angesichts der Tatsache, dass eine generelle Aussage über die Außenwirkungen der atypischen Handlungen der Gemeinschaftsorgane nicht getroffen werden kann, muss auch im Hinblick auf den Rechtsschutz im konkreten Einzelfall geprüft werden, ob nach der äußeren Erscheinung, dem Inhalt und der Zielsetzung eine rechtsverbindliche Maßnahme anzunehmen ist. Denn nur solche Handlungen können mittels einer Nichtigkeitsklage nach Art. 230 Abs. 4 EG durch einen unmittelbar und individuell Betroffenen angefochten werden.

B. Justiziabilität der Handlungen des Europäischen Rates

Auch wenn der Europäische Rat im Wortlaut des Art. 230 EG nicht als möglicher Urheber der anfechtbaren Rechtsakte erwähnt ist, führt dies noch nicht automatisch zur Unzulässigkeit einer Nichtigkeitsklage gegen seine Handlungen. Der Gerichtshof hat in der Vergangenheit bereits Rechtsakte anderer, ebenfalls nicht explizit in Art. 230 EG aufgeführter Organe[1427] für anfechtbar erklärt, soweit sie nur Rechtswirkungen

[1421] EuG, Rs. T-17/00 R (Willy Rothley u. a./EP), Slg. 2000, S. II-579 Rn. 54. Vgl. bereits: EuG, Rs. T-17/00 R (Willy Rothley u.a./EP), Slg. 2000, S. II-2085 Rn. 46; EuGH, Rs. C-314/91 (Weber/Parlament, Slg. 1993, S. I-1093 Rn. 10.

[1422] EuG, Rs. T-17/00 (Willy Rothley u. a./EP), Slg. 2000, S. II-579 Rn. 58 ff.

[1423] Vgl. EuG, Rs. T-236/00 (Gabriele Stauner u.a./EP u. Kommission), Slg. 2002, S. II-135 Rn. 57, 59-62. Hier wurde jedoch der Eingriff in die Rechtsstellung des Abgeordneten i.E. verneint.

[1424] EuGH, Rs. C-294/83 (Les Verts/EP), Slg. 1986, S. 1339. Zum Fall s.o.: Kap. II A II 3.

[1425] Vgl. auch: EuGH, Rs. 78/85 (Fraktion der Europäischen Rechten/EP), Slg . 1986, S. 1753 Rn. 11 (Zulässigkeit wegen des Inhalts der Regelung i.E. verneint); EuGH, C-314/91 (Weber/Parlament), Slg. 1993, S. I-1093 Rn. 9 ff.; EuG, verb. Rs. T-83/99, T-84/99 und T-85/99 (Carlo Ripa di Meana u.a./EP), Slg. 2000, S. II-3493 Rn. 29; EuG, Rs. T-222/99 R (Martinez und de Gaulle/Parlament), Slg. 1999, II-3397 Rn. 64 ff., 67; EuG, verb. Rs. T-222/99, T-327/99 u T-329/99 (Jean-Claude Martinez u.a./EP), Slg. 2001 S. II-2823 Rn. 36, 55-75.

[1426] Dazu oben: Kap. II A II 3.

[1427] S.: EuGH, Rs. 294/83 (Les Verts/EP), Slg. 1986, S. 1339 (1365) Rn. 24 u. 25.

nach außen hervorrufen.[1428] Aus seinem Auftrag zur Sicherung der Wahrung des Rechts in der Gemeinschaft leitete der EuGH die Notwendigkeit einer lückenlosen Legalitätskontrolle aller rechtsverbindlichen Organhandlungen ab. Daher erscheint es durchaus denkbar, dass auch Rechtsakte des Europäischen Rates im Wege einer Direktklage gerichtlich überprüfbar sind.

I. Organqualität

Problematisch erweist sich zunächst die Einordnung der Handlungen des Europäischen Rates als *Organ*handlungen i.S.d. Art. 230 EG (ggf. i.V.m. Art. 46 lit. d EU). Dagegen spricht in erster Linie, dass der Europäische Rat weder in Art. 7 EG noch in Art. 5 EU als Organ aufgeführt ist.[1429] Nach Art. 4 EU setzt er sich aus den Staats- und Regierungschefs der Mitgliedstaaten sowie dem Kommissionspräsidenten zusammen. Der Europäische Rat versteht sich selbst nicht als Organ, sondern eher als eine besondere Ebene der Zusammenarbeit zwischen den Mitgliedstaaten. Daher wird er von Teilen der Literatur als eine Art „Regierungskonferenz“ mit einem besonderen Status begriffen mit der Folge, dass die von ihm beschlossenen Maßnahmen den Mitgliedstaaten selbst zurechenbar sind.[1430] Dennoch gibt es auch gegenteilige Stimmen im Schrifttum, die dem Europäischen Rat eine Organqualität in Anlehnung an Art. 4 EU zuschreiben sowie seine Bindung an das Unionsrecht und vereinzelt auch an den EG-Vertrag[1431] bei der Wahrnehmung der dort vorgesehenen Kompetenzen[1432] unterstreichen. Dies macht eine gerichtliche Rechtmäßigkeitskontrolle erforderlich.[1433] Das Fehlen einer gerichtlichen Überprüfbarkeit würde die Einhaltung des Rechts dem guten Willen und der Selbsteinschätzung des Europäischen Rates überlassen. Mit der Verleihung von Prüfungs- und Beschlussfassungsrechten muss auch die Möglichkeit einer Rechtskontrolle einhergehen.

Für die Organqualität des Europäischen Rates spricht, dass der Kommissionspräsident sein gleichberechtigtes Mitglied ist.[1434] Eine Aberkennung des Stimmrechts des Kommissionspräsidenten findet keine Stütze im Vertrag.[1435] Die Verträge kennen eine besondere Form der Zusammensetzung des Rates (Staats- und Regierungschefs)[1436],

---

[1428] Vgl. bereits: EuGH, Rs. 22/70 (Kommission/Rat), Slg. 1971, S. 263 Rn. 38/42.

[1429] *Decker*, JuS 1995, S. 883 (887).

[1430] *Capotorti*, in: FS-Pesctore (1987), S. 86; *Koenig*, EuR Beiheft 2/1998, S. 139 (144); *Pechstein/Koenig*, Rn. 174.

[1431] Punktuelle Regelungen in diesem Zusammenhang finden sich auch im EG-Vertrag, z.B. Art. 99, 128 EG.

[1432] Zu den Kompetenzen des Europäischen Rates i.R.d. EU-Vertrages gehören insb. die Festlegung von Leitlinien für die Entwicklung der EU selbst sowie der Grundsätze, allgemeinen Leitlinien und gemeinsamen Strategien der GASP. Ferner kommt dem ER die Funktion eines Schiedsgremiums zu, wenn ein Mitgliedstaat sein Veto gegen einen Beschluss des Rates mit qualifizierter Mehrheit einlegen will (Art. 23 Abs. 2 EU) sowie i.R.d. Ermächtigung der Mitgliedstaaten zur Begründung einer verstärkten Zusammenarbeit i.R.d. PJZS (Art. 40 EU).

[1433] *v. Bogdandy/Bast*, EuGRZ 2001, S. 441 (455). Die Organqualität des Europäischen Rates i.R.d. EU wohl bejahend: *Sedemund/Montag*, NJW 1994, S. 625 f.

[1434] *Trüe*, ZEuS 2000, S. 127 (142); *Wichard*, EuR 1999, S. 170 (179); a.A.: *Pechstein/Koenig*, Rn. 167.

[1435] *Pechstein/Koenig*, Rn. 167 ff.

[1436] Vgl. etwa: Art. 7 Abs. 2 EU; Art. 121 Abs. 2, 3und 4, 122 Abs. 2, 214 Abs. 2 EG.

der jedoch nicht mit dem Europäischen Rat identisch ist. Stünde dem Kommissionspräsidenten im Europäischen Rat kein Stimmrecht zu, dann wäre die gesonderte Erwähnung des Europäischen Rates überflüssig, da eigentlich nur der Rat in der Zusammensetzung der Staats- und Regierungschefs gemeint wäre. Auch die Verleihung bestimmter Entscheidungsbefugnisse i.R.d. Rechtsetzungsverfahrens im EG- und EU-Vertrag[1437] ist ein Indiz für die Institutionalisierung des Europäischen Rates und die Abkehr von den Ursprüngen einer „Regierungskonferenz".[1438] Darüber hinaus unterscheiden die Verträge ausdrücklich zwischen dem Europäischen Rat und den „im Rat vereinigten Vertreter der Mitgliedstaaten".

Der Sinn dieser Differenzierung kann vernünftigerweise nur darin bestehen, dass jeweils verschiedene Zurechnungssubjekte gemeint sind. Die funktionelle Betrachtungsweise rechtfertigt es daher, zumindest eine „partielle" Organqualität des Europäischen Rates im Hinblick auf die Ausübung der ihm zugewiesenen Befugnisse i.R.d. EG- und EU-Vertrages anzuerkennen. Damit wird prinzipiell der Weg zur gerichtlichen Kontrolle der rechtsverbindlichen Handlungen des Europäischen Rates eröffnet.[1439] Voraussetzung ist jedoch, dass der Kreis der Passivlegitimierten in Art. 230 Abs. 1 EG nicht abschließend festgelegt ist, und der Normzweck die Einbeziehung des Europäischen Rates im Wege erweiternder Auslegung gebietet.

II. Kreis der Passivlegitimierten in Art. 230 Abs. 1 EG

Dass der Europäische Rat nicht in Art. 230 Abs. 1 EG als Urheber anfechtbarer Akte aufgeführt ist, wird teilweise als Folge mangelnder Bereitschaft der Mitgliedstaaten zur ausdrücklichen Verleihung der Völkerrechtssubjektivität an die EU interpretiert. Somit wären die Mitgliedstaaten Zurechnungsendsubjekte von Maßnahmen des Europäischen Rates i.R.d. zweiten oder dritten Säule.[1440] Dann widerspräche es folgerichtig dem Wesen der Nichtigkeitsklage als Instrument der Legalitätskontrolle von Rechtsakten bestimmter Organe, diese Kontrolle auch auf Maßnahmen der *Mitgliedstaaten* zu erstrecken. Der Gerichtshof besitzt keine Kassationsbefugnis gegenüber mitgliedstaatlichen Rechtsakten. In einem solchen Falle wäre allenfalls an das Vertragsverletzungsverfahren gem. Art. 226 oder Art. 227 EG zu denken.

Der Grund für das mögliche Entstehen einer justizfreien Zone im Unionsrecht ist die Bestimmung des Art. 46 EU. Trotz der sonst großzügigen Auslegung des Begriffs

---

[1437] Z.B.: Art. 13; 17 Abs. 1; 23 Abs. 2 Uabs. 2; 40a Abs. 2 Uabs. 2 EU; Art. 11 Abs. 2 Uabs. 2; 99 Abs. 2; 113 Abs. 3; 128 Abs. 1 EG.

[1438] Der ursprünglich in den Verträgen nicht vorgesehene Europäische Rat hat sich aus Gipfelkonferenzen herauskristallisiert, 1974 erstmal als eigenständige Institution anerkannt und tagt seitdem regelmäßig. Erst durch Art. 2 der EEA von 1986 wurde er vertraglich verankert. Siehe dazu: *Decker*, JuS 1995, S. 883 (887).

[1439] I.E. zustimmend: *Herrnfeld* in: Schwarze, EU-Komm., Art. 46 EU Rn. 13 f., der jedoch mit Blick auf den effektiven Grundrechtsschutz (unabhängig von der Organqualität) alle Handlungen des Europäischen Rates der gerichtlichen Kontrolle durch den EuGH unterstellen will, sofern sie unmittelbar grundrechtserheblich sind.

[1440] *Koenig*, EuR Beiheft 2/1998, S. 139 (144). Ähnlich: *Hilf*, in: Hommelhoff/Kirchhoff (Hrsg.), Der Staatenverbund der Europäischen Union (1994), S. 75 (77) – Europäischer Rat als „Vertragsorgan der Mitgliedstaaten".

der „Handlung eines Gemeinschaftsorgans" i.R.d. Art. 230 Abs. 1 EG[1441] sprach der Gerichtshof dem Europäischen Rat eine Passivlegitimation in Verfahren der Nichtigkeitsklage bislang ab. Die Nichtigkeitsklage in der Rs. *Roujansky* gegen eine Erklärung des Europäischen Rates wurde als unzulässig abgewiesen. In der Begründung berief sich das Gericht darauf, dass der Europäische Rat als möglicher Urheber der nach Art. 230 Abs. 1 EG justiziablen Handlungen nicht aufgeführt sei.[1442] Ferner wies das Gericht darauf hin, dass Art. 31 EEA, der zum Zeitpunkt der Verabschiedung der angefochtenen Erklärung galt, ausdrücklich die Anwendung der Bestimmungen des EWG-Vertrags über die Zuständigkeit der Gemeinschaftsgerichtsbarkeit auf den Europäischen Rat ausgeschlossen habe. Dieser Ausschluss sei in Art. L EU-Vertrag/ Maastricht beibehalten worden.[1443] In der Revision bestätigte der EuGH ebenfalls, dass die Erklärung des Europäischen Rates nicht zu den gem. Art. 230 EG justiziablen Handlungen gehöre, und wies das Rechtsmittel als offensichtlich unbegründet ab.[1444]

Gegen die Zulässigkeit der Rechtmäßigkeitskontrolle von Handlungen des Europäischen Rates durch den Gerichthof könnte *de lege lata* eingewendet werden, dass Art. 4 EU als die zentrale Bestimmung über den Europäischen Rat im intergouvernementalen Unionsrecht und nicht im EG-Vertrag verankert wurde. Die Zuständigkeit des EuGH i.R.d. Unionsvertrages richtet sich aber nach Art. 46 EU. Dort ist keine Zuständigkeit für die Überprüfung der Primärrechtskonformität von Handlungen des Europäischen Rates explizit vorgesehen. Heutzutage dürfte die Justiziabilität dieser Rechtsakte hieran jedoch nicht mehr scheitern.[1445] Im Gegensatz zur früheren Rechtslage ist eine Zuständigkeit des Gerichtshofs für grundrechtsrelevante Handlungen des Europäischen Rates über Art. 46 lit. d EU i.V.m. Art. 230 Abs. 4 EG denkbar. Ebenso bietet sich ein Weg über Art. 46 lit. f i.V.m. Art. 47 EU.[1446] Schließlich könnte sich die Zuständigkeit des Gerichtshofs direkt aus Art. 230 EG ergeben, wobei dann diejenigen Maßnahmen des Europäischen Rates justiziabel wären, die auf der Grundlage der durch EG-Vertrag zugewiesenen Befugnisse erlassen wurden. Der Begriff „Entscheidung" aus Art. 230 Abs. 4 EG steht wiederum nicht entgegen. Die Rechtsprechung hat die Bestimmungen über den Gemeinschaftsrechtsweg im Lichte des Grundsatzes des wirksamen Rechtsschutzes nicht nur bezüglich der anfechtbaren Rechtsakte[1447], sondern auch im Hinblick auf die passiv legitimierten Organe bzw. Einrichtungen[1448] erweiternd ausgelegt.

1441 Vgl. EuGH, Rs. C-316/91 (EP/Rat), Slg. 1994, S. I-625 Rn. 7; EuGH, Rs. C-170/96 (Kommission/Rat - Flughafentransit), Slg. 1998, S. I-2763 Rn. 13 ff. S. dazu unten: Kap. IV, C III 1.

1442 EuG, Rs. T-584/93 (Oliver Roujansky/Rat), Slg. 1994, S. II-585 Rn. 12.

1443 EuG, Rs. T-584/93 (Oliver Roujansky/Rat), Slg. 1994, S. II-585 Rn. 13.

1444 EuGH, Rs. C-253/94 P (Oliver Roujansky/Rat), Slg. 1995, S. I-1 Rn. 11.

1445 So auch: *Herrnfeld* in: Schwarze, EU-Komm., Art. 46 EU Rn. 13.

1446 Auf beide Optionen wird im Kapitel IV D II und III ausführlich eingegangen.

1447 Bsp.: EuGH, verb. Rs. 316/82 u. 40/83 (Kohler/Rechnungshof), Slg. 1984, S. 641; EuG, Rs. T-3/93 (Air France/Kommission), Slg. 1994, S. II-121.

1448 S. EuGH, Rs. 110/75 (Mills/Investitionsbank), Slg. 1976, S. 955; EuGH, Rs. 294/83 (Les Verts/Parlament), Slg. 1986, S. 1339 Rn. 24 f.; EuGH, verb. Rs. 193/87 u. 194/87 (Maurissen u.a./Rechnungshof), Slg. 1989, S. 1045 Rn. 23 ff.; EuGH, Rs. C-370/89 (SGEEM u. Etroy/Investitionsbank), Slg. 1992, S. I-6211; Schlussanträge des GA *Darmon* in den verb. Rs. 193/87 u. 194/87 (Maurissen u.a./Rechnungshof), Slg. 1989, S. 1055 Nr. 53 ff.; Schlussanträge des GA *Lenz* in der Rs. C-416/92 (H./Rechnungshof), Slg. 1994, S. I-1743 Nr. 14 ff.

Im Urteil *Les Verts* bejahte der EuGH die Anfechtbarkeit von Handlungen des Parlaments, obwohl der damalige Art. 173 EWG nur Handlungen des Rates und der Kommission als zulässige Gegenstände einer Nichtigkeitsklage aufführte, während Art. 177 EWG generell von „Handlungen der Organe" als Vorlagegegenstände sprach. Wichtig ist jedoch das dahinter stehende, allgemeine Prinzip, der eine teleologische Erweiterung des Art. 230 EG nicht nur in gegenständlicher Hinsicht, sondern auch in Bezug auf die Urheber der Rechtsakte ermöglicht. *„Nach dem System des Vertrages ist ... die Möglichkeit einer direkten Klage gegen alle Handlungen der Organe gegeben ..., die dazu bestimmt sind, eine Rechtswirkung zu erzeugen."*[1449] Den Grund, warum das Parlament nicht ausdrücklich als Urheber anfechtbarer Rechtsakte genannt wurde, sah der Gerichtshof in den ursprünglich fehlenden Befugnis zur Vornahme von Handlungen, die dazu bestimmt sind, Rechtswirkungen gegenüber Dritten zu entfalten. Das Parlament hatte anfangs nur beratende Befugnisse und übte lediglich politische Kontrolle aus. Vergleichend verwies der EuGH auf Art. 38 EGKSV, der eine Anfechtbarkeit von verbindlichen Parlamentshandlungen (z.B. auf der Grundlage des Art. 95 Abs. 4 S. 4 EGKSV) nicht ausschloss. Ferner argumentierte der EuGH mit dem Rechtswahrungsauftrag gem. Art. 220 EG. Dem Geist des Kontrollauftrags und dem System des Vertrages liefe es zuwider, rechtserhebliche Handlungen der Organe und -einrichtungen einer gerichtlichen Kontrolle zu entziehen.[1450]

Obwohl in der Rs. *Les Verts* an sich nur die Passivlegitimation des Parlaments entscheidungsrelevant war, formulierte der EuGH die tragenden Gründe für die Bejahung dieser Voraussetzung als ein allgemeines, auf andere Organe und Einrichtungen übertragbares Prinzip. Maßgeblich ist, dass die Handlung Rechtswirkungen gegenüber Dritten entfaltet. Dies wurde in den Folgeentscheidungen bestätigt.[1451] Legt man diese Rechtsprechung zugrunde, so ist die Rechtsverbindlichkeit der Handlung des Europäischen Rates Voraussetzung der Justiziabilität. Entgegen einigen Autoren, die infolge der Ablehnung der Organeigenschaft des Europäischen Rates auch seinen Handlungen Rechtsbindungswirkung absprechen[1452], ist dieses im Einzelfall zu beweisen. Der Hinweis auf den politischen Charakter des Europäischen Rates allein genügt nicht für die generelle Befreiung von einer Rechtskontrolle. Maßgeblich ist, dass die konkrete Maßnahme des Europäischen Rates Rechtswirkungen gegenüber Dritten entfaltet.

III. Normzweck – rechtsverbindliche Handlungen

Der Normzweck des Art. 230 EG i.V.m. dem Rechtsschutzauftrag des Gerichtshofs gebietet eine umfassende Legalitätskontrolle aller außenrechtsverbindlichen Handlun-

[1449] In diesem Sinne bereits: EuGH, Rs. 22/70 (Kommission/Rat – AETR), Slg. 1970, S. 263.
[1450] EuGH, Rs. C-294/83 (Les Verts/EP), Slg. 1986, S. 1339 Rn. 24-25.
[1451] Bsp.: EuGH, verb. Rs. 193/87 u. 194/87 (Maurissen u.a./Rechnungshof), Slg. 1989, S. 1045 Rn. 23 ff.; EuGH, Rs. C-370/89 (SGEEM u. Etroy/Investitionsbank), Slg. 1992, S. I-6211.
[1452] So: *Maurer*, Diskussionspapier, in: SWP, S. 1 (2 f.) – http://www.swp-berlin.org/common/get_document. php?id=912 [letzter Abruf am 9.11.2005]; *Pernice*, Grundlagenpapierin: 16. Sinclair-Haus-Gespräch 11./12.5.2001 – http://www.h-quandt-stiftung.de/root/edit_page.php?preview=true&page_id=501. *Pernice* bezeichnet den Europäischen Rat als „Organ der intergouvernementalen Zusammenarbeit", das der Entwicklung der Union die nötigen politischen Impulse geben soll, ohne dabei rechtlich bindende Beschlüsse zu fassen.

gen der Gemeinschaftsorgane und Einrichtungen. Daher ist zu prüfen, ob es Maßnahmen des Europäischen Rates gibt, die diese Prämisse erfüllen können. Da der Europäische Rat als Impulsgeber für die gesamte Union tätig wird, muss zwischen den Befugnissen unterschieden werden, die er i.R.d. Gemeinschaft einerseits und in der II. und III. Säule andererseits wahrnimmt.

1. Handlungen des Europäischen Rates i.R.d. Unionsvertrages

In der GASP sieht Art. 13 EU eine gestufte Willensbildung im Rechtssetzungsprozess vor. Gem. Art. 13 Abs. 1 EU setzt der Europäische Rat die erforderlichen Impulse und legt die allgemeinen Vorgaben für die Politikgestaltung fest, die im weiteren Verlauf vom Rat der EU (Art. 5 EU) inhaltlich konkretisiert und durchgeführt werden (Art. 13 Abs. 3 EU).[1453] Zwar kommt den Impulsen nicht die Funktion eines mit den Kommissionsvorschlägen im Rechtssetzungsverfahren vergleichbaren Initiativmonopols zu.[1454] Dennoch besteht neben einer faktischen, auch eine in Art. 13 Abs. 1 und 3 EU verankerte, rechtliche Bindung an die Beschlüsse des Europäischen Rates. Denn von den zentralen, in den Grundsätzen und allgemeinen Leitlinien enthaltenen Vorgaben des Europäischen Rates kann der Rat der EG nicht abweichen, sodass ihnen eine Rahmen- und Schrankenfunktion – jedenfalls im Umfang der Zielvorgaben – zukommt.[1455]

Für die rechtliche Bindung an Vorgaben des Europäischen Rates spricht Art. 13 Abs. 3 EU, der den allgemeinen Leitlinien des Europäischen Rates eine „Grundlage" für spätere Entscheidungen des Rates zuweist. Nach Art. 13 Abs.2 UAbs. 1 EU wird dem Europäischen Rat die Kompetenz zum Erlass gemeinsamer Strategien eingeräumt. Sie sind in den Bereichen, in denen wichtige Interessen der Mitgliedstaaten bestehen, von der Union durchzuführen. Auch hier ist eine rechtliche Bindung des Rates an diese Handlungen des Europäischen Rates anzunehmen. Darauf deuten einerseits der vorgesehene Inhalt der gemeinsamen Strategien, welcher genaue Angaben über Zielsetzung, Dauer und bereitzustellende Mittel bezeichnen soll (Art. 13 Abs. 2 UAbs. 2 EU), und andererseits Art. 13 Abs. 3 UAbs. 2 EU, wonach der Rat diese Vorgaben durchführt. Der Europäische Rat wird ferner durch Art. 17 Abs. 1 EU ermächtigt, die GASP um ein weiteres, bislang nur ansatzweise verfolgtes Aufgabenfeld der gemeinsamen Verteidigung zu erweitern. Freilich handelt es sich hierbei lediglich um eine rechtlich unverbindliche Empfehlung. Art. 23 Abs. 2 UAbs. 2 S. 2 EU betrifft die Beschlussfassung durch den Rat nach Titel V des EU-Vertrages und umfasst folglich alle Handlungen des Rates i.R.d. zweiten Säule. Bei wichtigen Fragen der nationalen Politik besteht nämlich die an die „Luxemburger Vereinbarung" angelehnte Möglichkeit für den betroffenen Mitgliedstaat, die Abstimmung im Rat zu verhindern. Dennoch kann der Rat mit qualifizierter Mehrheit verlangen, dass die Frage zur einstimmigen Beschlussfassung an den Europäischen Rat delegiert wird. In diesem Fall entscheidet der Europäische Rat unmittelbar über eine Durchführungsfrage. Daher erschöpft sich seine Rolle nicht in der Festlegung allgemeiner Zielsetzungen, sondern erstreckt sich

[1453] *Pechstein/Koenig*, Rn. 223 f.

[1454] Vgl. *Cremer* in: Calliess/Ruffert, EUV/EGV, Art. 13 EU Rn. 3; *Krück* in: Schwarze, EU-Komm., Vorb. vor Art. 11-28 EU, Rn. 10 f.

[1455] Vgl. auch: *Cremer* in: Calliess/Ruffert, EUV/EGV, Art. 13 Rn. 3; *Pechstein/Koenig*, Rn. 223.

u.U. auch auf Durchführungsentscheidungen, sofern der Rat nicht in der Lage ist, diese selbst zu beschließen.

Andererseits gibt es auf Unionsebene keine gerichtliche Kontrolle für die Handlungen des Europäischen Rates. Es besteht weder ein rechtlicher Rahmen für die Austragung von Organstreitigkeiten im Zusammenhang mit der horizontalen Kompetenzabgrenzung, noch ein gerichtlicher Rechtsschutz für die von den Regelungen möglicherweise betroffenen Individuen. Um der Entstehung eines justizfreien Raumes entgegenzusteuern, wird die Ausweitung der Rechtmäßigkeitskontrolle auf die (jedenfalls unmittelbar) grundrechtserheblichen Handlungen des Europäischen Rates unter Berufung auf den effektiven Grundrechtsschutz postuliert. Danach soll die Zuständigkeit des Gerichtshofs jedenfalls nicht deshalb abgelehnt werden, weil Art. 4 EU als zentrale Norm für den Europäischen Rat in dem nach Art. 46 EU beschränkt justiziablen Unionsrecht verankert ist und diese Bestimmung keinen entsprechenden Kompetenztitel hierzu enthält.[1456] Denn im Gegensatz zur Rechtslage in der Rs. *Roujansky* ist in den Verträgen kein dem Art. 31 EEA vergleichbarer Ausschluss der Anwendbarkeit der Zuständigkeitsbestimmungen der Gemeinschaftsgerichtsbarkeit auf den Europäischen Rat zu finden.[1457] Aus dem Verzicht auf die Übernahme des Art. 31 EEA in den EU-Vertrag könnte ein Schluss auf die Legalitätskontrolle der Handlungen des Europäischen Rates gezogen werden. Freilich setzt das voraus, dass die Zulässigkeitsanforderungen des über Art. 46 EU anwendbaren Art. 230 EG erfüllt sind. Zu beachten ist weiterhin, dass der rechtliche Hintergrund nach dem Inkrafttreten des Maastrichter Vertrages im Vergleich zur EEA erhebliche Änderungen erfahren hat. Der Unionsvertrag sieht für die GASP und die PJZS ganz bestimmte Handlungsformen und Verfahren zur einheitlichen Willensbildung vor, die einen deutlichen Fortschritt zum „intergouvernementalen Kooperationsforum" nach der EEA darstellen.[1458] Die fortschreitende Verrechtlichung in diesem Bereich ist ein weiteres Indiz dafür, dass Handlungen des Europäischen Rates nicht *per se* der gerichtlichen Kontrolle entzogen sind.

Andererseits sieht der EU-Vertrag keine Individualnichtigkeitsklage vor. Die Zuständigkeit des EuGH für Grundrechtsschutz in der Union Art. 46 lit. d EU vermag keine neuen Kompetenzen des Gerichtshofs zu begründen[1459], sondern setzt sie gerade voraus. Auch Art. 46 lit. b EU hilft nicht weiter, da die Verfahrensregelungen, insbesondere Art. 35 Abs. 6 EU, kein Klagerecht Privater vorsehen. Schließlich bliebe noch eine Nichtigkeitsklage gem. Art. 46 lit. f, 47 EU i.V.m. Art. 230 Abs. 4 EG denkbar.[1460] Allerdings könnte die Zulässigkeit einer etwaigen Nichtigkeitsklage bereits an der mangelnden Rechtsverbindlichkeit der Handlungen i.S.d. Art. 230 EG scheitern. In der Literatur wird die Rechtsverbindlichkeit der Beschlüsse des Europäischen Rates überwiegend verneint.[1461] Zum Teil wird zwar überlegt, ob die Handlungen des Euro-

---

[1456] *Herrnfeld* in: Schwarze, EU-Komm., Art. 46 EU Rn.14.
[1457] EuG, Rs. T-584/93 (Oliver Roujansky/Rat), Slg. 1994, S. II-585 Rn. 13.
[1458] Vgl. *Pechstein/Koenig*, Rn. 13.
[1459] EuG, Rs. T-228/02 (Organisation des Modjahedines du peuple d'Iran/Rat), Urt. v. 12.12.2006 (noch nicht in der amtl. Slg. veröffentlicht) Rn. 53.
[1460] Ausführlich dazu im Kap. IV D III 1.
[1461] Vgl. *Bothe*, in: FS Schlochauer (1981), S. 761 (769 f.); *Glaesner*, EuR 1994, S. 22 (30) – keine rechtliche, sondern nur politische Verbindlichkeit der Beschlüsse des Europäischen Rates.

päischen Rates als völkerrechtliche Abkommen[1462] oder gar als atypische Gemeinschaftssekundärrechte[1463] qualifiziert werden können. Hiergegen spricht aber, dass den Mitgliedern des Europäischen Rates in der Regel ein Rechtsbindungswille fehlen dürfte.[1464] Soweit Bereiche tangiert sind, die in die Kompetenz der EG fallen, könnte der Annahme der Rechtsverbindlichkeit Art. 48 EU entgegenstehen, der ein besonderes Verfahren für jede Änderung der Verträge vorschreibt.[1465] Allerdings ist dieser Schluss nicht zwingend. Zwar ist die Nichteinhaltung des Vertragsänderungsverfahrens ein starkes Indiz gegen den Rechtsbindungswillen. Es kann sich aber auch um eine (z.B. irrtümliche) Verletzung der EG-Zuständigkeit handeln, ohne dass die Rechtsverbindlichkeit der vertragswidrigen Maßnahme in Frage gestellt wäre. Die generelle Verneinung eines Rechtsbindungswillens überzeugt jedenfalls nicht, zumindest soweit es sich um die Wahrnehmung der Leitlinienkompetenz durch den Europäischen Rat handelt. Für den Bereich der PJZS fehlt zwar eine entsprechende Bestimmung. Allerdings wird man dem Europäischen Rat auf der Grundlage des Art. 4 EU die generelle Befugnis zur Festlegung der Entwicklungsimpulse durch Erlass der für den Rat der EU verbindlichen allgemeinen Leitlinien zubilligen müssen.[1466]

Die Rechtsaktsqualität der allgemeinen Leitlinien wird zum Teil in Zweifel gezogen.[1467] Man misst ihnen die Rechtsnatur eines „politischen Grundsatzbeschlusses" zu oder erkennt sie lediglich als eine Art „rechtsverbindliche Initiativakte"[1468] an. Die Rechtsverbindlichkeit der allgemeinen Leitlinien lässt sich daraus ableiten, dass sie gem. Art. 13 Abs. 3 EU Grundlage für weitere Beschlüsse des Rates zur Festlegung und Durchführung der Gemeinsamen Außenpolitik bilden.[1469] Dagegen sind allgemeine Grundsätze eher deklaratorischer Natur. Der Wortlaut des Art. 13 EU lässt den Schluss zu, dass sie bereits aus den vertraglich verankerten Zielsetzungen der GASP resultieren.[1470] Eine gewisse Einschränkung der Bindungswirkung von allgemeinen Leitlinien folgt bereits aus deren Natur selbst. Da sie in funktioneller Hinsicht erst die Basis für die Durchführungsmaßnahmen des Rates darstellen, müssen sie entsprechend ausfüllungsfähig bleiben, mit der Folge, dass ihre Bindungskraft sich nur auf die zu erreichenden Ziele sowie Prioritätenfestlegungen erstreckt.[1471]

Ähnlich wie im Falle der allgemeinen Leitlinien wird die Rechtsverbindlichkeit der Gemeinsamen Strategien von einigen Autoren mangels ausdrücklicher Bestimmung in

---

1462 Vgl. *Capotorti*, in: FS Pescatore (1987), S. 79 (87); *Jacqué/Simon*, in: Hoscheit/Wessels, The European Council 1974-1986: Evaluation and Prospects (1988), S. 105 (115 ff.).

1463 *Jacqué/Simon*, in: Hoscheit/Wessels, The European Council 1974-1986: Evaluation and Prospects (1988), S. 105 (118); *Werts*, S. 128.

1464 So aber: *Bothe*, in: FS Schlochauer (1981), S. 761 (766); *Everling*, in: ders. (Hrsg.), Das Europäische Gemeinschaftsrecht im Spannungsverhältnis zwischen Politik und Wirtschaft (1985), S. 105 (119).

1465 So: *Everling*, in: ders. (Hrsg.), Das Europäische Gemeinschaftsrecht im Spannungsverhältnis zwischen Politik und Wirtschaft (1985), S. 105 (124); *Glaesner*, EuR 1994, S. 22 (30).

1466 *Everling*, CMLR 29 (1992), S. 1053 (1062); *Pechstein/Koenig*, Rn. 225.

1467 Vgl. etwa: *Hüwelmeier*, S. 90 f.

1468 *Pechstein/Koenig*, Rn. 223.

1469 *Trüe*, ZEuS 2000, S. 127 (154 f.).

1470 So: *Kaufmann-Bühler/ Meyer-Landrut* in: Grabitz/Hilf, EUV/EGV, Art. 13 EU Rn. 6. Ähnlich: *Pechstein/Koenig*, Rn. 223, die sie nicht als eigenständige Handlungsform ansehen.

1471 *Pechstein/Koenig*, Rn. 223.

Frage gestellt und ihnen lediglich politische Relevanz beigemessen.[1472] Ein Blick auf die Voraussetzungen der Gemeinsamen Strategien, nämlich die Betroffenheit in Bereichen, in denen „wichtige gemeinsame Interessen der Mitgliedstaaten bestehen", lässt weder Schluss weder auf das Vorhandensein noch auf das Fehlen eines Bindungswillens zu. Erfolgversprechender erscheint demgegenüber die Struktur, Funktion und Durchführung dieser Handlungsform. Während der Gegenstand von Leitlinien auf die Festlegung allgemeiner Ziele mit regionalen Schwerpunkten beschränkt ist[1473], bestimmt Art. 13 Abs. 2 EU die notwendigen Angaben (Zielsetzung, Dauer und Mittel) genau und entscheidet somit über den konkreten, situationsbezogenen Charakter dieser Handlungsform. Die gemeinsamen Strategien unterscheiden sich damit strukturell von den allgemeinen Leitlinien, die wesentlich mehr Umsetzungsspielraum, insbesondere auch die Wahl der Durchführungsmittel, einräumen.[1474]

Dabei lässt sich jedoch eine gegenläufige Praxis beobachten: der Europäische Rat erlässt zunehmend mehr „allgemeine Leitlinien" zur Regelung von Einzelfällen[1475], was angesichts des klaren Konzepts dieses Handlungsinstruments als Rahmenwegweiser im Hinblick auf den politischen Kurs der Union sehr fragwürdig erscheint. Den gemeinsamen Nenner der beiden Handlungsformen stellt die grundsätzliche Umsetzungs- und Ausfüllungsbedürftigkeit der beiden Rechtsaktsformen, die zugleich als Grenzwert für die zulässige Regelungsdichte fungiert. In jedem Fall muss dem Unionsrat noch substantieller Umsetzungsspielraum belassen werden.

Die Durchführungsmaßnahmen, die auf der Grundlage gemeinsamer Strategien ergriffen werden, können nach Maßgabe des Art. 23 Abs. 2 EU auch mit qualifizierter Mehrheit beschlossen werden. Der Verzicht auf das Einstimmigkeitserfordernis beim Erlass von Durchführungsbestimmungen lässt ebenfalls einen gewissen Rückschluss auf die Rechtsverbindlichkeit der gemeinsamen Strategien zu. Es wäre unerklärlich, warum ein überstimmter Mitgliedstaat die mehrheitlich beschlossenen Durchführungsmaßnahmen akzeptieren müsste, die auf der Grundlage eines bloß unverbindlichen Erlasses ergangen sind. Zudem stünde die bezweckte Einflussnahme des Europäischen Rates auf die GASP letztlich im Ermessen des Unionsrates. In der Praxis werden die gemeinsamen Strategien als rechtsverbindliche Akte behandelt, worauf ihre Veröffentlichung im Amtsblatt der EG hindeutet.[1476] Somit sind gemeinsame Strategien rechtsverbindliche Instrumente der GASP[1477], die den Unionsrat im Rahmen seiner Durchführungskompetenz binden. Im Verhältnis zu den Mitgliedstaaten lässt sich eine durch die in Art. 11 Abs. 2 Uabs. 2 EU verankerte Kooperations- und Loyalitätspflicht vermittelte Bindungswirkung der gemeinsamen Strategien bejahen, wobei sie –

[1472] *Geiger*, EUV/EGV, Art. 13 EU Rn. 7 ff.; a.A.: *Pechstein/Koenig*, Rn. 224; *Regelsberger/Kugelmann* in: Streinz, EUV/EGV, Art. 14 EU Rn. 5. Unklar: *Cremer* in: Calliess/Ruffert, EUV/EGV, Art. 13 Rn. 5, der jedoch eine über politische Richtungsvorgaben hinausgehende Bedeutung gemeinsamer Strategien bejaht.

[1473] Vgl. insb. Schlusserklärung des Europäischen Rates von Lissabon v. 26/27.6.1992, EG-Bulletin 6/92, S. 7, 18 ff. – Anlage I.

[1474] Krit. dazu: *Trüe*, ZEuS 2000, S. 127 (155), die generelle Beschränkung der Rechtsverbindlichkeit der allgemeinen Leitlinien auf ausfüllungsbedürftige Rahmenbestimmungen ablehnt.

[1475] *Kaufmann-Bühler/ Meyer-Landrut* in: Grabitz/Hilf, EUV/EGV, Art. 13 EU Rn. 5.

[1476] *Burkhardt/Tebbe*, EuR 1995, S. 19; *Lange*, JZ 1996, S. 445.

[1477] I.E. ebenso: *Hüwelmeier*, S. 101; *Pechstein/Koenig*, Rn. 223.

im Gegensatz zur aktiven Umsetzungsverpflichtung des Rates – eher passiver Natur ist und sich in einem Zuwiderhandlungsverbot erschöpft. Die gemeinsamen Strategien erzeugen aber selbst keine unmittelbaren Außenwirkungen. Damit erscheint eine unmittelbare Betroffenheit Privater kaum denkbar.

Der Umstand, dass die Leitlinien des Europäischen Rates für den Unionsrat verbindlich sind, bedeutet nicht automatisch, dass diesen Beschlüssen die erforderliche Außenwirkung zukommt. Als rechtsverbindliche *Initiativakte*[1478] sind sie gerade nicht dazu bestimmt und geeignet, Rechtswirkungen gegenüber Dritten zu entfalten. Vielmehr weisen sie insofern eine Parallele zu den Vorschlägen der Kommission i.R.d. EG-Rechtssetzung auf, die in diesem Bereich ein Initiativmonopol besitzt. Es handelt es sich folglich um *unionsintern* verbindliche Beschlüsse. Funktionell betrachtet stellen sie eine Vorstufe zum eigentlichen Unionssekundärrechtsakt i.R.d. gestuften Willensbildung, mithin keine verfahrensabschließenden, nach außen wirksamen Maßnahmen dar. Nach alldem bleibt festzustellen, dass eine Individualnichtigkeitsklage gegen Handlungen des Europäischen Rates i.R.d. II. und der III. Unionssäule nach derzeitigem Stand der Verträge nicht zulässig ist.

2. Handlungen auf dem Gebiet des Gemeinschaftsrechts

Fraglich ist letztlich, ob die Stellung des Europäischen Rates im Gemeinschaftsrecht und die ihm dort zukommenden Befugnisse eine gerichtliche Kontrolle seiner Beschlüsse erforderlich machen. Der Europäische Rat ist jedenfalls formell kein EG-Organ i.S.d. Art. 7 EG, da er dort nicht aufgeführt ist. Aus diesem Grunde kann er keine Gemeinschaftsrechtsakte erlassen[1479], auch wenn mittlerweile Einigkeit darüber herrscht, dass sich diese nicht auf die in Art. 249 EG definierten Rechtsaktstypen beschränken. Maßgebend ist vielmehr, dass die Beschlüsse des Europäischen Rates nicht nach Verfahrens- und Formvorschriften des EG-Vertrages zustande kommen. Sie sind weder auf einen obligatorischen Vorschlag der Kommission zurückzuführen noch wird das Europäische Parlament in den Willensbildungsprozess durch Anhörungs- oder Mitentscheidungsrechte eingebunden.

Dagegen wird die Bindung der Gemeinschaftsorgane Rat und Kommission durch die Maßnahmen bzw. Anweisungen des Europäischen Rates im Schrifttum unterschiedlich beantwortet. Meistens wird sie bejaht, soweit dem Europäischen Rat echte Entscheidungsbefugnisse im Rahmen eines gemeinschaftsrechtlich organisierten Verfahrens übertragen worden sind.[1480] Diese Bindungswirkung erstreckt sich grundsätzlich nicht auf die Mitgliedstaaten. Allerdings schließt dies nicht aus, dass die Mitgliedstaaten auf der Grundlage der Verpflichtung zur loyalen Zusammenarbeit gem. Art. 10 EG gehalten sein können, den Entschließungen des Europäischen Rates im Einzelfall nachzukommen.[1481] Zudem besteht auch keine personelle Zusammensetzungsidentität mit dem Rat der EG, da sich der Europäische Rat gem. Art. 4 Abs. 1 S. 1 EU neben

---

[1478] So zutreffend: *Pechstein/Koenig*, Rn. 223.

[1479] *Glaesner*, EuR 1994, S. 22 (30); *Jacqué* in: v.d. Groeben/Schwarze, EUV/EGV, Art. 4 EU Rn. 16; *Martenczuk*, EuR 1998, S. 151 (156).

[1480] So: *Glaesner*, EuR 1994, S. 22 (30); noch weitergehend: *Pechstein/Koenig*, Rn. 227. Abl.: *Häde* in: Calliess/Ruffert, EUV/EGV, Art. 99 Rn. 5; *Martenczuk*, EuR 1998, S. 151 (156).

[1481] *Everling*, in: Bieber/Ress, Die Dynamik des Gemeinschafsrechts (1987), S. 417 (422).

den Staats- und Regierungschefs auch aus dem Kommissionspräsidenten zusammensetzt. Damit entfällt die noch vor dem Inkrafttreten des EU-Vertrages theoretisch bestehende Möglichkeit, sich in den Ministerrat umzuwandeln.[1482] Allerdings hätte auch dieser für eine Beschlussfassung die in den Verträgen enthaltenen Bestimmungen (insb. Vorschlag der Kommission) sowie die Geschäftsordnung des Rates (z.B. bzgl. der Einladung) beachten müssen.[1483] Dennoch sind dem Europäischen Rat einige bedeutsame Befugnisse auch auf der Grundlage des EG-Vertrages verliehen worden. Nach Art. 99 Abs. 2 UAbs. 2 EG erlässt er Schlussfolgerungen zu den Grundzügen der Wirtschaftspolitik der Mitgliedstaaten und der Gemeinschaft, die die Grundlage für den Erlass einer entsprechenden Empfehlung des Rates der EG darstellen. Teilweise wird in der Literatur die Rechtsverbindlichkeit der Schlussfolgerungen i.S.e. Arbeitsauftrags an die zuständigen Gemeinschaftsorgane, also nur gegenüber dem Rat und der Kommission bejaht.[1484] Der Amsterdamer Vertrag erweiterte das Aufgabenfeld des Europäischen Rates um Fragen der Beschäftigungspolitik. Gem. Art. 128 Abs. 1 EG prüft er die jährlichen Berichte des Rates und der Kommission über die Beschäftigungslage in der EG und nimmt dazu Schlussfolgerungen an.

Ein außerordentlich bedeutsames Tätigkeitsfeld des Europäischen Rates stellt jedoch die Wirtschafts- und Währungsunion dar. Der Europäische Rat stellte die politischen Weichen für ihre Entwicklung und segnete somit die spätere, rechtsverbindliche Umsetzung der beschlossenen Maßnahmen durch die Gemeinschaftsorgane ab. Einige Beispiele sollen den Einfluss des Europäischen Rates in diesem Politikbereich illustrieren. So hat der Europäische Rat auf seiner Tagung vom 15/16.112.1995 in Madrid festgelegt, dass die dritte Stufe der Wirtschafts- und Währungsunion (WWU) am 1.1.1999 beginnt und dass dabei die Konvergenzkriterien, der Zeitplan, die Protokolle und die im Vertrag über die Europäische Union festgelegten Verfahren eingehalten werden. Er beschloss ein detailliertes Referenzszenario für die Einführung der einheitlichen Währung.[1485] Trotz der nicht zu unterschätzenden, tatsächlichen und politischen Bedeutung kam dem Szenario jedoch keine rechtliche Verbindlichkeit zu. Man kann dabei eher von einem ***gentleman's agreement*** als von einem Rechtsakt sprechen, auch wenn die Gemeinschaftsorgane und die Mitgliedstaaten den im Referenzszenario vorgesehenen Ablauf tatsächlich eingehalten haben.

Ebenso wird man wohl dem Beschluss des Europäischen Rates über die Umbenennung der gemeinsamen Währung[1486] weder die Qualität einer für die EG verbindlichen, völkerrechtlichen Übereinkunft der Mitgliedstaaten noch einer authentischen Vertragsauslegung zuerkennen können. Gegen Erstere spricht bereits die Nichteinhaltung des besonderen Vertragsänderungsverfahrens nach Art. 48 EU. Die verbindliche Auslegung des Primärrechts obliegt hingegen gem. Art. 220, 234 Abs.1 lit. b EG dem EuGH, sodass dem Europäischen Rat die entsprechende Kompetenz gefehlt hätte. Vielmehr handelte es sich um eine politische Absichtserklärung, die erst einer recht-

---

1482 *Glaesner*, EuR 1994, S. 22 (30) m.w.N.
1483 *Jacqué* in: v.d. Groeben/Schwarze, EUV/EGV, Art. 4 EU Rn. 16.
1484 So: *Pechstein/Koenig*, Rn. 227; a.A.: *Häde* in: Calliess/Ruffert, EUV/EGV, Art. 99 EG Rn. 5.
1485 ABl. Nr. C 22 v. 26.01.1996, S. 2.
1486 „Euro" statt – wie bisher vertraglich vorgesehen – „ECU". Bull. Der EU 12/1995, S. 10.

lich verbindlichen Umsetzung durch die Gemeinschaftsorgane bedurfte.[1487] Zu erwähnen ist schließlich die Entschließung des Europäischen Rates über den Stabilitäts- und Wachstumspakt[1488]. Zur Vervollständigung und Konkretisierung der Vertragsbestimmungen über die WWU verabschiedete der Europäische Rat im Juni 1997 den Stabilitäts- und Wachstumspakt zur Sicherung der Haushaltsdisziplin in der WWU. Der Pakt wurde ergänzt und die entsprechenden Verpflichtungen durch eine Erklärung des Rates vom Mai 1998 bekräftigt. Obwohl die politischen Entscheidungen, die i.R.d. Europäischen Rates getroffen werden, überwiegend auch von Mitgliedstaaten und dem Rat *de facto* befolgt werden, sind auch vereinzelt Gegenbeispiele bekannt.[1489]

Von den Beschlüssen des Europäischen Rates als Kollegium sind die „Schlussfolgerungen" des Ratspräsidenten zu unterscheiden. Sie sind nicht selten sehr detailliert und betreffen alle Tätigkeitsbereiche der Union. Die Erwägungsgründe der nachfolgenden, abgeleiteten Rechtsakte belegen, dass viele wichtige Entscheidungen, die i.R.d. Willensbildungsprozesses der eigentlichen Rechtssetzungsorgane der EG bereits durch diese „unverbindlichen" Schlussfolgerungen festgelegt worden sind. Aus Rechtsschutzgesichtspunkten erscheint die häufige Praxis der Miteinbeziehung des Europäischen Rates in das Rechtssetzungsverfahren noch weit wichtiger.[1490] Während die politischen Entscheidungen im Europäischen Rat getroffen werden[1491], erfolgt die Umsetzung in rechtsverbindliche Handlungsformen durch die Gemeinschaftsorgane. Dadurch verläuft der Willensbildungsprozess i.R.d. EG- Rechtsetzungsverfahrens *de facto* in zwei Stufen.[1492] Allerdings ändert dies nichts daran, dass die verschiedenen Entschließungen des Europäischen Rates trotz deren politischer Brisanz und einer gewissen Bindungswirkung gegenüber dem Rat der EG keine rechtliche Außenwirkung gegenüber Dritten entfalten und somit bereits keinen tauglichen Nichtigkeitsklagegegenstand darstellen. Es handelt sich um für die Gemeinschaftsorgane u.U. verbindliche Lenkungsvorgaben[1493], die erst im Rechtssetzungsverfahren nach den Vorschriften des EG-Vertrages in außenrechtsverbindliche Rechtsakte umgesetzt werden müssen. Das Vorschlagsmonopol der Kommission wird hierdurch nicht ausgehebelt. Zudem sind die Befugnisse des Europäischen Rates i.R.d. EG-Vertrages punktueller Natur.

Schließlich könnten die Grenzen der Bindungswirkung der Entschließungen des Europäischen Rates gegenüber der Gemeinschaft justiziabel sein[1494], sodass eine „mittel-

---

[1487] Vgl. *Borries/Repplinger-Hach*, EuZW 1996, S. 492 (494); *Martenczuk*, EuR 1998, S. 151 (168).

[1488] Europäischer Rat von Amsterdam v. 16/17.6.1997, ABl. Nr. C 236 v. 2.8.1997 S. 1; Bull. Der EU 6/1997, 18. Zusammen mit zwei Verordnungen bildet die Entschließung den sog. Stabilitäts- und Wachstumspakt.

[1489] So z.B. die Entscheidung der Staats- und Regierungschefs über die Feststellung des Nichtvorliegens der Voraussetzungen des Art. 121 Abs.1 EG für die Einführung der gemeinsamen Währung, die anlässlich des Europäischen Rates von Dublin vom 13/14.12.1996 getroffen wurde. Der Europäische Rat von Florenz hatte knapp 6 Monate zuvor das Gegenteil beschlossen. Siehe dazu: *Martenczuk*, EuR 1998, S. 151 (167).

[1490] *v. Bogdandy/Bast*, EuGRZ 2001, S. 441 (455).

[1491] Das prägnanteste Beispiel ist der Stabilitäts- und Wachstumspakt (s.o. Fn. 1490). Daneben hat sich der Europäische Rat auch bei den Verordnungen zur Einführung des Euro faktisch ein Letztentscheidungsrecht vorbehalten – näher dazu: *Martenczuk*, EuR 1998, S. 151 (175).

[1492] *Werts*, S. 133 f.

[1493] Näher dazu: *Pechstein/Koenig*, Rn. 175 ff.; 107 ff.

[1494] Ausführlich dazu im Kap. IV D IV 2 b).

bare“ Kontrolle durch den Gerichtshof gewährleistet wird. Die Bindungswirkung gegenüber der EG, die auf die Zuweisung der allgemeinen Leitlinienkompetenz für die gesamte Union gem. Art. 4 EU gestützt werden kann, lässt sich durch eine implizite Änderung des Gemeinschaftsvertrages durch den Unionsvertrag erklären, auch wenn eine ausdrückliche Bindungsübernahmeklausel im Gemeinschaftsrecht fehlt.[1495] Sie findet aber ihre Schranken dort, wo die „Grundlagen der Gemeinschaft selbst“[1496] tangiert werden. In einem solchen Falle ist eine ausdrückliche Vertragsänderung unter Einhaltung des in Art. 48 EU vorgesehenen Verfahrens erforderlich. Eine derartige Beeinträchtigung der Gemeinschaftsgrundlagen wäre im Erlass von Außenrechtsbestimmungen durch den Europäischen Rat zu erblicken, da dies von der allgemeinen Leitlinienkompetenz nicht mehr gedeckt wäre und in den Zuständigkeitsbereich der Gemeinschaftsorgane eingreifen würde. Angesichts des bedeutsamen Vorstoßes des Europäischen Rates in neue Bereiche äußern einige Autoren die Befürchtung, dass das Entstehen einer rechtlichen Grauzone droht.[1497] Ein ähnliches Problem besteht in der GASP, wo der EuGH ebenfalls explizit keine Jurisdiktionsbefugnisse besitzt.[1498]

C. Zusammenfassung

Die Justiziabilität der atypischen Handlungen der Gemeinschaftsorgane und des Europäischen Rates setzt jeweils voraus, dass es sich um rechtsverbindliche Maßnahmen handelt, die dazu geeignet und bestimmt sind, Rechtswirkungen gegenüber Dritten zu entfalten. Während diese Voraussetzung bei einigen Beschlüssen bzw. Entschließungen des Europäischen Parlaments oder des Rates der EG im Einzelfall erfüllt wird, erscheint dies für Maßnahmen des Europäischen Rates nach dem derzeitigen Stand der Verträge zweifelhaft. Trotz der unbestrittenen politischen und faktischen Bedeutung sowie oft hochgradiger Detailliertheit haben die Handlungen des Europäischen Rates lediglich eine auf das Innenverhältnis zu den Gemeinschaftsorganen beschränkte Bindungswirkung. Dagegen entfalten sie keine Rechtswirkungen gegenüber den Bürgern. Zwar trifft der Europäische Rat die grundlegenden politischen Entscheidungen, jedoch bedürfen diese nach wie vor einer rechtsverbindlichen „Umsetzung“ durch die zuständigen Gemeinschaftsorgane. Allerdings lässt sich der zunehmende Einfluss des Europäischen Rates auf die Willensbildung i.R.d. gemeinschaftsrechtlichen Rechtsetzungsverfahrens kaum leugnen. Daher erscheint eine (zumindest mittelbare) Rechtskontrolle erforderlich. Aufgrund der parallelen Problematik in der II. und III Unionssäule werden die Möglichkeiten einer gerichtlichen Kontrolle im nachfolgenden Kapitel erörtert.

[1495] Ausführlich dazu: *Pechstein/Koenig*, Rn. 107 ff.; 517.

[1496] EuGH, Gutachten 1/91 (EWR), Slg. 1991, S. I-6079 ff. Dazu: *Pechstein/Koenig*, Rn. 75, 110 f.

[1497] Siehe: *Martenczuk*, EuR 1998, S. 151 (174 f.); ähnlich: *Mayer*, ZaöRV 63 (2003), S. 59 (71 f.), der eine Unterstellung des Europäischen Rates der vollen Rechtskontrolle durch den EuGH fordert.

[1498] Darauf wird im nächsten Kapitel ausführlich eingegangen – Kap. IV D IV 2.

Kapitel IV. Rechtsschutz gegen die EU-Rechtsnormen

A. Grundlagen der Zuständigkeit des Gerichtshofs im Unionsrecht

Das Unionsrecht stellt eine eigenständige Rechtsmasse dar.[1499] Daher bedarf der Gerichtshof, der zunächst nur im Anwendungsbereich des EG-Vertrages eine Jurisdiktionsbefugnis besitzt, einer besonderen Kompetenzzuweisung i.R.d. EU-Vertrages. Dies ist in Art. 46 EU erfolgt, der eine abschließende Aufzählung der justiziablen unionsrechtlichen Bereiche enthält.[1500] Neben der Änderung des EG-Vertrags gem. Art. 46 lit. a EU und der Kontrollbefugnisse im Bereich der verstärkten Zusammenarbeit (lit. c) obliegen dem EuGH die Kontrolle bestimmter Sekundärrechtsakte der PJZS (lit. b), Grundrechtsschutz (lit. d) sowie eine Überprüfung der Unberührbarkeit des Gemeinschaftsrechts nach Art. 47 EU i.V.m. Art. 46 lit. f EU. Vorliegend werden nur diejenigen Bereiche erörtert, die aus der Sicht der Individualkläger von Bedeutung sein könnten. Zuvor soll analysiert werden, inwiefern überhaupt ein Rechtsschutzbedürfnis Privater für eine Gültigkeitskontrolle von Unionssekundärrechtsakten besteht.

B. Rechtsschutzbedürfnis und Normenkontrolle in der III. Säule

Die Zuständigkeit des Gerichtshofs in der III. Säule ist von begrenztem Umfang. Diese Rechtslage wird zum Teil kritisiert, weil gerade die polizeiliche und justizielle Zusammenarbeit in Strafsachen einen grundrechtsrelevanten Bereich betrifft.[1501] Zu den von der Union zu achtenden Grundrechten zählt auch die Garantie des effizienten Rechtsschutzes.[1502] Vor dem Hintergrund, dass Art. 35 Abs. 6 EU keine Individualnichtigkeitsklage vorsieht, fragt man sich, ob das Fehlen des direkten Rechtsschutzes gegen Unionssekundärrechtsakte zu einer Rechtsschutzlücke führt.

I. Intergouvernementaler Charakter des Unionsrechts

Nach dem derzeitigen Stand der Integration unterscheidet sich das sekundäre Unionsrecht im Wirkungsmodus immer noch deutlich von dem EG-Sekundärrecht: Während dem Letztgenannten supranationale Wirkung eigentümlich ist, sind die PJZS- sowie die GASP-Maßnahmen grundsätzlich außerstande, unmittelbar Rechtsfolgen gegenüber den Bürgern hervorzurufen. Sie binden lediglich die Mitgliedstaaten. Die mangelnde unmittelbare Außenwirkung ergibt sich zunächst aus dem Fehlen einer entsprechenden Kompetenzzuweisung im EU-Vertrag.[1503] Darüber hinaus finden sich im EU-Vertrag selbst Hinweise darauf, dass das Unionsrecht den herkömmlichen Geltungsrahmen als Völkerrecht nicht verlassen soll. So wird etwa in Art. 34 Abs. 2 S. 2 lit. b EU ausdrücklich angeordnet, dass Rahmenbeschlüsse „nicht unmittelbar wirksam“

[1499] *Pechstein*, EuR 1999, S. 1; zustimmend: *Schütz/Sauerbier*, JuS 2002. S. 658.
[1500] *Schütz/Sauerbier*, JuS 2002. S. 658.
[1501] *Albors-Llorens*, CMLR 1998, S. 1273 (1287); *Egger*, EuZW 2005, S. 652 (656); *Herrmann*, EuZW 2005, S. 437 (438); *Wachsmann*, RTDE 1997, S. 883 (889, 891).
[1502] Zum Inhalt: EuGH, Rs. 222/84 (Johnston/Chief Constable of the Royal Ulster Constabulary), Slg. 1986, S. 1651 Rn. 18; EuGH, Rs. 222/86 (Unectef/Heylens), Slg. 1987, S. 4097 Rn. 14; EuGH, Rs. C-97/91 (Oleificio Borelli/Kommission), Slg. 1992, S. I-6313 Rn. 14; EuG, Rs. T-111/96 (ITT Promedia/Kommission), Slg. 1998, S. II-2937 Rn. 60 f.
[1503] Vgl. dazu: *Pechstein/Koenig*, Rn. 207 f.

sind.[1504] Implizit ergibt sich das bereits daraus, dass die Mitgliedstaaten als Rahmenbeschlussadressaten genannt sind, während z.B. EG-Verordnungen gem. Art. 249 Abs. 2 EG unmittelbar *in* den Mitgliedstaaten gelten.

Einige mitgliedstaatliche Verfassungsgerichte gingen in aktuellen Entscheidungen zum Europäischen Haftbefehl vom völkerrechtlichen Charakter des Unionsrechts aus. So hob das deutsche BVerfG die Differenz zur „supranationalen Entscheidungsstruktur des Gemeinschaftsrechts"[1505] hervor, während der polnische Verfassungsgerichtshof die völkerrechtliche Rechtsqualität der Rahmenbeschlüsse betonte.[1506] Ähnlich wie EG-Richtlinien sind die sekundären Unionsrechtsakte grundsätzlich umsetzungsbedürftig und richten sich nur an die Mitgliedstaaten. Der Unterschied besteht nur in der Art der Bindung und der damit verbundenen Möglichkeit der unmittelbaren Wirkung bestimmter, nicht fristgemäß oder sonst nicht ordnungsgemäß umgesetzter Richtlinienbestimmungen. Neue Akzente setzte jüngst der EuGH im Vorabentscheidungsverfahren *Pupino*.[1507] Dort übertrug er eine Rechtsfigur des Gemeinschaftsrechts auf Rahmenbeschlüsse, nämlich die Pflicht der nationalen Behörden und Gerichte zur gemeinschaftsrechtskonformen Auslegung des nationalen Rechts.

Das intergouvernementale Charakter des Unionssekundärrechts und die mangelnde Fähigkeit zur unmittelbaren Wirkung gegenüber dem Bürger sind allerdings zunächst ein rechtliches „Sollen" und notwendige Bedingung des Verzichts auf eine Individualnichtigkeitsklage. Das BVerfG sprach bereits eine „Mahnung" anlässlich der Entscheidung über die deutsche Zustimmung zum Maastricht-Vertrag aus, indem es betonte, dass der Unionsvertrag keineswegs zu grundrechtserheblichen Handlungen gegenüber den Bürgern in den Mitgliedstaaten ermächtigen darf.[1508] Diese Prämisse wurde allerdings in letzter Zeit, insbesondere mit Blick auf die durch den Amsterdamer Vertrag eingeführte Handlungsform „Rahmenbeschluss" in der PJZS immer häufiger in Zweifel gezogen.[1509] In der Literatur nahm man zwar bislang überwiegend an, dass das aus dem völkerrechtlichen Charakter resultierende Fehlen der unmittelbaren Anwendbarkeit von Unionssekundärrecht unmittelbare Grundrechtseingriffe ausschließe.[1510] Dadurch ließe sich die weitgehende Nichtjustiziablität des Unionsrechts noch möglicherweise aufrechterhalten. Ob dies jedoch angesichts der Rechtsetzungspraxis i.R.d. EU die politische und rechtliche Realität widerspiegelt, ist zu bezweifeln.

Einerseits kommt eine faktische, grundrechtsrelevante Durchgriffswirkung in Betracht. Andererseits ist auch ein Rechtsschutzbedürfnis des Einzelnen in den Fällen des

1504 Eine ähnliche Regelung trifft Art. 34 Abs. 2 S. 2 lit. c EU in Bezug auf sonstige Beschlüsse. Dagegen ist die Beeinträchtigung von Individualrechten durch die Durchführungsmaßnahmen nach Art. 34 Abs. 2 S. 4 EU nicht *per se* ausgeschlossen. – vgl. *Dörr/Mager*, AöR 2000, S. 386 (417, Fn. 124).

1505 BVerfGE 113, 273 (300 f.) – näher dazu unten Kap. IV D V 1 a) aa).

1506 Trybunał Konstytucyjny, Urt. v. 27.4.2005, Dz.U. 2005, Nr. 77, S. 680, Poz. 1/05 – s. Kap. IV D V 1 a) bb).

1507 EuGH, Rs. C-105/03 (Strafverfahren gegen Maria Pupino), Slg. 2005, S. I-5285 Rn. 34.

1508 BVerfGE 89, 155 (175).

1509 Vgl. *Pernice*, in: WHI-Paper 03/05, S. 1 (24) – www.whi-berlin.de/pernice.htm [letzter Abruf am 10.1.2006]; *v. Unger*, NVwZ 2005, S. 1266 (1270), die die Koordinaten des *Maastricht*-Urt. für überholt halten.

1510 *Pechstein* in: Streinz, EUV/EGV, Art. 6 EU Rn. 10; *ders./Koenig*, Rn. 207 ff.

fehlenden Gestaltungsspielraums der Mitgliedstaaten oder der Gemeinschaft bei der Umsetzung von EU-Sekundärrecht denkbar.

II. Durchgriffswirkung des in der III. Säule erlassenen Sekundärrechts

1. Wirkungsmodus der PJZS-Rechtsakte

Gegen das Vorliegen einer Rechtsschutzlücke könnten der intergouvernementale Charakter und die Umsetzungsbedürftigkeit der PJZS-Maßnahmen sprechen. Für die innerstaatliche Verbindlichkeit bedarf es eines Transformationsaktes, unmittelbare Grundrechtseingriffe sind mithin nicht möglich.[1511] Teilweise wird auch darauf hingewiesen, dass lediglich eine Verpflichtung zur völkerrechtskonformen Auslegung der nationalen Umsetzungsmaßnahmen bestehe, die mit der richtlinienkonformen Auslegung nicht vergleichbar sei.[1512] Aus systematischer Sicht spricht dafür auch die Schaffung besonderer Handlungsformen für die PJZS anstelle einer Verweisung auf die EG-Rechtsakte (Art. 249 EG). Ferner wird das Fehlen einer Individualklage als konsequente Folge des Ausschlusses einer unmittelbaren Wirkung von Rahmenbeschlüssen und sonstigen PJZS-Beschlüssen betrachtet.[1513] Allerdings ist die unmittelbare Wirkung von der unmittelbaren Betroffenheit i.S.d. Art. 230 Abs. 4 EG zu unterscheiden. Selbst ein durchführungsbedürftiger Rechtsakt kann den Einzelnen *materiell* unmittelbar betreffen.[1514] Das hängt vom Inhalt und von den Wirkungen der Rechtsakte ab.

a) Gemeinsame Standpunkte

Die Gemeinsamen Standpunkte i.S.d. Art. 34 Abs. 2 S. 2 lit. a EU dienen der Festlegung des abgestimmten Vorgehens der Mitgliedstaaten nach außen in den Bereichen des Titel VI des EU-Vertrages. Sie sind zwar nicht bloß Zwischenakt i.R. eines einheitlichen Rechtssetzungsprozesses. Dennoch beinhalten sie nicht das endgültige Ergebnis, sondern stellen vielmehr ein Konzept für die weitere Entwicklung auf.[1515] Von zentraler Bedeutung ist jedoch die umstrittene Frage nach der rechtlichen Verbindlichkeit dieser Maßnahmen.[1516] Während die Rechtsverbindlichkeit von Rahmenbeschlüssen ausdrücklich angeordnet ist, fehlt eine solche Bestimmung in Bezug auf die gemeinsamen Standpunkte. Daher spricht *e contrario* Art. 34 Abs. 2 S. 2 lit. b und c EU einiges für den unverbindlichen Charakter. Bemerkenswert ist zudem die Parallele zur Regelung der gleichnamigen Handlungsform der GASP, deren Rechtsverbindlichkeit ebenfalls aufgrund des Fehlens einer expliziten Anordnung in Art. 15 S. 2 EU umstritten ist. Dagegen kann nicht ohne weiteres angenommen werden, dass die Nichterwähnung als tauglicher Gegenstand der Nichtigkeitsklage nach Art. 35 Abs. 6 EU zwin-

---

[1511] *Di Fabio*, DÖV 1997, S. 89 (98).

[1512] Vgl. *Harings*, EuR Beiheft 2/1998, S. 81 (88 f.); *Pechstein/Koenig*, Rn. 245.

[1513] *Böse*, in: *Schwarze*, EU-Komm., Art. 35 EU Rn. 8 m.w.N.; *Classen*, EuR Beiheft 1/1999, S. 73 (83); *Dörr/Mager*, AöR 2000, S. 386 (416 f.).

[1514] S.o.: Kap. II D II 2 und F II.

[1515] *Böse* in: Schwarze, EU-Komm., Art. 34 EU Rn. 4.

[1516] Ablehnend: *Böse* in: Schwarze, EU-Komm., Art. 34 EU Rn. 5; *Müller-Graff*, CMLR 31 (1994), S. 493 (509); *O'Keeffee*, CMLR 1995, S. (893) 913 f.; *Streinz*, in: Hummer (Hrsg.), Die Europäische Union und Österreich (1994), S. 29 (40 f.). Die Rechtsverbindlichkeit bejahend dagegen: *Pechstein/Koenig*, Rn. 233 ff.

gend auf die Unverbindlichkeit der gemeinsamen Standpunkte hindeutet.[1517] Der Schluss von der Nichtjustiziablität auf die mangelnde Bindungswirkung ordnete die Handlungsformenlehre den Rechtsschutzgesichtspunkten unter. In diesem Fall dürfte eher die außenpolitische Brisanz als die vermutliche Unverbindlichkeit einen Jurisdiktionsausschluss diktiert haben.

Eine beschränkte Bindungswirkung der gemeinsamen Standpunkte lässt sich aus Art. 37 S. 1 EU ableiten. Danach sind die Mitgliedstaaten verpflichtet, die gemeinsamen Standpunkte in internationalen Organisationen und auf internationalen Konferenzen zu vertreten. Auch dem Wortlaut des Art. 34 Abs. 2 S. 2 lit. a EU, wonach durch die gemeinsamen Standpunkte „das Vorgehen der Union in einer gegebenen Frage bestimmt wird", lässt sich eine rechtliche Bindungswirkung entnehmen.[1518] Zudem können die Veröffentlichung im Amtsblatt L (Legislatio) sowie die vorgesehene Mehrheitsabstimmung als Indizien für den Rechtsbindungswillen sprechen. Die gemeinsamen Standpunkte sind also für die Unionsstaaten verbindlich.[1519] Dagegen ist eine unmittelbare Wirkung gegenüber Privaten grundsätzlich ausgeschlossen.

b) Rahmenbeschlüsse

Die durch den Amsterdamer Vertrag eingeführten Rahmenbeschlüsse (Art. 34 Abs. 2 S. 2 lit. b EU) traten an die Stelle der früheren Gemeinsamen Maßnahmen (Art. K 3 Abs. 2 lit. b EU).[1520] Sie dienen der Angleichung der mitgliedstaatlichen Rechts- und Verwaltungsvorschriften, insbesondere auf dem Gebiet des Strafrechts und der Strafverfolgung. Die explizite Verpflichtungskraft gegenüber den Mitgliedstaaten erstreckt sich indes nur auf die Zielvorgaben. Die Mitgliedstaaten sind frei in der Wahl der Mittel und Form zu ihrer Umsetzung.[1521] Strukturell und funktionell ähnelt der Rahmenbeschluss der EG-Richtlinie.[1522] Ein wichtiger Unterschied betrifft den Wirkungsmodus.[1523] Während die Richtlinie eine unmittelbare Wirkung entfalten kann, ist einer solchen richterlichen Rechtsfortbildung i.R.d. Unionsvertrages durch Art. 34 Abs. 2 S. 2 lit. b S. 3 EU von vornherein die Grundlage entzogen.[1524] Daher wurde bislang überwiegend angenommen, dass weder die nationalen Behörden und Gerichte die Rahmenbeschlüsse als solche anwenden müssen, noch die Individuen sich auf sie berufen

---

[1517] *Böse* in: Schwarze, EU-Komm., Art. 34 Rn. 5; *Monar*, ELR 1998, S. 320 (327); a.A.: *Pechstein/Koenig*, Rn. 233.

[1518] Die übrigen Sprachfassungen ähneln der Deutschen, sodass der einheitliche Sinn ohne Schwierigkeiten ermittelt werden kann. Ebenso: *Pechstein/Koenig*, Rn. 233; *Trüe*, ZEuS 2000, S. 127 (156 f.).

[1519] *Brechmann* in: Calliess/Ruffert, EUV/EGV, 2. Aufl. (2002), Art. 34 Rn. 6; *Pechstein/Koenig*, Rn. 236; *Thun-Hohenstein*, Der Vertrag von Amsterdam (1997), S. 43 f.

[1520] *Röben* in: Grabitz/Hilf, EUV/EGV, Art. 34 EU Rn. 10.

[1521] *Hilf/Pache*, NJW 1998, S. 705 (707); *Lepoivre*, CDE 1995, S. 323 (335). Vgl. EuGH, Rs. C-105/03 (Strafverfahren gegen Pupino), Slg. 2005, S. I-5285 Rn. 34 („zwingender Charakter" von Rahmenbeschlüssen).

[1522] *Müller-Graff*, in: Hummer, Die Europäische Union nach dem Vertrag von Amsterdam (1998), S. 259 (272); EuGH, Rs. C-105/03 (Strafverfahren gegen Maria Pupino), Slg. 2005, S. I-5285 – dazu: Kap. IV A II 2 b).

[1523] Vgl. GA *Colomer*, Schlussanträge in der Rs. C-176/03 (Kommission/Rat), Slg. 2005, S. I-7879 Nr. 15.

[1524] Dazu: *Müller-Graff*, Integration 1997, S. 271 (279); *Streinz*, EuZW 1998, S. 137 (142).

können.[1525] Der EuGH trat dem in einer jüngsten Entscheidung ausdrücklich entgegen. Dort statuierte er die Pflicht mitgliedstaatlicher Gerichte zur „rahmenbeschlusskonformen Auslegung" des nationalen Rechts und sprach dem Einzelnen das Recht zu, sich auf die Rahmenbeschlüsse zu berufen.[1526] Diese Rechtsprechung goss Öl ins Feuer der bereits seit dem Amsterdamer Vertrag geführten Diskussion um die innerstaatliche Wirkung von Rahmenbeschlüssen. Die im Schrifttum vertretenen Auffassungen reichen von der Annahme einer rein völkerrechtlichen Qualität und einer notwendigen Transformation ins innerstaatliche Recht[1527], über objektive Rahmenbeschlusswirkung[1528] bis hin zur Bejahung einer unmittelbaren Bindung nationaler Stellen an die Rahmenbeschlüsse unter Ablehnung eines Transformationsbedarfs[1529].

Bereits frühzeitig wurde im Schrifttum mit Blick auf die Erweiterung der Aufgabenfelder der EU sowie die funktionelle und strukturelle Verwandtschaft mit den EG-Richtlinien eine richtlinienähnliche, unmittelbare Bindung der Gerichte und Behörden an die Rahmenbeschlüsse bejaht.[1530] Dieser Auffassung zufolge erlangen Rahmenbeschlüsse in den Mitgliedstaaten Geltung, ohne dass es der sonst für völkerrechtliche Verträge erforderlichen Transformation in innerstaatliches Recht bedürfe. Dadurch unterscheiden sich die Rahmenbeschlüsse von den herkömmlichen, völkerrechtlichen Mitteln der Zusammenarbeit. Eine Umsetzung als solche bleibt dagegen weiterhin notwendig, da der Rahmenbeschluss den zuständigen Organen des Mitgliedstaates die Wahl der Form und Mittel für die Erreichung der vorgeschriebenen Ziele überlässt.

Trotz einer gewissen Parallele zu EG-Richtlinien besteht aber ein wichtiger Unterschied: der Ausschluss der unmittelbaren Wirksamkeit von Rahmenbeschlüssen. Art. 34 Abs. 2 S. 2 lit. b S. 2 EU steht somit einer Übertragung der Rechtsprechung zur unmittelbaren Wirkung nicht oder nicht ordnungsgemäß umgesetzter Richtlinien[1531] auf analoge Situationen bei den Rahmenbeschlüssen entgegen.[1532] Dadurch soll sichergestellt werden, dass die Mitgliedstaaten einem vergleichbaren „Umsetzungsdruck" wie bei den Richtlinien nicht ausgesetzt werden. Dafür spricht auch die fehlen-

---

[1525] *Friedrichs*, S. 210; a.A.: *Masing*, NJW 2006, S. 264 (266 f.).

[1526] EuGH, Rs. C-105/03 (Strafverfahren gegen Maria Pupino), Slg. 2005, S. I-5285 Rn. 38.

[1527] So insb.: *Pechstein/Koenig*, Rn. 243 ff.

[1528] Vgl. etwa: *Röben*, in: *Grabitz/Hilf*, EUV/EGV, Art. 34 EU Rn. 15. Als Unterfall einer objektiven Rechtswirkung erwähnt er die rahmenbeschlusskonforme Auslegung.

[1529] *Brechmann* in: Calliess/Ruffert, EUV/EGV, 2. Aufl. (2002), Art. 34 EU Rn. 7; *Röben* in: Grabitz/Hilf, EUV/EGV, Art. 34 EU Rn. 14; in diesem Sinne auch: *Wasmeier*, ZEuS 2006, S. 23 (27 ff.).

[1530] *Brechmann*, in: Calliess/Ruffert, EUV/EGV, 2. Aufl. (2002), Art. 34 EU Rn. 7; *Röben*, in: *Grabitz/Hilf*, EUV/EGV, Art. 34 EU Rn. 15 ff. – sog. objektive Wirkung (*invocabilité*), siehe dazu: *de Witte*, EuR Beiheft 1/1999, S. 91 (93). Unentschieden: *Müller-Graff* in: Hummer (Hrsg.), Die Europäische Union nach dem Vertrag von Amsterdam (1998), S. 259 ff. (272); *ders.* EuR Beiheft 2/1998, S. 67 (78). Dagegen: *Vedder*, EuR Beiheft 1/1999, S. 7 (23 f.). Einige Autoren prophezeiten die unvermeidbare Klärung der Fragen nach dem Anwendungsvorrang und der Pflicht zur unionsrechtskonformen Auslegung des nationalen Rechts, s. z.B.: *Usher*, in: Heukels/Blokker/Brus (Hrsg.), The European Union after Amsterdam – A Legal Analysis (1998), S. 253, 270; *de Witte*, EuR Beiheft 1/1999, S. 91 (96). S. auch: *Lenaerts*, FILJ 1998, S. 746 (773).

[1531] S. dazu: *Epiney*, DVBl. 1996, S. 409 ff.; *Hartisch*, S. 28 ff.

[1532] *Brechmann* in: Calliess/Ruffert, EGV/EUV, 2. Aufl. (2002), Art. 34 Rn. 7; *Meyring*, EuR 1999, S. 309 (317).

de Möglichkeit der Erzwingung einer ordnungsgemäßen Umsetzung durch die Kommission im Wege eines Vertragsverletzungsverfahrens.

c) Sonstige Beschlüsse und Durchführungsmaßnahmen

Beschlüsse i.S.d. Art. 34 Abs. 2 S. 2 lit. c EU sind – im Gegensatz zu Rahmenbeschlüssen – im vollen Umfang für die Mitgliedstaaten verbindlich.[1533] Die unmittelbare Wirkung wird bei beiden Handlungsformen explizit ausgeschlossen. Zum Teil wird kritisiert, dass die Formulierung des Art. 34 Abs. 2 S. 2 lit. c EU nicht klar zum Ausdruck bringt, welche Rechtswirkungen verbindlich eintreten sollen.[1534] Die Negativabgrenzung zu Rahmenbeschlüssen sei nur bedingt hilfreich, da das Spektrum der denkbaren Rechtswirkungen zu umfangreich sei. Andererseits ist zu berücksichtigen, dass gerade eine flexible Handlungsform für detaillierte und über „bloße" Rahmenvorgaben hinausgehende Regelungen geschaffen werden sollte.[1535] Der Beschluss kann ferner Rechtsgrundlage für weitere Durchführungsmaßnahmen darstellen (Art. 34 Abs. 2 S. 2 lit. c HS. 2 EU), die der Rat mit qualifizierter Mehrheit verabschiedet.

Die Diskussion über die objektive Wirkung, Konformauslegung und Vorrang dürfte auch sonstige PJZS-Beschlüsse betreffen. Noch interessanter erscheint die Behandlung der Durchführungsbeschlüsse, die mit qualifizierter Mehrheit verabschiedet werden können. Während die unmittelbare Wirksamkeit von Beschlüssen explizit ausgeschlossen ist, fehlt eine vergleichbare Anordnung in Bezug auf Durchführungsbeschlüsse. Daraus wäre *e contrario* die Möglichkeit einer Direktwirkung von Durchführungsbeschlüssen zu schlussfolgern. Man könnte hiergegen zwar einwenden, dass bereits die Verortung im EU-Vertrag als Bereich der intergouvernementalen Zusammenarbeit, einer unmittelbaren Wirkung entgegensteht. Das wäre aber ein Zirkelschluss. Der intergouvernementale Charakter ist erst zu beweisen und kann nicht bereits unterstellt werden. Zunehmend wird vertreten, dass die intergouvernementale Sichtweise den Integrationsfortschritt innerhalb der Union missachtet und lediglich eine *petitio principii* ist.[1536] Ob das Unionsrecht nur völkerrechtliche oder weitergehende Rechtswirkungen entfaltet ergibt sich aus seinem Inhalt.[1537] Von den Befürwortern der unmittelbaren Wirkung wird vorgebracht, dass sich der Einwand des fehlenden Rechtsschutzes erübrigt habe. Rahmenbeschlüsse, Beschlüsse und Durchführungsbeschlüsse seien nach Art. 35 Abs. 6 EU bzw. Art. 35 Abs. 2 EU der gerichtlichen Kontrolle unterworfen.[1538] Dabei wird freilich übersehen, dass Art. 35 Abs. 6 EU kein Klagerecht Privater vorsieht. Zudem handelt es sich lediglich um fakultative Verfahren.

d) Übereinkommen und Durchführungsmaßnahmen des Rates

Die Übereinkommen nach Art. 34 Abs. 2 lit. d EU werden zwischen den Mitgliedstaaten geschlossen und dienen der Anpassung der nationalen Rechtsordnungen. Sie sind

---

1533 *Pechstein/Koenig*, Rn. 245.
1534 So: *v. Bogdandy/Bast/Arndt*, ZaöRV 62 (2002), S. 76 (112).
1535 Z.B. Aufgaben der Eurojust – *Wasmeier* in: v.d. Groeben/Schwarze, EUV/EGV, Art. 34 Rn. 17.
1536 So: *Röben*, in: *Grabitz/Hilf*, EUV/EGV, Art. 34 EU Rn. 22; *Masing*, NJW 2006, S. 264 (266 f.).
1537 *Masing*, NJW 2006, S. 264 (266).
1538 *Röben*, in: *Grabitz/Hilf*, EUV/EGV, Art. 34 EU Rn. 23; *Masing*, NJW 2006, S. 264 (265).

ratifizierungsbedürftig und daher wie gewöhnliche völkerrechtliche Verträge zu behandeln.[1539] In Bezug auf die Durchführungsmaßnahmen zu den Übereinkommen wird auf die Ausführungen zu den Durchführungsbeschlüssen verwiesen.

2. Bindung der nationalen Behörden und Gerichte

a) Wirkung des PJZS- Sekundärrechts im Lichte des Pupino-Urteils

In der Rs. *Pupino* übertrug der EuGH den Grundsatz der gemeinschaftsrechtskonformen Auslegung des nationalen Rechts auf die PJZS und statuierte die Pflicht zur *rahmenbeschluss*konformen Auslegung. Der Gerichtshof stützte sich auf die Parallele zur EG-Richtlinie.[1540] Dem lag folgender Sachverhalt zugrunde: In dem Strafverfahren gegen die Kindergärtnerin *Pupino* wegen des Vorwurfs des Missbrauchs der Schutzbefohlenen beantragte die Staatsanwaltschaft zum Zwecke des Schutzes der aussagenden Kinder ein der Hauptverhandlung vorausgehendes Beweissicherungsverfahren. Das italienische Gericht war der Auffassung, dass dem Antrag nach nationalem Recht nicht stattgegeben werden dürfe. Denn die Beweissicherung außerhalb der Hauptverhandlung konnte als absoluter Ausnahmefall nur unter den gesetzlich festgelegten Umständen durchgeführt werden, die im konkreten Fall nicht vorlagen. Allerdings wurde die Unionsrechtskonformität der nationalen, gesetzlichen Beschränkung bezweifelt, da die Anwendung des besonderen Beweissicherungsverfahrens in derartigen Fällen nach Art. 2, 3 und 8 des Rahmenbeschlusses 2001/220/JI[1541] vorgeschrieben war. Die Umsetzungsfrist war bereits abgelaufen. Das italienische Gericht legte dem EuGH die Frage vor, ob der Rahmenbeschluss dahingehend auszulegen ist, dass die Vernehmung der kindlichen Zeugen außerhalb der Hauptverhandlung stattfinden soll.

Der EuGH bejahte die Vorlagefrage. Aus dem Wortlaut des Art. 34 Abs. 2 lit. b EU, der der Richtliniendefinition des Art. 249 Abs. 3 EG ähnelt, und aus der Verbindlichkeit von Rahmenbeschlüssen schloss der Gerichtshof auf deren „zwingenden Charakter". Daraus leitete er die Verpflichtung der nationalen Behörden und Gerichte zu einer „gemeinschaftskonformen Auslegung"[1542] des nationalen Rechts im Einklang mit dem Rahmenbeschluss ab. Den Einwand, dass der EU-Vertrag keine dem Art. 10 EG vergleichbare Verpflichtung zur Gewährleistung der praktischen Wirksamkeit des Unionsrechts enthalte, wies der Gerichtshof zurück. Eine solche Loyalitätspflicht sei in Art. 1 Abs. 2 und 3 EU verankert. Würde dieser Grundsatz nicht i.R.d. der PJZS gelten, könnte die Union ihre Aufgabe der kohärenten und solidarischen Gestaltung der Beziehungen zwischen den Mitgliedstaaten und ihren Völkern kaum erfüllen.[1543] Der EuGH sah im Unionsvertrag eine *„neue Stufe bei der Verwirklichung einer immer engeren Union der Völker Europas"*.[1544] Vor diesem Hintergrund seien gemeinschafts-

---

[1539] *v. Bogdandy/Bast/Arndt*, ZaöRV 62 (2002), S. 77 (110).

[1540] EuGH, Rs. C-105/03 (Strafverfahren gegen Maria Pupino), Slg. 2005, S. I-5285 Rn. 34 ff.

[1541] ABl. EG 2001 Nr. L 82, S. 1.

[1542] Auf den ersten Blick erscheint es irreführend, dass der EuGH von einer *„gemeinschafts*konformen Auslegung" des nationalen Rechts sprach. Der EuGH übertrug damit ein gemeinschaftsrechtliches Prinzip auf das Unionsrecht. Vgl. *Ostrihansky*, Rzeczpospolita vom 10.11.2003, Nr. 262.

[1543] EuGH, Rs. C-105/03 (Strafverfahren gegen Maria Pupino), Slg. 2005, S. I-5285 Rn. 42; ebenso GA *Kokott*, Schlussanträge in ders. Rs., Nr. 26.

[1544] EuGH, Rs. C-105/03 (Strafverfahren gegen Maria Pupino), Slg. 2005, S. I-5285 Rn. 41.

rechtliche Grundsätze (z.B. die richtlinienkonforme Auslegung) auf das Unionsrecht „***unabhängig von** dem durch den Vertrag von Amsterdam **angestrebten Integrationsgrad** bei der Verwirklichung einer immer engeren Union*" übertragbar.[1545] Dabei wurde darauf hingewiesen, dass die Urheber des EU-Vertrages „*Rechtsinstrumente mit* ***analogen Wirkungen wie im EG-Vertrag***" in die PJZS eingeführt hatten, um eine wirksame Erreichung der Unionsziele zu gewährleisten.[1546] Die Pflicht zur Konformauslegung ende, wenn das nationale Recht *contra legem* ausgelegt werden müsste, was freilich der nationale Richter selbst zu beurteilen habe.[1547]

Die Ausführungen des EuGH deuten tendenziell auf die Abschaffung der Unterschiede zwischen dem Gemeinschafts- und Unionsrecht.[1548] Jedenfalls wurden weder die vergleichsweise begrenzte Zuständigkeit des Gerichtshofs im Unionsvertrag noch das Fehlen eines vollständigen, kohärenten Rechtsschutzsystems in der III. Säule als Hindernisse für die Übertragung der Pflicht zur gemeinschaftskonformen Auslegung auf Unionsrechtsakte betrachtet.[1549] Der EuGH berief sich auf die Bedeutung seiner Zuständigkeit nach Art. 35 EU. Dabei wurde übersehen, dass das Vorlageverfahren nach Art. 35 EU für die Mitgliedstaaten lediglich fakultativ ist und somit allenfalls der Eigenkontrolle der Einhaltung der völkerrechtlichen Verpflichtungen dient.[1550] Mit der Berufung auf die praktische Wirksamkeit seiner Zuständigkeit nach Art. 35 EU bejahte der EuGH das Recht des Einzelnen, sich vor mitgliedstaatlichen Gerichten und Behörden zur Beanstandung des nationalen Rechts auf Rahmenbeschlüsse zu berufen. Die Pflicht zur rahmenbeschlusskonformen Auslegung wurde dabei *unmittelbar aus dem Unionsrecht* abgeleitet.[1551] Dies läuft aber auf eine unmittelbare Wirkung von Rahmenbeschlüssen „durch die Hintertür" hinaus.[1552] Der EuGH erwähnte jedoch nicht, dass eine solche Wirkung gem. Art. 34 Abs. 2 S. 2 lit. b S. 3 EU ausgeschlossen ist.

Jedenfalls bei Strafbarkeitsbegründung oder -verschärfung ist die Berufung auf die Bestimmungen eines Rahmenbeschlusses verwehrt.[1553] Im Fall *Pupino* griff diese Ein-

---

[1545] EuGH, Rs. C-105/03 (Strafverfahren gegen Maria Pupino), Slg. 2005, S. I-5285 Rn. 36.

[1546] Vgl. EuGH, Rs. C-105/03 (Strafverfahren gegen Maria Pupino), Slg. 2005, S. I-5285 Rn. 36 [Hervorhebungen der Verfasserin].

[1547] EuGH, Rs. C-105/03 (Strafverfahren gegen Maria Pupino), Slg. 2005, S. I-5285 Rn. 47 f.; Schlussanträge der GA *Kokott* in ders. Rs., Nr. 40.

[1548] Vgl. *Herrmann*, EuZW 2005, S. 436 (437), der eine Nivellierung der Unterschiede zwischen EG- und EU-Recht prognostiziert. Ähnlich: *v.Unger*, NVwZ 2006, S. 46 (48); a.A.: *Fetzer/Groß*, EuZW 2005, 550 f.

[1549] S. dazu: EuGH, Rs. C-105/03 (Strafverfahren gegen Maria Pupino), Slg. 2005, S. I-5285 Rn. 35.

[1550] *Hillgruber*, JZ 2005, S. 841 (843). Dadurch unterscheidet sich das Vorabentscheidungsverfahren nach Art. 35 EU von der Vorlage gem. Art. 234 EG, die der Sicherung der einheitlichen Anwendung und des Vorrangs des Gemeinschaftsrechts dient.

[1551] Ebenso: *Baddenhausen/Pietsch*, DVBl. 2005, S. 1562 (1565). Darin liegt wohl der Unterschied zur völkerrechtskonformen Auslegung, die ihre Grundlage im *nationalen* Recht selbst findet – vgl. *Harings*, EuR Beiheft 2/1998, S. 81 (88 f.).

[1552] *Adam*, EuZW 2005, S. 558 (561); i.E. auch: *Hillgruber*, JZ 2005, S. 841 (842), der dies als eine Art „verordnungsgleicher, unmittelbarer Durchgriffswirkungen" betrachtet. Dagegen: *Egger*, EuZW 2005, S. 652 (653).

[1553] EuGH, Rs. C-105/03 (Strafverfahren gegen Maria Pupino), Slg. 2005, S. I-5285 Rn. 45. Der EuGH verweist hierbei auf seine Rspr. zu den Richtlinien, vgl. verb. Rs. C-74/95 u. C-129/95 (X), Slg. 1996, S. I-6609 Rn. 24; verb. Rs. C-387/02, C-391/02 u. C-403/02 (Berlusconi u.a.), Slg. 2005, S. I-3565 Rn. 74.

schränkung indes nicht ein, weil die vorlagegegenständlichen Bestimmungen lediglich den Verfahrensablauf und die Beweiserhebung betrafen.[1554] Die rahmenbeschlusskonforme Auslegung musste jedoch dazu führen, dass das Interesse der Angeklagten an der effektiven Wahrnehmung seiner Verteidigungsrechte (das Recht auf Zeugenbefragung) vollständig hinter die Schutzinteressen der kindlichen Zeugen zurücktrat. Die Verpflichtung des nationalen Gerichts zur Beachtung des Rahmenbeschlusses wirkte sich in der Konsequenz unmittelbar nachteilig auf die Angeklagte aus, weil ihr die durch die innerstaatliche Prozessordnung zustehende Verfahrensgarantie beschnitten wurde. Legt man die bei Richtlinien entwickelten Kriterien zur Abgrenzung zwischen der richtlinienkonformen Auslegung und der umgekehrt vertikalen Direktwirkung[1555] zugrunde, so verdichtet sich der Verdacht der Zulassung einer Durchgriffswirkung von Rahmenbeschlüssen.

Unabhängig von den Bedenken, die bereits gegen die Behandlung von dreipoligen Verhältnissen bei den Richtlinien bestehen, darf vorliegend nicht verkannt werden, dass eine Pflicht zur rahmenbeschlusskonformen Auslegung des nationalen Rechts bereits dem erklärten Zweck des Art. 34 Abs. 2 S. 2 lit. b S. 3 EU zuwiderläuft. Dadurch sollte nicht nur die Übertragung der Rechtsprechung zur unmittelbaren Richtlinienwirkung vorgebeugt werden, sondern insgesamt der intergouvernementale Charakter des PJZS- Sekundärrechts gewahrt bleiben.[1556] Die richtlinienkonforme Auslegung des nationalen Rechts dient im Grunde demselben Zweck wie das Institut der unmittelbaren Richtlinienwirkung,[1557] der effektiven Durchsetzung des Gemeinschaftsrechts *in* den Mitgliedstaaten. Sie ist also direkter Ausfluss der Supranationalität des EG-Rechts. Das Unionsrecht soll indes lediglich *für* die Mitgliedstaaten verbindlich sein. Die fehlerhafte Umsetzung darf ebenso wenig wie verbleibende Auslegungs- und Anwendungsspielräume durch das Unionsrecht selbst ausgefüllt werden. Das Gegenargument der Vermengung der unmittelbaren Wirkung mit der richtlinien- bzw. gemeinschaftsrechtskonformen Auslegung[1558] greift bei der Folgenbetrachtung nicht, weil es nur die Anwendungsvoraussetzungen beider Rechtsinstitute betrifft.[1559] Ob das Ziel durch unmittelbare Anwendung des Rahmenbeschlusses oder durch entsprechende Auslegung der innerstaatlichen Vorschriften erreicht wird, ist im Ergebnis unerheblich. In beiden Fällen werden die unionsrechtlichen Vorgaben direkt, ohne mitgliedstaatliche Umsetzung durchgesetzt. Der eigenständige „Integrationsfortschritt“ des EuGH ist angesichts des Art. 34 Abs. 2 S. 2 lit. b S. 2 EU und des unklaren Individualrechtsschutzes gegen PJZS-Maßnahmen bedenklich.

[1554] EuGH, Rs. C-105/03 (Strafverfahren gegen Maria Pupino), Slg. 2005, S. I-5285 Rn. 46.
[1555] S. dazu teilw. oben: Kap. III F II 1 a) aa) (2), (3) und bb).
[1556] So: *Hillgruber*, JZ 2005, S. 841 (842); ähnlich bereits zuvor: *Streinz*, EuZW 1998, S. 137 (142); a.A. *Röben*, in: Grabitz/Hilf, EUV/EGV, Art. 34 EU Rn. 15, der Übertragung des Rechtsinstituts der richtlinienkonformen Auslegung auf Rahmenbeschlüsse nicht für ausgeschlossen hält.
[1557] U.U. dient sie als Substitut der fehlenden Direktwirkung – vgl. *Hillgruber*, JZ 2005, S. 841 (842).
[1558] So aber die Argumentation von *Fetzer/Groß*, EuZW 2005, 436 (551).
[1559] Nur hinreichend präzise und unbedingte Bestimmungen können unmittelbar wirken. Andernfalls bleibt die gemeinschaftskonforme Auslegung, die an bestehendes nationales Recht anknüpft. Die Auslegungsgrenze ist erreicht, wenn die nationalen Rechtsvorschriften im Widerspruch zu den Bestimmungen des umzusetzenden Rechtsaktes stehen. Vgl. dazu: *Schroeder* in: Streinz, EUV/EGV, Art. 249 EG Rn. 126; ähnlich: *Ruffert* in: Calliess/Ruffert, EUV/EGV, 2. Aufl. (2002), Art. 249 Rn. 114, 120 f.

b) Perspektiven der Weiterentwicklung

Das *Pupino*-Urteil enthält eine Neudefinition der Rechtsqualität des Unionsrechts und kann zur Nivellierung der Differenzen zum Gemeinschaftsrecht beitragen.[1560]

aa) Vergemeinschaftung des Unionsrechts ?

In der Literatur rief das *Pupino*-Urteil Kontroversen hervor und wurde zum Teil als „Vergemeinschaftung qua Richterrecht" und „ausbrechender Rechtsakt" i.S.d. *Maastricht*- Rechtsprechung des BVerfG[1561] angesehen.[1562] Denn streng genommen verträgt sich die Verpflichtung der nationalen Behörden und Gerichte zur rahmenbeschlusskonformen Auslegung kraft Bestimmungen des EU-Vertrages nur schwer mit seinem vermeintlich intergouvernementalen Charakter. Aus Art. 34 Abs. 2 S. 2 lit. b EU resultiert lediglich die Verpflichtung *der Mitgliedstaaten* zur Umsetzung der Rahmenbeschlüsse.[1563] Dagegen vermögen Völkerrechtsakte grundsätzlich keine Rechte bzw. Pflichten weder für die innerstaatlichen Behörden und Gerichte noch für private Rechtssubjekte zu begründen.

Eine Pflicht zur rahmenbeschlusskonformen Auslegung könnte aus dem nationalen Recht folgen, z.B. aus dem Gebot der völkerrechtsfreundlichen Auslegung.[1564] Ein anderes Ergebnis lässt sich auch nicht mithilfe des „Gebots der Unionstreue" erreichen, da dieses ebenso nur die Unionsstaaten völkerrechtlich verpflichtet[1565] und i.Ü. nicht mehr als eine Ausprägung des völkerrechtlichen Verbotes des *venire contra factum proprium* und der Vertragstreue darstellt.[1566] Dagegen werden hierdurch keine eigenständigen, neuen Pflichten begründet. Schließlich kann eine Pflicht zur rahmenbeschlusskonformen Auslegung des nationalen Rechts auch nicht lediglich als eine Konsequenz des Kohärenzgebotes des Art. 3 Abs. 1 EU betrachtet werden.[1567] Denn das Kohärenzgebot ist an die „Unionsorgane" adressiert. Die Mitgliedstaaten sind nur verpflichtet, im innerstaatlichen Bereich dafür Sorge zu tragen, dass die zuständigen Stellen die völkerrechtlichen Verpflichtungen des Staates beachten. Das wird wiederum kraft nationalen Rechts sichergestellt. Der EuGH leitete jedoch die Pflicht zur Konformauslegung unmittelbar aus dem Unionsrecht ab und begründete sie – ebenso wie die unmittelbare Geltung des Gemeinschaftsrechts[1568] – mit dem *effet utile*.

Diese Argumente sowie die Parallelisierung von Richtlinien und Rahmenbeschlüssen wären beim Verständnis der rahmenbeschlusskonformen Auslegung als „bloß" völkerrechtskonforme Interpretation nicht nur entbehrlich, sondern gar irreführend

[1560] Zur unterschiedlichen Wirkung von Gemeinschafts- und Unionsrecht: *Streinz*, EuZW 1998, S. 137 (142); a.A.: *v.Bogdandy*, EuR Beiheft 2/1998, S. 165 ff.

[1561] BVerfGE 89, 155 (188).

[1562] So z.B.: *Hillgruber*, JZ 2005, S. 841 (844); *v. Unger*, NVwZ 2006, S. 46 ff.

[1563] Zutreffend: *v. Unger*, NVwZ 2006, S. 46. Nationale Gerichte können allenfalls (fakultativ) die Auslegung des innerstaatlichen Rechts dem Rahmenbeschluss anpassen. Sie sind zu einer solchen Interpretation aber unionsrechtlich nicht verpflichtet. Ähnlich: *Hillgruber*, JZ 2005, S. 841.

[1564] Siehe dazu: *Harings*, EuR Beiheft 2/1998, S. 81 (89).

[1565] I. E. ebenso: *Fetzer/Groß*, EuZW 2005, S. 550.

[1566] *Hillgruber*, JZ 2005, S. 841 (843); *Röben*, in: Grabitz/Hilf, EUV/EGV, Art. 34 EU Rn. 18.

[1567] Vgl. *Fetzer/Groß*, EuZW 2005, S. 550 (551).

[1568] Vgl. EuGH, Rs. 26/62 (Van Gend & Loos/Administratie der Belastingen), Slg. 1963, S. 1 (24 ff.).

gewesen.[1569] Auffällig ist dabei, dass die Argumentationslinie eine verblüffende Ähnlichkeit zur Begründung des Grundsatzurteils *Van Gend & Loos* aufweist. Der Gerichtshof wies auf die Vertragsziele hin unter gleichzeitiger Betonung, dass der EU-Vertrag mehr als ein zwischenstaatliches Abkommen sei und eine neue Integrationsstufe darstelle.[1570] Im *Van Gend & Loos*-Urteil begründete der EuGH die unmittelbare Geltung des Gemeinschaftsrechts mit seinem Charakter als „eine neue Rechtsordnung des Völkerrechts".[1571] Schließlich wurde auf die Funktion des Vorabentscheidungsverfahrens nach Art. 35 EU hingewiesen und argumentiert, *„diese Zuständigkeit würde ihrer praktischen Wirksamkeit im Wesentlichen beraubt, wenn die Einzelnen nicht berechtigt wären, sich auf Rahmenbeschlüsse zu berufen, um vor den Gerichten der Mitgliedstaaten eine gemeinschaftsrechtskonforme Auslegung des nationalen Rechts zu erreichen."*[1572] Vor diesem Hintergrund erscheint es jedenfalls nicht ausgeschlossen, dass die *Pupino*- Entscheidung eine weitere „Vergemeinschaftung" der dritten Säule prophezeit.[1573] Sie leitet jedenfalls eine Abkehr vom intergouvernementalen Charakter des Unionsrechts ein. Dadurch wird das Problem des Individualrechtsschutzes akut.

bb) Vorrang des Unionsrechts vor dem nationalen Recht?

Die Annäherung der Rahmenbeschlüsse an die supranationale EG-Richtlinie wirft die Frage nach dem Vorrang vor dem nationalen Recht auf, der bislang nur dem Gemeinschaftsrecht zugeschrieben wurde.[1574] In der Literatur wird zum Teil die Erforderlichkeit eines Vorrangs der Rahmenbeschlüsse gegenüber dem nationalen Recht mit dem besonderen Charakter als Gestaltungsinstrument einer kontinuierlichen, gemeinsamen Politik belegt.[1575] Die Einführung besonderer Handlungsformen anstelle völkerrechtlicher Verträge wird als Ausdruck eines entsprechenden Willens der Mitgliedstaaten gewertet. Sowohl Richtlinien als auch Rahmenbeschlüsse gehen über die herkömmliche, intergouvernementale Kooperationsform weit hinaus und erlauben somit flexible und permanente Politikführung, die unbedingte Verbindlichkeit und Verlässlichkeit, also auch den Vorrang des Unionsrechts gegenüber dem nationalen Recht erforderlich mache.[1576] Die rein völkerrechtliche Interpretation der Wirkungen von Rahmenbe-

[1569] Die Erörterung der Rechtsnatur von Rahmenbeschlüssen war für die Beantwortung der Vorlagefrage nicht erforderlich. (Vgl. Schlussanträge der GA *Kokott* in der Rs. C-105/03 (Strafverfahren gegen Maria Pupino), Slg. 2005, S. I-5285 Nr. 37). Die Pflicht zur Auslegung des innerstaatlichen Rechts in Übereinstimmung mit dem Rahmenbeschluss bestünde auch dann, wenn man die Rahmenbeschlüsse als (rein) völkerrechtliche Rechtsakte qualifizieren würde (völkerrechtskonforme Auslegung). Daher liegt es nahe, dass der EuGH die Vorlage nur als Anlass für die „Vergemeinschaftung" des Unionsrechts nutzte. Vgl. *Adam*, EuZW 2005, S. 558 (560); *Herrmann*, EuZW 2005, S. 436 (437).

[1570] EuGH, Rs. C-105/03 (Strafverfahren gegen Maria Pupino), Slg. 2005, S. I-5285 Rn. 41 f.

[1571] EuGH, Rs. 26/62 (Van Gend & Loos/Administratie der Belastingen), Slg. 1963, S. 1 (25).

[1572] EuGH, Rs. C-105/03 (Strafverfahren gegen Maria Pupino), Slg. 2005, S. I-5285 Rn. 38.

[1573] So: *Herrmann*, EuZW 2005, S. 433 ff.; *v.Unger*, NVwZ 2006, S. 46 f.; a.A.: *Fetzer/Groß*, EuZW 2005, 436 f.

[1574] *Streinz*, Rn. 473. Selbst in Bezug auf die richtlinienkonforme Auslegung wird der Vorrang der nur mittelbar wirkenden EG-Richtlinien z.T. abgelehnt. Vgl. etwa: *Di Fabio*, NJW 1990, S. 947 (949 ff.).

[1575] So: *Gas*, EuR 2006, S. 285 (293); *Masing*, NJW 2006, S. 264 (267); *Pernice*, in: WHI-Paper 03/05, S. 1 (24) – www.whi-berlin.de/pernice.htm [letzter Abruf am 10.11.2006]; *v.Unger*, NVwZ 2005, S. 1266 (1270 ff.). Abl.: *Klink/Proelß*, DÖV 2006, S. 469 (471 f.).

[1576] *Masing*, NJW 2006, S. 264 (265).

schlüssen hätte dagegen zur Folge, dass die Kollision mit späterem, nationalem Recht nach dem *lex posterior*- Grundsatz zu entscheiden wäre.

Obwohl das *Pupino*- Urteil die Vorrangfrage nicht *expressis verbis* behandelt, lässt es diese Option für die Zukunft zumindest offen. Die Argumentation beruht auf dem zwingenden Charakter der Rahmenbeschlüsse und dem *effet utile*.[1577] Die Pflicht, durch rahmenbeschlusskonforme Auslegung des gesamten nationalen Rechts das angestrebte Ergebnis zu erreichen bedeutet, dass nicht nur die Umsetzungsakte, sondern *alle* staatlichen Rechtsnormen im Lichte der unionsrechtlichen Vorgaben auszulegen sind.[1578] Kennzeichnend für die Einräumung eines Vorrangs ist zudem der Ausschluss der *lex posterior*- Regel, weil auch später erlassene, nationale Rechtsnormen der Pflicht zur Konformauslegung unterliegen. Die wichtigste Konsequenz dieser „Vergemeinschaftung" der PJZS-Rechtsakte betrifft aber den gerichtlichen Rechtsschutz. Die Anerkennung des Vorrangs der Rahmenbeschlüsse vor nationalem Recht hätte zur Folge, dass nicht nur sie selbst, sondern auch die nationalen Umsetzungsakte einer Kontrolle am Maßstab der nationalen Grundrechte entzogen wären.[1579] Die Rechtmäßigkeitskontrolle fiele – ähnlich wie beim EG-Sekundärrecht[1580] – ausschließlich in die Zuständigkeit des EuGH. Für die betroffenen Bürger entstünden Rechtsschutzlücken, zumal im Bereich des EU-Vertrages keine Individualnichtigkeitsklage vorgesehen ist. Auch die Inzidentkontrolle im Wege des Vorabentscheidungsverfahrens ist nur bedingt möglich. Der Zugang zum EuGH bleibt versperrt, wenn der Mitgliedstaat keine Unterwerfungserklärung i.S.d. Art. 35 Abs. 2 EU abgegeben hat.[1581] Trotz Bedenken[1582] gegen die Vereinbarkeit des Vorrangs des Unionsrechts vor nationalem Recht mit dem derzeitigen EU-Vertrag, wirft die dahingehende Tendenz der Rechtsprechung neue Rechtsschutzfragen auf.

cc) Durchgriffswirkung

Die Untersuchung der *Pupino*- Entscheidung warf die Frage nach den Auslegungsgrenzen auf. Obwohl von einer rahmenbeschlusskonformen Auslegung gesprochen wurde, ließ der EuGH möglicherweise eine Durchgriffswirkung zu.[1583] Das vorlegende Gericht äußerte im Vorabentscheidungsersuchen die Absicht, eine Bestimmung des Rahmenbeschlusses *anstelle* der einschlägigen nationalen Rechtsvorschriften anzuwenden. Der italienische Richter ging nämlich von einem Widerspruch zwischen den

---

[1577] Ähnlicher Ansatz bereits bei: EuGH, verb. Rs. C-187/01 u C-385/01 (Strafverfahren gegen Gözütok u. Brügge), Slg. 2003, S. I-1345 Rn. 35 ff., wo ausdrücklich vom Vorrang gesprochen wird.

[1578] Vgl. *v.Unger*, NVwZ 2006, S. 46 (48).

[1579] Jedenfalls soweit kein Umsetzungsspielraum besteht und die Normsetzung den unionsrechtlichen Vorgaben zwingend folgt – zu dieser Problematik siehe: Kap. IV D V 1.

[1580] Zur Exklusivität der Gültigkeitskontrolle EG-Sekundärrechts am Maßstab des höherrangigen Gemeinschaftsrechts: EuGH, Rs. 11/70 (Internationale Handelsgesellschaft mbH/Einfuhr- und Vorratsstelle für Getreide und Futtermittel), Slg. 1970, S. 1125 Rn. 3; zum Verwerfungsmonopol des Gerichtshofs hinsichtlich des EG-Sekundärrechts: EuGH, Rs. 314/85 (Foto-Frost/Hauptzollamt Lübeck-Ost) Slg. 1987, S. 4199 Rn. 15 ff.

[1581] Siehe dazu unten: Kap. IV D V 1 b).

[1582] Vgl. S. 286.

[1583] Vgl. auch Bemerkung des Vertreters der französischen Regierung in der mündlichen Verhandlung – zit. in: EuGH, Rs. C-105/03 (Strafverfahren gegen Maria Pupino), Slg. 2005, S. I-5285 Rn. 24.

beiden Regelungen bezüglich der Zulässigkeit eines besonderen Beweissicherungsverfahrens aus, der nur zugunsten *einer* der in Betracht kommenden Normen gelöst werden konnte. Vor diesem Hintergrund handelte es sich aber nicht um eine rahmenbeschlusskonforme Auslegung[1584], sondern um eine unmittelbare Anwendung unter Einräumung eines (Anwendungs-) Vorrangs vor dem entgegenstehenden, nationalen Recht. Die Auslegung erfordert, dass ein – sei es auch noch so geringer – auslegungsfähiger Rahmen gegeben ist, innerhalb dessen unterschiedliche Interpretationen möglich erscheinen, die jedoch nicht zur Verdrängung der nationalen Vorschrift führen dürfen.[1585] Die Verpflichtung zur Konformauslegung endet dort, wo sie zum Ergebnis führen würde, das im Wege der Auslegung der nationalen Rechtsvorschriften nicht erreichbar wäre, also außerhalb der Auslegungsgrenze liegt.[1586] Die Beurteilung, ob und inwieweit entsprechender Auslegungsraum vorhanden ist, obliegt indes den innerstaatlichen Gerichten.[1587]

Der italienische Ermittlungsrichter ging ersichtlich davon aus, dass das beantragte Beweissicherungsverfahren auf der Grundlage der nationalen Strafverfahrensvorschriften unzulässig sei, weil keiner der geregelten Ausnahmefälle vorliege. Die Generalanwältin *Kokott* sah hierin jedoch noch keinen zwingenden Grund, um die Annahmefähigkeit der Vorlage abzulehnen. Nach ihrer Auffassung, der sich der EuGH anschloss, sei es *nicht offensichtlich, dass eine rahmenbeschlusskonforme Auslegung unmöglich* wäre.[1588] Dabei verweist sie auf die von der italienischen Regierung vorgetragenen Rechtsgrundlagen, die das vorlegende Gericht wohl verkannt habe.[1589]

Letztlich wird dem vorlegenden Gericht unterstellt, dass es trotz der behaupteten „Verletzung" des Rahmenbeschlusses durch die nationalen Vorschriften von einer Möglichkeit einer Konformauslegung ausgehen müsse. Wenn die Beurteilung der Möglichkeit einer rahmenbeschlusskonformen Auslegung innerstaatlichen Rechts Sache des vorlegenden Gerichts ist, dann darf sich der EuGH jedoch nicht über diese Einschätzung hinwegsetzen. Die gegenteilige Auffassung der italienischen Regierung ändert nichts an der Tatsache, dass das innerstaatliche Gericht diese Meinung nicht teilt und – als unabhängiger Spruchkörper – auch nicht zu teilen braucht. Allein daraus, dass ein Vorabentscheidungsersuchen gestellt wurde, sogleich auf die Auslegungsfähigkeit der nationalen Vorschriften zu schließen, erscheint verfehlt.

[1584] So auch: *Hillgruber*, JZ 2005, S. 841 (843 f.).

[1585] Zur parallelen Problematik bei der richtlinienkonformen Auslegung: *Götz*, NJW 1992, S. 1849 (1854 f.).

[1586] EuGH, Rs. C-105/03 (Strafverfahren gegen Maria Pupino), Slg. 2005, S. I-5285 Rn. 47; Schlussanträge der GA *Kokott* in ders. Rs., Nr. 39; ebenso bereits: EuGH, Rs. 14/83 (Von Colson und Kamann), Slg. 1984, S. 1891 Rn. 25; EuGH, Rs. C-334/92 (Wagner Miret), Slg. 1993, S. I-6911 Rn. 20. Abw.: GA *Colomer*, Schlussanträge in den verb. Rs. C-397/01 bis C-403/01 (Pfeifer), Slg. 2004, S. I-8839 Nr. 24 ff. S. aber auch das Urteil in diesen verb. Rs., Slg. 2004 S. I-8835 Rn. 116.

[1587] Schlussanträge der GA *Kokott* in der Rs. C-105/03 (Strafverfahren gegen Maria Pupino), Slg. 2005, S. I-5285 Nr. 39. Ebenso: EuGH, Rs. C-60/02 (Strafverfahren gegen X), Slg. 2004, S. I-651 Rn. 58 ff.

[1588] Schlussanträge der GA *Kokott*, Rs. C-105/03 (Strafverfahren gegen Pupino), Slg. 2005, S. I-5285 Nr. 40.

[1589] Zit. nach: Schlussanträge der GA *Kokott* in der Rs. C-105/03 (Strafverfahren gegen Maria Pupino), Slg. 2005, S. I-5285 Nr. 40.

Es handelte sich also nicht um eine rahmenbeschlusskonforme Auslegung nationaler Vorschriften[1590], sondern die Behandlung einer Normkollision zwischen dem nationalen Recht und dem Unionssekundärrecht.[1591] Dies ist aber mit der Geltung des EU-Rechts nicht nur für, sondern in den Mitgliedstaaten verbunden.[1592] Die Konformauslegung kann die fehlende Umsetzung nicht substituieren. Möglich wäre sie, wenn beim Vorhandensein einer den Rahmenbeschluss ausfüllenden Verfahrensregelung die im nationalen Recht vorgesehenen, allgemeinen Beschränkungen der Beweissicherung außerhalb der Hauptverhandlung nicht berücksichtigt werden sollten. Dies wäre mit dem Anwendungsvorrang des umgesetzten Rahmenbeschlusses als *lex specialis* gegenüber dem sonstigen nationalen Recht begründbar.[1593]

c) Konsequenzen für das Rechtsschutzbedürfnis Einzelner

Der EuGH nahm die Vorlage in der Rs. *Pupino* zum Anlass für die Grundsatzbestimmung in Bezug auf die allgemeine Wirkungsweise des PJZS- Sekundärrechts. Dabei machte er klar, dass das Unionsrecht kein herkömmliches Völkerrecht sei und ebenfalls im gewissen Umfang auf die innerstaatliche Rechtsordnung durchgreifen kann.[1594] Eine Bindungswirkung gegenüber mitgliedstaatlichen Gerichten wurde im *Pupino*-Urteil explizit bejaht. Da die unmittelbare Wirksamkeit nur in Bezug auf Rahmenbeschlüsse und Beschlüsse nach lit. c gem. Art. 34 Abs. 2 lit. b S.2 bzw. lit. c S.2 EU ausgeschlossen ist, erscheint es nicht fern liegend, dass der Gerichtshof andere Handlungsformen der PJZS[1595] noch weiter „vergemeinschaftet", indem er ihnen auch unmittelbare Geltung und Vorrang vor nationalem Recht zuspricht.[1596] In der Literatur werden allgemein „weitere Konsequenzen" der *Pupino*- Entscheidung für die Wirkung

---

[1590] Diese erfordert eine entsprechende Auslegungs*fähigkeit* des nationalen Rechts – siehe: Schlussanträge der GA *Kokott* in der Rs. C-105/03 (Strafverfahren gegen Maria Pupino), Slg. 2005, S. I-5285 Nr. 16, 39.

[1591] In diesem Sinne das Vorbringen der französischen Regierung, zit. in: EuGH, Rs. C-105/03 (Strafverfahren gegen Maria Pupino), Slg. 2005, S. I-5285 Rn. 24; zustimmend: *Fetzer/Groß*, EuZW 2005, 436 (551).

[1592] Das italienische Gericht schien diesen Aspekt nicht berücksichtigt zu haben, wenn es der Ansicht war, eine gemeinschaftsrechtskonforme Auslegung sei auch bei mangelndem Interpretationsspielraum im innerstaatlichen Recht nicht ausgeschlossen und führe die Nichtanwendbarkeit entgegenstehender nationaler Vorschriften, vgl. Schlussanträge der GA *Kokott* in der Rs. C-105/03 (Strafverfahren gegen Maria Pupino), Slg. 2005, S. I-5285 Nr. 16. Das vorliegende Gericht verwechselte offenbar die gemeinschaftsrechtskonforme Auslegung mit der unmittelbaren Wirkung. So: *Adam*, EuZW 2005, S. 558 (561); *Hillgruber*, JZ 2005, S. 841 (842).

[1593] Vgl. zu EG-Richtlinien: *Götz*, NJW 1992, S. 1849 (1854 f.).

[1594] Ebenso: *Adam*, EuZW 2005, S. 558 (561); *Herrmann*, EuZW 2005, S. 437 (438).

[1595] Insb. Durchführungsbeschlüsse i.S.d. Art. 34 Abs. 2 lit. c S.2 HS.2 und lit. d UAbs. 2 S. 2 EU.

[1596] Hinweis auf diese Möglichkeit bereits bei: *Pechstein/Koenig*, Rn. 254. Freilich wurde die unmittelbare Geltung und Anerkennung des Vorrangs von PJZS- Durchführungsmaßnahmen gegenüber nationalem Recht unter dem Vorbehalt der Einführung eines effektiven Rechtsschutzes zugelassen. Weitergehend: *Schroeder*, in: v. Bogdandy (Hrsg.), Europäisches Verfassungsrecht (2003), S. 373 (411), der die Übertragung gemeinschaftsrechtlicher Strukturprinzipien (Vorrang vor nationalem Recht, unmittelbare Geltung) für grundsätzlich zulässig hält, soweit dies nicht zum „offenen Konflikt" mit den Bestimmungen des EUV führt.

anderer Rechtsakte nicht ausgeschlossen.[1597] Problematisch ist, dass dieser Integrationsfortschritt nicht von einer parallelen Erweiterung der Rechtsschutzmöglichkeiten begleitet wird. Der Gerichtshof schenkte diesem Problem keine Aufmerksamkeit. Die Generalanwältin verwies lediglich auf den Rechtsschutz gegenüber den konform auszulegenden innerstaatlichen Bestimmungen.[1598] Diese Sichtweise verkennt jedoch, dass die Betroffenheit des Einzelnen nicht auf dem nationalen Recht, sondern allein auf der Rahmenbeschlussbestimmung beruht. Dieser muss einer wirksamen (direkten bzw. indirekten) Gültigkeitskontrolle zugänglich sein. Eine generelle Verneinung von Rechtsschutzlücken[1599] überzeugt nicht.

3. Bindungswirkung gegenüber der Gemeinschaft

Gegenüber der EG entfalten die PJZS-Rechtsakte keine direkte Bindungswirkung, da eine entsprechende Klausel im EG-Vertrag fehlt. Eine Vertragsänderung wäre aber mit Blick auf die Unberührtheitsgarantie des Gemeinschaftsrechts (Art. 47 EU) erforderlich. Etwas anderes gilt freilich, wenn eine Vertragsänderung nicht nur *expressis verbis*, sondern auch implizit möglich ist.[1600] Dadurch könnte das Kohärenzgebot als wechselseitige Rücksichtnahmeverpflichtung zwischen der EU und der EG[1601] Einzug ins Gemeinschaftsrecht gefunden haben. In der Konsequenz könnten die PJZS-Maßnahmen die EG im bestimmten, durch das Kohärenzerfordernis markierten Umfang binden, wenn ein Umsetzungsakt auf der EG-Ebene erforderlich ist. Eine derartige Situation ist vor allem im grundrechtssensiblen Bereich der Freizügigkeit, wo sich die Zuständigkeiten der EG mit denen der PJZS kreuzen[1602], durchaus denkbar. Die Frage nach einer Bindung der EG durch das Kohärenzgebot ist primär für den Rechtsschutz gegen EG-Durchführungsakte relevant und wird daher gesondert erörtert[1603].

III. Regelungsdichte und Umsetzungsspielraum

1. Unmittelbare Betroffenheit Einzelner durch PJZS-Rechtsakte?

Unionssekundärrechtsakte könnten den Inhalt der nationalen Durchführungsakte u.U. vollständig bestimmen, sodass die eigentliche Belastung des Einzelnen materiell bereits durch den Grundakt selbst erfolgt. Die Systemkonformität des Ausschlusses von

---

[1597] Insb. in Bezug auf die durch die aktuellen Antiterrormaßnahmen immer wichtiger werdenden „Dritten", aber auch i.R.d. GASP, z.B. Gemeinsame Standpunkte i.S.d. Art. 14, 15 EU – vgl. *Adam*, EuZW 2005, S. 558 (561); *Herrmann*, EuZW 2005, 436 (438).

[1598] Schlussanträge der GA *Kokott*, Rs. C-105/03 (Strafverfahren gegen Pupino), Slg. 2005, S. I-5285 Nr. 35.

[1599] Die britische und die italienische Regierung waren der Ansicht, dass die rahmenbeschlusskonforme Auslegung zu Rechtsschutzlücken führt, da dem Einzelnen keine Direktklage gegen den Rahmenbeschluss offen steht.

[1600] Bejahend: *Booß* in: Lenz/Borchardt, EUV/EGV, Art. 47 Rn. 3; *Pechstein*, EuR 1999, S. 1 (3 f.); *ders./Koenig*, Rn. 107 ff.; *Semrau*, S. 22 ff.; a.A.: *Cremer* in: *Calliess/Ruffert*, EUV/EGV, Art. 47 EU Rn. 3; *Herrnfeld* in: *Schwarze*, EU-Komm., Art. 46 EU Rn. 5, 21 und Art. 47 EU Rn. 7 f.; *Schütz/Sauerbier*, JuS 2002, S. 658 (660).

[1601] Ausführlich dazu: *Pechstein/Koenig*, Rn. 107 ff.; *Siems*, S. 27, 35 ff.

[1602] Vgl. *Pechstein*, EuR 1995, S. 247 (255); *ders.* EuR 1999, S. 1 (4 ff.); *ders./Koenig*, Rn. 236; *Trüe*, ZEuS 2000, S. 127 (157); a.A.: *Wessel*, EFAR 1997, S. 109 (122 f.).

[1603] S. unten: Kap. IV D IV 2.

Individualklagen[1604] könnte gerade in solchen Konstellationen zweifelhaft erscheinen, in denen eine unmittelbare Betroffenheit des Einzelnen im materiellen Sinne[1605] anzunehmen wäre; wenn also trotz Umsetzungsbedürftigkeit entweder dem nationalen Gesetzgeber keinerlei Umsetzungsspielraum eingeräumt wird oder ein Ermessensspielraum zwar vorhanden ist, dieser aber aus bestimmten Gründen nicht genutzt wird.

Die erste Fallgruppe betrifft diejenigen Unionssekundärrechtsakte, die derart detaillierte Vorgaben enthalten, dass für die mitgliedstaatlichen Umsetzungsorgane kein substantieller Gestaltungsspielraum verbleibt. Im Hinblick auf die Rahmenbeschlüsse i.S.d. Art. 34 Abs. 2 S. 2 lit. b EU könnte zwar argumentiert werden, dass derartige Detailregelungen für ihre Adressaten – die Mitgliedstaaten nicht vollumfänglich, sondern nur hinsichtlich des zu erreichenden Ziels verbindlich sind. Dass dies Detailregelungen nicht entgegensteht, zeigt aber die – durch den Gerichtshof nicht beanstandete[1606] – Rechtssetzungspraxis im Bereich der Richtlinien. Den Rahmenbeschlüssen wird ebenso wie den Richtlinien zwingender Charakter beigemessen.[1607] Die Bundesregierung vertrat im Verfahren der Verfassungsbeschwerde gegen den Europäischen Haftbefehl den Standpunkt, dass Rahmenbeschlüsse von den Mitgliedstaaten *unabhängig* von der innerstaatlichen Rechtsordnung, sogar unabhängig von der nationalen Verfassung, *ohne Abstriche* umzusetzen seien. Die Grundrechte des deutschen Grundgesetzes seien grundsätzlich nur soweit anwendbar, als das Unionsrecht den Mitgliedstaaten Gestaltungsspielräume belasse.[1608] Im Übrigen trifft das obige Argument ohnehin nicht auf Beschlüsse i.S.d. Art. 34 Abs. 2 S. 2 lit. c EU zu, die auch Einzelheiten verbindlich festgelegen können. Ihre Bindungswirkung ist nicht nur auf das zu erreichende Ziel beschränkt.[1609]

Wenn für die Mitgliedstaaten beim Erlass von nationalen Umsetzungsmaßnahmen kein Gestaltungsspielraum besteht, können Rechtsschutzlücken entstehen. Gemeint sind Situationen, wenn Bestimmungen des EU-Sekundärrechts bereits unabhängig von ihrer Umsetzung tatsächliche, den Einzelnen beeinträchtigende Wirkungen zeitigen, die durch die Anfechtung von nationalen Umsetzungsakten nicht mehr bekämpft werden können. Mit Blick auf die Antiterrormaßnahmen[1610] lässt sich eine solche Entwicklung im Unionssekundärrecht jedenfalls nicht ausschließen. Auf diesem Feld lässt sich seit einiger Zeit eine neue Art von Sanktionsgesetzgebung feststellen, die auf verstärkte Effektivität im Kampf gegen den internationalen Terrorismus abzielt, aber aus Rechtsschutzgesichtspunkten nicht unbedenklich ist.[1611]

Eine weitere Fallgruppe der materiellen Unmittelbarkeit betrifft die Fälle der sog. 1:1-Umsetzung. Der dazwischen geschaltete, nationale Umsetzungsakt stellt in diesem Fall nur eine „Wiederholung" des zugrunde liegenden Unionsrechtsaktes dar, aus dem

---

[1604] *Arg. e contrario ex* Art. 46 lit. b i.V.m. Art. 35 Abs. 6 EU.

[1605] S. dazu oben: Kap. II D II.

[1606] Vgl. EuGH, Rs. 38/77 (Enka BV/Inspecteur der invoerrechten en accijnzen), Slg. 1977, S. 2203 (2212) Rn. 11/12 f.; EuGH, Rs. 148/78 (Strafverfahren gegen Ratti), Slg. 1979, S. 1629 (1642 f.) Rn. 18 ff.; EuGH, Rs. 278/85 (Kommission/Dänemark), Slg. 1987, S. 4069 (4087) Rn. 21 ff.

[1607] EuGH, Rs. C-105/03 (Strafverfahren gegen Maria Pupino), Slg. 2005, S. I-5285 Rn. 36.

[1608] S. BVerfGE 113, 273 (284 f.).

[1609] *Meyring*, EuR 1999, S. 309 (318).

[1610] Siehe dazu unten: Kap. IV A III 2.

[1611] Näher dazu im: Kap. IV B II 3.

bereits die eigentliche materielle Beschwer des Einzelnen resultiert. Das ist anzunehmen, wenn der nationale Gesetzgeber von seiner strikten Bindung an die Vorgaben des Unionssekundärrechtsaktes ausgeht und infolgedessen etwaige Umsetzungsspielräume – vor allem zur Wahrung der Verfassungsprinzipien oder Grundrechte – verkennt.

2. Beispiele

Nachfolgend wird anhand einiger Beispiele untersucht, ob ein Rechtsschutzbedürfnis Einzelner gegenüber dem PJZS-Sekundärrecht besteht. Dazu wird auf den Inhalt und den Umsetzungsspielraum eingegangen. So regelt der Beschluss 2003/48/JI[1612] u.a das Sammeln und den Austausch von Daten über bestimmte Personen. Eine spezialisierte mitgliedstaatliche Polizeistelle soll umfassende Informationen über die im Anhang des Gemeinsamen Standpunkts 2001/931/GASP[1613] namentlich aufgeführten Personen und Vereinigungen erfassen. Die Informationen betreffen strafrechtliche Ermittlungen im Zusammenhang mit terroristischen Straftaten. Sie werden an EUROPOL weitergeleitet und dort weiterverarbeitet.

Ähnliches gilt für die Zusammenarbeit mit EUROJUST. Den nationalen Behörden steht keinerlei Ermessensspielraum hinsichtlich der von den datenschutzrelevanten Maßnahmen betroffenen Personen und Vereinigungen bzw. Körperschaften zu. Diese werden materiell unmittelbar betroffen i.S.d. Art. 230 Abs. 4 EG. Die materielle Unmittelbarkeit charakterisiert sich gerade dadurch, dass zwar eine nationale Umsetzungsmaßnahme erforderlich ist, die erst in den Rechts- bzw. Interessenkreis des Betroffenen (formell unmittelbar) eingreift, die sich aber als eine zwingende Folge des Unionsrechtsaktes erweist.[1614] In diesem Fall resultiert die eigentliche Beeinträchtigung bereits aus der Aufführung in der Liste, die Bestandteil des Unionsrechtsaktes ist.

Darüber hinaus ließe sich auch die individuelle Betroffenheit nicht nur nach der hier vertretenen, weiten Auslegung, sondern auch unter Zugrundelegung der *Plaumann*-Formel nachweisen.[1615] Ein Indiz dafür stellt die namentliche Aufführung in der Liste dar, auf die der Beschluss direkten Bezug nimmt. Auch wenn dieser Umstand – in Anlehnung an die Rechtsprechung zu EG-Verordnungen und Richtlinien[1616] – der allge-

---

[1612] Beschluss 2003/48/JI des Rates der EU v. 19.12.2002 über die Anwendung besonderer Maßnahmen im Bereich der polizeilichen und justiziellen Zusammenarbeit bei der Bekämpfung des Terrorismus gemäß Artikel 4 des Gemeinsamen Standpunktes 2001/931/GASP (ABl. Nr. L 344 v. 28.12.2001, S. 93), ABl. Nr. L 16 v. 22.1.2003, S. 68 ff. Die Regelung wurde auf Art. 30, 31 und 34 Abs. 2 lit. c EU gestützt.

[1613] Gemeinsamer Standpunkt 2001/931/GASP des Rates der Europäischen Union v. 27.12.2001 über die Anwendung besonderer Maßnahmen zur Bekämpfung des Terrorismus, ABl. Nr. L 344 v. 28.12.2001, S. 93 ff.

[1614] S.o. Kap. II E III 2. Zum fehlenden Umsetzungsspielraum der nationalen Behörden bei der Durchführung von Gemeinschaftssekundärrecht: EuGH, Rs.C-386/96 (Dreyfus/Kommission), Slg. 1998, S. I-2309 Rn. 43.

[1615] So auch: EuG, Rs. T-228/02 (Organisation des Modjahedines du peuple d'Iran/Rat), Urt. v. 12.12.2006 (noch nicht in der amtl. Slg. veröffentlicht), Rn. 98 in Bezug auf ähnliche Konstellation (EG-Durchführungsbeschluss mit Namensliste angeblicher Terroristen). Ebenso: EuG, Rs. T-253/02 (Ayadi/Rat), Urt. v. 12.7.2006 (noch nicht in der amtl. Slg. veröffentlicht), Rn. 81; EuG, Rs. T-362/04 (Leonid Minin/Kommission), Urt. v. 31.1.2007 (noch nicht in der amtl. Slg. veröffentlicht), Rn. 53.

[1616] EuG, T-166/99 (de Dios u.a./Rat), Slg. 2002, S. II-1857 Rn. 41; EuG, Rs. T-109/97 (Molkerei Großbraunshain u. Bene Nahrungsmittel/Kommission), Slg. 1998, S. II-3533 Rn. 52 m.w.N.

meinen Geltung des Rechtsaktes nicht entgegensteht, schließt es die individuelle Betroffenheit Einzelner nicht aus. Die namentliche Bezeichnung stellt einen hinreichenden Beweis für einen spezifischen Zusammenhang zwischen der Regelung und der Situation der Betroffenen dar.[1617]

Eine Rechtsschutzlücke wäre nur dann zu verneinen, wenn ein hinreichender Rechtsschutz vor den nationalen Gerichten gewährleistet werden könnte. Allerdings sind diese weder zur Kontrolle des PJZS-Beschlusses noch des Gemeinsamen Standpunkts der GASP[1618] am Maßstab der Unionsgrundrechte befugt. Eine Vorlage an den EuGH ist nur in Bezug auf den PJZS-Beschluss gem. Art. 35 Abs. 1 EU denkbar, wobei sie von einer entsprechenden (fakultativen) Unterwerfungserklärung nach den Absätzen 2 und 3 dieses Artikels abhängig gemacht wird. Den Betroffenen steht also kein effektiver Rechtsschutz gegen die Eintragung in die Liste der „Terroristen" bzw. deren Verbündeten zur Verfügung. In der Folge sind sie einer Reihe von datenschutz- und sonst grundrechtsrelevanten Maßnahmen ausgesetzt.

Abschließend wird noch ein Beispiel betrachtet, in dem die materielle Betroffenheit des Individuums daraus resultieren kann, dass ggf. bestehende Gestaltungsspielräume bei der Umsetzung eines Rahmenbeschlusses nicht genutzt wurden. Als Beispiel kann hier die erste Umsetzung des Rahmenbeschlusses über den Europäischen Haftbefehl in Deutschland genannt werden.[1619] Die Bundesregierung und die Mehrheit der Parlamentarier vertraten den Standpunkt, dass der deutsche Gesetzgeber an die Vorgaben des Rahmenbeschlusses streng gebunden war und bestritten in Konsequenz das Bestehen etwaiger Umsetzungsspielräume.[1620] Das BVerfG schloss sich dieser Auffassung nicht an und zeigte nicht nur die durch den Rahmenbeschluss belassenen Gestaltungsmöglichkeiten auf, sondern hob auch die besondere, verfassungsrechtliche Pflicht des nationalen Gesetzgebers zur grundrechtsschonenden Ausfüllung dieser Spielräume hervor.[1621] So etwa erlaubt der Rahmenbeschluss den vollstreckenden Justizbehörden, die Vollstreckung des Haftbefehls zu verweigern, wenn er sich auf Straftaten erstreckt, die im Hoheitsgebiet des ersuchten Mitgliedstaates begangen worden sind. Für solche Taten mit maßgeblichem Inlandsbezug hätte der Gesetzgeber die Möglichkeit schaffen müssen, die Auslieferung Deutscher zu verweigern.[1622] Darüber hinaus weist das Haftbefehlsgesetz eine Schutzlücke hinsichtlich der Möglichkeit auf, die Auslieferung wegen eines in gleicher Sache im Inland laufenden oder bereits eingestellten Strafverfahrens oder im Falle einer abgelehnten Verfahrenseinleitung zu verweigern. Der deutsche Gesetzgeber ist trotz gewisser Umsetzungsspielräume von den Vorgaben des Rahmenbeschlusses nicht abgewichen. Die erfolgreiche Verfassungsbeschwerde im besprochenen Fall zeigt, dass – im Gegensatz zum Fall des mangelnden Umsetzungs-

---

[1617] Zu den Voraussetzungen s.o. Kap. II D III 1 c) aa).

[1618] Auf dessen Anhang der PJZS-Beschluss verweist.

[1619] Rahmenbeschluss 2002/584/JI des Rates der EU v. 13.6.2002 über den Europäischen Haftbefehl, ABl. Nr. L 190 v. 18.7.2002, S. 1.

[1620] Vgl. Erklärungen der Abgeordneten des Bundestages sowie die Stellungnahme der Bundesregierung i.R.d. Verfassungsbeschwerde gegen die Gerichtsentscheidungen, die auf der Grundlage des Europäischen Haftbefehlgesetzes ergangen sind – BVerfGE 113, 273 (280 ff., 284 f.). Dazu auch: *Böhm*, NJW 2005, S. 2588.

[1621] BVerfGE 113, 273 (300).

[1622] S. dazu: *Böhm*, NJW 2005, S. 2588 (2589).

spielraums – bei Verkennen der Umsetzungsspielräume durch den nationalen Gesetzgeber Rechtsschutz vor mitgliedstaatlichen Gerichten zu suchen ist.[1623]

IV. Fazit

Die skizzierten Beispiele sowie die neuen Akzente in der Rechtswirkung von Rahmenbeschlüssen zeigen, dass auch das i.R.d. PJZS erlassene Sekundärrecht grundrechtsrelevant sein und ein Rechtsschutzbedürfnis Einzelner hervorrufen kann. Da eine Individualnichtigkeitsklage in der dritten Säule nicht vorgesehen ist, bleibt meistens nur die Verweisung auf eine inzidente Normenkontrolle durch die Anfechtung der nationalen Umsetzungsakte. Art. 35 Abs. 6 EU sieht zwar Nichtigkeitsklagen gegen Beschlüsse i.S.d. Art. 34 Abs. 2 S. 2 lit. c EU vor, nennt aber nicht natürliche bzw. juristische Personen als aktiv Parteifähige. Dagegen verlangt die gemeinschaftsrechtliche Regelung der Nichtigkeitsklage, Art. 230 Abs. 4 EG implizit, d.h. durch den systematischen Zusammenhang mit Abs. 1, dass die angefochtene „Entscheidung" von einem Gemeinschaftsorgan erlassen wurde, was jedenfalls bei kompetenzgemäß auf der Grundlage des EU-Vertrages erlassenen Rechtsakten gerade nicht der Fall ist.

C. Rechtsschutzbedürfnis gegen die Rechtsakte der GASP

I. Die GASP – ein justizfreier Raum?

Die Rechtssetzung in der GASP ist durch die Mitgliedstaaten dominiert. Trotz der vielfach propagierten Verrechtlichung und Annäherung an die erste Säule sind die Einflüsse der übrigen gem. Art. 5 EU „entliehenen" Organe (Kommission und Parlament) sehr gering. Während die Kommission noch einige Teilnahme- und Sprachrechte (jedoch kein Stimmrecht) besitzt, wurde das EP völlig übergangen.[1624] Zu den Handlungsinstrumenten der GASP gehören gem. Art. 12 EU Beschlüsse des Europäischen Rates (Grundsätze, allgemeine Leitlinien für die GASP und gemeinsame Strategien) und Maßnahmen des EU-Rates (gemeinsame Aktionen, gemeinsame Standpunkte und regelmäßige Zusammenarbeit). Der Typenkatalog des Art. 12 EU stellt aber keine abschließende Aufzählung der möglichen Handlungsformen dar. Ähnlich wie in der EG zeigt auch die Praxis i.R.d. GASP, dass auch atypische Handlungsinstrumente verwendet werden, die aber in aller Regel keinen rechtsverbindlichen Charakter haben.[1625]

Dem Gerichtshof wurden bislang keine Jurisdiktionsbefugnisse im Bereich der II. Säule zugewiesen. Auch die Bestimmung des Art. 46 lit. d EU über den Grundrechtsschutz gegenüber Handlungen der Organe begründet keine Prüfungskompetenz des

[1623] Zur Zuständigkeit und zum Prüfungsmaßstab siehe unten: Kap. IV D V.

[1624] „Parlamentsfreier Raum" – vgl. *Thym*, in: WHI-Paper 2/05, S. 1 (3 ff.) - www.whi-berlin.de/EPinderGASP.htm [letzter Abruf am 10.1.2006].

[1625] U.U können sie jedoch unter dem Gesichtspunkt des völkerrechtlichen Verbotes *venire contra factum proprium* relevant werden. Eine der häufigsten „atypischen" Handlungsformen ist die Erklärung (bzw. Gemeinsame Erklärung). Daneben kennt die Praxis auch Demarchen sowie Schlussfolgerungen des Unionsrates und des Europäischen Rates – dazu: *Kaufmann-Bühler* in: Grabitz/Hilf, EUV/EGV, Art. 12 EU Rn. 1, 8. Schließlich existiert eine Reihe rechtsverbindlicher Beschlüsse, die auf der Grundlage gesonderter Bestimmungen des EU-Vertrages ergehen, insb. im Bereich der Schließung völkerrechtlicher Verträge mit Drittstaaten (Art. 24 EU) sowie der Finanzierung der verteidigungspolitischen und sonstigen militärischen Aufgaben (Art. 28 Abs. 3 EU).

Gerichtshofs in Bezug auf die GASP-Beschlüsse.[1626] Denn diese Vorschrift setzt eine bereits anderweitig begründete Zuständigkeit des Gerichtshofs voraus und eröffnet keinen neuen Verfahrensweg. Der EU-Vertrag sieht weder eine Direktklage noch eine Inzidentkontrolle des GASP-Sekundärrechts durch den EuGH vor. Zum Teil wird dieser Zustand mit Rücksicht auf die sachliche Regelungsmaterie der GASP als verständlich betrachtet.[1627]

Andere Stimmen in der Literatur bewerten die „justizielle Immunität im intergouvernementalen Bereich"[1628] hingegen als eine beachtliche Rechtsschutzlücke, die nur geringfügig durch die Einbindung der Gemeinschaft in die Durchführung der GASP-Maßnahmen und die gerichtliche Überprüfbarkeit der EG-Durchführungsakte geschlossen werden können.[1629] Aus dem enumerativ in Art. 46 EU bestimmten Zuständigkeitsrahmen des Gerichtshofs ergibt sich *e contrario* zunächst ein Ausschluss der Justiziabilität der GASP-Beschlüsse. Das betrifft nicht nur die direkte Gültigkeitskontrolle, sondern auch – um die Beschränkung des Art. 46 EU nicht zu unterlaufen – die Inzidentkontrolle am Maßstab des Unionsprimärrechts.[1630] Probleme entstehen vor allem an den Schnittstellen zwischen dem Gemeinschafts- und dem „gerichtsimmunen" Unionsrecht. Die seit dem Amsterdamer Vertrag stark zunehmende Verzahnung des EG- und EU-Vertrages führt dazu, dass bestimmte Sachgebiete gleichzeitig eine Mitwirkung der GASP und der EG erfordern, sodass die Regelung als Ergebnis eines mehraktigen Rechtsetzungsverfahrens verschiedener Kompetenzträger entsteht.[1631]

II. Rechtsschutzbedürfnis

Spätestens seit dem Vertrag von Amsterdam, der u.a. die Erweiterung der Möglichkeit von Mehrheitsentscheidungen sowie die Strukturierung des Verfahrens und Handlungsinstrumentariums brachte, kann die GASP nicht mehr auf eine bloße intergouvernementale Staatenkonferenz reduziert werden[1632] mit der Folge, dass auch dem in diesem Rahmen erlassenen Sekundärrecht nicht nur politische, sondern rechtliche Verbindlichkeit zukommt. Fraglich ist indes, inwiefern diese Maßnahmen in den Rechtskreis des Individuums eingreifen können.

[1626] Zwar gilt die materielle Verpflichtung zur Achtung der Grundrechte gem. Art. 6 Abs. 2 EU auch für den Bereich der GASP. Jedoch unterliegt dies keiner gerichtlichen Kontrolle, weil Art. 46 EU keine entsprechende Kompetenz des EuGH vorsieht, vgl. *Herrnfeld* in: Schwarze, EU-Komm., Art. 46 EU Rn. 16.

[1627] *Meng*, in: Hummer (Hrsg.), Die Europäische Union nach dem Vertrag von Amsterdam (1998), S. 161 (174).

[1628] *Middeke/Szczekalla*, JZ 1993, S. 284 (291).

[1629] Vgl. *Middeke/ Szczekalla*, JZ 1993, S. 284 (292).

[1630] *Bartelt/Zeitler*, EuZW 2003, S. 712 (714); *Pechstein/König*, Rn. 518 f.

[1631] Bsp. Maßnahmen der Außen- und Handelspolitik – vgl. *v. Bogdandy*, EuR Beiheft 2/1998, S. 165 ff. (171).

[1632] *Kugelmann* EuR Beiheft 2/1998, S. 99 (100); zustimmend: *Burkard*, S. 53.

1. Adressaten bzw. Verpflichtete der GASP-Sekundärrechtsakte

a) Bindung der Mitgliedstaaten

Für die Mitgliedstaaten sind die GASP-Maßnahmen bindend. Für die gemeinsamen Aktionen wird das durch Art. 14 Abs. 3 EU angeordnet. Im Gegensatz zu gemeinsamen Standpunkten i.S.d. Art. 15 EU, die nur hinsichtlich des zu erreichenden Zwecks verbindlich sind, entfaltet die gemeinsame Aktion auch darüber hinaus in allen Details Bindungswirkung gegenüber den Mitgliedstaaten.[1633] Die gemeinsame Aktion lässt sich kurz als rechtsverbindliches Instrument der Außenpolitikgestaltung im Hinblick auf eine konkrete Situationen beschreiben. Sie weist damit einen operativen Charakter auf.[1634] Dagegen dient der gemeinsame Standpunkt i.S.d. Art. 15 S. 2 EU der Festlegung einer einheitlichen Position der Europäischen Union, sodass ihm insofern eine Leit- und Bündelungsfunktion zukommt.[1635] Die dort zum Ausdruck gebrachten Ziele sind für die Mitgliedstaaten nur hinsichtlich der festgelegten Rahmenbedingungen bindend. Die Bezeichnung des Regelungsgegenstandes gemeinsamer Standpunkte als „Konzept der Union für eine bestimmte Frage geographischer oder thematischer Art" suggeriert zwar, dass es sich um eine Reaktion auf ein konkretes Problem handelt. Die praktische umfassende Regelung komplexer Sachverhalte zeigt aber, dass es sich keinesfalls um Einzelfallbestimmungen, sondern um allgemein gültige, nicht selten detaillierte Vorgaben für die Ausgestaltung der nationalen Politik handelt.[1636] Das wichtigste Anwendungsfeld bilden die Beschlüsse über Wirtschaftssanktionen als Voraussetzung für den Erlass einer handelspolitischen EG-Maßnahme gem. Art. 301 EG.[1637].

Etwas unklar ist die Art der Bindungswirkung gemeinsamer Standpunkte. Eine ausdrückliche Regelung der Rechtsverbindlichkeit der gemeinsamen Standpunkte fehlt.[1638] Aus diesem Grund wird sie von Teilen der Literatur verneint, die diesem Handlungsinstrument mit Blick auf die intergouvernementale Struktur der II. und III. Unionssäule nur politische Bindungswirkung zuerkennen.[1639] Hierfür sprechen systematische Überlegungen: Während die Rechtsverbindlichkeit der gemeinsamen Aktionen in Art. 14 EU ausdrücklich angeordnet ist, kann man umgekehrt folgern, dass diese Art der Bindungswirkung für gemeinsame Standpunkte nicht gewollt war. Zwingend ist dieser Schluss jedoch nicht. Insbesondere die Abstimmungsregeln deuten auf eine rechtliche Bindungskraft der gemeinsamen Standpunkte. Zwar gilt nach wie vor

---

[1633] *Regelsberger/Kugelmann*, in: Streinz, EUV/EGV, Art. 14 EUV Rn. 13 f.

[1634] *Kugelmann*, EuR Beiheft 2/1998, S. 99 (106); umfassend dazu: *Münch*, EuR 1996, S. 415 ff.

[1635] *Cremer*, in: Calliess/Ruffert, EUV/EGV, Art. 15 EU Rn. 5.

[1636] Vgl. z.B. Gemeinsamer Standpunkt zur Ukraine, ABl. (EG) 1994, Nr. L 322, S. 1 f.; Gemeinsamer Standpunkt 97/625/GASP des Rates vom 15.9.1997 hochrangige Vertreter der Bundesrepublik Jugoslawien und Serbiens, die man für repressive Sicherheitsmaßnahmen in Kosovo verantwortlich machte, aufgehoben durch Art. 3 des Gemeinsamen Standpunkts 2000/697/GASP v. 10.11.2000, ABl. Nr. L 287, S. 1 ff.; Gemeinsamer Standpunkt 2001/542/GASP des Rates vom 16.7.2001 betreffend das Verbot einer Visaerteilung für Extremisten in der ehemaligen jugoslawischen Republik Mazedonien, ABl. Nr. L 194 v. 18.07.2001, S. 55 ff.

[1637] Vgl. dazu m.w.N.: Kap. IV B II 3.

[1638] Art. 19 Abs. 1 EU verpflichtet die Mitgliedstaaten lediglich dazu, sich bei der Gestaltung der Außenpolitik an den Vorgaben des gemeinsamen Standpunkts zu orientieren und auf diese Weise ein kohärentes Auftreten der EU nach außen zu gewährleisten. Vgl. *Borchardt*, Rn. 954.

[1639] So z.B.: *Müller-Graff*, CMLR 1994, S. 493 (509); i.E. auch: *Geiger*, JZ 1996, S. 1093 (1096).

grundsätzlich das Einstimmigkeitsprinzip. Jedoch ist die Herbeiführung der Bindungswirkung unter den in Art. 23 Abs. 2 EU genannten Umständen auch selbst gegen den Willen eines Mitgliedstaates möglich. Diese Bestimmung eröffnet den Weg für Beschlüsse mit qualifizierter Mehrheit. Sie hätte wenig Sinn, wenn dadurch nur eine politische Verpflichtung geschaffen werden sollte.

Ein weiteres Indiz für die Rechtsbindungswirkung der gemeinsamen Standpunkte ist der Praxis der Mitgliedstaaten zu entnehmen, die nach den allgemeinen völkerrechtlichen Auslegungsgrundsätzen (Art. 31 Abs. 3 lit. b WVRK) für die Interpretation des Vertrages maßgeblich ist. Diese Beschlüsse werden nämlich im Amtsblatt L veröffentlicht, das grundsätzlich den „Gesetzgebungsakten" vorbehalten ist. Auch der Wortlaut des Art. 15 EU deutet auf rechtsverbindlichen Charakter hin. Während der deutsche Vertragstext durch die Formulierung „Sorge zu tragen" etwas missglückt ist, zeigen die englische[1640] und die französische[1641] Fassung zweifellos auf die Statuierung einer Rechtspflicht.[1642] Daneben lässt sich auch eine Selbstbindung des Unionsrates bejahen, der den gemeinsamen Standpunkt zwar prinzipiell jederzeit ändern oder aufheben, jedoch nicht dagegen verstoßen kann.[1643] Damit sprechen überwiegende Argumente für die Annahme einer Rechtsbindungswirkung der gemeinsamen Standpunkte für die Mitgliedstaaten.

Blickt man auf die neuste Rechtsprechung zur Wirkung von PJZS- Rahmenbeschlüssen, so stellt sich die Frage, ob sie auch auf die GASP übertragbar ist, d.h. ob sich eine direkte Bindung der nationalen Gerichte und Behörden an die GASP-Beschlüsse i.S. einer Verpflichtung zur GASP-konformen Auslegung des nationalen Rechts bejahen lässt. Einige Stimmen in der Literatur halten jedenfalls weitere Konsequenzen des *Pupino*-Urteils für die Wirkung anderer Rechtsakte i.R.d. II. Unionssäule nicht für ausgeschlossen.[1644] Die vom EuGH angeführten Gründe: Integrationsraison, Bedeutung des EU-Vertrages als *„eine neue Stufe bei der Verwirklichung einer immer engeren Union der Völker Europas"*[1645] sowie der Verweis auf die in Art. 1 Abs. 2 und 3 EU niedergelegten Unionsziele können auch in Bezug auf die GASP gelten. Dagegen greift das Argument der Funktion und der praktischen Wirksamkeit der Zuständigkeit des EuGH nach Art. 35 EU[1646] – mangels Jurisdiktionsbefugnisse des EuGH in der GASP – hier überhaupt nicht. Ferner unterscheiden sich die Handlungsformen der GASP von PJZS- Rahmenbeschlüssen, sodass die vom EuGH hervorgehobene Parallele zu EG-Richtlinien[1647] keine Entsprechung findet. Eine „Vergemeinschaftung" der zweiten Säule liegt daher noch ferner.[1648]

1640 Engl. *„shall ensure"*.

1641 Fr. *„arrêter"*. Bemerkenswert ist, dass derselbe Begriff auch im gemeinschaftsrechtlichen Handlungsformenkatalog des Art. 249 EG verwendet wird.

1642 *Hüwelmeier*, S. 139 ff; *Semrau*, S. 66 („echte Rechtspflicht mit weitem Spielraum").

1643 *Ryba*, RdMC 1995, S. 14 (24).

1644 Insb. der Gemeinsamen Standpunkte i.S.d. Art. 14, 15 EU, vgl. *Herrmann*, EuZW 2005, S. 436 (438).

1645 EuGH, Rs. C-105/03 (Strafverfahren gegen Maria Pupino), Slg. 2005, S. I-5285 Rn. 36 u. 41.

1646 Vgl. EuGH, Rs. C-105/03 (Strafverfahren gegen Maria Pupino), Slg. 2005, S. I-5285 Rn. 37 f.

1647 Siehe: EuGH, Rs. C-105/03 (Strafverfahren gegen Maria Pupino), Slg. 2005, S. I-5285 Rn. 37.

1648 Ebenso: *Arnauld*, AVR 2006, S. 201 (204, Fn. 16).

b) Bindungswirkung der GASP-Beschlüsse gegenüber der EG

Eine direkte Bindung der EG an GASP-Maßnahmen besteht mangels einer ausdrücklichen Bindungsklausel nicht.[1649] Art. 14 Abs. 4 EU spricht lediglich von der Möglichkeit des Rates, ein unverbindliches Gesuch an die Kommission zu richten. Zudem ist zweifelhaft, ob die dort genannten „Vorschläge" überhaupt Initiativen in Bereich des Gemeinschaftsrechts erfassen. Eine unmittelbare Bindung der EG lässt sich aus dieser Bestimmung nicht ableiten.[1650] Denkbar ist eine aus dem Kohärenzgebot[1651] resultierende Bindung der EG-Organe, insbesondere bei Wirtschaftssanktionen gem. Art. 301, 60 EG. Diese Frage ist bei der Anfechtung von EG-Umsetzungsakten relevant und wird daher in diesem Zusammenhang behandelt.[1652]

2. Durchgriffswirkung der GASP-Rechtsakte?

In der Literatur wird eine Durchgriffswirkung des i.R.d. GASP erlassenen Unionssekundärrechts mit dem Hinweis auf den intergouvernementalen Charakter der zweiten Säule und den fehlenden Individualrechtsschutz bislang überwiegend abgelehnt.[1653] Aus der Zuordnung zum „einfachen" Völkerrecht schlussfolgert man, dass die GASP-Maßnahmen nur für die Mitgliedstaaten, nicht hingegen für nichtstaatliche Akteure Geltung beanspruchen.[1654] Darauf könnte z.B. die Formulierung der Art. Art. 14 Abs.3, 15 S.2 EU hindeuten, wonach gemeinsame Aktionen und gemeinsame Standpunkte für die Mitgliedstaaten verbindlich sind. Dadurch ist aber noch nicht zwingend jegliche Durchgriffswirkung ausgeschlossen.[1655] Denn auch EG-Richtlinien bzw. staatengerichtete Entscheidungen i.S.d. Art. 249 Abs. 4 EG sind an die Mitgliedstaaten adressiert. Bemerkenswert ist ferner, dass der Titel V des EU-Vertrages im Gegensatz zum expliziten Ausschluss unmittelbarer Wirksamkeit von Rahmenbeschlüssen und sonstigen Beschlüssen der PJZS (Art. 34 Abs. 2 S. 2 lit. b und c EU) keine vergleichbare Bestimmung für die GASP-Handlungsinstrumente enthält.

Im Umkehrschluss ließe sich argumentieren, dass die unmittelbare Wirkung zumindest nicht ausgeschlossen ist. Zum Teil wird auch der Sinngehalt des Art. 7 Abs. 2 UAbs. 1 S. 2 EU als Beleg dafür ins Feld geführt, dass der Vertrag eine unmittelbare Wirkung von GASP-Maßnahmen jedenfalls offen lässt.[1656] Danach sind bei Entscheidungen über die Suspendierung bestimmter mitgliedstaatlicher Rechte die Auswirkungen auf Rechte und Pflichten natürlicher und juristischer Personen zu berücksichtigen. Hieraus zieht *Hüwelmeier* den Schluss, das Unionsrecht könne offenbar die Rechtsstellung von Individuen betreffen, zumal gemeinschaftsrechtliche Rechte und Pflichten

---

[1649] Ähnlich bereits in Bezug auf das PJZS-Sekundärrecht – siehe dazu: Kap. IV B II 3.

[1650] *Burghardt/Tebbe/Marquardt* in: v.d. Groeben/Schwarze, EUV/EGV, Art. 14 EU Rn. 15; *Cremer* in: Calliess/Ruffert, EUV/EGV, Art. 14 EU Rn. 20; *Glaesner*, EuR Beiheft 1/1994, S. 25 (26).

[1651] *Gilsdorf/Brandtner* in: Grabitz/Hilf, Art. 301 EG Rn. 6 ff.; ablehnend: *Stein*, EuR Beiheft 2/1995, S. 69 (75). Weitergehend: *Krenzler/Schneider*, EuR 1994, S. 144 (152). Dazu: Kap. IV D IV 2 a), c).

[1652] S. unten: Kap. IV D IV 2 a).

[1653] Vgl. z.B. *Pechstein/Koenig*, Rn. 209.

[1654] *Griller*, EuR Beiheft 1/1999, S. 45 (64 f.); *Hillgruber*, AVR 1996, S. 347 (357 f.); *Karpenstein*, DVBl. 1998, S. 942 (945); *Kischel*, EuGRZ 1997, S. 1 (10); *Pechstein/Koenig*, Rn. 9.

[1655] Ebenso: *Hüwelmeier*, S. 297; dagegen wohl abl.: *Bothe/Lohmann*, ZaöRV 1998, S. 1 (42).

[1656] *Hüwelmeier*, S. 298.

Gegenstand einer gesonderten Regelung im EG-Vertrag (Art. 309) seien. Dabei müsse es sich um unmittelbare und nicht erst durch staatliche Umsetzungsakte vermittelte Rechtspositionen handeln, da Letztere von der Suspendierungsentscheidung nicht berührt werden.[1657] Lehne man eine Durchgriffswirkung des GASP-Rechts prinzipiell ab, ginge jeder Sinn dieser Norm verloren.[1658] Damit sei die unmittelbare Wirkung von GASP-Beschlüssen zumindest eine offen gehaltene Möglichkeit.[1659]

Unabhängig von der Überzeugungskraft dieser Argumentation, räumen deren Anhänger selbst ein, dass die Durchgriffswirkung angesichts des spezifischen Regelungsgegenstandes der GASP eher theoretischer Natur sei. Die Außenpolitik betrifft zwischenstaatliche Beziehungen, deren Auswirkungen Individuen allenfalls mittelbar können.[1660] Unmittelbare Betroffenheit Einzelner durch außenpolitische Maßnahmen ist nur ausnahmsweise denkbar, z.B. bei Wirtschaftssanktionen.[1661] Gerade in diesem Bereich verschiebt sich der Interessenschwerpunkt der „Außenpolitik" zunehmend auf gezielte Regelung von Einzelschicksalen durch die sog. *smart sanctions*.[1662] In diesem Fall schließt die „spezifische Ausrichtung der Außenpolitik" die unmittelbare Betroffenheit von Privaten wohl kaum aus.

3. Regelungsgegenstand der GASP *versus* Einzelrechtspositionen

a) Gegenstände der „herkömmlichen" Außen- und Sicherheitspolitik

Ein Embargo, das zu den klassischen Gegenmaßnahmen des Völkerrechts zählt, richtet sich gewöhnlich nicht gegen nichtstaatliche Akteure, sondern gegen Völkerrechtssubjekte. Betrachtet man die Maßnahmen, die bislang i.R.d. GASP erlassen wurden, so stellt man zunächst eine Übereinstimmung mit dem völkerrechtlichen Verständnis fest.[1663] Dennoch ist auch im Völkerrecht eine zunehmende Tendenz zu „individuellen Maßnahmen" deutlich, auch wenn sie zunächst auf Gegenstände des Völkerstrafrechts beschränkt bleibt.[1664] Der Betroffenenkreis, der zunächst auf staatliche Akteure, partielle Völkerrechtssubjekte oder Regierungsmitglieder[1665] beschränkt war, wurde all-

---

[1657] *Hüwelmeier*, S. 298. Ebenso: *Everling*, EuR Beiheft 2/1998, S. 185 (189).

[1658] Vgl. *Bothe/Lohmann*, ZaöRV 1998, S. 1 (39 f.).

[1659] *Hüwelmeier*, S. 298; i.E. auch: *Everling*, EuR Beiheft 2/1998, S. 185 (192, 194).

[1660] *Hüwelmeier*, S. 298 f.; *Vedder* EuR Beiheft 1/1999, S. 7 ff. (42).

[1661] Ebenso: *Semrau*, S. 165.

[1662] Zusammenfassend dazu: *Bartelt/Zeitler*, EuZW 2003, S. 712 ff.

[1663] Bsp. Gemeinsamen Standpunkt 2000/346/GASP des Rates v. 26.4.2000 zur Verlängerung und Änderung des Gemeinsamen Standpunkts 96/635/GASP zu Birma/Myanmar, ABl. Nr. L 122 v. 24.5.2000, S. 1; ausgeführt durch Verordnung (EG) Nr. 1081/2000 des Rates vom 22.5.2000 über das Verbot des Verkaufs, der Lieferung und der Ausfuhr nach Birma/Myanmar von Ausrüstungen, die zur internen Repression oder für terroristische Zwecke benutzt werden können, und über das Einfrieren der Gelder bestimmter, mit wichtigen Regierungsfunktionen verbundener Personen in diesem Land, ABl. Nr. L 122 v. 24.05.2000, S. 29 ff.

[1664] Bsp. Gemeinsamer Standpunkt 97/625/GASP des Rates v. 15.9.1997 betr. hochrangige Vertreter der Bundesrepublik Jugoslawien und Serbiens, die man für repressive Sicherheitsmaßnahmen in Kosovo verantwortlich machte, aufgehoben durch Gemeinsamen Standpunkt 2000/697/GASP v. 10.11.2000, ABl. Nr. L 287, S. 1 ff.

[1665] S. VO (EG) Nr. 2488/2000 des Rates v. 10.11.2000 über die Aufrechterhaltung des Einfrierens von Geldern betr. Herrn Milosevic und Personen seines Umfelds und die Aufhebung der Verordnunmählich um „echte" Private[1666] erweitert. Wenn der Ausschluss der Jurisdiktion des Gerichtshofs in der GASP früher mit dem politischen Charakter und der mangelnden Grundrechtsrelevanz begründbar war, so erscheint dieses Argument heutzutage angesichts der „Individualisierung" der Außenpolitik fragwürdig.

b) Bekämpfung der international agierenden Terroristen

Obwohl der Kampf gegen den Terrorismus schon vor den Attentaten vom 11.9.2001 ein wichtiges Anliegen der EU darstellte, wurden die Aktivitäten auf diesem Feld intensiviert. Angesichts der Komplexität des Problems[1667] suchte man nach innovativen Lösungen.

aa) Anti-Terror-Sanktionen des UN-Sicherheitsrates

In der internationalen Praxis lässt sich seit geraumer Zeit eine neue Art der Sanktionsgesetzgebung beobachten, die durch einen gezielten Einsatz gegen Individuen und private Organisationen gekennzeichnet ist. Der individuelle Charakter stellt einen entscheidenden Unterschied zu den „klassischen" Sanktionen im Völkerrecht dar.[1668] Die neuartigen Embargos zur Bekämpfung des internationalen Terrorismus reglementieren nicht mehr nur Wirtschaftsbeziehungen zu bestimmten Staaten, die meistens die Ein- bzw. Ausfuhr von bestimmten Gütern betreffen, sondern enthalten Individualsanktionen[1669] gegen die meist namentlich aufgeführten Personen und nichtstaatliche Organisationen, deren Durchsetzung durch Strafandrohungen gesichert wird. Die Grundrechtsbrisanz dieser Restriktionen steht im Missverhältnis zu den Rechtsschutzmöglichkeiten. Die seit 2002 erlassenen Resolutionen enthalten echte individuelle Sanktionen ohne den embargotypischen Bezug zu einem Staat, Territorium bzw. *de facto-Regimé*[1670] und ohne zeitliche Beschränkung.[1671]

bb) EU-/EG- Sanktionsmaßnahmen

Die Antiterror-Resolutionen des UN-Sicherheitsrats wurden auf der EU-Ebene umgesetzt. Die Gemeinsamen Standpunkte über das Einfrieren von Guthaben und das Verbot der Bereitstellung von Vermögenswerten oder Finanzdienstleistungen betreffen

---

gen (EG) Nr. 1294/1999 und (EG) Nr. 607/2000 sowie des Art. 2 der VO (EG) Nr. 926/98, ABl. Nr. L 287 v. 14.11.2000, S. 19 ff.

1666 Vgl. Gemeinsamer Standpunkt 2001/542/GASP des Rates v. 16.7.2001 betr. das Verbot einer Visaerteilung für Extremisten in der ehemaligen jugoslawischen Republik Mazedonien, ABl. Nr. L 194 v. 18.07.2001, S. 55 ff.

1667 S. dazu: *Bubnoff*, NJW 2002, S. 2672 ff.

1668 Vgl. *Zeleny*, ZÖR 1997, S. 197 (198).

1669 Bsp.: Einfrieren von Geldern verdächtiger Personen und Organisationen, Freizügigkeitsbeschränkungen – vgl. Resolution 1930/2002 des UN-Sicherheitsrates; Resolution 1373/2001 v. 28. 9. 2001, Nr. 1.

1670 Auch nicht anerkannte Regimes, z.B. die angolische UNITA, die afghanischen Taliban.

1671 *Biehler*, AVR 2003, S. 169 (171); *Steinbarth*, ZEuS 2006, S. 269 (273). Die Reaktionen auf diese präzedenzlosen Sanktionen sind unterschiedlich. Bereits die Befugnis des Sicherheitsrates zum Erlass von Sanktionen gegen Private auf der Grundlage des Kapitels VII der UN-Charta ist heftig umstritten – näher dazu: *Aston*, ZaöRV 62 (2002), S. 257 (269 ff.); *Stahn*, ZaöRV 62 (2002), S. 184 (211 ff.).

Einzelpersonen und private Organisationen.[1672] Auf der Grundlage der Art. 60, 301 EG erließ der Rat der EG entsprechende Durchführungsverordnungen.[1673] Vorliegend interessieren nur die Auswirkungen der GASP-Beschlüsse auf die Betroffenen sowie Rechtsschutzmöglichkeiten gegen die individuelle Auflistung.[1674] Auf die Kompetenzfragen kann nicht näher eingegangen werden.[1675]

Der Gemeinsame Standpunkt 2001/931/GASP[1676] stellt ein Paradebeispiel der Individualsanktionen dar. Er *„gilt für die im Anhang aufgeführten Personen, Vereinigungen und Körperschaften, die an terroristischen Handlungen beteiligt sind*". Der Anhang enthält eine Liste von Personen, gegen die die restriktiven Maßnahmen verhängt werden sollen und nennt genaue personenbezogene Daten (Name, Vornamen, kurze Beschreibung der vorgeworfenen Aktivitäten, Geburtsdatum sowie die Ausweisnummer). Die Listen werden entweder auf der Grundlage von Entscheidungen des UN-Sicherheitsrates oder autonom vom Rat erstellt und geändert.[1677] Der Gemeinsame Standpunkt schreibt das Einfrieren von Vermögenswerten der aufgelisteten Terrorverdächtigen vor. Die präzisen Vorgaben sowie die unbedingte Formulierung (*„die Europäische Gemeinschaft ordnet ... an*") lassen keinen Umsetzungsspielraum. Zur Durchführung wurde gem. Art. 60, 301, 308 EG eine Verordnung erlassen[1678], die keine eigene Betroffenenliste enthält, sondern den Rat zur einstimmigen Erstellung und Änderung der Liste im Einklang mit dem Gemeinsamen Standpunkt ermächtigt.

[1672] Bsp.: Gemeinsamer Standpunkt 1999/727/GASP des Rates der EU über restriktive Maßnahmen gegen die Taliban (ABl. Nr. L 294 v. 20.11.1999, S. 1); Gemeinsamer Standpunkt 2001/930/GASP des Rates der EU v. 27.12.2001 über die Bekämpfung des Terrorismus, ABl. Nr. L 344 v. 28.12.2001, S. 90.

[1673] Bsp.: Verordnung (EG) Nr. 337/2000 über ein Flugverbot und das Einfrieren von Geldern und anderen Finanzmitteln betreffend die Taliban von Afghanistan ABl. Nr. L 43 v. 15.2.2000, S. 1.

[1674] Während die Resolution 1390/2002 des Sicherheitsrates selbst eine Liste der Verdächtigen enthält, erstellt die EU bei der Umsetzung der Resolution 1373 v. 28.9.2001 die Listen in eigener Verantwortung. Dieses Umsetzungsermessen hat Auswirkungen auf den Rechtsschutz – vgl. *Bartelt/Zeitler*, EuZW 2003, S. 712 (713).

[1675] Die Verbandskompetenz der EU/EG zum Erlass individueller Sanktionen sowie die Einschränkungen der gerichtlichen Kontrolle aufgrund der Bindungswirkung der Resolutionen des Sicherheitsrates bleiben vorliegend außer Betracht. Zu diesem Problemkreis siehe: *Arnauld*, AVR 2006, S. 201 ff.; *Möllers*, EuR 2006, S. 426 ff.; *Kotzur*, EuGRZ 2006, S. 19 ff.; *Schmalenbach*, JZ 2006, S. 349 ff.; *Steinbarth*, ZeuS 2006, S. 269 ff.

[1676] Gemeinsamer Standpunkt 2001/931/GASP des Rates der EU v. 27.12.2001 über die Anwendung besonderer Maßnahmen zur Bekämpfung von Terrorismus, ABl. Nr. L 344 v. 28.12.2001, S. 93 ff., der im Anhang eine Liste von terrorverdächtigten Personen, Vereinigungen und Körperschaften enthält. Die Gemeinsamen Standpunkte 2001/930/GASP (ABl. 2001 Nr. L 344 v. 28.12.2001, S. 90) und 2001/931/GASP wurden zur Umsetzung der Resolution 1373 des UN-Sicherheitsrates erlassen.

[1677] Art. 1 Abs. 4; s. dazu: *Bröhmer*, EuZW 2002, S. 353. So auch im Fall EuG, Rs. T-228/02 (Organisation des Modjahedines du peuple d'Iran/Rat), Urt. v. 12.12.2006 (noch nicht in der amtl. Slg. veröffentlicht), Rn. 101.

[1678] VO Nr. 2580/2001 des Rates v. 27.12.2001 über spezifische, gegen bestimmte Personen und Organisationen gerichtete restriktive Maßnahmen zur Bekämpfung von Terrorismus, ABl. Nr. L 344 v. 28.12.2001, S. 70 ff.

4. Rechtsschutzdefizite bei Sanktionen gegen nichtstaatliche Akteure

a) Justiziabilität der Sanktionsmaßnahmen

Die Spezifik der Antiterrormaßnahmen bereitet erhebliche Rechtsschutzprobleme. Die Erkenntnisse über die aufzulistenden Personen sind geheim. Weder die zuständigen Behörden der umsetzungspflichtigen Staaten noch die Betroffenen selbst werden darüber unterrichtet.[1679] Sie erfahren erst aus dem Amtsblatt bzw. von ihrer Bank von den gegen sie verhängten Sanktionen.[1680] Diese Praxis ist umso misslicher, als nicht ausgeschlossen werden kann, dass andere, unbeteiligte Personen aufgrund von Verwechslungen in die Liste der Terrorverdächtigen aufgenommen werden. Dann haben sie nicht einmal die Möglichkeit, sich dagegen wirksam zur Wehr zu setzen, da sie weder im Verfahren angehört werden noch nachträglich gegen die Aufnahme in die Liste gerichtlich vorgehen können.[1681]

Anhand der analysierten GASP-Regelung wird deutlich, dass die eigentliche Entscheidung nicht in der EG, sondern bereits in der GASP getroffen wird. Die Umsetzung durch die EG-Verordnung erfolgt „automatisch". Die in die Liste aufgenommenen Personen und Organisationen sind somit in materieller Hinsicht[1682] bereits durch den Gemeinsamen Standpunkt unmittelbar betroffen. Es fehlt ein substantieller Umsetzungsspielraum, sodass der Durchführungsakt der EG eine zwingende Folge der GASP-Maßnahme ist. Der Inhalt der EG-Verordnung ist damit vorhersehbar. Der GASP-Rechtsakt selbst ist nicht justiziabel. Dies widerspricht dem Konzept der GASP als Ebene intergouvernementaler Zusammenarbeit, die nur deshalb von der Jurisdiktionsbefugnis der EuGH ausgenommen worden ist, weil die dort erlassenen Maßnahmen keineswegs die Bürger berühren dürfen. Überschreiten die GASP-Maßnahmen diesen institutionellen Rahmen, dann ist m.E. auch der Grund für die Nichtjustiziabilität hinfällig. Der eigentliche Grundrechtseingriff liegt bereits in der „Stigmatisierung" durch die Aufnahme in die Liste der Terrorverdächtigten.

Dennoch steht Art. 46 EU ersichtlich nicht nur einer Direktklage gegen die GASP-Beschlüsse, sondern auch einer indirekten Normenkontrolle im Wege einer Gültigkeitsvorlage entgegen. Das EuG hat jüngst bestätigt, dass *„es wegen der Wahl eines gemeinsamen Standpunkts ... unmöglich* [sei], *die Rechtmäßigkeit der Aufnahme von Segi*", einer baskischen Minderheitsorganisation, in den Anhang des strittigen GASP-Rechtsaktes zu prüfen. *„Das Fehlen eines gerichtlichen Rechtsbehelfs kann für sich allein jedoch in einem Rechtssystem, das auf dem Grundsatz der Einzelermächtigung beruht, wie es sich aus Art. 5 EU ergibt, kein Recht auf eine echte Gemeinschaftszuständigkeit begründen.*"[1683] Die Nichtjustiziablität der GASP-Sekundärrechtsakte lässt

---

[1679] *Biehler*, AVR 2003, S. 169 (172).

[1680] *Bröhmer*, EuZW 2002, S. 353.

[1681] Der Gemeinsame Standpunkt 2001/931 sieht keine Rechtsbehelfe für die aufgelisteten Betroffenen vor. Krit. dazu: *Douglas-Scott*, ELR 29 (2004), S. 219 (233).

[1682] S.o. Kap. II D II 2.

[1683] EuG, Rs. T-338/02 (Segi u.a./Rat), Slg. 2004, S. II-1647 Rn. 38. Dort handelte es sich zwar um nicht um eine Nichtigkeitsklage gegen den GASP-Beschluss, sondern lediglich um Schadensersatz. Dennoch hat das Gericht seine Zuständigkeit für Rechtmäßigkeitskontrolle des GASP-Sekundärrechts generell verneint und wies die Klage in diesem Punkt als offensichtlich unzulässig ab. Dagegen hielt

Rechtsschutzlücken befürchten. Die in Art. 6 Abs. 2 EU proklamierte Achtung der Grundrechte durch die Union würde den Bürgern wenig nützen, wenn die Einhaltung dieser Rechte gerichtlich nicht kontrollierbar wäre. Zu fragen ist also, ob und – wenn ja – in welchen Grenzen eine inzidente Kontrolle (vor allem i.R.d. Nichtigkeitsklage nach Art. 230 Abs. 4 EG gegen die EG-Umsetzungsmaßnahme) möglich ist.

b) Fälle aus jüngster Rechsprechung

Das EuG beschäftigte sich in letzter Zeit mit zahlreichen Klagen auf Nichtigerklärung bzw. Schadensersatz wegen der Aufnahme in die Listen der Terrorverdächtigen, deren Vermögenswerte eingefroren wurden. In der Rs. *Selmani* begehrte der Kläger in der Sache die Nichtigerklärung der ihn betreffenden Bestimmungen des zugrunde liegenden Gemeinsamen Standpunktes[1684], obwohl die Klage formell in erster Linie gegen die Durchführungsakte der EG[1685] gerichtet war. Der Anhang zum Gemeinsamen Standpunkt 2002/976 ergänzte die Liste der Terrorverdächtigen um den Namen des Klägers, eines in Irland wohnhaften, algerischen Staatsbürgers. Das EuG wies die Nichtigkeitsklage wegen offensichtlicher Unzuständigkeit des Gerichts ab, soweit sie die Bestimmungen des Gemeinsamen Standpunktes betraf. Zur Begründung wurde ausgeführt, dass Art. 46 EU als abschließende Regelung der Jurisdiktionsbefugnisse des Gerichtshofs i.R.d. EU-Vertrages keine Zuständigkeit in Bezug auf dessen Titel V (GASP) begründe.[1686] Dagegen bejahte das Gericht die eigene Zuständigkeit, soweit die Kläger einen Verfahrensmissbrauch des Rates durch das Tätigwerden im Unionsbereich geltend machten, der einen Eingriff in die EG-Kompetenzen darstellte und den Rechtsschutz nach Art. 230 ff. EG ausschließen sollte.[1687] Denselben Argumentationsstrang vertrat das EuG bereits zuvor in Entscheidungen in Zusammenhang mit Schadensersatz nach Art. 288, 235 EG wegen der Aufnahme in die Liste i.S.d. Art. 1 des Gemeinsamen Standpunkts 2001/931/GASP.[1688]

In einem weiteren Urteil wies das EuG die Nichtigkeitsklage der Organisation der Volksmujahedin gegen Bestimmungen zweier Gemeinsamer Standpunkte[1689] unter

---

sich das EuG für zuständig für die inhaltliche Kontrolle des i.R.d. EU-Vertrags erlassenen Rechtsakts dahingehend, ob dieser die EG-Kompetenzen beeinträchtigt. Dazu ausführlich unten: Kap. IV D III.

[1684] 2001/931/GASP in der aktualisierten Fassung – vgl. Antrag des Klägers in: EuG, T-299/04 (Abdelghani Selmani/Rat u. Kommission), Slg. 2005, S. II-20 Rn. 17 (Sp.Str. 4-6). Vgl. auch Vorbringen der Kommission, die darauf hinweist, dass die strittigen Regelungen *vom Rat allein*, ohne ihre Mitwirkung, die i.R.d. EG-Vertrages ein erforderlich gewesen wäre, getroffen wurden. – EuG, a.a.O., Rn. 29.

[1685] Verordnung (EG) Nr. 2580/2001 des Rates v. 27.12.2001 über spezifische, gegen bestimmte Personen und Organisationen gerichtete restriktive Maßnahmen zur Bekämpfung des Terrorismus (ABl. Nr. L 344, S. 70) und Beschluss 2004/306/EG des Rates v. 2.4.2004 zur Durchführung von Artikel 2 Absatz 3 der Verordnung Nr. 2580/2001 und zur Aufhebung des Beschlusses 2003/902/EG (ABl. Nr. L 99, S. 28).

[1686] EuG, T-299/04 (Abdelghani Selmani/Rat u. Kommission), Slg. 2005, S. II-20 Rn. 52-55.

[1687] EuG, T-299/04 (Abdelghani Selmani/Rat u. Kommission), Slg. 2005, S. II-20 Rn. 56. Ähnlich bereits: EuGH, Rs. C-124/95 (Centro-Com), Slg. 1997, S. I-81 Rn. 25; EuGH, Rs. C-170/96 (Kommission/Rat – Flughafentransit), Slg. 1998, S. I-2763 Rn. 17 (dazu: Kap. IV D III 1).

[1688] EuG, Rs. T-333/02 (Gestoras Pro-Amnistía/Rat der EU), Beschl. v. 7.7.2004 (nicht in der amt. Slg. veröffentlicht) Rn. 40 f.; EuG, Rs. T-338/02 (Segi u.a./Rat), Slg. 2004, S. II-1647 Rn. 35-42.

[1689] Gemeinsamer Standpunkt 2002/462/GASP v. 17.6.2002 betr. Aktualisierung des Gemeinsamen Standpunkts 2001/931/GASP über die Anwendung besonderer Maßnahmen zur Bekämpfung des Ter-

Verweis auf die „ständige Rechtsprechung“ als teilweise offensichtlich unzulässig bzw. unbegründet ab.[1690] Mit Berufung auf den Grundsatz der begrenzten Einzelermächtigung weigerte sich das EuG, fehlenden gerichtlichen Rechtsschutz als Grundlage für eine echte Gemeinschaftszuständigkeit für Rechtsakte anzuerkennen, die *„in einem verwandten, aber gesonderten Rechtssystem erlassen“* wurden.[1691]

Rechtsschutzprobleme bereiten schließlich Fälle, in denen die EU/EG aufgrund einer „gebundenen Befugnis“ zur Umsetzung der Resolutionen des UN-Sicherheitsrates tätig werden.[1692] Das EuG lehnte eine vollumfängliche Rechtmäßigkeitskontrolle in solchen Fällen ab, da die umzusetzenden Resolutionen selbst nicht justiziabel sind. Sie seien für die UNO-Mitgliedstaaten bindend und können allenfalls inzident auf ihre Vereinbarkeit mit *„zwingenden Normen zum universellen Schutz der Menschenrechte“* (*ius cogens*) überprüft werden.[1693] Angesichts der unterschiedlichen Problematik wird diese Fallgruppe hier nicht vertieft. Die Untersuchung wird sich ausschließlich auf die Rechtsschutzmöglichkeiten gegen Unionssekundärrechtsakte konzentrieren, also auf die Konstellationen, in denen die EU/EG autonom[1694] bzw. i.R.d. durch die Resolutionen eingeräumten Ermessensspielraums[1695] tätig wird.

III. Schlussfolgerungen

Die Analyse der Entwicklungen in der Außen- und Sicherheitspolitik hat gezeigt, dass die ursprünglich intergouvernementale Zusammenarbeit neue Konturen annimmt. Diese Evolution beruht vor allem auf einer innovativen Art der Individualsanktionen gegen nichtstaatliche Akteure in der Praxis des UN-Sicherheitsrates. Der Grund für den Ausschluss der Justiziabilität der GASP-Maßnahmen und damit auch das Fehlen eines Individualrechtsschutzes konnte bislang noch darin erblickt werden, dass das Unions-

---

rorismus und zur Aufhebung des Gemeinsamen Standpunkts 2002/340/GASP sowie Gemeinsamer Standpunkt 2002/340/GASP v. 2.5.2002 betr. Aktualisierung des Gemeinsamen Standpunkts 2001/931/GASP über die Anwendung besonderer Maßnahmen zur Bekämpfung des Terrorismus, durch den die Liste der betroffenen Personen überarbeitet wurde.

[1690] EuG, Rs. T-228/02 (Organisation des Modjahedines du peuple d'Iran/Rat), Urt. v. 12.12.2006 (noch nicht in der amtl. Slg. veröffentlicht) Rn. 45. Die Klage hatte allerdings Erfolg im Hinblick auf die Anfechtung des dazugehörigen Durchführungsbeschlusses der EG – dazu unten: Kap. IV D IV 2.

[1691] EuG, Rs. T-228/02 (Organisation des Modjahedines du peuple d'Iran/Rat), Urt. v. 12.12.2006 (noch nicht in der amtl. Slg. veröffentlicht) Rn. 54.

[1692] Siehe: EuG, Rs. T-306/01 (Yusuf u. Al Barakaat International Foundation/ Rat u. Kommission), Slg. 2005, S. II-3533 Rn. 265; EuG, Rs. T-315/01 (Kadi/Rat u. Kommission), Slg. 2005, S. II-3649 Rn. 214; EuG, Rs. T-253/02 (Ayadi/Rat der EU), Urt. v. 12.7.2006 (noch nicht in der amtlichen Sammlung veröffentlicht) Rn. 116.

[1693] EuG, Rs. T-306/01 (Yusuf u. Al Barakaat International Foundation /Rat u. Kommission), Slg. 2005, S. II-3533 Rn. 277; EuG, Rs. T-315/01 (Kadi/Rat u. Kommission), Slg .2005, S. II-3649 Rn. 226. Zustimmend: *Arnauld*, AVR 2006, S. 201 (205 ff.); krit.: *Harings*, EuZW 2005, S. 705 f.

[1694] Z.B. Gemeinsamer Standpunkt 2001/931/GASP, vgl. Schlussanträge des GA *Mengozzi* v. 26.11.2006, verb. Rs. C-354 bis 355/04 P (Gestoras Pro-Amnistía u.a./Rat), Nr. 57 (noch nicht in der amt. Slg. veröffentlicht).

[1695] Vgl. (Sachverhalt): EuG, Rs. T-228/02 (Organisation des Modjahedines du peuple d'Iran/Rat), Urt. v. 12.12.2006 (noch nicht in der amtl. Slg. veröffentlicht) Rn. 101 ff. S. auch: EuGH, Rs. C-84/95 (Bosphorus Hava Yollari Turizm ve Ticaret AS/Minister for Transport, Energy and Communications u.a.), Slg. 1996, S. I-3953 Rn. 19 ff. Hier bestanden gewisse Auslegungs- und Anwendungsspielräume, sodass insoweit eine gerichtliche Gültigkeitskontrolle der Verordnung möglich war.

sekundärrecht weder Durchgriffswirkung entfaltet noch in die Grundrechte Einzelner eingreifen kann. Auch wenn der Durchgriff nicht ausdrücklich primärrechtlich ausgeschlossen wurde, stand die Besonderheit der außenpolitischen Aufgaben *a priori* entgegen. Diese Prämisse gegen den Individualrechtsschutz ist jedoch – nicht zuletzt mit Blick auf die grundrechtsrelevanten Individualsanktionen – hinfällig geworden. Die Nichtjustiziablität der GASP-Beschlüsse kann vor allem bei einer „gebundenen" Umsetzung durch die EG oder die Mitgliedstaaten zu Rechtsschutzdefiziten führen. Trotz materiell unmittelbarer Betroffenheit[1696] können die Betroffenen keine gerichtliche Rechtmäßigkeitskontrolle der GASP-Rechtsakte herbeiführen. Daher ist zu prüfen, ob und inwieweit eine Inzidentprüfung möglich ist.

D. Rechtsschutz des Einzelnen gegen Unionssekundärrechtsakte

Die oben geschilderten Entwicklungen im Unionsrecht, insbesondere die neue Art von Individualsanktionen zur Terrorismusbekämpfung[1697] werfen Rechtsschutzfragen auf. Die Zuständigkeit des EuGH ist in diesem Bereich durch Art. 46 EU beschränkt.[1698]

I. Nichtigkeitsklage nach Art. 46 lit. b EU i.V.m. Art. 230 EG?

Gem. Art. 46 lit. b EU sind die Vorschriften über den Gerichtshof auf den Titel VI (PJZS), nur nach Maßgabe des Art. 35 EU anwendbar. Das kann dahingehend verstanden werden, dass Art. 35 EU lediglich die dort bezeichneten Spezialfälle der Nichtigkeitsklage modifiziert. In diesem Umfang wäre Art. 35 EU ausschließlich anwendbar, im Übrigen hingegen kämen die Vorschriften der Art. 220 ff. EG zum Zuge.[1699] Eine Individualnichtigkeitsklage nach Art. 230 Abs. 4 EG gegen PJZS-Rechtsakte wäre also denkbar, wenn man Art. 35 Abs. 6 EU lediglich im Hinblick auf die Einschränkung der Klagegegenstände als *lex specialis* zu Art. 230 EG verstehen würde. Im Übrigen bliebe Art. 230 EG über die Verweisung in Art. 46 lit. b EU auf Sekundärrecht aus der III. Säule anwendbar.

Die Systematik sowie der ausdrückliche, politische Wille der Mitgliedstaaten zur möglichst restriktiven Fassung der Jurisdiktionsbefugnisse des EuGH i.R.d. EU-Vertrages sprechen jedoch eher dafür, dass Art. 35 EU, auf den Art. 46 lit. b EU verweist, zuständigkeitsbegründend und zugleich abschließend ist.[1700] Daneben können Art. 220 ff. EG nur ergänzend herangezogen werden, soweit sie die eigentliche Kompetenzgrundlage des Art. 35 EU nicht erweitern. Art. 35 Abs. 6 EU sieht keine Aktiv-

[1696] Insofern besteht eine gewisse Parallele zur Anfechtbarkeit von EG-Richtlinien durch Private. Auch diese Rechtsakte sind grundsätzlich umsetzungsbedürftig und können demzufolge keine direkten Verpflichtungen für Einzelne begründen. Das schließt jedoch die materielle unmittelbare Betroffenheit des Bürgers nicht aus, soweit die Richtlinienbestimmung dem Mitgliedstaat keinerlei Umsetzungsspielraum einräumt. S.o.: Kap. II F II.

[1697] *Biehler*, AVR 2003, S. 169 ff.; *Bartelt/Zeitler*, EuZW 2003, S. 712 ff.

[1698] Art. 46 EU betrifft an sich nur die direkte Zuständigkeit, indirekte Kontrolle ist damit nicht *per se* ausgeschlossen – *Krück* in: v.d. Groeben/Schwarze, EUV/EGV, Art. 46 EU Rn. 23.

[1699] I.E. ablehnend: *Dörr/Mager*, AöR 2000, S. 386 (406 f.).

[1700] So z.B.: *Albors-Llorens*, CMLR 35 (1998), S. 1273 (1278, Fn. 32); *Dörr/Mager*, AöR 2000, S. 386 (407); in diesem Sinne auch: *Pechstein*, EuR 1999, S. 1 (10, 12).

legitimation Privater vor.[1701] Ein Rückgriff auf Art. 230 Abs. 4 EG bleibt damit versperrt, da er nicht „nach Maßgabe" des Art. 35 EU erfolgen kann. Der Verweis des Art. 46 lit. b EU ist dahingehend zu verstehen, dass Art. 35 Abs. 6 EU eine spezielle, abschließende Regelung über die Gültigkeitskontrolle der PJZS-Sekundärrechtsakte am Maßstab des Unionsprimärrechts darstellt.

Die Nichtigkeitsklage nach Art. 35 Abs. 6 EU bleibt wesentlich hinter dem gemeinschaftsrechtlichen Standard zurück. Das betrifft nicht nur die Verringerung des Kreises der Aktivlegitimierten, sondern auch die Reduktion der Klagegegenstände auf Rahmenbeschlüsse und sonstige Beschlüsse i.S.d. Art. 34 Abs. 2 S. 2 lit. c EU.[1702] Während Art. 230 Abs. 1 EG weitgehend handlungsformindifferent ist, ist die unionsrechtliche Klage streng handlungsformgebunden. Die Beschränkung der Klagegegenstände auf bestimmte Rechtsformen kann dazu führen, dass die Justiziabilität durch Wahl einer bestimmten Form ausgeschlossen wird.

II. Grundrechtsschutz – Art. 46 lit. d EU?

Art. 6 Abs. 1 EU enthält eine Forderung nach Rechtsstaatlichkeit der Union. Nach Abs. 2 dieser Vorschrift verpflichtet sich die Union ferner zur Achtung der Grundrechte der EMRK.[1703] Gem. Art. 46 lit. d EU sind die Bestimmungen des EG-Vertrages über den Gerichtshof auf Art. 6 Abs. 2 EU anwendbar, sofern die „Handlungen der Organe" in Frage stehen. Damit sind auf den ersten Blick die in Art. 5 EU genannten Organe gemeint. Stellt man auf den systematischen Zusammenhang mit Art. 6 Abs. 2 EU ab, der die materielle Grundrechtsbindung der „Union" anordnet, so können nur solche Organe in Art. 46 lit. d EU angesprochen sein, die i.R.d. Union handeln. Art. 5 EU „beleiht" damit die Gemeinschaftsorgane. In der Literatur wird dies teils als Dualorganschaft[1704], teils als Organleihe[1705] interpretiert. Aber unabhängig davon, wie man die Voraussetzung „Handlung der Organ" in Art. 46 lit. d EU versteht, stellt sich vorrangig die Frage, ob hiermit eine neue, selbständige Möglichkeit des Zugangs zum Gerichtshof für betroffene Grundrechtsträger eröffnet wurde.

Die Einführung des Art. 46 lit. d EU durch den Amsterdamer Vertrag wurde teilweise als ein wesentlicher Fortschritt zur Schließung von Grundrechtsschutzlücken in Bezug auf die Aktivitäten der II. und der III. Säule begrüßt.[1706] Bei näherer Betrachtung der Formulierung wird klar, dass es sich nicht um eine autonome Kompetenzzuweisung handelt. Die Vorschrift setzt eine *bereits bestehende* Zuständigkeit des Gerichtshofs nach Art. 226 ff. EG bzw. Art. 46 EU voraus. Ein neuer Verfahrensweg

[1701] Krit. zu diesem Zustand: *Douglas-Scott*, ELR 29 (2004), S. 219 (221).

[1702] Siehe dazu: *Classen*, EuR Beiheft 1/1999, S. 73 ff. (83).

[1703] Darunter auch das Recht auf effektiven Rechtsschutz. Zur seiner Bedeutung im Unionsrecht: *Peers*, in: Alston (Hrsg.), The EU and the Human Rights (1999), S. 167 ff.

[1704] So z.B.: *Ress*, EuR Beiheft 2/1995, S. 27 (36, 38 f.); *Wichard*, EuR 1999, S. 170 (180); *Trüe*, ZEuS 2000, S. 127 (144 ff.); krit. dazu: *Pechstein/Koenig*, Rn. 180 ff.

[1705] So: *Everling*, CMLR 1992, S. 1053 (1061); *Glaesner*, EuR Beiheft 1/1994, S. 25 (35); ähnlich: *Pechstein/Koenig*, Rn. 180 ff. (mit Einschränkung auf das Parlament und die Kommission).

[1706] Vgl. *Meng*, in: Hummer (Hrsg.), Die Europäische Union nach dem Vertrag von Amsterdam (1998), S. 161 (173 f.).

i.S.e. besonderen Grundrechtsbeschwerde wird damit nicht eröffnet.[1707] Im Ergebnis bedeutet es also eine Erweiterung des Prüfungsmaßstabs auf Grundrechte i.R.d. gegebenen Verfahrensarten.[1708] Die Grundrechte stellen nämlich als ungeschriebenes Primärrecht einen Teil des Gemeinschaftsrechts dar. Erst durch die „Überleitungsvorschrift" des Art. 6 Abs. 2 EU wird die materielle Bindung an die Grundrechte auf die II. und III. Säule ausgeweitet. Art. 46 lit. d EU ordnet darüber hinaus die Justiziabilität der Handlungen i.R.d. vorgesehenen Verfahren am Maßstab der EU-Grundrechte an.

III. Nichtigkeitsklage nach Art. 230 Abs. 4 EG i.V.m. Art. 46 lit. f, 47 EU

Art. 46 lit. f i.V.m. Art. 47 EU ermächtigt den EuGH zur gerichtlichen Kontrolle der Zuständigkeitswahrnehmung und könnte als Ansatzpunkt für die Nichtigkeitsklage nach Art. 230 Abs. 4 EG in Betracht kommen. Die Unberührbarkeit des Gemeinschaftsrechts durch das Unionsrecht wird in Art. 47 EU bestätigt. Allerdings könnten die Mitgliedstaaten durch einen Rückzug ins beschränkt justiziable Unionsrecht die gerichtliche Kontrolle nach Art. 220 ff. EG leicht umgehen. Um einem solchen Missstand vorzubeugen, müssten die Gemeinschaftsrichter befugt sein, die Wahl der Rechtgrundlage für den Sekundärrechtsakt zu überprüfen, die auch für die Abgrenzung zwischen sekundärem Gemeinschafts- und Unionsrecht ausschlaggebend ist.[1709] Eine Lösung ist möglicherweise über Art. 46 lit. f EU (Kontrolle der Einhaltung der Unberührtheitsklausel) zu erreichen. Diese Norm betrifft Rechtsakte, die auf der Grundlage des EU-Vertrages erlassen werden und eröffnet ggf. die Möglichkeit einer Nichtigkeitsklage nach Art. 230 EG. Unklar ist, ob und in welchem Umfang die Wahl einer bestimmten Rechtsgrundlage aus dem EG- oder EU-Vertrag justiziabel ist.

1. Klagerecht Privater im Lichte des *Flughafentransit*-Urteils

Der Gedanke, über die Kontrolle der Unberührtheit des Gemeinschaftsrechts mittelbar auch das Unionsrecht einer gerichtlichen Prüfung zu unterziehen, geht auf die kontrovers diskutierte *Flughafentransit*- Entscheidung des EuGH aus dem Jahre 1998 zurück. Sie erging unter der Geltung des Maastrichter Vertrages, der überhaupt keine Gültigkeitskontrolle des Unionssekundärrechts vorsah. Nach der Einführung der Nichtigkeitsklage gem. Art. 35 Abs. 6 EU hat sie zwar teilweise ihre Bedeutung verloren. Dennoch könnten die dort aufgestellten Grundsätze außerhalb des Anwendungsbereichs der unionsrechtlichen Nichtigkeitsklage relevant sein.

a) Sachverhalt und Entscheidungsgründe

Die Kommission erhob eine Nichtigkeitsklage gegen die Gemeinsame Maßnahme des Rates betreffend den Transitverkehr auf Flughäfen, die auf der Grundlage des Unions-

[1707] EuG, Rs. T-338/02 (Segi u.a./Rat), Slg. 2004, S. II-1647 Rn. 37; Schlussanträge des GA *Mengozzi* v. 26.11.2006 in den verb. Rs. C-354 bis 355/04 P (Gestoras Pro-Amnistía u.a./Rat der EU) Nr. 64 (noch nicht in der amtl. Slg. veröffentlicht); ebenso: *Krück* in: van der Groeben/Schwarze, EUV/EGV, Art. 46 EU Rn. 15.

[1708] *Dörr/Mager*, AöR 2000, S. 386 (423).

[1709] Vgl. *Griller*, EuR Beiheft 1/1999, S. 45 (54); *Vedder*, EuR Beiheft 1/1999, S. 7 (12).

vertrages (ex-Art. K.3 Abs. 3 lit. b EU) erlassen wurde.[1710] Aus der Begründungserwägung ging hervor, dass der Regelungszweck der Gemeinsamen Maßnahme (PJZS) vornehmlich in der Harmonisierung der mitgliedstaatlichen Politik im Bereich der Visumpflicht für den Transit auf Flughäfen bestand. Der Hintergrund war die häufige Benutzung des Luftwegs zur Einreise in Mitgliedstaaten mit dem Ziel des illegalen Aufenthalts. Die Kommission begehrte mit ihrer Klage die Feststellung, dass der Rat dadurch gegen ex-Art. 100c EGV verstoßen hat, indem er den Rechtsakt auf die falsche Rechtsgrundlage des EU-Vertrages stützte. Das als Streithelfer zugelassene Vereinigte Königreich wandte gegen die Zulässigkeit der Nichtigkeitsklage ein, dass der EuGH nach Art. 46 EU (ex-Art. L) für die Klage nicht zuständig sei, da der auf der Grundlage der unionsrechtlichen Bestimmungen erlassene Rechtsakt nicht zu den gem. Art. 230 EG justiziablen Organhandlungen gehöre.

Der Gerichtshof bejahte hingegen die eigene Zuständigkeit für die Nichtigkeitsklage gegen die Gemeinsame Maßnahme. Der EU-Vertrag sah damals noch keine Nichtigkeitsklage nach Art. 35 Abs. 6 EU vor. Der EuGH stützte sich daher primär auf Art. 230 EG. Eine direkte Anwendung dieser Vorschrift kam jedoch nicht in Betracht, da es sich – zumindest formell – um eine auf die Bestimmungen des EU-Vertrages gestützte Maßnahme handelte, sodass das Merkmal „Handlung eines *Gemeinschaft*sorgans" i.S.d. Art. 230 Abs. 1 EG äußerst problematisch erscheint. Der Gerichtshof benötigte eine besondere Ermächtigungsgrundlage, die ihm entsprechende Befugnisse im Anwendungsbereich des Unionsvertrages verleihen würde. Diese fand er in Art. 46 lit. f (ex-Art. L) i.V.m. Art. 47 (ex-Art. M) EU. Gem. Art. 46 lit. f EU sind die Bestimmungen des EG-Vertrages betreffend die Zuständigkeit des Gerichtshofs (Art. 220 ff. EG) auf die Schlussbestimmungen des Unionsvertrages anwendbar. Zu den Schlussbestimmungen zählt u.a. die Unberührtheitsklausel (Art. 47 EU). Daraus schlussfolgerte der EuGH eine ihm verliehene Kontrollermächtigung darüber, *„dass die Handlungen, von denen der Rat behauptet, sie fielen unter Artikel K.3 Absatz 2 des Vertrages über die Europäische Union, nicht in die Zuständigkeiten übergreifen, die die Bestimmungen des EG-Vertrags der Gemeinschaft zuweisen."*[1711] Um die Beeinträchtigung der Gemeinschaftskompetenzen feststellen zu können, prüfte er den Inhalt des Rechtsaktes anhand des ex-Art. 100c EGV.

Aus prüfungstechnischer Sicht erscheint merkwürdig, dass der materielle Regelungsgehalt der Gemeinsamen Maßnahme anhand des möglicherweise verletzten gemeinschaftsrechtlichen Kompetenztitels nicht i.R.d. Zulässigkeit der Nichtigkeitsklage, sondern in der Begründetheit erörtert wurde. Die Zulässigkeitsprüfung wird mit der Aufstellung der Voraussetzungen für die Begründetheit der Klage abgebrochen. Die innerhalb der Zulässigkeitsvoraussetzung „tauglicher Klagegegenstand" zu klärende Frage nach dem materiellen Inhalt, der „wahren" Rechtsnatur des strittigen Rechtsaktes wurde zunächst offen gelassen und in die Begründetheitsprüfung verlagert. Der EuGH hat im Ergebnis die Klage als *unbegründet* abgewiesen, da die von der Kommission gerügte Verletzung des Art. 100c EGV nicht vorlag. Dennoch hätte der EuGH sie richtigerweise wegen *Unzulässigkeit* abweisen müssen, da er sonst *de facto* über

[1710] Gemeinsame Maßnahme 96/197/JI des Rates v. 4.3.1996 betr. Transit auf Flughäfen, ABl. L 63, S. 8.
[1711] EuGH, Rs. C-170/96 (Kommission/Rat – Flughafentransit), Slg. 1998, S. I-2765 Rn. 16.

die Gültigkeit von *Unionssekundärrecht* judizierte. Im Unterschied dazu wurden bislang die Klagen in ähnlich gelagerten Fällen, d.h. gegen Handlungen der Mitgliedstaaten, die nicht als Handlungen der EG-Organe der Gemeinschaft zugerechnet werden konnten, nach der Feststellung des fehlenden „Übergriffs" in eine EG-Kompetenz als unzulässig abgewiesen.[1712] Der EuGH behielt sich ausdrücklich die Nichtigerklärung der Gemeinsamen Maßnahme für den Fall vor, dass die sie tatsächlich auf ex-Art. 100c EGV hätte gestützt werden müssen.[1713]

b) Kritik an der Entscheidung

Dem EuGH wurde im Zusammenhang mit dem *Flughafentransit*-Urteil eine Kompetenzanmaßung vorgeworfen, weil er zur Gültigkeitskontrolle des Unionssekundärrechts nicht befugt war und somit *ultra vires* handelte.[1714] Dabei wird im Grunde um die Auslegung der Zulässigkeitsvoraussetzungen der Nichtigkeitsklage nach Art. 230 EG, nicht um die Interpretation der Art. 46 lit. f, 47 EU[1715] gestritten. Art. 46 lit. f EU selbst besagt zwar noch nichts über die anwendbare Verfahrensart. Allerdings enthält er eine allgemeine Verweisung auf „die Bestimmungen" der Gemeinschaftsverträge „betreffend die Zuständigkeit des Gerichtshofs der Europäischen Gemeinschaften und die Ausübung dieser Zuständigkeit" (Art. 220 ff. EG) in Bezug auf die Schlussbestimmungen des EU-Vertrages, darunter Art. 47 EU. Somit ist auch die Nichtigkeitsklage nach Art. 230 EG anwendbar. Daran anknüpfend wird das Vorliegen eines tauglichen Klagegegenstandes gem. Art. 230 EG i.V.m. Art. 46 lit. f EU verneint.

Der Wortlaut des Art. 230 Abs. 1 EG verlangt das Vorliegen einer „Handlung des Rates", worunter zunächst auch Handlungen des Rates in seiner Eigenschaft als „entliehenes" Organ i.R.d. Unionsvertrages subsumiert werden können. Dieses Ergebnis wird jedoch zum Teil eingeschränkt. So leitet *Böse* aus Art. 220 EG, wonach der Gerichthof für die „*Auslegung und Anwendung **dieses** Vertrages*" zuständig ist, ein ungeschriebenes Merkmal der „*Handlung nach **diesem** Vertrag*" ab und liest es in Art. 230 EG hinein.[1716] Die Nichtigkeitsklage gegen eine in der II. oder III. Säule erlassene Maßnahme sei daher unzulässig, weil kein dem Rat zurechenbares Handeln nach dem EG-Vertrag vorliege. Vielmehr handele es sich um eine Maßnahme der außerhalb des EG-Vertrages handelnden Mitgliedstaaten[1717], die bei Verletzung des Gemeinschaftsrechts zum Gegenstand eines Vertragsverletzungsverfahrens nach Art. 226 EG gemacht werden könne. Eine Nichtigkeitsklage nach Art. 230 EG i.V.m. Art. 46 lit. f, 47 EU wäre nur dann zulässig, wenn auf Art. 47 EU ein Sekundärrechtsakt gestützt werden könnte, was aber nicht der Fall ist. *Böses* Auffassung führt zu einer wesentlichen Einengung des Anwendungsbereichs des Art. 46 lit. f EU. Die entsprechende Anwen-

---

[1712] Vgl. z.B. EuGH, verb. Rs. C-181/91 u. C-248/91 (EP/Rat u. Kommission – Bangladesch I), Slg. 1993, S. I-3685 Rn. 12-15.

[1713] S. EuGH, Rs. C-170/96 (Kommission/Rat – Flughafentransit), Slg. 1998, S. I-2765 Rn. 17.

[1714] So: *Pechstein*, JZ 1998, S. 1007 (1008); *ders.*, EuR 1999, S. 1 (10); a.A.: *Schroeder*, in: v. Bogdandy (Hrsg.), Europäisches Verfassungsrecht (2003), S. 373 (409).

[1715] Anders aber: *Schütz/Sauerbier*, JuS 2002. S. 658 (663).

[1716] *Böse*, EuR 1998, S. 678 (679); in diesem Sinne auch: *Pechstein*, Rn. 356.

[1717] *Böse*, EuR 1998, S. 678 (680); ähnlich: *Pechstein*, Rn. 356.

dung der Vorschriften des EGV über den Gerichtshof würde nur die Auslegung der Schlussbestimmungen (u.a. Art. 47 EU), aber keine Nichtigkeitsklage erfassen.[1718]

Kritiker der *Flughafentransit*-Entscheidung wenden ferner ein, die Anerkennung einer Kassationsbefugnis des Gerichtshofs in Bezug auf EU-Sekundärrecht führe zu einer ungerechtfertigten Unterordnung des Unionsrechts unter das Gemeinschaftsrecht.[1719] Diese Konsequenz werde vermieden, wenn der EuGH statt der Nichtigerklärung des Unionssekundärrechtsaktes lediglich eine Verletzung des EG-Rechts feststelle. Der Verweis in Art. 46 lit. f EU betreffe somit in erster Linie das Vertragsverletzungsverfahren nach Art. 226 EG, welches das richtige Instrument gerichtlicher Kontrolle von Kompetenzverletzungen durch die im institutionellen Rahmen des EU-Vertrages[1720] handelnden Mitgliedstaaten sei.[1721] Dem Gerichtshof stehe hingegen keine Kassationsbefugnis in Bezug auf kompetenzwidriges Unionssekundärrecht zu. Andernfalls hätte es der (konstitutiven) Einführung einer unionsrechtlichen Nichtigkeitsklage (gegen PJZS- Sekundärrecht) nach Art. 35 Abs. 6 EU nicht bedurft.[1722]

c) Argumente für die Position des EuGH in der Rs. C-170/96

aa) Materielle Betrachtungsweise in der Rechtsprechung

Auch wenn unter systematischen Gesichtspunkten ein in Art. 230 EG hineinzulesendes, ungeschriebenes Erfordernis einer *„Handlung nach* ***diesem*** *Vertrag"* nicht fern liegt, so ist dies anhand materieller, nicht rein formeller Kriterien festzustellen. Im *Flughafentransit*-Urteil prüfte der EuGH, i.R.d. Zuständigkeit unter Wahrung des beschränkten Kontrollumfangs, ob es sich in materieller Hinsicht tatsächlich um einen Unionssekundärrechtsakt oder vielmehr um eine „verdeckte" gemeinschaftsrechtliche Regelung handelt.[1723] Das entspricht der ständigen Rechtsprechung, die die Rechtsnatur einer Maßnahme anhand materieller Kriterien beurteilt, wohingegen formelle Aspekte (Bezeichnung, Form oder die angegebene Rechtsgrundlage) nur allenfalls als Indizien dienen.[1724] Damit soll die Umgehung der gerichtlichen Kontrolle durch eine bestimmte Formwahl verhindert werden.

Die Übertragbarkeit der funktionellen Betrachtungsweise wird in einer Reihe von Entscheidungen des EuGH bestätigt, die folgende Grundkonstellation gemeinsam haben: die Gemeinschaftsorgane werden in unterschiedlichem Maße und in unterschiedlicher Funktion beim Erlass der betreffenden Maßnahmen involviert, ohne dass sie

---

1718 *Böse*, EuR 1998, S. 678 (680).

1719 So z.B.: *Pechstein*, EuR 1999, S. 1 (10).

1720 D.h. die Mitgliedstaaten bedienen sich des nach Art. 5 EG entliehenen EG-Organs „Rat".

1721 *Böse*, EuR 1998, S. 678 (680 f.); *Pechstein*, JZ 1998, S. 1007 (1009); *ders.*, EuR 1999, S. 1 (8, 11); *ders./Koenig*, Rn. 522, 524 f.; *Vedder*, EuR Beiheft 1/1999, S. 7 (29).

1722 *Pechstein*, EuR 1999, S. 1 (11).

1723 Der EuGH folgte insofern dem Vorschlag des Generalanwalts – Schlussanträge des GA *Fenelly* in der Rs. Rs. C-170/96 (Kommission/Rat – Flughafentransit), Slg. 1998, S. I-2765 Nr. 11 f.

1724 In diesem Sinne (st. Rspr.): EuGH, Rs. 16/62 und 17/62 (Confédération nationale des producteurs de fruits et légumes u. a./Rat), Slg. 1962, S. 963; EuGH, Rs. 789 u. 790/79 (Calpak/Kommission), Slg. 1980, S. 1949 (1961); EuGH, Rs. 60/81 (IBM/Kommission), Slg. 1981, S. 2639, 2651 Rn. 8; EuGH, Rs. C-15/91 u. C-108/91 (Buckl/Kommission), Slg. 1992, S. I-6061 Rn. 22; EuGH, verb. Rs. 19 bis 22/62 (Fédération nationale de la boucherie en gros u.a./Rat), Slg. 1962, S. 1005 (1020).

ausdrücklich *für* die EG als Zurechnungssubjekt der Handlungen tätig werden, zum Teil wird sogar das Gegenteil behauptet.

Das *AETR*-Urteil[1725] betraf die Nichtigkeitsklage gegen den Beschluss des Rates über die Aushandlung und den Abschluss des Europäischen Übereinkommens über die Arbeit der Fahrzeugbesatzungen im internationalen Straßenverkehr (AETR) durch die Mitgliedstaaten i.R.d. Wirtschaftskommission für Europa der UNO. Der EuGH beurteilte die Rechtsnatur der fraglichen Maßnahme anhand der vertikalen Kompetenzzuweisung für die Aushandlung und des Abschlusses von AETR. Dem Beschluss komme unterschiedliche rechtliche Tragweite zu, die davon abhängig sei, ob der Rechtsakt in Ausübung einer der EG verliehenen Befugnis oder als Ausdruck des koordinierten Auftretens und der abgestimmten Politikgestaltung durch die Mitgliedstaaten i.R.d. ihnen verbleibenden Kompetenzen betrachtet werden müsse.[1726]

Problematisch war, ob überhaupt eine „Handlung eines Gemeinschaftsorgans" i.S.d. Art. 230 Abs. 1 EG angenommen werden darf, wenn der Rat gar nicht in dieser Eigenschaft im supranationalen Rahmen, sondern als Gremium der Staatenvertreter auf völkerrechtlicher Ebene tätig werden wollte.[1727] Zur Begründung der eigenen Zuständigkeit für die Kontrolle des fraglichen Beschlusses berief sich der EuGH auf die Funktion der Nichtigkeitsklage. Nach Art. 230 EG obliegt ihm die Überwachung der Rechtmäßigkeit rechtsverbindlicher Handlungen des Rates und sonstiger EG-Organe. Dieses Verfahren ist eines der Instrumente, die dem Gerichtshof die Wahrnehmung seiner in Art. 220 EG statuierten Aufgabe der Rechtswahrung bei der Auslegung und Anwendung dieses Vertrages ermöglichen soll. Die Nichtigkeitsklage ist deshalb gegen alle Handlungen der Organe statthaft, die dazu bestimmt sind, Rechtswirkungen zu erzeugen, ohne Unterschied ihrer Rechtsnatur oder Form.[1728] Damit wurde u.a. klargestellt, dass der Gerichtshof selbst die Rechtsnatur der angefochtenen Handlung als Vorfrage (prozesshindernde Einrede) untersucht und danach über die Zulässigkeit der Nichtigkeitsklage entscheidet. Eine „Falschetikettierung" der Regelung ist nicht geeignet, die Zulässigkeit der Klage auszuschließen. Maßgebend ist allein, ob der Rechtsakt, bei dessen Erlass ein Gemeinschaftsorgan involviert war, seinem Inhalt nach in den Anwendungsbereich des Gemeinschaftsrechts fällt. Da das betreffende Sachgebiet bereits sekundärrechtlich geregelt worden war, ging auch die Außenkompetenz zum Abschluss des AETR-Abkommens auf die Gemeinschaft über. Der EuGH lehnte eine konkurrierende, mitgliedstaatliche Regelungskompetenz ab, *„da alles, was außerhalb der Gemeinschaftsorgane geschieht, mit der Einheit des Gemeinsamen Marktes und der einheitlichen Anwendung des Gemeinschaftsrechts unvereinbar ist.*"[1729] Daher ging er einer Handlung eines *Gemeinschaftsorgans* i.S.d. Art. 230 EG aus.

1725 EuGH, Rs. 22/70 (Kommission/Rat – *AETR*), Slg. 1971, S. 263.

1726 EuGH, Rs. 22/70 (Kommission/Rat – *AETR*), Slg. 1971, S. 263 Rn. 3/4 f.

1727 Vgl. das Vorbringen des Rates, zit. in: EuGH, Rs. 22/70 (Kommission/Rat – *AETR*), Slg. 1971, S. 263 (277) Rn. 34/37. Der Rat hielt den Beschluss für keine anfechtbare Organhandlung i.S.d. Art. 230 Abs. 1 EG, sondern lediglich *„eine politische Abstimmung zwischen den Mitgliedstaaten im Rahmen des Rates, die als solche kein Recht begründet, keine Verpflichtung auferlegt und keine Rechtslage verändert habe.*"

1728 EuGH, Rs. 22/70 (Kommission/Rat), Slg. 1971, S. 263 (277) Rn. 38/42; ebenso später auch: EuGH, Rs. C-316/91 (Parlament/Rat der Europäischen Union), Slg. 1994, S. I-625 (657) Rn. 8.

1729 Vgl. EuGH, Rs. 22/70 (Kommission/Rat – *AETR*), Slg. 1971, S. 263 Rn. 30/31.

In der Rs. *Bangladesch I* folgte der Gerichtshof ebenfalls dem materiellen Ansatz und stellte maßgeblich auf den Inhalt und die Tragweite der angefochtenen Handlung ab.[1730] Problematisch war hier der Umstand, dass die umstrittene Entscheidung über die Sonderhilfe für das von einem Wirbelsturm verwüstete Bangladesch formell den Mitgliedstaaten zurechenbar sein sollte. Diese haben sich des Rates lediglich als Kooperations- und Abstimmungsgremiums bedient, ohne eine dem Rat der EG zurechenbare Organmaßnahme treffen zu wollen. Dem EuGH fehlte zwar die entsprechende Ermächtigung zur Legalitätskontrolle der Akte der Vertreter der Mitgliedstaaten, die nicht als Ratsmitglieder, sondern in der Rolle der Regierungsvertreter der einzelnen Staaten handelten. Zugleich erklärte er jedoch, dass die formellen Aspekte allein nicht ausschlaggebend sein können, da sonst die gerichtliche Kontrolle leicht umgangen werden könnte. Im Ergebnis wurde die Nichtigkeitsklage des Parlaments gegen die fragliche Maßnahme des Rates zwar als unzulässig abgewiesen. Dennoch ist der gedankliche Weg zu diesem Ergebnis weitaus bedeutender als der Urteilstenor.

Die Richter untersuchten, ob die angefochtene Handlung trotz der formellen Bezeichnung als „Entscheidung der Mitgliedstaaten“ in materieller Hinsicht tatsächlich eine Entscheidung des Rates der EG verkörpert.[1731] Das wäre jedenfalls dann der Fall gewesen, soweit die geregelte Materie in die ausschließliche EG-Kompetenzsphäre fallen würde. Dadurch soll eine „Flucht ins Völkerrecht“ bzw. Formmissbrauch verhindert werden. Sonst könnten nämlich die Mitgliedstaaten beliebig die Justiziabilität von materiell gemeinschaftsrechtlichen Regelungen durch bloße Erklärung, nicht auf der Grundlage des EG-Vertrages handeln zu wollen, ausschließen. Im vorliegenden Fall betraf die Maßnahme humanitäre Hilfe und berührte nach zutreffender Auffassung des EuGH keine ausschließliche Gemeinschaftskompetenz, sodass die Klage im Ergebnis keinen Erfolg hatte. Damit waren die Mitgliedstaaten nach wie vor befugt, Maßnahmen auf diesem Gebiet – sei es i.R. eines nationalen Alleingangs, sei es in Kooperation – zu treffen. Dabei bleibt es ihnen auch unbenommen, sich des Rates als Zusammenarbeitsgremiums zu bedienen. Der Gerichtshof behält sich indes die Kontrolle der Einhaltung der horizontalen Kompetenzverteilung zwischen der EG und den auf völkerrechtlicher Ebene tätigen Mitgliedstaaten vor. Daher ist er befugt, eine der EG *nicht* zurechenbare Handlung des Rates dahingehend zu überprüfen, ob sie in die Zuständigkeiten der EG eingreift.[1732]

In einer weiteren Entscheidung des EuGH ging es um die Nichtigkeitsklage des Europäischen Parlaments gegen die Finanzregelung 91/491/EWG des Rates für die Zusammenarbeit bei der Entwicklungsfinanzierung im Rahmen des sog. *Lomé*-Abkommens[1733]. Die im Rat vereinigten Vertreter der Regierungen der Mitgliedstaaten

---

[1730] Zum funktionellen Ansatz auch: Schlussanträge des GA *Jacobs* in den verb. Rs. C-181/91 u. C-248/91 (Parlament/Rat u. Kommission), Slg. 1993, S. I-3685 Nr. 21 sowie die Schlussanträge des GA *Fenelly* in der Rs. C-170/96 (Kommission/Rat – Flughafentransit), Slg. 1998, S. I-2765 Nr. 12.

[1731] S. EuGH, verb. Rs. C-181/91 u. C-248/91 (EP/Rat u. Kommission - Bangladesch I), Slg. 1993, S. I-3685 Rn. 12-15.

[1732] Ähnlich: Schlussanträge des GA *Jacobs* in der Rs. C-316/91 (EP/Rat), Slg. 1994, S. I-625 (652) Nr. 93.

[1733] Finanzregelung 91/491/EWG des Rates vom 29.7.1991 für die Zusammenarbeit bei der Entwicklungsfinanzierung im Rahmen des Vierten AKP-EWG-Abkommens, ABl. 1991, Nr. L 266, S. 1.

schlossen ein internes Abkommen, wonach die Mitgliedstaaten einen 7. Europäischen Entwicklungsfonds errichteten.[1734] Der Rat machte die Unzulässigkeitseinrede geltend und wandte ein, dass die Finanzregelung keine anfechtbare Handlung i.S.d. Art. 230 Abs. 1 EG sei. Denn es lag zwar eine Handlung des Rates vor, die jedoch nicht auf den EG-Vertrag, sondern auf eine völkervertragliche Bestimmung gestützt war, an die alle Mitgliedstaaten gebunden waren und die dem Rat eine entsprechende Ermächtigung verlieh.[1735] Der Gerichtshof folgte den Ausführungen des Rates nicht und ließ die Klage zu. Dabei verwies er auf die ständige Rechtsprechung, wonach *„die Nichtigkeitsklage gegen alle von den Organen erlassenen Bestimmungen, die Rechtswirkungen erzeugen sollen, unabhängig von ihrer Rechtsnatur oder ihrer Form gegeben sein muss*".[1736] Da die angefochtene Maßnahme diesen Kriterien entsprach, qualifizierte der EuGH sie als tauglichen Klagegegenstand i.S.d. Art. 230 EG *„unabhängig von der Frage..., ob die Handlung von dem Organ aufgrund von Bestimmungen des Vertrages vorgenommen worden ist.*"[1737] Die rein formelle Zugehörigkeit des streitigen Rechtsaktes zum Unionsrecht ist also für die Zulässigkeit der Klage nicht ausschlaggebend.

In der Rs. *Hautala/Rat* ging es um eine Nichtigkeitsklage gegen eine Entscheidung des Rates, mit der dem Kläger der Zugang zum Bericht der Arbeitsgruppe „Ausfuhr konventioneller Waffen" verweigert wurde. Der Rat wandte gegen die Zulässigkeit der Klage ein, das Gericht habe nach Maßgabe des Art. 46 EU keine Jurisdiktion über Handlungen des Rates der EU. Der Ratsbeschluss betreffe ein Dokument, das in den Sachbereich des V. Titels des EU-Vertrages falle und mithin ein Unionsrechtsakt sei. Das EuG folgte dem aber nicht und ließ die Klage zu. Die einschlägige Rechtsgrundlage, Art. 4 Abs. 1 des Beschlusses 93/731, finde auf alle Dokumente des Rates unabhängig von ihrem Inhalt Anwendung. Das EuG hatte bereits im früheren Urteil entschieden, dass der Inhalt der Dokumente erst bei der materiell-rechtlichen Prüfung der Rechtmäßigkeit der Entscheidung über die Zugangsverweigerung relevant sein könne, was aber die Zulässigkeit der Klage nicht berühre.[1738] Der Zugang zu öffentlichen Dokumenten richte sich nach Art. 203 Abs. 3 EG, da Art. 28 Abs. 1 EU den Anwendungsbereich dieser Normen auf die GASP erweiterte.[1739]

Zusammenfassend lässt sich der Standpunkt des Gerichtshofs auf einen gemeinsamen Nenner zurückführen. Der Grundgedanke, der konsequent in der *Flughafentransit*-Entscheidung zum Tragen kommt, ist eine wirksame gerichtliche Rechtmäßigkeitskontrolle *im Anwendungsbereich der Gemeinschaftsverträge* sicherzustellen. Nun ist der EuGH nicht nur befugt, sondern sogar nach Maßgabe des Rechtswahrungsauftrags des Art. 220 EG sowie der konkretisierenden Verfahrensvorschriften der Art. 226 ff.

[1734] Abkommen 91/401/EWG vom 16.7.1990 über die Finanzierung und Verwaltung der Hilfen der Gemeinschaft im Rahmen des Vierten AKP-EWG-Abkommens, ABl. 1991, Nr. L 229, S. 288.

[1735] EuGH, Rs. C-316/91 (EP/Rat – Lomé-Abkommen), Slg. 1994, S. I-625 Rn. 7.

[1736] Vgl. EuGH, Rs. 22/70 (Kommission/Rat), Slg. 1971, S. 263 Rn. 42; EuGH, Rs. C-316/91 (EP/Rat – Lomé-Abkommen), Slg. 1994, S. I-625 Rn. 8.

[1737] EuGH, Rs. C-316/91 (EP/Rat – Lomé-Abkommen), Slg. 1994, S. I-625 Rn. 9.

[1738] EuG, Rs. T-174/95 (Svenska Journalistförbundet/Rat der EU), Slg. 1998, S. II-2289 Rn. 86.

[1739] EuG, Rs. T-14/98 (Hautala/Rat der EU), Slg. 1999, S. II-2489 Rn. 41 ff.; bestätigt durch die Rechtsmittelinstanz – EuGH, Rs. C-353/99 P (Rat der EU/Hautala), Slg. 2001, S. I-9565 Rn. 21 ff. In diesem Sinne bereits: EuG, Rs. T-174/95 (Svenska Journalistförbundet/Rat der EU), Slg. 1998, S. II-2289 Rn. 81 f.

EG verpflichtet, das Vorliegen der Zulässigkeitsvoraussetzungen selbst zu beurteilen. Diese Kontrollbefugnis kann ihm nicht bereits dadurch entzogen werden, dass die betreffende Organhandlung – abweichend von ihrem Inhalt – als eine der Jurisdiktionsbefugnis des EuGH entzogene Maßnahme der Mitgliedstaaten bezeichnet wird. Sonst würde die Gefahr einer nicht effektiv sanktionierten „Flucht ins Völkerrecht" zur Umgehung der gemeinschaftlichen Verfahrensvorschriften drohen. Die Feststellung, ob ein statthafter Klagegegenstand i.S.d. Art. 230 EG gegeben ist oder nicht, obliegt daher dem EuGH. Kommt er zum Ergebnis, dass tatsächlich keine Organhandlung vorliegt, die in den Anwendungsbereich der Gemeinschaftsverträge fällt, so ist die Klage mangels tauglichen Gegenstandes als unzulässig abzuweisen. Die mitgliedstaatliche Kompetenzsphäre wird dadurch nicht berührt. Das bedeutet im Ergebnis, dass auch „*quasi*-Unionssekundärrecht" (Scheinunionssekundärrecht) Kontrolle des Gerichtshofs unterliegt.

Genau in diesem Punkt ist der EuGH im *Flughafentransit*-Urteil von seiner bisherigen Rechtsprechungslinie abgewichen und damit auf Kritik gestoßen. Von einer Kompetenzanmaßung des EuGH[1740] kann nur insofern nicht die Rede sein, als er zur Kontrolle der Unberührtheit des Gemeinschaftsrechts durch Handlungen in der zweiten und dritten Säule durch Art. 46 lit. f i.V.m. Art. 47 EU und Art. 230 EG ausdrücklich ermächtigt wird. Dieses Verfahren kommt gerade dann zur Anwendung, wenn der fragliche Rechtsakt die Bestimmungen des Unionsvertrages als Rechtsgrundlage benennt.[1741] Allerdings hätte der EuGH nach der Feststellung, dass die von der Kommission benannte Gemeinschaftsnorm für die betreffende Flughafentransitregelung nicht einschlägig war, die Nichtigkeitsklage als *unzulässig* abweisen müssen. Denn es stellte sich heraus, dass es sich bei der angefochtenen Maßnahme auch in materieller Hinsicht um Unionsrecht handelt, für dessen Rechtmäßigkeitskontrolle der Gerichtshof nach dem damaligen Stand des EU-Vertrages nicht befugt war. Daher war die Erörterung der Frage nach der richtigen Rechtsgrundlage für die betreffende Visaregelung innerhalb der *Begründetheit* aus systematischen Gründen verfehlt. Die Formulierung in der Zuständigkeitsprüfung deutet jedoch auf eine „bedingte" Annahme der Zuständigkeit (unter der Bedingung der Beeinträchtigung der EG-Kompetenz durch den Inhalt des Rechtsaktes[1742]), die die Begründetheitsprüfung denknotwendig vorwegnimmt. Stellt sich heraus, dass der betreffende „Unionssekundärrechtsakt" tatsächlich auf eine gemeinschaftsrechtliche Ermächtigungsgrundlage hätte gestützt werden müssen, so wird auch über die Begründetheit der Klage entschieden[1743], da die falsche Bezeichnung der Rechtsgrundlage unter den Nichtigkeitsgrund „Verletzung wesentlicher Formvorschriften" bzw. Ermessensmissbrauch[1744] fallen dürfte. Ein Ermessensmissbrauch wird

---

[1740] Vgl. die Urteilskritik von: *Pechstein*, JZ 1998, S. 1007 (1008 f.); a.A.: *Schroeder*, in: v. Bogdandy (Hrsg.), Europäisches Verfassungsrecht (2003), S. 373 (409 f.).
[1741] Vgl. *Herrnfeld* in: Schwarze, EU-Komm., Art. 46 Rn. 19; *Schütz/Sauerbier*, JuS 2002. S. 658 (663 f.); *Vedder*, EuR Beiheft 1/1999, S. 7 (11 f., 29 f.). Näher dazu unten.
[1742] Vgl. EuGH, Rs. C-170/96 (Kommission/Rat), Slg. 1998,S. I-2763 Rn. 17.
[1743] Ebenso: GA *Fenelly*, Schlussanträge in der Rs. Rs. C-170/96 (Kommission/Rat – Flughafentransit), Slg. 1998, S. I-2765 Nr. 18, 46 f., der die Zulässigkeits- und die Begründetheitsprüfung miteinander verknüpft.
[1744] Vgl. EuG, Rs. T-338/02 (Segi u.a./Rat), Slg. 2004, S. II-1647 Rn. 42 – „Verfahrensmissbrauch".

z.B. dann vorliegen, wenn der Rat durch die Wahl einer unionsrechtlichen Rechtsgrundlage beabsichtigt, den Betroffenen das Recht auf einen wirksamen Rechtsbehelf vorzuenthalten.[1745] Das EuG sieht sich nach Art. 230 ff. EG für die Rechtmäßigkeitskontrolle zuständig, *„soweit die Kläger einen vom Rat durch das Tätigwerden im JI-Bereich begangenen Verfahrensmissbrauch geltend machen, der im Eingriff in die Befugnisse der Gemeinschaft bestehe und dazu geführt habe, dass sie keinerlei Rechtsschutz hätten"*.[1746]

bb) Funktioneller Ansatz

Durch die Bestimmung der Organleihe in Art. 5 EU werden die EG-Organe, vor allem der Rat, für die Aufgabenerfüllung i.R.d. übrigen zwei Unionssäulen eingesetzt. Teilweise wird in der Literatur sogar von einer Verschmelzung bzw. von einem einheitlichen Verband mit einer einzigen Organisation gesprochen.[1747] Die institutionelle Identität der Handelnden hat das Problem der Abgrenzung zwischen Unions- und Gemeinschaftssekundärrecht zur Folge. Eine praktikable Grenzziehung zwischen den beiden unterschiedlichen Rechtsmassen lässt sich nicht auf eine subjektive, in einer bestimmten Bezeichnung des Rechtsaktes zum Ausdruck kommende Sicht des handelnden Organs stützen. Daher bietet sich die rechtsgrundlagenbezogene, materielle Betrachtung an, wonach der Rechtscharakter anhand der tatbestandlich einschlägigen, nicht dagegen zur formell angegebenen Rechtsgrundlage aus dem Bereich des Gemeinschafts- oder des Unionsrechts beurteilt wird.[1748] Die Wahl der Rechtsgrundlage muss sich nach ständiger Rechtsprechung auf objektive, gerichtlich nachprüfbare Umstände gründen, zu denen insbesondere das Ziel und der Inhalt des Rechtsakts gehören.[1749] Hervorzuheben ist ferner, dass die Annahme der nach Art. 230 Abs. 1 EG anfechtbaren Handlung eines Gemeinschaftsorgans nicht erfordert, dass die Rechtsfolgen die EG als solche unmittelbar treffen. Es ist m.a.W. unerheblich, ob die Maßnahme im Endergebnis der Gemeinschaft zurechenbar sein soll. Hinreichend ist bereits die Feststellung, dass ein Organ der EG (bzw. Einrichtung, z.B. EZB) gehandelt hat, das im Nichtigkeitsklageverfahren passivlegitimiert ist.[1750] Ob das Organ für die EG oder für ein anderes Subjekt handeln wollte, bleibt für die Zulässigkeit der Nichtigkeitsklage irrelevant. Sonst bestünde die Gefahr der Subjektivierung der Rechtsqualität von Maßnahmen, was zur Umgehung der gerichtlichen Kontrolle führen könnte. Diese Lösung ist im Falle einer Organleihe auch sachgerecht. Denn der Einsatz derselben Organe

[1745] So der Vorwurf des EP und des Klägers, in: EuG, Rs. T-338/02 (Segi u.a./Rat), Slg. 2004, S. II-1647 Rn. 24.

[1746] EuG, Rs. T-338/02 (Segi u.a./Rat), Slg. 2004, S. II-1647 Rn. 42; ebenso: EuG, T-299/04 (Abdelghani Selmani/Rat u. Kommission), Slg. 2005, S. II-20 Rn. 56. Vgl. auch: EuGH, Rs. C-124/95, (The Queen, ex parte Centro-Com/HM Treasury & Bank of England), Slg. 1997, S. I-81 Rn. 25; EuGH, Rs. C-170/96 (Kommission/Rat), Slg. 1998, S. I-2763 Rn. 17.

[1747] So z.B.: *v. Bogdandy*, EuR Beiheft 2/1998, S. 165 ff. (171).

[1748] Vgl. *Vedder*, EuR Beiheft 1/1999, S. 7 (11 f.) – Doppelfunktion des Art. 5 EU: als Ausdruck des Prinzips der begrenzten Einzelermächtigung und Grenzziehung zwischen EG- und EU-Sekundärrecht.

[1749] EuGH, Rs. C-176/03 (Kommission/Rat), Slg. 2005, S. I-7879 Rn. 45; EuGH, Rs. C-300/89 (Kommission/Rat – „Titandioxid"), Slg. 1991, S. I-2867 Rn. 10; EuGH, Rs. C-336/00 (Huber), Slg. 2002, S. I-7699 Rn. 30.

[1750] *Pechstein*, Rn. 351.

i.R. anderer Zurechnungssubjekte birgt die Gefahr der Umgehung der Gemeinschaftskompetenzen, weil das rechtliche Können über das rechtliche Dürfen hinausgeht.[1751]

cc) Bindung des Gerichtshofs „an das Recht" gem. Art. 220 EG

Der Gerichtshof ist nach Art. 220 EG verpflichtet, die Wahrung des Rechts umfassend bei der Auslegung und Anwendung des Vertrages sicherzustellen. Art. 47 EU bestätigt die Unberührtheit des Gemeinschaftsrechts durch Maßnahmen, die auf der Grundlage des EU-Vertrages ergriffen werden. Durch Art. 46 lit. f EU wird kein neues Kontrollverfahren geschaffen, sondern auf die existierenden Verfahren nach dem EG-Vertrag verwiesen.

Der Rechtswahrungsauftrag und die Bindung an das Recht bedeuten, dass der Gerichtshof nicht an die vom Erlassorgan benannte Ermächtigungsgrundlage gebunden ist, sondern selbst prüfen muss, ob sie tatsächlich für die konkrete Regelung einschlägig ist. Das gilt auch dann, wenn eine unionsrechtliche oder sonstige Ermächtigungsgrundlage außerhalb des EG-Vertrages durch das Erlassorgan als Rechtsgrundlage angegeben wird.

Es handelt sich zugleich um die Überprüfung der eigenen Zuständigkeit zur Nichtigerklärung, die dann zu verneinen ist, wenn in materieller Hinsicht ein Unionssekundärrechtsakt vorliegt. Die gerichtliche Prüfung beschränkt sich indes auf die Abgrenzung zwischen dem vollumfänglich justitiablen Gemeinschaftsrecht und dem nach Maßgabe des Art. 46 EU eingeschränkt justitiablen Unionsrecht.[1752] Von einem Übergriff auf die von der Gerichtskontrolle ausgenommenen Bereiche des Unionsrechts kann daher keine Rede sein, sodass der Vorwurf der fehlenden Zuständigkeit des EuGH nach Art. 46 lit. f i.V.m. Art. 47 EU unbegründet ist. Denn der Ausschluss betrifft nicht die Prüfung der eigenen Zuständigkeit, sondern die materielle Kontrolle des Unionssekundärrechts am Maßstab des EU-Primärrechts.

dd) Auslegung der Unberührtheitsklausel

Nach Art. 46 lit. f EU gelten die Bestimmungen des EG-Vertrages über die Zuständigkeit des Gerichtshofs auf die Schlussbestimmungen des EU-Vertrages, zu denen auch Art. 47 EU gehört. Diese Bestimmung erweitert die Zuständigkeit des Gerichtshofs auf die Kontrolle der Unberührtheit des Gemeinschaftsrechts.[1753] Hierunter fällt auch die in Art. 230 EG festgelegte Zuständigkeit des Gerichtshofs für die Legalitätskontrolle von rechtsverbindlichen Handlungen des Rates. Dies gilt unabhängig von deren Form, soweit sie ihrem materiellen Regelungsgehalt nach in die der Gemeinschaft vorbehaltene Kompetenzsphäre fallen.

Art. 47 EU verkörpert eine Kollisionsregel, die der gemeinschaftsrechtlichen Bestimmung des Art. 305 EG ähnelt.[1754] Der Sinn und Zweck der Einbeziehung dieser

---

[1751] In diesem Sinne auch: Schlussanträge des GA *Jacobs* in den verb. Rs. C-181/91 u. C-284/91 (EP/Rat u. Kommission – Bangladesch I), Slg. 1993, S. I-3685 Nr. 21, 32. – sog. „funktioneller Ansatz".

[1752] So auch: *Schwarze* in: Schwarze, EU-Komm., Art. 220 Rn. 38.

[1753] Vgl. *de Witte*, EuR Beiheft 1/1999, S. 91 (93); im Ansatz auch: *Krenzler/Schneider*, EuR 1994, S. 144 (159).

[1754] *Schroeder*, in: v. Bogdandy (Hrsg.), Europäisches Verfassungsrecht (2003), S. 373 (410).

Norm in die gerichtliche Kontrolle gem. Art. 46 lit. f EU besteht gerade im Schutz der EG-Kompetenzen vor Eingriffen durch Handlungen des Rates und der Mitgliedstaaten in Ausübung ihrer Befugnisse nach Titel V und Titel VI des EU-Vertrages.[1755] Der Vorwurf der Rechtswidrigkeit bezieht sich ausschließlich auf die Verletzung des Gemeinschaftsrechts i.V.m. Art. 47 EU, nicht hingegen auf die Verletzung des sonstigen Unionsprimärrechts.[1756] Der EuGH handelt hier also nicht *ultra vires*.[1757] Die prozessuale Qualifikation der angefochtenen Maßnahme wird als Vorfrage i.R.d. Zuständigkeit des EuGH[1758] behandelt. Wird sie nach den materiellen Kriterien im Einklang mit ihrer formellen Bezeichnung dem Unionsrecht zugeordnet, so muss sich der Gerichtshof für unzuständig erklären.[1759] M.a.W. erfolgt in diesem Falle lediglich eine eingeschränkte Kontrolle der Ermächtigungsgrundlage daraufhin, ob eine EG-Kompetenz berührt wird, nicht hingegen, ob der „richtige" Kompetenztitel innerhalb des EU-Vertrages oder sonst außerhalb des Gemeinschaftsrechts angegeben worden ist.

Generalanwalt *Fenelly* wies in seinen Schlussanträgen zum *Flughafentransit*-Urteil auf eine gewisse Parallele zur Entscheidung des EuGH in der Rs. *Hurd/Jones* hin, in der es sich um eine Auslegungsvorlage an den EuGH handelte.[1760] Der Gerichtshof verneinte zwar zu Recht eine direkte Auslegungsbefugnis für die vorlagegegenständlichen Vorschriften, da sie weder dem Gemeinschaftsprimärrecht noch dem Sekundärrecht zuzuordnen waren. Allerdings bejahte er die Möglichkeit der Befassung mit diesen Bestimmungen, soweit dies zur Bestimmung des Anwendungsbereichs eines EG-Rechtsaktes (Art. 3 der Beitrittsakte'72) erforderlich ist, nicht aber zur Feststellung der aus diesen Rechtsakten folgenden Verpflichtungen für die Mitgliedstaaten.[1761] Ähnlich sieht es aus bei der Prüfung der Unionssekundärrechtsakte dahingehend, ob sie das Gemeinschaftsrecht berühren. Der Gerichtshof zieht nicht das Unionsprimärrecht als Prüfungsmaßstab heran. Er entscheidet daher im Rahmen seiner Zuständigkeit nach Art. 230 EG über die Auslegung des Gemeinschaftsrechts, wozu er ausdrücklich gem. Art. 46 lit. f i.V.m. Art. 47 EU ermächtigt ist. Zu beachten ist dabei, dass sich die Befugnis des EuGH aus Art. 46 lit. f EU ebenfalls auf diesen Artikel als solchen bezieht,

---

[1755] Schlussanträge des GA *Fenelly* in der Rs. Rs. C-170/96 (Kommission/Rat – Flughafentransit), Slg. 1998, S. I-2765 Nr. 9.

[1756] Vgl. EuGH, Rs. C-167/94 (Strafverfahren gegen Grau Gomis u.a.), Slg. 1995, S. I-1023 Rn. 6. Der EuGH hielt sich gem. Art. 46 EU (ex-Art. L) für offensichtlich unzuständig für die Auslegung des Unionsprimärrechts.

[1757] Ebenso: *Schroeder*, in: v. Bogdandy (Hrsg.), Europäisches Verfassungsrecht (2003), S. 373 (409 f.).

[1758] Vgl. EuGH, Rs. 22/70 (Kommission/Rat – *AETR*), Slg. 1971, S. 263 Rn. 4 f., 38/42. Der EuGH hat die Rechtsnatur des umstrittenen Ratsbeschlusses als Vorfrage („prozesshindernde Einrede") i.R.d. Art. 230 EG dahingehend geklärt, ob es sich um eine anfechtbare Organhandlung im Sinne dieser Vorschrift handelt.

[1759] In diesem Sinne plädierte auch ausdrücklich GA *Fenelly*, Schlussanträge in der Rs. Rs. C-170/96 (Kommission/Rat – Flughafentransit), Slg. 1998, S. I-2765 Nr. 46. Der EuGH wies die Klage dagegen als unbegründet ab.

[1760] GA *Fenelly*, Schlussanträge in der Rs. Rs. C-170/96 (Kommission/Rat – Flughafentransit), Slg. 1998, S. I-2765 Nr. 11. Die Frage betraf zunächst die Zuständigkeit des Gerichtshofs zur Auslegung bestimmter Vorschriften über die Europäischen Schulen i.R.d. Auslegung des Art. 3 der Akte über die Beitrittsbedingungen und die Anpassungen der Verträge vom 22.1.1972.

[1761] EuGH, Rs. 44/84 (Hurd/Jones), Slg. 1986 S. 29 Rn. 21 f.

sodass der Gerichtshof selbst über die Einhaltung seines Zuständigkeitsrahmens urteilen kann.[1762]

Ein weiterer Aspekt der Auslegung der Unberührtheitsklausel betrifft die Frage, wann von der „Berührung" des Gemeinschaftsrechts gesprochen werden kann. Im *Flughafentransit*-Urteil hat sich der EuGH hierzu zwar nicht explizit geäußert, prüfte aber eine konkurrierende EG-Kompetenz (ex-Art. 100c EGV). Damit folgte er den Schlussanträgen des Generalanwalts, der dem Rat kein Auswahlermessen zwischen einer gemeinschaftsrechtlichen und sonstigen Rechtsgrundlage zubilligte.[1763] Demzufolge sind ausschließliche[1764] und konkurrierende[1765] EG-Kompetenzen gleichermaßen von der Unberührtheitsklausel erfasst und zwar unabhängig davon, ob Letztere von der EG bereits in Anspruch genommen wurde oder nicht[1766].

Der Ansatz des EuGH verdient grundsätzlich Zustimmung. Durch eine freie Wahl zwischen einer gemeinschafts- und unionsrechtlichen Ermächtigungsgrundlage könnten die nach dem EG-Vertrag bestehenden Mitwirkungsbefugnisse des Parlaments[1767] bzw. das Initiativmonopol der Kommission[1768] leicht umgangen werden. Im Interesse der Wahrung des institutionellen Gleichgewichts[1769] erscheint daher die restriktive Auslegung des Art. 47 EU vorzugswürdig, wonach sowohl die Beeinträchtigung einer ausschließlichen als auch einer konkurrierenden EG-Kompetenz verboten ist. Eine parallele Übertragung der *AETR*-Formel[1770], nach der die Außenzuständigkeit der EG der bereits ausgeübten Innenkompetenz folgt, ist abzulehnen. Es geht hier nicht um eine Zuständigkeits*erweiterung*, sondern um die Wahrung der primärrechtlich verliehenen Gemeinschaftskompetenzen gegenüber Handlungen i.R.d. EU-Vertrages. Der Wortlaut des Art. 47 EU legt eine solche Auslegung nahe, da der *acquis communautaire* nicht nur vor Verletzung, sondern bereits vor „Berührung" durch das Unionsrecht geschützt wird. Die anderen, gleichermaßen verbindlichen Sprachfassungen[1771] deuten darauf hin, dass hiermit jede negative Einwirkung gemeint ist. Hinzu kommen glei-

---

[1762] *Herrnfeld* in: Schwarze, EU-Komm., Art. 46 EU Rn. 17; *Schütz/Sauerbier*, JuS 2002. S. 658 (662); a.A.: *Cremer* in: Calliess/Ruffert, EUV/EGV, Art. 46 EU Rn. 15.

[1763] GA *Fenelly*, Schlussanträge in der Rs. C-170/96 (Kommission/Rat – Flughafentransit), Slg. 1998, S. I-2765 Nr. 9; zustimmend auch: *Jour-Schröder/Wasmeier* in: v.d. Groeben/Schwarze, EUV/EGV, Vorbem. zu Art. 29-42 EU Rn. 52 ff.; a.A.: *Böse* in: Schwarze, EU-Komm., Art. 29 Rn. 9 f.

[1764] Vgl. EuGH, Rs. C-248/91 (EP/Rat u. Kommission – Bangladesch I), Slg. 1993, S. I-3685 Rn. 16.

[1765] Vgl. EuGH, Rs. C-176/03 (Kommission/Rat), Slg. 2005, S. I-7879 Rn. 51, 53. Dort stellte der EuGH eine Verletzung des Art. 47 EU durch den Erlass eines auf den Titel VI EU gestützten Rahmenbeschlusses fest, der seinem Hauptzweck und Inhalt entsprechend „*wirksam auf der Grundlage des Art. 175 EG hätten erlassen werden können*". Es handelte sich um eine konkurrierende Gemeinschaftskompetenz.

[1766] Krit. dazu: *Pechstein*, EuR 1999, S. 1 (7 f., 10).

[1767] Insb. i.R.d. Verfahrens der Mitentscheidung (Art. 251 EG) oder der Zusammenarbeit (Art. 252 EG). In der PJZS steht dem Europäischen Parlament nach Art. 39 Abs. 1 EU lediglich ein Anhörungsrecht zu.

[1768] Im Gegensatz zum Vorschlagsmonopol i.R.d. EG-Rechtsetzungsverfahrens (Art. 250 Abs. 1, 251 Abs. 2 S.1, 252 lit.a EG) steht der Kommission i.R.d. EU-Vertrages lediglich ein Initiativ*recht* zu. Der Rat ist an den Kommissionsvorschlag auch nicht gebunden.

[1769] *Jour-Schröder/Wasmeier* in: v.d. Groeben/Schwarze, EUV/EGV, Vorbem. zu Art. 29-42 EU Rn. 53.

[1770] EuGH, Rs. 22/70 (Kommission/Rat), Slg. 1971, S. 263 (277 ff.).

[1771] Vgl. (engl.) *affect*, (fr.) *affecter*, (ital.) *pregiudicare*, (port./span.) *afectar*.

chermaßen Rechtsschutzaspekte. Durch die Wahl der unionsrechtlichen Handlungsform statt einer gemeinschaftsrechtlichen könnte das Klagerechts des Einzelnen (sowie auch des Parlaments) ausgeschlossen werden.

ee) Folgen bei Verneinung der Zuständigkeit des Gerichtshofs

Die Nichtigkeitsklage nach Art. 230 EG (i.V.m. Art. 46 lit. f, 47 EU) eröffnet dem Gerichtshof die Möglichkeit, den kompetenzwidrigen Unionssekundärrechtsakt für nichtig zu erklären. Die Nichtigerklärung stellt im Vergleich zur bloßen Feststellung der Vertragsverletzung die weitaus intensivere Rechtsfolge dar. Denn bei bloßer Feststellung eines Rechtsverstoßes bleibt die strittige Maßnahme als solche zunächst bestehen. Für Privatkläger bedeutet das ferner, dass ihnen überhaupt kein Rechtsschutzmittel gegen den beschwerenden EU-Rechtsakt zur Verfügung stünde, da sie weder eine Aktivlegimitation i.R.d. Aufsichtsklage nach Art. 226 f. EG besitzen noch die aktivlegitimierte Kommission zur Einleitung dieses Verfahrens verpflichten können.[1772] Auf den Aspekt der Rechtsschutzlosigkeit wiesen einige Betroffene hin, die in eine Terrorverdächtigtenliste aufgenommen wurden. Sie warfen dem Rat einen Verfahrensmissbrauch vor. Durch das Ausweichen auf eine unionsrechtliche Handlungsform seien sie des gerichtlichen Rechtsschutzes beraubt. Die Wahl eines EG-Rechtsaktes hätte ihnen dagegen erlaubt, den Gemeinschaftsrichter anzurufen, um ihre Aufnahme in die Liste zu bekämpfen.[1773]

Generalanwalt *Jacobs* äußerte in der Rs. *Bangladesch I* die Auffassung, dass das Vertragsverletzungsverfahren gem. Art. 226 EG keine ausreichende Garantie für die Wahrung des Gemeinschaftsrechts biete.[1774] Seine Befürchtung betraf insbesondere die Fälle, in denen die Kommission am Willensbildungsprozess der „mitgliedstaatlichen Vertreter" einvernehmlich mitwirkt, sodass mit der Einleitung des Vertragsverletzungsverfahrens nicht zu rechnen ist. Dann müsse den Betroffenen zur Verteidigung ihrer Rechte die Nichtigkeitsklage offen stehen. Die Kommission ist zwar zur Überwachung der Beachtung des Gemeinschaftsrechts verpflichtet. Das zwingt sie aber nicht dazu, sich den Standpunkt der Betroffenen zu Eigen zu machen und eine Klage zu erheben, die sie selbst für unbegründet hält.[1775]

d) Sperrwirkung der Nichtigkeitsklage nach Art. 35 Abs. 6 EU?

Zuletzt stellt sich die Frage, ob die unionsrechtliche Nichtigkeitsklage nach Art. 35 Abs. 6 EU der Anwendung der *Flughafentransit*-Rechtsprechung entgegensteht. In diesem Verfahren können nur bestimmte PJZS-Rechtsakte durch einen engen Klägerkreis angefochten werden. Vor diesem Hintergrund liegt die Annahme nahe, dass Art. 35 Abs. 6 EU eine besondere Regelung der Gültigkeitskontrolle enthält, die – als *lex*

[1772] Siehe dazu oben: Kap. II E II 3 b).

[1773] Siehe das Vorbringen der Kläger, zit. in: EuG, Rs. T-338/02 (Segi u.a./Rat), Slg. 2004, S. II-1647 Rn. 23 ff. sowie im Rechtmittelverfahren, zit. nach: Schlussanträge des GA *Mengozzi* vom 26.11.2006 in den verb. Rs. C-354 bis 355/04 P (Gestoras Pro-Amnistía u.a./Rat der EU), Nr. 43 (noch nicht in der amtl. Slg. veröffentlicht).

[1774] Schlussanträge des GA *Jacobs* in den verb. Rs. C-181/91 u. C-284/91 (EP/ Rat u. Kommission – Bangladesch I), Slg. 1993, S. I-3685 Rn. 22.

[1775] Vgl. EuGH, Rs. C-70/88 (Parlament/Rat), Slg. 1990, S. I-2041 Rn. 19.

specialis – alternative Verfahrenswege zur Nichtigerklärung von EU-Sekundärrecht ausschließt. Der an den EuGH gerichtete Vorwurf einer Kompetenzanmaßung fußte u.a. auf dem Argument, dass die (konstitutive) Einführung der Nichtigkeitsklage in der dritten Säule entbehrlich gewesen wäre, wenn sich die Jurisdiktionsbefugnis des EuGH gegenüber Unionssekundärrechtsakten bereits aus Art. 46 lit. f i.V.m. Art. 47 EU ergäbe.[1776] Die Einführung der Nichtigkeitsklage im Unionsvertrag könnte darauf hindeuten, dass nunmehr eine ausdrückliche Zuständigkeit des EuGH *ausschließlich* in dem dort beschriebenen Rahmen besteht. Art. 35 Abs. 6 EU könnte also Sperrwirkung gegenüber der Nichtigkeitsklage nach Art. 230 EG entfalten.[1777]

Dieses Argument vermag m.E. nicht zu überzeugen. Die Spezialität einer Regelung bedeutet, dass die Tatbestände der Spezialnorm eine Untermenge der Tatbestände darstellen, die unter die allgemeine Norm fallen. Das *lex specialis* erfasst somit alle Tatbestandsmerkmale der Generalnorm plus bestimmte Sondermerkmale. Die durch den Amsterdamer Vertrag eingeführte, unionsrechtliche Nichtigkeitsklage ermöglicht nicht nur die Kontrolle der Wahrung der Unberührtheitsklausel des Art. 47 EU[1778], sondern darüber hinaus eine umfassende Rechtsmäßigkeitskontrolle der dort benannten Rechtsakte der PJZS auf Antrag bestimmter Organe bzw. Mitgliedstaaten. Während der Prüfungsmaßstab hierfür das gesamte *Unionsprimärrecht* umfasst, ist die durch Art. 46 lit. f, Art. 47 EU i.V.m. Art. 230 EG (*lex generalis*) begründete Jurisdiktionsgewalt des Gerichtshofs über Art. 47 EU lediglich auf die Kontrolle der Beachtung des *Gemeinschaftsrechts*, d.h. der EG-Kompetenzen bei Handlungen des Rates i.R.d. intergouvernementalen Unionssäulen beschränkt. Eine darüber hinausgehende Kontrolle der Einhaltung des Unionsprimärrechts kommt hier nicht in Betracht. Daher unterscheiden sich die beiden Nichtigkeitsklagen deutlich hinsichtlich des Prüfungsumfangs und des anzulegenden Maßstabs. Die Einführung der speziellen Nichtigkeitsklage in der dritten Säule erweitert die Zuständigkeiten des Gerichtshofs im Unionsrecht und schränkt die bereits Bestehenden nicht ein. Der bisherige Kompetenztitel, auf den der Gerichtshof seine Zuständigkeit im *Flughafentransit*-Urteil stützte, wurde weder abgeschafft noch geändert. Art. 46 lit. f EU ist als Auffangkompetenz für Verletzungen des Gemeinschaftsrechts (Art. 47 EU) konzipiert.

Das EuG hat in jüngsten Entscheidungen die Anwendbarkeit der *Flughafentransit*-Rechtsprechung auf Individualklagen ausdrücklich bestätigt. Der strittige Gemeinsame Standpunkt wurde sowohl auf Art. 14 EU als auch Art. 34 EU gestützt. Der beklagte Rat berief sich zwar auf Unzuständigkeit des Gerichts für die Rechtmäßigkeitsprüfung

---

[1776] So: *Pechstein*, JZ 1998, S. 1007 (1009).

[1777] In diesem Sinne: *Schütz/Sauerbier*, JuS 2002, S. 658 (660); ähnlich: *Classen*, EuR Beiheft 1/1999, S. 73 (83); *Dörr/Mager*, AöR 2000, S. 386 (407).

[1778] Vgl. etwa: EuGH, Rs. C-176/03 (Kommission/Rat), Slg. 2005, S. I-7879 Rn. 53. Dort erhob die Kommission eine Nichtigkeitsklage nach Art. 35 Abs. 6 EU gegen bestimmte Regelungen des auf Titel VI EU gestützten Rahmenbeschlusses über die Umweltkriminalität. Der EuGH hielt die Klage wegen *Verletzung des Art. 47 EU* durch die Beeinträchtigung einer konkurrierenden EG-Kompetenz im Bereich des Umweltschutzes nach Art. 175 EG für begründet. Dabei berief sich der Gerichtshof auf das Flughafentransit-Urt. (vgl. Rn. 39), obgleich sich seine Zuständigkeit bereits aus Art. 35 Abs. 6 (46 lit. b) EU ergab. Damit behandelte er diese Spezialregelung offenbar als Teilkodifizierung und nicht als Verdrängung der bisherigen Rspr.

von Rechtsakten der PJZS und GASP.[1779] Das Gericht bejahte jedoch seine eigene Zuständigkeit für eine beschränkte Prüfung des Inhalts der i.R.d. EU-Vertrages erlassenen Rechtsakte im Hinblick auf eine Beeinträchtigung der EG-Kompetenzen sowie für die Nichtigerklärung dieser Maßnahmen, wenn sie auf eine Bestimmung des EG-Vertrags hätten gestützt werden müssen.[1780]

e) Zwischenergebnis

Trotz des unverkennbaren Vorteils einer formalen Zuordnung einer Handlung zum Unionsrecht, der in der klaren und mühelosen Qualifikation anhand der angegebenen Rechtsgrundlage (EU/EG) besteht, ist eine prozessuale Betrachtung vorzuziehen. Diese basiert auf materiellen Kriterien zur Abgrenzung zwischen sekundärem Unions- und Gemeinschaftsrecht. Andernfalls hätte der Rat es in der Hand, über den Rechtsschutz gegen eigene Handlungen zu disponieren und könnte ihn beliebig, durch Ausweichen auf eine unionsrechtliche Rechtsgrundlage ausschließen. Maßgebend ist somit der (objektive) Inhalt, nicht die subjektive Angabe der Ermächtigungsgrundlage durch den Rat.[1781] Es ist kein Grund ersichtlich, die sonst bei der Bestimmung des zulässigen Klagegegenstandes i.R.d. Art. 230 EG geltende, materielle Betrachtungsweise des Gerichtshofs durch die eine formelle Zuordnung zu ersetzen. Dabei erfolgt die Qualifikation einer Maßnahme ausschließlich für die Zwecke des Verfahrens. I.R.d. Prüfung des zulässigen Klagegegenstandes können also auch formelle Kriterien relevant sein (prozessuale Meistbegünstigung).[1782]

2. Prüfungsmaßstab

Der Prüfungsmaßstab einer zulässigen Nichtigkeitsklage ist bereits durch Art. 46 lit. f, 47 EU beschränkt und erfasst nur das primäre Gemeinschaftsrecht.[1783] Ausgeschlossen ist eine weitergehende Rechtmäßigkeitskontrolle am Maßstab des Unionsrechts, weil dem Gerichtshof – abgesehen von Art. 35 Abs. 6 EU – hierfür eine entsprechende Jurisdiktionsbefugnis fehlt.

3. Übertragbarkeit der *Flughafentransit*-Rechtsprechung auf die GASP

Art. 46 EU weist dem Gerichtshof keine Zuständigkeiten in Bezug auf den Titel V des EU-Vertrages (GASP) zu. Die zweite Säule ist daher seiner Jurisdiktion grundsätzlich

---

[1779] Vgl. das Vorbringen des Rates, zit. in: EuG, Rs. T-338/02 (Segi u.a./Rat), Slg. 2004, S. II-1647 Rn. 18 f. sowie i.R.d. Rechtsmittelverfahrens, zit. in: Schlussanträge des GA *Mengozzi* vom 26.11.2006, verb. Rs. C-354 bis 355/04 P (Gestoras Pro-Amnistía u.a./Rat der EU) Nr. 20 (noch nicht in der amtl. Sammlung veröffentlicht).

[1780] EuG, Rs. T-228/02 (Organisation des Modjahedines du peuple d'Iran/Rat), Urt. v. 12.12.2006 (noch nicht in der amtl. Slg. veröffentlicht) Rn. 58; EuG, Rs. T-333/02 (Gestoras Pro-Amnistía/Rat der EU), Beschl. v. 7.7.2004 (nicht in der amtlichen Sammlung veröffentlicht) Rn. 41; EuG, Rs. T-338/02 (Segi u.a./Rat), Slg. 2004, S. II-1647 Rn. 42; EuG, T-299/04 (Abdelghani Selmani/Rat u. Kommission), Slg. 2005, S. II-20 Rn. 56.

[1781] Das Primärrecht gibt selbst die Auskunft über die Zuordnung einer Maßnahme. Der Rat kann hierüber nicht bestimmen (vgl. Art. 49 EU).

[1782] So auch: *Hüwelmeier*, S. 133.

[1783] *Griller*, EuR Beiheft 1/1999, S. 45 (64).

entzogen. Vor diesem Hintergrund fragt sich, ob die Zulassung einer Kompetenzkontrolle nach den Grundsätzen des *Flughafentransit*-Urteils nicht zu einer Umgehung dieses Ausschlusses führen würde. Allerdings ist zu beachten, dass diese Entscheidung noch auf der Grundlage des Maastrichter Vertrages gefällt wurde, der auch in der PJZS keine Gültigkeitskontrolle durch den EuGH vorsah. Die Nichtigkeitsklage nach Art. 35 Abs. 6 EU wurde erst durch den Vertrag von Amsterdam eingeführt. Der EuGH besaß also damals ebenso wenige Rechtsprechungsbefugnisse in der PJZS wie heute in der GASP. Dass die Organe durch „Ausweichen" auf eine andere Rechtsform bzw. Ermächtigungsgrundlage nicht über den Ausschluss der gerichtlichen Rechtmäßigkeitskontrolle entscheiden können, gilt ebenfalls für die II. Säule.[1784]

Das EuG hat in aktuellen Entscheidungen, die Schadensersatz- bzw. Nichtigkeitsklagen[1785] gegen die Aufnahme in die Liste der Terrorverdächtigten nach dem Gemeinsamen Standpunkt 2001/931/GASP zum Gegenstand hatten, die Anwendbarkeit der *Flughafentransit*-Rechtsprechung auf Sekundärrechtsakte der GASP ohne weiteres angenommen. Das Gericht sah sich für die Entscheidung über die Klage zuständig, soweit sich die Kläger auf die „Verkennung der Zuständigkeiten der Gemeinschaft berufen", d.h. soweit der Inhalt eines i.R.d. EU-Vertrages erlassenen Rechtsakts dahingehend zu prüfen ist, ob dieser Rechtsakt nicht die EG-Kompetenzen beeinträchtigt.[1786] Dabei äußerten die Gemeinschaftsrichter keine Bedenken im Zusammenhang mit der grundsätzlichen Nichtjustiziablität der GASP-Maßnahmen.

Eine endgültige Klärung des Problems ist in der nächsten Zukunft zu erwarten, da derzeit eine Nichtigkeitsklage der Kommission nach Art. 230 Abs. 1 EG gegen eine auf den Titel V des Unionsvertrages gestützte Maßnahme des Rates beim EuGH anhängig ist.[1787] Die Kommission hat eine Klage nach Art. 230 Abs. 2 EG auf Nichtigerklärung wegen Unzuständigkeit des Beschlusses 2004/833/GASP des Rates vom 2.12.2004 zur Umsetzung der Gemeinsamen Aktion 2002/589/GASP im Hinblick auf einen Beitrag der Europäischen Union an die ECOWAS im Rahmen des Moratoriums über leichte Waffen und Kleinwaffen erhoben. Als Begründung trägt die Klägerin vor, dass der Rat den umstrittenen Beschluss nach Titel V des EU-Vertrages erlassen habe, obwohl der Regelungsgegenstand als Entwicklungshilfe in den Zuständigkeitsbereich der EG falle. Die Kommission ist daher der Ansicht, dass der GASP-Beschluss gegen Art. 47 EU verstoße, indem er die EG-Kompetenzen im Bereich der Entwicklungshilfe beeinträchtigte. Ferner beantragt die Kommission gem. Art. 241 EG aus denselben Gründen die Feststellung der Rechtswidrigkeit der Gemeinsamen Aktion, auf die der angefochtene GASP-Beschluss gestützt wurde. Das Urteil des EuGH in dieser Rechtssache bleibt abzuwarten. Allerdings ist mit Blick auf die bisherige Rechtsprechung

---

[1784] S. i.E.: *Herrnfeld*, in: *Schwarze*, EU-Komm., Art. 46 EU Rn. 4, 18; *Schütz/Sauerbier*, JuS 2002. S. 658 (664).

[1785] EuG, Rs. T-333/02 (Gestoras Pro-Amnistía/Rat der EU), Beschl. v. 7.7.2004 (nicht in der amt. Slg. veröffentlicht) Rn. 41; EuG, Rs. T-338/02 (Segi u.a./Rat), Slg. 2004, S. II-1647 Rn. 42; EuG, T-299/04 (Abdelghani Selmani/Rat u. Kommission), Slg. 2005, S. II-20 Rn. 56.

[1786] Vgl. EuG, T-299/04 (Abdelghani Selmani/Rat u. Kommission), Slg. 2005, S. II-20 Rn. 56; EuG, Rs. T-338/02 (Segi u.a./Rat), Slg. 2004, S. II-1647 Rn. 42.

[1787] EuGH, Rs. C-91/05 (Kommission/Rates der EU), Klageschrift v. 14.5.2005, ABl. C 115 v. 14.5.2005, S. 10.

vorhersehbar, dass der EuGH die eigene Zuständigkeit anhand der Grundsätze des *Flughafentransit*-Urteils beurteilen und bejahen wird, sofern sich der Vortrag der Kommission als zutreffend erweist und die fraglichen GASP-Maßnahmen in die Gemeinschaftskompetenzen eingreifen.

4. Zusammenfassung

Die in der II. und III. Säule erlassenen Rechtsakte unterliegen nur eingeschränkter Rechtmäßigkeitskontrolle durch die Gemeinschaftsgerichte. Diese sind nach Art. 46 lit. e i.V.m. Art. 47 EU i.V.m. Art. 230 EG befugt, den Inhalt der Rechtsakte dahingehend zu überprüfen, ob ein Übergriff in die Gemeinschaftszuständigkeit vorliegt. Bei Verneinung dieser Frage, muss sich der Gerichtshof dagegen für unzuständig erklären. Beklagter ist der Rat.[1788]

IV. Rechtskontrolle der EG-Durchführungsmaßnahmen

Obwohl die Mitgliedstaaten Adressaten der Unionssekundärrechtsakte sind, kommt es häufig vor, dass die Zuständigkeit für die erforderliche Durchführung bei der Gemeinschaft liegt. Gegen einen Durchführungsakt der EG kann der Betroffene eine Nichtigkeitsklage nach Art. 230 Abs. 4 EG erheben. Fraglich ist, ob dadurch ein effektiver Rechtsschutz auch gegen den als solchen nicht anfechtbaren Unionsrechtsakt zu erlangen ist. Dabei sind die nachfolgend zu erörternden zwei Konstellationen relevant, in denen der Betroffene bereits durch einen GASP- bzw. PJZS-Beschluss materiell unmittelbar betroffen sein kann: 1) eine freiwillige 1:1-Umsetzung und 2) eine gebundene Umsetzung.

1. Freiwillige 1:1-Umsetzung des Unionssekundärrechts durch die EG

Bei einer freiwilligen Kooperation der EG besteht keine Bindung an den Unionsrechtsakt. Der EG-Umsetzungsakt ist ein autonomer Gemeinschaftsrechtsakt und als solcher nach Art. 230 EG voll justiziabel. Eine Rechtsschutzlücke entsteht nicht, wenn der Umsetzungsakt eine Wirksamkeitsvoraussetzung des Unionsrechtsaktes ist.[1789] Da das Unionssekundärrecht keinen Vorrang vor dem EG-Sekundärrecht beansprucht und es auch nicht anderweitig (z.B. als *lex specialis*) verdrängen kann (vgl. Art. 47 EU), bietet eine Nichtigkeitsklage gegen den EG-Umsetzungsakt in dieser Konstellation hinreichenden Rechtsschutz.

2. Gebundene Umsetzung

Eine Rechtsschutzlücke könnte in der zweiten Konstellation drohen, wenn einerseits die Gemeinschaftsorgane an die Vorgaben des Unionsrechtsaktes gebunden wären und dabei keinen Umsetzungsspielraum besäßen, andererseits der Gerichtshof aufgrund der Ausschlusswirkung des Art. 46 EU nicht befugt wäre, den Inhalt der Umsetzungsmaßnahme zu überprüfen. Zunächst stellt sich die Frage, ob und wann eine solche Bindung

---

1788 Vgl. *Herrenfeld* in Schwarze, EU-Komm., Art. 46 EU Rn. 19.

1789 Davon geht das EuG bzgl. der Sanktionen gem. Art. 301, 60 EG aus – EuG, Rs. T-228/02 (Organisation des Modjahedines du peuple d'Iran/Rat), Urt. v. 12.12.2006 (noch nicht in der amtl. Slg. veröffentlicht) Rn. 55.

überhaupt besteht und –wenn ja – ob eine mittelbare gerichtliche Kontrolle dennoch zulässig wäre. Fehlt die Bindung oder ist sie beschränkt, so ist der EG- Durchführungsakt als autonome Rechtssetzung zu behandeln, mithin voll justiziabel.

a) Bindung der Gemeinschaftsorgane an unionsrechtliche Vorgaben?

Die EG und deren Organe sind nicht Adressaten der Unionssekundärrechtsakte. Das bedeutet aber nicht zwingend, dass sie im Falle einer erforderlichen Umsetzung durch die EG keinerlei Bindung unterliegen. Im Zusammenhang mit der Anfechtung von Durchführungsbeschlüssen vertrat das EuG den Standpunkt, dass die Gemeinschaft nicht aufgrund einer durch den Willen der Union oder der Mitgliedstaaten gebundenen Befugnis tätig wird, wenn der Rat Wirtschaftsanktionen gem. Art. 60 EG, 301 EG und 308 EG verhängt.[1790] Trotz Teilabweisung der Nichtigkeitsklage in Bezug auf die zugrunde liegenden Gemeinsamen Standpunkte hatte die Klage der Organisation der Volksmujahedin insoweit Erfolg, als das EuG den dazugehörigen Durchführungsbeschluss der EG für nichtig erklärte.[1791] Die Klägerin wurde in eine Liste von Terrorverdächtigten aufgenommen, was finanzielle und wirtschaftliche Sanktionen[1792] nach sich zog. Der Gemeinsame Standpunkt 2002/340/GASP wurde durch den Ratsbeschluss 2002/334/EG umgesetzt. Dort wurde die Namensliste in derselben Formulierung wie im Gemeinsamen Standpunkt übernommen. Die Nichtjustiziabilität des Grundaktes würde der Rechtmäßigkeitskontrolle der Aufnahme in die Terrorverdächtigtenliste entgegenstehen, da der Durchführungsbeschluss sie lediglich wortgetreu wiederholt. Das EuG verneinte daher eine Ermessensbindung der EG durch die unionsrechtlichen Vorgaben und behandelte den EG- Durchführungsbeschluss als einen autonomen EG-Rechtsakt. Das Endergebnis – Verneinung der Bindung der EG an die grundrechtswidrigen Vorgaben des Gemeinsamen Standpunkts mit der Folge, dass die EG-Durchführungsakte voll justiziabel sind – ist zwar richtig und unter Rechtsschutzgesichtspunkten begrüßenswert. Der Lösungsweg begegnet aber einigen dogmatischen Bedenken, weil die rechtliche Bedeutung und Tragweite des Kohärenzgebotes verkannt wurde. Das EuG sprach dem Kohärenzgebot konkludent jegliche normative Bedeutung im Gemeinschaftsrecht ab. Denselben Standpunkt vertrat der Rat, der sich an die GASP-Beschlüsse nicht gebunden fühlte, auch wenn er sonst über die Kohärenz seiner Handlungen i.R.d. Unionssäulen wachte.[1793]

Das Kohärenzerfordernis hat nicht eine Unterordnung, sondern Koordinierung und gegenseitige Abstimmung kompetenziell unterschiedlicher Ebenen zum Ziel.[1794] Die Union ist gem. Art. 3 Abs. 2 EU zur Achtung gemeinschaftsrechtlicher Belange ver-

---

1790 EuG, Rs. T-228/02 (Organisation des Modjahedines du peuple d'Iran/Rat), Urt. v. 12.12.2006 (noch nicht in der amtl. Slg. veröffentlicht) Rn. 106. Das EuG folgte damit der Auffassung des beklagten Rates.

1791 EuG, Rs. T-228/02 (Organisation des Modjahedines du peuple d'Iran/Rat), Urt. v. 12.12.2006 (noch nicht in der amtl. Slg. veröffentlicht) Rn. 97 ff.

1792 Festgelegt durch die Gemeinsamen Standpunkte 2001/930/GASP und 2001/931/GASP (umgesetzt durch die auf der Grundlage von Art. 301, 60, 308 EG erlassene EG-Verordnung 2580/2001).

1793 EuG, Rs. T-228/02 (Organisation des Modjahedines du peuple d'Iran/Rat), Urt. v. 12.12.2006 (noch nicht in der amtl. Slg. veröffentlicht) Rn. 105.

1794 S. dazu: *Siems*, S. 158.

pflichtet, aber auch umgekehrt müssen die Gemeinschaftsorgane Rücksicht auf die Unionspolitik nehmen.[1795] Das kohärente Auftreten nach außen sowie die Wahrung der inneren Stimmigkeit verlangen notwendig eine *gegenseitige* Bindung der Kooperationspartner. Ohne Reziprozität wäre das Kohärenzgebot unpraktikabel. Aus dem Kohärenzgebot folgt also keine *unbedingte* Umsetzungspflicht der EG. Das unionsrechtliche Ansinnen muss jedoch berücksichtigt und – unter Wahrung der eigenen Verpflichtungen der EG, darunter auch der Gemeinschaftsgrundrechte – umgesetzt werden.[1796]

Wichtige Anwendungsfelder des Kohärenzgebotes stellen Ausfuhrbeschränkungen bzw. -verbote von sog. *Dual-use*-Gütern[1797] sowie Wirtschaftssanktionen dar. Letztere fallen in die Schnittmenge zwischen der ausschließlichen Gemeinschaftskompetenz für die Gemeinsame Handelspolitik und der außenpolitischen Zuständigkeit der i.R.d. GASP kooperierenden Mitgliedstaaten. Art. 301 und Art. 60 EG sind Brückennormen zwischen den beiden Säulen und stellen zugleich eine spezielle Ausprägung des Kohärenzgebotes dar.[1798] Sie führen ein besonderes, zweistufiges Kooperationsverfahren zum Erlass von Embargomaßnahmen ein. Der EG-Sanktionsmaßnahme geht ein GASP-Beschluss voraus, in dem die außenpolitische Entscheidung als Grundlage für die handelspolitische Maßnahme der EG getroffen und ein Tätigwerden der Gemeinschaft vorgesehen wird. Mit Blick auf den Wortlaut wird zum Teil vertreten, die Bindung der EG bzw. deren Organe an die Vorgaben der GASP-Maßnahme ergebe sich bereits aus Art. 301 EG selbst, sodass der gemeinschaftliche Umsetzungsakt aus rein formalen Gründen erlassen wird.[1799] Diese Sichtweise hätte jedoch eine einseitige Unterordnung gegenüber der GASP und somit *de facto* eine Re-Intergouvernementalisierung der EG zur Folge. Die ausschließliche EG-Kompetenz für die Gemeinsame Handelspolitik wäre dadurch ausgehöhlt. Umgekehrt wären Sinn und Zweck des Art. 301 EG untergraben, wenn sich die EG über die außenpolitische Entscheidung hinwegsetzen und nach freiem Ermessen über das „Ob" und „Wie" der Durchführung befinden würde. Daher ist richtigerweise eine Bindung der EG nach Maßgabe des Kohärenzgebotes anzunehmen.[1800]

Da das „Ob" der Wirtschaftssanktion vornehmlich außenpolitische Hintergründe hat und ihre Funktion in der Sanktionierung eines bestimmten, meist völkerrechtsbrüchigen Verhaltens liegt, ist diese Entscheidung der GASP vorbehalten.[1801] Erst wenn der Unionsrat einen Beschluss gefasst hat, befindet der Rat der EG über die Sanktions-

---

[1795] Vgl. *Siems*, S. 27. Zum gemeinschaftsrechtlichen Kohärenzgebot: *Bunk*, S. 98 ff.; *Pechstein/Koenig*, Rn. 113 ff., 134 ff.

[1796] In diesem Sinne: *Pechstein*, EuR 1999, S. 1 (4 f.); *ders./Koenig*, Rn. 134 ff.; im Ansatz: *Krenzler/Schneider*, EuR 1994, S. 144 (158 f.).

[1797] Näher dazu: *Burkard*, S. 124 f.; *Reuter*, NJW 1995, S. 2190 (2191 ff.).

[1798] Siehe dazu: *Siems*, S. 28.

[1799] In diesem Sinne: *Lange*, JZ 1996, S. 442 (444).; a.A.: *Gilsdorf/Brandtner* in: Grabitz/Hilf, EUV/EGV, Art. 301 EG Rn. 7, die der Kommission ein Prüfungs- und Verwerfungsrecht zuerkennen. Einschränkend: *Müller-Ibold* in: Lenz/Borchardt, EUV/EGV, Art. 301 EG Rn. 8.

[1800] *Siems*, S. 160; *Stein*, EuR Beiheft 2/1995, S. 69 (78 f.).

[1801] Z.T. wird vor der Gefahr gewarnt, dass durch extensive Auslegung des Unionsrechtsaktes i.R.d. Art. 301 EG gemeinschaftliche Beiträge ihre Eigenständigkeit verlieren und im Endeffekt die EG-Außenkompetenzen „intergouvernementalisiert" werden und in die GASP übergehen. – *Krenzler/Schneider*, EuR 1994, S. 144 (152) durchführung. Die Kommission ist verpflichtet, einen Vorschlag des Durchführungsaktes zu unterbreiten.[1802] Dabei ist sie insofern an die GASP-Vorgaben gebunden, als ein abgestimmtes Vorgehen in den beiden Säulen „erforderlich" i.S.d. Art. 60 und 301 EG ist.[1803] Der Auftrag an die Gemeinschaft begründet also nicht nur eine Ermächtigung, sondern auch eine Rechts*pflicht* zum Tätigwerden im vorgegebenen Rahmen.[1804] Das Ermessen der EG-Organe wird in doppelter Hinsicht eingeschränkt. Sie müssen überhaupt tätig werden und die erforderlichen Umsetzungsmaßnahmen ergreifen, um den unionsrechtlichen Vorgaben nachzukommen.[1805]

Im o.g. Urteil ging das EuG auf das Kohärenzgebot als solches überhaupt nicht ein. Zur Begründung der fehlenden Bindung der EG an den Gemeinsamen Standpunkt wurde auf den Wortlaut des Art. 60 EG hingewiesen, wonach der Rat die erforderlichen Sofortmaßnahmen ergreifen „kann".[1806] Ferner sah das Gericht die in Art. 301 EG vorgesehene Abstimmung „auf Vorschlag der Kommission mit qualifizierter Mehrheit" als ein zwingendes Argument gegen eine Bindungswirkung. Dem ist nur insoweit zuzustimmen, als keine absolute, einseitige Bindung der EG an die i.R.d. GASP beschlossenen Maßnahmen besteht. Das Gericht verkannte die Gegenseitigkeit der Verpflichtungen aus dem Kohärenzgebot sowie den Sinn und Zweck des Art. 301 EG als besondere Ausprägung dieses Prinzips. Die Zuständigkeitsspaltung im Bereich der Außen- und Handelspolitik würde sonst ein einheitliches Vorgehen beim Erlass von Wirtschaftssanktionen erschwert oder gar unmöglich gemacht. Ferner spricht auch die unbedingte Formulierung im Art. 301 EG[1807] für eine Bindung der EG nach Maßgabe des Kohärenzerfordernisses.

Gegen die Bindung der Gemeinschaft könnte schließlich folgendes Beispiel aus der Praxis der Organe ins Feld geführt werden: Auf dem Hintergrund eines Kompetenzstreits zwischen Kommission und Rat wurde eine interne Vereinbarung (*modus vivendi*[1808]) getroffen, wonach die gemeinsamen Standpunkte zwar die Fragen des Gemeinschaftsrechts betreffen dürfen, jedoch nicht den Willensbildungsprozess in der EG als solchen beeinträchtigen. Allerdings geht dieses Argument insofern fehl, als es sich um eine informelle, interne Vereinbarung ohne rechtliche Bindung handelt.

[1802] S. dazu: *Bunk*, S. 72 ff.; *Pechstein/Koenig*, Rn. 122.

[1803] *Lecheler*, AVR 1994, S. 1 (20); *Pechstein/Koenig*, Rn. 236.

[1804] *Pechstein/Koenig*, Rn. 137.

[1805] Die Vorbestimmung des Gemeinschaftsrechtsaktes durch den gem. Art. 301 EG vorhergehenden GASP-Beschluss birgt somit die Gefahr einer Unterordnung der supranationalen Integration unter die intergouvernementale Kooperation. – vgl. *Krück* in: Schwarze, EU-Komm., Art. 11-28 EU Rn. 78.

[1806] EuG, Rs. T-228/02 (Organisation des Modjahedines du peuple d'Iran/Rat), Urt. v. 12.12.2006 (noch nicht in der amtl. Slg. veröffentlicht) Rn. 106.

[1807] „**Ist** in gemeinsamen Standpunkten oder gemeinsamen Aktionen ... ein Tätigwerden der Gemeinschaft **vorgesehen**, um die Wirtschaftsbeziehungen zu einem oder mehreren dritten Ländern auszusetzen, einzuschränken oder vollständig einzustellen, **so trifft** der Rat die erforderlichen Sofortmaßnahmen; der Rat **beschließt** auf Vorschlag der Kommission mit qualifizierter Mehrheit". Ähnlich in anderen Fassungen (z.B. engl. *shall take/ act*).

[1808] Gebrauchsanleitung zu Art. J.2 EUV vom 6./7.3.1994 (nicht im Amtsblatt veröffentlicht), teilw. abgedruckt in: Timmermans Legal Issues 1996/1, S. 63.

b) Justiziabilität des gemeinschaftsrechtlichen Kohärenzgebotes

aa) Geltungsgrund

Eine ausdrückliche Verpflichtung zur Wahrung der äußeren Kohärenz, d.h. des einheitlichen Auftretens der Union gegenüber Drittstaaten, enthält Art. 3 Abs. 2 S. 1 EU. Diese Norm bindet jedoch gem. S.2 zunächst nur die i.R.d. Unionsvertrages handelnden, „entliehenen" Gemeinschaftsorgane Rat und Kommission sowie die Vertragsstaaten.[1809] Vorliegend interessiert die Frage nach der Bindung der *Gemeinschaft* durch Maßnahmen, die i.R.d. GASP bzw. PJZS erlassen werden und eines gemeinschaftsrechtlichen Durchführungsaktes bedürfen. Bereits aus systematischen Gründen kann Art. 3 Abs. 2 EU als Bestandteil des EU-Vertrages keinen direkten Verpflichtungsgrund für die EG schaffen. Er zählt auch nicht zu den Regelungen der Titel II und III des Unionsvertrages, die als „Bestimmungen zur Änderung der Gemeinschaftsverträge" von der Unberührtheitsklausel des Art. 47 EU ausgenommen sind und damit in der ersten Säule Geltung beanspruchen. Zudem ist Art. 3 EU auch nicht in Art. 46 EU aufgeführt[1810], sodass jedenfalls das unionsrechtliche Kohärenzgebot der Jurisdiktion des EuGH entzogen ist.

Denkbar ist aber, das an die EG gerichtete Kohärenzgebot als ungeschriebenes Gemeinschaftsprimärrecht einzuordnen, wenn hierdurch eine implizite Änderung des EG-Vertrages dahingehend bewirkt wird, dass für die Gemeinschaft bestimmte Rücksichtnahme- bzw. Umsetzungspflichten erwachsen.[1811] Die Frage, ob derartige implizite Änderungen zulässig sind, wird im Schrifttum unterschiedlich beantwortet. Im Grunde betreffen die Kontroversen die Auslegung der Ausnahmen von der Unberührtheitsklausel des Art. 47 EU: „Bestimmungen zur Änderung des Vertrages" sowie „Schlussbestimmungen" des EU-Vertrages.

Legt man Art. 47 EU restriktiv aus und verneint die Zulässigkeit ungeschriebener Änderungen des Gemeinschaftsrechts[1812], scheidet infolgedessen auch die Möglichkeit aus, die Bindungswirkung der Unionssekundärrechtsakte gegenüber der EG am Maßstab des Kohärenzgebotes einer gerichtlichen Kontrolle zu unterziehen. Aus methodischer Sicht spricht für eine restriktive Auslegung bereits der Ausnahmecharakter dieser Bestimmung, will man das grundsätzlich angeordnete Berührungsverbot nicht aushöhlen. Vergleicht man den Wortlaut des Art. 47 EU mit der Überschrift des Titels II, so fällt auf, dass die gleiche Bezeichnung „Bestimmungen zur Änderung der Verträge" verwendet wird. Dabei wurden die Änderungen in den EG-Vertrag selbst aufgenommen. Damit legt auch die Systematik den Schluss nahe, Art. 47 EU nimmt nur ausdrückliche, in den Text des EG-Vertrages aufgenommene Änderungsvorschriften so-

---

[1809] *Blanke* in: Calliess/Ruffert, EUV/EGV, Art. 3 EU Rn. 16.

[1810] Nach dem Vertrag von Maastricht war unklar, ob Titel I des EUV der Jurisdiktion des EuGH unterliegt. Meist wurde die Justiziabilität des dort verorteten Kohärenzgebotes angenommen. – vgl. *Kugelmann*, EuR Beiheft 2/1998, S. 99 (117), der nach der Änderung durch den Amsterdamer Vertrag dies nunmehr ablehnt.

[1811] Vgl. *Pechstein/Koenig*, Rn. 115; *ders.* in: Streinz, EUV/EGV, Art. 3 EU Rn. 13; zustimmend: *Hilf/Pache* in: Grabitz/Hilf, EUV/EGV, Art. 3 EU Rn. 25; *Steinbarth*, ZEuS 2006, S. 269 (276 f.).

[1812] So: *Cremer*, in: *Calliess/Ruffert*, EUV/EGV, Art. 47 EU Rn. 1, 3; *Herrnfeld*, in: *Schwarze*, EU-Komm., Art. 46 EU Rn. 5, 21 und Art. 47 EU Rn. 7 f.; *Kugelmann*, EuR Beiheft 2/1998, S. 99 (117); *Pache*, in: *Grabitz/Hilf*, EUV/EGV, Art. 47 EU Rn. 10 ff.; *Schütz/Sauerbier*, JuS 2002, S. 658 (660).

wie die gesondert erwähnten Schlussbestimmungen des EU-Vertrags vom Berührungsverbot aus. Im Umkehrschluss wären also alle anderen „Berührungen" der Gemeinschaftsverträge gem. Art. 47 EU unzulässig. Das im Titel I des EU-Vertrages verortete Kohärenzgebot (Art. 3 EU) gehört danach jedenfalls nicht zu den genannten Ausnahmen. Davon ging offenbar auch der EuGH in der Rs. *Grau Gomis* aus, als er sich für unzuständig für die Auslegung des ex-Art. B aus diesem Titel hielt.[1813] Vor diesem Hintergrund fallen implizite Änderungen des Gemeinschaftsrechts durch unionsrechtliche Normen jedenfalls nicht unter den Ausnahmetatbestand „Bestimmungen zur Änderung der Verträge" i.S.d. Art. 47 EU.

Damit ist jedoch die Zulässigkeit impliziter Modifikationen des Gemeinschaftsrechts nicht endgültig entschieden. Der Gerichtshof hat in seinem ersten Gutachten zum EWR-Vertrag derartige ungeschriebene Änderungen jedenfalls unter der Bedingung anerkannt, dass sie die „Grundlagen der Gemeinschaft" als solche, also einem untastbaren Kern des Gemeinschaftsrechts nicht berühren dürfen.[1814] Weiterhin lässt sich Art. 47 EU kein Formzwang entnehmen, dass stets ausdrückliche, textliche Änderungen notwendig sind.[1815] Daher steht Art. 47 EU der Annahme impliziter Einwirkungen dann nicht entgegen, wenn keine „Berührung" des Gemeinschaftsrechts i.S. dieser Vorschrift vorliegt. Wie bereits oben erwähnt ist der Begriff nicht gleichbedeutend mit jeglicher modifizierender Einflussnahme auf das Gemeinschaftsrecht, sondern erfasst nur negative Einwirkungen, worauf die übrigen, gleichermaßen verbindlichen Sprachfassungen noch deutlicher als die deutsche Übersetzung hindeuten.[1816] Der Sinn und Zweck besteht in dem Bestandschutz des *acquis communautaire* vor Re-Intergouvernementalisierung, d.h. einer Unterordnung gegenüber dem Unionsrecht, die andernfalls eine zwingende Folge der Anwendung der *lex posterior-* Kollisionsregel wäre.

Allerdings entfällt der Schutzzweck, soweit es sich um nicht nur integrationsförderliche, sondern für die Kooperation notwendige Auswirkungen handelt, die zur wirksamen Erfüllung der gemeinsamen Ziele beitragen können. Mithin sind solche Änderungen des EG-Vertrages auch implizit, nämlich ohne ausdrückliche Aufnahme in den Vertragstext zulässig.[1817] Das Kohärenzgebot greift weder in die Kompetenzverteilung zwischen der EG und den intergouvernementalen Säulen noch in die bestehenden Strukturen ein. Es nimmt erst durch Anwendung im konkreten Fall Gestalt an, da sich sein abstrakter Inhalt in einer Verpflichtung zur Rücksichtnahme und gegenseitige Abstimmung erschöpft. Dies steht auch im Einklang mit den integrationspolitischen Gemeinschaftszielen, die in der Präambel und in Art. 2 EG zum Ausdruck gebracht wurden. Folglich fällt das Kohärenzgebot bereits nicht in den Anwendungsbereich der

---

[1813] EuGH, Rs. C-167/94 (Strafverfahren gegen Grau Gomis u.a.), Slg. 1995, S. I-1023 Rn. 6. Vgl. *Schütz/Sauerbier*, JuS 2002. S. 658 ff. (660), die auf wortlautgleiche Regelung des Art. 46 lit. a EU („Bestimmungen zur Änderung der Verträge") hinweisen.

[1814] EuGH, Gutachten C-1/91 (EWRV), Slg. 1991, S. I-6079 Rn. 46; s. dazu: *Pechstein*, EuR 1995, S. 247 (257).

[1815] Wie etwa Art. 79 Abs. 1 S.1 GG – keine Verfassungsänderung ohne Verfassungs*text*änderung.

[1816] Vgl. (engl.) *affect*, (fr.) *affecter*, (ital.) *pregiudicare*, (port./span.) *afectar* – s.o. Fn. 1773.

[1817] *Pechstein*, EuR 1999, S. 1 (3 f.); *ders./Koenig*, Rn. 107 ff.; *Semrau*, S. 22 ff.

[1817] *Herrnfeld*, in: *Schwarze*, EU-Komm., Art. 47 EU Rn. 7.

Unberührtheitsklausel, denn es stellt keinen Eingriff in den gemeinschaftsrechtlichen Besitzstand dar und beansprucht somit – als eine den Gemeinschaftszielen entsprechende Änderung – Geltung für die EG.[1818] Diese Auslegung lässt zwar implizite Vertragsänderungen zu, markiert aber zugleich klar deren Grenzen. Der Umfang der Bindungswirkung des Kohärenzgebotes für die Gemeinschaft ist voll justiziabel, weil dieses eine zulässige, implizite Änderung des EG-Vertrages nur in den Grenzen der Unberührtheit der „Grundlagen der Gemeinschaft" selbst bewirkt. Sind diese überschritten, so ist die EG mangels einer wirksamen Vertragsänderung nach Art. 48 EU an die Maßnahmen der GASP bzw. der PJZS nicht gebunden.

Im Rahmen der Rechtsmäßigkeitskontrolle des EG-Umsetzungsaktes kann folglich der aus dem gemeinschaftsrechtlichen Kohärenzgebot resultierende Umfang der Bindung der EG an die im Unionssekundärrechtsakt enthaltenen Vorgaben, gerichtlich nachgeprüft werden.[1819] Werden also bestimmte Gemeinschaftsbelange bei der Fassung der von der EG umzusetzenden GASP- bzw. PJZS-Beschlüssen[1820] nicht hinreichend berücksichtigt, so stellt es zunächst einen Verstoß gegen das unionsrechtliche Kohärenzgebot dar. Der Gerichtshof ist jedoch befugt, dies i.R.d. Nichtigkeitsklage gegen den EG-Umsetzungsakt zu prüfen. Denn infolge der Gegenseitigkeit der Rücksichtnahmepflichten entfällt – wohl nur im Umfang des festgestellten Verstoßes gegen die EG-Belange – die Bindung der Gemeinschaftsorgane an die unionsrechtlichen Vorgaben. Dieses Vorgehen führt nicht zur Prüfung der Vereinbarkeit der GASP-Maßnahme mit dem Unionsprimärrecht mitsamt dem (unionsrechtlichen) Kohärenzgebot des Art. 3 Abs. 2 EU. Daher kann der EuGH nur eine negative Feststellung, nämlich der fehlenden Bindungswirkung des GASP-Beschlusses gegenüber der Gemeinschaft treffen, nicht jedoch diesen selbst für nichtig erklären.[1821] Im Falle fehlender Bindungswirkung ist der EG-Durchführungsakt voll justiziabel und wie eine autonome EG-Maßnahme zu behandeln.

bb) Keine Sperrwirkung durch Art. 46 EU

Art. 46 EU regelt abschließend die Jurisdiktionsbefugnisse des EuGH i.R.d. EU-Vertrages und lässt nur in den dort festgelegten Bereichen einen Rückgriff auf die im EG-Vertrag geregelten Verfahrensvorschriften zu. Demgemäß ist eine Gültigkeitskontrolle einiger PJZS-Beschlüsse in beschränktem Umfang möglich, während jene der GASP-Maßnahmen grundsätzlich unzulässig ist. Man könnte Art. 46 EU dahingehend auslegen, dass jegliche Befassung des EuGH mit dem Unionsrecht außerhalb der dort

[1818] I.E. bejahend auch: *Siems*, S. 46 ff., die jedoch eine Integration des Kohärenzgebotes als Völkerrechtsnorm eines zwischenmitgliedstaatlichen Vertrages ins Gemeinschaftsrecht annimmt. Zum ähnlichen Ergebnis gelangt *Hüwelmeier*, S. 386 f., der zwar implizite Implikation des Kohärenzgebotes ins EG-Primärrecht verneint, aber in Art. 3 EU eine Erweiterung der Schutzklausel des Art. 47 EU *zugunsten* des Gemeinschaftsrechts sieht. Die Zuständigkeit des EuGH für die Kontrolle der Einhaltung des Kohärenzgebotes in der Union folgt dann direkt aus Art. 46 lit. f EU. Nur im Falle einer Verletzung der Rücksichtnahmepflicht nimmt er einen Eingriff in den Kompetenzbereich der EG und einen Verstoß gegen Art. 47 EU an, nicht dagegen, wenn das Kohärenzgebot allein in seiner Funktion als aktives Unterstützungsgebot zum Tragen kommt.

[1819] So: *Pechstein/Koenig*, Rn. 513 ff.; zustimmend: *Sick*, S. 72 f.

[1820] Siehe v.a.: Art. 301 EG (Embargomaßnahmen).

[1821] *Siems*, S. 176.

enumerativ geregelten Fälle ausscheidet. Allerdings hätte dies sehr einschneidende Konsequenzen für die Gemeinschaft, die die in der II. bzw. III. Säule erlassenen Maßnahmen ohne Beanstandungsmöglichkeit hinnehmen und ggf. umsetzen müsste. Es wäre mit dem Wesen einer Rechtsgemeinschaft unvereinbar, wenn die Gemeinschaft in solchen Fällen sehenden Auges Rechtsverletzungen mittragen und gleichzeitig einen wirksamen Rechtsschutz versagen müsste. Zudem widerspräche dies nicht nur dem Integrationsziel beider Verträge[1822], sondern auch Art. 47 EU.

Die inzidente Befassung des Gerichtshofs mit Unionssekundärrechtsakten stellt jedoch dann keine Umgehung der in Art. 46 EU festgelegten Jurisdiktionsbefugnisse dar, wenn sich seine Zuständigkeit bereits aus Art. 220 ff. EG ergibt. Besteht die Aufgabe des Gemeinschaftsrichters lediglich in der Ermittlung des Umfangs der für die Gemeinschaft aus dem Kohärenzgebot i.V.m. den durchzuführenden Unionsrechtsakten erwachsenden Pflichten, so wird nicht über die Gültigkeit der intergouvernementalen Maßnahmen, sondern einzig und allein über deren *innergemeinschaftliche* Rechtsfolgen entschieden. In diesem Fall ist der Anwendungsbereich des Art. 46 EU nicht tangiert, da es sich lediglich um die Feststellung bzw. Konkretisierung der durch die Kohärenzverpflichtung vermittelten Bindungswirkung des sekundären Unionsrechts gegenüber der EG handelt. Die unionsrechtlichen Bestimmungen werden nicht zum Gegenstand einer Gültigkeitskontrolle, sondern lediglich zur Ermittlung der Vorgaben für die Gemeinschaft ausgelegt. Da sich die eigentliche Verpflichtung zu deren Befolgung bzw. Durchführung aus dem Kohärenzgebot ergibt, wird erst dieses im konkreten Anwendungsfall verbindlich ausgelegt.

Freilich verlangt Art. 220 EG, dass es sich um eine verbindliche „Anwendung und Auslegung des Vertrages“ in den einschlägigen Verfahren handelt. Dabei ist der Vertragsbegriff weit auszulegen und erfasst das gesamte Gemeinschaftsrecht, nicht nur die Bestimmungen des EG-Vertrages selbst.[1823] Die Justiziabilität des Kohärenzgebotes i.R. eines Verfahrens nach den Bestimmungen des EG-Vertrages (Art. 226 ff. EG) setzt folglich voraus, dass dieses Bestandteil des Gemeinschaftsrechts geworden ist. Dagegen ist das in Art. 3 Abs. 2 EU verankerte, unionsrechtliche Kohärenzgebot[1824] nicht direkt justiziabel, da eine entsprechende Kompetenzzuweisung an den EuGH in Art. 46 EU fehlt. Die Zuständigkeit des Gerichtshofs für die Nichtigkeitsklage gegen den EG-Durchführungsakt ergibt sich also direkt aus Art. 230 EG, sodass die beschränkte Verweisung des Art. 46 EU auf Art. 220 ff. in Art. 46 EU gar nicht mehr zum Zuge kommt.[1825]

Daneben besteht gem. Art. 46 lit. a EU die Zuständigkeit des EuGH nach Maßgabe der Art. 220 ff. EG im Umfang der Bestimmungen zur Änderung der Gemeinschaftsverträge, wobei dieser Klausel rein deklaratorische Bedeutung zukommt.[1826] Sie bestä-

[1822] Präambel, Art. 2 EG; Präambel, Art. 1 UAbs. 2, 3 EU. Vgl. auch Art. 2 Sp.Str. 5 EU, der „die volle Wahrung des gemeinschaftlichen Besitzstandes und seine Weiterentwicklung“ zu einem der Ziele der Union erklärt.

[1823] *Pernice/Meyer* in: Grabitz/Hilf, EUV/EGV, Art. 220 EG Rn. 37 f.

[1824] Verpflichtung der in der GASP handelnden Mitgliedstaaten zur Rücksichtnahme auf Gemeinschaftsbelange – s. *Pechstein/Koenig*, Rn. 139.

[1825] Damit bedarf es den Rückgriffs auf die Zuständigkeit nach Art. 46 lit. f i.V.m. Art. 47 EU nicht.

[1826] *Herrnfeld*, in: *Schwarze*, EU-Komm., Art. 46 EU Rn. 5 m.w.N.; *Pechstein*, EuR 1999, S. 1 (3).

tigt nur die sich bereits aus Art. 220 ff. EG ergebende Zuständigkeit des EuGH, da die unionsrechtlichen Änderungsbestimmungen als Bestandteil der Gemeinschaftsverträge der Kontrolle nach Art. 220 ff. EG unterliegen. Nichts anderes kann auch für implizite Änderungen der Gemeinschaftsverträge gelten.[1827] In diesem Fall kann der Gerichtshof mit Blick auf die Gegenseitigkeit der Rücksichtnahmeverpflichtung das Fehlen einer aus dem gemeinschaftsrechtlichen Kohärenzgebot folgenden Bindung unionsrechtlicher Maßnahmen gegenüber der EG feststellen, die sich unter Verstoß gegen das (unionsrechtliche) Kohärenzgebot über die Gemeinschaftsbelange hinwegsetzen.[1828]

cc) Wirtschaftssanktionen

Die auf der Grundlage der Art. 301, 60, 308 EG erlassenen Rechtsakte unterliegen der gerichtlichen Kontrolle nach Art. 220 ff. EG. Dabei steht Art. 46 EU dem nicht entgegen, wenn ausschließlich der EG-Umsetzungsakt nach Maßgabe der Verfahrensvorschriften der Art. 220 ff. EG überprüft wird. Es wäre mit dem Auftrag des EuGH zur Wahrung des Gemeinschaftsrechts (Art. 220 EG) unvereinbar, EG-Umsetzungsakte ohne vorherige Rechtskontrolle anzuerkennen, die lediglich wegen ihrer Verknüpfung mit einer intergouvernementalen Maßnahme gerichtsimmun wären.[1829] Der Gerichtshof prüft indes, ob die Tatbestandsvoraussetzungen erfüllt sind, mitunter ob ein GASP-Beschluss existiert, der die erforderlichen formellen Merkmale[1830] und den von Art. 301 EG geforderten Inhalt ausweist.[1831] Die Vereinbarkeit des GASP-Beschlusses mit dem Unionsprimärrecht bleibt aber im Umkehrschluss aus Art. 46 EU der Zuständigkeit des EuGH entzogen.[1832] Allerdings können die Gemeinschaftsgerichte am Maßstab des Kohärenzgebotes überprüfen, inwiefern die Vorgaben der Gemeinsamen Aktion bzw. des Gemeinsamen Standpunktes für die EG bindend sind.

3. Verbleibende Rechtsschutzdefizite

Wird die fehlende Bindung der Gemeinschaft an die Vorgaben des Unionssekundärrechtsaktes festgestellt, dann führt dies noch nicht automatisch zur Nichtigkeit des EG-Umsetzungsaktes. Denn die EG ist prinzipiell nicht daran gehindert, den in der GASP oder PJZS beschlossenen Maßnahmen zustimmen und deren „Ansinnen" freiwillig in das Gemeinschaftsrecht zu inkorporieren, vorausgesetzt, sie verfügt über eine entsprechende Kompetenz.[1833] Festzuhalten bleibt, dass im Falle der Feststellung fehlender

---

[1827] Krit. dazu: *Herrnfeld* in: Schwarze, EU-Komm., Art. 47 EU Rn. 7.

[1828] *Pechstein*, EuR 1999, S. 1 (6); *Sick*, S. 73.

[1829] *Krück* in: v.d. Groeben/Schwarze, EUV/EGV, Art. 46 EU Rn. 27; ähnlich: *Burkard*, S. 95.

[1830] *Stein*, EuR Beiheft 2/1995, S. 69 (78, Fn. 47); *Garçon*, S. 126; a.A. *Kugelmann*, EuR Beiheft 2/1998, S. 99 (117).

[1831] *v. Bogdandy/Nettesheim*, EuR 1996, S. 3 (22); *Burkard*, S. 95; *Everling*, CMLR 29 (1992), S. 1052 (1063); a.A.: *Kugelmann*, EuR Beiheft 2/1998, S. 99 (117 f.); *Semrau*, S. 144.

[1832] *Kugelmann*, EuR Beiheft 2/1998, S. 99 (117).

[1833] Gerade deswegen liegt es nahe, dass der Gemeinschaftsrechtsakt wegen Unzuständigkeit nichtig sein kann. Das EuG hat festgestellt, dass die Aufrundungs- bzw. Ergänzungskompetenznorm des Art. 308 EG nicht derart weit ausgelegt werden darf, dass die Gemeinschaftsorgane *generell, in jedem Fall* ermächtigt wären, sich auf diese Bestimmung zur Verwirklichung eines der Ziele des EU-Vertrags zu stützen. – EuG, Rs. T-306/01 (Ahmed Ali Yusuf u. Al Barakaat International Foundation/ Rat u. Kommission), Slg. 2005, S. II-3533 Rn. 156.

Bindung an den Unionsrechtsakt nur der EG-Rechtsakt den alleinigen Klagegegenstand darstellt und am Maßstab des EG-Primärrechts justiziabel ist. Eine durch die Nichtanfechtbarkeit der GASP-Maßnahmen bedingte Rechtsschutzlücke liegt in diesem Fall nicht vor.

Diese kann aber gerade im Hinblick auf die den Einzelnen in materieller Hinsicht unmittelbar betreffenden GASP-Beschlüsse entstehen. Gerade das Beispiel der Individualsanktionen zeigt, dass Rechtsschutzdefizite darin liegen können, dass die Gemeinschaftsgerichte i.R. einer Nichtigkeitsklage gegen die Verordnung zur Durchführung eines GASP-Beschlusses zwar die Rechtsgrundlage (Art. 301, 60, 308 EG) sowie die Verletzung von Gemeinschaftsgrundrechten überprüfen können. Jedoch bleibt den Gerichten in diesem Rahmen verwehrt, die im Gemeinsamen Standpunkt festgelegten Voraussetzungen für die Aufnahme der Betroffenen in die Terrorverdächtigtenliste[1834] zu kontrollieren, obwohl diese Maßnahme eine unmittelbare Betroffenheit der namentlich Aufgelisteten nach sich zieht.[1835]

Art. 1 Abs. 1 des Gemeinsamen Standpunkts 2001/931/GASP gilt seinem Wortlaut nach für die im Anhang aufgeführten Personen, Vereinigungen und Körperschaften, die an terroristischen Handlungen beteiligt sind. Die Rolle der EG beschränkt sich dabei lediglich auf die Anordnung von bereits genau bezeichneten Maßnahmen, nämlich das Einfrieren der Gelder und sonstiger Vermögenswerte oder wirtschaftlichen Ressourcen der im Anhang aufgeführten Personen, Gruppen und Körperschaften.[1836] Somit räumt der Gemeinsame Standpunkt den Gemeinschaftsorganen keinerlei Ermessen ein. Da die EG-Verordnung seine Bestimmungen lediglich wiederholt, zieht das unausweichlich eine entsprechende Beschränkung der gerichtlichen, inzidenten Inhaltskontrolle nach sich.[1837] Allerdings greift die Beschränkung nicht ein, soweit die kohärenzrechtliche Bindung der EG aus den o.g. Gründen[1838] entfällt.

Ein entscheidendes Rechtsschutzmanko ist freilich in der uneinheitlichen Rechtsprechung des EuG zu erblicken. Während in der Rs. *Modjahedines*[1839] eine Bindung der EG gänzlich verneint wurde und die Kohärenzwahrung mehr oder weniger im Belieben des Rates belassen wurde, deuten die vorhergehenden Entscheidungen auf das Gegenteil. Anlässlich zweier Nichtigkeitsklagen gegen Sanktionsverordnungen der EG ging das EuG von der Erweiterung der für die konkrete Durchführungsmaßnahme nicht hinreichenden EG-Kompetenzen[1840] durch die Verpflichtung zur Herstellung der

---

[1834] Vgl. Art. 1 Abs. 2 des Gemeinsamen Standpunkts 2001/931/GASP: Begehung, Versuch, Beteiligung an einer terroristischen Handlung bzw. deren Erleichterung; vermögensrechtliche Zuordnungen (Art. 1 Abs. 4) usw.

[1835] Ebenso: *Bartelt/Zeitler*, EuZW 2003, S. 712 (714); *Bröhmer*, EuZW 2002, S. 353.

[1836] Art. 2 des Gemeinsamen Standpunkts 2001/931/GASP. Der Wortlaut lässt keinerlei Umsetzungsspielraum.

[1837] Vgl. *Cremer* in: Calliess/Ruffert, EUV/EGV, Art. 46 EU Rn. 22; *Steinbarth*, ZEuS 2006, S. 269 (279 f.).

[1838] Kap. IV D IV 2 b).

[1839] EuG, Rs. T-228/02 (Organisation des Modjahedines du peuple d'Iran/Rat), Urt. v. 12.12.2006 (noch nicht in der amtl. Slg. veröffentlicht), Rn. 105 f.

[1840] Art. 301, 60 EG im Hinblick auf die Verhängung von Wirtschaftssanktionen ohne Drittstaatsbezug gegen Individuen.

Kohärenz aus.[1841] Das Gericht bemühte sich, dem Grundanliegen der Art. 60, 301 EG, nämlich der Wahrung der Entscheidungsprärogative der Mitgliedstaaten in der GASP, Rechnung zu tragen. Denn zur Verwirklichung des von der Union und ihren Mitgliedstaaten i.R.d. GASP verfolgten Zieles sei ein Rückgriff auf Art. 308 EG aufgrund des in Art. 3 EU zum Ausdruck kommenden Kohärenzerfordernisses gerechtfertigt. Aus der Betroffenensicht bedeutet das zunächst, dass ihnen nicht nur die Berufung auf den Nichtigkeitsgrund der Unzuständigkeit für den Erlass von Individualsanktionen in der EG-Verordnung genommen wird, sondern auch, dass sie den behaupteten Rechtsgrund für die Erweiterung der EG-Kompetenzen gerichtlich nicht angreifen können.[1842]

Das oben vertretene Konzept (Justiziabilität der aus dem gemeinschaftsrechtlichen Kohärenzgebot resultierenden Bindung der EG bei der Durchführung des Unionsrechts) trägt dagegen zur Schließung der bestehenden Rechtsschutzlücken wirksam bei und räumt die dogmatischen Ungereimtheiten der Rechtsprechung aus.

V. Abhilfe vor nationalen Gerichten gegen staatliche Umsetzungsakte

Wird das Unionssekundärrecht von den Mitgliedstaaten durchgeführt, kommt für Private der Rechtsschutz vor den nationalen Gerichten gegen die innerstaatlichen Umsetzungsakte in Betracht.[1843] Die Mitgliedstaaten sind als Adressaten grundsätzlich an alle rechtsverbindlichen Unionsakte gebunden, was in Konsequenz zur erheblichen Einschränkung der Kontrolle der nationalen Umsetzungsakte durch mitgliedstaatliche Gerichte führen könnte. Angesichts der beschränkten bzw. gar fehlenden Justiziabilität des Unionssekundärrechts wäre ein effektiver Rechtsschutz nur dann gewährleistet, wenn eine vollumfängliche Prüfung der unmittelbar auf den unionsrechtlichen Vorgaben beruhenden Bestimmungen der nationalen Umsetzungsakte möglich wäre.

Eine derartige inzidente Inhaltskontrolle der Unionssekundärrechtsakte am Maßstab des nationalen Rechts könnte jedoch ausgeschlossen sein. Im Anwendungsbereich des EG-Vertrages lehnt der Gerichtshof jedenfalls eine Parallelzuständigkeit der nationalen Gerichte in ständiger Rechtsprechung ab, weil dadurch die einheitliche Geltung und Anwendung des Gemeinschaftsrechts in den Mitgliedstaaten gefährdet wäre.[1844]

[1841] Vgl. EuG, Rs. T-306/01 (Ahmed Ali Yusuf u. Al Barakaat International Foundation/ Rat u. Kommission), Slg. 2005, S. II-3533 Rn. 162-164 sowie EuG, Rs. T-315/01 (Kadi/Rat u. Kommission), Slg. 2005, S. II- 3649 Rn. 128 ff. Da es sich um eine Zuständigkeitserweiterung *zugunsten* der EG handelt, scheidet ein Verstoß gegen Art. 47 EU mangels einer (negativen) „Berührung" aus. – s.o. Kap. IV D IV 2 b) aa).

[1842] Vgl. EuG, Rs. T-338/02 (Segi u.a./Rat), Slg. 2004, S. II-1647 Rn. 38: „*... ist es **wegen der Wahl eines gemeinsamen Standpunkts** und nicht, beispielsweise, eines Beschlusses nach Artikel 34 EU **unmöglich**, die **Rechtmäßigkeit** der Aufnahme von Segi in diesen Anhang insbesondere durch ein Ersuchen um Vorabentscheidung über die **Gültigkeit in Frage zu stellen**.*" [Hervorhebungen der Verfasserin]. Vgl. auch Klagen auf Zugang zu Dokumenten, die die GASP betreffen: EuG, Rs. T-14/98 (Hautala/Rat), Slg. 1999, S. II-2489 Rn. 72; EuG, Rs. T-204/99 (Mattila/Rat u. Kommission), Slg. 2001, S. II-2265. Das EuG lehnte mittelbare Inhaltskontrollen der GASP-Maßnahmen bislang ab und beschränkte sich auf die Prüfung der gemeinschaftsrechtlichen Ermächtigungsgrundlage und des Verfahrens. Dazu: *Bartelt/Zeitler*, EuR 2003, 487 ff.; *De Leeuw*, ELR 2003, S. 324 ff.

[1843] *Dörr/Mager*, AöR 2000, S. 386 (417).

[1844] EuGH, Rs. 11/70 (Internationale Handelsgesellschaft/ Einfuhr- und Vorratsstelle für Getreide und Futtermittel), Slg. 1970, S. 1125 Rn. 3; EuGH, Rs. 44/79 (Hauer/Land Rheinland-Pfalz), Slg. 1979, S. 3727 Rn. 14.

Der EuGH bezieht diesen Grundsatz nicht nur auf die direkte Gültigkeitskontrolle der Sekundärrechtsakte, sondern auch auf die Überprüfung der nationalen Umsetzungsakte und sogar auch dann, wenn die europäischen Vorgaben (z.B. Richtlinien) den Mitgliedstaaten ein gewisses Umsetzungsermessen einräumen.[1845] Dabei steht dem Gerichthof ein Verwerfungsmonopol in Bezug auf das Sekundärrecht zu.[1846] Unklar ist aber, ob diese Grundsätze uneingeschränkt auf das Unionsrecht, das durch die Mitgliedstaaten umgesetzt wird[1847], übertragbar sind. Denn in diesem Bereich sind die Kompetenzen des Gerichtshofs beschränkt.[1848] Würde man den nationalen Gerichten eigene Kontroll- und Verwerfungsbefugnisse in Bezug auf das Unionssekundärrecht versagen, so entstünden negative Kompetenzkonflikte und Rechtsschutzlücken.

1. Rechtsschutz vor nationalen Gerichten in Deutschland

a) Bisherige Rechtsprechung des BVerfG

Im Hinblick auf die Gültigkeitskontrolle des EG-Sekundärrechts enthält sich das Bundesverfassungsgericht grundsätzlich einer Überprüfung am Maßstab der nationalen Grundrechte. Nach mittlerweile gefestigter Rechtsprechung wird der EuGH als „gesetzlicher Richter" i.S.d. Art. 101 Abs. 1 S. 2 GG anerkannt, dem i.R. eines Kooperationsverhältnisses die Kontrolle des Sekundärrechts obliegt.[1849] Alleiniger Prüfungsmaßstab sind dann die *Gemeinschafts*grundrechte. Insofern wurde dem Alleinanspruch des EuGH in Bezug auf die Verwerfung des abgeleiteten Gemeinschaftsrechts entsprochen. Das BVerfG will im Falle eines generellen und erheblichen Absinkens des grundrechtlichen Schutzniveaus auf Gemeinschaftsebene die eigene Kontrolle am Maßstab der nationalen Grundrechte wieder aufnehmen.

Allerdings fragt sich, ob die Verfassungsrichter im gleichen Maße zurückhaltend gegenüber der Kontrolle des sekundären Unionsrechts verfahren werden, d.h. ob die *Solange II*- Rechtsprechung hierauf übertragbar ist. Dem könnten nicht nur die immer noch bestehenden Unterschiede zwischen Unions- und Gemeinschaftsrecht, sondern auch die vergleichbar geringen Rechtsprechungsbefugnisse des EuGH im Anwendungsbereich des EU-Vertrages entgegenstehen. Aus diesem Grund vermag der EuGH in diesem Bereich nicht den „gesetzlichen Richter" zu ersetzen. In der Konsequenz unterlägen die Unionssekundärrechtsakte und die dazugehörigen Umsetzungsmaßnahmen weder einer Kontrolle am Maßstab der Unionsgrundrechte noch der nationalen Grundrechte, was mit Blick auf die Rechtsschutzgarantie des Art. 19 Abs. 4 GG

[1845] Vgl. EuGH, Rs. 5/88 (Wachauf/Bundesamt für Ernährung und Forstwirtschaft.), Slg. 1989, S. 2609 Rn. 19. Danach sind die Mitgliedstaaten bei Umsetzung des EG-Rechts an die Gemeinschaftsgrundrechte gebunden.

[1846] Grundlegend dazu: EuGH, Rs. 314/85 (Foto-Frost/ Hauptzollamt Lübeck-Ost), Slg. 1987, S. 4199 Rn. 14 f.

[1847] Hiervon ausgenommen sind Unionsrechtsakte, die durch die EG (z.B. nach Art. 60, 301 EG) durchgeführt werden, da insoweit ein Verwerfungsmonopol des Gerichtshofs besteht. Vgl. *Schmahl*, EuR 2006, S. 566 (570).

[1848] Eine Gültigkeitskontrolle ist nur i.R.d. Art. 46 lit. b, 35 EU bezüglich einiger PJZS-Rechtsakte möglich.

[1849] S. dazu folgende Grundsatzentscheidungen: BVerfGE 73, 339 (374f., 387) – „Solange II"; BVerfGE 89, 155 (175 ff.) – „Maastricht"; BVerfGE, 102, 147 (161 ff.) – „Bananenmarktverordnung".

sowie die in Art. 1 Abs. 3 GG angeordnete Bindung der staatlichen Gewalt an die Grundrechte kaum hinnehmbar wäre. Dieses Problem stellte sich bislang so nicht, weil das BVerfG im *Maastricht*-Urteil davon ausging, dass Maßnahmen im Bereich der II. und III. EU-Säulen keine Grundrechtsverletzung zur Folge haben können.

Die Verfassungsrichter sahen die Tätigkeitsfelder der EU als eine Form *intergouvernementaler* Zusammenarbeit mit lediglich völkerrechtlichen Bindungswirkungen an.[1850] Das Fehlen supranationaler Wirkungen des EU- Sekundärrechts, wie Vorrang gegenüber dem nationalen Recht und Durchgriffswirkung, sollte demnach ein Pendant zur fehlenden Individualnichtigkeitsklage darstellen. Das BVerfG bestätigte daher im *Maastricht*-Urteil die volle Überprüfbarkeit der nationalen Umsetzungsakte durch die deutsche Gerichtsbarkeit und den Rechtsschutz gegen Grundrechtseingriffe, die in Ausführung der unionsrechtlichen Verpflichtungen in Deutschland vorgenommen werden, weil der nationale Grundrechtsschutz insoweit nicht durch supranationales Recht überlagert sei. Eine völkerrechtliche Verpflichtung des Staates könne jedenfalls den bestehenden Grundrechtsschutz nicht schmälern.[1851]

b) Urteil des BVerfG im Fall Darkanzali

Die Verfassungsbeschwerde eines Deutsch-Syriers, der auf Grund eines Europäischen Haftbefehls der spanischen Behörden wegen des Terrorismusverdachts an Spanien ausgeliefert werden sollte, bot die Gelegenheit zur Überprüfung eines auf einem Unionssekundärrechtsakt beruhenden nationalen Gesetzes. Rechtsgrundlage für die Auslieferung war das Gesetz zur Umsetzung des Rahmenbeschlusses über den Europäischen Haftbefehl.[1852] Der Beschwerdeführer wandte sich gegen die gerichtliche Entscheidung, die seiner Überstellung an die spanischen Justizbehörden entsprechend dem Gesuch stattgegeben hatte. In der Beschwerdebegründung wurde u.a. der Vorwurf erhoben, dass der dem deutschen Gesetz zugrunde liegende Rahmenbeschluss über den Europäischen Haftbefehl[1853] einer demokratischen Legitimation entbehre, da er von Regierungsvertretern und nicht vom Parlament verabschiedet worden sei. Der Sekundärrechtsakt im Bereich der dritten Säule bringe ferner faktisch schwerwiegende Eingriffe in grundlegende bürgerliche Freiheiten mit sich, vor allem das in Art. 16 Abs. 2 S.2 GG verbürgte Verbot der Auslieferung eigener Staatsangehöriger.[1854]

In seinem Urteil vom 18.7.2005 erklärte das BVerfG das nationale Umsetzungsgesetz für nichtig.[1855] Allerdings blieb eine mit Spannung erwartete, offene Konfrontation mit dem EuGH aus. Da bereits die nationale Umsetzung grundrechtliche Mängel aufwies, beschränkten die Karlsruher Richter den Prüfungsumfang auf die Verfassungsmäßigkeit des nationalen Umsetzungsgesetzes im Hinblick auf die durch den Rahmenbeschluss belassenen Gestaltungsspielräume. Dadurch war das Eingehen auf

---

[1850] BVerfG 89, 155 (175 ff.) – „Maastricht".

[1851] BVerfGE 89, 155 (175 ff.). Zu den dogmatischen Aspekten: *Walter*, AöR 129 (2004), S. 39 (46 ff.).

[1852] Gesetz über den Europäischen Haftbefehl v. 21.7.2004, BGBl. I 2004, S. 1748.

[1853] Rahmenbeschluss 2002/584/JI des Rates der Europäischen Union v. 13.6.2002 über den Europäischen Haftbefehl, ABl. Nr. L 190 v. 18.7.2002, S. 1.

[1854] Siehe: BVerfGE 113, 273 (280).

[1855] BVerfGE 113, 273 ff.

die Frage, ob die Vereinbarkeit der zwingenden Vorgaben des Rahmenbeschlusses mit dem Grundgesetz kontrolliert werden darf, nicht erforderlich. Die Beschränkung des Umfangs verfassungsgerichtlicher Kontrolle auf die verfassungskonforme Ausfüllung der Umsetzungsspielräume durch den nationalen Gesetzgeber entspricht der bereits in Bezug auf das Gemeinschaftssekundärrecht angenommenen Rechtsprechung. Die Verfassungsrichter wandten die im *Bananenmarkt*-Beschluss entwickelten Grundsätze zur vorrangigen Zuständigkeit des EuGH für die Gültigkeitskontrolle des sekundären Gemeinschaftsrechts[1856] nunmehr auf Rahmenbeschlüsse an.

Man könnte zwar den Einstieg in die Sachprüfung als eine Aufgabe der *Solange II*-Grundsätze und Kehrtwende in die in der *Solange I*- Entscheidung vorgegebene Richtung interpretieren. Daraus wäre zu schlussfolgern, dass das BVerfG vom generellen Absinken des grundrechtlichen Rechtsschutzstandards unter die unabdingbare Mindestgarantie[1857] vor den Gemeinschaftsgerichten, jedenfalls im Bereich des Unionsrechts ausgeht. Ob das Urteil als Warnung gedacht war, in dem das BVerfG ankündigte, eine umfassende Verwerfungskompetenz in Bezug auf nationale Umsetzung des Unionssekundärrechts für sich in Anspruch zu nehmen, ist aber unklar.

c) Zur Frage der Prüfungskompetenz des BVerfG

Die Frage der Kontrollbefugnis des BVerfG in Bezug auf den Umsetzungsakt zum Rahmenbeschluss wurde kontrovers beurteilt. Die Bundesregierung hielt die Verfassungsbeschwerde in der Rs. *Darkanzali* mit Hinweis auf die Annahme des *„Vorrangs zwingender Vorgaben aus Rechtsinstrumenten des EU-Vertrages gegenüber nationalem Recht, auch gegenüber nationalen Grundrechten*“, für unzulässig. Die angegriffenen Entscheidungen seien Rechtsakte, die auf zwingendem, gegenüber dem deutschen Recht vorrangigem Europarecht beruhten und deshalb nach dem derzeitigen Stand der Integration nicht am Maßstab der deutschen Grundrechte zu prüfen seien. Rahmenbeschlüsse seien unabhängig von der innerstaatlichen Rechtsordnung ohne Abstriche umzusetzen. Ein nationaler Verfassungsvorbehalt bestehe insoweit nicht.[1858]

Entgegen der Senatsmehrheit vertrat auch der Richter *Gerhardt* die Auffassung, die Verfassungsbeschwerde sei unzulässig.[1859] Die Nichtigerklärung des Europäischen Haftbefehlsgesetzes stehe mit dem verfassungs- und unionsrechtlichen Gebot, Verletzungen des Vertrags über die Europäische Union möglichst zu vermeiden, nicht im Einklang. Der Senat setze sich in Widerspruch zur Rechtsprechung des EuGH, der im *Pupino*-Urteil die Geltung des Grundsatzes der loyalen Zusammenarbeit der Mitgliedstaaten bei der justiziellen Zusammenarbeit in Strafsachen gerade auch für die Umset-

[1856] BVerfGE 102, 147 (163 f.); bestätigt später durch den Teilzeitarbeit-Beschluss des BVerfG v. 9.1.2001, EuZW 2001, S. 255. Die *Solange*-Rspr. wurde zunächst nur für unmittelbar geltende EG-Verordnungen entwickelt. Später wurde sie auch auf nationale Gesetze zur Umsetzung von EG-Richtlinien übertragen, soweit die auf den gemeinschaftsrechtlichen Vorgaben beruhenden Vorschriften einer Grundrechtskontrolle unterzogen werden sollten. Danach ist die Überprüfung der nationalen Umsetzungsmaßnahme am Maßstab der Grundrechte des GG, soweit sie die Richtlinienvorgaben aufgreift, solange ausgeschlossen, wie ein hinreichender Grundrechtsschutz durch die Gemeinschaftsgerichte generell gewährleistet wird (vgl. BVerfG, NVwZ 2004, S. 1346).

[1857] S. dazu: BVerfG, NJW 2000, S. 3124; BVerfG, NVwZ 2004, S. 1346.

[1858] Zit. nach: BVerfGE 113, 273 (283 f.).

[1859] Sondervotum des Richters *Gerhardt*, siehe: BVerfGE 113, 273 (339 ff., insb. 341).

zung von Rahmenbeschlüssen hervorgehoben habe. Für die Auslegung der Rahmenbeschlüsse sei ausschließlich der EuGH zuständig. Dabei könne auch eine „überschießende" Umsetzung festgestellt werden. Das Europäische Haftbefehlsgesetz ermögliche es, die Auslieferung in den Fällen abzulehnen, in denen die Durchführung eines Strafverfahrens im Ausland den Betroffenen unverhältnismäßig belaste. Auch wenn die verfassungsrechtlich gebotene Verhältnismäßigkeitsprüfung im Gesetz nicht ausdrücklich erwähnt sei, bestehe nach der entsprechenden Klarstellung durch das BVerfG kein Anlass für die Annahme, dass Behörden und Gerichte ihre selbstverständliche Pflicht zur Beachtung dieses Gebots missachteten. Ein Rechtsschutzdefizit liege nicht vor.

Die Senatsmehrheit hielt die Verfassungsbeschwerde indes nicht nur für zulässig, sondern auch für begründet und erklärte das Umsetzungsgesetz für nichtig.[1860] In der Urteilsbegründung nahm das BVerfG wieder Stellung zur Rechtsnatur des Unionsrechts und zu den – nach dem derzeitigen Integrationsstand immer noch bestehenden – gewichtigen Unterschieden im Verhältnis zum Gemeinschaftsrecht. Allerdings ließ das BVerfG offen, ob es eine umfassende, d.h. auch die zwingenden Vorgaben des Unionssekundärrechtsaktes betreffende Kontrolle am Maßstab der nationalen Grundrechte vornehmen wird. Die auf die Verfassungsmäßigkeit der Ausfüllung bestehender Umsetzungsspielräume durch den nationalen Gesetzgeber beschränkte Prüfung in Anlehnung an die Grundsätze der Richtlinienumsetzung deutet auf die Übernahme der dort entwickelten Grundsätze, insbesondere der Anerkennung der vorrangigen Zuständigkeit des EuGH für die Gültigkeitsfragen von EU-Sekundärrecht und den dazugehörigen Umsetzungsakten. Der Grund für den *judicial self-restraint* des BVerfG ist in der verfassungsrechtlichen Ermächtigung zur Übertragung von Hoheitsrechten gemäß Art.23 Abs. 1 GG und der damit verbundenen Anerkennung des (Anwendungs-) Vorrangs des Gemeinschaftsrechts zu erblicken.[1861] Aber selbst in diesem Falle zieht das BVerfG die Notbremse und behält sich die Kontrolle für den Fall des generellen Fehlens eines hinreichenden, elementaren Grundrechtsschutzes auf EU-Ebene (*Solange*-Rechtsprechung) vor.

Besonderes Augenmerk verdient die Formulierung „jedenfalls" hinsichtlich der Pflicht des deutschen Gesetzgebers zur grundrechtsschonenden Ausfüllung der durch den Rahmenbeschluss belassenen Umsetzungsspielräume. Sie deutet darauf hin, dass das BVerfG im Falle des Fehlens einer solchen Möglichkeit, vom Vorrang der verfassungsrechtlichen Grundsätze ausgehend und sogar eine Verwerfung der unionsrechtlichen Vorgaben nicht ausschließt.[1862] Der weitere Kontext bekräftigt diese Auslegung, denn die Verfassungsrichter heben ausdrücklich den (bloß) völkerrechtlichen Charakter des EU-Rechts hervor und versagen ihm nicht nur vergleichbare Wirkungen wie dem Gemeinschaftsrecht, sondern auch den Vorrang vor dem nationalen Verfassungsrecht. Die nachdrücklich betonte „Besonderheit" der gesetzgeberischen Verantwortung für die verfassungsgemäße Umsetzung ergebe sich daraus, dass es sich um *intergouvernementales* Unionssekundärrecht handele, das im Wege der Normenkontrolle des innerstaatlichen Umsetzungsaktes vorrangig an den Maßstäben der nationalen Verfas-

[1860] BVerfGE 113, 273 (292 ff.).
[1861] S. bereits: BVerfGE 31, 145 (174) – „Lütticke". Näher dazu: *Jarass/Beljin*, NVwZ 2004, S. 1 ff.
[1862] Vgl. BVerfGE 113, 273 (300 f.). Krit. dazu: *Gas*, EuR 2006, S. 285 (293).

sung zu messen sei.[1863] Damit bestätigte das BVerfG im Grundsatz die *Maastricht*-Rechtsprechung in Bezug auf das Unionsrecht.

Zusammenfassend lässt sich sagen, dass das BVerfG zwar im konkreten Fall eine Konfrontation mit dem EuGH vermieden, insgesamt aber nur zeitlich hinausgeschoben hat. Das Urteil ist somit ein leiser „Warnschuss" gegenüber einer extensiven Vergemeinschaftung des Unionsrechts durch den EuGH, der nur knapp einen Monat zuvor die kontroverse Entscheidung in der Rs. *Pupino*[1864] erlassen hat. Bemerkenswert ist, dass die Senatsmehrheit diese Entscheidung mit keinem Wort erwähnt[1865], wodurch nur der Eindruck verstärkt wird, als wolle man einer brisanten Frage aus dem Weg gehen. Die Option umfassender Überprüfung der Grundrechtskonformität von unionsrechtsbedingten Rechtsakten (z.B. Umsetzungsakten zu Rahmenbeschlüssen) hielt sich das BVerfG jedenfalls offen.

2. Standpunkt des polnischen Verfassungsgerichtshofs

Zweifel an der Verfassungskonformität einiger Umsetzungsbestimmungen zum Rahmenbeschluss über den Europäischen Haftbefehl meldete noch zuvor ein anderes nationales Gericht an. Das polnische Bezirksgericht (Sąd Okręgowy) in Gdańsk richtete an den Verfassungsgerichtshof eine Vorlagefrage[1866] nach der Auslegung und Übereinstimmung des Art. 607t § 1 KPK[1867], einer strafprozessualen Vorschrift zur Umsetzung des o.g. Rahmenbeschlusses mit der in Art. 55 Abs. 1 poln.Verf verbürgten Garantie der Nichtauslieferung polnischer Staatsangehöriger. Dieses Grundrecht steht nicht unter dem Vorbehalt einer anderweitigen Bestimmung im ratifizierten, völkerrechtlichen Abkommen. Im Ausgangsverfahren ging es gerade um die Zulässigkeit der Auslieferung einer Polin an das Königreich Niederlande, wo ein Strafverfahren gegen sie anhängig war. Die Umsetzungsnorm wurde für verfassungswidrig und nichtig erklärt.[1868]

In der Begründung wiesen die polnischen Verfassungsrichter darauf hin, dass trotz der grundsätzlichen Verpflichtung zur Implementierung von Rahmenbeschlüssen gem. Art. 9 poln.Verf[1869] alle Normativakte (darunter auch Akte zur Implementierung europäischer Vorgaben) der Verfassungskontrolle, also einer Überprüfung am Maßstab des

---

[1863] BVerfGE 113, 273 (300 f.).

[1864] EuGH, Rs. C-105/03 (Strafverfahren gegen Pupino), Slg. 2005, S. I-5285 – s.o. Kap. IV A II 2 a) und b).

[1865] Vgl. die Kritik von Richter *Gerhardt*, Sondervotum, zit. in: BVerfGE 113, 273 (340 f.).

[1866] Beschl. des Bezirksgerichts Gdańsk, IV Strafabteilung, v. 27.1.2005, Az. IV Pos. 23/04.

[1867] (Poln.) Kodeks postępowania karnego (Strafverfahrensgesetzbuch) v. 6.6.1997, Dz.U. Nr. 89, Pos. 555 (mit späteren Änderungen, insb. Neufassung durch Gesetz v. 18.3.2004 über den Europäischen Haftbefehl).

[1868] Urt. des polnischen Verfassungsgerichtshofs (Trybunał Konstytucyjny) v. 27.4.2005, TK P 1/05, Dz.U. Nr. 77/2005, Pos. 680 (übersetzte Fragmente abgedruckt in: EuR 2005, S. 494 ff).

[1869] Die unionsrechtliche Umsetzungspflicht ist zusätzlich durch eine verfassungsrechtliche Bestimmung des Art. 9 poln. Verf. Bekräftigt, wonach die Republik Polen das für sie verbindliche *Völkerrecht* einhält. Bemerkenswert ist, dass das polnische Verfassungsgerichtshof das Unionsrechts – ebenso wie das BVerfG – dem Völkerrecht gleichsetzt. Näher zur Rspr. des TK in Bezug auf die EU-/EG-Verträge und die verfassungsrechtliche Lage: *Czapliński*, in: Popławska (Hrsg.), Konstytucja dla rozszerzającej się Europy (2000), S. 13 ff.

(höherrangigen) nationalen Rechts durch das Verfassungstribunal unterliegen.[1870] Sie äußerten ferner Zweifel an der Übertragbarkeit des gemeinschaftsrechtlichen Grundsatzes übereinstimmender Auslegung auf das Unionsrecht, wiesen aber auf eine zumindest potentielle Möglichkeit der Anerkennung der Pflicht zur rahmenbeschlusskonformen bzw. pro-unionalen Auslegung des innerstaatlichen Rechts hin. Einen ähnlichen Standpunkt wie das deutsche BVerfG vertrat das Tribunal im Hinblick auf die Rechtsnatur des Unionsrechts und hob die Unterschiede zwischen dem supranationalen Gemeinschaftsrecht und dem intergouvernementalen Unionsrecht hervor.[1871]

Die aus dem Rahmenbeschluss über den Europäischen Haftbefehl resultierende und durch Art. 607t § 1 KPK umgesetzte Verpflichtung zur Auslieferung eines polnischen Staatsbürgers an den ersuchenden EU-Mitgliedstaat wurde nach umfassender rechtlicher Würdigung für verfassungswidrig erklärt. Der polnische Verfassungsgerichtshof bemühte sich aber mit Blick auf die „im Außenverhältnis" seit dem EU-Beitritt vom 1.5.2004 bestehende, völkerrechtliche Bindung um eine Abmilderung der Urteilsfolgen. Der Europäische Haftbefehl wurde zumindest vorläufig aufrechterhalten. Im Ergebnis blieb der eröffnete Individualrechtsschutz dadurch eher symbolisch. Denn das Verfassungstribunal hat gem. Art. 190 Abs. 3 poln.Verf. mit dem Hinweis auf die Interessen der Republik Polen auf internationaler Ebene, insbesondere den Grundsatz „*pacta sunt servanda*" und die daraus resultierende Pflicht zur fristgemäßen und vollständigen Umsetzung des Rahmenbeschlusses einen 18-monatigen Geltungsverlustaufschub für das verfassungswidrige Implementierungsgesetz (Art. 607t § 1 KPK) angeordnet.[1872] Diese Suspendierung der Nichtigkeitsfolge sollte dem polnischen Gesetzgeber Zeit für die notwendigen Anpassungen an die unionsrechtlich geforderte Rechtslage verschaffen, wobei sogar ausdrücklich eine Verfassungsänderung als „unverzichtbares Mittel zur Gewährleistung der Wirksamkeit des EU-Rechts" angeregt wurde. Sie führt aber dazu, dass die polnischen Strafgerichte die Auslieferung eigener Staatsangehörigen, die mit einem Europäischen Haftbefehl verfolgt werden, trotz erkannter Grundrechtsverletzung nicht verweigern dürfen.

Der polnische Verfassungsgerichtshof zeigte, dass er auf die Kontrolle der Umsetzungsakte zu unionsrechtlichen Bestimmungen keineswegs verzichtete und insoweit keine Beschränkung der eigenen Zuständigkeit hinnahm. Zugleich signalisierte er aber die Bereitschaft, die wirksame Umsetzung des Unionssekundärrechts auf jeden Fall, auch um den Preis der zumindest temporären Inkaufnahme von Verletzungen der verfassungsrechtlich verbürgten Freiheitsgarantien, sicherzustellen. Der Rechtsschutz Einzelner bleibt damit, trotz zulässiger und begründeter Rechtsbehelfe im Endeffekt nur symbolisch.

3. Vorlage nach Art. 35 Abs. 1 EU bei PJZS-Maßnahmen

Schließlich besteht im gewissen Umfang die Möglichkeit einer indirekten Normenkontrolle einiger Unionssekundärrechtsakte im Wege einer Vorlage an den EuGH. Die grundsätzliche Zuständigkeit des Europäischen Gerichtshofs für die Auslegung von

[1870] TK, P 1/05, Urt. v. 27.4.2005, Dz.U. 2005 Nr.77/2005 v. 4.5.2005, Pos. 680 Rn. III-2.4.
[1871] TK, P 1/05, Urt. v. 27.4.2005, Dz.U. 2005 Nr.77/2005 vom 4.5.2005, Pos. 680 Rn. III-2.1.
[1872] TK, P 1/05, Urt. v. 27.4.2005, Dz.U. 2005 Nr.77/2005 vom 4.5.2005, Pos. 680 Rn. III-5.2, 5.8 f.

Rahmenbeschlüssen ist in Art. 35 Abs. 1 EU verankert. Allerdings handelt es sich nicht um eine obligatorisch begründete Zuständigkeit. Der Gerichtshof ist zur Entscheidung über die Vorlagen aus den Mitgliedstaaten nur dann befugt, soweit der betreffende Staat eine Anerkennungserklärung abgegeben hat (Art. 35 Abs. 2 EU[1873]).

Diese Vorlagemöglichkeit wird den Bürgern in vielen EU-Mitgliedstaaten, die die Zuständigkeit des EuGH nach Art. 35 Abs. 2 EU nicht anerkannt haben[1874], nach wie vor verwehrt. Unklar ist, ob die Gerichte derjenigen Mitgliedstaaten, in denen keine Gültigkeitsvorlage gem. Art. 35 Abs. 1 Var. 1 EU zulässig ist, die nationalen Umsetzungsmaßnahmen und damit mittelbar auch die zugrunde liegenden EU-Sekundärrechtsakte selbst verwerfen bzw. den nationalen Verfassungsgerichten vorlegen dürfen, wenn sie diese für unvereinbar mit den Gemeinschaftsgrundrechten halten. Würde man diese Möglichkeit verneinen, so hätte das eine *„unerträgliche Ungleichbehandlung“* der von demselben PJZS-Rechtsakt Betroffenen zur Folge, weil sie hiergegen in einigen Mitgliedstaaten keinen Rechtsschutz erlangen könnten.[1875] Um eine solche Diskriminierung zu beseitigen, müsste man den mitgliedstaatlichen Gerichten ein Prüfungs- und Verwerfungsrecht bezüglich der Unionsrechtsakte zuerkennen.[1876] Beim Fehlen einer Zuständigkeit des Gerichtshofs gem. Art. 46 lit. b, 35 Abs. 1 EU käme es sonst zum negativen Kompetenzkonflikt zwischen dem EuGH und den Gerichten des jeweiligen Mitgliedstaates, infolgedessen die Betroffenen rechtsschutzlos gestellt wären. Andererseits ist zu berücksichtigen, dass die Anerkennung der Verwerfungsbefugnis nationaler Gerichte die Gefährdung der einheitlichen Geltung des Unionsrechts in den Mitgliedstaaten nach sich ziehen würde.[1877]

Aber selbst in den Mitgliedstaaten, die eine Zuständigkeit des EuGH nach Art. 35 Abs. 1 EU anerkannt haben, bleibt eine Gültigkeitsvorlage lediglich fakultativ, weil keine unionsrechtliche Vorlagepflicht, etwa nach den Grundsätzen der *Foto-Frost*-Doktrin besteht. Zwar bleibt den Mitgliedstaaten unbenommen, in ihren nationalen Rechtsvorschriften eine Vorlagepflicht letztinstanzlicher Gerichte zu statuieren, was sie bei der Abgabe der Erklärung nach Art. 35 Abs. 2 EU deklarieren können.[1878] Allerdings könnte das für den Betroffenen auch bedeuten, dass er u.U. einen langwieri-

[1873] Die Bundesrepublik Deutschland hat eine solche Erklärung abgegeben – siehe: Gesetz betreffend die Anrufung des Gerichtshofs der Europäischen Gemeinschaften im Wege des Vorabentscheidungsverfahrens auf dem Gebiet der polizeilichen Zusammenarbeit und der justiziellen Zusammenarbeit in Strafsachen nach Artikel 35 des EU-Vertrages vom 6.8.1998 – EuGH-Gesetz, BGBl. I 1998, S. 2035.

[1874] Vgl. Mitteilung des Rates v. 14.12.2005 (ABl. L 327, S. 19.). Danach haben zu diesem Zeitpunkt lediglich 14 Mitgliedstaaten entsprechende Unterwerfungserklärungen abgegeben.

[1875] GA *Mengozzi*, Schlussanträge v. 26.11.2006 in den verb. Rs. C-354 bis 355/04 P (Gestoras Pro-Amnistía u.a./Rat), Nr. 114 f. (noch nicht in der amtl. Slg. veröffentlicht).

[1876] Dafür: GA *Mengozzi*, Schlussanträge v. 26.11.2006, verb. Rs. C-354 bis 355/04 P (Gestoras Pro-Amnistía u.a./Rat) Nr. 102 ff., 114-118 (noch nicht in der amtl. Slg. veröffentlicht). A.A.: *Pernice*, in: WHI-Paper 03/05, S. 1 (25 ff.) – http://www.whi-berlin.de//documents/whi-paper0305.pdf [letzter Abruf am 10.11.2006].

[1877] Für eine Bindung an das EU-Sekundärrecht auch ohne Vorlagemöglichkeit: *Herrmann*, EuZW 2005, S. 437 (438).

[1878] Vgl. Erklärung Nr. 10 zu Art. 35 EU in der Schlussakte der Regierungskonferenz von Amsterdam.

gen Instanzenzug durchlaufen müsste, bevor das letztinstanzliche nationale Gericht endlich zur Vorlage der Gültigkeitsfrage an den EuGH verpflichtet wäre.[1879] Schließlich sind die zulässigen Vorlagegegenstände auf Rahmenbeschlüsse und Beschlüsse i.S.d. Art. 34 Abs. 2 lit. b und c EU beschränkt. Dagegen sind z.B. Gültigkeitsvorlagen in Bezug auf Gemeinsame Standpunkte nicht statthaft. Auch in diesem Falle könnte gegenwärtig nur durch Anerkennung einer selbständigen Prüfungs- und Verwerfungsbefugnis nationaler Gerichte in Bezug auf Unionssekundärrechtsakte eine Rechtsschutzlücke für die betroffenen Individuen vermieden werden.

4. Europarechtliche Beurteilung der Kontrollbefugnis nationaler Gerichte

Unklar ist noch, ob und ggf. in welchem Umfang aus europarechtlicher Sicht eine Kontrolle innerstaatlicher Umsetzungsakte zum Unionssekundärrecht durch nationale Gerichte zulässig ist. Hinter der Kontrollbefugnis mitgliedstaatlicher Gerichte und dem Prüfungsmaßstab steht eigentlich die Grundsatzfrage nach dem Vorrang gegenüber nationalem Recht. Ein Vorrang kommt bislang nur dem EG-Recht unstreitig zu[1880] und schlägt auf die nationalen Durchführungsakte jedenfalls bei der Umsetzung zwingender gemeinschaftsrechtlicher Vorgaben durch.[1881] Letzteres trägt den strukturellen Besonderheiten umsetzungsbedürftiger Gemeinschaftsrechtsakte Rechnung. Die prozessuale Sicherung der einheitlichen Durchsetzung des Vorrangs gegenüber dem nationalen Recht obliegt nach Art. 220 EG der Gemeinschaftsgerichtsbarkeit. Damit steht die Übertragbarkeit der für EG-Richtlinien und die dazugehörigen Umsetzungsakte entwickelten Grundsätze auf Unionssekundärrecht im Raum. Die Überprüfung des Unionsrechts am Maßstab des nationalen Rechts scheidet also dann aus, wenn das Unionsrecht ebenfalls (Anwendung-)Vorrang genießt.

Im Zusammenhang mit der *Pupino*-Entscheidung des EuGH wurden die dogmatischen Bedenken gegen die Anerkennung des Vorrangs des Unionsrechts gegenüber dem nationalen Recht signalisiert.[1882] Die Diskussion betrifft ohnehin nur Rahmenbeschlüsse der PJZS[1883], sodass eine pauschale Anerkennung des Vorrangs *jeglichen* Unionsrechts vor dem nationalen Recht nicht in Frage kommt. Verneint man folgerichtig einen Vorrang des Unionssekundärrechts vor nationalem Recht, steht der Kontrollbefugnis nationaler Gerichte nichts im Wege. Die innerstaatlichen Umsetzungsakte können unmittelbar am Maßstab der nationalen Grundrechte einer nicht nur auf die Aus-

[1879] Daher wird z.T. ein Verwerfungsrecht der unterinstanzlichen Gerichte bejaht. – Schlussanträge des GA *Mengozzi* v. 26.11.2006 in den verb. Rs. C-354 bis 355/04 P (Gestoras Pro-Amnistía u.a./Rat der EU) Nr.119 (noch nicht in der amtl. Slg. veröffentlicht). Zum ähnlichen Problem betr. ex-PJZS-Politikbereiche: Kap. II E II 3 c).

[1880] Grundlegend dazu: EuGH, Rs. 6/64 (Costa/E.N.E.L), Slg. 1964, S. 1251 ff.

[1881] Vgl. *Everling*, EuR 1990, S. 195 (213); *Schneider*, AöR 119 (1994), S. 294 (298 f.). S. auch: BVerfG, NJW 1990, 974; BVerfG, NVwZ 2004, 1346.

[1882] Bejahend: *Gas*, EuR 2006, S. 285 (293 f.); *v. Unger*, NVwZ 2005, S. 1266 (1270 ff.); in diesem Sinne auch: Sondervotum des Richters *Gerhardt*, in: BVerfGE 113, 273 (339 ff.).

[1883] Vgl. die Argumente des EuGH (Wortlaut und strukturelle Vergleichbarkeit zu EG-Richtlinien, Zuständigkeit des EuGH nach Art. 46 lit.b EU) – EuGH, Rs. C-105/03 (Strafverfahren gegen Maria Pupino), Slg. 2005, S. I-5285 Rn. 33 ff.

füllung der Umsetzungsspielräume beschränkten, sondern vollumfänglichen gerichtlichen Kontrolle unterzogen werden.[1884]

Der Argumentationsstrang des EuGH im *Pupino*-Urteil legt aber nahe, dass es neben der Vorrangfrage auch um die damit akzessorisch verbundene, prozessuale Absicherung der Durchsetzung in Form der Alleinzuständigkeit des EuGH für die Gültigkeitskontrolle des Sekundärrechts geht. Im Gemeinschaftsrecht steht dies spätestens seit der *Foto-Frost*-Entscheidung des EuGH außer Frage.[1885] In Bezug auf das Unionsrecht bestehen erhebliche Zweifel, ob eine derartige ausschließliche Zuständigkeit der Gemeinschaftsgerichte überhaupt angenommen werden kann. Das EuG ließ diese Frage bislang offen.[1886] Der Ausschluss der mitgliedstaatlichen Gerichtskontrolle kommt aus rechtsstaatlichen Gründen ohnehin nur unter der Prämisse in Betracht, dass eine vorrangige Zuständigkeit des EuGH besteht. Fehlt eine abdrängende Zuweisung an die Gemeinschaftsgerichte, so droht das Entstehen justizfreier Räume.

Einen ähnlichen Ansatzpunkt findet man auch in den Schlussanträgen des GA *Mengozzi* in der Rechtsmittelsache *Gestoras Pro-Amnistía*. Dort ging es um Schadensersatz wegen der Aufnahme in die Listen terrorverdächtigter Personen und Organisationen. Der Generalanwalt vertrat den Standpunkt, dass der Rechtsschutz „*beim gegenwärtigen Stand des Unionsrechts* nicht dem Gemeinschaftsrichter, sondern dem nationalen Richter anvertraut ist“.[1887] Mit Hinweis auf die Verpflichtung zur Achtung der Unionsgrundrechte in Art. 6 Abs. 1 EU und den Grundsatz der Rechtsstaatlichkeit wies er überzeugend nach, dass die gerichtliche Rechtmäßigkeitskontrolle der Handlungen der Unionsorgane zulässig ist und ein Individualrechtsschutz sichergestellt werden muss.[1888] Der EU-Vertrag enthält keine Bestimmung, die die Justiziabilität des Unionssekundärrechts ausschließen würde.[1889] Ein Umkehrschluss aus Art. 46 EU erscheint in diesem Zusammenhang untauglich, weil dort nur die Zuständigkeit des EuGH geregelt ist. Mit Blick auf den in Art. 5 EU verankerten Grundsatz der begrenzten Einzelermächtigung kann aus Art. 46 EU *e contrario* lediglich auf die fehlende Jurisdiktionsbefugnis des Gerichtshofs in einer dort nicht genannten Konstellation geschlossen werden. Die Zuständigkeit der nationalen Gerichte ist nach nationalem Recht zu beurteilen und – mangels entgegenstehender Bestimmungen im EU-Vertrag[1890] – prinzipiell nicht beschränkt.

Eine solche Beschränkung ließe sich allenfalls unter dem Blickwinkel der *Foto-Frost*-Grundsätze[1891] annehmen. Dort stützte der EuGH seinen Alleinanspruch einerseits auf die Erforderlichkeit einer einheitlichen Geltung des Gemeinschaftsrechts und damit die Durchsetzung des Vorrangs vor dem nationalen Recht, andererseits auf die

---

1884 Ebenso: *Klink/Proelß*, DÖV 2006, S. 469 (471 ff.)

1885 EuGH, Rs. 314/85 (Foto-Frost/Hauptzollamt Lübeck-Ost), Slg. 1987, S. 4199 Rn. 16 ff.

1886 EuG, Rs. T-228/02 (Organisation des Modjahedines du peuple d'Iran/Rat), Urt. v. 12.12.2006 (noch nicht in der amtl. Slg. veröffentlicht), Rn. 55.

1887 GA *Mengozzi*, Schlussanträge v. 26.11.2006 in den verb. Rs. C-354 bis 355/04 P (Gestoras Pro-Amnistía u.a./Rat der EU) Nr. 99 (noch nicht in der amtl. Slg. veröffentlicht).

1888 GA *Mengozzi*, aaO, Nr. 101 ff.

1889 GA *Mengozzi*, aaO, Nr. 103 f.

1890 Insb. im Bereich des Individualrechtsschutzes bestehen keine, ausschließlich dem Gemeinschaftrichter vorbehaltene Befugnisse, die die Kontrollkompetenz nationaler Gerichte verdrängen könnten.

1891 EuGH, Rs. 314/85 (Foto-Frost/Hauptzollamt Lübeck-Ost), Slg. 1987, S. 4199 Rn. 16 ff.

sich aus Art. 220 ff. EG ergebende Exklusivität der Kompetenzzuweisung für die Gültigkeitskontrolle des Sekundärrechts. Zur ersten Bedingung wurde bereits gesagt, dass ein Vorrang des Unionssekundärrechts nach dem derzeitigen Stand der Verträge abzulehnen ist. Im Übrigen fehlen auch – abgesehen von der auf einige PJZS-Rechtsakte beschränkten Vorlage gem. Art. 35 Abs. 1 EU – entsprechende unionsrechtliche Instrumente zur gerichtlichen Durchsetzung der einheitlichen Anwendung. Der EU-Vertrag kennt weder eine allgemeine Vorlage noch andere Verfahren (z.B. Aufsichtsklage der Kommission nach Art. 226 EG) zur Erzwingung einer unionsrechtskonformen Umsetzung. Selbst das existierende Vorlageverfahren gem. Art. 35 EU wird zum Teil als „*À-la-carte*-Regelung" für offensichtlich ungeeignet zur Sicherstellung einer einheitlichen Anwendung des Unionsrechts empfunden.[1892]

Was die zweite Voraussetzung betrifft, so genügt der Hinweis auf den begrenzten Kompetenzkatalog des EuGH in Art. 46 EU sowie die optionale Ausgestaltung des Vorabentscheidungsverfahrens in der III. Säule, um festzustellen, dass von einem „*vollständigen System von Rechtsbehelfen und Verfahren*" keine Rede sein kann. Art. 46 EU verleiht dem EuGH lediglich punktuelle Jurisdiktion im Anwendungsbereich des EU-Vertrages. Zudem wurde von der Aufnahme eines dem Art. 220 EG vergleichbaren, allgemeinen Rechtsschutz- und Rechtswahrungsauftrags in den EU-Vertrag abgesehen. Hinzu kommt auch der lediglich fakultative Charakter der unionsrechtlichen (Gültigkeits-) Vorlage, die mangels einer besonderen Individualnichtigkeitsklage die einzige Möglichkeit zur Kontrolle von Rahmenbeschlüssen und sonstigen PJZS- Beschlüssen am Maßstab des EU-Primärrechts eröffnet. Ein auf freiwilliger Unterwerfung durch den Staat basierendes Vorlagesystem ist geradezu typisch für die völkerrechtliche Gerichtsbarkeit.[1893] Der Sinn und Zweck der *Foto-Frost*-Doktrin beruht aber auf dem für die supranationale Rechtsetzung erforderlichen, obligatorischen und ausschließlichen Charakter der Zuständigkeit des Gerichtshofs für die Gültigkeitsprüfung des Sekundärrechts. Die begrenzte Zuständigkeit der Gemeinschaftsrichter zwingt zur Annahme, dass Einzelne auch in den Staaten, die die Vorabentscheidungskompetenz des EuGH nicht anerkannt haben, vor Gericht die Gültigkeit der Rahmenbeschlüsse und Beschlüsse, auf die die angefochtenen nationalen Maßnahmen gestützt sind, angreifen können.[1894] Die im *Foto-Frost*-Urteil aufgestellten Voraussetzungen der ausschließlichen Zuständigkeit des EuGH für Gültigkeitsfragen sind im Unionsvertrag nicht erfüllt. Daher sind die mitgliedstaatlichen Gerichte befugt, Unionssekundärrechtsakte und die darauf beruhenden Umsetzungsakte umfassend zu kontrollieren.

VI. Rechtsschutz vor dem EGMR

Gegen die Unionssekundärrechtsakte steht den Betroffenen letztlich noch eine Individualbeschwerde vor dem EGMR zu. Dabei hat der Straßburger Spruchkörper bereits in Bezug auf das Gemeinschaftsrecht klargestellt, dass es für die Geltung der Pflichten aus der EMRK unerheblich ist, ob sich die Vertragsstaaten einer internationalen Orga-

---

[1892] So: GA *Mengozzi*, Schlussanträge v. 26.11.2006 in den verb. Rs. C-354 bis 355/04 P (Gestoras Pro-Amnistía u.a./Rat der EU) Nr. 127 (noch nicht in der amtl. Slg. veröffentlicht).

[1893] Vgl. z.B. Art. 36 Abs. 2 IGH-Statut.

[1894] GA *Mengozzi*, Schlussanträge v. 26.11.2006 in den verb. Rs. C-354 bis 355/04 P (Gestoras Pro-Amnistía u.a./Rat der EU) Nr. 115 (noch nicht in der amtl. Slg. veröffentlicht).

nisation oder sonstiger Kooperationsstrukturen bedienen, die ihrerseits nicht der Gerichtsbarkeit des EGMR unterworfen sind, und ihnen entsprechende Hoheitsrechte übertragen.[1895] Die Mitgliedstaaten sind auch i.R.d. Zusammenarbeit in internationalen Organisationen oder sonstigen Gremien daran gehalten, ihren Verpflichtungen aus der EMRK nachzukommen[1896]

Bei der Kontrolle der Beachtung der Grundrechte folgt der EGMR jedoch dem Beispiel der *Solange II*- Rechtsprechung des BVerfG.[1897] Anlässlich einer Beschwerde gegen eine Embargoverordnung der EG, die zuvor Gegenstand einer Vorlage vor dem EuGH war, nahm er seine Jurisdiktionsbefugnis zu Gunsten der Gemeinschaftsgerichte zurück, soweit diese einen gleichwertigen Grundrechtsschutz nicht nur in materieller, sondern auch in prozessualer Hinsicht sicherstellen.[1898] Unter Zugrundelegung der Prämisse primärer Zuständigkeit und Pflicht der Gemeinschaftrichter zur Gewährleistung eines effektiven Rechtsschutzes gegen EU-/EG-Sekundärrechtsakte hat der EGMR neuerdings eine von Betroffenen der Anti-Terror-Maßnahmen eingereichte Klage als unzulässig erachtet.[1899] Im Fall *Gestoras Pro-Amnistía*[1900] wendete sich eine Vereinigung gegen die Aufnahme in eine Liste terrorverdächtigter Personen und Organisationen.[1901] Die Beschwerdeführer rügten insbesondere, dass der nicht justiziable Gemeinsame Standpunkt unmittelbar in ihre Grundrechte eingreife. Da dieser Teil des Rechtsakts nicht durch eine EG-Verordnung ausgeführt wurde, stellte er für die Beschwerdeführer den einzig angreifbaren Akt dar. Eine Klagemöglichkeit blieb ihnen aber versagt, weil Handlungen i.R.d. GASP gem. Art. 46 EU der Zuständigkeit des EuGH nicht unterliegen.

Da der Gemeinsame Standpunkt gegenüber dem Beschwerdeführer lediglich bestehende polizeiliche Kontrollrechte bestätigte, hat der EGMR den Opfer-Status i.S.d. Art. 34 EMRK verneint und somit lediglich ein Prozessurteil gefällt, in dem er auf den Rechtsschutz vor den Gemeinschaftsgerichten verwies.[1902] Zudem verneinte er einen Menschenrechtseingriff durch die Einbeziehung des Betroffenen in die Liste, weil das

---

[1895] Daher wird z.T. vom „doppelten Rechtsschutz gesprochen – siehe dazu: *Egger*, EuZW 2005, S. 652 (654); *Scheuing*, EuR 2005, S. 162 (180); skeptisch dazu: *Korinek*, in: FS Badura (2004), S. 1099 (1106 ff.).

[1896] EGMR, Nr. 24833 (Matthews/Vereinigtes Königreich), EuGRZ 1999, S. 308 (309); EGMR, Nr. 26083/94 (Waite & Kennendy/Bundesrepublik Deutschland), EuGRZ 1999, S. 207 (212).

[1897] Der EGMR behält sich aber nicht nur im Falle eines generellen Absinkens des Grundrechtsschutzes, sondern bereits im konkreten Einzelfall die Kontrollbefugnis vor. Näher dazu: *Lavranos*, EuR 2006, S. 79 (83 ff.).

[1898] EGMR, Nr. 45036/98 (Bosphorus), NJW 2006, S. 197 (202).

[1899] EGMR, 23.5.2002, (Gestoras Pro-Amnistia, Segi u.a./Belgien u.a.) Nr. 6422/02 u. 9916/02, CEDH-V (nicht veröffentlicht) abrufbar unter: www.echr.coe.int [letzter Abruf am 26.10.2006]. S. auch: EuG, Rs. T-333/02 (Gestoras Pro-Amnistía u. a./Rat), Beschl. v. 7.7.2004 (nicht in der amt. Slg. veröffentlicht).

[1900] EGMR, 23.5.2002, (SEGI u.a., Gestoras pro Amnistia u.a./15 Mitgliedstaaten der EU), Nr. 6422/02 u. 9916/02, CEDH-V (nicht veröffentlicht), abrufbar unter: www.echr.coe.int [letzter Abruf am 26.10.2006].

[1901] Siehe: Gemeinsamer Standpunkt 2001/930/GASP des Rates v. 27.12.2001 über die Bekämpfung des Terrorismus, ABl. Nr. L 344 v. 28.12.2001, S. 90.

[1902] In diesem Sinne auch: GA *Mengozzi*, Schlussanträge v. 26.11.2006 in den verb. Rs. C-354 bis 355/04 P (Gestoras Pro-Amnistía u.a./Rat der EU) Nr. 88 (noch nicht in der amtl. Slg. veröffentlicht).

im GASP-Beschluss vorgesehene Einfrieren von Konten nicht angeordnet wurde.[1903] Allerdings ließ der EGMR im *obiter dictum* auch keine Zweifel daran, dass auch beim Vollzug der angefochtenen Maßnahmen die Beschwerden dennoch als unzulässig anzuweisen gewesen wären. Er verwies diesbezüglich auf den Rechtsweg gegen die Durchführungsmaßnahmen der EG und der Mitgliedstaaten.[1904]

Aber selbst bei Zulässigkeit einer Individualbeschwerde kann diese nicht als ein adäquates Äquivalent für den fehlenden Rechtsschutz auf Gemeinschaftsebene betrachtet werden. Die Kontrolle durch die Straßburger Richter ist eine subsidiäre Kontrolle außerhalb des Systems der Union und wäre daher nicht geeignet, das Fehlen eines angemessenen Grundrechtsschutzes innerhalb dieses Systems sowie die Widersprüchlichkeit zu beseitigen, die daraus für das System selbst entstünde.[1905]

VII. Zusammenfassung

Trotz der in der Praxis immer häufiger auftretenden, materiell unmittelbaren Grundrechtseingriffe durch Unionsrechtsakte, wurde das Rechtsschutzsystem des EU-Vertrages nicht entsprechend angepasst. Die Möglichkeiten des Einzelnen, vor den Gemeinschaftsgerichten Rechtsschutz gegen Unionssekundärrechtsakte zu erlangen, sind beschränkt. Nach Art. 46 lit. f, 47 EU i.V.m. Art. 230 Abs. 4 EG ist eine Nichtigkeitsklage gegen kompetenzwidrige Unionssekundärrechtsakte möglich, die in die EG-Zuständigkeit eingreifen. Eine entscheidende Weichenstellung hierfür gab der EuGH im *Flughafentransit*-Urteil, welches die Nichtigkeitsklage gegen die in der dritten Säule erlassene „Gemeinsame Maßnahme" über Visa- und Kontrollregelungen auf Flughäfen betraf. Die dort entwickelten Grundsätze sind auf die GASP übertragbar. Die inzwischen eingeführte unionsrechtliche Nichtigkeitsklage gem. Art. 35 Abs. 6 EU steht der Anwendung dieser Grundsätze auf Individualnichtigkeitsklagen gegen PJZS-Sekundärrecht nicht entgegen. Denn es handelt sich nicht um eine umfassende Überprüfung der Unionsrechtskonformität der fraglichen Maßnahmen, sondern nur der Vereinbarkeit mit Art. 47 EU, wozu der Gerichtshof durch Art. 46 lit. f EU ermächtigt ist. Allerdings bietet sie allenfalls punktuellen Rechtsschutz. Der auf die Wahrung des Art. 47 EU beschränkte Prüfungsumfang führt dazu, dass die Nichtigkeitsklage nur bei Verletzung einer EG-Kompetenz, nicht jedoch bei einer Grundrechtsverletzung[1906] erfolgreich sein kann.

Erfolgsversprechender erscheint dagegen die Anfechtung von gemeinschaftsrechtlichen oder nationalen Umsetzungsakten zum Unionssekundärrecht. Hierbei ist zunächst eine Nichtigkeitsklage gem. Art. 230 Abs. 4 EG gegen die EG-Umsetzungsakte möglich. Handelt es sich um eine autonome Umsetzung durch die EG, dann steht der vollen Justiziabilität der Gemeinschaftsrechtsakte nichts entgegen. Bei gebundener Um-

---

[1903] Krit. dazu: *Jimeno-Bulnes*, ELJ 10 (2004), S. 235 (248).

[1904] Vgl. *Steinbarth*, ZEuS 2006, S. 269 (271 f.).

[1905] Darauf wies zutreffend GA *Mengozzi* in der Rechtsmittelsache *Gestoras Pro-Amnistía*, die denselben Sachverhalt und dieselben Kläger betraf, die zuvor beim EGMR im o.g. Fall mit ihrer Klage unterlegen sind. – Schlussanträge des GA *Mengozzi* vom 26.11.2006 in den verb. Rs. C-354 bis 355/04 P (Gestoras Pro-Amnistía u.a./Rat der EU) Nr. 85 u. 89 (noch nicht in der amtl. Slg. veröffentlicht).

[1906] Vgl. EuG, Rs. T-299/04 (Abdelghani Selmani/Rat u. Kommission), Slg. 2005, S. II-20 Rn. 54 ff., 56 ff.

setzung muss zunächst der Umfang der Bindungswirkung festgestellt werden. Aus dem Kohärenzgebot erwachsen für die EG Kooperationspflichten bei der Umsetzung von unionsrechtlichen Vorgaben, aber auch spiegelbildlich Rücksichtnahmepflichten der Union gegenüber gemeinschaftlichen Belangen. Als ungeschriebener Bestandteil des primären Gemeinschaftsrechts unterliegt das gemeinschaftliche Kohärenzgebot der Auslegung und Anwendung durch die Gemeinschaftsgerichte nach Art. 220 ff. EG. Die gegenseitige Verknüpfung der Abstimmungs- und Rücksichtnahmepflichten zwischen den Säulen führt auch zur mittelbaren Prüfung der Einhaltung des in Art. 3 EU verankerten, unionsrechtlichen Kohärenzgebotes. Denn bei Nichtberücksichtigung gemeinschaftlicher Belange entfällt auch die Bindungswirkung der Unionsvorgaben gegenüber der Gemeinschaft. Damit ist der betreffende EG-Umsetzungsakt als autonome Maßnahme der Gemeinschaft zu behandeln und damit voll justiziabel. Ein Paradebeispiel dieser Art Gegenseitigkeitsverhältnisse stellen Wirtschaftssanktionen dar.

Die Rechtsprechung in diesem Bereich ist uneinheitlich und teilweise widersprüchlich. In der Rs. *Modjahedines* verneinte das EuG eine aus dem Kohärenzerfordernis resultierende Bindung der Gemeinschaftsorgane bei der Umsetzung von Gemeinsamen Standpunkten bei Wirtschaftssanktionen nach Art. 301, 60, 308 EG[1907] und prüfte die Rechtmäßigkeit des EG-Durchführungsbeschlusses ohne Rücksicht darauf, dass hierdurch wortgetreu die der Jurisdiktion des Gerichtshofs entzogenen Gemeinsamen Standpunkte der GASP umgesetzt wurden. In zwei früheren Urteilen begründete das Gericht dagegen eine erweiterte Zuständigkeit der EG nach Art. 301, 60, 308 EG gerade mit der Verpflichtung der EG zur Herstellung der Kohärenz und Verwirklichung des von der Union und ihren Mitgliedstaaten i.R.d. GASP verfolgten Zieles.[1908]

Schließlich können sich die Betroffenen gegen nationale Durchführungsakte vor den nationalen Gerichten zur Wehr setzen. Mangels einer ausschließlichen Zuständigkeit der Gemeinschaftsgerichte besitzen die mitgliedstaatlichen Gerichte nach Maßgabe der jeweiligen Prozessordnung die Befugnis, die nationalen Umsetzungsakte im vollen Umfang zu überprüfen und somit den Individualrechtsschutz zu gewährleisten.

[1907] EuG, Rs. T-228/02 (Organisation des Modjahedines du peuple d'Iran/Rat), Urt. v. 12.12.2006 (noch nicht in der amtl. Slg. veröffentlicht), Rn. 105 f.

[1908] EuG, Rs. T-306/01 (Ahmed Ali Yusuf u. Al Barakaat International Foundation/ Rat u. Kommission), Slg. 2005, S. II-3533 Rn. 162-164; EuG, Rs. T-315/01 (Kadi/Rat u. Kommission), Slg. 2005, S. II-3649 Rn. 128 ff.

Kapitel V. Perspektiven der europäischen Normenkontrollverfahren

A. Grundlagen der Reform des Rechtsschutzsystems im Verfassungsentwurf

Der am 29.10.2004 unterzeichnete Vertrag über eine Verfassung für Europa (VVE)[1909] ist nicht ratifiziert worden. Nach den gescheiterten Ratifikationsreferenden in Frankreich und den Niederlanden 2005 ist der Schicksal der Verfassung noch ungewiss.[1910] Die Idee ist aber noch nicht verworfen worden. Das Gesamtkonzept ruht momentan, der EU wird eine „Phase des Nachdenkens" zur Schaffung von Grundlagen für eine breite Akzeptanz der Verfassung durch die Bürger verordnet.[1911] Zu erwarten ist, dass die Reformprozesse auf geänderter Grundlage vorangetrieben werden und dass die vom Europäischen Konvent vorgeschlagenen Lösungen im Bereich der Rechtsetzung und des Rechtsschutzes in Form einer umfassenden Reform oder in kleinen Schritten realisiert werden, sodass ein Blick auf diese Problematik angebracht erscheint.

I. Vereinheitlichung der Handlungsformen

Um dem Anspruch einer „Verfassung" gerecht zu werden, müsste eine klare Grundstruktur geschaffen werden, die auch für den Bürger verständlich ist und dem Gebot der Transparenz genügt.[1912] Es ging dabei u.a. um die Schaffung einer Nomenhierarchie und die Abgrenzung zwischen exekutiven und legislativen Handlungsformen.

1. Allgemeine Charakteristik der neuen Rechtsakte

Da die bisherige Säulenstruktur der Union aufgelöst werden soll, hat man auch die Handlungsformen neu geordnet. Art. I-33 VVE führt als Rechtsakte der Union: Europäisches Gesetz, Europäisches Rahmengesetz, Europäische Verordnung, Europäischer Beschluss, Empfehlung und Stellungnahme auf, wobei die Formulierung insofern missglückt ist, als die beiden letzten Handlungsformen mangels Verbindlichkeit nicht mehr unter den Begriff „Rechtsakte" i.e.S. fallen. Die Verfassung reduziert die Zahl der Rechtsinstrumente auf sechs, was zu einer besseren Übersichtlichkeit beitragen und die Probleme im Zusammenhang mit der unüberschaubaren Fülle atypischer Handlungsformen lösen würde. Art. I-33 Abs. 2 VVE verbietet den Erlass von nicht ausdrücklich vorgesehenen Rechtsakten, wenn das Europäische Parlament und der Rat mit einem Vorschlag für einen Gesetzgebungsakt befasst werden. Diese Bestimmung entspricht damit den rechtsstaatlichen Forderungen nach eindeutigen Schranken der Kompetenzausübung[1913], verwehrt jedoch nicht vollständig, auf ungekennzeichnete Handlungsformen zurückzugreifen. Die erforderliche Flexibilität für die Organe wird insofern gewährleistet, als sie sich weiterhin atypischer Formen bedienen dürfen, solange keine gesetzgeberische Tätigkeit im Spiel steht.[1914] Die Verfassung behält die

---

[1909] Dok. CIG 87/2/04 REV 2 v. 29.10.2004, ABl. Nr. C 310 v. 16.12.2004.

[1910] Zu den Hintergründen des Scheiterns der Referenden: *Wuermeling*, ZRP 2005, S. 149 (150 ff.).

[1911] Zum Vorgehen beim Scheiterns der Ratifikation in den einzelnen Mitgliedstaaten: *Schwarze*, in: Schwarze (Hrsg.), Der Verfassungsentwurf des Europäischen Konvents (2004), S. 489 (495).

[1912] Näher dazu: *Bieber*, FS Tsatsos, (2003), S. 30 (33 f.).

[1913] Vgl. dazu: *Schwarze*, EuR 2003, S. 535 (554).

[1914] *Obwexer*, EBl. 2004, S. 4 (8).

wesentlichen Entscheidungen dem europäischen Gesetzgeber selbst vor.[1915] Es wird zwischen Gesetzgebungsakten (Europäisches Gesetz, Europäisches Rahmengesetz) und den übrigen Rechtsakten ohne Gesetzescharakter differenziert. Empfehlungen und Stellungnahmen der Organe bleiben weiterhin rechtlich nicht bindend.

Die Auflösung der Säulenkonstruktion der EU und die Inkorporation der Bereiche GASP und PJZS in das Gesamtregelungswerk werden zur Folge haben, dass die Rechtssetzungsinstrumente für alle Politikbereiche anwendbar werden. In den Bereichen GASP, ESVP und PJZS werden die verwendeten Rechtsaktsformen der neuen Typologie des Art. I-33 VVE entsprechen müssen, auch wenn die Initiativ- und Abstimmungsregeln noch divergieren.[1916] In Art. I-6 VVE wird das bislang ungeschriebene Prinzip des Vorrangs des Unionsrechts gegenüber dem nationalen Recht einheitlich für das gesamte Unionsrecht festgelegt. Art. I-40 Abs. 3 VVE legt fest, dass im Bereich der GASP ausschließlich Europäische Beschlüsse zur Anwendung kommen, während Europäische Gesetze und Rahmengesetze ausgeschlossen sind. Dasselbe gilt gem. Art. I-41 VVE für die ESVP. Für die PJZS- Politiken (Raum der Freiheit, der Sicherheit und des Rechts) treten Gesetze und Rahmengesetze an die Stelle der bisherigen rechtsverbindlichen Handlungsformen (Art. I-42 VVE).

2. Europäisches Gesetz und Europäisches Rahmengesetz

Im Zuge der grundlegenden Reform der Handlungsformen werden „typisch legislative" Rechtsakte eingeführt und nunmehr ausdrücklich als „Gesetz" (Europäische Gesetze und Europäische Rahmengesetze) statt wie bisher „Verordnung" und „Richtlinie" bezeichnet, wobei sie in funktioneller Hinsicht überwiegend Aufgaben der Vorgängerformen übernehmen. Die in Art. I-33 Abs. 1 UAbs. 2 VVE enthaltene Definition des Europäischen Gesetzes wiederholt den Wortlaut des jetzigen Art. 249 Abs. 2 EG und entspricht somit der Verordnung. Das Europäische Gesetz ist in Art. I-33 Abs. 1 Uabs. 2 VVE als ein Gesetzgebungsakt mit allgemeiner Geltung definiert, welches in allen seinen Teilen verbindlich ist und unmittelbar in jedem Mitgliedstaat gilt. Das Europäische Rahmengesetz i.S.d. Art. I-33 Abs. 1 UAbs. 3 VVE soll die bisherige Richtlinie ersetzen[1917] und wird als ein Gesetzgebungsakt beschrieben, der für jeden Mitgliedstaat, an den es gerichtet ist, hinsichtlich des zu erreichenden Ziels verbindlich ist, jedoch den innerstaatlichen Stellen die Wahl der Form und der Mittel überlässt.

Die Umbenennung in „Gesetzgebungsakte" soll eine nicht lediglich semantische Klarstellung bewirken. Diese Handlungsformen sind nach Art. I-33 VVE dem Europäischen Parlament und dem Rat vorbehalten und werden in einem „Gesetzgebungsverfahren" verabschiedet.[1918] Die Gesetzgebungsakte sollten nunmehr deutlich von den Rechtsakten ohne Gesetzescharakter unterschieden werden, was u.a. im Prozessrecht

---

[1915] *Schwarze*, EuR 2003, S. 535 (554). Dazu näher unten.

[1916] Dort ist man beim Einstimmigkeitsgrundsatz geblieben. Näher dazu: *Meyer/Hölsteidt*, EuZW 2003, S. 613 (619 f.); *Oppermann*, DVBl. 2004, S. 1234 (1243 f.).

[1917] Bereits 1991 postulierte das Europäische Parlament die Einführung von Gesetzen, mitunter auch die Ersetzung der bisherigen Richtlinien durch „Europäische Rahmengesetze"– Entschließung des EP zur Art der gemeinschaftlichen Rechtsakte v. 18.4.1991, ABl. (EG) Nr. C 129 v. 20.5.1991, S. 136.

[1918] Art. I-34 VVE – ordentliches Gesetzgebungsverfahren (Mitentscheidung). Vgl. *Fischer*, S. 184.

eine wichtige Rolle spielt.[1919] Daneben soll die exekutive oder legislative Funktion der jeweiligen Handlung bereits in der Bezeichnung zum Ausdruck kommen. Das ist bislang im Bereich der Verordnungen nicht möglich, da es sowohl „typisch legislative" Regelungen als auch reine Durchführungsverordnungen gibt. Zudem bestand bislang keine Normenhierarchie innerhalb des Sekundärrechts, sodass Verordnungen der Kommission formell gleichen Rang genießen wie jene des Rates.[1920] Nunmehr soll die Gesetzgeberrolle dem Parlament und Rat vorbehalten sein, während die Kommission mit Exekutivaufgaben betraut wird, wofür ihr Verordnungen und Beschlüsse zur Verfügung stehen.[1921]

3. Europäische Verordnung

Als nachrangig im Verhältnis zu den Gesetzgebungsakten sind Rechtsakte ohne Gesetzescharakter konzipiert, zu denen die Europäische Verordnung gehört.

a) Rechtsnatur und Abgrenzung zu den Gesetzgebungsakten

Art. I-33 Abs. 1 UAbs. 4 VVE definiert die Europäische Verordnung als einen Rechtsakt mit allgemeiner Geltung *ohne Gesetzescharakter*, welcher der Durchführung der Gesetzgebungsakte und bestimmter Einzelvorschriften der Verfassung dient und vom Rat oder Kommission erlassen wird.[1922] Sie kann entweder in allen ihren Teilen verbindlich sein und unmittelbar in jedem Mitgliedstaat gelten[1923] oder für jeden Mitgliedstaat, an den sie gerichtet ist, hinsichtlich des zu erreichenden Ziels verbindlich sein, jedoch den innerstaatlichen Stellen die Wahl der Form und der Mittel überlassen.[1924] Nach dem Verfassungskonzept sind drei Verordnungsarten vorgesehen: (1) Durchführungsverordnungen zu sekundären Gesetzgebungsakten i.S.d. Art. I-33 Abs. 1 UAbs. 4, I-37 Abs. 4 VVE, (2) delegierte Verordnungen (Art. I-36 VVE) und (3) „verfassungsunmittelbare" Verordnungen zur Konkretisierung einzelner Verfassungsbestimmungen mit „Verordnungsvorbehalt" (Art. I-35 Abs. 2 VVE).[1925]

Wichtig ist ferner, dass dem Merkmal der „allgemeinen Geltung" keine entscheidende Abgrenzungsfunktion zukommen wird wie das bislang bei der Differenzierung zwischen Entscheidungen i.S.d. Art. 249 Abs. 4 EG und Verordnungen der Fall war. Fraglich ist, wie die Grenzziehung zwischen den Gesetzgebungsakten und den Rechtsakten ohne Gesetzescharakter erfolgen soll. Da die „Gesetze" als Prärogative des Rates und des Parlaments in einem besonderen Verfahren verabschiedet werden, liegt es nahe, auf die formellen Kriterien wie Zustandekommen und Bezeichnung abzustellen.[1926]

[1919] Ausführlich dazu unten: Kap. V B I 2 und 3 b).

[1920] S.o.: Kap. I A III 3.

[1921] *Mayer*, DVBl. 2004, S. 606 (611); s. dazu auch: Schlussbericht der Arbeitsgruppe IX, Dok. CONV 424/02, S. 2 – http://european-convention.eu.int [letzter Abruf am: 10.05.2005].

[1922] Krit. dazu und zur Differenzierung zwischen Gesetzgebungsakten und Europäischen Verordnungen: *Dougan*, ELR 2003, S. 763 (783 ff.).

[1923] Die Europäische Verordnung übernimmt insofern die Rolle der bisherigen (Durchführungs-) Verordnungen.

[1924] Die 2. Variante entspricht somit der jetzigen (Durchführungs-)Richtlinie.

[1925] Vgl. *Obwexer*, EBl. 2004, S. 4 (8).

[1926] Zu den Vorteile der formellen Betrachtungsweise – Kap. I A IV.

Andererseits ist auch denkbar, auf materielle Gesichtspunkte zu rekurrieren. So schlägt *Fredriksen* vor, in Anlehnung an die bisherige ständige Rechtsprechung des EuGH die „wahre Rechtsnatur“ des Rechtsaktes zu untersuchen.[1927] Unklar ist jedoch, welche Kriterien hierfür ausschlaggebend sein sollten, wenn die allgemeine Geltung nicht (mehr) den Gesetzgebungsakten vorbehalten ist. *Fredriksen* kann diese Frage auch nicht überzeugend beantworten.[1928] Man könnte die Funktion der Regelung analysieren und fragen, ob sie legislative oder administrative Aufgaben zu bewältigen hat. Jedoch dürfte diese Feststellung nur in klaren Fällen möglich sein. Zur Einordnung von Grenzfällen und komplexen Regelungswerken scheint sie hingegen untauglich. Es fehlen allgemein handhabbare, materielle Kriterien, anhand derer man die Funktion beurteilen könnte. Auch eine allgemeine Vorstellung, dass Gesetzgebungsakte nur grundlegende politische Entscheidungen beinhalten sollen, hilft nicht weiter.[1929] Man müsste von Fall zu Fall entscheiden, was zur Rechtsunsicherheit führen würde.

Dagegen wäre es vorzugswürdiger, auf die Ermächtigungsgrundlage als *formelles* Kriterium abzustellen. Denn in vielen Fällen wird dem Organ die Rechtsform insofern vorgegeben, als die Wahl nur zwischen Rechtsakten derselben Kategorie möglich ist.[1930] Der Gedanke der funktionellen Aufgabenverteilung lässt sich also oft den Ermächtigungsnormen entnehmen, die zwischen Gesetzgebung und Durchführung differenzieren. Ebenso erscheint das Abstellen auf die Regelungsdichte als materielles Kriterium wenig hilfreich, da dieser Aspekt bereits ein Unterscheidungsmerkmal zwischen Europäischen Gesetzen und Europäischen Rahmengesetzen ist, also innerhalb der „Gesetzgebungsakte“ selbst zur Anwendung kommt. Damit taugt er nicht zur Absonderung der sonstigen, allgemein geltenden Rechtsakte ohne Gesetzescharakter. Streng genommen ist die Regelungsdichte nichts anders als ein denkbares Kriterium zur Beurteilung der Funktion der Norm, ob sie der Gesetzgebung oder der Durchführung dienen soll. Eine richterliche Entscheidung darüber, wann die „Höchstgrenze“ der Detailliertheit von Gesetzen erreicht wird, wäre in der Praxis angesichts der Einschätzungsprärogative der Rechtssetzungsorgane, äußerst schwierig. Ist die Festlegung einer Mindestgröße einer Banane oder der Maschenöffnungen in Fischfangnetzen noch Gesetzgebung oder fällt das bereits in den Bereich exekutiver Aufgaben? Abgesehen von klaren Fällen, würde dieses Kriterium bei komplexen Regelungen versagen.

Damit bleibt als einziges nur übrig, die Unterscheidung anhand formeller Gesichtspunkte, insbesondere unter Berücksichtigung des besonderen Gesetzgebungsverfahrens[1931], der am Rechtssetzungsprozess mitwirkenden Organe und ggf. der Ermächti-

---

[1927] *Fredriksen*, ZeuS 2005, S. 99 (121).

[1928] Der Autor erkennt selbst die durch den Wegfall des Differenzierungsmerkmals „allgemeine Geltung“ bedingte Schwäche der materiellen Unterscheidung. Er betrachtet die Abgrenzungsfrage daher als ungeklärt und überlässt sie der „neuen europäischen Handlungsformenlehre“. Ähnlich auch: *Mayer*, DVBl. 2004, S. 606 (612).

[1929] Vgl. *Streinz/Ohler/Herrmann*, S. 63.

[1930] Z.B. die Wahl zwischen Gesetz und Rahmengesetz (Gesetzgebungsakte) oder zwischen Verordnung und Beschluss (Rechtsakte ohne Gesetzescharakter). Vgl. z.B. Art. III-231 Abs. 2 VVE (Gesetze oder Rahmengesetze); Art. III-231 Abs. 3 VVE (Verordnungen oder Beschlüsse zur Festsetzung der Preise, Abschöpfungen usw.).

[1931] Europäische Gesetze i.S.d. Art. I-34 VVE werden i.d.R. im ordentlichen Gesetzgebungsverfahren erlassen.

gungsgrundlage[1932] zu treffen. Die Einführung des Gesetzesbegriffs sowie die explizite Aufteilung der Rechtsakte in Gesetzgebungsakte und Rechtsakte ohne Gesetzescharakter sprechen dafür, dass eine bewusste Rezeption der im nationalen Verfassungsrecht bekannten Differenzierung zwischen formellen und materiellen Gesetzen beabsichtigt war.[1933] Das Erfordernis allgemeiner Geltung bei Gesetzen stellt nur eine Anforderung an die „Verfassungsmäßigkeit“ der Maßnahme dar. Dagegen verliert die Abgrenzung zwischen den einzelnen Handlungsformen in prozessualer Hinsicht insofern an Bedeutung, als die Verfassung nunmehr ausdrücklich autonome, von den Bezeichnungen der Handlungsformen verschiedene Begriffe für die Bestimmung der Klagegegenstände benutzt, z.B. „Rechtsakte mit *Verordnungscharakter*“ und nicht Verordnungen.

b) Delegierte Europäische Verordnungen

Der Verfassungsvertrag erwähnt gesondert eine Kategorie des „tertiären Unionsrechts“[1934] – delegierte Rechtsakte als eine Form exekutiver Rechtssetzung. Art. I-36 Abs. 1 VVE sieht vor, dass der Kommission in Europäischen Gesetzen und Rahmengesetzen die Befugnis übertragen werden kann, delegierte Verordnungen zur Ergänzung oder Änderung bestimmter, nicht wesentlicher Vorschriften des Gesetzes oder Rahmengesetzes zu erlassen. Im Hinblick auf die Delegationsbefugnisse des Rates stellt Art. I-36 VVE kein Novum dar, da bereits Art. 202 3. Sp.Str. EG derartige Kompetenzübertragung vorsah. Jedoch soll der Gesetzgeber durch die genannten Einschränkungen angehalten werden, sich auf die grundlegenden Aspekte zu konzentrieren und vermeiden, dass Gesetze und Rahmengesetze allzu detailliert sind.

Allerdings schränkt Art. I-36 Abs. 1 UAbs. 2 S. 2 VVE die Delegationsbefugnis insoweit ein, als er die Übertragung für die „wesentlichen Vorschriften“ in einem Bereich ausschließt. Auch die weiteren materiellen Anforderungen an das delegierende Gesetz wie die ausdrückliche Festlegung der Ziele, des Inhalts, des Geltungsbereichs und der Dauer der Übertragung dürften der Gefahr einer Blankettgesetzgebung wirksam vorbeugen. Schließlich sieht Art. I-36 VVE zwei Rückkoppelungsmechanismen vor, um eine wirksame Kontrolle der delegierten Verordnungen durch die Legislativorgane sicherzustellen. Parlament oder Rat können die Übertragung widerrufen und das Inkrafttreten kann mit stillschweigender Billigung der Mitgesetzgeber ausgesetzt werden.[1935] Die Delegationsbestimmungen stellen eine wichtige Neuerung im Beschlussfassungssystem der Union dar, obwohl der Kommission in der Praxis bereits derartige Kompetenzen in bestimmten Bereichen[1936] verliehen werden können. Dabei wird aber die Rolle des Europäischen Parlamentes gestärkt, das die Ausübung der Übertragung der Legislativbefugnisse in gleicher Weise überwacht.

[1932] Dass die fragliche Maßnahme unmittelbar auf eine Verfassungsbestimmung gestützt wird, bedeutet noch nicht zwingend, dass es sich um ein Gesetz bzw. Rahmengesetz handelt. Denn die Verordnung kann sowohl der Durchführung von Gesetzgebungsakten als auch der Durchführung bestimmter Verfassungsvorschriften (als verfassungsunmittelbare Verordnung) dienen.

[1933] Für den formellen Gesetzescharakter auch: *Obwexer*, EBl. 2004, S. 4 (8).

[1934] *Streinz/Ohler/Herrmann*, S. 64.

[1935] *Obwexer*, EBl. 2004, S. 4 (8).

[1936] Insb. in den Bereichen Binnenmarkt und Umweltschutz.

Eine deutliche Neuorientierung erfahren auch die bisherigen Rechtssetzungsbefugnisse der EZB. Obwohl die Verordnungen der EZB derzeit in der Normenhierarchie den übrigen Verordnungen (des Rates und des Parlaments) gleichgestellt sind und lediglich in sachlicher Hinsicht deren Erlass auf einige weinige Kompetenzbereiche der Zentralbank beschränkt ist, sollen sie nunmehr als rein exekutive Maßnahmen i.S.d. Art. I-34 Abs. 1 S. 3 VVE klassifiziert werden.[1937] Die eigentlichen Gesetzgebungsakte bleiben dem Rat und dem Parlament als ausschließliche Domäne vorbehalten. Wichtig ist ebenfalls, dass die Rechtssetzungsbefugnisse der EZB auf die Fälle beschränkt sind, in denen sie durch die Verfassung selbst dazu ermächtigt ist. Damit wird die Möglichkeit habilitierter Rechtssetzung, d.h. auf der Grundlage einer abgeleiteten Ermächtigungsnorm, ausgeschlossen.

4. Europäischer Beschluss

Vergebens sucht man in dem Katalog der Unionsrechtsakte (Art. I-33 VVE) nach der bisherigen „Entscheidung" i.S.d. Art. 249 Abs. 4 EG.[1938] Ihre Rolle wird vom neu eingeführten Europäischen Beschluss oder – genauer gesagt – von einer bestimmten Beschlussvariante übernommen.[1939] Beschlüsse können nicht nur von der Kommission und dem Rat, sondern auch von dem Europäischen Rat und der EZB erlassen werden, soweit eine entsprechende Ermächtigungsgrundlage in Verfassungsvertrag vorhanden ist (Art. I-35 Abs. 1 und Abs. 2 HS. 2 VVE). Der Beschluss wurde auch Handlungsform der GASP[1940], wobei er besonderen Bestimmungen unterworfen ist.[1941]

Der Europäische Beschluss wird im Vergleich zum derzeitigen „unbenannten" Beschluss weiter definiert. Er stellt gem. Art. I-33 Abs. 1 UAbs. 5 VVE einen Rechtsakt ohne Gesetzescharakter dar, der in allen seinen Teilen verbindlich ist. Ist er an bestimmte Adressaten gerichtet, so ist er nur für diese verbindlich. Der Wortlaut differenziert also zwischen zwei verschiedenen Beschlussarten: dem *adressatenunspezifischen*[1942] und dem *individuell adressierten* Beschluss. Während es sich bei der letztgenannten Erscheinungsform um einen Rechtsakt handelt, der weitgehend der bisherigen Entscheidung i.S.d. Art. 249 Abs. 4 EG entspricht, weist der adressatenunspezifische Beschluss allgemeine Geltung auf und ähnelt somit der bisher „atypischen" Hand-

---

[1937] Die Regelung greift damit auf den im Schlussbericht der Arbeitsgruppe IX zur Vereinfachung der Rechtsakte und Rechtssetzungsverfahren der Union unterbreiteten Vorschlag zurück – vgl. Schlussbericht v. 29.11.2002, CONV 424/02, S. 13 – http://european-convention.eu.int [letzter Abruf am: 11.04.2005].

[1938] Der Begriff „Entscheidung" wird in den bislang abweichenden dänischen, deutschen und niederländischen Sprachfassung des Vertragstextes, die zwei unterschiedliche Begriffe kannten (dazu oben: Kap. I B II 4), nicht mehr verwendet. Die meisten Sprachfassungen der geltenden Vertragstexte enthielten dagegen keine begriffliche Differenzierung zwischen „Beschlüssen" und „Entscheidungen", sondern verwendeten einen einheitlichen Begriff (z.B. (engl.) *decision*, (fr.) *décision*, (ital.) *decisione*, (schwed.) *beslut*, (span.) *decisión* usw.).

[1939] Krit. zur Umbenennung der Entscheidung" in „Beschluss": *Stelkens*, ZEuS 2005, S. 61 (64 f.).

[1940] Art. I-40 Abs. 6 S. 3 VVE schließt Europäische Gesetze und Rahmengesetze in der GASP ausdrücklich aus.

[1941] Z.B. abweichend von den allgemeinen Regeln gilt der Einstimmigkeitsgrundsatz, Art. I-40 Abs. 6 S. 1 VVE.

[1942] Art. I-39 Abs. 2 UAbs. 2 VVE – Beschlüsse, die an keinen bestimmten Adressaten gerichtet sind.

lungsform.[1943] Ähnlich wie die Europäische Verordnung wird der adressatenunspezifische Beschluss gem. Art. I-39 Abs. 2 UAbs. 2 VVE im Amtsblatt veröffentlicht. Durch die Aufnahme dieser Beschlussart in den Katalog der Rechtsaktsformen wird der langjährigen Beschlusspraxis des Rates Rechnung getragen. Andererseits steht dahinter der Transparenzgedanke. Denn im Bestreben nach einem *numerus clausus* der rechtsverbindlichen Handlungsformen wurden nicht nur die bereits bestehenden neu definiert, sondern zugleich die Anwendung sonstiger, „atypischer" Handlungsformen grundsätzlich untersagt. Die Differenzierung zwischen individualgerichteten und adressatenunspezifischen Beschlüssen hat in erster Linie materiellrechtliche Konsequenzen[1944], z.B. gelten abweichende Rechtsmäßigkeitsanforderungen an die Bekanntgabeart (Art. I-39 Abs. 2 und 3 VVE).

Die neue Handlungsform „Beschluss" kumuliert im Grunde drei unterschiedlichen Funktionen.[1945] Die individuell adressierte Beschlussform soll als exekutives Vollzugsinstrument dienen und ersetzt insofern die bisherige Entscheidung i.S.d. Art. 249 Abs. 4 EG.[1946] Allgemein geltende Beschlüsse sind dagegen als Instrument administrativer Normsetzung konzipiert.[1947] Schließlich erfüllt der Beschluss die Rolle eines Quasi-„Verfassungsaktes" bzw. Organisationsaktes, wenn seine Regelungen Beziehungen zwischen der Union und den Mitgliedstaaten[1948] bzw. zwischen den Unionsorganen betreffen.[1949] Diese „Trifunktionalität" des Beschlusses stellt die Konsequenz eines wenig geglückten Kompromisses dar, der im Zuge der Arbeiten des Europäischen Konvents zustande kam. Nach dem Vorschlag des Konventspräsidiums[1950] sollte die bisherige Entscheidung des EG-Vertrages an diejenige des EGKS-Vertrages (Art. 14) angenähert werden mit der Folge, dass die neue Sammelform „Beschluss" neben der Funktion administrativen Vollzugsaktes auch zur administrativen Rechtssetzung taugen könnte. Dagegen tendierte die Vorstellung der Arbeitsgruppe IX, auf deren Initiative hin eine entsprechende Änderung des ursprünglichen Entwurfs erfolgte, zur Einbeziehung von Handlungen „ohne Außenwirkung" im Verhältnis zu den Bürgern bzw. Mitgliedstaaten, also derjenigen, die lediglich im internen EU-Bereich Rechtswirkungen entfalten.[1951] Im Endergebnis wurde eine Handlungsform ins Leben geru-

[1943] *Cremer*, EuGRZ 2004, S. 577 (580).

[1944] Z.B. Art. III-378 VVE (Versäumen der Klagefrist), Art. III-401 VVE (Vollstreckung individueller Beschlüsse). – vgl. *Stelkens*, ZEuS 2005, S. 61 (81).

[1945] Ausführlich dazu: *Stelkens*, ZEuS 2005, S. 61 (76 ff.) m.w.N.; abw. *Ruffert* in: Calliess/Ruffert, Verfassung der EU, Art. I-33 Rn. 106, der 2 Handlungsformen unterscheidet.

[1946] Bsp.: Art. III-165 Abs. 2 S. 1 VVE (Feststellung einer Zuwiderhandlung gegen die Wettbewerbsregeln der Art. III-161 ff. VVE); Art. III-168 Abs. 2 VVE (Beschluss der Kommission i.R.d. Beihilfenkontrolle).

[1947] Z.B.: Art. III-151 Abs. 5 VVE (Festsetzung der Sätze des Gemeinsamen Zolltarifs); Art. III-231 Abs. 3 VVE (Beschlüsse zur Festsetzung der Preise, Abschöpfungen usw. i.R.d. gemeinsamen Agrarmärkte).

[1948] Z.B.: Art. I-59 Abs. 1 und 2 VVE (Aussetzung der Mitgliedsrechte).

[1949] Bsp.: Europäischer Beschluss über die Zusammensetzung des Ministerrates (Art. I-24 Abs. 4 VVE) und die Rotation (Abs. 7 S. 1); Festlegung der Rotationssystems für die Kommissare (Art. I-26 Abs. 6 S. 2 VVE). Diese Funktion erfüllt derzeit die Entscheidung i.S.d. Art. 249 Abs. 4 EG.

[1950] Entwurf der Art. 24 bis 33 VVE des Europäischen Verfassungskonvents vom 26.2.2003, Dok. CONV 571/03, S. 11 – http://european-convention.eu.int [letzter Abruf am: 11.03.2006].

[1951] *Stelkens*, ZEuS 2005, S. 61 (84).

fen, der kein einheitliches Konzept, sondern ein Mosaik verschiedener Vorstellungen zugrunde liegt. Im Grunde wurde keines der Vorbilder realisiert, weil alle zugleich verwirklicht werden wollten.[1952] Man hat ein „Allzweckmittel" ohne klares Profil geschaffen, das alle drei Funktionen unter eine gemeinsame Bezeichnung bringt.

Als Folgeproblem stellt sich die Zuordnungsfrage. Im Grunde ist nur eine Negativabgrenzung zu Gesetzgebungsakten anhand formeller Kriterien möglich. Denn die Beschlussform kann alles erfassen, was nicht i.R.d. Gesetzgebungsverfahrens erlassen wird. Der Beschlussdefinition in Art. I-33 Abs. 1 UAbs. 5 VVE lässt sich lediglich der rechtsverbindliche Charakter dieser Rechtsakte entnehmen. Normativen Charakter weisen nur die Beschlüsse auf, die nicht an eine bestimmte Person adressiert ist. Fraglich ist, inwiefern sich Europäische Beschlüsse mit allgemeiner Geltung von den Europäischen Verordnungen unterscheiden bzw. ob der adressatenunspezifischen Beschlussvariante überhaupt eine eigenständige Bedeutung im Verhältnis zur Verordnung zukommt. Da die Mehrzahl der Ermächtigungsnormen alternativ beide Rechtsaktsformen zur Wahl stellt[1953], entsteht das Problem, wann in diesen Fällen Formenmissbrauch anzunehmen ist. Der Anwendungsbereich des adressatenunspezifischen Beschlusses scheint in materieller Hinsicht keine Grenzen aufzuweisen.

Zur Lösung des Problems schlägt *Stelkens* vor, den Beschluss mit allgemeiner Geltung als Sonderform administrativer Rechtssetzung zu behandeln, die den Grenzbereich zwischen Rechtssatz und Einzelakt erfasst, d.h. konkret-generelle, raum- oder sachbezogene Regelungen[1954], wie etwa Festlegung abschließender Antidumpingzölle auf konkret bezeichnete Produkte aus bestimmten Drittländern. Dagegen sollen durch Europäischer Verordnungen nur abstrakt-generelle Regelungen getroffen werden.[1955] Jedoch erscheint eine solche Abgrenzung nur ein frommer Wunsch zu sein, der zur Korrektur der Konstruktionsfehler der Beschlussform beitragen soll. Mangels Anhaltspunkten im Verfassungsvertrag vermag dieses Konzept nicht zu überzeugen. Ganz im Gegenteil ist der Regelung des Art. I-33 Abs. 1 UAbs. 5 VVE zu entnehmen, dass der Beschluss gerade als eine Auffangform konzipiert wurde, sodass es durchaus Überschneidungen im Verhältnis zu den Europäischen Verordnungen geben kann. Aus Rechtsschutzgesichtspunkten sind sie insofern unbedenklich, als sich eine genaue Abgrenzung zwischen Verordnungen und adressatenunspezifischen Beschlüssen i.R.d. Art. III-365 VVE erübrigt. Auch die Verfahrens- und Formanforderungen (Erlassorga-

[1952] *Stelkens* diskutiert darüber hinaus noch den französischen *acte administratif unilatéral* als ein denkbares Vorbild für die Beschlussform. Dieser umfasst prinzipiell sowohl individualgerichtete Entscheidungen (*actes administratifs non réglementaires ou individuels*) als auch Rechtsnormen (*actes administratifs réglementaires*). Anders als im französischen Verwaltungsrecht schließt der Europäische Beschluss die Regierungs- bzw. Verfassungsakte (*actes de gouvernement*) nicht ausschließt. – dazu: *Stelkens*, ZEuS 2005, S. 61 (80 f.) m.w.N.

[1953] Siehe z.B.: Art. III-130 Abs. 3; Art. III-151 Abs. 5 VVE. Eine Wahl zwischen Gesetzgebungsakten und Rechtsakten ohne Gesetzescharakter besteht dagegen seltener, z.B. i.R.d. Art. I-53 Abs. 4 S. 2 VVE (Ausführung der in den Haushaltsplan eingesetzten Ausgaben setzt den Erlass eines *verbindlichen Rechtsakts* der Union voraus), Art. III-291 VVE (Europäischen Gesetze, Rahmengesetze, Verordnungen und Beschlüsse über die Einzelheiten und das Verfahren für die Assoziierung).

[1954] *Stelkens*, ZEuS 2005, S. 61 (90).

[1955] *Stelkens*, ZEuS 2005, S. 61 (91). Ähnlich wohl auch: *Cremer*, EuGRZ 2004, S. 577 (581, Fn. 35).

ne[1956], Art der Bekanntgabe – Art. I-39 Abs. 2 VVE) sind bei adressatenunspezifischen Beschlüssen und Verordnungen weitgehend identisch.

5. Durchführungsrechtsakte

Art. I-37 VVE regelt Durchführungsrechtsakte i.e.S. Hierbei handelt es sich nicht um eine eigenständige Kategorie der Handlungsformen, sondern um ein besonderes Anwendungsfeld der Rechtsakte ohne Gesetzescharakter als „Unionstertiärrecht“. Als Grundregel gilt weiterhin, dass der Vollzug des Unionsrechts in den Kompetenzbereich der Mitgliedstaaten fällt. Wenn angesichts der Notwendigkeit einheitlicher Bedingungen für die Durchführung das Eingreifen der Union gerechtfertigt ist, können grundsätzlich der Kommission oder – im Bereich der GASP und in entsprechend begründeten Ausnahmefällen – dem Rat Durchführungsbefugnisse übertragen werden. Für derartige Durchführungsakte sind die Rechtsformen Europäische Durchführungsverordnung und Europäischer Durchführungsbeschluss vorgesehen. Das bislang praktizierte *Komitologie*-Verfahren wird nunmehr verfassungsrechtlich verankert und bestimmten formellen Regeln unterworfen. Art. I-37 VVE sieht vor, dass die allgemeinen *Komitologie*-Regeln in einem nach dem ordentlichen Gesetzgebungsverfahren erlassenen Europäischen Gesetz festgelegt werden und nicht – wie bislang – ausschließlich vom Rat.

II. Überblick über die Justizreform

Der Verfassungsvertrag sieht einige Reformen der Gemeinschaftsgerichtsbarkeit vor. Die Änderungen in diesem Bereich zählten im Verfassungskonvent und in der Regierungskonferenz zu den am wenigsten umstrittenen, institutionellen Fragen. Zum Teil handelt es sich um rein formelle Korrekturen, wie z.B. die Umbenennung der Gerichte[1957] bei gleich bleibender Aufgabenverteilung zwischen den Spruchkörpern. Infolge der Auflösung der Säulenarchitektur der EU wird die Zuständigkeit des Gerichtshofs Tätigkeiten aller Organe und Politikbereiche umfassen. Einige Sonderregeln werden aber für die PJZS und GASP aufrechterhalten.[1958]

Die Erweiterung der Rechtmäßigkeitskontrolle stellt eine Errungenschaft der Verfassung dar. Im Zuge der Einrichtung des Europäischen Rates als Unionsorgan (Art. I-19 i.V.m. Art. I-21) wurde ein besonders wichtiges, rechtsstaatliches Postulat realisiert. Handlungen des Europäischen Rates mit Rechtswirkung gegenüber Dritten unterliegen gem. Art. III-365 Abs. 1 VVE nunmehr der gerichtlichen Kontrolle. Ferner wird dem Gerichtshof gem. Art. III-365 Abs. 1 S.2, III-367 Abs. 1 VVE die Rechtskontrolle von Handlungen und Unterlassungen der Einrichtungen und sonstigen Stellen der Union übertragen, die Rechtswirkung gegenüber Dritten entfalten. Schließlich werden die Voraussetzungen für Individualklagen gegen Rechtsakte der Union reformiert. Durch

[1956] Eine Ausnahme gilt in Bezug auf den Europäischen Rat, der lediglich Beschlüsse und keine Verordnungen in den vorgesehenen Fällen erlassen kann (Art. I-35 Abs. 1 VVE).

[1957] Vgl. Art. I-29 Abs. 1 UAbs. 1 VVE: Während das Organ zum „Gerichtshof der Europäischen Union“ umbenannt wird, werden auch die Bezeichnungen seiner Bestandteile geändert (das „Gericht erster Instanz“ wird zum „Gericht“, die beigeordneten „gerichtlichen Kammern“ zu „Fachgerichten“).

[1958] Dazu unten: Kap. V C.

die Aufnahme der Grundrechtecharta findet u.a. die derzeit ungeschriebene Garantie des effektiven Rechtsschutzes[1959] Eingang in die Verfassung (Art. II-107 Abs. 1 VVE). Dagegen konnte sich das im Zuge der Arbeiten im Verfassungskonvent diskutierte Konzept der Einführung einer Grundrechtsbeschwerde nicht durchsetzen.[1960]

Die Verfassung unterstreicht auch die Rolle nationaler Gerichte im Rechtsschutzsystem der Union. Art. I-29 Abs. 1 Uabs. 2 VVE verpflichtet die Mitgliedstaaten zur Schaffung der erforderlichen Rechtsbehelfe zur Gewährleistung eines wirksamen Rechtsschutzes in den vom Unionsrecht erfassten Bereichen. Diese Bestimmung rekurriert damit auf die vom EuGH im *UPA*-Urteil[1961] aus dem allgemeinen Loyalitätsgrundsatz abgeleitete Pflicht. Dadurch soll vor allem die Effektivität des dezentralen Rechtsschutzes sichergestellt werden[1962].

B. Konzept des direkten Individualrechtsschutzes in der Verfassung

Die Neuformulierung der Zulässigkeitsvoraussetzungen für Individualnichtigkeitsklagen in Art. III-365 Abs. 4 VVE orientiert sich stark an der bisher geltenden Fassung sowie der Rechtsprechung.[1963] Insbesondere die vom EuG in der *Jégo Quéré*-Entscheidung[1964] postulierte Erweiterung des Klagerechts Privater gegen *Self-executing*-Normen fand dort ihren Niederschlag. Der Verfassungsvertrag übernahm den Konventvorschlag und enthält nunmehr ein Klagerecht natürlicher und juristischer Person gegen die an sie gerichteten oder sie unmittelbar und individuell betreffenden Handlungen sowie gegen Rechtsakte mit Verordnungscharakter, die sie unmittelbar betreffen und keine Durchführungsmaßnahmen nach sich ziehen.

I. Nichtigkeitsklage nach Art. III-365 Abs. 4 VVE

Die vom Gerichtshof im *UPA*-Urteil erteilte Absage an eine „gerichtliche Reform" der Zulässigkeitsvoraussetzung von Individualnichtigkeitsklagen und der Verweis auf die Notwendigkeit einer Vertragsänderung[1965] gaben dem Europäischen Konvent richtungweisende Impulse zur Überarbeitung der bisherigen Regelung. Neben der ausdrücklichen Verpflichtung der Mitgliedstaaten zur Schaffung erforderlicher Rechtsbehelfe in Art. I-29 Abs. 1 VVE, um wirksamen Rechtsschutz des Einzelnen gegen EG-Normativakte zu gewährleisten, wurde folgende Änderung des bisherigen Art. 230 Abs. 4 EG vorgeschlagen:

> *„Jede natürliche oder juristische Person kann unter den gleichen Voraussetzungen gegen die an sie ergangenen oder sie unmittelbar und individuell betreffenden* ***Handlungen*** *sowie gegen*

[1959] Vgl. z.B.: EuG, Rs. T-54/99 (max.mobil/Kommission), Slg. 2002, S.II-313 Rn. 57.

[1960] S. Vorschlag von *Mayer*, Dok. CONV 439/02 – http://european-convention.eu.int [letzter Abruf: am 15.10.2005]; *Schwarze*, EuR 2003, S. 535 (552 f.). Zur Idee einer Europäischen Grundrechtsbeschwerde bereits: *Reich*, ZRP 2000, S. 375 ff.; *Rengeling*, in: FS Everling, Bd. II (1995), S. 1187 ff.

[1961] S.o.: Kap. II E I 5 a).

[1962] Dazu: *Everling*, in: Schwarze (Hrsg.), Der Verfassungsentwurf des Europäischen Konvents (2004), S. 363 (370 f.).

[1963] Vgl. *Meyer/Hölscheidt*, EuZW 2003, S. 613 (617); *Obwexer*, EBl. 2004, S. 4 (9); *Oppermann*, DVBl. 2004, S. 1234 (1236); *Schwarze*, EuR 2003, S. 535 (552).

[1964] Siehe dazu oben: Kap. II D III 3 b).

[1965] EuGH, Rs. C-50/00 P (Unión de Pequeños Agricultores/Rat), Slg. 2002, S. I-6677 Rn. 45.

Rechtsakte mit Verordnungscharakter, die sie unmittelbar betreffen und keine Durchführungsmaßnahmen nach sich ziehen, Klage erheben."

Die Neufassung der Zulässigkeitsvoraussetzungen einer Nichtigkeitsklage nach Art. III-365 Abs. 4 VVE sieht also drei Gruppen von Individualklagen vor: (1) Adressatenklagen, (2) Klagen gegen unmittelbar und individuell betreffende Handlungen sowie (3) Klagen gegen Rechtsakte mit Verordnungscharakter. Der Verfassungsvertrag zielt auf die Erweiterung des Rechtschutzes Einzelner gegen generelle Rechtsakte, allerdings beschränkt auf Rechtsakte mit Verordnungscharakter. Bei der Anfechtung dieser Rechtsakte soll künftig – neben der unmittelbaren – keine individuelle Betroffenheit erforderlich sein. Ferner ist der Kreis der Klagegegenstände generalklauselartig formuliert, da gem. Art. III-365 Abs. 4 Var. 2 VVE alle „Handlungen" der Unionsorgane angefochten werden können. Somit entfällt das problematische und kontrovers interpretierte Erfordernis einer „Entscheidung" i.S.d. Art. 230 Abs. 4 EG.

1. Erweiterung der Passivlegitimation

a) Handlungen des Europäischen Rates

Eine wichtige Änderung im Vergleich zur bisherigen Rechtslage bringt die Erweiterung des Kreises der gem. Art. III-365 Abs. 1 S. 1 VVE passiv legitimierten Organe um den Europäischen Rat. Gem. Art. I-19 i.V.m. Art. I-21 VVE wird er als Unionsorgan eingerichtet. Der Konventsentwurf[1966] sah noch keine Klagemöglichkeit gegen Maßnahmen des Europäischen Rates mit Rechtswirkung gegenüber Dritten vor. Die Erweiterung der ursprünglichen Fassung erfolgte anlässlich des Regierungsgipfels Ende 2003.[1967] Die gerichtliche Kontrolle der rechtsverbindlichen Handlungen des Europäischen Rates wurde in Art. III-365 Abs. 1 VVE explizit festgelegt.

Bislang ist nur der Rat der EG i.S.d. Art. 7 EG als möglicher Beklagter i.R. einer Nichtigkeitsklage in Art. 230 Abs. 1 EG aufgeführt. Der Europäische Rat i.S.d. Art. 4 Abs. 2 EU zählt nicht einmal zu den Gemeinschaftsorganen i.S.d. Art. 7 EG. Aus diesem Grund wurden Nichtigkeitsklagen gegen Handlungen des Europäischen Rates bislang als unzulässig abgewiesen.[1968] Entscheidend war dabei ebenfalls die Überlegung, dass der Sachbereich, auf dem die strittige Erklärung des Europäischen Rates ergangen ist, zu diesem Zeitpunkt nach ex-Art. L EUV ausdrücklich von der Anwendung der Bestimmungen des EG-Vertrages über die Zuständigkeit der Gemeinschaftsgerichtsbarkeit ausgenommen war. Da der Europäische Rat auf der Grundlage des EU-Vertrages handelte, konnte die angefochtene Maßnahme ebenso wenig als „Handlung eines Gemeinschaftsorgans" i.S.d. Art. 230 Abs. 1 EG qualifiziert werden.[1969] Mit der Einrichtung des Europäischen Rates als ordentliches Unionsorgan sind auch seine Handlungen mit Rechtswirkungen gegenüber Dritten anfechtbar. Das wichtigste An-

[1966] Insb. Art. III-270 – Dok. CONV 850/03 – http://european-convention.eu.int [letzter Abruf am: 10.05.2005].
[1967] Siehe: Dok. CIG 52/03, S. 11, Anlage 7 sowie Dok. CIG 52/03 ADD I.
[1968] EuG, Rs. T-584/93 (Oliver Roujansky/Rat), Slg. 1994, S. II-585 Rn. 12 ff. Das Urteil wurde in der Revision bestätigt – EuGH, Rs. 253/94 P (Oliver Roujansky/Rat), Slg. 1995, S. I-1 Rn. 11.
[1969] EuG, Rs. T-584/93 (Oliver Roujansky/Rat), Slg. 1994, S. II-585 Rn. 13 ff.; vgl. Auch dazu: Vgl. EuGH, verb. Rs. 31/86 u. 35/86 (LAISA/Rat), Slg. 1988, S. 2285, Rn. 18.

wendungsfeld für Individualnichtigkeitsklagen dürften Beschlüsse des Europäischen Rates gem. Art. I-35 Abs. 1 VVE sein.

Der Verfassungsvertrag stärkt die Position des Europäischen Rates in der Union. Neben der aus dem bisherigen Art. 4 EU übernommenen Kompetenz zur Festlegung allgemeiner politischer Zielvorstellungen und Prioritäten der Union werden ihm zahlreiche neue Zuständigkeiten verliehen.[1970] Allerdings schließt Art. I-20 Abs. 1 S. 2 VVE gesetzgeberische Tätigkeit des Europäischen Rates aus. Die bindenden Rechtsakte des Europäischen Rates (Beschlüsse) unterliegen mit Ausnahme der Maßnahmen auf dem Gebiet der GASP (Art. III-365, Art. III-367, Art. III- 369, Art. III-376) der Kontrolle des EuGH.

b) Einrichtungen und sonstige Stellen der Union

Neu ist auch die Einbeziehung der Handlungen der Einrichtungen oder sonstigen Stellen der Union mit Rechtswirkung gegenüber Dritten in Art. III-365 Abs. 1 S.2 VVE. Damit wird prinzipiell eine Legalitätskontrolle der Maßnahmen mit Außenwirkung von EUROJUST und EUROPOL ermöglicht[1971]. Diese Entwicklung steht in unmittelbarem Zusammenhang mit der Verschmelzung der Unionssäulen und der Kompetenzerweiterung des Gerichtshofs auf die Politikbereiche der bisherigen GASP und PJZS (Raum der Freiheit, der Sicherheit und des Rechts). Die bislang bestehenden Rechtsbehelfe gegen Handlungen der Unionseinrichtungen sind unübersichtlich und in sekundärrechtlichen Bestimmungen verstreut. Dieser Zustand ist aus Rechtsschutz- und Klarheitsgesichtspunkten unbefriedigend und soll daher durch die künftige primärrechtliche Kodifizierung geändert werden. Danach gilt einheitlich der Grundsatz, dass alle Handlungen mit Rechtswirkung gegenüber Dritten anfechtbar sind.[1972] Die Neuregelung dient damit der Schaffung der Rechtswegklarheit. Sie wird jedoch durch den in Art. III-365 Abs. 5 VVE verankerten Vorbehalt der Festlegung besonderer Bedingungen und Einzelheiten für die Erhebung von Klagen von natürlichen und juristischen Personen gegen die Handlungen solcher Einrichtungen und Stellen in den Gründungsrechtsakten relativiert.

2. Die zulässigen Klagegegenstände von Individualklagen

Neben den an den Kläger adressierten Handlungen (Var. 1) nennt Art. III-365 Abs. 4 VVE zwei neue Klagegegenstände: Handlungen, die den Kläger unmittelbar und individuell betreffen (Var. 2) sowie Rechtsakte mit Verordnungscharakter (Var. 3).

[1970] Z.B. Regelung der Zusammensetzung des Europäischen Parlaments (Art. I-19 Abs. 2 UAbs. 2 VVE), Benennung des Kommissionspräsidenten (Art. I-26 Abs. 1 VVE), Erlass von GASP- Beschlüssen (Art. I-39 Abs. 3 VVE), Festlegung der strategischen Leitlinien für die legislative und operative Programmplanung im Raum der Freiheit, der Sicherheit und des Rechts (Art. III-154 VVE) usw.

[1971] Vgl. Art. III-276, III-273 VVE. Daneben auch die Europäische Staatsanwaltschaft (Art. III-274 VVE). Vgl. dazu: *Frederiksen*, ZEuS 2005, S. 99 (110); *Jacobs*, CMLR 2004, S. 303 (316); *Obwexer*, EBl. 2004, S. 9 (10).

[1972] Vgl. Schlussbericht des Arbeitskreises über den Gerichtshof, Dok. CONV 636/03 Rn. 24 f. sowie Präsidiumsentwurf, Dok. CONV 734/03, S. 18 f. – http://european-convention.eu.int [letzter Abruf am: 10.05.2005].

a) Handlungen der Unionsorgane – Var. 1 und 2

Die erste Konstellation in Art. III-365 Abs. 4 VVE betrifft Handlungen, die an den Kläger adressiert sind und stellt einen Sonderfall der Var. 2 dar. Denn sie erfasst Klagen derjenigen, die in einem Rechtsakt individuell als Adressat angesprochen werden. Dieses Auslegungsergebnis ist in anderen Sprachfassungen deutlicher als in der deutschen Fassung.[1973] Betrachtet man die Ersetzung des bisherigen Terminus „Entscheidung" in Art. 230 Abs. 4 EG durch „Handlung", so entsteht auf den ersten Blick der Eindruck, dass der Klagegegenstand in diesem Fall erheblich erweitert wurde. Denn die „Handlung" erfasst als Oberbegriff alle Sekundärrechtsakte sowie Realakte der Unionsorgane.[1974] Der Vergleich mit dem in Var. 3 verwendeten Begriff „Rechtsakte" suggeriert, dass unter „Handlung" auch Realakte bzw. unverbindliche Maßnahmen fallen können. Damit legt die Wortlautanalyse der deutschen Fassung[1975] einen sehr weiten Handlungsbegriff nahe.

Demgegenüber wird in der dänischen Fassung die Bezeichnung *„retsakter"* verwendet. Freilich fällt auf, dass bereits der EG-Vertrag den Begriff „Rechtsakt" in einem sehr weiten Sinne verwendet, der neben rechtsverbindlichen auch unverbindliche Handlungen der Organe und sonstiger Institutionen umfasst.[1976] Ein Rechtsakt in diesem Sinne setzt lediglich die Existenz einer rechtlich relevanten Handlung voraus, sodass lediglich Realakte ausscheiden.[1977] Die gemeinsame Überschrift „Rechtsakte der Union" im Handlungsformenkatalog des Art. I-33 VVE zeigt, dass dieses Begriffsverständnis in das Verfassungskonzept übernommen wurde.[1978] Der Vergleich mit anderen Sprachfassungen bestätigt das. In allen Varianten des Art. III-365 Abs. 4 VVE wird derselbe Grundbegriff („Akt")[1979] benutzt. Die Verwendung abweichender Termini in der deutschen und der niederländischen Fassung führt nicht zu einem anderen Auslegungsergebnis bei der Prüfung des zulässigen Klagegegenstandes.

Freilich wird der weite Handlungsbegriff bei Nichtigkeitsklagen eingeengt. Diese Einschränkung gilt auch für Abs. 4, was die Systematik des Art. III-365 VVE nahe legt.[1980] So wird der Handlungsbegriff bereits in Abs. 1 verwendet, auf den Abs. 4

[1973] Bsp.: (engl.) *act addressed to that person*; (fr.) *les actes dont elle est le destinataire*; (lv.) *aktu, kas adresets šai personai*; (poln.) *akty, których jest adresatem*; (port.) *actos de que seja destinatária*; (slk.) *aktom, ktoré sú jej adresované*; (span.) *los actos de los que sea destinataria.*

[1974] Vgl. *Mayer*, AöR 129 (2004), S. 411 (427).

[1975] Ähnlich auch die niederländische Fassung: „...***handelingen** die tot hem gericht zijn of die hem rechtstreeks en individueel raken, alsmede tegen regelgevingshandelingen die hem **rechtstreeks**...*".

[1976] Bsp.: Art. 68 Abs. 1, 3; 122 Abs. 5; 250 Abs. 2; 251 Abs. 1 EG.

[1977] *Härtel*, S. 10.

[1978] Vgl. *Härtel*, S. 10.

[1979] (Engl.) *an **act** addressed to that person or which is of direct and individual concern to him or her, and against a regulatory **act**...*; (fr.) *les **actes** dont elle est le destinataire ou qui la concernent directement et individuellement, ainsi que contre les **actes** réglementaires...*; (ital.) ***atti** adottati nei suoi confronti o che la riguardano direttamente e individualmente, e contro gli **atti** regolamentari...*; (poln.) ***akty**, których jest adresatem lub które dotyczą jej bezpośrednio i indywidualnie oraz na **akty** regulacyjne...*; (port.) ***actos** de que seja destinatária ou que lhe digam directa e individualmente respeito, bem como contra os **actos** regulamentares...*; (span.) *los **actos** de los que sea destinataria o que la afecten directa e individualmente y contra los **actos** reglamentarios...*

[1980] Die Systematik entspricht weitestgehend der bisherigen Regelung in Art. 230 EG – s. *Fredriksen*, ZeUS 2005, S. 99 (111); *Köngeter*, ZfRV 2003, S. 123 (131).

verweist. Der gerichtlichen Kontrolle nach Abs. 1 unterliegen Handlungen der Unionsorgane und der EZB, soweit es sich nicht um Empfehlungen oder Stellungnahmen handelt, sowie Handlungen des Parlaments, des Europäischen Rates und sonstiger Unionseinrichtungen mit Rechtswirkung gegenüber Dritten. Damit wird deutlich, dass nur rechtsverbindliche Akte erfasst sind. Wenn also Abs. 4 auf Abs. 1 verweist, dann dient es gerade dem Zweck, unnötige Wiederholungen zu vermeiden.[1981]

Schließlich zeigt auch die Entstehungsgeschichte, dass keine Änderung der in der Rechtsprechung etablierten Handlungsdefinition beabsichtigt war. Im Gegensatz zur endgültigen Fassung beinhaltete der Vorschlag der Arbeitsgruppe „Gerichtshof" i.R.d. Konventsarbeiten den Begriff „Rechtsakte".[1982] Dieser wurde später ohne ersichtlichen Grund durch den Terminus „Handlungen"[1983] ersetzt, wobei die Änderung nur die deutsche Fassung betraf. Festzuhalten ist also, dass die bisherige Definition der „Handlung" in der Rechtsprechung maßgeblich bleibt. Danach können alle Handlungen der Unionsorgane, die dazu bestimmt sind, Rechtswirkungen zu erzeugen, unabhängig von der Rechtsnatur oder Form[1984], Gegenstand einer Nichtigkeitsklage sein.[1985] Hierunter fallen alle rechtsverbindlichen Maßnahmen, mitunter auch Europäische Gesetze und Rahmengesetze. Weitere Zulässigkeitsanforderungen richten sich danach, ob die Handlung an den Kläger gerichtet ist oder nicht.

Trotz der Ersetzung des Wortes „Entscheidung" durch „Handlung" kommt es in der Konstellation der Adressatenklagen (Var. 1) zu keiner nennenswerten Erweiterung des Klagegegenstandes. Denn das Erfordernis der individuellen Adressierung bewirkt *de facto* eine Einschränkung auf individuell adressierte Handlungen[1986], die die Entscheidungsform i.S.d. Art. 249 Abs. 4 EG ablösen. Im Konvent ist man von einer „rein redaktionellen Änderung"[1987] ausgegangen. Es wurde klargestellt, dass es sich im Grunde nur um eine Kodifizierung der bereits in der Rechtsprechung etablierten Definition der anfechtbaren Organhandlungen handelt.[1988] Der Klagegegenstand wird endgültig von der Handlungsform abgekoppelt und allein anhand seiner materiellen Wirkung beurteilt. Damit hat sich ein weiter, prozessualer Begriff des Klagegegenstandes durchgesetzt. Die Problematik der „Scheinverordnungen"[1989] dürfte damit jedenfalls

---

[1981] Der Verweis auf die Bedingungen des Abs. 1 und 2 bedeutet, dass es sich um eine rechtsverbindliche Handlung einer Unionsorgans oder einer Einrichtung handeln muss.

[1982] Schlussbericht des Arbeitskreises über die Arbeitsweise des Gerichtshofs v. 25.3.2003, CONV 636/03 Rn. 20 u. 23 – abrufbar unter: http://european-convention.eu.int [letzter Abruf am 15.10.2005].

[1983] Fassung v. 12.6.2003, CONV 802/03 – http://european-convention.eu.int [letzter Abruf am 15.10.2005].

[1984] Vgl. EuGH, Rs. 60/81 (IBM/Kommission), Slg. 1981, S. 2639 Rn. 9; EuGH, Rs. 22/70 (Kommission/Rat AETR), Slg. 1971, S. 263 Rn. 38 ff.; EuGH, Rs. 54/65 (Forges de Châtillon), Slg. 1966, S. 530 (544 f.)

[1985] Ebenso: *Fredriksen*, ZeUS 2005, S. 99 (111); *Köngeter*, ZfRV 2003, S. 123 (131).

[1986] Hierunter dürften in erster Linie individualgerichtete Beschlüsse (Art. III-33 Abs. 1 UAbs. 5 S.2 VVE) fallen, die anstelle der Entscheidung i.S.d. Art. 249 Abs. 4 EG treten. – vgl. *Cremer*, EuGRZ 2004, S. 577 (578).

[1987] Schlussbericht des Arbeitskreises über den Gerichtshof v. 25.3.2003, CONV 636/03 Rn. 23 – http://european-convention.eu.int [letzter Abruf am 11.10.2005].

[1988] Der Schlussbericht (Rn. 23) verweist auf EuGH, Rs. 60/81 (IBM/Kommission), Slg. 1981, S. 2639 Rn. 9.

[1989] Dazu oben: Kap. IV B II 2.

i.R.d. Zulässigkeit obsolet werden, weil Art. III-365 Abs. 4 VVE gerade auf den Zusatz „obwohl sie als Verordnung ... ergangen ist“ verzichtet. Formmissbrauch dürfte somit nur bei der Begründetheit eine Rolle spielen. Denn formelle Rechtmäßigkeitsanforderungen und materiellrechtliche Wirkungen richten sich nach der gewählten Handlungsform.[1990]

Die Wahl eines handlungsformneutralen Terminus statt „Entscheidung“ dürfte schließlich dazu beitragen, dass die auf der Grundlage des bisherigen Wortlauts des Art. 230 Abs. 4 Var. 2 EG bestehenden, dogmatischen Schwierigkeiten mit der Begründung der Anfechtbarkeit von „echten“ Normativakten nunmehr beseitigt werden. Die Rechtsnatur der Handlung spielt i.R.d. zulässigen Klagegegenstandes keine Rolle. Sie hat aber Einfluss auf die weiteren Anforderungen (Klageberechtigung).[1991]

b) Rechtsakte mit Verordnungscharakter (Var. 3)

Die dritte Variante sieht Klagen gegen Rechtsakte mit Verordnungscharakter vor, die den Kläger unmittelbar betreffen und keine Durchführungsakte nach sich ziehen. Auf die begriffliche Abweichung der deutschen und niederländischen Fassung, die statt „Handlung“ (wie in Var. 1 und 2) den Klagegegenstand in Var. 3 als „Rechtsakte“ bezeichnen, wurde soeben hingewiesen. Auf die Bestimmung des Klagegegenstandes wirkt sich diese redaktionelle Feinheit i.E. kaum aus, da nicht nur Realakte, sondern auch alle unverbindlichen Handlungen durch die weitere Einschränkung in der Var. 3 ohnehin ausscheiden. Ihnen fehlt der Verordnungscharakter, der *per definitionem* eine unmittelbar verbindliche Handlung, d.h. planmäßige Normsetzung voraussetzt. Die Bezeichnung „Verordnungscharakter“ legt eine Anknüpfung an die gleichnamige Handlungsform Verordnung i.S.d. Art. I-33 Abs. 1 UAbs. 3 VVE nahe, die als Rechtssetzungsinstrument ohne Gesetzescharakter konzipiert ist.

aa) Denkbare Handlungsformen

Vor diesem Hintergrund stellt sich die Frage, ob neben Europäischen Verordnungen auch Beschlüsse unter den Begriff „Rechtsakte mit Verordnungscharakter“ fallen und – wenn ja – welche Arten von Beschlüssen diese Prämisse erfüllen. Zum Teil wird vertreten, dass Var. 3 nur Europäische Verordnungen erfasst.[1992] Der gleiche Wortstamm des Begriffs „Verordnungscharakter“[1993] legte eine solche Auslegungsoption nahe. Allerdings spricht die begriffliche Divergenz eher noch dafür, dass die Bezeich-

---

[1990] *Stelkens*, ZEuS 2005, S. 61 (85).

[1991] *Petzold*, in: Bruha/Nowak/Petzold, Grundrechtsschutz im europäischen Binnenmarkt (2004), S. 247 (251).

[1992] So: *Dashwood/Johnston*, CMLR 41 (2004), S. 1481 (1508).

[1993] Ähnlich wie in der deutschen Sprachfassung: (engl.) Art. I-34 VVE – „*regulation*“ / „*decision*“, Art. III-365 Abs. 4 VVE – „*regulatory act*“; (fr.) Art. I-34 VVE – „*règlement* / „*décision*“, Art. III-365 Abs. 4 VVE – „*actes réglementaires*“; (ital.) Art. I-34 VVE – „*regolamento europeo*“ / „*decisione europea*“, Art. III-365 Abs. 4 VVE – „*atti regolamentari*“; (port.) Art. I-34 VVE – „*regulamento europeu*“ / „*decisão europeia*“, Art. III-365 Abs. 4 VVE – „*actos regulamentares*“; (span.) Art. I-34 VVE – „*reglamento europeo*“ / „*decisión europea*“, Art. III-365 Abs. 4 VVE – „*actos reglamentarios*“; (ung.) Art. I-34 VVE – „*európai rendelet*“ / „*európai határozat*“, Art. III-365 Abs. 4 VVE – „*olyan rendeleti*“; (malt.) Art. I-34 VVE – „*Regolament Ewropew*“ / „*Deċiżjoni Ewropea*“, Art. III-365 Abs. 4 VVE – „*att regolatorju*“.

nungen „Verordnung“ und „Rechtsakte mit Verordnungscharakter“ zwar verwandt, aber keineswegs deckungsgleich sind. Denkbar wären also zwei weitere Möglichkeiten: einerseits könnten alle Rechtsakte ohne Gesetzescharakter[1994] (auch adressatenunspezifische und drittgerichtete Europäische Beschlüsse, daneben delegierte Verordnungen nach Art. I-36 VVE sowie Durchführungsakte i.S.d. Art. I-37 VVE)[1995], andererseits aber alle Rechtsakte ohne Gesetzescharakter mit allgemeiner Geltung (nur adressatenunspezifische Beschlüsse[1996]) erfasst sein. Die letztgenannte Möglichkeit schließt individualgerichtete Beschlüsse aus.

Die systematische Sicht legt es nahe, dass der Klagegegenstand „Rechtsakte mit Verordnungscharakter“ typischerweise[1997] neben Verordnungen auch Beschlüsse umfassen soll. Dafür spricht zudem ein gemeinsamer Oberbegriff beider Handlungsformen „Rechtsakte ohne Gesetzescharakter“ (Art. I-33 Abs. 1 UAbs. 4 und 5, Art. I-35 Abs. 1 und 2 VVE). Teilweise kann auch die weitgehende Austauschbarkeit der beiden Handlungsformen ins Feld geführt werden: die Ermächtigungsnormen in der Verfassung überlassen dem Erlassorgan überwiegend ein Wahlrecht zwischen Verordnung und Beschluss. Es ist kein Grund ersichtlich, warum ein legales „Ausweichen“ auf die Beschlussform Klagen Einzelner erheblich erschweren sollte.[1998] Dieses Argument erscheint aber nicht zwingend. Aussagekräftiger scheinen die lexikalisch- systematischen Gesichtspunkte zu sein. Deutlicher als in der deutschen Fassung legt die englische Version die Einbeziehung von Beschlüssen in der Kreis der Rechtsakte mit Verordnungscharakter nahe, weil sich *„regulatory“* und *„legislative“ act* gegenüberstellen lassen.[1999] Noch klarer kommt es in den skandinavischen und slawischen Sprachfassungen zum Ausdruck, dass als „Rechtsakte mit Verordnungscharakter“ untergesetzliche Regelungen, darunter auch Europäische Beschlüsse gemeint sind. Denn sie verwenden im Handlungsformenkatalog des Art. I-33 und in Art. III-365 Abs. 4 VVE unterschiedliche Begriffe. So wird der Klagegegenstand i.S.d. Var. 3 in der polnischen Fassung als *„akty regulacyjne“*[2000] umschrieben, während die Bezeichnungen der Rechtsakte ohne Gesetzescharakter, sowohl Verordnung (*„rozporządzenie europejskie“*) als auch Beschluss (*„decyzja europejska“*) mit unterschiedlichen Begriffen operieren. Ähnlich sieht es in der tschechischen[2001], slowakischen[2002], slowenischen[2003], litauischen[2004], dänischen[2005], niederländischen[2006], schwedischen[2007] und

[1994] So: *Cremer*, EuGRZ 2004, S. 577 (579 ff.); *Härtel*, S. 147 f.; *Streinz/Ohler/Herrmann*, S. 77; *Wegener* in: Calliess/Ruffert, Verfassung der EU, Art. I-29 Rn. 10. Daher betrachten sie die in der 2. Var. geregelte Klage als Normenkontrolle für untergesetzliche Normen.

[1995] *Koch*, ELR 2005, S. 511 (521).

[1996] Z.B. Organisationsmaßnahmen, gegenstandsbezogene Regelungen.

[1997] Die Formulierung des Art. III-365 Abs. 4 VVE ist handlungsformneutral und kodifiziert somit die Rspr. – vgl. *AETR*-Formel des EuGH, Rs. 22/70 (Kommission/Rat), Slg. 1971, S. 262 Rn. 38/42.

[1998] Vgl. *Cremer*, EuGRZ 2004, S. 577 (582); *Fredriksen*, ZeUS 2005, S. 99 (119 f.).

[1999] *Streinz/Ohler/Herrmann*, S. 77.

[2000] ABl. (EG) Nr. C 310 vom 16.12.2004, S. 1 ff. Wörtlich: Regelungsakte.

[2001] Art. I-34 VVE – *„evropské nařízení“ / „evropské rozhodnutí“*, Art. III-365 Abs. 4 VVE – *„podzákonným právním aktum“* – also wortwörtlich zu übersetzen als „untergesetzliche Rechtsakte“.

[2002] Art. I-34 VVE – *„európske nariadenie“ / „európske rozhodnutie“*, Art. III-365 Abs. 4 VVE – *„podzákonným právnym aktom“*.

[2003] Art. I-34 VVE – *„evropska uredba“ / „evropski sklep“*, Art. III-365 Abs. 4 VVE – *„izvršilne akte“*.

[2004] Art. I-34 VVE – *„eiroregula“ / „eirolēmums“*, Art. III-365 Abs. 4 VVE – *„reglamentējošu aktu“*.

finnischen[2008] Sprachfassung aus. Die estnische Fassung kehrt das Problem sogar um: Der Klagegegenstand wird mit einem vom „Beschluss" abgeleiteten Begriff[2009] definiert.

Blickt man auf die Merkmale einer Verordnung, so ist in materieller Hinsicht ein abstrakt-genereller Inhalt, in formeller Hinsicht die Zugehörigkeit zu den untergesetzlichen Normen (fehlender Gesetzescharakter[2010]) charakteristisch. Diese Merkmale weist auch der adressatenunspezifische, nicht dagegen der personengerichtete Beschluss auf. Zugleich deutet der Zusatz „-charakter" in Art. III-365 Abs. 4 Var. 3 VVE darauf, dass ersichtlich keine Begriffsidentität zwischen der Handlungsform i.S.d. Art. I-33 Abs. 1 UAbs. 4 VVE und dem Klagegegenstand gem. Art. III-365 Abs. 4 Var. 3 VVE beabsichtigt war. Die grammatikalisch-systematische Auslegung spricht also dafür, dass es sich um eine beispielhafte Beschreibung handelt. Ferner darf der angefochtene Rechtsakt keine Durchführungsmaßnahmen nach sich ziehen. Damit können selbstvollziehende Rechtsnormen (z.B. unmittelbar anwendbare Ver-/ Gebote) oder auch Durchführungsakte (gesetzeskonkretisierende Regelungen) gemeint sein.

Die letztgenannte Voraussetzung scheint auch auf die unmittelbar geltenden Europäischen Gesetze zuzutreffen. Freilich schließt deren unmittelbare Geltung etwaige erforderliche Durchführungsmaßnahmen nicht aus, wie es bereits bei Verordnung i.S.d. Art. 249 Abs. 2 EG anerkannt ist[2011]. Ausschlaggebend ist aber, dass nach der Systematik der neuen Handlungsformen, die klar zwischen legislativen und administrativen Rechtsformen unterscheidet, Europäische Gesetze und Rahmengesetze zu den Gesetzgebungsakten zählen. Infolgedessen ist hier ein „Verordnungscharakter" zu verneinen. Denn die Verordnung soll gerade das typische administrative Rechtsetzungsinstrument sein. Die Annahme, dass die Anfechtbarkeit „bisheriger Verordnungen" durch nichtprivilegierte Kläger nunmehr gelockert wird[2012], verkennt gerade die systematische Differenzierung zwischen Gesetzen und Rahmengesetzen einerseits und Rechtsakten ohne Gesetzescharakter (Verordnung, Beschluss) andererseits, die der Regelung des Art. III-365 Abs. 4 Var. 3 VVE zugrunde liegt.[2013]

2005 Art. I-34 VVE – *„europæisk forordning" / „europæisk afgørelse"*, Art. III-365 Abs. 4 VVE – *„regelfastsættende retsakter"*.

2006 Art. I-34 VVE – *„europese verordening" / „europees besluit"*, Art. III-365 Abs. 4 VVE – *„regelgevingshandelingen"*.

2007 Art. I-34 VVE – *„europeisk förordning" / „europeiskt beslut"*, Art. III-365 Abs. 4 VVE – *„regleringsakt"*.

2008 Art. I-34 VVE – *„eurooppa-asetus" / „eurooppapäätös"*, Art. III-365 Abs. 4 VVE – *„häntä suoraan"*.

2009 Art. I-34 VVE – *„Euroopa määrus" / „Euroopa otsus"*, Art. III-365 Abs. 4 VVE – *„teda otseselt"*.

2010 *Ruffert* in: Calliess/Ruffert, Verfassung der EU, Art. I-33 Rn. 101. Z.T. wird auch die Bezeichnung „Exekutivakte" verwendet. – So: *Lenaerts/v. Nuffel*, CDE 2005, S. 16 (78).

2011 Vgl. *Constantinesco* (1977), S. 562 – sog. „hinkende Verordnung". Eine unmittelbare Geltung bedeutet lediglich, dass Verordnungen ohne innerstaatliche Umsetzung *in* den Mitgliedstaaten *gelten*, d.h. bereits potentiell (bei hinreichender Bestimmtheit) imstande sind, Rechte bzw. Pflichten der Bürger zu statuieren.

2012 So: *Gündisch* in: Beckmann/Dieringer/Hufeld (Hrsg.), Eine Verfassung für Europa (2005), S. 271 (288).

2013 Vgl. *Pabel*, GLJ 6 (2005), S. 1601 (1610 f.), die zu Recht bemerkt, dass eine diametrale Erweiterung des Individualrechtsschutzes durch einen Verzicht auf die individuelle Betroffenheit bei sämtli-

Die vorangegangenen Überlegungen, insbesondere der strukturelle Vergleich zwischen Verordnungen und Beschlüssen legen nahe, dass die personengerichteten Beschlüsse in einem entscheidenden Punkt abweichen. Im Unterschied zu Verordnungen und adressatenunspezifischen Beschlüssen weisen sie gerade keine allgemeine Geltung auf. Damit fehlt ihnen der „Verordnungscharakter". Für Adressatenklagen stellt Var. 1 ohnehin die speziellere Regelung dar. Dagegen fielen die Klagen gegen drittgerichtete Beschlüsse (z.B. Konkurrentenklagen im Wettbewerbsrecht) unter den Auffangtatbestand der Var. 2 mit der Folge, dass neben dem Unmittelbarkeitserfordernis nach wie vor auch ein Nachweis der individuellen Betroffenheit erbracht werden müsste. Dafür spricht die lexikalische Bedeutung des Begriffs „Verordnungscharakter", die in anderen Sprachfassungen[2014] noch deutlicher zum Ausdruck kommt. Individualgerichtete Rechtsakte werden hiervon gerade nicht erfasst. Auch das unterschiedliche Bekanntgaberegimé, das gem. Art. I-39 Abs. 2 UAbs. 2 VVE nur für Verordnungen und adressatenunspezifische, nicht hingegen individualgerichtete Beschlüsse eine Veröffentlichung im Amtsblatt vorschreibt, spricht gegen die Vergleichbarkeit der allgemein geltenden und individuellen Rechtsakte ohne Gesetzescharakter. Der adressatenunspezifische Beschluss stellt eine Sonderform administrativer Rechtssetzung dar,[2015] die nunmehr eine eindeutige Zuordnung der auf der Grundlage bisheriger Rechtsprechung schwierig zu qualifizierenden Grenzfälle ermöglicht.[2016] Man hat bislang gegenstandsbezogene Regelungen zwar als allgemein geltende Rechtsakte behandelt, was jedoch in dogmatischer Hinsicht auf wackeligen Füßen stand, weil die Rechtsprechung maßgeblich auf das Adressatenkriterium abstellte.

Schließlich spricht auch die Entstehungsgeschichte für diese Auslegung. Gegenstand der Beratungen im Konvent war nur die Reform der Individualnichtigkeitsklage gegen allgemein-abstrakte Normen, Individualrechtsakte wurden ausgeklammert.[2017] Gegenüber dem Vorschlag der Mehrheit der Konventsmitglieder im Arbeitskreis über den Gerichtshof, der die Bezeichnung „Rechtsakte mit allgemeiner Geltung" vorsah[2018], setzte sich endgültig der Begriff „Rechtsakte mit Verordnungscharakter" durch. Daneben wurde auch die Bezeichnung „Rechtsakte ohne Gesetzgebungscharak-

---

chen Normativakten, darunter Gesetzen, hätte deutlich im Wortlaut zum Ausdruck kommen müssen. Eine derartige Lockerung der Zulässigkeitsvoraussetzungen war weder beabsichtigt noch ergibt sie sich aus dem Wortlaut.

[2014] (Engl.) *regulatory act*; (fr.) *acte réglementaire*; (ital.) *atti regolamentari*; (poln.) *akty regulacyjne*.

[2015] *Stelkens*, ZEuS 2005, S. 61 (90).

[2016] Insb. sog. „dingliche" Regelungen, die gegenstands- bzw. anlassbezogen sind – siehe dazu: Kap. I A III 2 b). Daher ist es nicht ganz zutreffend, wenn man auf das angeblich freie Wahlrecht zwischen einer Verordnung und einem adressatenunspezifischen Beschluss hinweist. (so aber: *Fredriksen*, ZeUS 2005, S. 99 (120)). Richtig ist, dass der gemeinsame Nenner gerade in der allgemeinen Geltung besteht, sodass individualgerichtete Beschlüsse als Vergleichsgruppe ausscheiden. Als Faustregel gilt, dass die Verordnung für abstrakt-generelle Normsetzung, während der adressatenunspezifische Beschluss konkret-generellen Regelungen vorbehalten ist.

[2017] Schlussbericht des Arbeitskreises v. 25.3.2003, CONV 636/03 Rn. 17 ff. – http://european-convention.eu.int [letzter Abruf am 11.10.2005]. Zu den Konventsberatungen: *Cremer*, EuGRZ 2004, S. 577 (580 f.).

[2018] S. Schlussbericht des Arbeitskreises v. 25.3.2003, CONV 636/03 Rn. 22. – http://european-convention.eu.int.

ter"[2019] diskutiert, wobei vieles darauf hindeutet, dass man hierunter ebenfalls nur allgemein geltende Rechtsakte meinte, deren Anfechtbarkeit durch Private man im Verhältnis zu den Gesetzgebungsakten erleichtern wollte.[2020] Dadurch sollten bestimmte Rechtsakte mit allgemeiner Geltung, nämlich jene mit Gesetzgebungscharakter von der erleichterten Anfechtbarkeit ausgeschlossen werden.[2021] Während in Bezug auf Individualklagen gegen Gesetzgebungsakte die Verfolgung des restriktiven Konzepts, d.h. die Aufrechterhaltung der Voraussetzungen unmittelbarer *und* individueller Betroffenheit vorgeschlagen wurde, sollten mildere Anforderungen an die Klageberechtigung bei der Anfechtung von allgemein geltenden Rechtsakten ohne Gesetzgebungscharakter gelten. Dagegen ist kein Grund ersichtlich, bei Konkurrentenklagen auf das Erfordernis der individuellen Betroffenheit zu verzichten.

Der Wortlaut legt eine Aufspaltung Europäischer Beschlüsse in abstrakte und individuelle im Hinblick auf den Rechtsschutz nahe. Die hiergegen von *Cremer*[2022] vorgebrachten Bedenken überzeugen nicht. Die befürchteten Abgrenzungsprobleme sind ein rein pragmatisches Argument. Ein dogmatisch herleitbares Ergebnis kann nicht mit Hinweis auf die unbequemen Folgen für den Rechtsanwender verworfen werden. Zwar ist zuzugeben, dass eine bewusste „rechtsschutzrelevante Aufspaltung" der Beschlussarten nicht eindeutig nachgewiesen werden kann. Jedoch deuten die Hintergründe und der Gegenstand der Beratungen im Konvent gerade darauf, dass man etwaige Änderungen der Anfechtbarkeit von Individualrechtsakten weder für notwendig noch für erörterungsbedürftig erachtete.

Zu bemerken ist noch, dass nicht nur adressatenunspezifische Beschlüsse, sondern auch einige mitgliedstaatengerichtete Beschlüsse einen „Verordnungscharakter" aufweisen können. Bei Letzteren lässt sich eine Parallele zur staatengerichteten Entscheidung i.S.d. Art. 249 Abs. 4 EG feststellen, die als Rechtsetzungsinstrument nicht selten alternativ zur bisherigen Richtlinienform verwendet wird.[2023] Dies erschwert die Abgrenzung zu Richtlinien.[2024]

Insgesamt lässt sich also kein Gleichheitszeichen zwischen „Rechtsakten mit Verordnungscharakter" und „Rechtsakten ohne Gesetzgebungscharakter" setzen. Denn zumindest die personengerichteten Beschlüsse weisen gerade keinen „Verordnungscharakter" auf. Der Anfechtung durch Private unterliegen auch Beschlüsse des Euro-

---

[2019] Schlussbericht, CONV 636/03 Rn. 22 – abrufbar unter: http://european-convention.eu.int.

[2020] Vgl. Schlussbericht, CONV 636/03 Rn. 22 – abrufbar unter: http://european-convention.eu.int.

[2021] Ähnlich: *Mayer*, DVBl. 2004, S. 606 (610).

[2022] *Cremer*, EuGRZ 2004, S. 577 (582), der auch individualgerichteten Beschlüssen „Verordnungscharakter" zuschreibt. Zustimmend: *Härtel*, S.147 f.

[2023] Das trifft insb. auf staatengerichtete Entscheidungen zu, die an alle Mitgliedstaaten ergehen und abstrakte Komplexe regeln. S. dazu näher: *Härtel*, S. 192 ff. (195); *Mager*, EuR 2001, S. 661 (665 ff.).

[2024] Auch wenn man die Rechtsqualität des staatlichen Durchführungsaktes ausblendet und allein auf den Inhalt der staatengerichteten Entscheidung abstellt, ist das Kriterium des Einzelfalles nur bedingt brauchbar, nämlich in Genehmigungs- bzw. Verbotsfällen (z.B. Verbot einer staatlichen Beihilfe, Rücknahmeverpflichtung). Allerdings ist die Regelung abstrakt gefasster Normkomplexe durch staatengerichtete Entscheidung rechtlich nicht ausgeschlossen. Schließlich kommen staatengerichtete Beschlüsse den adressatenunspezifische, gegenstands- oder anlassbezogene Beschlüssen (also konkretgenerelle Regelungen) nahe.

päischen Rates.[2025] Theoretisch wäre die Einbeziehung der Beschlüsse unter Var. 2 auch im Hinblick auf die Anfechtbarkeit von GASP-Beschlüssen bedeutsam, zumal die Verfassung ausschließlich Beschlüsse i.S.d. Art. I-35 Abs. 1 VVE als Handlungsform der GASP vorsieht. Hier gelten jedoch Einschränkungen, auf die sogleich eingegangen wird.[2026]

bb) Abgrenzungsfragen

Problematisch erscheint vor allem die Abgrenzung zwischen Rechtsakten mit Gesetzescharakter und Rechtsakten mit Verordnungscharakter. Nach dem Konzept des Verfassungsvertrages ist der Gesetzescharakter verfahrensbezogen.[2027] Dementsprechend sind nicht materiellrechtliche Kriterien, sondern das Erlassverfahren für die Zuordnung zu einer bestimmten Kategorie der Handlungen i.S.d. Art. I-33 VVE ausschlaggebend. Erfüllt der Rechtsakt nicht die Anforderungen an die materielle Beschaffenheit (Inhalt, Regelungsdichte usw.), so ist er allenfalls verfassungswidrig, was an der rechtlichen Klassifikation nichts ändert. Dagegen knüpft die handlungsformneutrale Bestimmung der Klagegegenstände in Art. III-365 VVE nicht an eine bestimmte Rechtsform, sondern ausschließlich an die materielle Eigenschaft (Verordnungscharakter) an. Daher liegt es nahe, dass nicht allein die förmliche Bezeichnung des Rechtsakts für die Beurteilung des Klagegegenstands ausschlaggebend ist, sondern der materielle Charakter.[2028] Demgemäß wäre der Verordnungscharakter – unabhängig von der Bezeichnung und dem Erlassverfahren – jedem Rechtsakt zuzuschreiben, der als Verordnung oder Beschluss hätte ergehen müssen.[2029] Die Anwendung dieser Formel führt freilich zu Schwierigkeiten bei der materiellen Abgrenzung[2030] zwischen Gesetzgebungsakten und der Europäischen Verordnung. Die Verfassung liefert keine abstrakten Vorgaben dazu, wie detailliert ein Gesetz beschaffen sein darf, damit noch Raum für etwaige Durchführungsmaßnahmen bleibt. Gesetzliche Bestimmungen können auch selbstvollziehenden Charakter haben. Dagegen bietet die formelle Zuordnung ein klares, sofort erkennbares Ergebnis.

Die teleologische Interpretation spricht zumindest für die Annahme eines „Rechtsscheins" zugunsten formeller Gesetzgebungsakte. Denn der Zweck der Differenzierung zwischen Rechtsakten mit Verordnungscharakter und jenen mit Gesetzescharakter ist die Aufrechterhaltung eines erhöhten Bestandsschutzes von Gesetzgebungsakten

---

[2025] Der Europäische Rat kann Beschlüsse in den in der Verfassung vorgesehenen Fällen erlassen, Art. I-35 Abs. 1 VVE.

[2026] Kap. V C II.

[2027] *Ruffert* in: Calliess/Ruffert, Verfassung der EU, Art. I-33 Rn. 113 und Art. I-34 Rn. 1.

[2028] In diesem Sinne: *Fredriksen*, ZeUS 2005, S. 99 (121); *Mayer*, DVBl. 2004, S. 606 (612), die auf die „wahre Natur" des Rechtsaktes abstellen. Für *möglich* hält diese Interpretation *Kluttig*, in: Tietje/Kraft/Sethe (Hrsg.), BTW 30/2004, S. 1 (24) - www.wirtschaftsrecht.uni-halle.de [letzter Abruf am: 2.3.2006].

[2029] So: *Fredriksen*, ZeUS 2005, S. 99 (121).

[2030] S.o.: Kap. V A I 3 a). Die Befürworter der materiellen Differenzierung zwischen Rechtsakten mit Gesetzescharakter und jeden mit Verordnungscharakter räumen selbst ein, dass sie bislang kein handhabbares Konzept für die praktische Anwendung entwickelt haben. Inhaltlich handelt es sich in beiden Fällen um allgemein geltende Rechtsakte. Vgl. *Fredriksen*, ZeUS 2005, S. 99 (121); *Mayer*, DVBl. 2004, S. 606 (612).

gegenüber Klagen Privater. Die Rechtfertigung hierfür ist in der besonderen Rangordnung und Legitimität von Gesetzgebungsakten zu erblicken, die allen mitgliedstaatlichen Rechtsordnungen gemein sind.[2031] Europäische Gesetze und Rahmengesetze werden vom Rat und vom Europäischen Parlament im ordentlichen Gesetzgebungsverfahren erlassen. Die besondere Art des Zustandekommens und damit auch die Bezeichnung „Gesetz" stellen indes formelle Aspekte dar. Die parlamentarische Kontrolle und Öffentlichkeit der Gesetzgebung geben zudem die Gewähr dafür, dass etwaige Fälle des Handlungsformenmissbrauchs weitgehend eliminiert werden. Selbst in einem solchen Fall ermöglicht die handlungsformenneutrale Klage dem Einzelnen den Zugang zum EuG und die rechtliche Kontrolle der betreffenden Handlung zumindest nach Art. III-365 Abs. 4 Var. 2 VVE. Art. I-35 VVE legt fest, dass Kommission und Europäischer Rat[2032] keine Gesetzgebungsakte erlassen können.

Es bestehen auch weniger Überschneidungsmöglichkeiten zwischen Rechtsakten mit Gesetzescharakter und untergesetzlichen Normen als man vermutet. Während Gesetze unmittelbar auf einen in der Verfassung selbst enthaltenen Kompetenztitel gestützt werden, dienen Verordnungen hauptsächlich der Durchführung von Gesetzgebungsakten als „tertiäres Unionsrecht". Zwar sieht Art. I-33 Abs. 1 UAbs. 4 HS. 2 Var. 2 VVE auch verfassungsunmittelbare Verordnungen vor, die einzelne Bestimmungen des VVE durchführen. Aber selbst hier besteht kaum ein Wahlrecht zwischen (Rahmen-)Gesetzen einerseits und Verordnungen/ Beschlüssen andererseits für die Regelung derselben Materie.[2033] In einigen Bereichen (z.B. im Wettbewerbsrecht[2034]) sind ausschließlich Regelungen durch Rechtsakte ohne Gesetzescharakter vorgesehen.

Daher bleibt ein „Scheingesetz"[2035] nur in solchen Fällen denkbar, in denen eine falsche Ermächtigungsgrundlage gewählt wurde. Hier kann die funktionelle Betrachtungsweise der *Flughafentransit*-Rechtsprechung fruchtbar gemacht werden.[2036] Durch die Auslegung der Ermächtigungsnorm kann der Verordnungscharakter ermittelt werden. Die Verfassung selbst trifft jeweils im konkreten Sachgebiet die Entscheidung darüber, welche Fragen durch Gesetze und welche durch untergesetzliche Normen geregelt werden sollen. Die Einhaltung dieser Vorgaben kann somit bereits bei der Bestimmung des Klagegegenstandes der Nichtigkeitsklage nach Art. III-365 Abs. 4 VVE gerichtlich kontrolliert werden. Gem. Art. III-236 Abs. 2 (i.V.m. Art. III-240 Abs. 2) werden die Ziele der gemeinsamen Verkehrpolitik durch Gesetze oder Rahmengesetze festgelegt. Dagegen ermächtigt Art. III-240 Abs. 3 VVE den Rat zum Erlass von Verordnungen oder Beschlüssen zur Umsetzung des in Abs. 1 statuierten Verbotes der Diskriminierung der Verkehrsunternehmer nach Herkunfts- oder Bestimmungsmit-

---

[2031] Zum besonderen Rang der Parlamentsgesetze und zur Normenkontrolle in den Mitgliedstaaten: *Arnold*, in: Müller-Graff/Riedel, Gemeinsames Verfassungsrecht in der Europäischen Union (1998), S. 123 (139 f.); *Brunner*, Bericht der Venice commission, Dok. CDL-JU (2001) 22 – http://www.venice.coe.int/docs/ 2001/CDL-JU(2001)022-ger.asp [letzter Abruf am: 3.2.2006].

[2032] Art. I-21 Abs. 1 S. 2 VVE schließt eine gesetzgeberische Tätigkeit des Europäischen Rates aus.

[2033] Ausnahmen: Art. III-291 VVE (Assoziierungspolitik).

[2034] Verordnungsbefugnis in: Art. III-163 UAbs. 1 S. 1 VVE – kartellrechtliche Aufsicht, Art. III-165 Abs. 3 VVE – Gruppenfreistellungsverordnungen, staatliche Beihilfen – Art. III-167 Abs. 3 lit. e; III-168 Abs. 2 UAbs. 3 S. 1; III-168 Abs. 4 und III-169 S. 1 VVE.

[2035] D.h. formelles Gesetz, das in Wirklichkeit als Verordnung oder Beschluss hätte ergehen müssen.

[2036] Siehe: Kap. IV D III a) und c).

gliedstaat bei Frachten und Beförderungsbedingungen. Während Art. III-160 UAbs. 2 VVE den Rat zum Erlass von Verordnungen über Verwaltungsmaßnahmen in Bezug auf Kapitalbewegungen und Zahlungen i.R.d. Terrorismusbekämpfung (z.B. Einfrieren von Geldern) ermächtigt, muss der generelle Rahmen für finanzielle Sanktionen gegen Terrorverdächtige in einem Europäischen Gesetz geschaffen werden.

Übertragen auf den Fall *Jégo Quéré*[2037] hieße dies, dass die Festlegung der Mindestmaschenöffnungen der Fangnetze zur Begrenzung des Fangs junger Seehechte als Europäische Verordnung hätte ergehen müssen. Denn während die gemeinsame Organisation der Agrarmärkte gem. Art. III-231 Abs. 2 VVE durch Gesetzgebungsakt zu regeln ist, erfolgt die Festsetzung der Preise, Abschöpfungen, Beihilfen und mengenmäßigen Beschränkungen sowie die Festsetzung und Aufteilung der Fangmöglichkeiten in der Fischerei nach Art. III-231 Abs. 3 VVE durch Verordnungen oder Beschlüsse. Wird abweichend von der Kompetenzbestimmung des Art. III-231 Abs. 3 VVE ein Gesetz erlassen, so wäre gleichwohl im Hinblick auf den Individualrechtsschutz trotz der formellen Bezeichnung von einem Rechtsakt mit Verordnungscharakter i.S.d. Art. III-362 Abs. 4 Var. 3 VVE auszugehen. Das bedeutet keinesfalls eine Umetikettierung des Gesetzes zu einer Verordnung. Das Gesetz könnte allerdings wegen Ermessensmissbrauchs rechtswidrig sein.

Die Ermächtigungsnorm bietet freilich nicht immer eine verlässliche Hilfe. Allerdings spricht das nicht gegen die Zuverlässigkeit der hier vorgeschlagenen Methode zur Bestimmung des Verordnungscharakters. Es handelt sich vielmehr um eine Konsequenz der planvollen Kompetenzbestimmung in der Verfassung. Überlässt die Ermächtigungsgrundlage den Erlassorganen die Wahl der Handlungsform, dann ist dies zu respektieren. Kann der Rechtsschein des formellen Gesetzes nicht widerlegt werden, dann ist er auch beim Rechtsschutz zu beachten. Diese Lösung trägt dem Rechtsklarheitsgebot Rechnung und respektiert die in der Verfassung getroffene Dichotomie zwischen Gesetzgebungsakten und untergesetzlichen Regelungen.

3. Anforderungen an die Klageberechtigung

a) Unmittelbar und individuell betreffenden Handlungen

Alle „Handlungen" der Unionsorgane sind gem. Art. III-365 Abs. 4 VVE durch Private anfechtbar. Unter diesen weiten Begriff fallen auch Europäische Gesetze und Rahmengesetze, die nach Art. I-34 VVE allgemeine Geltung haben. Für die Klageberechtigung Einzelner i.R.d. Art. III-365 Abs. 4 Var. 2 VVE[2038] ist wie bisher die unmittelbare und individuelle Betroffenheit erforderlich. Während die unmittelbare Betroffenheit bei Europäischen Gesetzen in vielen Fällen bereits aus der unmittelbaren Geltung folgt[2039] bzw. bei Erforderlichkeit von Durchführungsmaßnahmen nach materiellen Kriterien zu beurteilen ist, besteht bei Rahmengesetzen ein ähnliches Problem wie heute bei EG-Richtlinien. Die grundsätzliche Umsetzungsbedürftigkeit wird der An-

[2037] EuG, Rs. T-177/01 (Jégo Quéré et Cie SA/Kommission), Slg. 2002, S. II-2365; aufgehoben durch: EuGH, Rs. C-263/02 P (Kommission/Jégo Quéré et Cie SA), Slg. 2004, S. I-3425. Dazu: Kap. II D III 3 b) und c).

[2038] Nur unter diesen Voraussetzungen sind Europäische Gesetze und Rahmengesetze anfechtbar.

[2039] *Fredriksen*, ZeUS 2005, S. 99 (115).

nahme der formellen Unmittelbarkeit meist entgegenstehen. Der Verfassungsentwurf schweigt zu der Frage, ob Rahmengesetze u.U. auch unmittelbare Wirkungen entfalten können. Eine Direktwirkung erscheint aber nach den durch die Rechtsprechung herausgearbeiteten Voraussetzungen grundsätzlich möglich, weil die wesentlichen Argumente des EuGH[2040] zur unmittelbaren Richtlinienwirkung auch in Bezug auf die Rahmengesetze einschlägig sind.[2041] Hinsichtlich der Prüfung der unmittelbaren Betroffenheit ist auf die Ausführungen zu Richtlinien zu verweisen.[2042] Maßgebend ist auch hier die materielle Unmittelbarkeit, also vor allem die Frage, ob den Mitgliedstaaten bei der Umsetzung der strittigen Bestimmung Umsetzungsspielraum verbleibt.

Weitaus problematischer gestaltet sich die Interpretationsfähigkeit der individuellen Betroffenheit. Hält der EuGH die *Plaumann*-Formel[2043] auch in Bezug auf Art. III-365 Abs. 4 VVE aufrecht, so wird der Individualrechtsschutz gegen Normativakte – mit Ausnahme der Sonderregelung für Rechtsakte mit Verordnungscharakter – keine wesentliche Verbesserung erfahren. Die neutrale Bezeichnung des Klagegegenstands in Art. III-365 Abs. 4 Var. 1 und 2 VVE als „Handlung" könnte das Hauptargument für die Anwendung der *Plaumann*-Formel entkräften. Denn die bisherige Bezeichnung in Art. 230 Abs. 4 EG: „Entscheidung" legte einen Zusammenhang mit der gleichnamigen Handlungsform nahe.

Einige Autoren erwarten allerdings keine Änderung der bisherigen Rechtsprechung des EuGH zur Auslegung der individuellen Betroffenheit.[2044] Als dogmatisches Fundament der restriktiven Rechtsprechung zu Art. 230 Abs. 4 EG wird der Wortlaut dieser Norm angeführt, der Individualklagen ausschließlich gegen solche Rechtsakte zulasse, die einen „Entscheidungscharakter" im Verhältnis zum Betroffenen aufweisen.[2045] Trotz des Wegfalls des Erfordernisses einer „Entscheidung" bestehe ein systematischer Zusammenhang zwischen Klagegegenstand und Klageberechtigung auch in der Neuregelung weiterhin fort, der i.R.d. individuellen Betroffenheit eine materielle „Entscheidungswirkung" erfordere. Das Kriterium „individuell" diene nach wie vor der Einschränkung der anfechtbaren Akte auf diejenigen Handlungen, die für den Einzelnen wie ein an ihn gerichteter Einzelakt wirken.[2046] Freilich erscheint diese zusätzliche Verklammerung der beiden ersten Konstellationen des Art. III-365 Abs. 4 VVE keineswegs zwingend, um eine „normative Gleichwertigkeit" der beiden Varianten herzustellen. Sie geht von der unzutreffenden Prämisse einer hybriden Rechtsnatur solcher Rechtsakte aus, die trotz allgemeiner Geltung für einige Betroffene zugleich eine Individualmaßnahme beinhalten. Im zweiten Kapitel wurde dargelegt, dass eine

---

[2040] *Effet utile* (dazu: EuGH, Rs. 41/71 (van Dyun/Home Office), Slg. 1974, S. 1337 Rn. 12) und *estoppel* bzw. Sanktionsgedanke (siehe dazu: EGH, Rs. 148/78 (Ratti), Slg. 1979, S. 1629 Rn. 46).
[2041] *Ruffert* in: Calliess/Ruffert, Verfassung der EU, Art. I-33 Rn. 52.
[2042] S.o.: Kap. II F II.
[2043] Dazu oben: Kap. II D III 1.
[2044] So: *Köngeter*, ZfRV 2003, S. 123 (131); *Lenz/Staeglich*, NVwZ 2004, S. 1421 (1428 f.); *Mayer*, DVBl. 2004, S. 606 (610); *Obwexer*, EBl. 2004, S. 4 (10); *Wegener* in: Calliess/Ruffert, Verfassung der EU, Art. I-29 Rn. 13.
[2045] *Köngeter*, ZfRV 2003, S. 123 (126 f., 131); *Pechstein*, Rn. 423 f.
[2046] So: *Köngeter*, ZfRV 2003, S. 123 (131).

erweiternde Auslegung des Art. 230 Abs. 4 EG in Anlehnung an die *Jégo Quéré*-Formel des EuG möglich ist.[2047]

Dennoch besteht ein gewichtiges, systematisches Argument gegen die erweiternde Auslegung der individuellen Betroffenheit in Art. III-365 Abs. 4 VVE. Eine konsequente Anwendung der „Neuen Formeln" auf sämtliche Handlungen i.R.d. Art. IIII-365 Abs. 4 Var. 2 VVE müsste dazu führen, dass kaum Anwendungsraum für den in Art. III-365 Abs. 4 Var. 3 VVE geregelten Spezialfall verbliebe. Die beabsichtigte Erleichterung des Rechtsschutzes gegen Rechtsakte mit Verordnungscharakter basiert gerade auf der Prämisse, dass sonstige Normativakte mit Gesetzescharakter nur ganz ausnahmsweise, unter erschwerten Bedingungen von Individuen angefochten werden können. Genau genommen wollte man mit der Schaffung der Var. 3 nur die Rechtsschutzlücke bei selbstvollziehenden Administrativregelungen schließen, die in den Rs. *Jégo Quéré* und *UPA* zum Vorschein kam. Ein umfassendes Klagerecht gegen sämtliche Handlungen der Unionsorgane sollte hingegen nicht eröffnet werden.

Die Entstehungsgeschichte der Norm bestätigt diesen Ansatz. Obgleich einige Stimmen im Konvent für die völlige Streichung der Voraussetzung der individuellen Betroffenheit oder zumindest eine alternative (statt kumulative) Verknüpfung mit dem Merkmal der unmittelbaren Betroffenheit plädierten, konnten sich diese Ideen nicht durchsetzen.[2048] Bedauerlicherweise gilt dasselbe auch für die Berufung auf Gemeinschaftsgrundrechte, die von der bisherigen Rechtsprechung nur in seltenen Ausnahmefällen[2049] als hinreichend für die Individualisierung des Klägers erachtet wurde. Denn auch das Konzept einer europäischen Grundrechtsbeschwerde konnte man nicht realisieren.[2050] Die Mehrheit der Konventsmitglieder im Arbeitskreis „Gerichtshof" sah die Beibehaltung des Merkmals der individuellen Betroffenheit als Absegnen der bisherigen Rechtsprechung und die geänderte Bezeichnung des Klagegegenstandes als redaktionelle Vereinfachung an, die ohne Einfluss auf die bisherige Auslegung des Art. 230 Abs. 4 EG bleiben sollte.[2051]

Die Neuregelung macht klar, dass sich individuelle Betroffenheit und allgemeine Geltung keineswegs ausschließen und bestätigt damit die Anfechtbarkeit „echter" Normativakte. Die Differenzierung zwischen Rechtsakten mit Verordnungscharakter und jenen mit Gesetzgebungscharakter deutet darauf hin, dass der Konvent von der restriktiven Interpretation der individuellen Betroffenheit i.S.d. *Plaumann*-Formel ausgegangen ist, um die Anfechtbarkeit von Legislativakten auf wenige Ausnahmen zu beschränken. Die Neuregelung der Individualnichtigkeitsklage erteilt an die „Neuen Formeln" des EuG und GA *Jacobs* eine Absage.

[2047] Kap. II D III 5.

[2048] Zusammenfassung der Vorschläge im Schlussbericht des Arbeitskreises v. 25.3.2003, CONV 636/03 Rn. 19 – http://european-convention.eu.int [letzter Abruf am 11.10.2005].

[2049] Bei ausschließlich dem Kläger vorbehaltenen Rechten – s.o.: Kap. II D III 1 b) bb) (2).

[2050] Vgl. *Meyer/Hölscheidt*, EuZW 2003, S. 613 (619).

[2051] Schlussbericht des Arbeitskreises v. 25.3.2003, CONV 636/03 Rn. 22 sowie Präsidiumsentwurf v. 2.5.2003, CONV 734/03, S. 20 – http://european-convention.eu.int [letzter Abruf am 11.10.2005]; ebenso: *Fredriksen*, ZeUS 2005, S. 99 (117).

b) Klagen gegen self-executing- Rechtsakte mit Verordnungscharakter

Der Rechtschutz Einzelner gegen Rechtsakte mit allgemeiner Geltung wird insofern verbessert, als das Erfordernis der individuellen Betroffenheit bei Klagen gegen Rechtsakte mit Verordnungscharakter entfällt. Individualkläger müssen nicht mehr durch besondere Eigenschaften oder Umstände wie ein Adressat einer Entscheidung hervorgehoben sein.[2052] Es genügt, dass sie zum allgemein umschriebenen Kreis der Betroffenen zählen, denen unmittelbar durch den angefochtenen Rechtsakt Verpflichtungen auferlegt werden.

Fraglich bleibt die Auslegung der unmittelbaren Betroffenheit. Bislang wurden darunter Fälle der formellen[2053] sowie materiellen[2054] Unmittelbarkeit subsumiert. Allerdings bereitet das zusätzliche Erfordernis, dass der Rechtsakt keine Durchführungsmaßnahmen nach sich ziehen darf, einige Schwierigkeiten. Es suggeriert, dass die erleichterte Klageberechtigung nach Var. 3 auf Fälle *formeller* Unmittelbarkeit[2055] beschränkt werden soll. Bislang ließ die Rechtssprechung auch die sog. materielle Unmittelbarkeit[2056] genügen. Diese erfasst Konstellationen, in denen zwar weitere Durchführungsmaßnahmen erforderlich sind, diese aber zwingende, „automatische“ Folge der angefochtenen Maßnahme darstellen, weil kein Umsetzungsspielraum besteht oder ein Abweichen von den Vorgaben unwahrscheinlich ist.[2057] Aus den Konventsakten geht nicht eindeutig hervor, ob man sich der einschränkenden Wirkung des zusätzlichen Tatbestandsmerkmals gegenüber dem bisherigen Verständnis der unmittelbaren Betroffenheit bewusst war.

Laut Erklärung im Schlussbericht des Arbeitskreises über den Gerichtshof sollte durch den Zusatz das Klagerecht von Individuen *nur* für die problematischen Konstellationen *ausgedehnt* werden, in denen eine Einzelperson erst das Recht verletzen muss, um danach vor Gericht gehen zu können. Gemeint war dabei die erleichterte Anfechtbarkeit von Rechtsakten, die unmittelbar anwendbare Ver- bzw. Gebote statuieren. Der Einzelne sollte die Möglichkeit haben, im Wege einer Nichtigkeitsklage gegen solche Rechtsakte vorzugehen, wenn er die unmittelbare Betroffenheit nachweist.[2058] Der Hintergrund der Diskussion deutet darauf, dass lediglich die Schließung der in Fällen *Jégo Quéré* und *UPA* zu Tage getretenen Rechtsschutzlücke beabsichtigt war, nicht jedoch eine allgemeine Erweiterung des bisherigen Klagerechts gegen normative Rechtsakte. Man hatte speziell die Fälle der selbstvollziehenden EG-Rechtsakte im Auge, wo ein anfechtbarer nationaler Akt fehlt, gegen den sich der Einzelne vor mitgliedstaatlichen Gerichten zur Wehr setzen kann.[2059] I.R.d. dieses Verfahrens kann der

---

[2052] *Plaumann*-Formel des EuGH – s.o.: Kap. II D III 1.

[2053] Die strittige Handlung greift ohne Notwendigkeit weiterer Durchführungsakte selbst in den Rechts- bzw. Interessenkreis des Klägers – vgl. EuGH, Rs. 11/82 (Piraiki-Patraiki/Kommission), Slg. 1985, S. 207 Rn. 7 ff.

[2054] Siehe dazu: EuGH, Rs. Rs. C-386/96 (Dreyfus/Kommission), Slg. 1998, S. I-2309 Rn. 43 f.

[2055] Zur Def.: EuGH, Rs. 41-44/70 (International Fruit Company/Kommission), Slg. 1971, S. 411 Rn. 23/29.

[2056] EuGH, Rs. C-386/96 (Dreyfus/Kommission), Slg. 1998, S. I-2309 Rn. 43.

[2057] S.o.: Kap. II D II 2.

[2058] Vgl. Schlussbericht des Arbeitskreises v. 25.3.2003, CONV 636/03 Rn. 21. – abrufbar unter: http://european-convention.eu.int [letzter Abruf am 11.10.2005].

[2059] *Cremer*, EuGRZ 2004, S. 577 (583).

Sekundärrechtsakt inzident überprüft und eine Vorabentscheidung des EuGH eingeholt werden. Wenn der Zusatz die Klageberechtigung tatsächlich auf Fälle formeller Unmittelbarkeit beschränken soll, dann kommt dem eigens aufgeführten Erfordernis unmittelbarer Betroffenheit keine eigenständige Bedeutung mehr zu. Die redaktionelle Fassung des neuen Klagerechts lässt damit einige Unklarheiten.[2060]

Unter dem Begriff „Durchführungsmaßnahmen" sind solche Maßnahmen zu verstehen, die zur Wirksamkeit für die Betroffenen notwendig sind.[2061] Diese Definition zugrunde gelegt können Sanktionsmaßnahmen für einen Verstoß gegen die im Unionsrechtsakt festgelegten Ge- oder Verbote nicht als „Durchführungsmaßnahmen" interpretiert werden. Denn es handelt sich lediglich um weitere Folgen, nicht um Wirksamkeitsvoraussetzung der Norm. Die Klageberechtigung nach Art. III-365 Abs. 4 Var. 3 VVE ist also gegen selbstvollziehende, untergesetzliche Normen gegeben, die für die Bürger Ge- oder Verbote aufstellen. Die Formulierung „keine Durchführungsmaßnahmen nach sich ziehen" verlangt freilich einer Präzisierung. Einerseits könnte sie so verstanden werden, dass die faktische bzw. voraussehbare Existenz von Durchführungsakten das Klagerecht ausschließt, unabhängig davon, ob diese erforderlich sind. Andererseits wäre denkbar, auf die im EU-Rechtsakt selbst angelegte Erforderlichkeit weiterer Durchführungsmaßnahmen zur Geltungsverschaffung abzustellen. Die Voraussetzungen der obigen Definition des Begriffs „Durchführungsmaßnahmen" erfüllt nur die letztgenannte Auslegungsoption. Nur dann handelt es sich um eine Wirksamkeitsvoraussetzung. Dabei ist eine Betrachtung der jeweiligen Bestimmung im Einzelfall notwendig. Europäische Verordnungen können gem. Art. I-33 Abs.1 UAbs. 4 VVE sowohl Vollregelungen als auch umsetzungsbedürftige Rahmenregelungen enthalten. Damit übernehmen sie die Rolle der bisherigen Verordnungen und Richtlinien zugleich. Sogar eine „Mischform" aus heutiger Verordnung und Richtlinie in demselben Rechtsakt ist jedenfalls nicht ausgeschlossen.[2062] Daher ist bei Verordnungsbestimmungen, die weiterer Durchführungsakte bedürfen, um auf den Rechtskreis des Einzelnen einzuwirken, kein Klagerecht nach Art. III-365 Abs. 4 Var. 3 VVE gegeben. Staatengerichtete Beschlüsse werden in der Praxis i.E. wohl nicht nach Art. III-365 Abs. 4 Var. 3 VVE, sondern nur nach Var. 2 erfolgreich angefochten werden können.

Zwar stellt die Umsetzungsbedürftigkeit kein Wesensmerkmal des staatengerichteten Beschlusses dar.[2063] Aber gerade in den für Private rechtsschutzrelevanten Konstellationen sind weitere staatliche Durchführungsmaßnahmen erforderlich, z.B. bei Genehmigung einer Beihilfenregelung. Die unmittelbare Wirkung nicht umgesetzter Beschlüsse kann indes nicht zur unmittelbaren Belastung privater Rechtssubjekte führen[2064], sodass die Voraussetzung (kein Nachsichziehen von Durchführungsmaßnah-

---

[2060] Z.T. wird daher die Streichung des Zusatzes für erforderlich gehalten – vgl.: *Fredriksen*, ZeUS 2005, S. 99 (123); *Schwarze*, EuR 2004, S. 147 (148).

[2061] In diesem Sinne auch: *Everling*, in: Schwarze (Hrsg.), Der Verfassungsentwurf des Europäischen Konvents (2004), S. 363 (381); *Läufer*, Integration 2003, S. 510 (514).

[2062] Im Gegensatz zur Gesetzen und Rahmengesetzen sind Voll- und Rahmenverordnungen nicht als gesonderte Handlungsformen, sondern als Gestaltungsoptionen i.R.e- Handlungsform aufgeführt – vgl. *Härtel*, S. 190.

[2063] Ähnlich wie bei der Entscheidung i.S.d. Art. 249 Abs. 4 EG. Vgl. *Härtel*, S. 193.

[2064] So bereits zur staatengerichteter Entscheidung: EuGH, Rs. 30/75 (UNIL/ Amministrazione delle finanze dello Stato) Slg. 1975, S. 1419.

men) nicht erfüllt sein wird. Auf eine eventuelle materielle Unmittelbarkeit kommt es dann nicht mehr an. Alle durchführungsbedürftigen Bestimmungen der Unionsrechtsakte können somit nur nach Maßgabe der Var. 2, unter zusätzlichen Voraussetzung der individuellen Betroffenheit vor dem EuG angefochten werden.

II. Klage gegen „restriktive Maßnahmen" des Rates

Ein Novum stellt auch die Einführung einer Nichtigkeitsklage natürlicher und juristischer Personen gegen sog. „restriktive Maßnahmen" des Rates gem. Art. III-376 Abs. 2 VVE dar. Darunter fallen Einschränkungen der Freizügigkeit bzw. der Vermögensdispositionsfreiheit (z.B. Verbot der Visaerteilung oder Wirtschaftssanktionen gegen Individuen[2065]), die in den letzten Jahren häufiger Gegenstand von Klagen vor dem EuG waren.[2066] Ein entsprechender Vorschlag ist bereits i.R.d. Arbeiten des Verfassungskonvents unterbreitet worden und sorgte dort für lebhafte Diskussionen.[2067]

Der Anwendungsbereich der bisherigen, umstrittenen Ermächtigungsgrundlage für die Verhängung von Wirtschafts- und Finanzsanktionen gegen Dritte (Art. 301, 60, 308 EG) wurde *expressis verbis* erweitert. Art. III-322 Abs. 2 und Art. III-160[2068] VVE schaffen nunmehr eine explizite Rechtsgrundlage auch für Sanktionen gegen einzelne natürliche oder juristische Personen sowie gegen Gruppierungen oder nichtstaatliche Einheiten. Allerdings müssen die Verordnungen und Beschlüsse über restriktive Maßnahmen gem. Abs. 3 zugleich Rechtsschutzbestimmungen enthalten.

Besonders bedeutend für den effektiven Rechtsschutz ist aber die Erweiterung der Kontrolle des Gerichtshofs gem. Art. III-376 Abs. 2 VVE auf die vorausgehenden GASP-Beschlüsse des Rates über restriktive Maßnahmen gegen Individuen. Angesichts der mangelnden Justiziabilität der GASP-Beschlüsse war bislang problematisch, inwiefern der hierdurch vorbestimmte Inhalt der Durchführungsakte gerichtlich überprüfbar ist.[2069] Das Rechtsschutzproblem wurde erkannt und ernst genommen. In diesem Zusammenhang wird in der Erklärung Nr. 15[2070] die Achtung der Grundrechte und Grundfreiheiten sowie die notwendige Berücksichtigung des Rechtsschutzes der Betroffenen betont. Zur Gewährleistung einer gründlichen, gerichtlichen Prüfung müssen die Beschlüsse über restriktive Maßnahmen gegen Private auf klaren, eindeutigen,

---

[2065] Vgl. *Läufer*, Integration 2003, S. 510 (513); *Rack/Spitzel-Diemath*, JRP 2003, S. 161 (166).

[2066] Z.B.: EuG, Rs. T-306/01 (Yusuf u. Al Barakaat International Foundation/ Rat u. Kommission), Slg. 2005, S. II-3533; EuG, Rs. T-253/02 (Ayadi/Rat der EU), Urt. v. 12.7.2006 (noch nicht in der amtl. Slg. veröffentlicht).

[2067] Siehe dazu: Dok. CONV 116/02, S. 14 f.; Bericht des Arbeitskreises über den Gerichtshof, Dok. CONV 689/1/03 REV 1, S. 3 sowie Anlage Abs. II.3; Anmerkungen des Präsidiums, Dok. CONV 734/03, S. 27 ff. Änderungsvorschläge von *Fischer* und *Villepin*, Dok. CONV 796/03, S. 17; Art. III-282 Abs. 2 des Konventsentwurfs des Vertrages über eine Verfassung für Europa, Dok. CONV 850/03. Alle zitierten Dokumente sind abrufbar unter: http://european-convention.eu.int [letzter Abruf am: 10.05.2005].

[2068] Diese Vorschrift tritt an die Stelle des Art. 60 EG und verlagert den inhaltlichen Schwerpunkt der Norm von der allgemeinen Außenpolitik zur Terrorismusbekämpfung. Art. III-160 schafft eine besondere Ermächtigungsgrundlage für Finanzrestriktionen gegen nichtstaatliche Akteure innerhalb der EU.

[2069] Siehe dazu oben: Kap. IV B II 4 und C IV.

[2070] Erklärung Nr. 15 zu Art. III-160 und III-322, Schlussakte zum VVE, ABl. Nr. C 310 v. 16.12.2004, S. 468.

auf die Besonderheiten der jeweiligen restriktiven Maßnahme zugeschnittenen Kriterien beruhen.

Art. III-376 Abs. 2 VVE schafft keinen neuen, eigenständigen Rechtsbehelf. Die Beschlüsse des Rates über restriktive Maßnahmen können von den Betroffenen im Wege einer Nichtigkeitsklage nach Art. III-365 Abs. 4 Var. 3 VVE angefochten werden. Streng genommen handelt es sich um eine „Ausnahme von der Ausnahme". Grundsätzlich unterliegen nämlich alle Handlungen der Unionsorgane der Kontrolle des Gerichtshofs. Hiervon werden gem. Art. III-376 Abs. 1 EU allerdings alle GASP-Maßnahmen – mit Ausnahme der restriktiven Maßnahmen (Abs. 2 Alt. 2) – ausgenommen.[2071] Mit der Ermöglichung von Nichtigkeitsklagen gegen restriktive Maßnahmen, die i.R.d. GASP beschlossen werden ist eine signifikante Verbesserung des Rechtsschutzes zu erwarten. Offen ist noch, welche Rechtsschutzperspektiven Art. III-322 Abs. 3 VVE eröffnet. Diese Bestimmung ordnet an, dass die Sanktionsrechtsakte selbst die „erforderlichen Bestimmungen" über den Rechtsschutz vorsehen müssen.

C. Künftige Rechtslage im Bereich der jetzigen II. und III. Säule

Der Verfassungsvertrag sieht einige Änderungen der Zuständigkeit des Gerichtshofs i.R.d. bisherigen zweiten Säule (GASP) vor. Dies hängt entscheidend mit der Strukturumwandlung der EU – der Verschmelzung der bisherigen Unionssäulen in einen einheitlichen Verfassungsverbund zusammen.[2072] Die neu konstituierte Union soll eine eigene, alle Politikbereiche umspannende Rechtspersönlichkeit erhalten. Gem. Art. I-6 VVE wird das Prinzip des Vorrangs des Unionsrechts gegenüber dem nationalen Recht auf das gesamte Unionsrecht erstreckt. In einzelnen Punkten bleiben jedoch gewisse Unterschiede insbesondere im Hinblick auf die Handlungsformen und das Erlassverfahren in den verschiedenen Politikbereichen aufrechterhalten.

I. Änderungen im Bereich der PJZS

Die Vereinheitlichung des institutionellen Rahmens wird sich auf die Vereinheitlichung der Handlungsformen und Verfahren auswirken.[2073] Statt der bisherigen Vielfalt an Handlungsformen in der I. und III. Säule werden nunmehr die neuen Rechtsakte (Europäisches Gesetz, Rahmengesetz, Verordnung und Entscheidung) einheitlich verwendet. Nach Art. I-6 VVE haben alle europäischen Rechtsakte Vorrang vor nationalem Recht. Die strukturelle Vereinheitlichung wird auch eine Erweiterung der Zuständigkeit der Gemeinschaftsgerichte bewirken. Nach Art. I-29 Abs. 1 UAbs. 1 S. 2 VVE ist der Gerichtshof für die Auslegung und Anwendung „der Verfassung" in ihrer Gesamtheit zuständig.[2074] Damit unterliegen prinzipiell alle Organhandlungen und Politikbereiche der gerichtlichen Kontrolle.

Der Innen- und Justizpolitikbereich der EU wird in das Gesamtregelungswerk inkorporiert (Art. III-158 – III-178) und firmiert im Verfassungsvertrag, zusammen mit

---

[2071] Dazu gleich unten: Kap. V C II.

[2072] S. dazu näher: *Meyer/Hölsteidt*, EuZW 2003, S. 613 (619 f.); *Oppermann*, DVBl. 2004, S. 1234 (1243 f.).

[2073] *Böse*, in: Schwarze (Hrsg.), Der Verfassungsentwurf des Europäischen Konvents (2004), S. 151 f.

[2074] Siehe auch: *Jacobs*, CMLR 2004, S. 303 (314); *Obwexer*, EBl. 2004, S. 4 (9).

den bereits seit Amsterdam vergemeinschafteten Politikbereichen „Visa, Asyl, Einwanderung“ sowie dem freien Personenverkehr (Art. 61-69 EG), unter dem gemeinsamen Namen „Raum der Sicherheit, der Freiheit und des Rechts“.[2075] Trotz des einheitlichen Rechtsrahmens sind noch einige Sonderregeln als Relikt des intergouvernementalen Charakters vorgesehen, z.B. die Prärogative der Mitgliedstaaten (neben der Kommission) zur Rechtssetzungsinitiative auf dem Gebiet der polizeilichen und justiziellen Zusammenarbeit in Strafsachen (Art. 41 Abs. 3 VVE). Die Konkretisierung der Ziele und Aufgaben der Asyl-/Einwanderungspolitik und der PJZS wird dem Europäischen Rat übertragen, der die strategischen Leitlinien für die legislative und operative Programmplanung festlegen soll. Die einschlägigen Ermächtigungsgrundlagen sehen überwiegend den Erlass von Europäischen Gesetzen und Rahmengesetzen vor. Diese Rechtsakte sollen von Individuen nur eingeschränkt anfechtbar sein.[2076]

Die Verfassung schafft ferner die Einschränkungen der Jurisdiktion des Gerichtshofs in Art. 34 EU und Art. 68 EG weitgehend ab. Allerdings sieht Art. III-377 VVE eine inhaltlich dem Art. 35 Abs. 5 EU entsprechende Ausnahme vor. Der EuGH soll in der Zukunft für sämtliche Klagen, Vorabentscheidungsverfahren und Gutachtenanträge im Bereich Justiz und Inneres zuständig sein. Von der Zuständigkeit des EuGH weiterhin[2077] ausgenommen bleibt gem. Art. III- 377 VVE die Überprüfung der Gültigkeit oder Verhältnismäßigkeit von Maßnahmen der Polizei oder anderer Strafverfolgungsbehörden eines Mitgliedstaats oder der Wahrnehmung der mitgliedstaatlichen Zuständigkeiten für die Aufrechterhaltung der öffentlichen Ordnung und den Schutz der inneren Sicherheit.

II. Neugestaltung der GASP

Die jetzige II. Säule wird in den Verfassungsvertrag integriert. Allerdings ist sie Gegenstand gesonderter Regelungen[2078], die mit einigen Novellierungen aus dem EU-Vertrag übernommen werden. Supranationale Strukturen kommen in der GASP nur ansatzweise zum Tragen. Die Überbleibsel des intergouvernementalen Charakters manifestieren sich z.B. in der grundsätzlichen Einstimmigkeit[2079] für die Annahme von GASP-Beschlüssen, sofern keiner der in Art. III-300 Abs. 2 VVE aufgeführten Sonderfälle vorliegt oder die Verfassung explizit eine Abweichung gestattet. Trotz des Fortbestehens einer Reihe von Sonderregelungen für die Bereiche GASP und GSVP schafft der Verfassungsentwurf einen stärkeren übergreifenden Rahmen. Die Konsequenz der strukturellen Vereinheitlichung ist die Anwendung eines einheitlichen Handlungsinstrumentariums und die grundsätzliche Zuständigkeit des Gerichtshofs für

[2075] Ausführlich zu der dort vorgesehenen Reformen: *Monar*, Integration 2003, S. 536 ff.

[2076] Ausführlich zur Individualklagemöglichkeiten gegen neue Rechtsaktsformen nach dem VVE im Kap. V A.

[2077] Vgl. Art. 35 Abs. 5 EU und Art. 68 Abs. 2 EG.

[2078] Art. I-16, I-40 VVE (Sonderverfahren in Abweichung vom ordentlichen Gesetzgebungsverfahren).

[2079] Vgl. Art. I-40 Abs. 6 und Art. III-300 Abs. 1 VVE. Der Übergang zur qualifizierten Mehrheit stieß vor allem auf Widerstand seitens Großbritanniens. Vgl. dazu: *Meyer/Hölscheidt*, EuZW 2003, S. 613 (619 f.).

die Wahrung des „Rechts" in seiner Gesamtheit.[2080] Das stellt im Hinblick auf diese Politikbereiche ein absolutes Novum dar.

Die Vereinheitlichung der Handlungsformen ließ auch die GASP nicht unberührt. Die bisherigen gemeinsamen Aktionen[2081] und gemeinsamen Standpunkte[2082] werden gem. Art. III-294 Abs. 3 lit. b VVE durch Europäische Beschlüsse ersetzt.[2083] Diese könnten an sich als „Rechtsakt mit Verordnungscharakter" von Privaten gem. Art. III-365 Abs. 4 VVE angefochten werden. Diese Möglichkeit jedoch wird durch eine Sonderregelung in Art. III-376 Abs. 1 VVE grundsätzlich ausgeschlossen. Hiernach werden von der Zuständigkeit des Gerichtshofs Art. I-40 und I-41 sowie der Teil III Titel V Kapitel II (Art. III-294 bis III-313) ausgenommen. Dasselbe gilt auch für die GASP-relevanten Aspekte der Europäischen Beschlüsse, mit denen der Europäische Rat gem. Art. III-293 die strategischen Interessen und Ziele des auswärtigen Handelns der Union festlegt. Der erforderliche Umfang der gerichtlichen Kontrolle in der GASP war im Konvent außerordentlich umstritten. Einige Konventsmitglieder befürworteten eine generelle Zuständigkeit des EuGH in der GASP und damit eine umfassende Rechtmäßigkeitskontrolle der GASP-Rechtsakte. Man begründete dies mit dem Charakter der Union als eine Rechtsgemeinschaft, die über eine Grundrechtecharta verfügt. Als Argument für die Notwendigkeit eines lückenlosen Grundrechtsschutzes wurde auch darauf hingewiesen, dass sich andernfalls der EGMR veranlasst sehen könnte, Klagen gegen GASP-Maßnahmen bzw. Umsetzungsakte zu prüfen. Andere wiederum waren der Meinung, dass eine umfassende Justiziabilität der GASP-Beschlüsse durch den Gerichtshof nicht nur deren Wirksamkeit oder der Entwicklung der GASP schaden könnte, sondern auch eine erhebliche Änderung des bestehenden institutionellen Gleichgewichts mit sich bringen würde.[2084]

Letztendlich wurde der bisherige Ausschluss der Jurisdiktion des Gerichtshofs über die i.R.d. GASP[2085] erlassenen Maßnahmen gem. Art. III-376 VVE aufrechterhalten.[2086] Diese Bereichsausnahme wird nur insoweit relativiert, als die Verletzung der übrigen Verfahrensbestimmungen und Befugnisse der Organe für die Ausübung der im Verfassungsvertrag genannten Zuständigkeiten der Union justiziabel sein soll. Art. III-308 Abs. 1 VVE trifft eine der jetzigen Unberührtheitsklausel des Art. 47 EU weitgehend entsprechende Regelung. Ein Unterschied besteht darin, dass sich die neue Unberührtheitsklausel nunmehr ausschließlich auf die GASP-Bestimmungen[2087] bezieht und

---

2080 Vgl. Art. I-29 Abs. 1 UAbs. 1 S. 2 VVE.

2081 Vgl. Art. III-297, der dem Anwendungsbereich der gemeinsamen Aktion (Art. 14 EU) entspricht.

2082 Vgl. Art. III-298, der inhaltlich die Bestimmung des Art. 15 EU übernimmt.

2083 Daneben bleibt eine spezifische Handlungsform: die allgemeinen Leitlinien, Art. III-294 Abs. 3 lit. a VVE.

2084 Ergänzender Bericht zur Frage der gerichtlichen Kontrolle über die Gemeinsame Außen- und Sicherheitspolitik v. 16.4.2003, CONV 689/1/03 REV 1, Rn. 5 – http://european-convention.eu.int [letzter Abruf am 28.11.2006].

2085 Einschließlich der Gemeinsamen Sicherheits- und Verteidigungspolitik (GSVP).

2086 *Thym*, ELJ 10 (2004), S. 5 (16).

2087 Aufgrund der Abschaffung der Säulenstruktur bezieht sich die Vorschrift nunmehr auf die Verfahren und den Umfang der Befugnisse der Organe und nicht auf den gesamten Unionsvertrag wie bislang Art. 47 EU.

eine „umgekehrte Unberührtheitsklausel" in Abs. 2[2088] hinzukommt. Dem Gerichtshof obliegt nach Art.III-376 Abs. 2 VVE die Kontrolle der Einhaltung des Art. III-308 VVE. Vor diesem Hintergrund liegt der Schluss nahe, dass eine Inzidentkontrolle der den „gemeinschaftsrechtlichen" Durchführungsmaßnahmen zugrunde liegenden Europäischen Beschlüsse auf dem Gebiet der GASP weiterhin grundsätzlich nur im eingeschränkten Umfang möglich bleibt.[2089] Sie beschränkt sich nämlich auf die Einhaltung des Unberührtheitsgebotes des Art. III-308 VVE, also auf die Abgrenzung zwischen der GASP und den internen Politikbereichen. Man kann daher von einer Kodifizierung der *Flughafentransit*- Rechtsprechung des EuGH sprechen. Daneben stellt die Klagemöglichkeit gegen die restriktiven Maßnahmen des Rates gegen Einzelpersonen und Privatorganisationen nach Art. III-322 Abs. 2 VVE eine weitere Ausnahme von Art. III-376 Abs. 1 VVE dar.

Die bislang zum Teil bestehende Rechtsschutzlücke wird durch Art. III-376 Abs. 2 VVE mit der Zulassung von Nichtigkeitsklagen gegen restriktive Maßnahmen geschlossen. Allerdings bleibt der Großteil der GASP weiterhin der Kontrolle der Unionsgerichte entzogen. Der Verfassungsvertrag schließt aber die Jurisdiktion nationaler Gerichte nicht aus. Der in Art. I-6 VVE angeordnete Vorrang des gesamten Unionsrechts, also auch der GASP-Beschlüsse vor dem nationalen Recht wird ein gesteigertes Rechtsschutzbedürfnis nach sich ziehen. Der Individualrechtsschutz in den übrigen Bereichen der GASP muss also – mangels Zuständigkeit des EuGH – weiterhin durch die mitgliedstaatlichen Gerichte gewährleistet werden.[2090] Andernfalls stünde der nationale Richter vor einem unlösbaren Dilemma, wenn es in einem Verfahren auf die Gültigkeit eines GASP-Beschlusses ankäme. Denn einerseits stünde Art. III-376 Abs. 1 VVE einer Gültigkeitsvorlage an den EuGH entgegen, andererseits wäre eine eigenmächtige Inzidentprüfung und Verwerfung aufgrund des Verwerfungsmonopols des EuGH bei Gültigkeitsfragen[2091] nach der *Foto-Frost*-Doktrin nicht möglich. Daher ist auch hier eine Verwerfungsbefugnis nationaler Gerichte anzunehmen.[2092]

D. Bewertung der Reform

Abschließend werden die wichtigsten Eckpunkte der Reformen im Bereich des Individualrechtsschutzes zusammengefasst und bewertet. Das in der Rechtsprechung zu Art. 230 EG entwickelte Konzept des handlungsformenneutralen Rechtsschutzes[2093] wird durch die Neuregelung der Individualnichtigkeitsklage übernommen. Art. III-365 Abs. 4 VVE löst *expressis verbis* die Anfechtbarkeit von der Handlungsform. Während der Wortlaut der heutigen Fassung des Art. 230 EG Abs. 4 EG durch Verwendung der

---

[2088] Betr. die Anwendung der Verfahren und die Befugnisse der Organe, die in der Verfassung für den GASP-Bereich vorgesehen werden, im Verhältnis zur Ausübung der übrigen Zuständigkeiten der Union.

[2089] *Steinbarth*, ZEuS 2006, S. 269 (284).

[2090] S.o.: Kap. IV D V 4.

[2091] Gültigkeitsvorlage gem. Art. III-369 Abs. 1 lit. b VVE. Nach Art. IV-438 Abs. 4 VVE ist die Rspr. der Gemeinschaftsgerichte zum EG-Vertrag sinngemäß auf die Bestimmungen des VVE anzuwenden.

[2092] Zustimmend: *Streinz/Ohler/Herrmann*, S. 97; a.A.: *de Witte*, in: Pernice/Maduro (Hrsg.), A Constitution fort he European Union (2004), S. 95 (106). Die in Kap. IV D V 4 dargelegten Gründe gelten sinngemäß.

[2093] Vgl. dazu: *Härtel*, S. 146.

Begriffe „Entscheidung“ und „Verordnung“ jedenfalls noch eine lexikalische Verbindung zum Handlungsformenkatalog des Art. 249 EG aufweist, wird das in Art. III-365 Abs. 4 VVE nunmehr endgültig aufgegeben. Die Klagegegenstände in allen drei Konstellationen werden – ähnlich wie bei Klagen (teil-) privilegierter Kläger – handlungsformneutral definiert. Zwar lassen sich jedem der drei Fälle bestimmte Handlungsformen zuordnen, diese Zuordnung ist aber nicht zwingend. Vielmehr handelt es sich oft um Merkmale, die typischerweise bestimmte Arten von Sekundärrechtsakten aufweisen. So ist z.B. ein „Rechtsakt mit Verordnungscharakter“ typischerweise bei Regelungen einer Europäischen Verordnung oder eines adressatenunspezifischen Beschlusses zu erwarten. Das schließt freilich nicht aus, dass auch eine in anderer Handlungsform erlassene Bestimmung diese Eigenschaft aufweisen kann. Denn die Klagegegenstände sind autonom, eigens für einen prozessualen Zweck definiert.

Dem abgestuften Konzept des Individualklagerechts in Art. III-365 Abs. 4 VVE liegt zum Teil auch die vielfach postulierte Differenzierung zwischen exekutiven und legislativen Rechtsnormen zugrunde.[2094] Gesetzgebungsakte sollen nach der Vorstellung der Verfassungsgeber nur unter den strengen Bedingungen der bisherigen *Plaumann*-Rechtsprechung von Privaten angefochten werden, während der Zugang zum EuG gegen „administrative“ Normativakte erleichtert wird. Als Reaktion auf die in Rs. *UPA* und *Jégo Quéré* aufgedeckten Lücken im System des arbeitsteiligen Rechtsschutzes[2095] wurden die Anforderungen an die Klageberechtigung gegen *self-executing* Rechtsakte mit Verordnungscharakter gelockert und eine ausdrückliche Verpflichtung der Mitgliedstaaten zur Gewährleistung effektiven Rechtsschutzes gegen Normativakte der Union in der Verfassung verankert. Allerdings handelt es sich lediglich um eine punktuelle Lösung, die nur eine spezielle Konstellation der selbstvollziehenden, administrativen Rechtsnormen betrifft, wohingegen in anderen Fällen (z.B. bei „bloß“ materieller Betroffenheit durch ein Unionsrechtsakt mit Verordnungscharakter) die vielfach kritisierten Schwächen des indirekten Rechtsschutzes über das Vorabentscheidungsverfahren nicht beseitigt wurden.[2096] Auf eine dem Vorschlag des GA *Jacobs* bzw. der *Jégo Quéré*-Formel des EuG entsprechende Formulierung der Individualnichtigkeitsklage konnten sich die Konventsmitglieder nicht einigen. Die angenommene Lösung schafft nicht die erhoffte Rechtswegklarheit. Daher wäre es überzogen, die Reform als eine erhebliche Verbesserung des Individualrechtsschutzes gegen EU-Rechtsakte zu bewerten.[2097]

Die Ersetzung des Begriffs „Entscheidung“ durch „Handlung“ in den Var. 1 und 2 bringt den Betroffenen bei der Anfechtung von Normativbestimmungen faktisch wenig, wenn die Rechtsprechung bei der restriktiven Auslegung der individuellen Betroffenheit bleibt. Das Grundkonzept des Individualrechtsschutzes gegen Normativakte der Union wird in diesem Fall – bis auf die Ausnahme im Bereich der „administrativen“ Rechtssetzungsakte – grundsätzlich unverändert bleiben. Die betroffenen Bürger

---

[2094] S.o.: Kap. II E II 1.

[2095] *Pache*, in: Bruha/Nowak/Petzold (Hrsg.), Grundrechtsschutz im europäischen Binnenmarkt (2004), S. 193 (209).

[2096] *Petzold*, aaO, S. 247 (253).

[2097] So aber: *Gündisch* in: Beckmann/Dieringer/Hufeld (Hrsg.), Eine Verfassung für Europa (2005), S. 271 (288).

sind auch künftig vorrangig auf den dezentralen Klageweg angewiesen. Allerdings ist zu bedenken, dass mit der handlungsformneutralen Formulierung des Klagegegenstandes und mit dem Wegfall der Voraussetzung „Entscheidung" die Konstruktion des Hybridaktes[2098] als dogmatische Erklärung der Anfechtbarkeit normativer Bestimmungen ihre Existenzberechtigung vollständig verliert.[2099] Damit entfällt auch das bislang wohl wichtigste Argument für die enge Interpretation der individuellen Betroffenheit i.S.d. *Plaumann*-Formel. Freilich zeigt die Neuregelung im Verfassungsvertrag, dass eine Verbesserung des Direktklagerechts gegenüber dem restriktiven Rechtsschutzkonzept der Rechtsprechung zu Art. 230 Abs. 4 EG nur im Bereich der untergesetzlichen Rechtsakte beabsichtigt war. Die einschlägige Regelung in Art. III-365 Abs. 4 Var. 3 VVE enttäuscht zum Teil auch die Hoffnungen auf einen transparenten Rechtsschutz, indem sie aufgrund der Formulierungen der Zulässigkeitsvoraussetzungen neue Auslegungsprobleme aufwirft. Auch die redaktionelle Fassung der Var. 3 ist misslungen, weil die Beschränkung des Klagerechts auf umsetzungsfreie (d.h. formell unmittelbar betreffende) Rechtsakte mit Verordnungscharakter das zusätzliche Erfordernis unmittelbarer Betroffenheit entbehrlich macht.

Die Neugestaltung der Individualnichtigkeitsklage sowie die Statuierung einer Pflicht der Mitgliedstaaten zur Rechtsschutzsicherung zeigen, dass die Verfassung eine Systementscheidung zugunsten des grundsätzlich dezentralen Rechtsschutzes getroffen hat. Man ging offenbar davon aus, dass – abgesehen von den beiden o.g. Korrekturen – keine grundlegende Reform des Rechtsschutzsystems notwendig sei. Diese Haltung kommt in der Schlussakte zum Verfassungsvertrag[2100] zum Ausdruck. Dort betonte man, dass die Aufnahme der bislang ungeschriebenen Garantie des wirksamen Rechtsschutzes in den Verfassungstext keine Änderungen der Zulässigkeit von Rechtsbehelfen vor den Unionsgerichten bewirken soll.[2101]

Die rechtsstaatlichen Defizite im Bereich der GASP wurden zumindest im Hinblick auf das Problem der restriktiven Maßnahmen gegen Einzelpersonen und nichtstaatliche Gruppierungen behoben. Die betreffenden GASP-Beschlüsse sind nach Art. III-278 Abs. 2, III-365 Abs. 4 Var. 3 VVE im Wege der Nichtigkeitsklage anfechtbar. Eine umfassende Jurisdiktion des EuGH im Bereich der GASP besteht jedoch nach wie vor nicht. Insgesamt bringt der Verfassungsentwurf nur punktuelle Verbesserungen des Individualrechtsschutzes.

[2098] Dazu oben: Kap. II C III 2 b) und c).
[2099] Ebenso: *Borowski*, EuR 2004, S. 879 (910).
[2100] Schlussakte zur europäischen Verfassung, Erklärung Nr. 12 zu Bestimmungen der Verfassung, ABl. Nr. C 310 v. 16.12.2004, S. 450.
[2101] *Koch*, ELR 2005, S. 511 (517).

Zusammenfassung der Ergebnisse

Die in der Rechtsprechung favorisierte materielle Einordnung der EG-/EU-Rechtsakte als Einzelakt oder allgemeiner Rechtssatz ist nur bedingt möglich. Dabei sind die Kriterien „Adressat“ und „der geregelte Sachverhalt“ anzuwenden. Die Rechtsprechung stellt maßgeblich auf das erste Kriterium ab. Allerdings zeigt sich, dass auf diese Weise nicht immer eine Abgrenzung zwischen Einzel- und Normativakten möglich ist, sodass auch der geregelte Sachverhalt berücksichtigt werden muss.

Die Zuordnung von Sekundärrechtsakten zu einer bestimmten Kategorie soll – entgegen der Rechtsprechung – formelle Aspekte berücksichtigen, was freilich nicht von einer gerichtlichen Kontrolle der Formwahl entbindet. Fehlen hingegen hinreichend klare formelle Anhaltspunkte, dann bleibt der Rückgriff auf materielle Kriterien ohnehin unausweichlich.

Bei der materiellen Betrachtung der Rechtsnatur von Maßnahmen ist ihre objektive Geltung und nicht die (subjektive) Wirkung im Verhältnis zu dem jeweils Betroffenen zu untersuchen. Letztere ist ausschließlich für die Klageberechtigung der jeweiligen natürlichen oder juristischen Person relevant.

Eine Doppelnatur bzw. Relativität ein und derselben Bestimmung ist abzulehnen. Ihre Annahme beruht auf der unzutreffenden Gleichsetzung zweier unterschiedlicher Ebenen: (absoluter) Geltung und (relativer) Wirkung. Die unterschiedliche Wirkung hat lediglich zur Folge, dass eine subjektive Rechtsbeziehung zwischen dem Rechtsakt und dem Kläger entsteht, die ihm u.U. Klageberechtigung verleihen kann.

Die Gemeinschaftsgerichte haben bislang kein einheitliches dogmatisches Konzept der mittels Individualnichtigkeitsklage angreifbaren „Entscheidung“ i.S.d. Art. 230 Abs. 4 EG entwickelt. Auch wenn gewisse Schwankungen in die Richtung der Hybridtheorie zu verzeichnen sind, hat sich diese Konzeption nicht eindeutig durchgesetzt.

Der Entscheidungsbegriff in Art. 230 Abs. 4 EG ist nicht mit jenem in Art. 249 Abs. 4 EG gleichbedeutend. Vielmehr handelt es sich um einen eigenständigen, prozessualen Zweckbegriff. Daher kann entweder auf die objektive Rechtsnatur oder lediglich auf die von dem betreffenden Rechtsakt tatsächlich erzeugte Rechtsfolgen (Wirkung) abgestellt werden. Dieser Ansatz kann in dogmatischer Hinsicht begründen, warum auch allgemeine Rechtsakte wie Verordnung oder Richtlinien Gegenstand einer Individualnichtigkeitsklage darstellen können.

Eine Gleichstellung der juristischen Personen des öffentlichen Rechts, vor allem Gliedstaaten und der autonomen Regionen mit den „nichtprivilegierten“ Individualklägern i.S.d. Art. 230 Abs. 4 EG ist nicht gerechtfertigt. Eine sachgerechte Lösung bietet hier die Zuerkennung eines auf die Wahrung der eigenen, gemeinschaftsrechtlich anerkannten Rechte abzielenden Klagerechts der Regionen. Dogmatisch lässt sich dies im Wege einer induktiven, teleologischen Auslegung des Art. 230 Abs. 3 EG in Anlehnung an die Grundsätze der *Tschernobyl*-Rechtsprechung des EuGH erreichen.

Ebenfalls durch Induktion lässt sich dem Art. 230 Abs. 3 EG ein allgemeines Prinzip für die Behandlung von Organstreitigkeiten entnehmen. Dieses Prinzip verleiht den Organteilen (z.B. Abgeordneten des EP) ein teilprivilegiertes Klagerecht, soweit sie über eigene, einklagbare Befugnisse verfügen.

Die rechtliche Geschlossenheit des Betroffenenkreises im Zeitpunkt des Erlasses der streitigen Maßnahme stellt weder eine hinreichende noch eine notwendige Bedingung für die Annahme der individuellen Betroffenheit dar.

Für die „individuelle Betroffenheit" i.S.d. Art. 230 Abs. 4 EG ist die gegenwärtige Selbstbetroffenheit des Klägers erforderlich. Maßgebend ist nämlich nicht die in der *Plaumann*-Formel bezeichnete Beziehung des Klägers zu anderen Wirtschaftsteilnehmern, sondern allein die Relation zwischen dem Kläger und dem Klagegegenstand. Individuell betroffen ist, wer gegenwärtig oder mit hoher Wahrscheinlichkeit künftig entweder Adressat i.e.S. einer belastenden hoheitlichen Maßnahme eines Gemeinschaftsorgans ist (d.h. wem hierdurch konkret Pflichten auferlegt oder Rechte eingeschränkt werden), oder ein Dritter, dessen Rechts- bzw. Interessenkreis aufgrund seiner persönlichen Umstände erheblich nachteilig tangiert wird, d.h. eine besondere „Nähebeziehung" zu den unmittelbaren Folgen der Regelung aufweist.

Trotz grundsätzlicher Umsetzungsbedürftigkeit können auch Richtlinien Privatpersonen unmittelbar betreffen. Dabei kommt meist nur eine materielle Betroffenheit in Betracht, wenn die fraglichen Richtlinienbestimmungen dem nationalen Gesetzgeber keinen Ermessenspielraum belassen. Die Gründe, die für die Erweiterung des Klagerechts Privater auf Verordnungen sprechen, gelten sinngemäß für die Richtlinien.
Nichtakte stellen zwar keinen tauglichen Klagegegenstand dar. Allerdings besteht die Möglichkeit, einen Antrag auf Feststellung der Unzulässigkeit der Nichtigkeitsklage gegen den Nichtakt zu stellen. Eine bereits erhobene Nichtigkeitsklage ist von Amts wegen in einen Feststellungsantrag umzudeuten.

Der Handlungsformenkatalog des Art. 249 EG ist keineswegs abschließend. Daneben hat sich in der Praxis eine Reihe atypischer Handlungen (insbesondere Beschlüsse) herausgebildet. Diese können von Individualklägern angefochten werden, soweit sie Rechtswirkungen gegenüber Dritten aufweisen und die übrigen Zulässigkeitsvoraussetzungen (insbesondere die unmittelbare und individuelle Betroffenheit) erfüllt sind.

Obgleich Art. 230 Abs. 1 EG die Handlungen des Europäischen Rates nicht explizit als anfechtbare *Organ*handlungen nennt, scheidet eine Nichtigkeitsklage allein deswegen noch nicht aus. Der Normzweck gebietet eine umfassende Rechtmäßigkeitskontrolle aller Handlungen der EG-Organe oder Einrichtungen mit Rechtswirkungen gegenüber Dritten. Allerdings lässt sich derzeit kaum ein Rechtsschutzbedürfnis Einzelner gegenüber Akten des Europäischen Rates feststellen. Im Gegensatz dazu sieht der Verfassungsvertrag bindende Beschlüsse des Europäischen Rates vor. Diese können i.R.d. Individualnichtigkeitsklage angefochten werden, soweit sie Rechtswirkungen gegenüber Dritten entfalten.

Der bislang zum Teil angenommene, rein intergouvernementale Charakter des Unionsrechts lässt sich nicht mehr belegen. Unionssekundärrechtsakte können grundrechtserhebliche Wirkungen hervorrufen, ohne dass diese Evolution durch eine entsprechende Anpassung des Rechtsschutzsystems begleitet wird.

Die Rechtsschutzmöglichkeiten des Einzelnen gegen Unionssekundärrechtsakte vor den Gemeinschaftsgerichten sind relativ bescheiden. Einerseits kommt im eingeschränkten Umfang eine Nichtigkeitsklage nach Art. 230 Abs. 4 EG i.V.m. Art. 46 lit. e i.V.m. Art. 47 EU in Betracht. Die in der GASP und der PJZS erlassenen Sekundärrechtsakte unterliegen nur insoweit der Kontrolle der Gemeinschaftsgerichte, als sie dem Inhalt nach in die Kompetenzsphäre der EG eingreifen. Andererseits ist eine mittelbare Kontrolle i.R.d. Anfechtung der EG-Durchführungsmaßnahmen möglich. Bei freiwilliger Umsetzung ist der Durchführungsakt als autonome Maßnahme der EG i.R.d. Nichtigkeitsklage nach Art. 230 EG voll justiziabel. Andernfalls kann der Gerichtshof überprüfen, inwiefern die EG nach Maßgabe des gemeinschaftsrechtlichen Kohärenzgebotes zur Umsetzung des Unionsrechtsaktes verpflichtet ist. Im Falle der Feststellung der Verletzung des Kohärenzgebotes entfällt die Bindungswirkung und der Umsetzungsakt ist als autonome Maßnahme der EG zu behandeln.

Werden Unionssekundärrechtsakte durch Mitgliedstaaten umgesetzt, dann kann der Einzelne den Rechtsschutz gegen die Durchführungsmaßnahmen vor den nationalen Gerichten suchen. Weder lässt sich ein Geltungsvorrang des Unionsrechts vor nationalem Recht noch eine ausschließliche Zuständigkeit des EuGH bejahen, die der Prüfungs- und Verwerfungskompetenz der nationalen Gerichte entgegenstünden.

Der Verfassungsvertrag bringt nur wenige Verbesserungen im Individualrechtsschutz gegen Normativakte der Union mit sich. Bedingt durch die Neuordnung der Handlungsformen werden die Anforderungen an die Klageberechtigung bei Anfechtung der „administrativen“ Rechtssetzungsakte gelockert. Die wesentliche Neuerung betrifft den Wegfall der Voraussetzung der individuellen Betroffenheit bei Klagen gegen Rechtsakte mit Verordnungscharakter, die keine weiteren Durchführungsakte nach sich ziehen. Ferner sollen auch Handlungen des Europäischen Rates mit Rechtswirkung gegenüber Dritten justiziabel sein.

Der Regelung der Nichtigkeitsklage im Verfassungsvertrag liegt durchgehend das Konzept eines *handlungsformneutralen* Rechtsschutzes zugrunde. Nach Maßgabe des Auffangtatbestands des Art. III-365 Abs. 4 Var. 2 VVE sind nunmehr alle „Handlungen“ der Unionsorgane sowie aller Einrichtungen anfechtbar. Allerdings ist hier der Nachweis individueller Betroffenheit nach wie vor erforderlich. Die Bestimmung der Klagegegenstände gem. Art. III-365 Abs. 4 VVE knüpft nicht an eine bestimmte Rechtsform, sondern ausschließlich an materielle Eigenschaften (z.B. „Verordnungscharakter“ i.S.d. Var. 3) an, die lediglich typisch für einige Kategorien der Handlungsformen sein können. Die Abgrenzung im Einzelfall richtet sich primär nach den konkreten Vorgaben der Ermächtigungsgrundlage. Der Erlass einer Regelung im (ordentlichen oder besonderen) Gesetzgebungsverfahren legt jedoch die Annahme eines Rechtsaktes mit Gesetzescharakter nahe, das nur nach Art. III-365 Abs. 4 Var. 2 VVE von Individuen anfechtbar ist.

Literaturverzeichnis

Adam, Michael, Die Wirkung von EU-Rahmenbeschlüssen im mitgliedstaatlichen Recht, EuZW 2005, S. 558 ff.

Alber, Siegbert, Tendenzen der neuen Rechtsprechung des EuGH, ZEuS 2003, S. 1 ff.

Albors-Llorens, Albertina, Changes in the jurisdiction of the European Court of Justice under the Treaty of Amsterdam, CMLR 1998, S. 1273 ff.

Allkemper, Ludwig, Anmerkung zum Urteil des EuGH, Rs. C-309/89, EWS 1994, S. 362 f.

Allkemper, Ludwig, Der Rechtsschutz des Einzelnen nach dem EG-Vertrag. Möglichkeiten seiner Verbesserung, Diss., Baden-Baden 1995. [zit. als: *Allkemper*, S.]

Annacker, Claudia, Die Inexistenz als Angriffs- und Verteidigungsmittel vor dem Europäischen Gerichtshof, EuZW 1995, S. 755 ff.

Annacker, Claudia, Der fehlerhafte Rechtsakt im Gemeinschafts- und Unionsrecht. Ultra-vires-Akte der Europäischen Gemeinschaft und des Sicherheitsrats der Vereinten Nationen, Wien [u.a.] 1998 [zit. als: *Annacker*, S.].

Anweiler, Jochen, Die Auslegungsmethoden des Gerichtshofs der Europäischen Gemeinschaften, Frankfurt a.M. 1997 [zit. als: *Anweiler*, S.].

Arnauld, Andreas, UN-Sanktionen und gemeinschaftsrechtlicher Grundrechtsschutz, AVR 2006, S. 201 ff.

Arndt, Hans-Wolfgang/Haas, Manfred, EG-Abgaben: Normierung, Vollzug und Rechtsschutz, RIW 1989, S. 710 ff.

Arnold, Rainer, Rechtsstaat und Normenkontrolle in Europa, in: Baur, Jürgen F./ Müller-Graff, Peter-Christian/ Zuleeg, Manfred (Hrsg.), Europarecht-Energierecht-Wirtschaftsrecht, Festschrift für Bodo Börner, Köln, Berlin, Bonn, München 1992, S. 7 ff.

Arnold, Rainer, Das Verfassungsprinzip gerichtlicher Kontrolle von Legislative und Exekutive – Gemeinsamkeiten und Unterschiede, in: Müller-Graff, Peter-Christian/ Riedel, Eibe (Hrsg.), Gemeinsames Verfassungsrecht in der europäischen Union, Baden-Baden 1998, S. 123 ff.

Arnull, Anthony, Private Applicants and the Action for Annulment under Article 173 of the EC Treaty, CMLR 1995, S. 7 ff.

Arnull, Anthony, Private Applicants and the Action for Annulment since Codorniu, CMLR 2001, S. 7 ff.

Aston, John D., Die Bekämpfung abstrakter Gefahren für den Weltfrieden durch legislative Maßnahmen des Sicherheitsrats – Resolution 1373 (2001) im Kontext, ZaöRV 62 (2002), S. 257 ff.

Bach, Albrecht, Direkte Wirkungen von EG-Richtlinien, JZ 1990, 1108 ff.

Baddenhausen, Heike/ Pietsch, Jörg, Rahmenbeschlüsse der Europäischen Union – Nach den Entscheidungen zum Europäischen Haftbefehl (BVerfG) und in der Rechtssache Pupino (EuGH), DVBl. 2005, S. 1562 ff.

Bartelt, Sandra/ Zeitler, Helge Elisabeth, „Intelligente Sanktionen" zur Terrorismusbekämpfung in der EU, EuZW 2003, S. 712 ff.

Bartelt, Sandra/ Zeitler, Helge Elisabeth, Zugang zu Dokumenten der EU, EuR 2003, 487 ff.

Bast, Jürgen, Handlungsformen, in: v. Bogdandy, Armin (Hrsg.), Europäisches Verfassungsrecht, Berlin, Heidelberg, New York 2003, S. 479 ff.

Baumeister, Peter, Effektiver Individualrechtsschutz im Gemeinschaftsrecht, EuR 2005, S. 1 ff.

Beckmann, Klaus/ Dieringer, Jürgen /Hufeld, Ulrich (Hrsg.), Eine Verfassung für Europa, 2. Auflage, Tübingen 2005.

Beljin, Saša, Die Zusammenhänge zwischen dem Vorrang, den Instituten der innerstaatlichen Beachtlichkeit und der Durchführung des Gemeinschaftsrechts, EuR 2002, S. 351 ff.

Berrisch, Georg M., Verfahrensrechtlicher und gerichtlicher Individualrechtsschutz im EG-Antidumpingrecht aus der Sicht der Praxis, in: Nowak, Carsten/ Cremer, Wolfram (Hrsg.), Individualrechtsschutz in der EG und der WTO. Der zentrale und dezentrale Rechtsschutz natürlicher Personen in der Europäischen Gemeinschaft und in der Welthandelsorganisation, Baden-Baden 2002, S. 177 ff.

Berrisch, Georg M., Über London nach Luxemburg – die absurden Umwege des Rechtsschutzes in der Gemeinschaft, EuZW 2005, S. 65.

Bieber, Roland, Kompetenzen und Institutionen im Rahmen der EU-Verfassung, in: Häberle, Peter/ Morlok, Martin/ Skouris, Vassilios (Hrsg.), Festschrift für Dimitris Th. Tsatsos, Baden-Baden 2003, S. 30 ff.

Bieber, Roland /Salomé, Isabelle, Hierarchies of Norms in European Law, CMLR 33 (1996), S. 681 ff.

Biehler, Gernot, Individuelle Sanktionen der Vereinten Nationen und Grundrechte, AVR 2003, S. 169 ff.

Biervert, Bernd, Der Missbrauch von Handlungsformen im Gemeinschaftsrecht. Eine Untersuchung des gemeinschaftsrechtlichen Handlungsformensystems unter Einbeziehung der Rechtsordnungen Deutschlands, Frankreichs und Englands, Baden-Baden 1999 [zit. als: *Biervert*, S.].

Bleckmann, Albert, Teleologie und dynamische Auslegung des Europäischen Gemeinschaftsrechts, EuR 1979, S. 239 ff.

Bleckmann, Albert, Die Rolle der richterlichen Rechtsschöpfung im Gemeinschaftsrecht, in: Lüke, Gerhard (Hrsg.), Rechtvergleichung, Europarecht und Staatenintegration: Gedächtnisschrift für Léonton-Jean Constantinesco, Köln 1983, S. 61 ff.

Bleckmann, Albert, Zur Klagebefugnis für Individualklage vor dem Europäischen Gerichtshof, in: Erichsen, Hans-Uwe/ Hoppe, Werner/ v. Mutius, Albert (Hrsg.), System des verwaltungsgerichtlichen Rechtsschutzes, Festschrift für Christian-Friedrich Menger, Köln u.a. 1985, S. 871 ff.

Bleckmann, Albert, Methoden der Bildung europäischen Verwaltungsrechts, DÖV 1993, S. 837 ff.

Bleckmann, Albert, Europarecht: Das Recht der Europäischen Union und der Europäischen Gemeinschaften, 6. Auflage, Köln, Berlin, Bonn, München 1997 [zit. als: *Bleckmann*, Rn.].

Bockey, Andrea, Die Entscheidung der Europäischen Gemeinschaft, Frankfurt am Main, Berlin, Bern, New York, Paris, Wien 1998 [zit. als: *Bockey*, S.].

von Bogdandy, Armin, Die Europäischen Union: Ein einheitlicher Verband, in: von Bogdandy, Armin/ Ehlermann, Claus-Dieter (Hrsg.), Konsolidierung und Kohärenz es Primärrechts nach Amsterdam, EuR Beiheft 2/1998, S. 165 ff.

von Bogdandy, Armin/ Bast, Joachim, Die vertikale Kompetenzordnung der Europäischen Union. Rechtsdogmatischer Bestand und verfassungspolitische Reformperspektiven, EuGRZ 2001, S. 441 ff.

von Bogdandy, Armin/ Bast, Joachim/ Arndt, Felix, Handlungsformen im Unionsrecht. Empirische Analysen und dogmatische Strukturen in einem vermeintlichen Dschungel, ZaöRV 62 (2002), S. 77 ff.

Böhm, Michael, Das Europäische Haftbefehlsgesetz und seine rechtsstaatlichen Mängel, NJW 2005, S. 2588 ff.

Borchardt, Klaus-Dieter, Die rechtlichen Grundlagen der Europäischen Union, 2. Auflage München 2002 [zit. als: *Borchardt*, Rn.].

Börner, Bodo, Die Entscheidungen der Hohen Behörde, Tübingen 1965 [zit. als: *Börner*, S.].

Börner, Bodo, Referat, in: Verhandlungen des 46. Deutschen Juristentages, Bd. 2, ad Feinlbach 1967, S. G 9 ff.

Borowski, Martin, Die Nichtigkeitsklage gem. Art. 230 Abs. 4 EGV, EuR 2004, S. 879 ff.

v. Borries, Reimer/ Repplinger-Hach, Renate, Rechtsfragen der Einführung der Europawährung, EuZW 1996, 492 ff.

Böse, Martin, Die Zuständigkeit des EuGH im Bereich der „3. Säule" der EU, EuR 1998, S. 678 ff.

Böse, Martin, Die polizeiliche und justizielle Zusammenarbeit in Strafsachen im Entwurf eines Vertrages über eine Verfassung für Europa, in: Schwarze, Jürgen (Hrsg.), Der Verfassungsentwurf des Europäischen Konvents. Verfassungsrechtliche Grundstrukturen und wirtschaftliches Konzept, Baden-Baden 2004, S. 151 ff.

Bothe, Michael, „Soft Law" in den Europäischen Gemeinschaften?, in: von Münch, Ingo (Hrsg.), Staatsrecht-Völkerrecht-Europarecht, Festschrift für Hans-Jürgen Schlochauer, Berlin – New York 1981, S. 761 ff.

Bothe, Michael, Die Stellung der Europäischen Gemeinschaft im Völkerrecht, ZaöRV 37 (1977), S. 122 ff.

Bothe, Michael/ Lohmann, Torsten, Verfahrensfragen der deutschen Zustimmung zum Vertrag von Amsterdam, ZaöRV 1998, S. 1 ff.

Bradley, Kieran St. Claire, The Variable Evolution of the Standing of the European Parliament Before the Court of Justice, YEL 1988, S. 27 ff.

Braun, Jens-Daniel/ Kettner, Moira, Die Absage des EuGH an eine richterrechtliche Reform des EG-Rechtsschutzsystems – „Plaumann" auf immer und ewig?, DÖV 2003, S. 58 ff.

Brecht, Holger, Das Klagerecht der Regionen nach Art. 230 EGV. Derzeitige Rechtsprechung und Perspektiven für den Verfassungskonvent, ZEuS 2003, S. 135 ff.

Brinkhorst, Laurens J./ Verougstraete, Ivan M., Case note: Commission of the European Communities versus French Republic, Consolidated Cases 6 and 11/69, decision of December 12, 1969, in: CMLR 1970, S. 485 ff.

van den Broek, Naboth, A Long Hot Summer for Individual Concern? The European Court's Recent Case Law on Direct Actions by Private Parties ... and a Plea for a Foreign Affairs Exception, LIEI 2003, S. 61 ff.

Bröhmer, Jürgen, Terrorismus und freier Kapitalverkehr, EuZW 2002, S. 353.

Brunner, Georg, Der Zugang des Einzelnen zur Verfassungsgerichtsbarkeit im europäischen Raum, Bericht der European Commission for Democracy Through Law (Venice commission), Europarat, Dok. CDL-JU (2001) 22 – http://www.venice.coe.int/docs/ 2001/CDL-JU(2001)022-ger.asp [letzter Abruf am 3.2.2006].

von Bubnoff, Eckhart, Terrorismusbekämpfung – eine weltweite Herausforderung, NJW 2002, S. 2672 ff.

Buck, Carsten, Über die Auslegungsmethoden des Gerichtshofs der Europäischen Gemeinschaft, Frankfurt am Main 1998 [zit. als: *Buck*, S.].

Bunk, Artur, Die Verpflichtung zur kohärenten Politikgestaltung im Vertrag über die Europäische Union, Berlin u.a. 1999 [zit. als: *Bunk*, S.].

von Burchard, Friedrich, Der Rechtsschutz natürlicher und juristischer Personen gegen EG-Richtlinien gemäß Art. 173 Abs. 2 EWGV, EuR 1991, S. 140 ff.

von Burchard, Friedrich, Anmerkung zu EuG, Beschluss vom 20.10.1994, Rs. T-99/94, Asociación de Empresas de la Carne/ Rat, EuZW 1995, S. 255 ff.

Burghardt, Günter/ Tebbe, Gerd, Die Gemeinsame Außen- und Sicherheitspolitik der Europäischen Union – Rechtliche Struktur und politischer Prozess, EuR 1995, S. 1 ff.

Burgi, Martin, Verwaltungsprozessrecht und Europarecht – eine systematische Darstellung, München 1996 [zit. als: *Burgi*, S.].

Burianski, Markus, Vorläufiger Rechtsschutz gegen belastende EG-Rechtsakte – Lasset alle Hoffnung fahren?, EWS 2006, S. 304 ff.

Burkard, Johannes, Die Gemeinsame Außen- und Sicherheitspolitik und ihre Berührungspunkte mit der Europäischen Gemeinschaft, Berlin 2001 [zit. als: *Burkard*, S.].

Busse, Christian, Art. 241 EG in der Rechtsprechung des EuGH – Eine kritische Würdigung, EuZW 2002, S. 715 ff.

Bydlinski, Franz, Juristische Methodenlehre und Rechtsbegriff, 2. Auflage, Wien 1991 [zit. als: *Bydlinski*, S.].

Calliess, Christian, Zur unmittelbaren Wirkung der EG-Richtlinie über die Umweltverträglichkeitsprüfung und ihrer Umsetzung im deutschen Immissionsschutzrecht, NVwZ 1996, S. 339 ff.

Calliess, Christian, Kohärenz und Konvergenz beim europäischen Individualrechtsschutz, NJW 2002, S. 3577 ff.

Callies, Christian, Grundlagen, Grenzen und Perspektiven europäischen Richterrechts, NJW 2005, S. 929 ff.

Calliess, Christian/ Lais, Martina, Keine Öffnung des europäischen Zugang zum Gericht für Einzelne und (Umwelt-)Verbände, Urteilsanmerkungen zu EuG Rs. T-177/00 Jégo-Quéré, ZUR 2002, S. 344 ff.

Calliess, Christian / Ruffert, Matthias, EUV/EGV, Das Verfassungsrecht der Europäischen Union mit Europäischer Grundrechtscharta – Kommentar, 3. Auflage, München 2007.

Calliess, Christian / Ruffert, Matthias, Kommentar zu EU-Vertrag und EG-Vertrag, 2. Auflage, Neuwied 2002.
Calliess, Christian/ Ruffert, Matthias, Verfassung der Europäischen Union. Kommentar der Grundbestimmungen (Teil I), München 2006.
Canaris, Claus-Wilhelm, Die Feststellung von Lücken im Gesetz. Eine methodologische Studie über die Voraussetzungen und Grenzen der richterlichen Rechtsfortbildung *praeter legem*, 2. Auflage Berlin 1983 [zit. als: *Canaris*, S.].
Capotorti, Francesco, Le statut juridique du Conseil Européen à la lumière de l'acte unique, in: Capotorti, Francesco u.a. (Hrsg.), Du droit international au droit de l'integration, Festschrift für Pesctore, Baden-Baden 1987, S. 86 ff.
Cassia, Paul, Quelles perspectives pour la recevabilité du recours en annulation des particuliers?, note sous CJCE, 25 juill. 2002, Recueil Dalloz 2002, S. 2825 ff.
Catalano, Nicola, Manuel de droit des Communautés européennes, Paris 1962 [zit. als: *Catalano*, S.].
Catalano, Nicola, Les voices de recours ouvertes aux personnes physiques ou morales contre les actes non réglementaires de la Commission C.E.E. Rapport général, SEW 1965, S. 525 ff.
Chapus, Réné, Droit du contentieux administratif, 5. Auflage, Paris 1995 [zit. als: *Chapus*, S.].
Classen, Claus Dieter, Zur Bedeutung von EWG-Richtlinien für Privatpersonen, EuZW 1993, S. 83 ff.
Classen, Claus Dieter, Strukturunterschiede zwischen deutschem und europäischem Verwaltungsrecht. Konflikt oder Bereicherung?, NJW 1995, S. 2457 ff.
Classen, Claus Dieter, Die Europäisierung der Verwaltungsgerichtsbarkeit. Eine vergleichende Untersuchung zum deutschen, französischen und europäischen Verwaltungsprozessrecht, Tübingen 1996, S. 57 ff. [zit. als: *Classen*, S.]
Classen, Claus Dieter, Der Einzelne als Instrument zur Durchsetzung des Gemeinschaftsrechts, VerwArchiv (88) 1997, S. 645 ff.
Classen, Claus Dieter, Die Jurisdiktion des Gerichtshofs der Europäischen Gemeinschaften nach Amsterdam, in: Müller-Graff, Peter-Christian/ Schwarze, Jürgen (Hrsg.), Rechtsschutz und Rechtskontrolle nach Amsterdam, EuR Beiheft 1/1999, S. 73 ff.
Classen, Claus Dieter, Effektive und kohärente Justizgewährleistung im europäischen Rechtsschutzverbund, JZ 2006, S. 157 ff.
Clausnitzer, Martin, Die Vorlagepflicht an den EuGH – Zum (mangelnden) Rechtsschutz gegen Verstöße letztinstanzlicher Gerichte, NJW 1989, S. 641 ff.
Colneric, Ninon, Der Gerichtshof der Europäischen Gemeinschaften als Kompetenzgericht, EuZW 2002, S. 709 ff.
Constantinesco, Leontin-Jean, Die unmittelbare Anwendbarkeit von Gemeinschaftsrechtsnormen und der Rechtsschutz von Einzelpersonen im Recht der EWG, Baden-Baden 1969 [zit. als: *Constantinesco* (1969), S.].
Constantinesco, Leontin-Jean, Das Recht der Europäischen Gemeinschaften, Band I: Das institutionelle Recht, Baden-Baden 1977 [zit. als: *Constantinesco* (1977), S.].

Cooke, John D., Conflict of Principle and Pragmatism *locus standi* under Article 173(4) ECT, Vorträge, Rede, Berichte aus dem Europa-Institut – Sektion Rechtswissenschaft, Nr. 353, Saarbrücken 1996, S. 28 ff.

Craig, Paul, Directives: Direct Effect, Indirect Effect and the Construction of National Legislation, ELR 22 (1997), S. 519 ff.

Craig, Paul/ de Búrca, Gráinne, EU Law, 2. Auflage, Oxford 1998. 3. Auflage 2003 [zit. als: *Craig/de Búrca*, S.].

Cremer, Wolfram, Forschungssubventionen im Lichte des EGV. Zugleich ein Beitrag zu den gemeinschaftsrechtlichen Rechtsschutzmöglichkeiten gegen Subventionen, Baden-Baden 1995 [zit. als: *Cremer*, S.].

Cremer, Wolfram, Nichtigkeitsklagen einzelner gegen Rechtsakte der Gemeinschaft: Klagegegenstand und Klagebefugnis nach Art. 173 EGV, EWS 1999, S. 48 ff.

Cremer, Wolfram, Individualschutz gegen Richtlinien, EuZW 2001, S. 453 ff.

Cremer, Wolfram, Individualschutz gegen Rechtsakte der Gemeinschaft: Grundlagen und neuere Entwicklungen, in: Nowak, Carsten/ Cremer, Wolfram (Hrsg.), Individualrechtsschutz in der EG und der WTO. Der zentrale und dezentrale Rechtsschutz natürlicher Personen in der Europäischen Gemeinschaft und in der Welthandelsorganisation, Baden-Baden 2002, S. 27 ff.

Cremer Wolfram, Gemeinschaftsrecht und deutsches Verwaltungsprozessrecht. Zum dezentralen Rechtsschutz gegenüber EG-Sekundärrecht, Die Verwaltung 37 (2004), S. 165 ff.

Cremer Wolfram, Der Rechtsschutz des Einzelnen gegen Sekundärrechtsakte der Union gem. Art. III-270 Abs. 4 Konventsentwurf des Vertrages über eine Verfassung für Europa, EuGRZ 2004, S. 577 ff.

Cremer Wolfram, Der gemeinschaftsrechtliche Grundsatz effektiven Rechtsschutzes vor mitgliedstaatlichen Gerichten, in: Bruha, T./Nowak, Carsten/ Petzold, H.A. (Hrsg.), Grundrechtsschutz im europäischen Binnenmarkt, Baden-Baden 2004, S. 229 ff.

Czapliński, Władysław Andrzej, Członkowstwo u Unii Europejskiej a suwerenność państwowa, [in:] Popławska, Elżbieta (Hrsg.), Konstytucja dla rozszerzającej się Europy, Warszawa 2000, S. 13 ff.

Daig, Hans- Wolfram, Die Gerichtsbarkeit der Europäischen Wirtschaftsgemeinschaft und der Europäischen Wirtschaftsgemeinschaft, AöR 83 (1958), S. 133 ff.

Daig, Hans- Wolfram, Zum Klagerecht von Privatpersonen nach Art. 173 Abs. 2 EWG-, 146 Abs. 2 EAG-Vertrag, in: Aubin, Bernhard/ v. Caemmerer, Ernst u.a. (Hrsg.), Festschrift für Otto Riese, Karlsruhe 1964, S. 187 ff.

Daig, Hans- Wolfram, Nichtigkeits- und Untätigkeitsklagen im Recht der Europäischen Gemeinschaften unter besonderer Berücksichtigung der Rechtsprechung des Gerichtshofs der Europäischen Gemeinschaften und der Schlussanträge der Generalanwälte, Baden-Baden 1985 [zit. als: *Daig*, Rn.].

Dannecker, Gerhard/ Freitag, Robert, Zur neueren europäischen und deutschen Strafgesetzgebung im Recht der Außenwirtschaft und der Finanzsanktionen, ZStW 2004, S. 789 ff.

Danner, Wolfgang, Die Klagemöglichkeit privater Personen gegen Maßnahmen der Kommission, die an die Mitgliedstaaten gerichtet sind, nach Art. 173 Abs. 2 EWG-Vertrag, München 1965 [zit. als: *Danner*, S.].

von Danwitz, Thomas, Die Garantie effektiven Rechtsschutzes im Recht der Europäischen Gemeinschaft, NJW 1993, S. 1108 ff.

von Danwitz, Thomas, Zur Grundlegung einer Theorie der subjektiv-öffentlichen Gemeinschaftsrechte, DÖV 1996, S. 481 (484 ff.).

von Danwitz, Thomas, Verwaltungsrechtliches System und Europäische Integration, Tübingen 1996 [zit. als: *v. Danwitz*, S.].

Dänzer-Vanotti, Wolfgang, Der Europäische Gerichtshof zwischen Rechtsprechung und Rechtssetzung, in: Due, Ole/ Lutter, Marcus/ Schwarze, Jürgen (Hrsg.), Festschrift für Ulrich Everling, Band I, Baden-Baden 1995, S. 205 ff.

Dashwood, Alan/ Johnston, Angus, The Institutions of the Enlarged EU Under the Regime of the Constitutional Treaty, CMLR 41 (2004), S. 1481 ff.

Dauses, Manfred A., Empfiehlt es sich, das System des Rechtsschutzes und der Gerichtsbarkeit in der Europäischen Gemeinschaft, insbesondere die Aufgaben der Gemeinschaftsgerichte und der nationalen Gerichte weiterzuentwickeln?, Gutachten D für den 60. Deutschen Juristentag, in: Verhandlungen des sechzigsten Deutschen Juristentages; herausgegeben von der ständigen Deputation des Deutschen Juristentages, Band I, München 1994, S. D 1 ff.

Dauses, Manfred A., Das Vorabentscheidungsverfahren nach Art. 177 EWG-Vertrag, 2. Auflage, Luxemburg 1995 [zit. als: *Dauses*, S.].

Dauses, Manfred A., Aufgabenteilung und judizieller Dialog zwischen den einzelstaatlichen Gerichten und dem EuGH als Funktionselemente des Vorabentscheidungsverfahrens, in: Due, Ole/ Lutter, Marcus/ Schwarze, Jürgen (Hrsg.), Festschrift für Ulrich Everling, Band I, Baden-Baden 1995, S. 223 ff.

Dauses, Manfred A., Die Rolle der Regionen in Direktklagen vor dem EuGH, BayVBl. 1996, S. 582 ff.

Decker, Andreas, Die Organe der Europäischen Gemeinschaften und der Europäischen Union, JuS 1995, S. 883 ff. und 1072 ff.

von Dietze, Philipp, Verfahrensbeteiligung und Klagebefugnis im EG-Recht. Zur Dogmatik der Klagebefugnis verfahrensbeteiligter Dritter im Kartell-, Beihilfenaufsicht-, Fusionskontroll- und Außenhandelsrecht, Frankfurt a.M. u.a. 1995 [zit. als: *v. Dietze*, S.].

Di Fabio, Udo, Richtlinienkonformität als ranghöchstes Auslegungsprinzip, NJW 1990, S. 947 ff.

Di Fabio, Udo, Die „Dritte Säule" der Union – Rechtsgrundlagen und Perspektiven der europäischen Polizei- und Justizzusammenarbeit, DÖV 1997, S. 89 ff.

Dittert, Daniel, Effektiver Rechtsschutz gegen EG-Verordnungen: Zwischen Fischfangnetzen, Olivenöl und kleinen Landwirten, EuR 2002, S. 708 ff.

Dörr, Oliver/ Mager, Ute, Rechtswahrung und Rechtsschutz nach Amsterdam – Zu den neuen Zuständigkeiten des EuGH, AöR 2000, S. 386 ff.

Dougan, Michael, The Convention's Draft Constitutional Treaty: Bringing Europe closer to its lawyers, ELR 2003, S. 763 ff.

Douglas-Scott, Sionaidh, The rule of law in the European Union – putting the security into the „area of freedom, security and justice", ELR 29 (2004), S. 219 ff.

Egger, Alexander, Die Bindung der Mitgliedstaaten an die Grundrechte in der III. Säule, EuZW 2005, S. 652 ff.

Ehle, Dietrich, Nichtigkeitsklage privater Personen nach dem EWG-Vertrag, NJW 1963, S. 2193 ff.

Ehlermann, Claus-Dieter, Ein Plädoyer für die dezentrale Kontrolle der Anwendung des Gemeinschaftsrechts durch die Mitgliedstaaten, in: Capotorti, Francesco (Hrsg.), Du droit international au droit de l'intégration, Liber amicorum Pierre Pescatore, Baden-Baden 1987, S. 205 ff.

Ehlermann, Claus-Dieter, Die Europäische Gemeinschaft, das Recht und die Juristen, NJW 1992, S. 1856 ff.

Ehlers, Dirk, Die Klagebefugnis nach deutschem, europäischem Gemeinschafts- und U.S.-amerikanischem Recht, VerwArchiv 1993, S. Bd. 84, S. 139 ff.

Ehlers, Dirk (Hrsg.), Europäische Grundrechte und Grundfreiheiten, 2. Auflage, Berlin 2005.

Ehricke, Ulrich, Die richtlinienkonforme und die gemeinschaftskonforme Auslegung nationalen Rechts. Ein Beitrag zu ihren Grundlagen und zu ihrer Bedeutung für die Verwirklichung eines „europäischen Privatrechts", RabelsZ 59 (1995), S. 599 ff.

Emmert, Frank, Horizontale Direktwirkung von Richtlinien, EWS 1992, S. 56 ff.

Engisch, Karl, Form und Stoff in der Jurisprudenz, in: Esser, Josef (Hrsg.), Festschrift für Fritz von Hippel, Tübingen 1967, S. 69 ff.

Engisch, Karl, Einführung in das juristische Denken, 9. Auflage, Stuttgart, Berlin, Köln 1997 [zit. als: *Engisch*, S.].

Epiney, Astrid, Unmittelbare Anwendbarkeit und objektive Wirkung von Richtlinien, DVBl. 1996, S. 409 ff.

Epiney, Astrid, Dezentrale Durchsetzungsmechanismen im gemeinschaftlichen Umweltrecht, ZUR 1996, S. 229 ff.

Epiney, Astrid, Gemeinschaftsrecht und Verbandsklage, NVwZ 1999, S. 485 ff.

Epiney, Astrid, Primär- und Sekundärrechtsschutz im Öffentlichen Recht, VVDStRL 61 (2002), S. 362 ff.

Erbguth, Wilfried/ Stollmann, Frank, Die Bindung der Verwaltung an die FFH-Richtlinie, DVBl. 1997, S. 453 ff.

Erichsen, Hans-Uwe/ Weiß, Richard, System des europäischen Rechtsschutzes, Jura 1990, S. 528 (531).

Everling, Ulrich, Die ersten Rechtssetzungsakte der Organe der Europäischen Gemeinschaften, BB 1959, S. 52 ff.

Everling, Ulrich, Die Bedeutung des Gerichtshofs der EG für die Entwicklung und Durchsetzung des Gemeinschaftsrechts, in: Der Beitrag des Rechts zum Europäischen Einigungsprozess, Forschungsbericht Nr. 32 der Konrad-Adenauer-Stiftung, 1984, S. 117 ff.

Everling, Ulrich, Zur rechtlichen Wirkung von Beschlüssen, Entschließungen, Erklärungen und Vereinbarungen des Rates und der Mitgliedstaaten der Europäischen Gemeinschaft, in: Everling, Ulrich (Hrsg.), Das Europäische Gemeinschaftsrecht im

Spannungsverhältnis zwischen Politik und Wirtschaft, Baden-Baden 1985, S. 105 ff.

Everling, Ulrich, Probleme atypischer Rechts- und Handlungsformen bei der Auslegung des europäischen Gemeinschafsrechts, in: Bieber, Roland/ Ress, Georg (Hrsg.), Die Dynamik des Gemeinschafsrechts, Baden-Baden 1987, S. 417 ff.

Everling, Ulrich, Zur föderalen Struktur der Europäischen Gemeinschaft, in: Hailbronner, Kay (Hrsg.), Staat und Völkerrechtsordnung, Festschrift für Karl Doehring, Berlin u.a. 1989, S. 179 ff.

Everling, Ulrich, Brauchen wir Solange III?, EuR 1990, S. 195 ff.

Everling, Ulrich, Reflections on the Structure of the European Union, CMLR 1992, S. 1053 ff.

Everling, Ulrich, Die Stellung des Bürgers in der Europäischen Gemeinschaft, ZfRV 1992, S. 241 ff.

Everling, Ulrich, Der Ausschluss er Rückwirkung bei Feststellung der Ungültigkeit von Verordnungen durch den Gerichtshof der EG, in: Baur, Jürgen F./ Müller-Graff, Peter-Christian/ Zuleeg, Manfred (Hrsg.), Europarecht-Energierecht-Wirtschaftsrecht, Festschrift für Bodo Börner, Köln, Berlin, Bonn, München 1992, S. 57 ff.

Everling, Ulrich, Reflections on the Structure of the European Union, CMLR 29 (1992), S. 1053 ff.

Everling, Ulrich, Zur Auslegung des durch Richtlinien angeglichenen nationalen Rechts, ZGR 1992, S. 376 ff.

Everling, Ulrich, Justiz im Europa von morgen, DRiZ 1993, S. 5 ff.

Everling, Ulrich, Durchführung und Umsetzung des Europäischen Gemeinschaftsrechts unter Berücksichtigung der Rechtsprechung des EuGH, NVwZ 1993, S. 209 ff.

Everling, Ulrich, Stand und Zukunftsperspektiven der Europäischen Gerichtsbarkeit, in: Everling, Ulrich/ Narjes, Karl-Heinz/ Sedemund, Jochim (Hrsg.), Europarecht, Kartellrecht, Wirtschaftsrecht, Festschrift für Arved Deringer, Baden-Baden 1993, S. 40 ff.

Everling, Ulrich, Folgerungen aus dem Amsterdamer Vertrag für die Einheit der Europäischen Union und Gemeinschaften, in: von Bogdandy, Armin/ Ehlermann, Claus-Dieter (Hrsg.), Konsolidierung und Kohärenz es Primärrechts nach Amsterdam, EuR Beiheft 2/1998, S. 185 ff.

Everling, Ulrich, Die Kontrolle des Gemeinschaftsgesetzgebers durch die Europäischen Gerichte, in: Lenz, Carl Otto/ Thieme, Wolfgang/ Graf von Westphalen, F. (Hrsg.), Beiträge zum deutschen und europäischen Recht – Freundesgabe für Jürgen Gündisch, Köln 1999, S. 89 ff.

Everling, Ulrich, Richterliche Rechtsfortbildung in der EG, JZ 2000, S. 217 ff.

Everling, Ulrich, Zur konsensualen Willensbildung in der föderal verfassten Europa, in: Brenner, Michael/ Huber, Peter M./ Möstl, Markus (Hrsg.), Der Staat des Grundgesetzes – Kontinuität und Wandel, Festschrift für Peter Badura zum 70. Geburtstag, Tübingen 2004, S. 1053 ff.

Everling, Ulrich, Rechtsschutz im europäischen Wirtschaftsrecht auf der Grundlage der Konventsregelungen, in: Schwarze, Jürgen (Hrsg.), Der Verfassungsentwurf des

Europäischen Konvents. Verfassungsrechtliche Grundstrukturen und wirtschaftliches Konzept, Baden-Baden 2004, S. 363 ff.

Feddersen, Christoph, Urteilsanmerkung zu Rs. C-50/00 (Unión de Pequeños Agricultores/Rat), EuZW 2002, S. 529 ff.

Fetzer, Thomas/ Groß, Thomas, Die Pupino-Entscheidung des EuGH – Abkehr vom intergouvernementalen Charakter der EU? – Erwiderung auf Herrmann, EuZW 2005, 436 ff.

Fisahn, Andreas/ Mushoff, Tobias, Vorwirkung und unmittelbare Wirkung Europäischer Richtlinien, EuR 2005, S. 222 ff.

Fischer, Klemens H., Der Europäische Verfassungsvertrag. Texte und Kommentar, Baden-Baden 2005 [zit. als: *Fischer*, S.].

Flick, Jens Uwe, Handeln „ultra vires" der Europäischen Gemeinschaft, Eine Darstellung der Rechtsfolgen aus der Sicht des Völkerrechts, des Europäischen Unionsrechts und des deutschen Verfassungsrechts unter besonderer Berücksichtigung der bundesverfassungsgerichtlichen Rechtsschutzmöglichkeiten, Diss. Univ. Hamburg, Frankfurt a.M. 2001 [zit. als: *Flick*, S.].

Frederiksen, Halvard Haukeland, Individualklagemöglichkeiten vor den Gerichten der EU nach dem Vertrag über eine Verfassung für Europa, ZEuS 2005, S. 99 ff.

Frenz, Walter, Verpflichtungen Privater durch Richtlinien und Grundfreiheiten, EWS 2005, 104 ff.

Frenz, Walter, Anmerkung zum Urt. des EuGH, verb. Rs. C-397/01 bis C-403/01 (Pfeiffer u.a./DRK), DVBl. 2005, S. 40 ff.

Friedrichs, Jörg, Die Frage der Völkerrechtssubjektivität der EU, Diss. Trier 1998 [zit. als: *Friedrichs*, S.].

Fromont, Michel, L'influence du droit français et du droit allemand sur les conditions de recevabilité du recours en annulation devant la Cour de Justice des Communautés européennes, RTDE 1966, S. 47 ff.

Fromont, Michel, Le système français de protection juridictionnelle du citoyen contre l'administration, in: Erichsen, Hans Uwe/Hoppe, Werner/v. Mutius, Albert (Hrsg.), System des verwaltungsgerichtlichen Rechtsschutzes, Festschrift für Christian Friedrich Menger, Köln u.a. 1985, S. 887 ff.

Fungueiriño-Lorenzo, Rocío, Visa-, Asyl- und Einwanderungspolitik vor und nach dem Amsterdamer Vertrag, Frankfurt a.M. 2002 [zit. als: *Fungueiriño-Lorenzo*, S.].

Fuß, Ernst-Werner, Rechtssatz und Einzelakt im Europäischen Gemeinschaftsrecht, NJW 1964, S. 327 ff.; 945 ff.; 1600 ff.

Fuß, Ernst-Werner, Klagebefugnis Privater gegen die an einen Mitgliedstaat gerichtete Entscheidung der EWG-Kommission – EuGHE XI, 547, JuS 1967, S. 552 ff.

Fuß, Ernst-Werner, Anmerkung zum Urteil des EuGH, verb. Rs. 83 u. 94/76, 4/77, 15 u. 40/77 (HNL u.a./Rat u. Kommission), Slg. 1978, S. 1209, EuR 1978, S. 353 ff.

Gabolde, Christian, Prodédure des tribunaux administratifs et des cours administratifs d'appel, 5. Auflage, Paris 1991 [zit. als: *Gabolde*, Rn.].

Garçon, Gérardine, Handelsembargen der Europäischen Union auf dem Gebiet des Warenverkehrs gegenüber Drittländern im Lichte der Änderungen durch den Maastrichter Vertrag und des Völkerrechts, Baden-Baden 1997 [zit. als: *Garçon*, S.].

Gas, Tonio, Die unmittelbare Anwendbarkeit von Richtlinien zu Lasten Privater im Urteil „Mangold“, EuZW 2005, S. 737.

Gas, Tonio, Die Verfassungswidrigkeit des Europäischen Haftbefehlgesetzes – gebotener Grundrechtsschutz oder euroskeptische Überfrachtung?, EuR 2006, S. 285 ff.

Geiger, Rudolf, Außenbeziehungen der Europäischen Wirtschaftsgemeinschaft und auswärtige Gewalt der Mitgliedstaaten: Zur Entwicklung der Rechtsprechung des Europäischen Gerichtshofes zu den Vertragsschlusskompetenzen der EWG, ZaöRV, 37 (1977), S. 640 ff.

Geiger, Rudolf, Zur Auslegung des Art. 23 Abs. 1 Satz 2 und 3 GG, JZ 1996, S. 1093 ff.

Geiger, Rudolf, EU-/EG-Vertrag, Kommentar zu dem Vertrag über die Europäische Union und dem Vertrag zur Gründung der Europäischen Gemeinschaft, 3. Auflage, München 2000.

Gesser, Ulrich, Die Nichtigkeitsklage nach Artikel 173 EGV: Weiterentwicklung des Klagesystems durch richterliche Rechtsfortbildung, Diss., München 1995 [zit. als: *Gesser*, S.].

Girerd, Pascal, L'article 68 CE: un revoi prejudiciel d'interprétation et d'application incertaines, RTDE 35 (1999), S. 229 ff.

Glaesner, Hans-Joachim, Willensbildung und Beschlussverfahren in der Europäischen Union, in: Everling, Ulrich (Hrsg.), Von der europäischen Gemeinschaft zur Europäischen Union, EuR Beiheft 1/1994, S. 25 ff.

Glaesner, Hans-Joachim, Die Entwicklung des Europäischen Rates bis zum Vertrag von Maastricht, EuR 1994, S. 22 ff.

Götz, Volkmar, Europäische Gesetzgebung durch Richtlinien – Zusammenwirken von Staat und Gemeinschaft, NJW 1992, S. 1849 ff.

Götz, Volkmar, Europarechtliche Vorgaben für das Verwaltungsprozessrecht, DVBl. 2002, S. 1 ff.

Götz, Volkmar, Anmerkung zum Urteil des EuGH vom 25. Juli 2002, Rs. C-50/00 P (Unión de Pequeños Agricultores), DVBl. 2002, S. 1350 ff.

Grabitz, Eberhard, Entscheidungen und Richtlinien als unmittelbar wirksames Gemeinschaftsrecht, EuR 1971, S. 1 ff.

Grabitz, Eberhard, Die Wirkungsweise von Richtlinien, in: Everling, Ulrich/ Narjes, Karl-Heinz/ Sedemund, Jochim (Hrsg.), Europarecht, Kartellrecht, Wirtschaftsrecht, Festschrift für Arved Deringer, Baden-Baden 1993, S. 59 ff.

Grabitz, Eberhard/ Hilf, Meinhard, Kommentar zur Europäischen Union, 15. Ergänzungslieferung, München, Stand: Februar 2000.

Grams, Hartmut A., Zur Gesetzgebung der Europäischen Union. Eine vergleichende Strukturanalyse aus staatsorganisationsrechtlicher Sicht, Diss. Univ. Berlin, Neuwied, Kriftel 1998 [zit. als: *Grams*, S.].

Greaves, Rosa, The Nature and Binding Effect of Decisions under Article 189 EC, ELR 1996, S. 3 ff.

Griller, Stefan, Die Unterscheidung von Unionsrecht und Gemeinschaftsrecht nach Amsterdam, in: Müller-Graff, Peter-Christian/ Schwarze, Jürgen (Hrsg.), Rechtsschutz und Rechtskontrolle nach Amsterdam, EuR Beiheft 1/1999, S. 45 ff.

von der Groeben, Hans/ von Boeckh, Hans, Handbuch für Europäische Wirtschaft, Loseblattsammlung, Baden-Baden 1957-1975.

von der Groeben, Hans/ Schwarze, Jürgen, Kommentar zum Vertrag über die Europäischen Union und zur Gründung der Europäischen Gemeinschaft, Band 1 (Art. 1 – 53 EUV und Art. 1 – 80 EGV), Band 3 (Art. 98 – 188 EGV), Band 4 (Art. 189 – 314 EGV) , 6. Auflage, Baden-Baden 2004.

Gröpl, Christoph, Individualrechtsschutz gegen EG-Verordnungen – Rechtsschutzlücke im Konkurrenzverhältnis des Vorabentscheidungsverfahrens (Art. 177 Abs. 1 Buchst. b EGV) gegenüber der Nichtigkeitsklage (Art. 173 EGV), EuGRZ 1995, S. 583 ff.

Grundmann, Stefan, Einwirkung von EG-Richtlinien des Privat- und Wirtschaftsrechts auf nationales Recht – Deckungsgleichheit zumindest im Mindestniveau, JuS 2002, S. 768 ff.

Gundel, Jörg, Rechtsschutzlücken im Gemeinschaftsrecht? Der Fall des Sekundärrechts ohne nationale Vollzugsakte, VerwArch 2001 (92), S. 81 ff.

Gundel, Jörg, Neue Grenzlinien für die Direktwirkung nicht umgesetzter EG-Richtlinien unter Privaten. Zur Unanwendbarkeit richtlinienwidriger nationaler Verbotsgesetze im Konflikt unter Privaten, EuZW 2001, S. 143 ff.

Habermann, Lilian/Pietzsch, Holger, Individualrechtsschutz im EG- Antidumpingrecht: Grundlagen und aktuelle Entwicklungen, in: Tietje/Kraft/Sethe (Hrsg.), Beiträge zum Transnationalen Wirtschaftsrecht, 2004, Heft 24, S. 1 ff. [abrufbar im Internet unter: www.wirtschaftsrecht.uni-halle.de].

Hailbronner, Kay, European Immigration and Asylum Law under the Amsterdam Treaty, CMLR 1998, S. 1047 ff.

Hailbronner, Kay/ von Heydebrand u.d. Lasa, Hans-Christoph, Der gerichtliche Rechtsschutz im Antidumping- und Antisubventionsrecht der Europäischen Wirtschaftsgemeinschaft, RIW 1986, S. 889 ff.

Heimann, Josef, Visa, Asyl, Einwanderung und andere Politiken betreffend den freien Personenverkehr – der neue Titel IV EG unter besonderer Berücksichtigung des Schengen-Protokolls, Bremen 1999 [zit. als: *Heimann*, S.].

Hallstein, Walter, Zu den Grundlagen und Verfassungsprinzipien der Europäischen Gemeinschaften, in: Hallstein, Walter (Hrsg.), Zur Integration Europas: Festschrift für Carl Friedrich Ophüls aus Anlass seines 70. Geburtstages, Karlsruhe 1965, S. 1 ff.

Hallstein, Walter, Die Europäische Gemeinschaft, 5. Auflage, Düsseldorf, Wien 1979 [zit. als: *Hallstein*, S.].

Haratsch, Andreas, Zur Dogmatik von Rücknahme und Widerruf von Rechtsakten der Europäischen Gemeinschaft, EuR 1998, S. 387 ff.

Harings, Lothar, Die Zusammenarbeit in den Bereichen Justiz und Inneres, in: von Bogdandy, Armin/ Ehlermann, Claus-Dieter, Konsolidierung und Kohärenz des Primärrechts nach Amsterdam, EuR Beiheft 2/1998, Baden-Baden 1998, S. 81 ff.

Harings, Lothar, Die EG als Rechtsgemeinschaft (?) – EuG versagt Individualrechtsschutz, EuZW 2005, S. 705 f.

Hartisch, Winnie, Die unmittelbare Wirkung von Richtlinien in dreipoligen Rechtsbeziehungen, Diss. Univ. Berlin, Frankfurt a.M. 2003 [zit. als: *Hartisch*, S.].

Harlow, Carol, Access to Justice as a Human Right: The European Convention and the European Union, in: Alston, Philip (Hrsg.), The EU and the Human Rights, Oxford 1999, S. 187 ff.

Härtel, Ines, Handbuch Europäische Rechtssetzung, Berlin, Heidelberg 2006 [zit. als: *Härtel*, S.].

Hartley, Trevor C., The Foundations of European Community Law. An Introduction to the Constitutional and Administrative Law of the European Community, 5. Auflage, Oxford 2003 [zit. als: *Hartley*, S.].

Haus, Florian C., OLAF - Neues zur Betrugsbekämpfung in der EU, EuZW 2000, S. 745 ff.

Hedemann-Robinson, Martin, Article 173 EC, General Community Measures and *locus standi* for Private Persons, still a Cause for Individual Concern?, EPL 2 (1996), S. 127 ff.

Herber, Rolf, Direktwirkung so genannter horizontaler EG-Richtlinien?, EuZW 1991, S. 401 ff.

Herdegen, Matthias, Die Haftung der Europäischen Wirtschaftsgemeinschaft für fehlerhafte Rechtssetzungsakte, Berlin 1983 [zit. als: *Herdegen*, S.].

Hermann, Hans Joachim, Die Entwicklung des Rechtsschutzes in der europäischen Gerichtsbarkeit, RabelsZ 1981, S. 413 ff.

Herrmann, Christoph, Anmerkung zum Urteil des EuGH in der Rs. C-105/03 (Strafverfahren gegen Maria Pupino), EuZW 2005, S. 433 ff.

v. Heydebrand und de Lasa, Hans-Christoph, Die Nichtigkeitsklage von Unternehmen aus Drittländern vor dem EuGH gegen „Verordnungen" im Bereich des Antidumpingrechts, NJW 1985, S. 1257 ff.

Hilf, Meinhard, Die Richtlinie der EG – ohne Richtung, ohne Linie, EuR 1993, S. 1 ff.

Hilf, Meinhard, Die Europäische Union und die Eigenstaatlichkeit ihrer Mitgliedstaaten, in: Hommelhoff, Peter/ Kirchhof, Paul (Hrsg.), Der Staatenverbund der Europäischen Union, Beiträge und Diskussionen des Symposions am 21./22. Januar 1994 in Heidelberg, Heidelberg 1994, S. 75 ff.

Hilf, Meinhard/ Hörmann, Saskia, Der Grundrechtsschutz von Unternehmen im europäischen Verfassungsverbund, NJW 2003, S. 1 ff.

Hilf, Meinhard/Pache, Eckhard, Der Vertrag von Amsterdam, NJW 1998, S. 705 ff.

Hillgruber, Christian, Das Verhältnis der Europäischen Gemeinschaften und der Europäischen Union zu ihren Mitgliedstaaten – staats- und völkerrechtlich betrachtet, AVR 1996, S. 347 ff. (357 f.).

Hillgruber, Christian, Unionsrecht und nationales Recht – der Fall *Pupino*, JZ 2005, S. 838 ff.

Hirsch, Günter, Dezentralisierung des Gerichtssystems der Europäischen Union?, ZRP 2000, S. 57 ff.

Hoerster, Norbert, Die rechtsphilosophische Lehre vom Rechtsbegriff, JuS 1987, S. 181 ff.

Hoskins, Dalmar D., Case Note, CMLR 31 (1994), S. 1399 ff.

van der Hout, Robin, Individualklagen gegen Richtlinien. Perspektiven des Rechtsschutzes auf Gemeinschaftsebene, Baden-Baden 2003 [zit. als: *v.d. Hout*, S.].

Hölscheidt, Sven, Voraussetzungen der Osterweiterung der EU, JA 2001, S. 85 ff.

Hüwelmeier, Hans-Joachim, Die Gemeinsame Außen- und Sicherheitspolitik zwischen Union, Gemeinschaft und Mitgliedstaaten, Diss., Köln, Berlin, Bonn, München 2002 [zit. als: *Hüwelmeier*, S.].

Ipsen, Hans-Peter, Richtlinien – Ergebnisse, in: Hallstein, Walter/ Schlochauer, Hans-Jürgen (Hrsg.), Zur Integration Europas: Festschrift für Carl Friedrich Ophüls, Karlsruhe 1965, S. 67 ff.

Ipsen, Hans-Peter, Europäisches Gemeinschaftsrecht, Tübingen 1972 [zit. als: *Ipsen*, S.].

Ipsen, Hans Peter, Die Verfassungsrolle des Europäischen Gerichtshofs für die Integration, in: Schwarze, Jürgen/ Bieber, Roland (Hrsg.), Der Europäische Gerichtshof als Verfassungsgericht und Rechtsschutzinstanz, Baden-Baden 1983, S. 29 ff.

Jacqué, Jean-Paul / Simon, D., The Constitutional and Juridical Role of the European Council, in: Hoscheit, Jean-Marc/ Wessels, Wolfgang, The European Council 1974-1986: Evaluation and Prospects, Maastricht 1988, S. 105 ff.

Jacobs, Francis G., Access to justice as a fundamental right in European Law, in: Iglesias, Gil Carlos Rodríguez (Hrsg.), Mélanges en hommage à Fernand Schockweiler, Baden-Baden 1999, S. 197 ff.

Jacobs, Francis, The evolution of the European legal order, CMLR 2004, S. 303 ff.

Jans, Jan H./ von der Heide, Ann-Katrin, Lückenhafter Individualrechtsschutz im Europäischen Umweltrecht: eine Bestandsaufnahme der Rechtsprechung des EuGH; Rechtsschutz gegen Handlungen des Rates und der Kommission, ZUR 2003, S. 390 ff.

Jarass, Hans D., Folgen der innerstaatlichen Wirkung von EG-Richtlinien, NJW 1991, S. 2665 ff.

Jarass, Hans D., Richtlinienkonforme bzw. EG-rechtskonforme Auslegung nationalen Rechts, EuR 1991, S. 211 ff.

Jarass, Hans D./ Beljin, Saša, Die Bedeutung von Vorrang und Durchführung des EG-Rechts für die nationale Rechtssetzung und Rechtsanwendung, NVwZ 2004, S. 1 ff.

Jarass, Hans D./ Beljin, Saša, Grenzen der Privatbelastung durch unmittelbar wirkende Richtlinien, EuR 2004, S. 714 ff.

Jellinek, Walter, Gesetz, Gesetzesanwendung und Zweckmäßigkeitserwägung, Tübingen 1913 [zit. als: *Jellinek*, S.].

Jimeno-Bulnes, Mar, After September 11th: the Fight Against Terrorism in National and European Law. Substantive and Procedural Rules: Some Examples, ELJ 10 (2004), S. 235 ff.

Jung, Hans, Das Gericht erster Instanz der Europäischen Gemeinschaften, EuR 1992, S. 246 ff.

Junker, Carolin, Der Verwaltungsakt im Deutschen und Französischen Recht und die Entscheidung im Recht der Europäischen Gemeinschaften: eine rechtsvergleichende Untersuchung unter besonderer Berücksichtigung der Rechtsschutzmöglichkeiten Privater, Diss., Münster 1990 [zit. als: *Junker*, S.].

Kaiser, Joseph H., Die im Rat vereinigten Vertreter der Regierungen der Mitgliedstaaten, in: Hallstein, Walter (Hrsg.), Zur Integration Europas: Festschrift für Carl Friedrich Ophüls aus Anlass seines 70. Geburtstages, Karlsruhe 1965, S. 107 ff.

Kamann, Hans-Georg/ Selmayr, Martin, Das Risiko der Bestandskraft, NVwZ 1999, S. 1041 ff.
Karpenstein, Ulrich, Der Vertrag von Amsterdam im Lichte der Maastricht-Entscheidung des BVerfG, DVBl. 1998, S. 942 ff.
Kelsen, Hans, Allgemeine Staatslehre, Berlin 1925 [zit. als: *Kelsen*, S.].
Kirchhof, Paul, Deutsches Verwaltungsrecht und Europäisches Gemeinschaftsrecht, EuR Beiheft 1/1991, S. 11 ff.
Kirschner, Heinrich, Dei Abgrenzung des Verwaltungsaktes von anderen behördlichen Handlungen, vor allem zur Beeinflussung wirtschaftlicher Abläufe, in der Rechtsprechung des Gerichts erster Instanz der EG, in: Vorträge, Reden und Berichte aus dem Europa-Institut, 246, Europa-Institut Saarbrücken 1991, S. 23 ff.
Kischel, Uwe, Zur Dogmatik des Gleichheitssatzes in der Europäischen Union, EuGRZ 1997, S. 1 ff.
Klink, Thomas/ Proeßl, Alexander, Zur verfassungsgerichtlichen kontrolldichte bei Umsetzungsakten von Rahmenbeschlüssen der Europäischen Union, DÖV 2006, S. 469 ff.
Klüpfel, Karin, Zur Anfechtbarkeit von Richtlinien durch nichtprivilegierte Kläger, Anmerkungen zu EuGH, EuZW 1996, 218 – Asocarne/Rat, EuZW 1996, S. 393 ff.
Kluttig, Bernhard, Die Klagebefugnis Privater gegen EU-Rechtsakte in der Rechtsprechung des Europäischen Gerichtshofs: Und die Hoffnung stirbt zuletzt…, in: Tietje, Christian/ Kraft, Gerhard/ Sethe, Rolf (Hrsg.), Beiträge zum Transnationalen Wirtschaftsrecht, 2004, Heft 30, S. 1 ff. – www.wirtschaftsrecht.uni-halle.de [letzter Abruf am: 2.3.2006].
Kment, Martin, Anmerkung zum Urteil des EuG, Rs. 177/00 (Jégo-Quéré), BayVBl. 2002, S. 666 f.
Knapp, Andreas, Die Garantie des effektiven Rechtsschutzes durch den EuGH im „Raum der Freiheit, der Sicherheit und des Rechts", DÖV 2001, S. 12 ff.
Koch, Cornelia, Locus standi of private applicants under the EU Constitution: preserving gaps in the protection of individuals' right to an effective remedy, ELR 2005, S. 511 ff.
Koch, Klaus, Die Klagebefugnis Privater gegenüber Europäischen Entscheidungen gemäß Art. 173 II EWG-Vertrag, Frankfurt a.M., Bern 1981 [zit. als: *Koch*, S.].
Koenig, Christian, Die Europäische Union als bloßer materiellrechtlicher Verbundrahmen, in: von Bogdandy, Armin/ Ehlermann, Claus-Dieter (Hrsg.), Konsolidierung und Kohärenz es Primärrechts nach Amsterdam, EuR Beiheft 2/1998, S. 139 ff.
Haratsch, Andreas/ Koenig, Christian/ Pechstein, Matthias, Europarecht, 5. Aufl., Tübingen 2006 [zit. als: *Haratsch/Koenig/Pechstein*, Rn.].
Kokott, Juliane/ Henze, Thomas/ Sobotta, Christoph, Die Pflicht zur Vorlage an den europäischen Gerichtshof und die Folgen ihrer Verletzung, JZ 2006, S. 632 ff.
Köngeter, Matthias, Erweiterte Klageberechtigung bei Individualnichtigkeitsklagen gegen EG-Verordnungen?, NJW 2002, 2216 ff.
Köngeter, Matthias, Die Ambivalenz effektiven Rechtsschutzes Einzelner gegen EG-Verordnungen: zugleich Anmerkungen zum Unión de Pequeños Agricultores-Urteil des EuGH und zum Jégo-Quéré-Urteil des EuG, ZfRV 2003, S. 123 ff.

König, Doris, Die Individualklage nach Art. 234 IV EG, JuS 2003, S. 257 ff.

Korinek, Karl, Zur Bedeutung der gemeinschaftsrechtlichen Grundrechtsschutzes im System des nationalen und europäischen Schutzes der Grund- und Menschenrechte, in: Brenner, Michael/ Huber, Peter M./ Möstl, Markus (Hrsg.), Der Staat des Grundgesetzes – Kontinuität und Wandel, Festschrift für Peter Badura zum 7o. Geburtstag, Tübingen 2004, S. 1099 ff.

Kotzur, Markus, Eine Bewährungsprobe für die Europäische Grundrechtsgemeinschaft / Zur Entscheidung des EuG in der Rs. Yusuf u.a. gegen Rat, EuGRZ 2006, S. 19 ff.

Kovar, Robert, La déclaration No. 16 annexée au traité sur l'Union européenne: chronique d'un échec annoncé?, CDE 1997, S. 3 ff.

Krenzler, Horst G./ Schneider, Henning C., Die GASP der EU, Zu Fragen der Kohärenz, EuR 1994, S. 141 ff.

Kronenberger, Vincent/ Dejmek, Paulina, Locus standi of individuals before Community courts under Article 230(4)EC: Illusions and Desillusions after the Jégo-Quéré (T-177/01) and Uniòn de Pequeños Agricultores (C-50/00 P) judgments, EuLF 2002, S. 257 ff.

Krüger, Uwe, Der Adressat des Rechtsgesetzes. Ein Beitrag zur Gesetzgebungslehre, Berlin 1969 [zit. als: *Krüger*, S.].

Kugelmann, Dieter, Die Gemeinsame Außen- und Sicherheitspolitik, in: v. Bogdandy, Armin/ Ehlermann, Claus-Dieter (Hrsg.), Konsolidierung und Kohärenz des Primärrechts nach Amsterdam, EuR Beiheft 2/1998, S. 99 ff.

Labayle, Henri, Un espace de liberté, de sécurité et justice, RTDE 1997, S. 813 ff.

Landsittel, Ralph / Sack, Rolf, Dumpingsachen vor dem EuGH, NJW 1987, S. 2105 ff.

Lange, Knut-Werner, Die Gemeinsame Außen- und Sicherheitspolitik der Europäischen Union, JZ 1996, S. 442 ff.

Langenfeld, Christine, Zur Direktwirkung von EG-Richtlinien, DÖV 1992, S. 955 ff.

Larenz, Karl, Methodenlehre der Rechtswissenschaft, 6. Auflage, Berlin u.a. 1991 [zit. als: *Larenz*, S.].

Läufer, Thomas, Der Europäische Gerichtshof – moderate Neuerungen des Verfassungsentwurfs, Integration 2003, S. 510 ff.

Lavranos, Nikolaos, Das So-Lange-Prinzip im Verhältnis von EGMR und EuGH – Anmerkung zu dem Urteil des EGMR v. 30.06.2005, Rs. 45036/98, EuR 2006, S. 79 ff.

Lauwars, Richard H., The European Council, CMLR 1977, S. 29 ff.

Lecheler, Helmut, Die Pflege der auswärtigen Beziehungen in der europäischen Union, AVR 1994, S. 1 ff.

de Leeuw, Elisabeth Magdalena, The Regulation on public access to European Parliament, Council and Commission documents in the European Union: are citizens better off?, ELR 2003, 324 ff.

Lenaerts, Koen, Federalism: Essential Concepts in Evolution: The Case of European Union, FILJ 1998, S. 746 ff.

Lenaerts, Koen/ van Nuffel, Piet, La constitution pour l'Europe et l'Union Comme entité politique et ordre juridique, CDE 2005, S. 16 ff.

Lengauer, Alina, Nichtigkeitsklage vor dem EuGH: Parteistellung natürlicher und juristischer Personen, Diss., Wien 1998 [zit. als: *Lengauer*, S.].

Lenski, Edgar/ Mayer, Franz C., Verletzung der Vorlagepflicht als Vertragsverletzung (Art. 226 EG), EuZW 2005, S. 225.

Lenz, Carl Otto/ Borchardt, Klaus-Dieter (Hrsg.), EU- und EG-Vertrag: Kommentar zu dem Vertrag über die Europäische Union und zu dem Vertrag zur Gründung der Europäischen Gemeinschaft, jeweils in der durch den Vertrag von Nizza geänderten Fassung, 3. Auflage, Köln 2003.

Lenz, Sebastian/ Staeglich, Simone, Kein Rechtsschutz gegen EG-Verordnungen? – Europäische Rechtsschutzdefizite und ihr Ausgleich durch die Feststellungsklage nach § 43 I VwGO; NVwZ 2003, S. 1421 ff.

Leopold, Anders/ Reiche, Esther, Zur Vorlageberechtigung mitgliedstaatlicher Wettbewerbsbehörden nach Art. 234 EG, EuZW 2005, S. 143 ff.

Lepoivre, Marc, La domaine de la justice et affairs intérieurs dans la perspektive de la conférence intergouvernementale de 1996, CDE 1995, S. 323 ff.

Lindner, Berend, Zur Klagebefugnis natürlicher und juristischer Personen für Nichtigkeitsklagen gem. Art. 230 IV EG gegen EG-Verordnungen, NVwZ 2003, S. 569 ff.

Lindner, Josef Franz, Anmerkung zum Urteil des EuGH, C-50/00 (Unión de Pequeños Agricultores), BayVBl. 2003, S. 13 ff.

Lipp, Volker, Europäische Justizreform, NJW 2001, S. 2657 ff.

Lübbig, Thomas, Urteilsanmerkung zu Rs. T-177/00 (Jégo-Quéré), EuZW 2002, S. 412 ff.

Ludewig, Philipp G., A lost opportunity: No new approach to the concept of locus standi under Article 230 EC, ELR 2002, S. 259 f.

Lutter, Marcus, Die Auslegung angeglichenen Rechts, JZ 1992, S. 593 ff.

Lux, Michael, Die Rechtsprechung des Europäischen Gerichtshofes zum Antidumpingrecht, 2. Teil, RIW 1992, S. 34 ff.

Maczynski, Tim, Schadensersatzansprüche gegen die EG basierend auf völkerrechtswidrigem Sekundärrecht, EuZW 2006, S. 459 ff.

Mager, Ute, Die staatengerichtete Entscheidung als supranationale Handlungsform, EuR 2001, S. 661 ff.

Magiera, Siegfried, Zur Reform der Normenhierarchie im Recht der europäischen Union, integration 1995, S. 197 ff.

Martenczuk, Bernd, Der Europäische Rat und die Wirtschafts- und Währungsunion, EuR 1998, S. 151 ff.

Masing, Johannes, Vorrang des Europarechts bei umsetzungsgebundenen Rechtsakten der EG, NJW 2006, S. 264 ff.

Matthies, Heinrich , Referat, in: Verhandlungen des 46. Deutschen Juristentages, Bd. 2, ad Feinlbach 1967, S. G 53 ff.

Maurer, Andreas, Die Rollendefinition des Europäischen Rates in der EU-Verfassung, in: Stiftung für Wissenschaft und Politik, abrufbar unter: http://www.swp-berlin.org/common/get_document.php?id=912 [letzter Abruf am 9.11.2005].

Mayer, Franz C., Macht und Gegenmacht in der Europäischen Verfassung, Zur Arbeit des europäischen Verfassungskonvents, ZaöRV 63 (2003), S. 59 ff.

Mayer, Franz C., Individualrechtsschutz im Europäischen Verfassungsverbund, DVBl. 2004, S. 606 ff.

Mayer, Franz C., Wer soll Hüter der europäischen Verfassung sein?, AöR 129 (2004), S. 411

Meng, Walter, Institutionen und Verfahren in der „Ersten Säule" der Europäischen Union nach dem Vertrag von Amsterdam, in: Hummer, Waldemar (Hrsg.), Die Europäische Union nach dem Vertrag von Amsterdam, Wien 1998, S. 161 ff.

Mensching, Christian, Der neue Komitologie-Beschluss des Rates, EuZW 2000, S. 268 ff.

Meyer, Jürgen/ Hölscheidt, Sven, Die Europäische Verfassung des Europäischen Konvents, EuZW 2003, S. 613 ff.

Meyring, Bernd, Die Reform der Bereiche Justiz und Inneres durch den Amsterdamer Vertrag, EuR 1999, S. 309 ff.

Middeke, Andreas/ Szczekalla, Peter, Änderungen im europäischen Rechtsschutzsystem, JZ 1993, S. 284 ff.

Moitinho de Almeida, José Carlos, Le recours en annulation des particuliers (article 173, euxième alinéa, du traité CE): nouvelles réflexions sur l'expression „la concernent ... individuellement", in: Due, Ole/ Lutter, Marcus/ Schwarze, Jürgen (Hrsg.), Festschrift für Ulrich Everling, Band I, Baden-Baden 1995, S. 849 ff.

Möller, Wolfdietrich, Die Verordnung der Europäischen Gemeinschaften, Göttingen 1967 [zit. als: *Möller*, S.].

Möllers, Christoph, Das EuG konstitutionalisiert die Vereinten Nationen – Anmerkung zu den Urteilen des EuG vom 21.09.2005, Rs. T-315/01 und T-306/01, EuR 2006, S. 426 ff.

Monar, Jörg, Justice and Home Affairs in the Treaty of Amsterdam: Reform at the Price of Fragmentation, ELR 1998, S. 320 ff.

Monar, Jörg, Der Raum der Freiheit, der Sicherheit und des Rechts im Verfassungsentwurf des Konvents, Integration 2003, S. 536 ff.

Müller-Graff, Peter-Christian, The Legal Bases of the Third Pillar and its Position in the Framework of the Union Treaty, CMLR 31 (1994), S. 493 ff.

Müller-Graff, Peter-Christian, Justiz und Inneres nach Amsterdam – Die Neuerungen in der ersten und dritten Säule, Integration 1997, S. 271 ff.

Müller-Graff, Peter-Christian, Institutionelle und materielle Reformen in der Zusammenarbeit in den Bereichen Justiz und Inneres, in: Hummer, Waldemar (Hrsg.), Die Europäische Union nach dem Vertrag von Amsterdam, Wien 1998, S. 259 ff.

Müller-Graff, Peter-Christian, Einheit und Kohärenz der Vertragsziele von EG und EU, in: von Bogdandy, Armin/ Ehlermann, Claus-Dieter (Hrsg.), Konsolidierung und Kohärenz es Primärrechts nach Amsterdam, EuR Beiheft 2/1998, S. 67 ff.

Mulert, Martin, Die deutschen Bundesländer vor dem Europäischen Gerichtshof, Berlin 1996 [zit. als: *Mulert*, S.].

Münch, Lars, Die gemeinsame Aktion im Rahmen der GASP: Inhalt, Rechtsnatur und Reformbedürftigkeit, EuR 1996, S. 415 ff.

v. Mutius, Albert, Rechtsnorm und Verwaltungsakt. Zu Möglichkeiten und Grenzen rechtsdogmatischer Differenzierungen im Bereich des Verwaltungshandelns, in: Menger, Christian-Friedrich (Hrsg.), Fortschritte des Verwaltungsrechts, Festschrift für Hans J. Wolff, München 1973, S. 167 ff.

Nehl, Hanns Peter, Wechselwirkungen zwischen verwaltungsverfahrensrechtlichem und gerichtlichem Individualschutz in der EG, in: Nowak, Carsten/ Cremer, Wolfram (Hrsg.), Individualrechtsschutz in der EG und der WTO. Der zentrale und dezentrale Rechtsschutz natürlicher Personen in der Europäischen Gemeinschaft und in der Welthandelsorganisation, Baden-Baden 2002, S. 135 ff.

Nettesheim, Martin, Article 173 of the EC Treaty and Regulations: Towards the Development of Uniform Standing Requirements, in: Micklitz, Hans-W./ Reich, Norbert (Hrsg.), Public Interest Ligation before European Courts, Baden-Baden 1995, S. 225 ff.

Nettesheim, Martin, Effektive Rechtsschutzgewährung im arbeitsteiligen System europäischen Rechtsschutzes, JZ 2002, S. 928 ff.

Neuwahl, Nanette A.E.M., Article 173 Paragraph 4 EC: Past, Present and Possible Future, ELR 1996, S. 17 ff.

Nicolaysen, Gert, Anmerkung zum Urteil des EuGH in den verb. Rs. 10/68 u. 18/68 (Eridania), EuR 1970, S. 165 ff.

Nicolaysen, Gert, Rechtsgemeinschaft, Gemeinschaftsgerichtsbarkeit und Individuum, in: Nowak, Carsten/ Cremer, Wolfram (Hrsg.), Individualrechtsschutz in der EG und der WTO. Der zentrale und dezentrale Rechtsschutz natürlicher Personen in der Europäischen Gemeinschaft und in der Welthandelsorganisation, Baden-Baden 2002, S. 17 ff.

Niemeyer, Hans-Jörg, Erweiterte Zuständigkeiten für das Gericht erster Instanz der Europäischen Gemeinschaften, EuZW 1993, S. 529 ff.

Nihoul, Paul, La recevabilité des recours en annulation introduits par un particulier à l'encontre d'un acte communautaire de portée generale, RTDE 30 (1994), S. 171 ff.

Nowak Carsten, Das Verhältnis zwischen zentralem und dezentralem Individualrechtsschutz im Europäischen Gemeinschaftsrecht – Verwirrspiel zwischen Wechselwirkung und Beziehungslosigkeit, EuR 2000, S. 724 ff.

Nowak, Carsten, Grundrechtlicher Drittschutz im EG-Beihilfekontrollverfahren, DVBl 2000, S. 20 ff.

Nowak, Carsten, Der Rechtsschutz von Beschwerdeführern im EG-Wettbewerbs- und EG-Außenhandelsrecht, EuZW 2000, S. 453 ff.

Nowak, Carsten, Nichterfüllung der Vorlagepflicht aus Art. 234 III EG als Verstoß gegen Art. 101 I 2 GG – Das Grundrecht auf den gesetzlichen Richter in Luxemburg, NVwZ 2002, S. 688 ff.

Nowak, Carsten, Zentraler und dezentraler Individualrechtsschutz in der EG im Lichte des gemeinschaftsrechtlichen Rechtsgrundsatzes effektiven Rechtsschutzes, in: Nowak, Carsten/Cremer, Wolfram (Hrsg.), Individualrechtsschutz in der EG und der WTO – Der zentrale und dezentrale Rechtsschutz natürlicher und juristischer Personen in der Europäischen Gemeinschaft und der Welthandelsorganisation, Baden-Baden 2002, S. 47 ff.

Obwexer, Walter, Der Entwurf eines Verfassungsvertrages für Europa. Die Ergebnisse der Arbeiten des Europäischen Konvents im Überblick (Teil I/II), EBl. 2004, S. 4 ff.; 173 ff.

O'Keeffee, David, Recasting the Third Pillar, CMLR 1995, S. 893 ff.

Oldenbourg, Andreas, Die unmittelbare Wirkung von EG-Richtlinien im innerstaatlichen Bereich, Diss., München 1984 [zit. als: *Oldenbourg*, S.].

Oppermann, Thomas, Europarecht, 3. Auflage, Baden-Baden 2005 [zit. als: *Oppermann*, S.].

Oppermann, Thomas, Europäischer Verfassungskonvent und Regierungskonferenz 2002-2004, DVBl. 2004, S. 1234 ff.

Oppermann, Thomas/ Hiermaier, Werner, Zur Einführung: Das Rechtsschutzsystem des EWG-Vertrages, JuS 1980, S. 782 ff.

Ostrihansky, Rudolf, Nakazać zakazane. Europejski nakaz aresztowania a konstytucja, Rzeczpospolita vom 10.11.2003.

Pabel, Katharina, The Right to an Effective Remedy Pursuant Art. II-107 para. 1 of the Constitutional Treaty, GLJ 6 (2005), S. 1601 ff.

Pache, Eckhard, Keine Vorlage ohne Anfechtung?, EuZW 1994, S. 615 ff.

Pache, Eckhard, Der Schutz der finanziellen Interessen der Europäischen Gemeinschaften, Berlin 1994 [zit. als: *Pache*, S.].

Pache, Eckhard, Rechtsschutzdefizite im europäischen Grundrechtsschutz, in: Bruha, T./Nowak, Carsten/ Petzold, H.A. (Hrsg.), Grundrechtsschutz im europäischen Binnenmarkt, Baden-Baden 2004, S. 193 ff.

Pache, Eckhard/ Knauff, Matthias, Wider die Beschränkung der Vorlagebefugnis unterinstanzlicher Gerichte im Vorabentscheidungsverfahren – zugleich ein Beitrag zu Art. 68 I EG, NVwZ 2004, S. 16 ff.

Paehlke-Gärtner, Cornelia, Gerichtlicher Rechtsschutz gegen sekundäres Gemeinschaftsrecht, VBlBW 2000, S. 13 ff.

Pechstein, Matthias, Das Kohärenzgebot als entscheidende Integrationsdimension der Europäischen Union, EuR 1995 S. 247 ff.

Pechstein, Matthias, Die Anerkennung der rein objektiven Richtlinienwirkung, EWS 1996, S. 261 ff.

Pechstein, Matthias, Amsterdamer Vertrag und Grundgesetz, DÖV 1998, S. 569 ff.

Pechstein, Matthias, Anmerkung zum Urteil des EuGH, Rs. C-170/96 (Flughafentransit), JZ 1998, S. 1007 ff.

Pechstein, Matthias, Die Justiziabilität des Unionsrechts, EuR 1999, S. 1 ff.

Pechstein, Matthias, EU-/EG-Prozessrecht, 3. Auflage, Tübingen 2007 [zit. als: *Pechstein*, Rn.].

Pechstein, Matthias/ Koenig, Christian, Die Europäische Union, 3. Auflage, Tübingen 2000 [zit. als: *Pechstein/Koenig*, Rn.].

Pechstein, Matthias/ Kubicki, Philipp, Gültigkeitskontrolle und Bestandskraft von EG-Rechtsakten, NJW 2005, S. 1825 ff.

Peers, Steve, Human Rights and the Third Pilar, in: Alston, Philip (Hrsg.), The EU and the Human Rights, Oxford 1999, S. 167 ff.

Pernice, Ingolf, Gestaltung und Vollzug des Umweltrechts im europäischen Binnenmarkt – Europäische Impulse und Zwänge für das deutsche Umweltrecht, NVwZ 1990, S. 414 ff.

Pernice, Ingolf, Gemeinschaftsverfassung und Grundrechtsschutz – Grundlagen, Bestand und Perspektiven, NJW 1990, S. 2409 ff.

Pernice, Ingolf, Grundlagenpapier: Die Europäische Verfassung, „Europas Verfassung – Eine Ordnung für die Zukunft der Union“, 16. Sinclair-Haus-Gespräch 11./ 12.2001 – http://www.h-quandt-stiftung.de/root/edit_page.php?preview=true&page _id=501 [letzter Abruf am: 4.6.2005].

Pernice, Ingolf, Reform der Aufgabenverteilung und der Entscheidungsverfahren in der GASP/ ESVP, Walter Hallstein-Institut für Europäisches Verfassungsrecht – Paper 8/02, www.whi-berlin.de/pernice.htm [letzter Abruf am: 21.4.2005].

Pernice, Ingolf, Europäische Justizpolitik in der Perspektive der Verfassung für Europa, in: Walter Hallstein Institut für Europäisches Verfassungsrecht – Paper 03/05, S. 25 ff. – http://www.whi-berlin.de//documents/whi-paper0305.pdf [letzter Abruf am 10.11.2006].

Pernice, Ingolf/ Maduro, Miguel Poiares (Hrsg.), A Constitution for the European Union: First Comments on the 2003-Draft of the European Convention, Baden-Baden 2004.

Petzold, Hans Arno, Lückenhafter Rechtsschutz gegen EG-Verordnungen in der Arbeit des Europäischen Konvents, in: Bruha, T./Nowak, Carsten/ Petzold, H.A. (Hrsg.), Grundrechtsschutz im europäischen Binnenmarkt, Baden-Baden 2004, S. 247 ff.

Pietrek, André U., Verbindlichkeit von Vorabentscheidungen nach Art. 177 EWGV, Frankfurt a.M. 1989 [zit. als: *Pietrek*, S.].

Prechal, Sacha, Remedies after Marshall, CMLR 1990, S. 451 ff.

Schmidt-Preuß, Matthias, Der verfahrensrechtliche Charakter der Umweltverträglichkeitsprüfung, DVBl. 1995, S. 485 ff.

Rabe, Hans-Jürgen, Das Verordnungsrecht der Europäischen Wirtschaftsgemeinschaft, Hamburg 1963 [zit. als: *Rabe*, S.].

Rabe, Hans-Jürgen, Rechtsschutz im Außenwirtschaftsrecht der EG, EuR 1991, S. 237 ff.

Rack, Reinhard/ Spitzer-Diemath, Maren, Rechtsstaat Europa – Neue Aufgaben und Strukturen für den EuGH, JRP 2003, S. 161 ff.

Raschauer, Bernhard, Allgemeines Verwaltungsrecht, Wien, New York 1998 [zit. als: *Rachauer*, Rn.].

Rasmussen, Hjalte, Why is Article 173 Interpreted against Private Plaintiffs?, ELR 5 (1980), S. 112 ff.

Rasquin, Gérard /Chevallier, Roger-Michel, L'article 173 alinéa 2 du Traité C.E.E., RTDE 1966, S. 31 ff.

Redeker, Konrad, Werden die Prozessordnungen zum ministeriellen Experimentalfeld?, DVBl. 1992, S. 212 ff.

Reich, Norbert, Public Interest Ligation before European Jurisdictions, in: Micklitz, Hans-Wolfgang/ Reich, Norbert (Hrsg.), Public Interest Ligation before European Courts, Baden-Baden 1996, S. 3 ff.

Reich, Norbert, Bürgerrechte in der Europäischen Union. Subjektive Rechte von Unionsbürgern und Drittstaatsangehörigen unter besonderer Berücksichtigung der Rechtslage nach der Rechtsprechung des EuGH und dem Vertrag von Amsterdam, Baden-Baden 1999 [zit. als: *Reich*, S.].

Reich, Norbert, Zur Notwendigkeit einer Europäischen Grundrechtsbeschwerde, ZRP 2000, S. 375 ff.

Reinitzsch, Gerhard, Die Einzelpersonen und Europäisches Recht, EuR 1976, S. 262 ff.

Rengeling, Hans-Werner, Brauchen wir die Verfassungsbeschwerde auf Gemeinschaftsebene?, in: Due, Ole/ Lutter, Marcus/ Schwarze, Jürgen (Hrsg.), Festschrift für Ulrich Everling, Band II, Baden-Baden 1995, S. 1187 ff.

Rengeling, Hans-Werner, Individualrechtsschutz gegen Rechtsnormen vor dem Europäischen Gerichtshof, in: Hansmann, Klaus (Hrsg.), Umweltrecht und richterliche Praxis, Festschrift für Ernst Kutscheidt zum 70. Geburtstag, München 2003, S. 93 ff.

Rengeling, Hans-Werner/ Middecke, Andreas/ Gellermann, Martin (Hrsg.), Handbuch des Rechtsschutzes in der Europäischen Union, 2. Auflage, München 2003.

Ress, Georg, Ist die Europäischen Union eine juristische Person?, in: Ress, Georg/ Schwarze, Jürgen/ Stein, Torsten (Hrsg.), Die Organe der Europäischen Union im Spannungsfeld zwischen Gemeinschaft und Zusammenarbeit, EuR Beiheft 2/1995, S. 27 ff.

Reuter, Alexander, Exportkontrolle bei Gütern mit doppeltem Verwendungszweck: Die neue Dual-Use-Verordnung der EU, NJW 1995, S. 2190 ff.

Richter, Stefan, Doppelnatur von Rechtsakten im Antidumpingverfahren, RIW 1986, S. 561 ff.

Richter, Stefan, Die unmittelbare Wirkung von EG-Richtlinien zu Lasten Einzelner, EuR 1988, S. 394, 403.

Riese, Otto, Über den Rechtsschutz innerhalb der Europäischen Gemeinschaften, EuR 1966, S. 24 ff.

Rodríguez Iglesias, Gil Carlos, Der EuGH und die Gerichte der Mitgliedstaaten – Komponenten der richterlichen Gewalt in der EU, NJW 2000, S. 1889 ff.

Röhl, Hans Christian, Die anfechtbare Entscheidung nach Art. 230 Abs. 4 EGV, ZaöRV 2000 (60), S. 331 ff.

Röhl, Klaus F., Allgemeine Rechtslehre. Ein Lehrbuch, Köln u.a. 1994 [zit. als: *Röhl*, S.].

Rolf, Reinhard, Die Rechtsstellung Betroffener bei Anwendung außenhandelsrechtlicher Schutzinstrumente in den Vereinigten Staaten und der Europäischen Gemeinschaft. Eine vergleichende Untersuchung, Diss., Frankfurt am Main, Bern, New York, Paris 1991 [zit. als: *Rolf*, S.].

Rörig, Ursula, Die Direktwirkung von Richtlinien in Privatrechtsverhältnissen. Eine Abgrenzung der richtlinienkonformen Auslegung vom Phänomen der Direktwirkung, Baden-Baden 2001 [zit. als: *Rörig*, S.].

Ruffert, Matthias, Subjektive Rechte im Umweltrecht der Europäischen Gemeinschaft unter besonderer Berücksichtigung ihrer prozessualen Durchsetzung, Diss., Heidelberg 1996 [zit. als: *Ruffert*, S.].

Ruffert, Matthias, Dogmatik und Praxis des subjektiv-öffentlichen Rechts unter dem Einfluss des Gemeinschaftsrechts, DVBl. 1998, S. 69

Ruthing, Josef, Transformiertes Gemeinschaftsrecht und die Klagebefugnis des § 42 Abs. 2 VwGO, BayVBl. 1997, S. 289 ff.

Ryba, Barbara-Christine, La politique étrangère et de sécutité commune (PESC) – mode d'emploi et bilan d'une année d'application (fin 1993/1994), RdMC 1995, S. 14 ff.

Sack, Jörn, Lücken im Rechtsschutzsystem der Europäischen Gemeinschaften und Möglichkeiten, sie zu schließen, EuR 1985, S. 319 ff.

Schärf, Wolf-Georg, Zur Frage der Inexistenz von Rechtsakten im Gemeinschaftsrecht, EuZW 2004, S. 333 ff.

Schaub, Günter, Der Rechtsschutz im Arbeitsrecht vor dem Gerichtshof der Europäischen Gemeinschaften, NJW 1994, S. 81 ff.

Scherzberg, Arno, Verordnung – Richtlinie – Entscheidung, in: Siedentopf, Heinrich (Hrsg.), Europäische Integration und nationalstaatliche Verwaltung, Stuttgart 1991, S. 17 ff.

Scherzberg, Arno, Mittelbare Rechtssetzung durch Gemeinschaftsrecht – Richtlinien als Instrument der europäischen Integration, Jura 1992, S. 572 ff.

Scherzberg, Arno, Die innerstaatlichen Wirkungen von EG-Richtlinien, Jura 1993, S. 225 ff.

Scheuing, Dieter H., Zur Grundrechtsbindung der EU-Mitgliedstaaten, EuR 2005, S. 162 ff.

Schilling, Theodor, Bestand und allgemeine Lehren der bürgerschützenden allgemeinen Rechtsgrundsätze des Gemeinschaftsrechts, EuGRZ 2000, S. 3 ff.

Schliesky, Utz, Die Vorwirkungen von gemeinschaftsrechtlichen Richtlinien, DVBl. 2003, S. 631 ff.

Schmahl, Stefanie, Effektiver Rechtsschutz gegen „targeted sanctions" des UN-Sicherheitsrates?, EuR 2006, S. 566 ff.

Schmalenbach, Kirsten, Normentheorie vs. Terrorismus: Der Vorrang des UN-Rechts vor EU-Recht, JZ 2006, S. 349 ff.

Schmidt-Aßmann, Eberhard, Empfiehlt es sich, das System des Rechtsschutzes und der Gerichtsbarkeit in der Europäischen Union weiterzuentwickeln?, JZ 1994, S. 832 ff.

Schmidt-Preuß, Matthias, Der verfahrensrechtliche Charakter der Umweltverträglichkeitsprüfung, DVBl. 1995, S. 485 ff.

Schneider, Hans-Peter, Es gibt noch Richter in Luxemburg – Zum Individualrechtsschutz durch europäische Gerichte, NJW 2002, S. 2927 ff.

Schneider, Jens-Peter, Effektiver Rechtsschutz Privater gegen EG-Richtlinien nach dem Maastricht-Urteil des Bundesverfassungsgericht, AöR 1994 (119), S. 294 ff.

Schnorbus, York, Autonome Harmonisierung in den Mitgliedstaaten durch die Inkorporation von Gemeinschaftsrecht. Eine Untersuchung zur einheitlichen Anwendung und Auslegung europäischen und autonomen nationalen Rechts und zur entsprechenden Zuständigkeit des EuGH im Vorabentscheidungsverfahren, RabelsZ 65 (2001), S. 654 ff.

Schockweiler, Fernand, L'accès à la justice dans l'ordre juridique communautaire, Journal des tribunaux, Droit européen 1996 (Bd. 25), S. 1 ff.

Schohe, Gerrit, Rechtsschutz des einzelnen gegenüber abgeleitetem Gemeinschaftsrecht – eine schwarze Serie, EWS 2002, S. 424 ff.

Schohe, Gerrit/ Arnold, Christoph, Betroffen und kein Klagerecht? – Zum Individualrechtsschutz gegen Eingriffsnormen der Europäischen Gemeinschaft, EWS 2002, S. 320 ff.
Schönberger, Christoph, Normenkontrollen im EG-Föderalismus: die Logik gegenläufiger Hierarchisierungen im Gemeinschaftsrecht, EuR 2003, S. 600 ff.
Schroeder, Werner, Verfassungsrechtliche Beziehungen zwischen Europäischer Union und Europäischen Gemeinschaften, in: v. Bogdandy, Armin (Hrsg.), Europäisches Verfassungsrecht, Berlin, Heidelberg, New York 2003, S. 373 ff.
Schroeder, Werner, Die Auslegung des EU-Rechts, JuS 2004, S. 180 ff.
Schulte, Ellen, Individualrechtsschutz gegen Normen im Gemeinschaftsrecht, Univ. Diss. 2004 Kiel, Berlin 2005 [zit. als: *Schulte*, S.].
Schütz, Charlotte/ Sauerbier, Maik, Die Jurisdiktion des EuGH im Unionsrecht, JuS 2002. S. 658 ff.
Schwarze, Jürgen, Die Befugnis zur Abstraktion im europäischen Gemeinschaftsrecht, Baden-Baden 1976 [zit. als: *Schwarze*, S.].
Schwarze, Jürgen, Rechtsschutz Privater gegenüber normativen Rechtsakten im Recht der EWG, in: *v. Münch*, (Hrsg.), Staatsrecht – Völkerrecht – Europarecht, Festschrift für Hans-Jürgen Schlochauer, Berlin/New York 1981, S. 927 ff.
Schwarze, Jürgen, Verfassungsentwicklung in der Europäischen Gemeinschaft, in: Schwarze/Bieber (Hrsg.), Eine Verfassung für Europa, Baden-Baden 1984, S. 15.
Schwarze, Jürgen, Rechtsschutz gegen Anti-Dumpingmaßnahmen der EG – Zu Verfahren und richterlicher Kontrolle auf dem Gebiet der Außenwirtschaftsverwaltung der Gemeinschaft, EuR 1986, S. 217 ff.
Schwarze, Jürgen, Subventionen im Gemeinsamen Markt und der Rechtsschutz des Konkurrenten, in: Selmer, Peter/ v. Münch, Ingo (Hrsg.), Gedächtnisschrift für Wolfgang Martens, Berlin , New York 1987, S. 819 ff.
Schwarze, Jürgen, Grundzüge und neuere Entwicklung des Rechtsschutzes im Recht der Europäischen Gemeinschaft, NJW 1992, S. 1065 ff.
Schwarze, Jürgen, Europäische Rahmenbedingungen für die Verwaltungsgerichtsbarkeit, NVwZ 2000, S. 241 ff.
Schwarze, Jürgen, EU-Kommentar, Baden-Baden 2000.
Schwarze, Jürgen, Der Rechtsschutz Privater vor dem Europäischen Gerichtshof: Grundlagen, Entwicklungen und Perspektiven des Individualrechtsschutzes im Gemeinschaftsrecht, DVBl. 2002, S. 1297 ff.
Schwarze, Jürgen, Ein pragmatischer Verfassungsentwurf – Analyse und Bewertung des vom Europäischen Verfassungskonvent vorgelegten Entwurfs eines Vertrages über eine Verfassung für Europa, EuR 2003, S. 535 ff.
Schwarze, Jürgen, Der Individualrechtsschutz gegen Rechtsnormen im europäischen Gemeinschaftsrecht, in: Brenner, Michael/ Huber, Peter M./ Möstl, Markus (Hrsg.), Der Staat des Grundgesetzes – Kontinuität und Wandel, Festschrift für Peter Badura zum 70. Geburtstag, Tübingen 2004, S. 1167 ff.
Schwarze, Jürgen, Die Entstehung einer europäischen Verfassungsordnung, EuR 2004, S. 147 ff.
Schwarze, Jürgen, Der Verfassungsentwurf des Europäischen Konvents – Struktur, Kernelemente und Verwirklichungschancen, in: Schwarze, Jürgen (Hrsg.), Der Ver-

fassungsentwurf des Europäischen Konvents. Verfassungsrechtliche Grundstrukturen und wirtschaftliches Konzept, Baden-Baden 2004, S. 489 ff.
Schweiger, Karl, Rechtsverordnung im formellen Sinn?, DÖV 1955, S. 360 ff.
Seider, Rainer, Wahlkampfkostenerstattung bei der Europawahl – EuGH, DVBl. 1986, 995, JuS 1987, S. 953 ff.
Sedemund, Joachim, Referat, in: Verhandlungen des 60. Deutschen Juristentages, München 1994, Band II/1, S. N 41 ff.
Sedemund, Joachim/ Heinemann, Klaus, Rechtsschutz im Gemeinschaftsrecht, DB 1995, S. 713 ff.
Sedemund, Joachim/ Heinemann, Klaus , Rechtsschutzdefizite in der EG, DB 1995, S. 1161 ff.
Sedemund, Joachim/ Montag, Frank, Die Entwicklung des europäischen Gemeinschaftsrechts, NJW 1994, S. 625 ff.
Selmer, Peter, Generelle Norm und individueller Grundrechtsschutz. Gedanken zum Thema Recht und Individualität, DÖV 1972, S. 551 ff.
Semrau, Stephan, Die Gemeinsame Außen- und Sicherheitspolitik der Europäischen Union, Frankfurt am Main 1998 [zit. als: *Semrau*, S.].
Sick, Sebastian, Das Kohärenzgebot bei Wirtschaftssanktionen der EU, Baden-Baden 2001 [zit. als: *Sick*, S.].
Siems, Kirsten, Das Kohärenzgebot in der Europäischen Union und seine Justiziabilität, Baden-Baden 1999 [zit. als: *Siems*, S.].
von Simson, Werner, Zur Kritik am Rechtsschutz in den Europäischen Gemeinschaften, DVBl. 1966, S. 653 ff.
Slynn, Sir Gordon, The Court of Justice, in: Vaughan, David (Hrsg.), Law of the European Communities, Vol. I, Teil 2, London 1986.
Stahn, Carsten, International Law at Crossroads?, ZaöRV 62 (2002), S. 184 ff.
Stein, Torsten, Das Zusammenspiel von Mitgliedstaaten, Rat und Kommission bei der Gemeinsamen Außen- und Sicherheitspolitik der Europäischen Union, in: Ress, Georg/ Schwarze, Jürgen/ Stein, Torsten (Hrsg.), Die Organe der Europäischen Union im Spannungsfeld zwischen Gemeinschaft und Zusammenarbeit, EuR Beiheft 2/1995, S. 69 ff.
Steinbarth, Sebastian, Individualrechtsschutz gegen Maßnahme der EG zur Bekämpfung des internationalen Terrorismus. Die Entscheidungen des EuG in den Rs. „Yusuf u.a." sowie „Kadi", ZeuS 2006, S. 269 ff.
Stelkens, Ulrich, Die „Europäische Entscheidung" als Handlungsform des direkten Unionsrechtsvollzugs nach dem Vertrag über eine Verfassung für Europa, ZEuS 2005, S. 61 ff.
Streinz, Rudolf, Der Vertrag von Amsterdam – Die institutionellen Veränderungen für die Europäische Union und die Europäische Gemeinschaft, EuZW 1998, S. 137 ff.
Streinz, Rudolf, Rechtsgrundlagen, Aufgaben und Handlungsbefugnisse der Europäischen Union, in: Hummer, Waldemar (Hrsg.), Die Europäische Union und Österreich, Wien 1994, S. 29 ff.
Streinz, Rudolf, Primär- und Sekundärrechtsschutz im Öffentlichen Recht, VVDStRL 2002 (61), S. 300 ff.

Streinz, Rudolf, Anmerkung zum Urteil des EuG v. 3.5.2002 – Rs. T-177/01 – Jégo Quéré et Cie SA/Kommission der EG, JuS 2002, S. 1017 ff.

Streinz, Rudolf (Hrsg.), EUV/EGV: Vertrag über die Europäische Union und Vertrag zur Gründung der Europäischen Gemeinschaft, München 2003.

Streinz, Rudolf, Europarecht, 7. Auflage, Heidelberg 2005 [zit. als: *Streinz*, Rn.]

Streinz, Rudolf/ Ohler, Christoph/ Hermann, Christoph, Die neue Verfassung für Europa, München 2005 [zit. als: *Streinz/Ohler/Hermann*, S.].

Temple Lang, John, Actions for declarations that Community regulations are invalid: the duties of national courts under Article 10 EC, ELR 28 (2003), S. 102 ff.

Thiele, Alexander, Europäisches Prozessrecht. Verfahrensrecht vor dem EuGH, München 2007.

Thierfelder, Rainer, Die Entscheidung im EWG-Vertrag, Hamburg 1968 [zit. als: *Thierfelder*, S.].

Thill, Marc, Le défaut de qualité du Parlament européen pour agir en annulation au titre de l'article 173 du Traité CEE: L'arrêt de la Cour de Justice du 27 septembre 1988 et ses implications sur d'autres aspects du contentieux communauteire, CDE 1989, S. 367 ff.

Thym, Daniel, Reforming Europe's Common Foreign and Security Police, ELJ 10 (2004), S. 5 ff.

Thym, Daniel, Parlamentsfreier Raum?, Die Rolle des Europäischen Parlaments in der Gemeinsamen Außen- und Sicherheitspolitik, WHI – Paper 2/05 [abrufbar unter: www.whi-berlin.de/EPinderGASP.htm].

Tomuschat, Christian, Die Europäische Union unter Aufsicht des Bundesverfassungsgerichts, EuGRZ 1993, S. 494 ff.

Tonne, Michael, Effektiver Rechtsschutz durch staatliche Gerichte als Forderung des Europäischen Gemeinschaftsrechts, Köln 1997 [zit. als: *Tonne*, S.].

Toth, Akos G., Legal Protection of Individuals in the European Communities, Vol. II – Remedies and Procedures, Amsterdam, New York, Oxford 1978 [zit. als: *Toth*, S.].

Triantafyllou, Dimitris, Vom Vertrags- zum Gesetzesvorbehalt, Baden-Baden 1996 [zit. als: *Triantafyllou*, S.].

Trüe, Christiane, Die Rechtspersönlichkeit der Europäischen Union nach den Vertragsänderungen von Amsterdam: Wer handelt in GASP und PJZS?, ZEuS 2000, S. 127 ff.

Ule, Carl-Hermann, Empfiehlt es sich, die Bestimmungen des europäischen Gemeinschaftsrechts über den Rechtsschutz zu ändern und zu ergänzen? – Gutachten für den 46. Deutschen Juristentag, München/Berlin 1966, S. 15 ff.

v. Unger, Moritz, »So lange« nicht mehr: Das BVerfG behauptet die normative Freiheit des deutschen Rechts, NVwZ 2005, S. 1266 ff.

v. Unger, Moritz, Pupino: Der EuGH vergemeinschaftet das intergouvernementale Recht, NVwZ 2006, S. 46 ff.

Usher, John A., Flexibility and Enhanced Cooperation, in: Heukels, Ton/ Blokker, Niels/ Brus, Marcel (Hrsg.), The European Union after Amsterdam – A Legal Analysis, The Hague/London/Boston 1998, S. 253 ff.

Vandersanden, Georges, Pour un élargissement du droit des particuliers d'agir en annulation contre les actes autres que les décicions qui leur sont adressées, CDE 1995, S. 535 ff.

Vedder, Christoph, Die Unterscheidung von Unionsrecht und Gemeinschaftsrecht nach dem Vertrag von Amsterdam, in: Müller-Graff, Peter-Christian/ Schwarze, Jürgen (Hrsg.), Rechtsschutz und Rechtskontrolle nach Amsterdam, EuR Beiheft 1/1999, S. 7 ff.

Veelken, Winfried, Die Bedeutung des EG-Rechts für die nationalen Rechtsanwendung, JuS 1993, S. 265 ff.

Volkmar, Dieter, Allgemeiner Rechtssatz und Einzelakt, Berlin 1962 [zit. als: *Volkmar*, S.].

Wachsmann, Patrick, Les droits de l'homme, RTDE 1997, S. 883 ff.

Waelbroek, Denis/ Verheyden, Anne-Marie, Les conditions de recevabilité des recours en annulation des particuliers contre les actes normatifs communautaires: à la lumière du droit comparé et de la Convention des droits de l'homme, CDE 1995, S. 399 ff.

Waelbroek, Denis/ Fosselars, Denis, Annotations to Joined Cases T-480/93 and T-483/93 Antillean Rice Mills, CMLR 1996, S. 811 ff.

Wägenbaur, Bertrand, Stolpersteine des Vorabentscheidungsverfahrens, EuZW 2000, S. 37 ff.

Waldherr, Evelyn, Rechtszugang zum Gericht erster Instanz der Europäischen Gemeinschaften unter besonderer Berücksichtigung der Zulässigkeitsvoraussetzungen für die Nichtigkeitsklage nach Art. 173 Abs. 4 EGV, in: Terlitza, Ulfried/ Schwarzenegger, Peter/ Borić, Tomislav (Hrsg.), Die internationale Dimension des Rechts, Festschrift für Willibald Posch, Wien 1996, S. 465 ff.

Walter, Christian, Grundrechtsschutz gegen Hoheitsakte internationaler Organisationen – Überlegungen zur Präzisierung und Fortentwicklung der Dogmatik des Maastricht-Urteils des Bundesverfassungsgerichts, AöR 129 (2004), S. 39 ff.

Wasmeier, Martin, Der Europäische Haftbefehl vor dem Bundesverfassungsgericht, ZEuS 2006, S. 23 ff.

Weber, Albrecht, Das Verwaltungsverfahren im Antidumpingrecht der EG, EuR 1985, S. 1 ff.

Wegener, Bernhard W., Gemeinwohl und Gemeinschaftsgerichtsbarkeit – Überlegungen zur gerichtlichen Verteidigung von Gemeininteressen im ius commune, ZEuS 1998, S. 183 ff.

Wegener, Bernhard W., Keine Klagebefugnis für Greenpeace und 18 andere, ZUR 1998, S. 131 ff.

Wegener, Bernhard W., Rechte des Einzelnen. Die Interessenklage im europäischen Umweltrecht, Baden-Baden 1998 [zit. als: *Wegener*, S.].

Wegener, Bernhard W., Rechtsschutz für gesetzlich geschützte Gemeinwohlbelange als Forderung des Demokratieprinzips, in: Bertschi u. a. (Hrsg.), Demokratie und Freiheit, 39. Tagung der Wissenschaftlichen Mitarbeiterinnen und Mitarbeiter der Fachrichtung „Öffentliches Recht", Zürich 1999, Stuttgart u.a.1999, S. 19 ff.

Wegmann, Manfred, Die Nichtigkeitsklage Privater gegen Normativakte der Europäischen Gemeinschaften, Berlin 1976 [zit. als: *Wegmann*, S.].

Weidinger, Wilhelm, Der Rechtsschutz betroffener Dritter im Kartellverwaltungsrecht der Europäischen Wirtschaftsgemeinschaft, Stuttgart 1968 [zit. als: *Weidinger*, S.].

Weiler, Joseph H. H., Pride and Prejudice – Parliament v. Council, ELR 1989, S. 334 ff.

Weinberger, Ota, Norm und Institution, Eine Einführung in die Theorie des Rechts, Wien 1988 [zit. als: *Weinberger*, S.].

Weiß, Wolfgang, Zur Wirkung von Richtlinien vor Ablauf der Umsetzungsfrist, DVBl. 1998, S. 658 ff.

Wendel, Matthias, Die Auslegung der Verfassung für Europa. Interpretationsgrundsätze und die Bedeutung der Erläuterungen des Konventspräsidiums nach Art. II-112 Abs. 7 VVE, in: Walter Hallstein-Institut für Europäisches Verfassungsrecht – Paper 4/05 [abrufbar unter: www.whi-berlin.de/wendel.htm].

Werts, Jan, The European Council, Amsterdam u.a. 1992 [zit. als: *Werts*, S.].

Wessel, R. A., The International Legal Status of the European Union, EFAR 1997, S. 109 ff.

Wichard, Johannes-Christian, Wer ist Herr im europäischen Haus?, EuR 1999, S. 170 ff.

Winter, Gerd, Individualrechtsschutz im deutschen Umweltrecht unter dem Einfluss des Gemeinschaftsrechts, NVwZ 1999, S. 467 ff.

v. Winterfeld, Achim, Möglichkeiten der Verbesserung des individuellen Rechtsschutzes im Europäischen Gemeinschaftsrecht, NJW 1988, S. 1409 ff.

de Witte, Bruno, Die Jurisdiktion des Gerichtshofs der europäischen Gemeinschaften nach Amsterdam, in: Müller-Graff, Peter-Christian/ Schwarze, Jürgen (Hrsg.), Rechtsschutz und Rechtskontrolle nach Amsterdam, EuR Beiheft 1/1999, S. 91 ff.

Wökler, Ulrich, Rechtsschutz Privater gegenüber dem europäischen Gesetzgeber, DÖV 2003, S. 570 ff.

Wuermeling, Joachim, Die Tragische: Zum weiteren Schicksal der EU-Verfassung, ZRP 2005, S. 149 ff.

Zeleny, Klaus, Zur Verhängung von Wirtschaftssanktionen durch die EU, ZÖR 52 (1997), S. 197 ff.

Zippelius, Reinhold, Juristische Methodenlehre, 9. Auflage, München 2005 [zit. als: *Zippelius*, S.].

Zuleeg, Martin, Die Europäische Gemeinschaft als Rechtsgemeinschaft, NJW 1994, S. 545 ff.

Zweigert, Konrad, Kongressvortrag, in: Zehn Jahre Rechtsprechung des Gerichtshofs der Europäischen Gemeinschaften, Kölner Schriften zum Europarecht, Bd. 1, Köln 1965, S. 580 ff.

Kolibri 360 GmbH
Ferdinand-Jühlke-Straße 7
99095 Erfurt, Deutschland
produktsicherheit@kolibri360.de

Druck:
CPI Druckdienstleistungen GmbH
im Auftrag der
Kolibri 360 GmbH
Ferdinand-Jühlke-Str. 7
99095 Erfurt